靖江市国土资源志

周志高题

《靖江市国土资源志》编纂委员会 编

方志出版社
Publishing House of Local Records

图书在版编目（CIP）数据

靖江市国土资源志 / 靖江市国土资源志编纂委员会编.
—北京：方志出版社，2015.6
ISBN 978-7-5144-1616-9

Ⅰ. ①靖… Ⅱ. ①靖… Ⅲ. ①国土资源—概况—靖江市
Ⅳ. ①F129. 953. 4

中国版本图书馆CIP数据核字（2015）第092365号

靖江市国土资源志

编　　者：《靖江市国土资源志》编纂委员会
责任编辑：王笃银
出 版 人：冀祥德
出 版 者：方志出版社
地址　北京市朝阳区潘家园东里9号（国家方志馆4层）
邮编　100021
网址　http://www.fzph.org
发　　行：方志出版社发行中心
电话（010）67110500
经　　销：各地新华书店
印　　刷：南京四彩印刷有限公司
开　　本：889×1194　1/16
印　　张：46.25
字　　数：800千字
版　　次：2015年6月第1版　2015年6月第1次印刷
印　　数：0001~2000册
ISBN　978-7-5144-1616-9　定价：260.00元

《靖江市国土资源志》编纂委员会

《靖江市国土资源志》编辑部

《靖江市国土资源志》评审会专家组成员

（按姓氏笔画排序）

靖 江 市

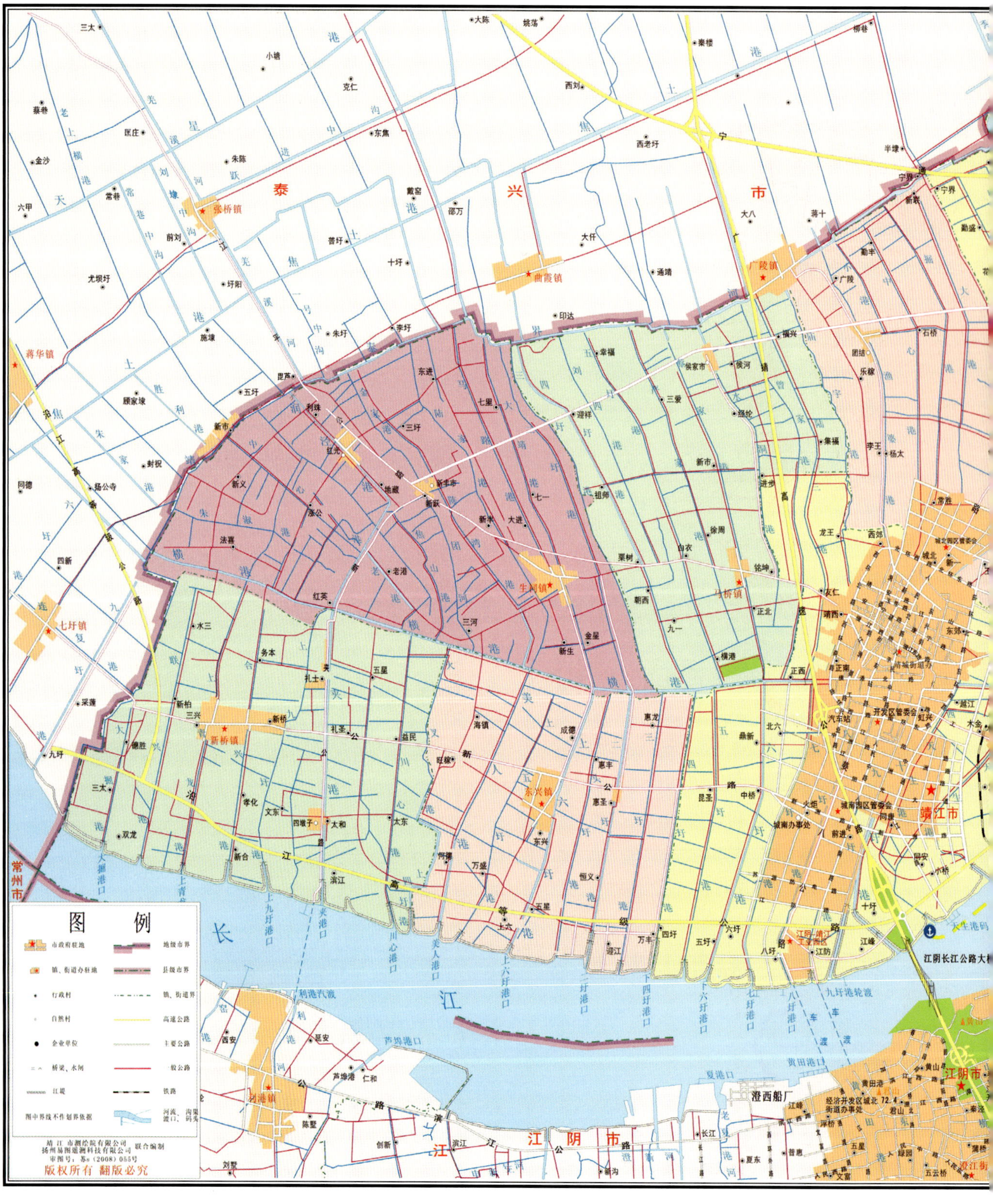

图例
市政府驻地
镇、街道办驻地
行政村
自然村
企业单位
桥梁、水闸
江堤
图中界线不作划界依据
地级市界
县级市界
镇、街道界
高速公路
主要公路
一般公路
铁路
河流、沟渠
渡口、码头
靖江市测绘院有限公司
扬州易图通测科技有限公司
联合编制
审图号：苏s（2008）055号
版权所有 翻版必究
泰
兴
市
常州市
江阴市
长
江
靖江市
张桥镇
曲霞镇
广陵镇
蒋华镇
七圩镇
新桥镇
生祠镇
东兴镇
斜桥镇
西来镇
孤山镇
季市镇
新港镇
利港镇
澄西船厂
江阴长江公路大桥
城南园区管委会
开发区管委会
城北园区管委会
靖城街道
城南办事处
汽车站
江阴-靖江工业园区
九圩港轮渡
利港汽渡
芦埠港口
夏港口
黄田港口
黄山

全域图

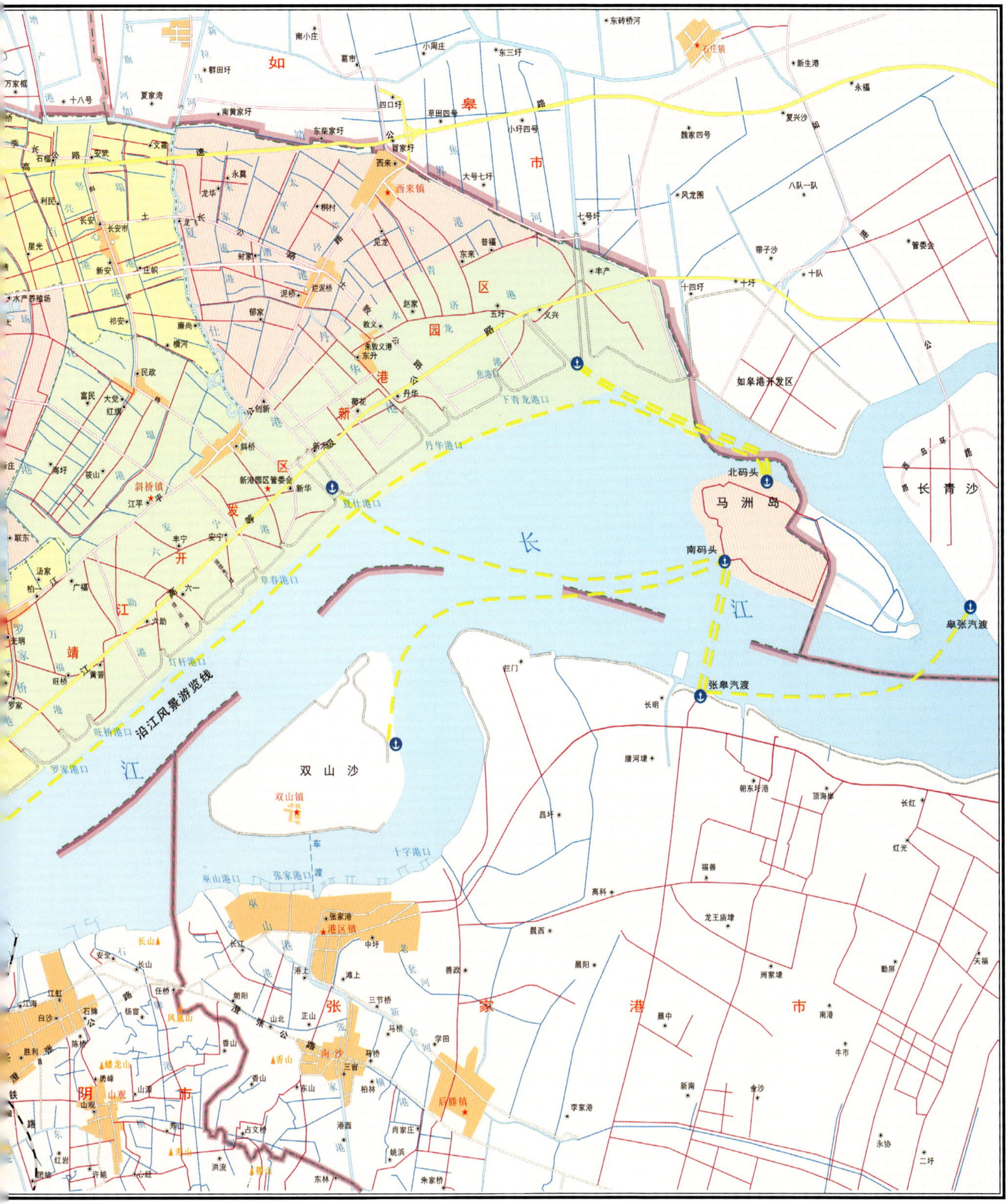

如
皋
市
石庄镇
西来镇
新
港
园
区
马洲岛
北码头
南码头
长青沙
长
江
双山沙
双山镇
张皋汽渡
皋张汽渡
如皋港开发区
沿江风景游览线
斜桥镇
新港园区管委会
靖
江
开
发
区
张
家
港
市
港区镇
后塍镇
阴
市
东砖桥河
南小庄
葛市
小周庄
东三圩
新生港
永福
群田圩
十八号
夏家湾
南黄家圩
东柴家圩
四口圩
草田四号
小圩四号
复兴沙
魏家四号
西来
大号七圩
八队一队
风龙圈
七号圩
带子沙
管委会
十队
丰产
十四圩
十圩
义兴
五圩
东来
普福
见龙
下青龙港口
丹华港口
夏仕港口
章春港口
灯杆港口
旺桥港口
罗家港口
十字港口
张家港口
巫山港口
长明
腰河埭
朝东圩港
顶海埠
长红
红光
福善
高科
龙王庙埭
晨西
晨阳
闸家埭
天福
勤屏
南港
牛市
晨中
新南
合沙
李家港
永协
二圩
张家港
中圩
滩上
三节桥
马桥
学田
善政
三官
柏林
港西
肖家庄
姚浜
朱家桥
东林
长山
香山
凤凰山
双龙山

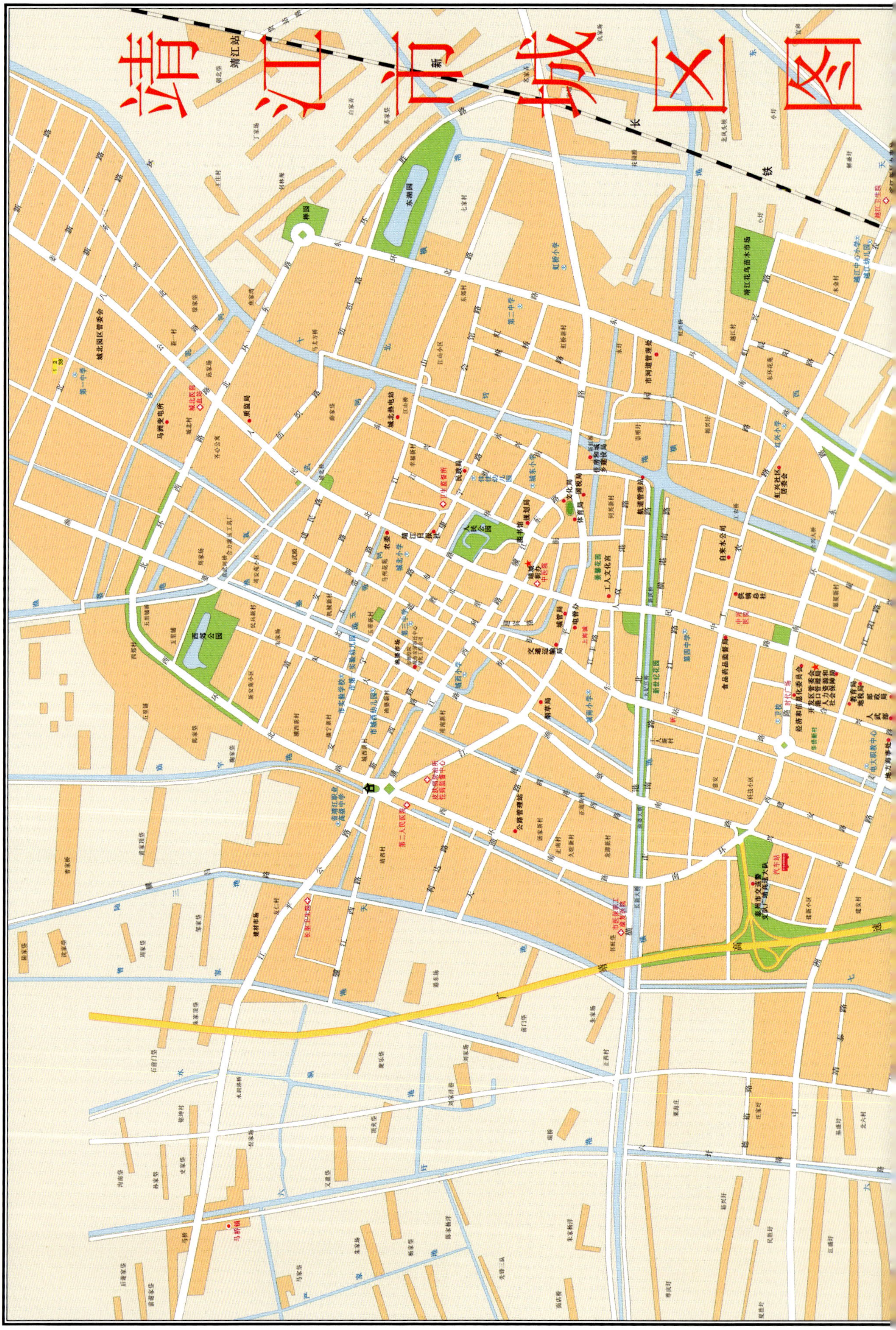
靖江市城区图

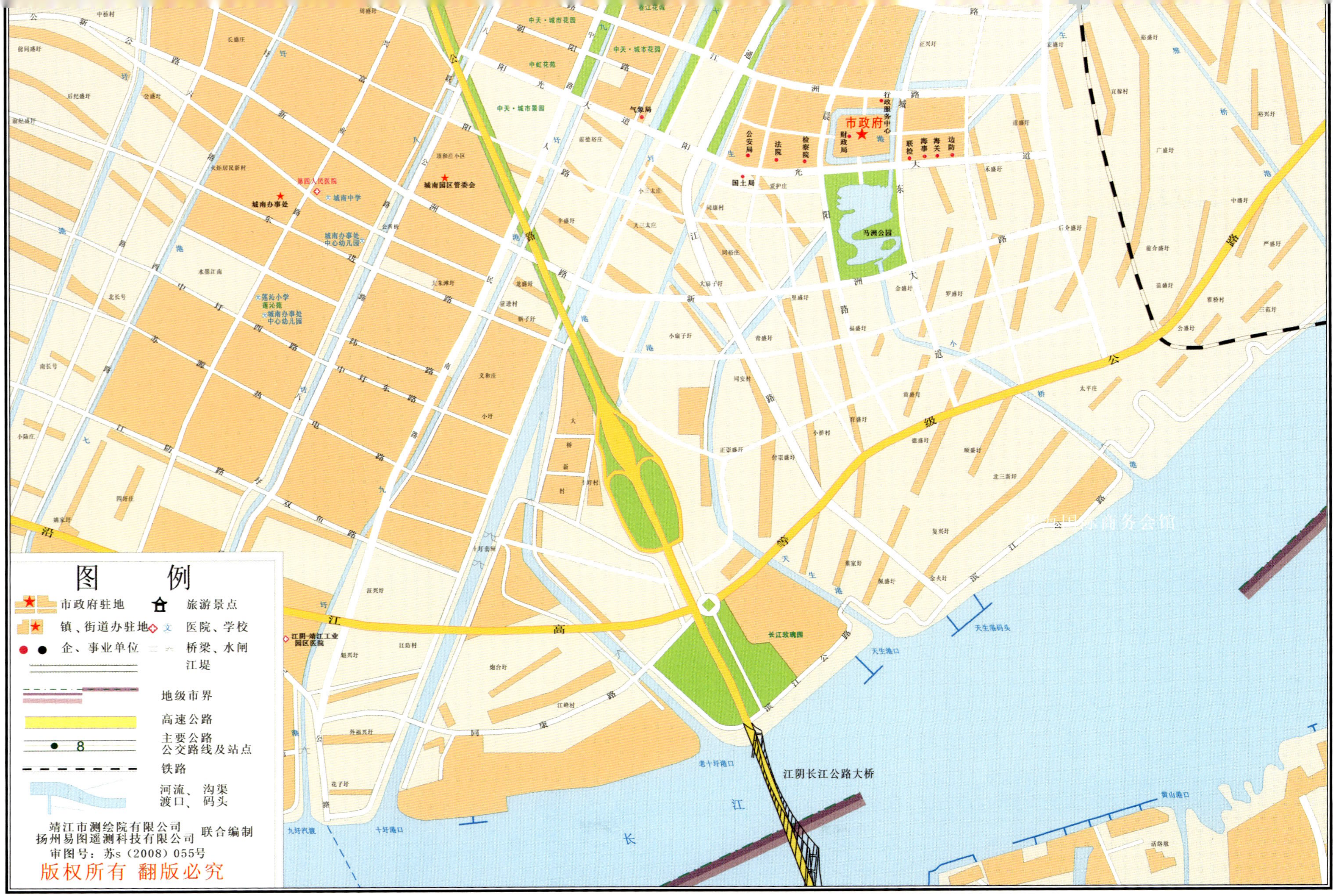
市政府
江阴长江公路大桥
马洲公园
长江玻璃园
天生港码头
天生港口
老十圩港口
十圩港口
九圩汽渡
黄山港口
城南园区管委会
城南办事处
靖西人民医院
城南中学
国土局
气象局
公安局
法院
检察院
财政局
行政服务中心
联检
海事
海关
边防
中天·城市花园
中虹花苑
中天·城市景园
江阴-靖江工业园区医院
图例
市政府驻地
旅游景点
镇、街道办驻地
医院、学校
企、事业单位
桥梁、水闸
江堤
地级市界
高速公路
主要公路
公交路线及站点
铁路
河流、沟渠
渡口、码头
靖江市测绘院有限公司
扬州易图遥测科技有限公司
联合编制
审图号：苏s（2008）055号
版权所有 翻版必究

靖江市土地利用现状图

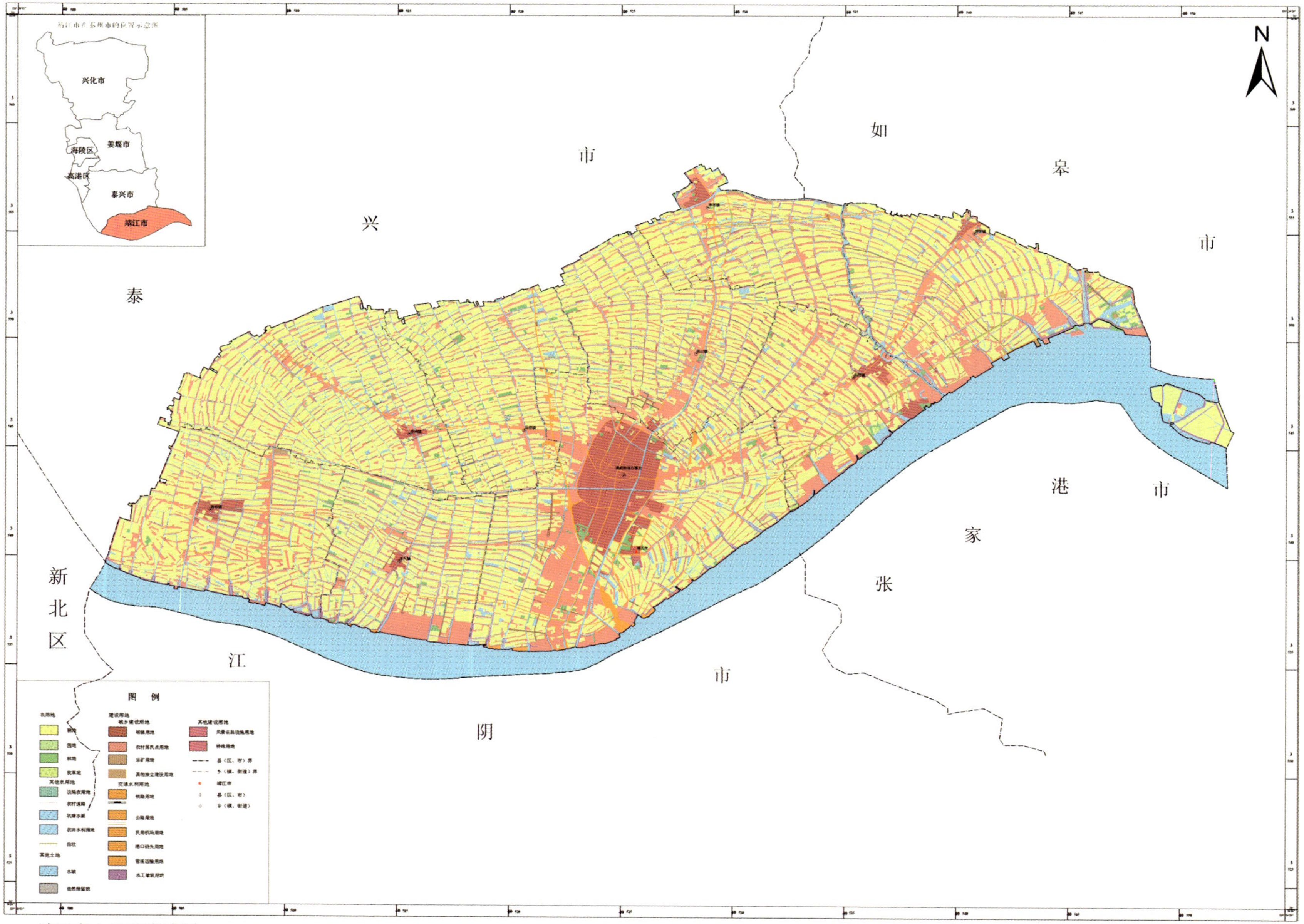

靖江市人民政府编制
二〇一一年十二月

1：50000

靖江市国土资源局
南京江地土地开发咨询服务有限责任公司第一分公司
制图

靖江市土地利用总体规划图（2006~2020年）

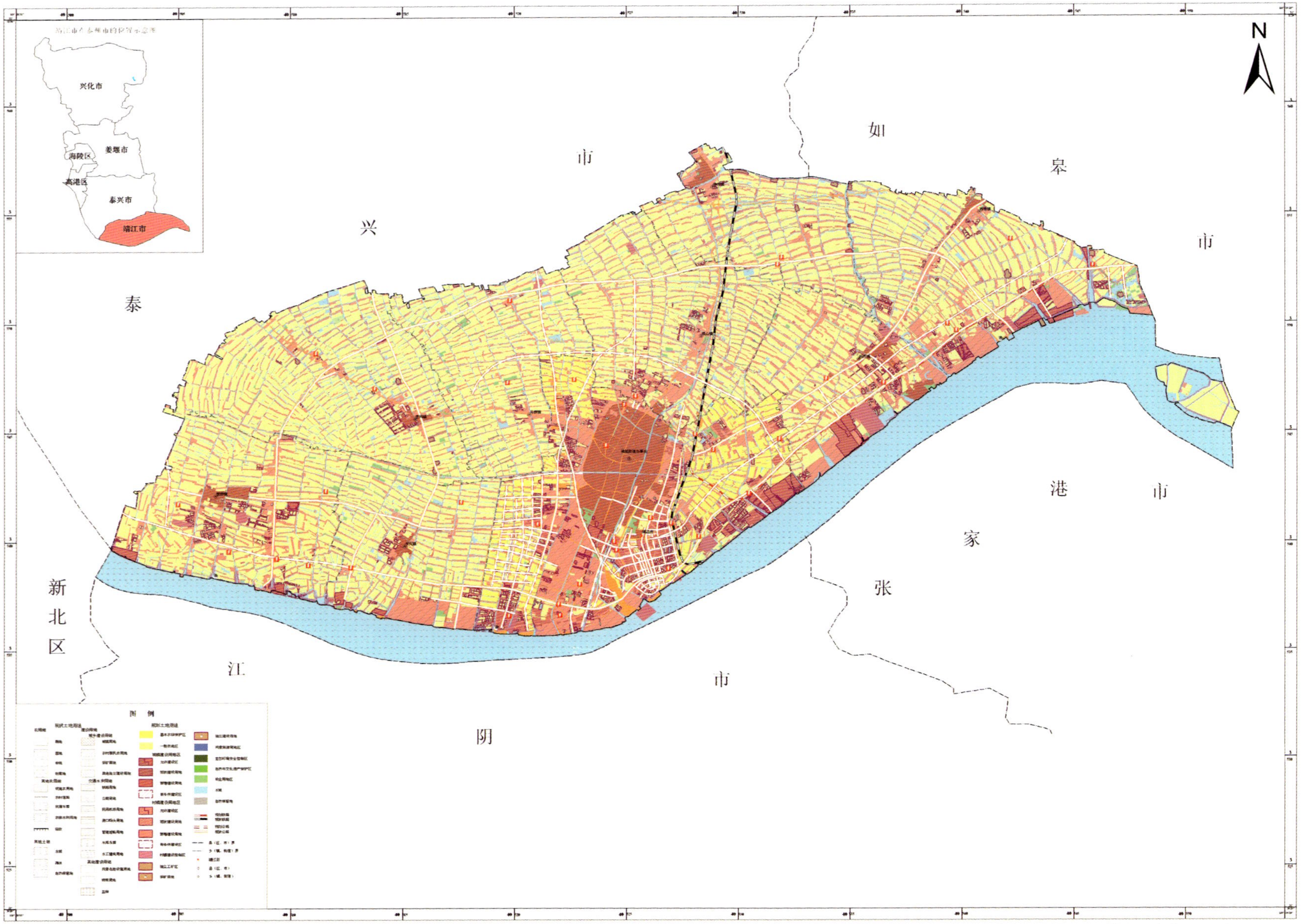

靖江市人民政府编制
二〇一一年十二月

1：50000

靖江市国土资源局
南京江地土地开发咨询服务有限责任公司第一分公司
制图

2012年2月，靖江市荣获全国国土资源节约集约模范市称号，靖江市市长赵叶（第5排左7）参加全国表彰会

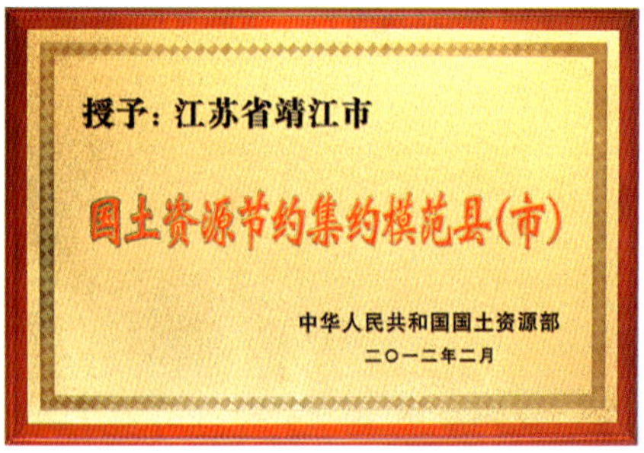

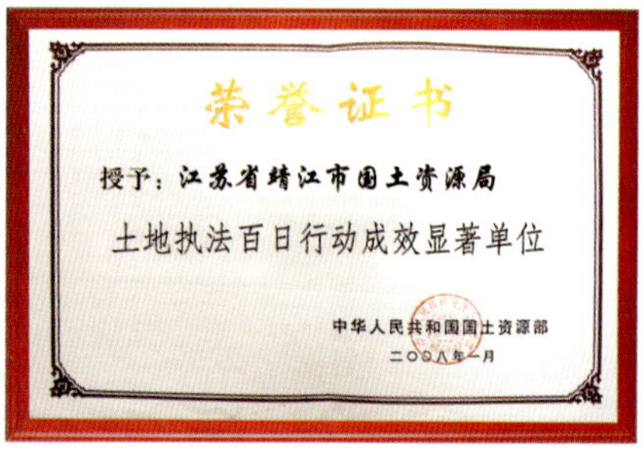

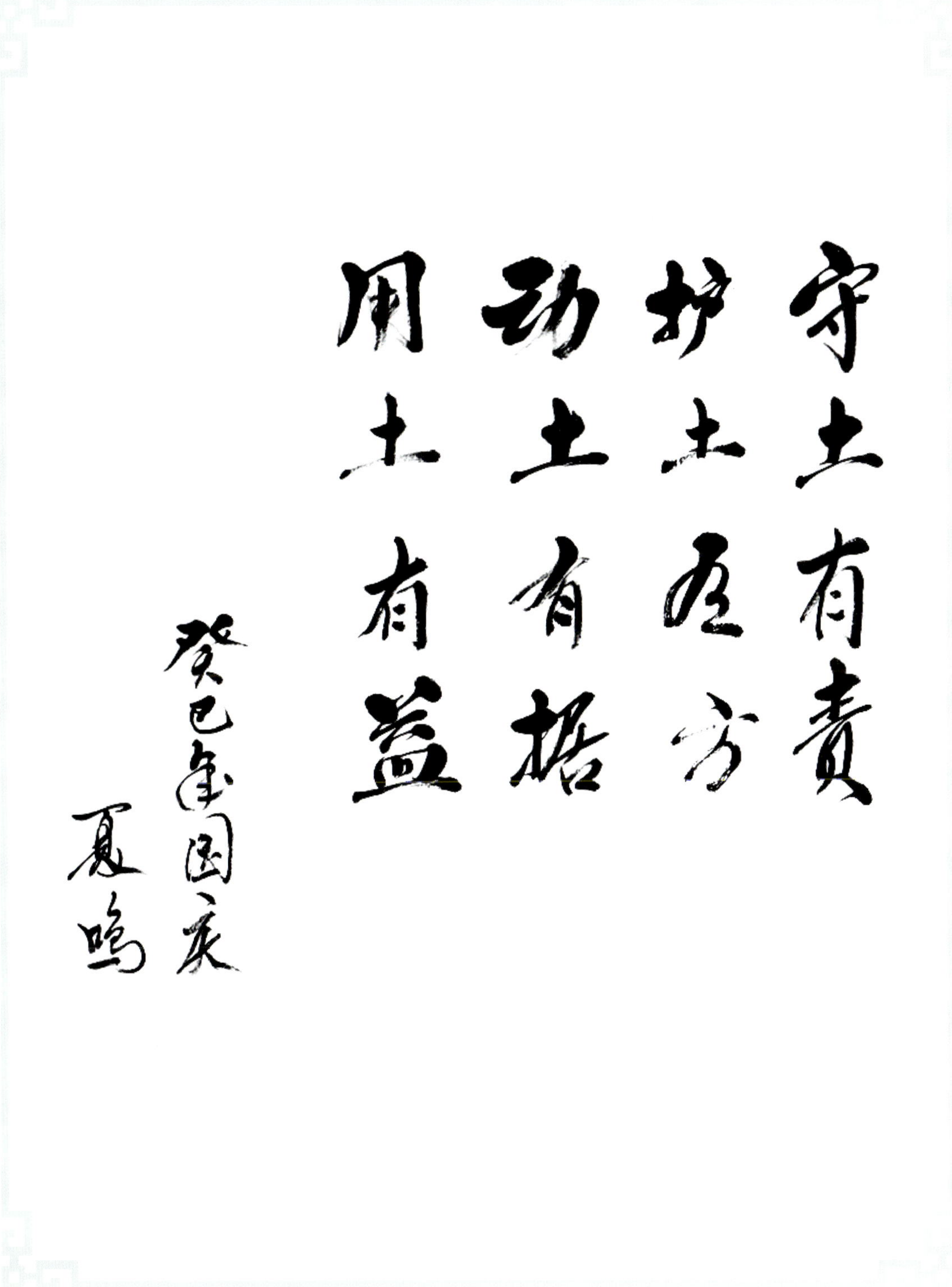

江苏省国土资源厅原厅长夏鸣题词

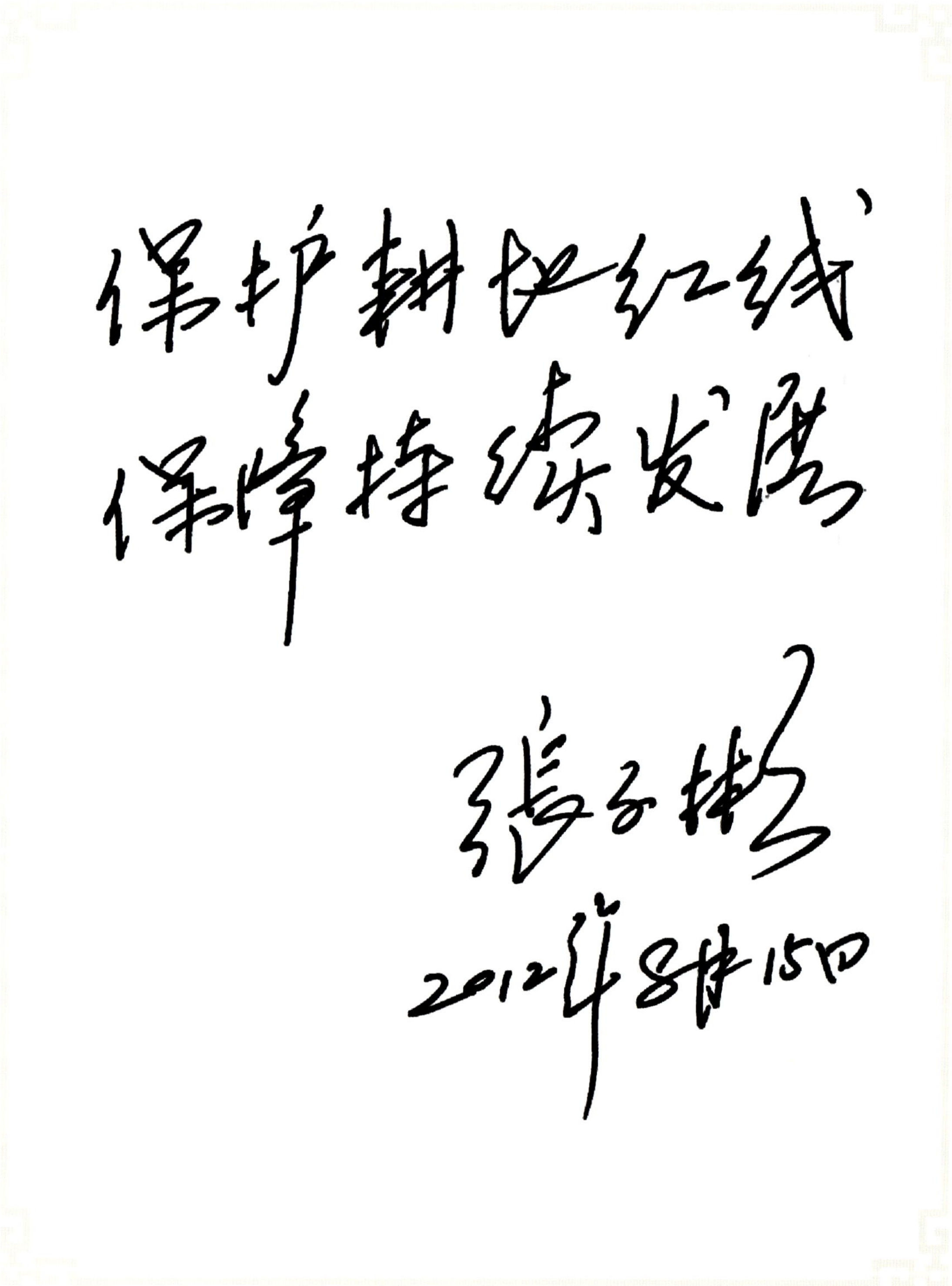

泰州市国土资源局党委书记、局长张文彬题词

守红线、促集约、
保发展、惠民生。

陈明冠
二〇一三年十月十六日

中共靖江市委书记陈明冠题词

亲切关怀
QIN QIE GUAN HUAI

2003年6月25日，中共江苏省委书记李源潮（左5）、省长梁保华（左6）出席沿江高等级公路（泰州段）开工典礼

2006年7月9日，江苏省省长梁保华（左3）至靖江，视察沿江开发用地等情况

2010年8月4日，中共江苏省委书记罗志军（右2）至靖江视察沿江开发情况；中共泰州市委书记张雷（左2），中共泰州市委常委、靖江市委书记刘建国（左3）陪同

2013年6月2日，中共江苏省委书记罗志军（左2）、省长李学勇（左1）率领苏中发展工作会议与会人员参观靖江市沿江开发和跨江联动成果展。中共泰州市委书记张雷（左3）、中共靖江市委书记陈明冠（左4）陪同

2014年1月7日，中共江苏省委常委、纪委书记弘强（前左2）至靖江视察国土资源管理工作。中共泰州市委常委、靖江市委书记倪斌（前右1）陪同

要事回眸
YAO SHI HUI MOU

1993年9月13日，靖江县副县长高纪明（右1）、县土地管理局局长左洪寿（左1）向国家土地管理局局长王先进（右2）汇报土地管理工作并合影

1999年9月18日，江苏省国土管理局局长杨任远（右4）、副局长王明祥（左4），泰州市国土管理局局长吴国华（左3）至靖江，视察重点工程建设用地情况并与陪同人员合影

1999年9月19日，靖江市市长俞军（中）、市国土管理局局长孙永东（右）向省国土管理局局长杨任远（左）汇报工作

2001年4月6日，江苏省国土管理局局长杨任远（左1）至靖江视察国土管理工作，泰州市国土管理局局长张文彬（右2）、靖江市副市长陈燕国（左2）、市国土管理局局长朱昕明（右1）陪同

2005年1月17日，江苏省国土资源厅厅长陶培荣（右3）至靖江，视察沿江开发用地情况

2010年8月30日，国土资源部调控和监测司巡视员张婉丽（前左2）率调研组至靖江，视察全国国土资源节约集约模范市创建工作。靖江市市长陈明冠（前左3）、靖江市国土资源局局长张仁德（前左1）陪同

要事回眸
YAO SHI HUI MOU

2008年10月17日，江苏省国土资源厅厅长夏鸣（右）在全市领导干部学习论坛第十五期讲座作万顷良田建设工程辅导报告，中共泰州市委常委、靖江市委书记刘建国（左）主持

2005年12月8日，江苏省国土资源厅党组成员、纪检组长陈茹华（中）在靖江主持召开贯彻中共中央《建立健全教育、制度、监督并重的惩治和预防腐败体系实施纲要》座谈会

2006年3月3日，江苏省国土资源厅副厅长张洪甫（左2）一行至靖江，检查土地节约集约利用工作

2008年4月20日，江苏省国土资源厅副厅长吴震强（左2）一行至靖江，听取靖江市国土资源管理工作情况汇报

2011年2月17日，江苏省国土资源厅副厅长祖耀升（右）在靖江市市管领导班子党政负责人读书班上作“用地保障的途径与政策”讲座

2011年3月29日，国家土地督察南京局局长刘天增（右4）、国土资源部地籍司监测与统计处处长、调研员牛新萍（右3）一行至靖江，视察靖江土地变更调查工作

2009年6月12日，国土资源部执法监察局副局长李水华（右7）、省国土资源厅执法局副局长葛素琴（右8）一行至靖江，听取靖江国土资源管理工作汇报

2010年7月6日，国家土地督察南京局副局长顾龙友（左2）一行至靖江，视察城镇建设用地情况，中共靖江市委书记陈明冠（前右2）陪同

2011年8月16日，国家土地督察南京局巡视员、专员周家富（右1）至靖江，视察保障性住房安居工程用地落实情况。中共靖江市委常委、常务副市长王金国（前左3）、靖江市国土资源局局长张仁德（右3）陪同

靖江市国土资源局党委班子在研究工作　（2013年摄）

2011年9月19日，举行靖江市国土资源局新办公大楼落成典礼

1994年1月，靖江市土地登记发证工作人员合影

要事回眸
YAO SHI HUI MOU

1993年，原县农村土地管理办公室工作人员在办公新址（江平路170号）留影

靖江市老国土资源管理工作者座谈会 （2013年摄）

名胜古迹
MING SHENG GU JI

钟楼　始建于明隆庆三年(1569年),重建于崇祯九年(1636年)

孤山蹑云坊　始建于明嘉靖年间,重建于万历四十二年(1614年)

四眼井　建于明崇祯十年(1637年)

名胜古迹

MING SHENG GU JI

魁星阁　建于清光绪十七年（1891年）

岳庙　始建于南宋，重建于1936年，续建于1986年

弘毅园国钧堂　建于1986年

原骥江西路

改造后的骥江西路

原胜利街

改造后的胜利街

改造后的靖城十字街口　（2011年摄）

城市新貌
CHENG SHI XIN MAO

20世纪80年代靖城十字街口

20世纪90年代靖城十字街口

容湖鸟瞰 （2011年摄）

城市新貌

CHENG SHI XIN MAO

滨江生态园　　（2011年摄）

人民公园　　（2007年摄）

新城之夜　　（2011年摄）

土地规划
TU DI GUI HUA

2008年8月20日，市政府召开市土地利用总体规划（2006~2020年）修编前期工作汇报会

2007年12月3日，举行靖江市2008年度耕地占补平衡项目规划方案可行性评审论证会

2010年4月6日，泰州市县级土地利用总体规划大纲审查会在靖江召开

2007年9月10日，举行靖江地热1号井竣工通报会

2011年9月8日，市国土资源局召开靖江市黏土资源挂牌出让工作会议

矿产资源开发

KUANG CHAN ZI YUAN KAI FA

采煤现场

孤山煤矿 （20世纪70年代）

围滩造田　（20世纪60年代）

土地开发、复垦
TU DI KAI FA FU KEN

退渔还田　（20世纪70年代）

1999年4月29日，市政府召开全市土地管理暨（敦义、大觉、侯河）复垦整治工作现场会

清淤造田　（20世纪90年代）

2004年1月1日，举行靖江市土地复垦省级验收汇报会

复垦前

复垦后　　（2006年11月摄）

废弃地复垦整治现场　　（2007年摄）

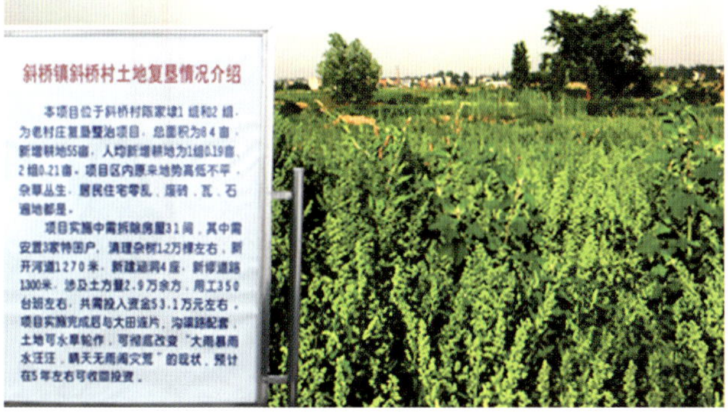

老村庄复垦整治　　（2004年摄）

土地整理现场　　（2011年摄）

建设用地

JIAN SHE YONG DI

宁通高速公路靖江段 （1992年10月始建，1996年12月建成一级公路，2001年，改建成高速公路）

广靖高速公路 （1996年10月始建，1999年9月通车）

新长铁路靖江段 （2000年1月始建，2001年9月建成，结束靖江“走无寸铁”的历史）

江阴长江公路大桥
（1994年11月始建，1999年9月通车）

靖江渔婆农贸市场　（2013年12月8日迁至北环路）

江苏省靖江高级中学　（2003年9月迁至中洲路）

靖江市人民医院　（2009年8月迁至中洲路）

靖江市体育场　建于民国4年（1915年），原为明清时期演武场，占地面积2500平方米。图为2006年7月14日1500人太极拳表演

粮食物流园 （2011年摄）

2007年11月3日，举行建设靖江港、发展现代物流恳谈会

繁忙的靖江港口 （2010年摄）

沿江开发
YAN JIANG KAI FA

万林木业专用码头 （2010年摄）

跨江联动

KUA JIANG LIAN DONG

2001年12月15日，举行靖江·江阴沿江开发促进会成立签字仪式

2003年2月15日，举行建立江阴经济开发区靖江园区签字仪式

新世纪造船 （2011年摄）

1998年12月28日，举行首次靖江市国有土地使用权拍卖会

用地改革
YONG DI GAI GE

2011年5月27日，靖江市工业用地使用权挂牌转拍卖现场

2012年2月23日，举行首次靖江市工业用地使用权指标拍卖会

2011年12月10日，靖江市国土资源局局长张仁德（右）就推进工业用地出让方式改革接受媒体采访

2011年8月27日，国土资源部工业用地出让制度改革调研会在靖江召开

节约集约用地
JIE YUE JI YUE YONG DI

2006年6月24日，举行靖江市土地节约集约利用工作会议

2008年10月17日，江苏省国土资源厅厅长夏鸣（左2）、泰州市国土资源局局长张文彬（左3）一行至靖江，听取靖江市土地节约集约利用情况汇报

2010年10月25日，召开靖江市保发展、保红线工程——2010年行动汇报会

高层商品房　　（2010年摄）

农民安置房　　（2012年摄）

城南园区高标准厂房　（2011年摄）

2010年11月12日，市政府召开基本农田保护模范村创建工作座谈会

基本农田保护

JI BEN NONG TIAN BAO HU

硬质化衬砌水渠 （2009年摄）

靖城镇基本农田保护公示牌 （2008年摄）

治水保土
ZHI SHUI BAO TU

1987年，六圩港疏浚

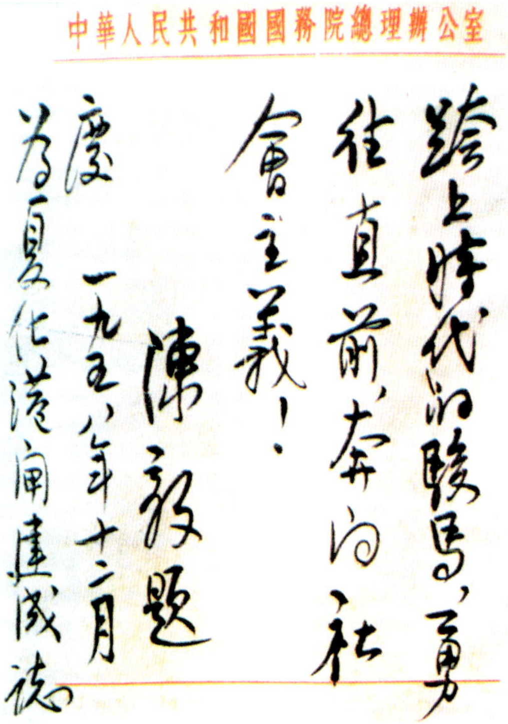
中華人民共和國國務院總理辦公室

跨上時代的駿馬，勇往直前，奔向社會主義！

陳毅題

一九五八年十二月

為夏仕港閘建成誌慶

1958年12月，陈毅为夏仕港闸题词

夏仕港节制闸（改建于2002年10月）

百里江堤　（2009年摄）

地籍管理
DI JI GUAN LI

2005年9月6日，召开靖江市地籍管理工作汇报会

2008年7月4日，召开靖江市第二次土地调查工作会议

2009年，靖江市第二次土地调查中，工作人员深入社区进行土地权属调查

2011年7月21日，召开靖江市农村集体土地确权登记发证工作会议

土地测绘
TU DI CE HUI

测绘基准站

实地勘测　　　　（2013年摄）

利用卫星技术测量　（2013年摄）

2007年10月17日，江苏省国土资源厅党组成员、纪检组组长陈茹华听取靖江市土地执法百日行动工作汇报

2010年10月28日，召开靖江市土地执法模范市初步验收工作会议

2011年8月19日，江苏省国土资源厅执法局副局长葛素琴（中）一行至靖江，听取2010年度土地卫片执法检查工作汇报

2011年，靖江市连续第5年获江苏省土地执法模范市

2010年3月18日，靖江市委、市政府召开全市国土资源管理暨“三模”联创工作会议

2008年8月22日，中共泰州市委常委、靖江市委书记刘建国（左3）主持召开全市土地执法长效管理工作会议

执法监察 ZHI FA JIAN CHA

土地信访接待（2011年摄）

强制拆除违法建筑（2012年摄）

2005年第15个全国土地日，靖江市国土资源局举行广场宣传、咨询活动

土地宣传

TU DI XUAN CHUAN

2006年第16个全国土地日，靖江市国土资源局组织“科学发展在靖江”专题文艺演出

2007年6月17日，靖江市国土资源局与泰州电视台联合举办首届“国土杯”电视知识竞赛

2013年4月28日，靖江市国土资源局召开全系统"三宽四有"主题教育活动动员大会

党群活动
DANG QUN HUO DONG

2012年12月5日，举行江苏省国土资源厅党风廉政建设联系点揭牌仪式

2013年12月2日，靖江市国土资源局党委召开党员大会，选举第二届党委会

队伍建设

DUI WU JIAN SHE

2011年5月6日，靖江市国土资源局举行全系统副科职领导干部竞争上岗述职测评会

2011年11月27日，靖江市国土资源局举行全系统业务技能竞赛

市行政服务中心国土服务窗口　　（2013年摄）

2012年7月23日，靖江市保护国土资源志愿者义工活动

档案·修志
DANG AN XIU ZHI

2013年11月20日，召开靖江市国土资源局档案工作规范省五星级测评会

2013年7月，《靖江市国土资源志》编纂领导小组听取编辑工作汇报

《靖江市国土资源志》编委会研究编纂工作　（2013年摄）

档案·修志
DANG AN XIU ZHI

2014年3月18日，举行《靖江市国土资源志》专家审稿会

《靖江市国土资源志》专家审稿会成员合影

前排左起：孙永东、范建国、张毅、郭寿明、吉祥、张仁德、王荣方、张越善、王宇清

后排左起：刘敏、陈礼彬、严怀余、陈胜昌、顾森林、张小虎、蒋青、赵敏、丁金隆、李松传、陈圣

《靖江市国土资源志》编委会成员合影

序

岁月沧桑，又逢甲午。在这具有特殊含义的2014年，《靖江市国土资源志》历数度寒暑，几易其稿，终于付梓。这是全市人民政治生活中的一件喜事，也是靖江立县以来的又一重要历史文化成果。

“土能生万物，地可发千祥。”大地母亲，恩赐了靖江儿女独特的区位优势，襟江近海，东西南三面临江，南望苏锡常，北倚广袤的苏北平原。境内山水相依，土地肥沃，物产丰饶。靖江人民得天时地利之宜，兼具丰厚的人文底蕴。史载，东吴大帝孙权部下在这里围垦牧马，民族英雄岳飞所率江淮难民在这里定居并繁衍生息，明、清时期群众性抗倭、抗英斗争可歌可泣、彪炳史册。这里是伟大的渡江战役起点，被誉为“东线第一帆”升起的地方，这里是著名实业家、民族工业骄子刘国钧先生的诞生地，这里走出了14位共和国将军、7位两院院士……近年来，靖江利用自身的资源优势，深入推进沿江开发，大力培育优势产业，全市综合实力大幅提升。2014年，在全国县域经济基本竞争力百强县中名列第26位。如今，全市人民正以昂扬的斗志、豪迈矫健的步伐，向着“重树苏中标杆、率先融入苏南”的目标奋进！

古往今来，欲政通人和，必先明地情，而后兴地利。靖江自明成化七年（1471 年）置县以来，先后有 9 部县志和数十部部门志问世。历代志书可谓卷帙众多，但迄今尚无一部系统的国土资源专志。《靖江市国土资源志》以土地为记述对象，立足当代，贯通古今，以翔实的资料为依据，全面系统地记述了靖江这块土地从成陆到开发，从管理到保护的历史，重点记述了改革开放以来全市国土资源管理工作取得的成绩与存在的不足，使靖江人民了解祖先刀耕火种、屯田垦殖的艰辛史实，增强热爱土地、保护耕地的国策意识，从而形成惜土如金、用地有方的良好风气。该志的出版问世顺应历史和现实的需要，不仅填补了国土资源管理在靖江地方志中的空白，而且是人们了解靖江地情的重要窗口，具有较高的资政、存史价值。

“但存方寸土，留与子孙耕。”节约集约用地，是特殊土地市情下谋求圆梦之路的唯一选择。这要求我们深刻认识土地利用与保护的重要性和迫切性，严格执行国家有关土地的法律、法规，充分发挥《靖江市国土资源志》的资政功能，积极运用成功的经验指导实践、规划未来，为实现中华民族伟大复兴的中国梦，励精图治，埋头实干，在靖江这块充满活力的土地上创造新的辉煌，谱写新的篇章。相信靖江的明天一定会更美好！

中共泰州市委常委、靖江市委书记

二〇一四年十月

凡　例

一、本志秉持存真求实的原则，客观记述靖江国土资源开发、利用及管理等方面的历史和现状，着重反映改革开放以后靖江国土资源管理工作取得的成就和经验，力求思想性、科学性与资料性的统一。

二、本志记述的地域范围以靖江市2011年行政区域为准。记述内容立足当代，统合古今，详今略古。上限因事而宜，适当追溯，下限断至2011年。图录、大事记、附录部分内容延至2014年初。

三、本志采用语体文、记述体，综合运用述、记、志、图、表、录和索引等表述方式。以总述、大事记为卷首，12个专章为主体，附录、索引为卷尾。章以下设节、目及子目三个层次。为加强宏观性记述，各章下设无题序，节下视情况设无题小序。

四、为充分展现靖江地情、彰显靖江特色和时代特征，本志采用单立章、节升格处理或加大篇幅等方法，突出记述土地使用制度改革、节约集约用地、基本农田保护、沿江开发用地、土地市场、信息化建设等，并设“靖江、江阴跨江联动开发”专记及明清时期诗赋选等，力求增强志书内容丰富性和可读性效果。

五、本志未设人物章，在国土资源管理工作中具有影响的人一律采用以事系人的方法载入有关章节。《荣誉录》收录域内国土资源系统所获国家、省、市级国土管理部门及靖江市委、市政府以上表彰的集体和个人荣誉。

六、本志纪年，中华人民共和国成立前采用历史纪年括注公元纪年，同一年号在一节之内首次出现时括注；中华人民共和国成立后，采用公元纪年。“新中国成立前（后）”，指1949年10月1日中华人民共和国成立前（后）；“解放前（后）”，指民国38年（1949年）1月28日靖城解放前（后）。世纪、年代用阿拉伯字书写。月、日书写，农历用汉字数字，公历用阿拉伯数字。凡公元纪年，年代前未注明具体世纪者，均属20世纪。

七、本志中地名、机构及单位名称均使用当时的称谓，首次使用时用全称，其后酌用简称。缩略语及需要说明的专用名词、特定事物等采用括注或页下注。1993年10月1日，靖江撤县设市后启用新印章，之前称靖江县，之后称靖江市。行文上靖江市（县）简称为靖江。

八、本志中“外资”指中国大陆以外的资本，“外商”指中国大陆以外的投资商，“境内”“境外”分别指“中国大陆”“中国大陆以外”，“中外合资”“中外合作”中的“外”均指国外和中国香港、中国澳门、中国台湾地区。

九、本志所列各项统计数据，以《靖江统计年鉴》及靖江市国土资源局提供的数据为准。凡有年份而不标明月份的数据，均为年末数。数字和标点符号的使用以国家出版物规定为标准，历史上使用的计量单位名称则照实记载。土地面积计量单位，除使用公顷、平方千米、平方米外，为照顾习惯用法，部分章节仍使用“亩”。

十、本志资料采自历史档案、历代志书、有关图书和社会调查材料，并注意吸收有关方面的研究成果。除特殊情况外，一般不注明出处。

目　录

第一章　地域概况

第二章 土地制度

第三章　地籍管理

第四章　土地利用、保护与开发

第五章　建设用地管理

第六章　沿江开发用地

第七章　土地市场与地价

第八章　地质矿产资源管理

第九章　国土资源税费

第十章　法治建设

第十一章　科技与档案

第十二章　机构　队伍

附　录

索　引

总　述

外语培训学校

靖江位于江苏省苏北平原南端、扬子江畔，北纬31° 56′ ~32° 08′，东经120° 01′ ~120° 33′。地处中国最富庶的长江三角洲经济发展区。水含吴越风韵，土连江淮根系。东南西三面环江，与张家港市、江阴市、常州市新北区相望；东北至西北与如皋市、泰兴市毗邻，境域东西相距 43 千米，南北相距 18 千米，呈两头小中间大的鲇鱼状地形。2011 年年末，境域总面积 655.58 平方千米。其中，陆地面积 559.88 平方千米，占总面积的 85.4%；江域面积 95.70 平方千米，占总面积的 14.6%。全市总人口 67.15 万人，人口密度 1025 人 / 平方千米，是全省人口最稠密、人均土地最少的地区之一。

（一）

靖江地理环境优越。域内唯孤山耸立于中部，余皆长江三角洲冲积平原，地势低平，以横港为界，南低北高，地面高程多在 2.5 米 ~ 4.5 米（黄海高程）。属北亚热带季风性湿润气候，四季分明，气候温和，年均气温 15℃左右；雨量丰沛，年均降水量 1069.1 毫米；光照充足，年均日照总时数 2091.7 小时。土壤肥沃，二、三级耕地占耕地总面积的 70%以上。河港纵横，沟渠交错，有三级以上河道 3963 条，构成纲目分明的水系网络。靖江矿藏欠丰，但水资源令人称羡。水资源总量约 7.3 亿立方米，其中地表水 2.2 亿立方米、地下水 5.1 亿立方米；地下水资源列全省四大远景地下水源地之首，级别大于 10 万吨 / 日。物阜民熙，钟灵毓秀，素有“苏北小江南”之美誉。靖江是中国东部水陆交通要冲，处于江苏省南北交通中轴线与长江的交会点。襟江近海，水运发达，有长江岸线 52.3 千米，所属水域处长江甲、乙级航道之交，是长江黄金水道的一部分。倚江海之通流，控南北之枢纽，交通方便快捷。宁通（南京—南通）高速公路、江平（江都—平潮）公路、沿江高等级公路横贯东西，广靖（广陵—靖江）高速公路、姜八（姜堰—八圩）公路、新长（江苏新沂—浙江长兴）铁路纵穿境内，更有江阴长江大桥飞架南北，南连苏锡常，北接通泰扬。

靖江古称马驮沙，又名骥江、骥沙、骥渚、马洲、牧城、阴沙，约成陆于三国·吴黄龙至赤乌元年（229～250年）前，推行屯田制，时为孙吴属下牧马之洲，属毗陵县暨阳乡。晋代，属暨阳县（今江阴市）。南北朝时，北周大象元年（579年）马驮沙始属海陵县，牧马小沙隶属不变。隋、唐朝马驮沙隶海陵（吴陵）县。南唐昇元元年（937）属泰兴县。宋易名阴沙，仍隶泰兴县。元大半隶泰兴县，小半隶江阴县。明洪武二年（1369年）全隶江阴县。因此地“居长江下游，扼江海门户，捍卫全吴，足称重镇”，明成化七年（1471年）置县，取名靖江，隶常州府。建县时陆地面积约250平方千米。此后，靖江建制和隶属关系不断变化和调整，经数度置废分合、涨坍变化，至清末，陆地面积扩大到400余平方千米。至民国23年（1934年），辖境东至如靖交界之张黄港，西至泰靖交界之西柏木桥，南至江靖交界之八圩港，北至泰靖交界之镇隆桥（今广陵镇）。民国38年4月23日，全境解放。1953年1月，靖江隶扬州专区。1983年，实行市管县体制，靖江隶扬州市。1993年7月14日，靖江撤县设市。1996年7月19日，地级泰州市设立，靖江改由泰州市代管。2010年1月3日，市政府迁驻滨江新城。2011年，全市有1个街道、8个镇，67个社区、188个行政村，831个居民小组、3610个村民小组。配合沿江开发，设立江苏省靖江经济开发区（下辖城南园区、城北园区、新港园区、新桥园区）和江苏江阴—靖江工业园区，另设有市政府城南办事处、江苏江阴—靖江工业园区办事处和滨江新区办事处。

（二）

靖江土地开发利用较早。三国时期吴主孙权设农关，实行屯田。时孙吴部属曾在此围田牧马，历若干年而成村墟。唐、宋时期，即有移民到此围堤造田。南宋建炎四年（1130年）岳飞率军渡江淮流民于阴沙，所随流民在此（今生祠镇）垦殖定居、繁衍生息。由于冲积平原土壤肥美，新开垦的沙地课税较轻，故围田垦荒之举逐渐发展。宋代阴沙“民居以户计者六千有奇”。随着人口的增长和大面积围垦造田，农业生产得到相应发展。元代书画大师赵孟頫题《马驮洲八景》

中有“紫薇烟树”的诗句，可见当时马驮沙景色宜人。至明初，马驮沙“出产类江南，田赋税亩之入重于扬州”。从南宋建炎四年(1130年)至建县前的明成化六年（1470年），靖江已形成生祠堂（今生祠镇）、东阜镇（今斜桥镇）、季家市、侯河市4个集镇聚落（雏形）。明成化七年，首任知县张汝华“经始新邑，官事如家”，历数度寒暑，利用水寨旧址，草创县城，占地510亩。成化八年，全县有7989户、36951人，征税官田、民田、山田、滩田计28.98万亩。靖江气候温润，宜粮宜棉、宜桑宜竹。“其民服田力穑”，农耕发展，除稻麦外遍种桑麻。万历四十二年（1614年），知县赵应旂主政靖江后，在《牧城八景》中对当时的农村如是描绘：“漠漠桑麻野，丛丛水竹居。”种桑育蚕、纺纱织布、竹器编制已为农家主要副业。清顺治六年（1649年），颁布《垦荒令》，不论籍贯，招集逃民，编入保甲开垦荒地，给以印信执照，永准为业。至康熙五年（1666年），域内已有平、沙田56.26万亩。此时的靖江不仅“绰约桃花带雨飘”，而且“渔人醉后学吹箫”，养鱼、捕鱼业已有一定发展。邑人蒋中和咏《靖江八景》中描绘的“百道河身编发网，千家港口打渔湾”，是对当时水产业兴旺的真实写照。历史上，马驮沙四面临江，得益水利，也屡遭水患。“靖水国也，庳处江心，岁岁苦潦。”史料记载，明永乐三年（1405年）至清末（1911年）的507年间，全县发生水灾118次。嘉庆十八年（1813年），江岸坍塌距城墙脚仅43丈。“邑中命脉则以水利为要图。”先民们筑堤治坍，开港建闸，趋利避害，反复整治疏浚，变滩涂为沃土，化泽国为膏壤，靖江方为“鱼米之乡”。道光十四年（1834年），刘闻沙涨滩，“承买各业户垦田约20万余亩有零”。至光绪五年（1879年），域内开挖的港“凡九十有五”，开挖的河则更多。港通南北，河贯东西。民居多傍河而建，河沿栽树，屋后种竹，绿荫丛中掩茅舍。随着土地的拓展和堤圩的层层推进，渐次形成靖江独特的条带形村落模式。民国8年（1919年）域内集镇发展到20个，新港等集镇已是“商贾云集，货栈充溢”。至民国23年，靖江土地总面积62.4万亩。民国期间，中稔之年粮食可敷县内之用。然内忧外患，水利失修，灾害不断，仅长江靖江段就发生洪涝灾害19次，平均2年一遇。“挑起箩担去逃荒，大水退后再回乡。”当时沿江百姓生活十分凄苦。

新中国成立以后，域内开展大规模治水保土工作。20世纪50年代，域内农田水利建设以浚河、筑堤、建闸、发展机电灌排为主，老岸杂谷区进行大面积土地平整及旱改水。六七十年代，域内以治水改土为中心，进行水、土、林、田、路综合治理，实现水利河网化、排灌沟渠化、田块方整化，农村面貌大为改观。至 1976 年，靖江粮食总产 218300 吨，亩均 536 千克；皮棉总产 7730 吨，亩均 64 千克，列全省之冠、全国第四位。1980 ~ 1984 年，完成农田基本建设土方 1976.46 万立方米，其中农田一套沟 500 万立方米，全县建高产农田 26680 公顷，占耕地总面积的 81.46%。1988 年 4 月，国务院批准靖江县为对外开放县。随着改革开放的深入，土地的潜能得以充分发挥。90 年代，建设现代农业示范区和基本农田保护区。1990 年，靖江获评全国粮食生产先进县。1992 年，靖江列全国农村经济综合实力百强县（市）第 46 位。1993 年，靖江获全国明星县（市）称号。1995 年，进入江苏省小康县行列。2000 年后，实施沿江开发、跨江联动和以港兴城、港城相依发展战略，全市经济进入新的快速发展阶段。2008 年，在泰州市率先通过江苏省县级全面建设小康社会达标认定。2011 年，全市实现财政收入 124.78 亿元（首次突破百亿元大关），人均地区生产总值 78706 元，获评中国全面建设小康成长型百佳县市，入选“东部 50 强”，列全省第八。但经济和社会快速发展也付出了较大的土地资源代价。由于开河筑路、居民点扩大和重大工程等各类建设用地数量增多，耕地逐年减少，使人均耕地占有量不断下降。依法合理、节约集约用地，严格保护耕地，已成为全市的重要任务之一。

（三）

在漫长的封建社会里，域内各阶级所占有的土地相差悬殊。1950 年土地改革前，全县地主户人口占全县总人口的 1.2%，占有的耕地却是全县耕地总面积的 23.52%，人均占有耕地面积 30.23 亩；贫雇农户人口占全县总人口的 46.65%，所占耕地仅是全县耕地总面积的 17.70%，人均占有耕地面积仅 0.58 亩。

1950 年起，靖江贯彻中央人民政府颁布的《中华人民共和国土地改革法》，在农村进行土地改革，没收地主、征收富农多余的土地分配给无地、少地的农民，实现“耕者有其田”；将官僚、买办的土地收归国家所有，彻底废除封建土地制度。为适应社会主义大生产的客观需要，从 1951 年年底开始，组织农民走合作化道路，将个体农民土地私有制逐步改造为劳动群众集体土地所有制。1953年起，对资本主义工商业者的生产、经营房地产及私有出租房地产进行社会主义改造，促进城市地权的变化。1956年，基本完成对农业、手工业和资本主义工商业的社会主义改造，域内土地逐步实现社会主义公有制。1982年12月4日，第五届全国人大第五次会议通过新修订的《中华人民共和国宪法》规定："城市的土地属于国家所有。农村和城市郊区的土地，除由法律规定属于国家所有的以外，属于集体所有；宅基地和自留地、自留山，也属于集体所有。"从法律上确定了土地的全民所有制和劳动群众集体所有制性质。

随着经济体制改革的不断深入，靖江对土地使用制度进行一系列改革。1980年起，农村逐步推行家庭联产承包责任制，调动了农民的生产积极性。1990年后，靖江贯彻国务院颁布的《中华人民共和国城镇国有土地使用权出让和转让暂行条例》，域内逐步实行非农业建设用地有偿使用制度。1992年2月，县政府印发《靖江县农村宅基地有偿使用暂行办法》。1993年9月，根据上级文件精神，县政府颁发《靖江县国有土地使用权出让和转让暂行规定》，对国有土地使用权的出让、转让、出租、抵押、终止等作出具体政策规定。是年，靖江成立土地评估作价事务所，开展土地资产评估、确认工作，防止国有土地资产流失。1994年起，在全市开展土地分等定级估价工作，逐步建立健全地价体系和地价修正体系。1997年，市委、市政府印发《关于进一步稳定和完善农村土地承包关系的意见》，建立健全土地承包经营权流转机制。1998年开始，全市国有土地使用权出让从单一的行政划拨、协议出让向招标、拍卖、挂牌出让等市场配置方式转变。1999年，市政府成立靖江市土地资产管理委员会，负责土地资产的宏观管理。2000年，靖江市土地储备中心成立，对城镇闲置和因城市改造"退二进三"（即第二产业转为第三产业）或企业破产、搬迁等需调整利用的土地，由市政府统一收回或收购储备、统一实施出让供应，全市逐步形成"要土地找市场"的建设用地供求新机制。深化土地使用制度改革，从国土资源管理转向资源、资产管理并重，这是一个历史性突破。至2011年，全市共出让土地2113宗、面积3778.02公顷、土地出让总价151.06亿元。其中通过招标、拍卖、挂牌等形式供地544宗、面积1378.23公顷，成交总价93.70亿元。

（四）

土地制度确定后，土地关系的调整和土地利用优化的关键在于土地管理。新中国成立之初，全县城乡土地和地政由县政府统一管理，由民政科、建设科承办。1956年后，土地公有制的建立，为工农业生产及城乡建设用地创造了良好条件，土地的使用由集体经济组织支配和国家行政配置。但由于长期实行部门分管、城乡分割的土地管理体制，加之土地法治建设滞后，出现违章用地和浪费土地现象。1986年1月，靖江县农村土地管理办公室成立，集中行使全县农村土地管理职能。翌年8月，靖江县土地管理局成立，对全县城乡土地实行全面统一管理。建局之初，根据新时期土地管理制度确立的原则，对土地管理体制进行改革。1989年，在建立健全局内设职能科室的基础上，全县24个乡镇均建立土地管理所，各村明确土地管理员，形成三级土地管理网络，建成统一管理全县城乡土地和地政的新体制。是年起，县土地管理局认真贯彻落实土地基本国策，依法管理土地，全县土地管理逐步由单一的征（使）用土地转变为土地的开发、利用、保护、整治等全方位管理，由单靠行政手段管理逐步转变为行政、经济、法律和科技相配套的科学管理。全市（县）城乡土地管理体制的改革，开启了靖江保护耕地、保障经济发展的新局面。

1997年，按省政府要求，域内对各乡镇土地管理所实行双重领导，人员实行招聘录用。是年8月，靖江市土地管理局更名为靖江市国土管理局，各乡镇土地管理所更名为国土管理所。随着土地管理体制改革的深入和管理职能的扩展，2001年11月，市委、市政府决定组建靖江市国土资源局，翌年4月，市国土资源局成立。2004年起，市国土资源局领导干部实行双重管理体制，以中共泰州市国土资源局委员会管理为主；局内职能科室逐步增至8个，下属事业单位增至19个，市国土资源系统管理人员增至164人。2006年，为加强国土资源管理工作，靖江在国土资源管理体制改革中又迈出新步伐。是年撤销10个国土资源所、1个办事处，保留开发区分局（副科级），另建立5个股级分局。2007年7月，增设江阴—靖江工业园区分局（股级）。2009年，6个国土分局由股级调整为相当于副科级，2个省级开发区分局调整为市局派出机构。至2011年，市国土资源局设有行政科室8个、事业单位6个，下属单位12个、派出单位2个，有国土资源专职管理人员155人。国土资源管理体制改革为国土资源管理提供了组织保障。市国土资源局在上级国土资源管理部门和市委、市政府的正确领导下，面对人地矛盾突出的现状，以改革创新的工作思路破解难题，保资源、促增长，保规范、促发展，推动全市国土资源管理工作不断向纵深发展。同时坚持以人为本，加强队伍建设，进行职业道德教育、廉政勤政教育和岗位培训，开展土地科研调研和学术交流活动，提高人员素质和国土资源管理水平。全体土地管理工作者认真履行“国土卫士”职责，依法科学管理土地，在文明服务中不断提升“靖江国土”的整体形象，涌现出一批部、省、市级先进模范人物。1987～2011年，靖江国土资源管理系统获得靖江市（县）级以上集体奖184项，76人次获得靖江市(县)级以上个人奖60项。

（五）

地籍是搞好国土资源管理工作的基础，也是征收赋税的依据，历代都很重视。明初，编制“黄册”“鱼鳞册”，为后代所沿用。清初有“赋役全书”等地籍图册，康熙、乾隆、同治、光绪年间，先后发给业主由单、印单、执业方单、纳户执照等，作为管业凭证。民国期间，土地登记后由政府颁发部照、土地所有权状。为征田赋，历代均清丈田地。靖江可考的田地清丈，最早为明成化八年（1472年），即建县第二年。其后又历经多次清丈。清制规定对芦洲三年一查、五年一丈，以便及时掌握滩地的涨坍情况。民国24年（1935年）统计，靖江有平田54.94万亩。新中国成立初期，全县进行“土地普丈”“查田定产”，主要是为土地改革、农业合作化服务。通过整理赋籍，革除旧的田赋制，改征农业税。社会主义土地公有制建立以后，随着国家工作重点的转移，地籍管理日益受到各级政府的重视。1959年、1982年两次土壤普查，查清了域内的土壤类型及分布，为土壤的利用和改良提供了依据。1982年、2008年进行的两次土地详查，是新中国成立以来开展的规模较大的地情、地籍调查，不仅查清域内的土地资源状况，而且分清了地属界、地类界，理顺了土地权属关系，积累了大量的国土资源资料，结束了国土资源“家底不清”的历史。权属是地籍管理的核心。1989 年 1 月至 8 月，靖江进行城镇国有土地使用权初始登记。全县申报登记的单位 1482 个、宗地 2060 宗、面积 1085.41 公顷，申报登记的居民 6188 户、宗地 7500 宗、面积 52.50 公顷，申报率均达 99%。1996 年，进行农村集体土地使用权初始登记，全市初始登记的农村单位集体土地建设用地 2820 宗、农村居民用地 167679 宗。至 2011 年，按照《城镇村庄地籍调查规程》《土地登记办法》，本着权属合法、面积准确、界址清楚的原则，全市共确权发放国有土地使用权证 47626 本、集体土地建设用地使用权证 31648 本。

1992 年起，靖江逐步完善国有土地使用权转让、出租、抵押登记制度，至 2011 年，全市共办理变更登记 10217 宗、面积 1221.94 公顷，办理土地使用权抵押登记 5466 宗、面积 5370.35 公顷，并以村、场圃为单位发放集体土地所有权证 193 本。市（县）土地管理部门严格执行土地统计报表制度，土地统计工作逐步趋于规范化、制度化。重视土地档案管理，1998 年局档案管理工作达省一级标准。2002 年，市国土资源局以省建设用地报批信息化试点为契机，加快国土资源信息化系统建设。2003 年起，全面启动地籍管理信息化建设，依靠全球定位系统（GPS）、遥感（RS）和地理信息系统（GIS）等现代测绘技术，取得全面、翔实、准确的靖江国土资源信息，为建立现代地籍管理制度、实现科学管理打下坚实基础。

（六）

建设用地管理是国土资源管理的重要组成部分。民国期间，国民政府于民国 17 年（1928 年）制定《土地征收办法》《公有土地管理办法》，民国 19 年 6 月颁布《中华民国土地法》，民国 24 年 5 月又公布《中华民国土地施行法》，对因建设需要征收土地的范围以及各级政府机关使用公有土地等，均作了具体规定。

新中国成立后，为制止乱占滥用土地，1953 年 12 月，中央人民政府政务院颁布《国家建设征用土地办法》，这是新中国成立后制定的第一部有关建设用地管理的法规。此后，办理征用土地的手续逐步完备。实现土地社会主义公有制后，城镇居民建房用地必须得到居民委员会许可、上级部门批准。农村居民建房用地必须个人申请，生产队、大队同意，报公社批准。集体建设用地一般利用空地，由公社自定自用。为合理布局、防止浪费，集体建设用地计划须经上级主管部门批准。1964年，县人民委员会颁布《靖江县基本建设工作管理暂行办法》，控制土地征拨使用，规范社队企业用地管理。但由于土地管理多头、分散，闲置和浪费土地现象较为普遍。1982年2月13日，国务院颁布《村镇建房用地管理条例》，5月14日，国务院又颁布《国家建设征用土地条例》。靖江贯彻国家和省有关法律、法规，从而依法保证各个阶段国土资源管理工作的顺利进行。1987年8月起，建设用地须经县土地管理局审核报县政府批准。1989年，县委、县政府先后印发《关于全民、集体单位建设用地的管理意见》《关于农村居民宅基地的管理意见》等政策性文件，整治全县违法用地行为，净化土地市场。为规范建设用地管理，严格控制乱占、滥用耕地，是年起，土地管理部门在严格执行计划用地的同时，实行建设用地跟踪管理、全程管理和许可证制度。

1992年，靖江设立经济技术开发区，域内建设用地逐渐增多。是年起，市（县）政府制定了一系列控制新增建设用地的措施。土地管理部门受市（县）政府委托，按照“服从大局、服务中心、保护资源、保障发展”的方针，对各类建设用地实行统一规划、统一征用、统一开发、统一出让、统一管理。1997年后，对全市非农业建设用地实行规划管理“一图一表”的审批制度。1999年起，市国土管理局按照新修订的《中华人民共和国土地管理法》规定，进一步加强建设用地的计划管理、定额管理和审批管理，严格实施土地用途管制制度。按照“保证重点，兼顾一般”的原则，严把建设项目预审关口，严格执行非生产性建设不得突破项目用地总量7%的规定，全市共核减粗放用地166.67公顷。2006年后，贯彻国务院《关于加强土地调控有关问题的通知》，国土资源管理和耕地保护的责任主体由部门转变为政府。市委、市政府针对农用地转用指标偏紧的宏观环境，按照“依法依规、从严从紧、有保有压、节约集约”的思路，优化用地结构，优先保障沿江重大建设项目和“高效益、高就业、低消耗、低污染”产业用地。并逐步完善被征地农民生活保障制度，不断提高征地补偿安置标准，切实维护被征地农民的合法权益。至2011年，靖江港已成为新兴的现代化国际性商港，建成万吨级泊位45个，成为国家一类开放口岸，形成船舶制造、金属材料、木材加工、粮食仓储、现代物流、机电及汽车配件、冶金石化、能源等主导产业群。靖江经济开发区和江阴—靖江工业园区成为引领全市发展的主引擎、经济增长的主板块。

（七）

靖江人多地少，耕地资源的保护始终是国土资源管理工作的首要任务。20世纪80年代后期，县政府贯彻执行“十分珍惜和合理利用每寸土地，切实保护耕地”的基本国策，坚持“一要吃饭，二要建设”的基本方针，走“节流”和“开源”并重之路。1988年，国务院《土地复垦规定》和1989年《江苏省土地复垦实施办法》颁布后，县政府编制土地复垦规划，加大土地开发复垦力度，将土地复垦与老村庄改造、发展庭院经济、农田水利和农村道路建设相结合，提高土地复垦综合效益。1989年至2011年，全市共投入开发、复垦资金14853.10万元，开发、复垦面积3993.53公顷，新增耕地2064.71公顷，仅马洲岛（江心滩）就围堤造田469.33公顷。

为合理配置土地资源，优化土地利用结构，提高土地利用整体效益，1991年、1997年、2006年先后3次修编靖江市（县）和乡镇土地利用总体规划，将各业用地纳入规划管理轨道。坚持节约、合理用地，切实保护耕地。1993年起，在宁通公路、新长铁路、广靖高速公路等重大项目建设中，推广和运用定点取土的方法，加大挖土深度，减少挖废面积39.07公顷。是年，全市划定基本农田保护区27个、保护片346个、保护块4148个，总保护面积28458.49公顷。1995年10月，市政府印发《关于加强基本农田保护管理的意见》，进一步完善基本农田保护的长效机制，实现基本农田保护手段信息化、管理网络化、监督社会化。

1997年起，加强矿业资源管理，编制黏土等矿产资源开发利用规划，出台加强矿产资源管理文件，对长期失控的砖瓦生产企业用地进行清理整顿和专项治理，规定以土地整理黏土、河道疏浚淤泥为黏土重点开采资源，禁止在基本农田开采黏土，合理规划砖瓦生产企业布局，限定砖瓦生产企业数量。1989~2003年，全市（县）共关闭砖瓦窑588座，并全部拆除复垦到位。

2003年，市委、市政府提出“三集中”（工业向园区集中、人口向城镇集中、住宅向社区集中）的节约集约用地战略，撤销镇级工业园，推动新型工业化、新型城镇化、农业现代化同步发展。2004年起，靖江市实施市镇联动开发，探索适合靖江实际的集约发展道路。2005年后，加快“腾笼换鸟”，加大闲置土地盘活利用力度，通过内涵挖潜等途径，提高土地利用效率和产出效益。全市共盘活存量土地330公顷。2006年起，坚持耕地占补平衡，市政府拨专项资金用于耕地和基本农田建设，大力发展优质、高效生态农业，增加土地产值。还根据上级有关规定，实行异地开发、异地补充，做到资金与资源的优势互补，使耕地得到补偿，努力保持全市耕地总量动态平衡。

2010年，靖江被国土资源部列为全国土地节约集约模范市创建试点县（市）。市委、市政府对此高度重视，成立由市长挂帅的创建工作领导小组，并作出具体部署。市国土资源局对建设用地强化“批前早介入、批中严把关、批后重监管”的全过程监管模式，从产业政策、规划用途、用地规模、计划指标等方面，提出更为严格的节约集约用地标准，严把招商选资、用地预审、项目供地关口，重点控制投资总量、投资强度、产出水平和注册资本4个指标，促使企业转型升级，由“资源换取增长”向“资源优化增长”转变。鼓励企业建多层标准化厂房，向空间和地下要土地。推动住宅用地方式的转变，至2011年全市8个镇、1个街道共规划建设10个居民集中居住点，建成公寓式农民安置房98万平方米，有5100余户入住，比一户一宅式安置住宅节约近30%的土地。进行工业用地出让方式改革，建立工业用地指标竞价机制、制约机制和补偿机制，在工业园区推行工业用地“价高者得”竞价出让试点，对部分中小项目用地，参照经营性用地出让模式运作，增强工业用地的市场竞争水平，真正实现“举牌拿土地，市场定价格”。控制总量，管住增量，盘活存量，引导生产要素向沿江集聚，以集聚促集约，提高全市土地利用集约化水平。《人民日报》等媒体对此作了报道。是年，靖江市获首届全国国土资源节约集约模范市称号。

（八）

为了教育广大干部群众爱惜土地、珍惜耕地，20世纪60年代起，靖江先后制定一系列国土资源管理规范性文件。1987年后，靖江逐步形成县、乡镇、村三级土地监察网络。1989年，县土地管理局建立土地信访制度。1991年起每年围绕“6·25”全国土地日宣传主题，结合“普法”教育，通过各种形式大张旗鼓地宣传土地管理法律、法规和政策。是年在各乡镇开展创建“土地管理无案乡镇、村、组”活动。1992年后，在创建无案乡镇、村、组的基础上，各乡镇继而开展以“无违法批地、无违法管地、无违法用地”为内容的创建土地管理“三无”乡镇活动。1995年，靖江市土地行政执法监察领导小组成立，土地行政执法监察工作进一步加强。是年，全市创建“三无”乡镇11个。1998年，市国土管理局为适应土地管理工作需要，成立靖江市土地监察大队。2001年，全市建立13个土地监察中队。2005年，进一步改革市国土资源执法监察体制，在全市按区域设立5个监察中队，配备专职监察人员，加强对全市的土地的巡回监察。2007年起，全市各村聘请191名土地监察信息员，形成全天候、全方位、全覆盖的土地执法监督网络。是年，办、结案率均达100%，年末靖江市首获江苏省土地执法模范市称号。

2008年，市国土资源局创新工作思路，在全市开展“土地执法模范市”“土地管理模范镇”和“基本农田保护模范村”的“三模”联创活动。是年，靖江市国土资源局被国土资源部表彰为土地执法百日行动长效管理先进单位。2009年3月，市政府出台《关于开展土地执法模范市土地管理模范镇基本农田保护模范村创建活动的意见》，成立由市长任组长的“三模”联创领导小组，市政府办公室下发《靖江市土地管理模范镇、基本农田保护模范村创建活动考核细则》，推动“三模”联创活动在全市扎实开展。2010年2月，靖江市国土资源局被国土资源部表彰为全国国土资源执法监察工作先进集体。1987～2011年，全市共查处土地违法用地1173宗，受理群众涉土来信、来电4668件（次），接待群众涉土来访2389次、4232人。市国土资源管理部门在执法中强化国土观念和惜土意识，提高广大干部、群众依法用地的自觉性，维护土地所有者和土地使用者的合法权益，做到处理一案、教育一片、影响一方。2007～2011年，靖江连续5年获评江苏省土地执法模范市。

国土资源管理工作功在当代，惠及千秋。面对新形势，勤劳智慧的靖江人民，特别是国土资源管理人员，在市委、市政府和上级主管部门的领导下，将立足新起点，开启新征程，以努力实现耕地总量动态平衡为目标，依法加强国土资源管理和土地资产管理，珍惜土地，保护耕地，守住红线，用最小的土地代价，获取最大的发展效益，为保障靖江经济社会持续稳定发展，继续开拓前进，再创新的辉煌！

大 事 记

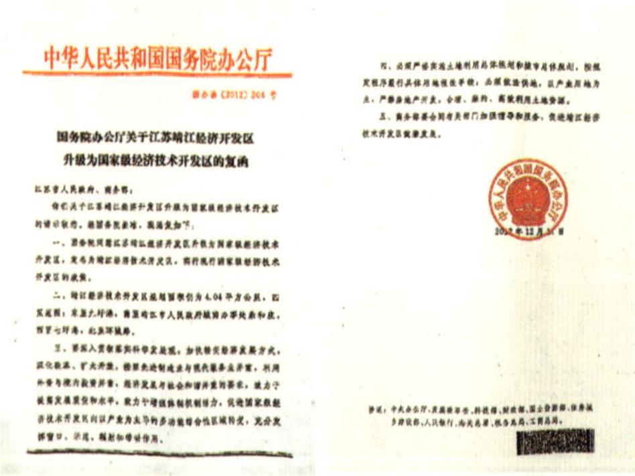
中华人民共和国国务院办公厅

国办函〔2012〕204号

国务院办公厅关于江苏靖江经济开发区
升级为国家级经济技术开发区的复函

江苏省人民政府、商务部：

你们关于江苏靖江经济开发区升级为国家级经济技术开发区的请示收悉。经国务院批准，现函复如下：

一、国务院同意江苏靖江经济开发区升级为国家级经济技术开发区，定名为靖江经济技术开发区，实行现行国家级经济技术开发区的政策。

二、靖江经济技术开发区规划面积为6.04平方公里，四至范围：东至九圩港，南至靖江市人民政府城南办事处和路，西至七圩港，北至环城路。

三、要深入贯彻落实科学发展观，加快转变经济发展方式，深化改革、扩大开放，推动先进制造业与现代服务业并重，利用外资与境内投资并重，经济发展与社会和谐并重的要求，致力于提高发展质量和水平，致力于增强体制机制活力，促进国家级经济技术开发区向以产业为主导的多功能综合性区域转变，充分发挥窗口、示范、辐射和带动作用。

四、必须严格执行土地利用总体规划和城市总体规划，按规定程序履行具体用地报批手续，必须依法供地，以产业用地为主，严禁房地产开发，合理、集约、高效利用土地资源。

五、商务部要会同有关部门加强指导和服务，促进靖江经济技术开发区健康发展。

2012年12月 日

抄送：中央办公厅、发展改革委、科技部、财政部、国土资源部、住房城乡建设部、人民银行、海关总署、税务总局、工商总局。

[redacted]

三　国

吴赤乌元年（238 年）前

扬子江入海口“百里之洲隆起”，时为吴主孙权牧马大沙。据前人辨析，因吴语“大”“驮”同音，遂讹为马驮沙（隔江一洲为牧马小沙），隶毗陵典农校尉（二级政区）之毗陵县暨阳乡（今江阴市）。其北部水域及今季市镇一带隶广陵郡海陵地。

三国时期，推行屯田制。吴赤乌年间（238～250 年）吴郡都尉顾承等率部会佃毗陵，屯田客有数万人。

晋

太康元年（280 年）

武帝颁行占田制，农民男子每人占田 70 亩，女子 30 亩。

太康二年（281 年）

置暨阳县（今江阴市）。马驮沙及牧马小沙隶毗陵郡暨阳县。其北部水域及今季市镇一带隶广陵郡海陵县。

南北朝

北魏太和九年（485 年）

孝文帝颁布均田令，按性别劳力，授田于民。此后至唐前期皆实行均田制。

梁绍泰元年（555 年）

废暨阳县，置江阴郡江阴县，马驮沙及牧马小沙属之。

北周大象元年（579 年）

马驮沙及其北部（今孤山、季市镇一带）属吴州海陵郡海陵县，牧马小沙仍隶江阴郡江阴县。

隋

开皇九年（589 年）

吴州改称扬州，马驮沙及北部隶扬州总管府。南部牧马小沙隶常州府江阴县。

唐

武德二年（619 年）

推行以均田制为基础的“租、庸、调”法。

武德三年（620 年）

废郡建州。海陵县改名吴陵县，以县置吴州，马驮沙及北部隶吴州吴陵县，牧马小沙隶暨州江阴县。

武德九年（626 年）

马驮沙及北部隶扬州海陵县，牧马小沙隶常州江阴县。

贞观元年（627 年）

马驮沙及北部隶淮南道扬州府海陵县，南部牧马小沙隶江南道常州府江阴县。

建中元年（780 年）

改行两税法，一年夏秋两税，夏税征麦、秋税征米，将丁税和田税分离，并进行大地规模土地调查。

五代十国

南唐昇元元年（937 年）

以海陵置泰州，同时划海陵县南 5 乡置泰兴县。马驮沙及北部隶泰州泰兴县，南部牧马小沙仍隶常州江阴县。

宋

开宝二年（969 年）

规定典、买田宅应在两个月内向官府输钱，请求验印，名印契钱。

开宝八年（975 年）

宋灭南唐。马驮沙易名阴沙，隶泰兴县；南部牧马小沙隶江阴县。

熙宁五年（1072 年）

为整理税籍、清查田亩，颁方田均税法，又称“千步方田法”。此后，每年 9 月派员分地丈量，按地势土质分五等，以定税则。

建炎四年（1130年）

十一月初五，岳飞（时任通泰镇抚使、泰州知州）率军渡江淮流民至阴沙。

绍兴十二年（1142年）

推行经界法。

咸淳年间（1265~1274年）

孔子五十二世孙孔元虔在西沙长安团陈公港西南三里建马洲书院。

元

至元十六年至至正二十八年（1279~1368年）

马驮沙及北部（今季市镇）隶泰兴县，牧马小沙隶江阴县。

至正三年（1343年）

于思岳桥西重设巡检司公署（宋代初设待考）。

至正十六年（1356年）

张士诚之弟士德遣将朱定、徐太二，驻马驮沙筑水寨（即今靖城镇）。

明

洪武元年（1368年）

诏令天下，奖励开垦土地，规定土地为垦者所有，并免征三年田赋。

洪武二年（1369 年）

马驮沙、牧马小沙全隶江阴县（孤山及其北部仍属泰兴县）。编户 55 里，每里 110 户。

洪武三年（1370）

推行户帖制，全面登记户口，分籍和帖两类，分别记载“户之乡贯、丁口、名、岁”，籍为官府保管，帖由民户收存，每岁校对一次。

洪武十四年（1381 年）

正月，诏天下以户为主造《黄册》，编里甲，查田亩，并令十年一改定。

洪武二十年（1387 年）

命国子生分行各州县，丈量田亩，查粮定区，以田为经编制《鱼鳞图册》。

洪武三十一年（1398 年）

正月，令民垦田。

成化元年（1465 年）

江阴县令王秉彝在衙前港（今靖城郊外）建水次仓（俗名积谷仓）。

成化三年（1467 年）

巡抚高明以江盗不靖，奏设县丞一员，署理马驮沙。

成化七年（1471 年）

应天巡抚滕昭奏分江阴之马驮沙置靖江县（泰兴所辖孤山一带亦划入），隶常州府。实行团图里甲制，全县有 10 团、× × 图（待考）、58 里、580 甲。

是年起，首任知县张汝华于水寨旧址营建土城，周 3 里许，计地510 亩。

成化八年（1472 年）

九月，江阴县将新港南首江中永乐、崇明两镇（清初坍没）划归靖江。

是年，清丈田亩，核定户口，全县计 7989 户、36951 人，有官田、民田、滩田、山田共 289758.16 亩。

成化十年（1474 年）

知县张汝华迁建崇圣寺于城内东侧，为习仪祝福之所。

弘治元年（1488 年）

长江主航道南移，北大江壅涨，孤山南向登陆。此次涨沙，靖江新增土地面积 9.68 万亩。

弘治十四年（1501 年）

干旱，孤山东北角崩塌。此后在嘉靖、万历年间又有过崩塌。

嘉靖三年（1524 年）

长江靖江段苏家港口设渡，名谭公渡。

是年，知县易干巡视至西沙焦山港坍处，得断碣（即相传之“赤乌碑”），其文不续。中云：“此沙（马驮沙）为吴大帝牧马大沙，隔江一洲为牧马小沙。”

嘉靖八年（1529 年）

八月二十三日，江涸半晌。江边民奔取江中物，四顾江岸如山，俄顷水涨，人多不及抵岸而死。

嘉靖二十年（1541 年）

招抚流亡，增编 2 里。全县有 10 团、××图、60 里。

嘉靖二十八年（1549 年）

靖江两沙原以一套水（即两沙中的夹江）为界，是年套水渐涨为陆，两沙始合为一。境域东西约 130 余里，南北约 30 余里。

隆庆三年（1569 年）

知县张秉铎主持修钟楼。

万历九年（1581 年）

改行"一条鞭法"，将赋与役编合为一。

万历十年（1582 年）

全国进行大规模土地清丈。

天启年间（1621~1627 年）

北大江水势趋缓，自北而南，同时自西而东，逐渐淤塞，靖江西北始涨连泰兴。

扬州府为平息县界纠纷，开挖靖泰界河（西段），长 50 余里。

崇祯元年（1628 年）

知县叶柱国主持浚阜民河，长 90 余里。

崇祯七年（1634 年）

靖、泰百姓为边界起争端。知县唐尧俞主动让步，两县多年争界纠纷始息。

崇祯八年（1635 年）

始定田房买卖官制契纸。

崇祯九年至十二年（1636~1639 年）

北大江涨连如皋，新增土地 25.12 万亩，形成靖江腹部孤北洼地。靖、泰争界纠纷又起，杀伤颇多。知县陈函辉让出今季市镇以西数百顷土地给泰兴县，争端始息。

崇祯十一年（1638 年）

全县增至 l0 团、60 图、100 里。同时实行“十家牌”法，即在团以下设保甲。每团有 10 保，每保有 10 甲。

是年，陈函辉鸠工开浚团河，两月告竣。河宽 5 丈，深 1.5 丈，东西绵亘 70 余里，贯通全县 10 团。

崇祯十二年（1639 年）

陈函辉主持建寒山闸。翌年，建东山闸、平山闸。

清

顺治四年（1647 年）

实施垦政和屯政，清丈土地，收新旧在册水滩 8.1 万亩，共派银 2187 两。

顺治六年（1649 年）

颁布《垦荒令》，规定不论籍贯，招集逃民，编入保甲并垦荒地，给予印信执照，永准为业。

顺治九年（1652 年）

定《赋役全书》（记载赋役数额的册籍），改按户口征发的徭役为折征银两。

康熙元年（1662 年）

始行《顺庄法》，不论士绅民户，一概编入里甲，均应服徭役。

康熙五年（1666 年）

泰兴、如皋代浚靖江五大港，以泄北水入江。议定泰兴开挖蔡家港（今下六圩港北段）、庙树港（今八圩港北段）、石碇港（今十圩港北段）、柏家港（今罗家桥港北段），如皋开挖夏仕港。挖废靖江土地 831.64 亩。

康熙四十七年（1708 年）

诏令全国测绘地图。

康熙五十一年（1712 年）

实行“盛世滋丁，永不加赋”之规定，减轻农民负担。

雍正六年（1728 年）

实行“摊丁入亩，地丁合一”制度。

乾隆十五年（1750 年）

定耗羡归公之法。

乾隆十九年（1754 年）

江涸，约半小时。

乾隆四十六年（1781 年）

靖江东部坍江纵深 10 余里。

嘉庆四年（1799 年）

靖江西部刘闻段有沙洲突起江心，取名磨盘沙。

嘉庆十八年（1813 年）

靖江中部大面积坍江，南门外天后宫、关帝庙及文峰塔先后坍入江中，从江边至城墙根仅存 43 丈。翌年二月起，自澜港东至苏家港筑防坍石堤 731 丈，历时 70 天竣工，耗银 9.59 万两（含透支 1 万两）。

道光十四年（1834 年）

刘闻沙涨滩，从西部泰兴县蜘蛛港向东，陆续涨过靖江县城连老岸，直涨至如皋南江口，新涨滩田 25 万余亩。

道光三十年（1850 年）

县衙大堂因台风倒塌，县署移驻刘闻沙正东圩（今东兴镇），至同治十一年（1872 年）知县叶滋森重建大堂、修内署，方还旧治。

咸丰六年（1856 年）

知县富克精阿各拨沙田 100 亩充育婴堂、养济院经费。

同治四年（1865 年）

清丈土地，重订《赋役全书》，编载全县平、沙二田折实一等平田 547902.42 亩，向业户颁发执业方单。

光绪二年（1876 年）

知县叶滋森令裁撤尼庵。翌年，将庵产田地 690 余亩充作公益事业经费。

光绪四年（1878 年）

国营招商局和太古、怡和 3 家轮船公司在八圩设轮船停靠站。

光绪十七年（1891 年）

知县叶大庄主持建魁星阁，占地 40 平方米。

光绪二十六年（1900 年）

颁行“地契官纸”。

宣统元年（1909 年）

废除团图制，实行市、乡制。全县原 10 团 60 图划为 5 市 4 乡 9 个自治区。

同年，契税改为从价比例税率，征收卖契税 9%、典契税 6%。

中华民国

民国元年（1912 年）

县民政公署设主计课管地籍和田赋，设劝业课负责建设用地事宜。

是年，苏州第二农校毕业生方香久创桑蚕场，场址在县城北门外楞严庵。

国民政府制定《田赋新章》，统一赋率、赋额。

民国 2 年（1913 年）

县民政公署改为县知事公署，田赋、财政由县知事总揽。

民国 3 年（1914 年）

1 月 11 日，国民政府颁布《中华民国契税条例》和《验契条例》（民国 22 年，靖江按此执行）。

5 月 23 日，废府、州、厅设省、道、县，靖江隶江苏省苏常道。

7 月 31 日，施行《官产处分条例》。

民国 4 年（1915 年）

12 月 28 日，私垦官荒须遵章领垦，按荒山地、填筑地、垦辟地各分上、中、下三等，每亩纳 0.6 元～40 元领垦费。

是年，将原明清时校场改建为县公共体育场，占地 2500 平方米。

民国 6 年（1917 年）

设沙田局，管理域内沙田、芦滩及围垦事宜。民国 25 年春，因沙田局官绅勾结，并吞、隐抗、罩报沙田，农民奋起反抗，一举将其捣毁。

是年，通海联军营长王达夫在崇圣寺后建私人花园（人民公园前身）。民国 8 年由地方经济委员会接管。

刘莲舫、刘藕舲、刘玉衡、陈科甫、盛金亮等成立“龙驹沙”垦殖公司，报买沙滩 2 万亩，定名龙驹沙，筑岸围田，招佃耕种。

民国 10 年（1921 年）

7 月，靖江中东部遭受江洪袭击。沿江地区破堤决圩，淹没农田 10 万余亩。

民国 13 年（1924 年）

秋，刘藕舲在《上海时报》发表《靖江、如皋两县退出长江下游治江会宣言书》，批驳张謇等人在段山南漕筑坝损人利已之主张，受到各界人士的赞扬。

是年，设立靖江地方款产处，民国 16 年改为公款公产管理处，掌管公地公产。

民国 16 年（1927 年）

10 月 21 日，设建设局（由实业局改称），兼管建设用地事宜。

是年，置民国靖江县政府，设民政科管理地政工作。

民国 17 年（1928 年）

建首条公路——江靖公路（天后宫—八圩港口），长 7.9 公里、路基宽 7 米，征划土地 90 余亩。民国 35 年（1946 年）拓宽为 10 米。

是年，改田赋为地价税。

民国 18 年（1929 年）

建姜（堰）八（圩）公路靖城至季家市段，路基宽 7 米、长 18 公里，用地 200 余亩，路线从靖城天后宫经体育场东首向北，沿老十圩港西岸直达季家市。

是年，实行区、乡（镇）、闾、邻制。全县划 8 个区，辖 240 乡、33 镇，编 2803 闾、13600 邻。

民国 19 年（1930 年）

6 月 30 日，国民政府颁布《中华民国土地法》。全文分为总则、地籍、土地使用、土地税、土地征收五编 397 条。阐明"平均地权"是民国时期解决土地问题的唯一办法。

民国 20 年（1931 年）

3 月，按户调查户口，编组保甲。

是年，全县植造"中山纪念树"1 公顷。

民国 21 年（1932 年）

10 月，靖江、如皋两县为张黄港辟沙开港发生界址纠纷，江苏省政府民政、建设两厅派员协调，纠纷得以解决。

民国 22 年（1933 年）

国民政府通令，废除粮租名目，统称田赋，废两改元。

民国 23 年（1934 年）

国民政府废闾邻制，推行保甲制。靖江分 8 个区、23 个镇、102 乡、735 保、7648 甲，有 69652 户、351908 人。

民国 24 年（1935 年）

4 月 5 日，国民政府公布《中华民国土地施行法》，民国 35 年 4 月 29 日修正后再次公布实施，与《中华民国土地法》具有同等法律效力。

是年，靖江成为蚕桑改良区，亦称模范区。

是年统计，全县有平田 549440 余亩。

民国 25 年（1936 年）

6 月 19 日，省政府颁发实施《整顿田房契税章程》。

民国 29 年（1940 年）

8 月下旬，建立中共靖江县委员会，成立靖江县抗日民主政府，由民政科负责地政、财政科负责地籍、税收等工作。

9 月，中共靖江县委在八区王家桥、同心桥开展让租让息试点工作。

是年，季家市由泰兴县划属靖江县。

民国 30 年（1941 年）

5 月，中共靖江县委工作队在七里庵、大坝头进行减租减息试点。翌年下半年，“二五减租”工作在县抗日根据地全面展开。

民国 31 年（1942 年）

靖江抗日根据地征收卖契税 6%～10%，典契税按卖契税减半征收。

民国 33 年（1944 年）

春，县抗日民主政府设生产建设科，兼管建设用地事宜。

秋，田赋改征实物。

民国 34 年（1945 年）

9 月，靖江抗日民主政府改称靖江县政府。

民国 35 年（1946 年）

5 月 4 日，中共中央发出《关于清算减租及土地问题的指示》，即“五四”指示。

6 月，县委进行土改试点。7 月，土改全面推开，10 月，因战争所迫土改告一段落。

是年，民国县政府编制《城镇营建规划》。

民国县政府清理出租房地公产，计出租公房 44 间、公地 2233.56 亩。4～12 月两项租金收入共 50058045 元（法币）。

民国县政府建设科疏浚北门外护城河 800 米、玉带河 500 米、城内市河 1670 米，并在城内修介寿路（今人民路），使季（市）靖（城）公路从关帝殿穿城而过，直达季家市。

民国 36 年（1947 年）

8 月下旬，泰兴县蒋华、曲霞、广陵 3 区与靖江合并，成立靖泰县。

10 月 10 日，中共中央颁布《中国土地法大纲》。

11 月，县政府设民政科管理地政业务。

是年，民国县政府成立房产评价委员会，对城区公、私房屋进行调查统计和评价。

民国 37 年（1948 年）

10 月，西来镇划属如西县管辖。翌年 6 月，西来镇复归靖江县。

12 月 5 日，季家市划属如西县管辖。翌年 5 月 5 日，季家市复归靖江县。

民国 38 年（1949 年）

1 月 28 日，靖江城解放。

同月，废除保甲制。

4月23日，全境解放。

5月，撤销靖泰县，恢复靖江县原建制。蒋华、曲霞、广陵3区仍划归泰兴县。

同月，县政府设建设科，兼司工业、交通、水利等建设用地事宜。

7月，受暴风雨侵袭，江港堤防决口156处，被淹农田15.34万亩。

8月，户籍普查，翌年结束，建立新型户籍管理制度。

中华人民共和国

1949年

10～12月，水利部责成长江工程局对靖江江堤进行全线勘测，设计培修方案。翌年3月复堤工程开工，5月竣工。

1950年

4月，中央人民政府政务院颁布《契税暂行条例》，执行“买6典3”契税税率。

6月，中央人民政府颁布《中华人民共和国土地改革法》。

7月，靖江县政府改为靖江县人民政府（以下简称县政府）。

8月，县政府设农林科，兼司水利建设用地事宜。

9月10日，靖江新解放区土地改革试点工作开始，11月全面展开。

9月26日、12月6日，扬州市人民政府（以下简称扬州市政府）、苏北人民行政公署先后颁布《公有房地产管理暂行办法》，通令各地执行。

同月，中央人民政府财政部发布《关于农业税土地面积及常年应税产量订定标准的规定》。域内始征农业税。

12月14日，县政府颁发《靖江县公有房地产管理暂行办法》。

是年，中央人民政府内务部召开第一次全国民政会议，明确民政部门负责地政工作。

1951 年

2 月，县政府动员 37 个乡民工 6893 人，疏浚八圩港。

6 月，根据中共中央华东局结束土改工作的五大标准，全县开展土改复查工作。

6 月 11 日，经苏北人民行政公署批准，拆除城墙。

12 月 1 日，季市区所辖禅师、洋港两乡划归泰兴。

是年冬至翌年夏，进行地籍整理工作，县政府给农民颁发土地房产所有证，以确定地权，土地改革工作全面结束。

靖江执行苏北人民行政公署《城市房地产税暂行条例》，开征房地产税，房产税率为 1%、地产税率为 1.5%，按年计征。

1952 年

8 月至 11 月，清查田地，定实产量（简称查田定产），全县有计税面积 4.39 万公顷。

10 月，苏北人民行政公署修正《苏北区公有房地产管理暂行办法》，规定城市公有房地产一律由县政府财政科统一管理。

是年，西界河口至八圩港口沿江堤岸发生不同程度的洗坍，而下青龙港以下则出现淤涨现象，最宽处涨 800 米左右，一般涨 200 米左右。

1953 年

1 月 1 日，靖江县隶扬州专区。

春，全县成立第一个初级农业生产合作社（下简称初级社）——惠兴农业生产合作社。翌年春成立 14 个初级社，秋发展至 364 个。

4 月，中央人民政府内务部决定地政业务从民政部门转由财政部门负责。

12 月 5 日，中央人民政府政务院颁布《关于国家建设征用土地办法》。翌年起，域内对全民所有制和城镇集体所有制单位用地实施管理。

是年，江苏省人民政府颁发《建设工程占用民地的处理办法》，规定征用土地需经省政府审核，报华东行署批准。

1954 年

7 月 21 日～8 月 17 日，靖江沿江严重水灾。全县有 169 处江堤、港岸决口，淹没农田 25980 公顷。

7 月 26 日，扬州市政府颁布《扬州市房地产交易管理办法》。

是年冬至翌年春，首次对江、港堤防全面培修，动员民工 6.1 万人，完成土方 40 万立方米，国家补助经费 40 万元。

县政府设财粮科，内设公共管理组，管理公地、公房（含江滩）；翌年，县人民委员会（以下简称县人委）改设财政科，兼管公地、公房事宜。

1955 年

2 月，靖江制订《1955～1959 年靖江县农业生产五年计划大体规划（草案）》。老岸杂谷区进行大面积土地平整及旱改水工作，至翌年旱改水 3160 公顷。

6 月 26 日，选举成立靖江县人民委员会。

8 月，撤小区，并为大区。全县由 10 个区并为 7 个区。

是年起至 1964 年，和平滩等 7 个沙滩相继出水，面积 1800 公顷，总名江心滩。2008 年易名为马洲岛。

县农场在土桥乡老土桥夏仕港边垦地 5.53 公顷。

芦柴办事处成立，1962 年更名县江滩办事处，负责滩涂综合利用和开发。

1956 年

春，并区并乡。全县划 5 个区，55 个乡，2 个镇。

3 月，初级社整顿，推行包工、包产、包成本，超产奖励制度。

8 月，首次拓宽靖城骥江路中段，将明清时期 3 米宽的条石街，拓建为 8 米宽的片石路，10 月竣工通行。

10 月，撤区建乡。全县建 23 个乡，2 个镇。

是年，中共中央批转中央书记处第二办公室《关于目前城市私有房产基本情况及进行社会主义改造的意见》。文件下达后，县内停止办理私房买卖业务。

1957 年

春，全县初级社全部转为高级社，共有 404 个高级社。

1958 年

3 月，拓浚夏仕港，5 月竣工，动用民工 2.8 万余人，完成土方 242.5 万立方米。

5 月，原隶江阴的新建、新兴、新荣、新生、新民 5 个渔业初、高级社划归靖江县。10 月，建渔业公社。

7 月 3 日、13 日，夏仕港、安宁港节制闸先后建成。

10 月，全县实行公社化。翌年 5 月，公社改称人民公社。

同月，靖、如两县为疏通界河西来镇地段定线问题发生争执，经省及扬州、南通两专区协调，纠纷始息。

12 月，陈毅为夏仕港闸题词："跨上时代的骏马，勇往直前，奔向社会主义。"

1959 年

1 月，成立房地产管理所，负责管理靖城地区的公房、公地。

是年，全县开展第一次土壤普查。

1960 年

7 月 15 日，十圩节制闸竣工。

是年起至 1968 年，建设用地事宜先后由县基本建设委员会、城市建设委员会、市政建设委员会分管。

1961 年

4 月，贯彻中共中央《农村人民公社工作条例（草案）》（简称"六十条"），农村人民公社实行"三级（公社、生产大队、生产队）所有，队（生产队）为基础，独立核算，自负盈亏"的管理体制。

1962 年

8 月，国家建设征用土地，审批权全部上交，均由省人民委员会批准。

12 月，修复加固长江江堤。历时 1 个月，完成土方 30 余万立方米。

是年，全县对征用的土地进行清理，退还耕地 6.73 公顷。

1963 年

冬，敦义人民公社在江边芦滩围圩，造田 45.67 公顷。翌年 10 月，县政府将其命名为靖江县新生农场。

1964 年

2 月 20 日，县市政建设委员会对靖城地区首次进行测量，并根据道路现状和发展趋势，对人民路和骥江路进行道路规划。

5 月，县房地产公司成立，隶属财政局，统一管理城镇、农村的公房、私改房及地产。

7 月 24 日，靖江县火葬场建成。县内推行火葬，以节约用地。

8 月 11 日，省人民委员会转发国务院《关于国家建设征用土地审批权限适当下放的通知》。

9 月 28 日，县人委颁发《靖江县基本建设工作管理暂行办法》，开始对土地实施规划管理。

12 月 19 日，县人委审核各地地名、街名、桥名、校名、企业名称。

1965 年

2 月 27 日，靖江、如皋两县协商解决边界水利纠纷，达成 4 条协议。8 月，该协议得到江苏省人民委员会的同意。

1966 年

域内专业渔民开始有组织地到陆上定居。

1967 年

冬，江、港堤防第二次全面培修工程竣工，完成土方 152.29 万立方米。

是年，靖江县大兴公社东进大队和泰兴县季年公社管圩生产队发生边界土地纠纷，经扬州专区民政部门调处后纠纷平息。

1968 年

4 月 3 日，靖江县革命委员会（以下简称县革委会）成立。

9 月 25 日，县内建设用地管理工作由县革委会生产指挥组分管。

11 月 24 日，县革委会发布《关于加强房地产管理的通知》。

冬，在斜桥人民公社黄普大队南长江边围垦芦滩地，该滩地隔年与新围垦的六二圩滩地合建“五七”农场。

1969 年

10 月 14 日，扬州市军事管制委员会、扬州市革委会发布关于加强房地产管理的通告，明令城市土地一律收归国有，取消空地私有权。

1970 年

6 月，经省革委会批准，扬州专区革委会组建扬州孤山煤矿。

9 月，县城建房地产管理所成立，隶县革委会生产指挥组经济计划组，负责各单位新建、拆建房屋和其他建筑物用地审批等管理工作。

1971 年

7 月，孤山煤矿破土开掘，1982 年投产出煤，后因资金不足及开采价值不大，于 1986 年 10 月停止开采。

12 月 25 日，县革委会将原属县水电局管辖的江滩管理组划归县财政局管理。

1973 年

11月下旬至翌年1月，组织民工1.2万人，首期拓宽疏浚横港4.2千米（十圩港至下六圩港），疏浚土方91万立方米。

1974 年

8月19～20日，受台风、江洪袭击，全县堤防决堤11处，成灾5处，受涝农田666.67余公顷。

10月21日，县革委会印发《关于加强城镇土地管理，征收土地使用费的通知》，规定凡使用国有土地的单位和个人，均需缴纳土地使用费。征收管理工作由县房地产管理部门负责，至1987年共征收土地使用费94.78万元。

11月20日，组织民工1.43万人，首期疏浚十圩港（界河至靖城）15千米。

是年，靖江贯彻全国农田基本建设座谈会精神，以治水改土为中心，建设高产稳产、旱涝保收田。经验收，靖江县完全达到高产稳产、旱涝保收标准的农田有12333.33公顷，基本达标的为8666.67公顷。

1975 年

6月7日，中共江苏省委第一书记彭冲至靖江，对澄西船厂围堰建厂影响靖江江堤情况进行视察。县革委会根据彭冲指示，将此情况上报，交通部拨款200万元，作靖江护堤工程经费。

7月31日，靖江县长江护岸工程处成立。

11月18日，江苏省革委会对靖江、沙洲两县江滩权属问题作出批复：（1）长江中淤积的驷沙、民主沙、和平沙和骥沙4个江滩由靖江县管辖；（2）将靖江县管辖范围内的驷沙及驷沙以南部分，作为沙洲县德积公社群众的割草范围。

1976 年

6月，国有土地的征（拨、使）用审批工作由县革委会计划委员会分管，此前由县革委会生产指挥组中的经济计划组负责。

1977 年

12 月 18 日，县革委会将越江公社新民大队 81.87 公顷地划给渔业公社建渔民定居点。

县革委会组织靖兴滩围垦，造田 184.13 公顷，翌年建成国营靖江长江农场。

1978 年

4 月，经江苏省测绘局航测校正，靖江总面积为 665.01 平方千米，其中陆地面积 551.68 平方千米，长江靖江段水域面积 113.33 平方千米。

1979 年

2 月，成立县基本建设局，负责建设用地管理等事宜。

3 月 31 日，县房地产公司在靖北毛家厅征地，首批建造“自建公助”住宅 3336 平方米，公助投资 2.32 万元，合每平方米 7 元。

秋，全县开展宅基地、自留地、饲料地清丈工作，逐步恢复家庭副业和集市贸易。

12 月 31 日，建孤山地震台。

1980 年

6 月 20 日，靖江县地名领导小组成立，翌年 9 月更名为靖江县地名委员会。

秋，县内试行农村家庭联产承包制。至翌年 6 月，全县有 3644 个生产队实行各种形式的生产责任制，占总队数的 98.3%。

是年，靖江农业税征收实行起征点方法，凡人均收入 50 元以下的免征，一定 3 年不变。

1981 年

3 月 13 日，完成城区 24.4 平方千米 1∶5000 现状图和 11 种规划图绘制工作。

5 月 18 日，江苏省政府派员会同靖江、如皋两县水利、民政、财经部门负责人协商靖、如两县江滩（东小岛）划界事宜，并达成协议。

5 月，县委印发《统一经营、联产计酬责任制的初步意见》。

7月13日，撤销靖江县革命委员会，恢复靖江县人民政府。

8月4日，国务院下发《关于制止农村建房侵占耕地的紧急通知》，此为首次发出的保护耕地的信号。

9月，靖江九圩港—江阴韭菜港汽渡码头破土动工。1986年7月1日通航。

11月24日，县政府颁发《关于节约土地和控制农村建房用地的暂行办法》。

1982年

元月，全县开展第二次土壤普查工作，至1984年12月结束，编成《靖江县土壤志》。

2月10日，县政府重申孤山为国家所有，委托县民政局管理。

2月13日，国务院发布《村镇建设用地管理条例》。其中第三条规定：我国人多地少，珍惜和合理利用每寸土地是我国的国策。

5月14日，国务院发布《国家建设征用土地条例》。

7月，开展第一次土地资源调查工作（即第一次土地详查），于1984年6月结束，翌年编成《江苏省靖江县土地资源调查成果集》。

9月，县城镇规划办公室完成《靖江县县城总体规划》编制工作。1986年2月，经扬州市人民政府批准实施。

11月20日，县政府将县种猪场9.33公顷（1979年3月已划拨6.67公顷）土地划拨给县人民公园作苗圃用地。

12月4日，第五届全国人民代表大会第五次会议通过的《中华人民共和国宪法》第十条规定“城市的土地属于国家所有”，从法律上明确了城市土地的国家所有权。

冬，百里江堤复堤加固工程动工，动用民工8万余人。

1983年

3月1日，撤销扬州地区行政公署，建立扬州市人民政府，靖江县隶扬州市。

3月6日，县委印发《关于认真完善农业联产承包责任制的意见》，推行“包产到户、包干分配”的家庭联产承包责任制。

4月至9月，农村管理体制改革，实行政社分开，分批撤社建乡，大队改为村民委员会，生产队改为村民小组。

7月7日，在大觉乡进行村镇规划试点。至年末，全县有322个村完成规划编制工作，占全县总村数的83.42%。翌年各乡（镇）开始编制乡镇规划和建制镇、集镇规划，于1987年一季度基本结束。

7月21日，扬州市政府印发《扬州市房屋拆迁安置暂行办法》。

1984年

5月16日，国务院批转农牧渔业部、国家计委等部门《关于进一步开展土地资源调查工作的报告》。

6月9日，扬州市政府印发《扬州市房屋拆迁安置办法补充规定》。

是年，土地征（拨、使）用管理工作改由县城乡建设环境保护局负责。此前归县计划委员会司理。

1985年

9月，江苏省城乡规划设计研究院完成靖江县城区骥江路详细规划编制工作。

是年，县城乡建设环境保护局设拆迁征地办公室，承办单位建设用地报批事宜。

1986年

1月8日，成立靖江县农村土地管理办公室，二级局建制，隶县农业局，负责全县农村土地管理工作。3月，左洪寿任办公室主任。

2月，江苏省测绘局测量、绘制靖江县1：1000地形图。

3月21日，中共中央、国务院发出《关于加强土地管理，制止乱占耕地的通知》，着重指出“十分珍惜和合理利用每寸土地，切实保护耕地，是我国必须长期坚持的一项基本国策”。

6月5日，县农村土地管理办公室在生祠镇进行非农业建设用地清查试点工作。

6月25日，《中华人民共和国土地管理法》经第六届全国人大常委会第十六次会议通过。该法颁布后，县内掀起学习、宣传的热潮。

8月1日，国家土地管理局成立，直属国务院，统一管理全国的土地和城乡地政。

1987 年

3月23日，县政府批转县农村土地管理办公室《关于当前农村土地管理工作的意见》。

4月8日，江苏省煤田地质勘探第五队在江苏江安制药有限公司生活区打成1眼深井303.03米，该井水经地矿部南京岩矿测试研究所与江苏省卫生防疫站取样检测，各项指标符合国家饮用天然矿泉水的水质标准。

5月28日，县政府印发《关于非农业用地清理中有关问题的处理意见》。

6月8日，县政府明确首批乡镇土地管理员24名。

7月22日，县政府召开非农业用地清理工作会议，对清理工作提出具体要求。至翌年6月，全县共查处违章违法用地521宗，面积196.12公顷。

8月10日，靖江县农村土地管理办公室更名为靖江县土地管理局，二级局建制，为县政府直属单位，统一负责全县土地管理工作。10月，左洪寿任局长。

10月21日，无锡利港电厂在江滨建灰场和码头，影响靖江江堤稳定。县政府派员与该厂达成协议，由该厂补偿靖江护堤费800万元。

1988 年

1月20日，县政府批转县计委、经委、土管局、劳动局、城建局《关于加强城乡建设用地管理若干问题的意见》，规定建设用地正式纳入指令性计划。

3月12日，中共靖江县土地管理局支部委员会成立，左洪寿任书记。

4月2日，国务院批准靖江县为对外开放县。

6月30日，扬州市政府颁发《扬州市城市建设拆迁安置办法补充规定》。

7月9日，县政府印发《撤销生产队（村民小组）建制有关问题的暂行规定》。

7月19日，县政府印发《靖江县测绘管理暂行规定》。

7月30日，县政府转发县编委、人事局、土地管理局《关于配备乡镇土地管理人员的意见》。

8月，各乡镇配备土地管理助理。

9月1日，县政府颁布《靖江县城镇居民建房管理暂行规定》。

9月13日，县委、县政府印发《关于保护耕地、科学用地的意见》。

9月29日，靖江县土地管理局升格为一级局建制，列入政府工作部门序列。左洪寿任局长。

10月9日，县政府召开各乡镇土地管理助理会议，传达省政府《关于查处、制止违法占地的紧急通知》精神。

11月9日，江苏地矿局物探大队至靖江实地勘探，为建江阴长江大桥选址。1990年12月18日，北桥址选定在靖江十圩船厂。

11月26日，县政府印发《关于实行城乡地政地籍统一管理的通知》。

1989年

1月17日，县政府成立靖江县城镇国有土地使用权申报登记工作领导小组。

2月23~25日，县政府召开1988年土地管理工作总结会，新桥、东兴、八圩、大觉、西来、侯河6个乡镇的土地管理工作受到表彰。

3月14日，褚士平任县土地管理局副局长。

5~6月，各乡镇建立土地管理所。

6月20日，长江农场江岸发生坍塌，坍去滩地0.2公顷左右。

7月6日，县土地管理局在靖城镇靖西居委新西新村进行土地确权发证试点，翌年11月25日结束。

7月31日，县政府印发《关于全民、集体单位建设用地的管理意见》和《关于农村居民宅基地的管理意见》。

10月29日，陆建平任县土地管理局副局长。

12月12日，县政府转发《扬州市农户宅基地管理暂行办法》。

12月13日，县政府转发《江苏省乡（镇）、村企业建设用地管理办法（暂行）》。

1990年

2月，县土地管理局获扬州市土地管理局1989年度岗位目标考核一等奖。

3月，县政府在孤山镇、东兴乡、新桥镇各选1个村进行农村宅基地有偿使用试点。县土地管理局按县政府要求进驻孤山镇勇进村，进行清丈调查摸底。年末试点工作结束，翌年，宅基地有偿使用工作在全县推开。

7月28日，县政府下达土地复垦计划指标23.33公顷。

11月16日，县政府转发扬州市土地管理局《关于确定土地权属问题的若干意见》。

11月，各乡镇成立土地案件行政复议小组。

12月9日，靖江县土地确权发证试点工作通过扬州市土地管理局验收。同月，江苏省、扬州市土地管理局分别批准靖江实施土地确权发证工作。

1991年

1月8日，县政府下发《关于颁发首批66户"国有土地使用证"的通知》，14日召开颁发国有土地使用证会议，向66个单位、个人颁发国有土地使用证。

3月起，全县开展创建土地管理"无案"乡镇、村、组活动。

4月10日，县政府印发《靖江县土地复垦整治试行办法》，出台《关于编制全县乡镇土地利用规划及划定农田保护区工作的意见》，成立靖江县编制乡村利用规划和划定基本农田保护区工作领导小组。

5月20日，省、市、县三级人大代表视察靖江县土地管理工作。

5月24日，国务院83次常务会议决定每年6月25日，即《中华人民共和国土地管理法》颁发之日为全国土地日。

6月19日，江泽民为全国土地日题词："保护耕地是事关社会主义建设全局的大事。"

6月25日，全县开展第一个全国土地日宣传活动，宣传主题为"土地与国情"。

8月，张邦良任县土地管理局副局长。

9月8~10日，扬州市土地管理局在靖江召开乡镇土地利用规划编制工作交流会。

11月29日，县土地管理局批准八圩等9个土地复垦整治项目立项。

12月16日，国家计划委员会下达《关于江阴长江公路大桥项目建议书的批复》，同意建设江阴长江公路大桥，桥长2880米，桥面宽33.8米，预计工程总投资20.868亿元。该工程于1994年11月22日开工，1999年9月28日通车。征用域内土地163.07公顷。

1992年

1月14日，江苏省土地管理局副局长王印才、地籍处处长姜正杰至靖江，指导地籍管理工作。

2月20日，县政府颁发《靖江县农村宅基地有偿使用暂行办法》。

2月28日，江苏省土地管理局总工程师张沛、工程师毛云翔至靖江，指导乡镇土地利用总体规划的编制及地籍管理工作。

3月3日，县政府召开1991年土地管理工作总结大会。八圩、东兴2个乡镇被表彰为土地管理“无案”乡镇。

5月6日，县政府成立靖江县吨粮田建设领导小组。

5月30日，县委、县政府建立靖江县沿江经济开发建设领导小组和靖江县经济技术开发区管委会。

6月9日，县委、县政府在新桥镇召开经济工作现场会，要求为项目落实、资金到位的企业用地，提供边设计、边施工、边报批服务。

6月16日，建立靖江经济技术开发区，首期规划面积454公顷。

6月23日，国家土地管理局规划司处长郭成诚、副处长徐雪林至靖江，检查乡镇土地利用规划编制工作。

10月12日，县成立宁通（南京—南通）公路靖江段工程指挥部和新长铁路建设领导小组。宁通公路靖江段于1992年10月施工，1996年12月一级公路通车，穿越域内10.47千米，征用靖江土地面积81.09公顷，2001年改建成高速公路。新长铁路靖江段于2000年1月始建，翌年9月建成，穿越域内23千米，征用靖江土地正线面积86.51公顷、取土面积104公顷。

10月13日，县政府转发《扬州市外商投资企业用地管理办法》和《扬州市城镇国有土地使用权出让和转让暂行办法》。

11月7日，国家土地管理局规划司副司长钱铭至靖江，视察乡镇土地利用总体规划编制情况。

11月9日，县政府印发《靖江县乡镇村企业事业单位建设用地有偿使用暂行办法》。

1993年

2月18日，县政府召开1992年土地管理工作总结表彰会。西来等5个土地管理“三无”乡镇和太和等10个先进乡镇土地管理所受表彰。

3月16日，县政府首例以协议方式出让位于柏木乡桃园村1宗地国有土地使用权，作工业用地，面积1332平方米，出让价16.36万元，每平方米122.82元，出让期限30年。

4月1日，县政府成立土地使用权确权发证工作领导小组。9日召开全县土地确权发证工作会议。

4月15日，县政府批转县土地管理局《关于确定土地权属问题的补充意见》。

6月5日，建立靖江县地产公司。

6月7日，成立靖江县土地使用制度改革领导小组。高纪明任组长，左洪寿、徐为民任副组长，褚士平任办公室主任。

6月9日，建立靖江县土地评估作价事务所。

6月16日，县土地管理局机关由县政府院内（骥江路248号）搬迁至江平路170号（原县公路管理站大楼）办公。

6月21日，县土地管理局《乡镇土地利用总体规划编制办法和实施管理技术》获江苏省土地管理科技优秀成果一等奖。

7月2日，县政府《长江靖江段岸线利用规划报告》通过省级评审。

7月10日，县土地管理局和县监察局联合发文，要求对1992年以来违法占地情况进行全面清理。

7月14日，民政部批文同意靖江撤县设市。靖江于10月1日启用新印章，5日和8日先后举行挂牌仪式和庆祝大会。县土地管理局随之更名为市土地管理局。

9月9日，县政府颁发《靖江县国有土地使用权出让和转让暂行规定》和《划定靖江县国有土地基准地价、标定地价、出让底价的暂行规定》。

10月15日，市政府批转市土地管理局《关于土地使用权确权具体问题的处理意见》。

10月17日，市土地管理局组织撰写的《江苏省靖江县乡镇土地利用总体规划与划定基本农田保护区相结合编制办法和实施管理技术》，获国家土地管理局1992年土地利用优秀成果一等奖。

11月15日，鞠智敏任市土地管理局副局长。

11月16日，市政府在城南乡召开全市土地使用权确权发证现场会。会上对城南乡符合发证条件的 92 宗单位用地颁发土地使用证，发证率 85.98%。

12 月 17 日，《靖江县土地利用总体规划（1991 ~ 2000）》通过扬州市专家评审会评审验收。翌年 1 月，获扬州市人民政府批准。

1994 年

1 月 25 日，市政府批转市土地管理局《关于城镇居民国有土地使用权确权具体问题的处理意见》。

2 月 22 日，市政府召开土地管理工作总结表彰会议，表彰 1993 年土地管理先进集体。命名东兴等 10 个“三无”乡镇，靖城等 10 个乡镇土地管理所受表彰。

3 月 21 日，市土地管理局获扬州市 1993 年执法监察、规划编制、财务管理 3 个一等奖和土地使用制度改革、城镇国有土地确权发证 2 个二等奖。

3 月 26 日，靖江市被评为扬州市 1993 年度土地管理工作综合成绩先进市。

5 月，市土地管理局被省土地管理局表彰为 1993 年征收农业重点开发建设资金先进单位。

7 月 13 日，市政府成立靖江市土地定级估价委员会，城区开展土地定级估价工作；12 月 11 日，城区土地定级估价成果通过省级验收。

7 月 15 日，市政府成立靖江市清理土地自发交易市场领导小组。

10 月 22 日，八圩镇被评为江苏省“三无”乡镇。

12 月 2 日，市政府成立靖江市基本农田保护工作领导小组，8 日召开全市基本农田保护工作会议，提出确保完成扬州市政府下达靖江基本农田保护面积 2.8 万公顷的任务。

1995 年

1 月 1 日，全国施行《中华人民共和国城市房地产管理法》。

3 月 26 日，靖江市获评扬州市 1994 年度土地管理工作综合成绩先进市。市土地管理局获扬州市土地管理局 1994 年规划编制、地籍管理、财务管理 3 个一等奖和土地使用制度改革、重点工程用地服务 2 个二等奖。

3 月 29 日，市政府召开土地管理工作总结表彰会议，命名八圩等 11 个乡“三无”镇，大觉等 19 个乡镇土地管理所受表彰。

4月19日，市土地管理局成立《靖江市土地志》编纂领导小组。左洪寿任组长，褚士平、顾森林任副组长。下设办公室，顾森林兼办公室主任，羊文华任办公室副主任。

4月26日，市政府召开全市土地行政执法检查工作会议。

6月20日，市土地管理局被江苏省土地管理局表彰为1994年征收农业重点开发建设资金先进单位、土地财务管理先进单位。

8月25日，市政府印发《关于严禁非法取土毁坏耕地的通告》。

10月12日，市政府印发《关于加强基本农田保护管理的意见》。

11月，市政府组织清理1993～1995年各类违法用地。

1996年

1月16日，市土地管理局档案管理达扬州市机关档案管理三级标准。

2月1日，市土地管理局被市委、市政府表彰为姜八公路靖江段拓宽改造工程优质服务单位。

3月14日，由省国土管理局、省法制局、扬州市土地管理局、靖江市土地管理局及八圩镇土地管理所、村镇建设办组成的调查组，对八圩镇土地利用现状进行全面调查。

3月31日，市政府成立用地情况调查小组，副市长高纪明任组长，鞠智敏、陶纪林任副组长。

4月7日，市土地管理局被扬州市土地管理局授予1995年度基本农田保护区划定与实施一等奖、地籍管理二等奖、财务管理三等奖。

4月24日，左洪寿任市土地管理局巡视员（正科级）。

4月26日，孙永东任市土地管理局局长。

5月10日，市政府召开全市土地管理工作会议，与各乡镇人民政府负责人签订土地管理目标责任书。

6月23日，市委、市政府举办乡镇党委书记、乡（镇）长土地管理法规知识讲座，市委书记万门祖发表讲话。

6月24日，为纪念《中华人民共和国土地管理法》颁布10周年暨第6个全国土地日，市土地管理局与团市委、市广电局联合举办土地管理法规知识大奖赛。

7月2日，市政府召开全市村镇建设区、基本农田保护区“两区”划定工作会议。7月24日，扬州市“两区”划定验收组至靖江验收“两区”划定成果。

7月18日，市土地管理局调整《靖江市土地志》编纂领导小组。孙永东任组长，鞠智敏、顾森林任副组长。下设办公室，羊文华任办公室主任。该志于1999年12月中辍，2011年11月复修。

7月19日，地级泰州市设立，靖江市改由泰州市代管。

7月28日，市政府成立靖江市乡（镇）域规划和基本农田保护区划定工作领导小组。

8月29日，经全国人大常委会修改通过的《中华人民共和国矿产资源法》颁布实施。

8月30日，全市部署企业产权制度改革中的土地确权、土地资产处置与管理工作。

10月10日，市政府在新丰、红光乡召开全市耕地保护暨土地复垦现场会。

10月，广靖高速公路开工兴建，1999年9月与江阴长江公路大桥同步建成通车，穿越域内13.95千米，征用靖江土地面积203.65公顷。

12月2日，市政府成立清理违法用地领导小组。

12月4日，省政协主席段绪申及政协常委、经济委员会主任史汉明等至靖江，视察耕地资源保护情况。

12月25日，市委、市政府召开清理违法用地动员会，部署全市清理违法用地工作。

1997年

1月24日，何月华任市土地管理局巡视员（副科级）。

2月23日，市委、市政府召开乡镇土管所所长会议，交流汇报各乡镇清理整顿砖瓦窑业和违法用地工作进展情况。

3月9日，市委、市政府成立靖江市沿江开发开放领导小组和港口建设领导小组。

4月11日，市政府召开全市耕地保护工作会议，与各乡镇签订1997年度土地管理和耕地保护目标责任书。

4月15日，贯彻中共中央、国务院《关于进一步加强土地管理切实保护耕地的通知》，从即日起冻结非农业建设占用耕地一年。

同日，市政协对全市土地管理和耕地保护情况进行专题调查。

5月1日起，乡镇土地管理所业务、人事、财务由市土地管理局管理，日常行政管理由乡镇人民政府负责。

6月24日，市政府批转市物价局、市土地管理局《关于土地管理行政事业性收费有关问题的意见》。

7月4日，市委、市政府部署全市非农建设用地清查工作，再次对1991年以后各类非农业建设用地项目进行清查。

8月11日，靖江市土地管理局更名为靖江市国土管理局。各乡镇土地管理所更名为乡镇国土管理所，受市国土管理局垂直领导。

8月12日，市国土管理局被省国土管理局表彰为1996年度征收农业重点开发建设资金先进单位。1997～1999年市国土管理局亦连续3年获得此誉。

9月26日，市国土管理局与市司法局联合举办《中华人民共和国刑法》及土地管理知识讲座，350人参加。

10月29日，左洪寿任市国土管理局主任科员，何月华任副主任科员。

10月30日，市编委批准市国土管理局“三定”方案，行政编制由原3人增至18人，行政附属编制2人，内设机构为办公室及财计、地政地籍管理、建设用地管理、土地利用规划、法规监察、人事等7个科室。并设立纪检监察机构。

11月20日，经省国土管理局、省档案局联合验收小组检查验收，市国土管理局档案管理工作达省二级标准，翌年达省一级标准。

12月5日，泰州市国土管理局至靖江检查土地管理“卫士杯”活动情况。

12月12日，张邦良任市国土管理局副主任科员。

12月15日，市国土管理局成立土地利用总体规划修编工作办公室，鞠智敏任办公室主任。

1998年

2月18日，市国土管理局获泰州市“三土”（土窑、土坟、土地庙）专项治理工作二等奖，并被泰州市国土管理局表彰为非农业建设用地清查、地政地籍管理、土地档案管理及土地使用制度改革工作先进单位。

4月8日，国土资源部正式成立。国家对土地资源、矿产资源、海洋资源实行统一管理。

4月9日，市政府召开全市耕地保护工作会议，部署1998年土地管理和耕地保护工作，并与各乡镇签订1998年度耕地保护目标责任书。

4月28日，建立靖江市国土管理局直属分局，二级局建制；建立靖江市土地监察大队，股级建制。

5月19～20日，靖江市土地利用现状更新调查成果通过省国土管理局审核验收。

5月25日，泰州市土地利用总体规划修编工作会议在靖江召开。

6月24日，市政府举行靖江市土地监察员受聘颁证仪式，张锦富等24人被聘为市首批土地监察员，聘期两年。

7月3日，中共靖江市国土管理局党组成立，孙永东任书记。

8月10日，靖江市地产公司更名为靖江市土地管理事务所。市国土管理局建立靖江市土地测量事务所。

8月29日，《中华人民共和国土地管理法》由第九届全国人大常委会第四次会议修订通过，于1999年1月1日起实施。

9月3日，顾森林任中共靖江市纪律检查委员会派驻市国土管理局纪律检查组组长、党组成员。

9月4日，范钦玉、王旦红任靖江市国土资源局副主任科员。

10月29日，《靖江市土地利用总体规划（1997～2010年)》通过泰州市土地利用总体规划工作领导小组评审。2000年1月，经省人民政府批准实施。

10月31日，杜锡余任市国土管理局主任科员。

11月18日，中共靖江市国土管理局机关支部委员会举行换届选举大会，孙永东兼任书记、顾森林任副书记。

12月25日，建立江苏省土地市场靖江交易所。

12月28日，靖江市国有土地使用权首次拍卖大会在新桥镇召开，共拍卖18宗国有土地，面积820.8平方米，成交额116.42万元，每平方米地价1418.06元。

12月26日，市国土管理局工会成立，鞠智敏任工会主席。

1999年

3月2日，市政府印发《关于加强国有土地有偿使用管理的意见》。

3月24日，市政府成立靖江市国有土地使用权招标出让评标小组。

3月25日，市政府召开首次国有土地使用权招标出让会。市建安房地产公司以868万元人民币中标，获得08号地块国有土地使用权。

4月27日，八圩等15个乡镇被市政府命名为1998年度“三无”乡镇。

4月29日，市政府召开全市土地管理暨复垦整治工作现场会，与会人员参观敦义、大觉、侯河3个乡的复垦整治现场。

同日，靖江市国土管理局被省国土管理局、省档案局表彰为1998年度土地管理档案工作先进单位。

5月5日，市国土管理局举办全市乡镇集镇区土地分等定级估价业务培训班，特邀南京师范大学教授邱群为学员讲课。

6月24～27日，市国土管理局开展第9个全国土地日宣传活动，与靖江广播电台联合举办现场直播及咨询活动，并组织宣传车至各乡镇进行土地法规宣传。

8月9日，市政府印发《关于加强土地市场管理的若干规定》。

8月14日，市政府召开全市清理非法转让土地工作会议。

9月8日，市国土管理局被国土资源报社评为1999年度读报用报先进单位。

9月18～19日，省国土管理局局长杨任远、副局长王明祥，泰州市副市长吕振霖和泰州市国土管理局局长吴国华一行至靖江，检查指导土地管理工作。

9月23日，市政府成立靖江市清理非法转让土地工作领导小组。

10月9～10日，泰州市人大常委会秘书长吴金、泰州市国土管理局副局长唐益明一行5人至靖江，检查贯彻执行新《中华人民共和国土地管理法》有关情况。

11月9日，江苏省土地利用规划工作座谈会在靖江召开。

11月23日，市政府办公室转发市国土管理局《关于清理非法转让、炒卖土地工作中有关问题的处理意见》。

11月24日，市国土管理局举行城区国有土地使用权首次出让拍卖会，长里房地产开发公司以316万元的净出让金，取得原江安制药有限公司8462.5平方米国有土地开发权。

11月30日，朱昕明任市国土管理局局长。

12月3日，孙永东、褚士平任市国土管理局主任科员。

2000年

3月24日，市政府召开清理墓葬用地工作现场会。

4月5日，靖江市政协召开土地管理工作座谈会。

4月24日，市国土管理局与市开发区、市建委、靖城镇等组成考察学习组，赴浙江考察学习城市土地使用制度改革、小城镇建设和改制企业土地使用权处置工作的做法与经验。

5月17日，市政府召开农村工作暨深化土地使用制度改革工作会议。

5月22日，市国土管理局成立靖江市土地储备中心。

6月29日，省国土资源厅监察处处长曹志文、泰州市国土管理局副局长刘建平等至靖江，检查土地执法监察工作。

7月19日，市政府召开房地产开发用地非法转让清理工作会议，市内17家房地产开发公司负责人参加。

8月8日，陆兴培任市国土管理局主任科员。

8月23日，市政府部署建设用地清理补办工作。

9月16日，靖江市区城镇地籍调查成果通过省国土资源厅、泰州市国土管理局专家验收组验收。

11月17日，市国土管理局第一届团员大会召开，选举产生共青团靖江市国土管理局机关支部委员会，周祝建当选团支部书记。

11月20日，市国土管理局第一届妇女大会召开，杨小军当选妇委会主任。

11月29日，省国土资源厅对2000年度靖江土地复垦项目进行验收。

12月22日，顾森林任市国土管理局副局长。

12月30日，市政府印发《关于加强城市土地资产管理的实施办法》《靖江市城市土地储备实施办法（试行）》和《关于对租赁和出租及改变用途的国有划拨土地收取年租金的实施办法》。

2001年

1月4日，省国土资源厅巡视员曹雄在全市“三个代表”重要思想理论学习班上作国土资源保护与利用的专题讲座。

1月6日，张仁德任中共靖江市纪律检查委员会派驻市国土管理局纪律检查组组长、党组成员。

2月24日，市政府首次召开国有土地出让联席会议，讨论27家改制企业土地使用权处置方案。

3月12日，闻耀彬任市国土管理局党组书记、副局长。

3月15日，鞠智敏任市国土管理局主任科员。

4月6日，江苏省国土管理局局长杨任远至靖江，视察国土管理工作。

5月8日，陈关荣任靖江市国土管理局副主任科员。

6月22日，市政府举办土地管理法律法规知识培训班，泰州市国土管理局副局长刘建平应邀作专题讲座。

6月28日，市政府召开城市土地经营工作会议。

6月29日，市委成立土地批租专项治理工作领导小组。

7月5日，市委、市政府召开全市土地批租专项治理工作会议。

11月15日，泰州市土地批租专项治理工作领导小组对靖江土地批租专项治理自查自纠工作情况进行检查验收。

同日，市国土管理局团支部、妇委会开展“新世纪·新靖江·新形象”大讨论活动。

11月16日，市政府召开全市土地利用总体规划调整工作会议。

11月29日，市委、市政府决定组建靖江市国土资源局。

12月27日，省国土资源厅规划处主任许桃元、测绘局副主任潘厚成等至靖江，了解卫星遥感监测系统控制网点建设情况。

2002年

1月24日，市纪委召开关于处理马桥镇违法用地情况通报会。

3月18日，市国土资源局被泰州市委、市政府表彰为泰州市社会治安综合治理先进集体。

4月1日，市政府办公室转发市劳动和社会保障局、市国土资源局、市财政局《关于市属企业改革中置换职工身份、置换土地使用权、置换公有产权若干问题的处理意见》。

4月2日，撤销靖江市国土资源局直属分局，建立靖江市经济开发区国土资源所。

4月24日，市纪检、监察、国土、建设、建工等部门组成联合执法工作小组，对市区违法用地违章建筑进行清查。

5月27日，组建市国土资源局地质矿产办公室。

7月，市国土资源局在全市率先推行局机关中层干部竞争上岗，其中4个职位面向全市在职公务员和机关管理工作人员公开竞聘选拔。

8月15日，市政协召开全市城市土地经营工作情况座谈会。

9月14日，市政府举行二纺、利达地块出让信息发布会，省内外30余家房地产开发商出席。

9月18日，张仁德任市国土资源局副局长。

10月17日，张小虎任中共靖江市国土资源局党组副书记、中共靖江市纪律检查委员会派驻市国土资源局纪律检查组组长。

12月9日，周继红撰写的《黄金地拍黄金价》和纪震宇撰写的《靖江实行出让联席会议制度》2篇文章获省国土资源厅好新闻三等奖。

是年，靖江市被省国土资源厅列为建设用地报批信息化试点县（市）。

2003年

3月12日，常国兴任市国土资源局局长、党组书记。

3月18日，朱昕明、闻耀彬任市国土资源局主任科员。

3月26日，姚小成任市国土资源局副局长。

5月20日，靖江市政协对沿江开发土地利用情况进行调研。

同日，泰州市国土资源局地矿处处长王国强至靖江，检查沿江地质灾害预防工作。

5月30日，市政府办公室转发市建设局、市国土资源局《关于加强对城区村（居）民建房审批管理的意见》。

6月25日，沿江开发高等级公路（泰州段）开工，中共江苏省委书记李源潮、省长梁保华出席开工典礼。

6月26日，泰州市国土资源局局长张文彬等至靖江，调研土地市场治理整顿、土地经营及支持沿江开发等情况。

7月16日，泰州市国土资源局监察支队至靖江，检查1999年新修定的《中华人民共和国土地管理法》颁发前靖城、八圩和开发区遗留项目建设用地情况。

8月29日，泰州市政协、泰州市监察局检查靖江土地市场经营情况。

9月26日，省国土资源厅检查验收靖江土地复垦工作，全市4个复垦项目通过验收，新增耕地107.55公顷。

12月，经市委、市政府同意，设立江阴经济开发区靖江园区国土资源分局。

是年，市委、市政府提出工业向园区集中、人口向城镇集中、住宅向社区集中的节约集约用地战略。

2004年

3月6日，张仁德任市经济开发区党工委委员（正科级）、市经济开发区国土规划建设局局长。

4月29日，全市各乡镇和开发区国土资源所所长进行异地交流任职。

5月25日，江苏省委副书记王寿亭视察靖江沿江开发用地情况。

6月12日，市委、市人大、市政府领导视察斜桥、孤山两镇土地复垦现场，听取两镇有关土地复垦情况的汇报。

6月24日，市政府召开纪念第14个全国土地日大会，省国土资源厅副厅长张洪甫等及市四套班子主要领导出席会议，并视察斜桥镇废弃宅基地复垦、村庄整理现场。

6月25日，市国土资源局与靖江电视台合作拍摄的《土地为本——靖江市土地复垦和集约用地工作纪实》在全市热播。

6月，市国土资源局与市文化局、靖江锡剧团共同编排的锡剧《这一片热土》，在全市巡演15场，观众逾万人次。

7月10日，市政府部署全市基本农田保护工作。

9月3日，市政府印发《靖江市征地补偿和被征地农民基本生活保障实施细则》。

9月18日，省国土资源厅土地整理中心验收组对2004年全市66个土地复垦整理入库项目进行验收，57个项目通过验收，新增耕地466.93公顷。

9月26日，泰州市检查组至靖江，对全市基本农田保护工作进行检查验收。

10月15日，省失地农民征地补偿安置检查验收组至靖江，检查验收征地补偿安置兑付情况。

10月23日，根据国务院《关于做好省级以下国土资源局管理体制改革有关问题的通知》精神，靖江市国土资源局领导干部实行双重管理体制，以中共泰州市国土资源局委员会管理为主。

2005年

1月17日，省国土资源厅厅长陶培荣一行4人至靖江，视察沿江开发用地情况。

1月19日，撤销市开发区国土资源所，成立靖江市国土资源局开发区分局，副科级建制。

2月17日，江苏省人民政府颁布《关于全面免征农业税的通知》。是年起，靖江全面免征农业税及其附加。

3月16日，撤销派驻江阴经济开发区靖江园区国土资源分局，设立靖江市国土资源局派驻江阴—靖江工业园区办事处。

3月28日，市土地储备中心调整为市政府直属事业机构，隶属市国土资源局管理。

4月27日，市政府印发《靖江市国有土地储备实施办法》。

6月2日，泰州市土地集约利用现场会在靖江召开。

6月7日，沙旭东任市国土资源局副局长、党组成员，姚小成任市国土资源局主任科员。

11月10日，市政府印发《靖江市城镇村（居）民建房的管理办法》。

11月28日，省国土资源厅地籍处处长孙治淮一行3人至靖江，调研地籍管理工作。

12月8日，全省国土资源系统贯彻落实中共中央《建立健全教育、制度、监督并重的惩治和预防腐败体系实施纲要》座谈会在靖江召开，省国土资源厅党组成员、纪检组长陈茹华主持会议。

2006年

2月13日，市政府召开全市土地复垦工作会议，部署2006年度土地复垦工作。

3月3日，江苏省国土资源厅副厅长张洪甫一行至靖江，检查土地节约集约利用工作。

4月20日，市国土资源局召开各分局及执法监察机构全员竞岗动员会，市纪委、人事局领导出席会议。

5月22日，调整市国土资源局下属机构，撤销原13个国土资源所（含已撤销的八圩、团结、开发区所），建立靖江市国土资源局一、二、三、四、五分局，股级建制，保留靖江市国土资源局开发区分局，副科级建制。

5月，成立靖江市地籍测绘管理所。

6月24日，市国土资源局召开土地节约集约利用工作会议，省国土资源厅、泰州市国土资源局及靖江市有关领导参加会议，并为新成立的国土资源分局和土地执法监察中队揭牌，观看“科学发展在靖江”专题文艺演出。

7月9日，江苏省省长梁保华视察靖江沿江开发情况。

7月28日，中共靖江市委批准成立中共靖江市国土资源局委员会、中共靖江市国土资源局纪律检查委员会。

9月30日，中共泰州市国土资源局委员会任命常国兴为中共靖江市国土资源局委员会书记，张小虎任党委副书记、纪委书记，张仁德、沙旭东、刘金国为党委委员。

同日，刘金国任靖江市国土资源局副局长，陆建平、顾森林任靖江市国土资源局主任科员。

10月8日，市政府印发《关于加强城市经营性建设用地容积率管理的意见》。

12月，靖江市被国土资源部列为城乡建设用地增减挂钩试点单位。

2007年

3月30日，市政府与各镇、园区办事处签订国土资源管理目标责任书，明确各镇镇长、办事处主任为耕地保护第一责任人，实行问责制。

4月29日，市国土资源局举办依法行政培训班，邀请市法院、市法制局领导作依法行政专题辅导。

6月17日，靖江市国土资源局与泰州电视台联合举办首届“国土杯”电视知识竞赛。

7月6日，市国土资源局增设江阴—靖江工业园区分局及监察中队，股级建制。

9月10日，市国土资源局在靖江现代农业示范园区设立办事处。

9月28日，市国土资源局实施首次工业用地挂牌出让供地，出让位于东兴镇恒义村、迎江村（江阴—靖江工业园区）2宗土地使用权。

9月29日，市国土资源局开展查处以“以租代征”为重点的全国土地执法百日行动。

10月17日，江苏省国土资源厅党组成员、纪检组组长陈茹华至靖江，检查土地执法百日行动工作情况。

11月14日，市国土资源局与市邮政局合作，聘请74名邮递员为全市土地监察信息员。

2008年

1月17日，靖江市国土资源局被国土资源部评为土地执法百日行动长效管理先进单位；同月，靖江市被省国土资源厅评为2007年度江苏省土地执法模范市。

4月8日，市委、市政府召开全市国土资源管理暨创建土地执法模范市动员会，以“双保双促”（保经济增长、保耕地红线，促经济发展、促土地规范管理）为抓手，推进土地执法模范市创建活动。

4月20日，江苏省国土资源厅副厅长吴震强一行4人至靖江，调研靖江市国土资源管理工作情况。

5月13日，中共泰州市国土资源局委员会明确张仁德主持靖江市国土资源局工作。

5月16日，市国土资源系统为四川汶川地震灾区捐款61500元。

8月1日，省国土资源厅厅长夏鸣至靖江，考察靖江经济社会发展状况和国土资源管理工作，并作万顷良田建设工程辅导报告。

8月4日，张仁德任靖江市国土资源局党委书记、局长。

8月21日，市政府印发《关于进一步健全土地执法监管长效机制的意见》。

8月22日，市委、市政府召开全市土地执法长效管理工作会议。

10月17日，江苏省国土资源厅厅长夏鸣、泰州市国土资源局局长张文彬一行至靖江，与靖江市“四套班子”领导座谈，听取靖江市国土资源管理工作汇报。

12月18日，市国土资源局新办公大楼开工。2011年9月19日落成并投入使用，占地2公顷。

12月31日，吴彬任市国土资源局局长助理、党委委员。陈德俊任市国土资源局副主任科员。

是年，江苏省国土资源厅出台关于江苏省“万顷良田建设工程”试点方案。

2009年

3月30日，靖江经济开发区新桥园区挂牌成立，规划面积14平方千米。

3月，市政府部署以“土地执法模范市、土地管理模范镇、基本农田保护模范村”为主要内容的“三模”联创活动。

4月15日，市政府挂牌出让西来镇五圩村永济港西侧面积46.6万平方米国有土地，江苏华菱锡钢特钢有限公司以9505.5万元摘牌获得该国有土地使用权，创工业用地挂牌出让单个宗地面积之最。

6月12日，国土资源部执法监察局副局长李水华、江苏省国土资源厅执法局副局长葛素琴一行至靖江，检查土地执法监察工作。

6月25日，市国土资源局和江苏省文化厅联合举行靖江市纪念第19个全国土地日暨江苏省文化厅送文化下基层活动。

9月28日，靖江市国土资源局一、二、三、四、五分局及江阴—靖江工业园区分局，由股级调整为副科级；市开发区分局、江阴—靖江工业园区分局为局派出机构。

11月11日，市国土资源局和团市委联合成立新一届靖江市保护国土资源青年志愿者行动服务队，共13个分队128人。

12月16日，江苏省国土资源厅执法局副局长、信访办副主任陈定主一行至靖江，检查土地执法模范市创建工作。

12月24日，市政府与各镇签订靖江市土地违法行为查处整改责任书。

是年，靖江生态园启动区挂钩试点项目通过泰州市国土资源局检查验收。

2010年

1月3日，靖江市行政中心迁驻滨江新城阳光大道1号，占地13.80公顷。

1月，靖江市被国土资源部确定为全国国土资源节约集约模范市创建试点单位。

2月23日，市国土资源局召开全市国土资源管理工作座谈会，各镇党委书记、街道办和园区主任应邀出席。

2月，靖江市国土资源局被国土资源部授予全国国土资源执法监察工作先进集体称号。

3月2日，靖江市土地交易市场大楼智能化系统通过省信息中心、泰州市国土资源局、南京农业大学江苏环网信息安全研究院、江苏南大尚城高科技实业有限公司等单位评审验收。

3月16日，省国土资源厅调研靖江国土资源依法行政工作。

同日，吴彬任市国土资源局副局长。

3月18日，市委、市政府召开全市国土资源管理暨“三模”联创工作会议，表彰2009年度土地管理模范镇、基本农田保护模范村。

4月3日，国土资源部及省国土资源厅有关领导至靖江，调研国土资源管理工作。

4月6日，泰州市县级土地利用总体规划大纲审查会在靖江召开。

5月16日，市委、市政府印发《关于加快推进城乡一体化的实施意见》。

6月，市政协部署民主评议国土资源管理工作。7月30日，市政协召开民主评议国土资源管理工作座谈会。

7月6日，国家土地督察南京局副局长顾龙友一行至靖江，检查城镇建设用地情况。

同日，全省完善城镇合理用地政策体系座谈会在靖江召开。

8月30日，国土资源部调控和监测司巡视员张婉丽率调研组至靖江，视察靖江节约集约模范市创建工作。

10月25日，国土资源部规划司副司长殷卫平、国家土地监督南京局副巡视员孙文杰至靖江，调研、督导“双保工程（保发展、保红线工程）——2010年行动”。

11月12日，市政府召开基本农田保护模范村创建工作座谈会。

11月15日，省国土资源厅执法局副局长陈定主、葛素琴至靖江，检查土地执法模范市创建工作情况。

12 月 1 日，市政府印发《关于进一步加强土地节约集约利用的实施意见》。

12 月 2 日，市委、市政府召开全市创建全国国土资源节约集约模范市、江苏省土地执法模范市工作推进会。

2011 年

1 月 5 日，靖江市土地整理中心升格为副科级建制。

同日，市政府挂牌出让原靖江市叉车厂南侧地块 62486 平方米国有土地，靖江市泰和房地产开发有限公司以 76300 万元获得该国有土地使用权，出让土地单价 12210.74 元 / 平方米，刷新单个宗地成交价和出让土地单价纪录。

1 月 15 日，市政府印发《靖江市城乡建设用地增减挂钩工作实施细则（试行)》。

1 月 17 日，市委、市政府召开全市城乡建设用地增减挂钩和万顷良田工程建设指挥部全体（扩大）会议。

1 月 25 日，设市国土资源局信息中心，股级建制。

1 月，靖江市被省国土资源厅评为 2010 年度江苏省土地执法模范市。

2 月 17 日，江苏省国土资源厅副厅长祖耀升至靖江，视察国土资源管理工作，并在全市市管领导班子党政“一把手”读书班上作“用地保障的途径与政策”讲座。

3 月 9 日，周继红、袁建明、曹兴、程跃、赵敏、吉敏任市国土资源局分局局长（副科级)，卢灿富任市国土资源局副主任科员，明确陈胜昌、张正荣、丁广奉为副科级。

3 月 16 日，江苏省国土资源厅地籍处处长王国臣一行至靖江，调研地籍管理工作。

3 月 29 日，国家土地督察南京局局长刘天增、国土资源部地籍司监测与统计处处长、调研员牛新萍一行至靖江，视察土地变更调查工作。

4 月 29 日，市国土资源局召开全系统党风廉政建设工作会议。

4 月，《靖江市土地利用总体规划（2006 ~ 2020)》通过省国土资源厅专家评审。12 月，经江苏省人民政府批准实施。

5月14日，市政府印发《靖江市新增工业用地使用权出让办法（试行）》。

5月16日，市委、市政府召开2011年度全市国土资源管理暨创建全国国土资源节约集约模范市、江苏省土地执法模范市工作会议。

5月27日，鞠晔红任市国土资源局副局长、党委委员。

6月24日，为迎接第21个全国土地日，市政府召开全市国土资源管理工作专题座谈会。

7月7日，靖江市第二次土地调查成果通过省国土资源厅、泰州市国土资源局评审组验收。

7月20日，《中国国土资源报》刊登《双赢之路——靖江市创建“土地执法模范市”活动纪实》文章，介绍靖江开展“三模”联创活动的经验与做法。

8月4日，中共江苏省委书记罗志军至靖江，视察沿江开发情况。

同日，泰州市国土资源局局长张文彬至靖江，专题调研土地复垦整理和土地节约集约利用工作。

8月16日，国家土地督察南京局巡视员、专员周家富至靖江，督察涉土信访突出问题、监督2010年度土地卫片执法检查工作和检查2011年度保障性住房安居工程用地落实情况。

8月18日，全国国土资源节约集约模范县（市）考核组至靖江进行实地考核。

8月27日，国土资源部土地利用管理司及省厅领导至靖江，视察靖江市经济社会发展及新增工业用地出让情况，并对工业用地出让制度改革进行调研。

9月6日，省政府法制办副主任黄永忠、省国土资源厅副厅长李如海至靖江，开展《江苏省征地补偿和被征地农民基本生活保障办法》立法调研，听取市政府法制办和市国土资源局对该办法的修改意见。

11月12日，市国土资源局再次启动《靖江市国土资源志》编纂工作，成立编纂领导小组，张仁德任组长，张小虎、沙旭东、吴彬、鞠晔红任副组长。下设编纂小组，鞠晔红兼任组长，顾森林、陈胜昌任副组长。翌年8月，因吴彬调离，增补蒋青为领导小组副组长兼编纂小组组长。

11月30日，市政府挂牌出让新港园区敦土路东侧18761平方米国有土地，江苏新南洋植保科技有限公司以2805万元摘牌获得该国有土地使用权，出让单价为1495.12元/平方米，刷新域内工业用地出让单价纪录。

12月8日，市政府印发《关于靖江市闲置及低效利用土地的处置意见》《靖江市国有建设用地改变用途处置办法》。

12月31日，靖江市土地学会成立，张仁德任土地学会第一届理事会理事长。

12月，市国土资源局首次推行有条件（成长型企业）工业用地指标竞价出让，共推出用地指标11.31公顷。翌年2月，江苏光芒集团有限公司等11家企业竞价获得土地使用权指标。

是年，靖江市被省国土资源厅确定为2011年度土地执法模范市免检单位。

2012年

1月18日，市政府印发《靖江市建设用地容积率等规划管理规定（试行）》。

2月28～29日，孤山、斜桥2片区“万顷良田建设工程”试点规划方案通过省专家组审查论证。5月22日，省国土资源厅发文确认该方案。

2月，靖江市获全国国土资源节约集约利用模范市称号，并获国土资源部奖励新增建设用地33.33公顷（500亩）土地指标。

3月19日，召开市国土资源系统管理工作和党风廉政建设工作会议。

4月24日，市委、市政府召开全市国土资源管理暨创建全国国土资源节约集约模范市、江苏省土地执法模范市工作会议。

6月25日，市国土资源局召开以“建设高标准基本农田，保障国家粮食安全”为主题的纪念第22个全国土地日座谈会。

7月4日，张小虎任靖江市国土资源局副局长，蒋青任中共靖江市国土资源局纪律检查委员会书记、党委委员。

同日，《人民日报》发表《江苏省靖江市创新科学管地用地的新思路，推进国土资源节约集约的新模式》的通讯报道，刊载靖江市市长赵叶《开源节流促集约　科学用地保发展》和靖江市国土资源局局长张仁德《共抓联创　力促双保——江苏靖江市土地节约集约利用创建工作综述》2篇文章。

8月30日，市政府印发《靖江市新增工业用地使用权出让实施办法》。

9月24日，省国土资源厅考评组至靖江，考评验收创建省级优秀基层站所工作。市国土资源局一分局通过考评验收。

10月20～21日，市国土资源局举办首届文体比赛活动。

11月1日，省国土资源厅土地利用处、省经信委中小企业产业与合作处领导至靖江，调研高标准厂房建设与使用情况。

11月30日，市政府印发《关于加强城乡建设用地增减挂钩拆旧复垦土地管理的意见》。

12月5日，市国土资源局被省国土资源厅确定为党风廉政建设联系点并举行揭牌仪式。

12月13～14日，靖江市土地执法模范市创建工作通过省国土资源厅检查验收。

12月16日，江苏省国土资源厅执法局副局长、信访办副主任陈定主一行至靖江，检查验收土地执法模范市创建工作。

是年，靖江经济开发区被国务院批准为国家级经济技术开发区，靖江港获批为国家一类开放口岸。

是年，靖江被省国土资源厅评为2012年度江苏省土地执法模范市。

2013年

1月9日，市国土资源局档案工作规范通过省四星级检查验收。

1月17日，全省国土资源执法监察暨信访工作目标管理考核评审会议在靖江召开。

同日，泰州市国土资源局纪委书记刘银发一行至靖江，与市国土资源局副科级以上干部进行廉政谈话。

1月26日，市国土资源局工会第四次代表大会召开，选举产生第四届靖江市国土资源局工会委员会，陈学华任工会主席。

3月29日，泰州市国土资源局局长吕亚生一行至靖江，调研国土资源管理工作。

4月10日，市委、市政府召开全市国土资源管理暨创建全国国土资源节约集约模范市、江苏省土地执法模范市工作会议。

4月25日，省国土资源厅党组成员、人事处处长施建石一行至靖江，检查人民满意国土资源所创建工作。

4月28日，市国土资源局召开“三宽四有”（眼界宽、思路宽、胸襟宽，有信念、有本领、有担当、有正气）主题教育活动动员会，并举行全市国土资源系统第二届文体比赛活动开幕式。

5月28日，国家土地督察南京局副巡视员章昌华率督察组一行至靖江，开展土地例行督察和现场调研。

6月2日，中共江苏省委书记罗志军、省长李学勇率全省苏中发展工作会议代表至靖江，参观靖江沿江开发和跨江联动成果展。

6月2～4日，国家土地督察南京局巡视员、专员周家富一行至靖江，开展土地例行督察现场核查。

6月25日，市国土资源局召开纪念第23个全国土地日座谈会，探讨建立节约集约用地新机制。

7月2日，省国土资源厅法规处主任科员高扬至靖江，为国土资源管理系统人员作国土资源管理依法行政知识讲座。

7月4日，市国土资源局行政服务大厅正式启用。

7月11日，省、市联合检查组至靖江，检查市国土资源局网上政务公开工作。

8月28日，市委、市政府召开土地例行督察整改推进专题会，研究、推进全市土地例行督察整改工作。

9月16日，泰州市土地例行督察整改暨卫片执法检查推进会在靖江召开。

10月30日，靖江市国土资源局党委书记、局长张仁德率队参加泰州市"12345·政风行风热线"户外联动直播活动，现场接受群众咨询和投诉。

11月20日，市国土资源局档案工作规范创省五星级通过省、市档案系统及国土资源系统测评验收。

12月2日，中共靖江市国土资源局委员会召开党员大会，选举产生新一届中共靖江市国土资源局委员会和纪律检查委员会。

12月11～12日，靖江2013年度"江苏省土地执法模范县（市、区）"创建工作通过江苏省土地执法模范市考核组考核验收，达省创建标准。

12月15日，成立《靖江市国土资源志》编纂委员会，下设编辑部。

12月19日，省国土资源厅信息中心主任宋晓群率调研组至靖江，调研国土资源信息化建设工作。

第一章

地域概况

靖江地处长江三角洲的苏北平原，其形成历史较为复杂。新生代第三纪之后，孤山崛起为古长江中的小岛。由于受地球自转偏向力和长江水下地形的共同作用，长江主流不断南移，江水夹带泥沙淤积，历经6次大涨沙及无数次小涨坍，方形成比较稳定的县境。靖江古称马驮沙，三国时属吴国毗陵县暨阳乡。西晋隶暨阳县。隋至唐马驮沙及其北部隶海陵（吴陵）县，牧马小沙仍隶江阴县。宋马驮沙易名阴沙，隶泰兴县，牧马小沙隶属不变。元代马驮沙属泰兴县，牧马小沙隶属江阴县。明初全隶江阴县。成化七年（1471年）置县。此后有436年隶常州，故靖江具苏南特点。1993年撤县建市。域内地势低平，唯有孤山耸立于中部；河网密布，有一级河道7条、二级河道113条和三级河道3843条，组成纵横交错的水系网络。气候宜人，光照充足，四季分明，雨量充沛，水资源丰富，土壤肥沃，适宜植物生长和农业发展。2011年，靖江市土地面积655.58平方千米，其中耕地面积275.65平方千米，占42.05%。全市户籍人口总数671503人，设1个街道、8个镇，另设2个经济开发区及3个办事处，下辖67个居民委员会、188个村民委员会。

第一节　建置概略

一、地理位置

靖江市位于江苏省苏北平原南端，长江之滨。地理坐标为北纬 31° 56′ ~ 32° 08′ ，东经 120° 01′ ~ 120° 33′ 。地处富饶的长江三角洲中段，南、东南与张家港市、江阴市、常州市新北区隔江相望；北、西北与泰兴市毗连，东、东北临如皋市。地理区位优越，在沿海和沿江两大经济开放带内，是长江经济带的重要支点城市、长三角区域的中心点城市和江海联运的枢纽城市。

靖江襟江近海，长江岸线长 52.3 千米，所属水域处甲、乙级航道之交，是长江黄金水道的一部分，沿江建有靖江港区码头泊位 124 个。顺流而下 156 千米，可直达上海，与中国东部沿海及世界各大港口相通；溯流而上 191 千米，经镇江至南京，可达皖、赣、鄂、湘、川、渝 6 省市各港口，是通河、入江、出海的咽喉，具有水水中转的优势。全市有等级公路 1285 千米，其中高速公路 24.42 千米、一级公路 180.67 千米、城市道路 445.4 千米，公路运输快速、便捷。从靖江长途汽车站向西至泰兴 33 千米、至扬州 112 千米、至南京 212 千米，向东至南通 80 千米、至上海 194 千米，向北至黄桥 30 千米、至泰州 74 千米，向南至无锡 56 千米、至苏州 97 千米。域内交通网络健全。陆路姜八公路、广靖高速公路纵穿南北；沿江高等级公路、江平公路、宁通高速公路横贯东西；更有江阴长江公路大桥连通南北，直达周边的上海虹桥、浦东及苏州光福、无锡硕放、常州奔牛、南通兴东、扬州泰州、南京禄口等机场。新长铁路穿越域内 23 千米，南接沪宁铁路，北连陇海铁路。靖江乃大江南北的交通枢纽和苏北腹地水陆运输的交汇点。

图1-1-1　2011年靖江在长江三角洲区位图

二、建置沿革

靖江本名马驮沙，又名骥江、骥沙、骥渚、马洲、牧城、阴沙。三国时隶吴国毗陵典农校尉（二级政区）所辖的毗陵县暨阳乡。西晋太康二年（281年）属毗陵郡暨阳县（今江阴市），其北部水域及今季市镇隶广陵郡海陵县。南北朝时，北周大象元年（579年），马驮沙及其北部始属海陵县，牧马小沙仍属江阴县。隋、唐时，马驮沙及其北部隶海陵（吴陵）县，牧马小沙隶常州江阴县。五代十国时，南唐昇元元年（937年），马驮沙及其北部隶泰州泰兴县，牧马小沙隶属不变。宋朝，马驮沙易名阴沙，仍隶泰兴县。元朝沿用宋朝建制，马驮沙及其北部隶泰兴县，牧马小沙隶江阴县。明洪武二年（1369年），全隶江阴，仍称马驮沙。明成化七年（1471年）置靖江县，隶常州府。清袭明制。咸丰十年（1860年）起一度隶通州。同治三年（1864年）仍隶常州府。民国2年（1913年），国民政府实行省、道、县三级制，靖江隶苏常道。民国16年废道，直隶江苏省公署。民国22年，靖江隶第八行政督察区（即泰县区）。民国23年，改隶第五行政督察区（即南通区）。民国26年12月，靖城被日军侵占，民国县政府流动于西来、长安以及如皋、泰兴等地。民国27年2月，伪靖江自治会成立于靖城，控制区域除靖城外，仅及姜八、江平公路沿线的一些据点。民国28年2月，伪靖江自治会改称靖江县公署，隶伪维新政府江苏省政府；同年秋，伪靖江县公署改称伪靖江县政府。民国29年3月，伪靖江县政府隶汪伪国民政府江苏省政府。是年7月，新四军东进；同年8月下旬，靖江县抗日民主政府成立，控制区域为广大农村，县府常驻蛤蟆圩（后名霞幕圩）蒋家埭，隶通如靖泰临时行政委员会；翌年3月，隶苏中第三行政区专员公署。民国31年春，伪靖江县政府隶伪苏北行营。民国32年5月，伪靖江县政府隶伪苏北绥靖公署。民国33年秋，伪靖江县政府改称靖江县特别县公署，隶伪南通清乡专员公署。民国34年8月，抗日战争胜利；9月，靖江县抗日民主政府改称靖江县政府，驻靖城。同年12月1日，靖江隶苏皖边区第一行政区专员公署。民国35

年1月1日，民国县政府重返靖江，隶南通绥靖公署。民国36年8月，为适应解放战争需要，中共苏中一地委决定成立靖泰县，县政府在靖西，驻地不定，隶苏皖边区第一专员公署。民国38年1月28日，靖城解放，靖泰县政府驻靖城。同年5月靖泰县撤销，恢复靖江县原建制，隶苏北行署泰州专区。1953年1月，靖江隶江苏省扬州专区。1983年实行市管县体制，靖江隶扬州市，县治靖城镇。1993年7月14日，靖江撤县建市，至此，靖江建县历史达522年。1996年7月19日，靖江改由泰州市代管。2010年1月3日，靖江市行政中心由骥江路26号①迁驻滨江新区阳光大道1号。

三、行政区划

明洪武二年（1369年），马驮沙全隶江阴县，实行图里甲制，编户55里，每里110户。成化七年（1471年），建靖江县，实行团图里甲制。全县有10团，××图（待考）、58里、580甲。嘉靖二十年（1541年），招抚流亡，增编2里，计60里。图数不详。崇祯十一年（1638年），增至60图、100里。明代中后期，倭寇骚扰，农民起义，统治者为训练团兵（即乡兵），加强地方防卫，在实行团图里甲制的同时，实行“十家牌”法，即在团以下设保甲。团有团董，保、甲各有长。全县有10团，每团有10保，每保有10甲。

清代废除里甲制，实行团图制，同时实行保甲制（地方防卫组织）。全县分10团、60图（东沙30图，西沙30图）。宣统元年（1909年）预备立宪，将原有10团60图合并为9个自治区，即城市、东阜市、孤山市、丁太长市、生祠市、柏木乡、八圩乡、正东乡和太和乡。

民国5～8年（1916～1919年）仍实行清末9个自治区的区划制度，每区设有自治委员1人～2人。民国18年起重划区域，实行区乡（镇）闾邻制，全县

①靖江于明成化七年（1471年）置县，至2003年500余年间，治所长期设于老城区骥江路248号，2004年迁至骥江路26号（临时过渡）。

9个自治区划并为8个区、240乡、33镇，编2803闾、13600邻。区按序数排列，第一区（城区）、第二区（斜桥）、第三区（孤山）、第四区（侯河）、第五区（生祠）、第六区（柏木）、第七区（滨江）、第八区（太和）。民国21年，乡镇调整，全县8个区，辖102乡、23镇。民国23年，国民政府废除闾邻制，制定所谓《剿匪区内各县编查保甲户口条例》。全县设8个区（同民国18年区划）、23个镇、102个乡、735个保、7648个甲。民国27年2月，日伪沿用旧区划。

民国29年，靖江抗日民主政府成立，仍沿用旧区划。是年8月，先后建立二、三、四、五、七、八6个区署。是年，原属泰兴县的季家市划属靖江县，更名季市乡，隶长安区。民国30年8月，建立一区区署。民国31年1月，为对付日伪"清乡"，中共靖江县委决定成立靖东、靖中、靖西3个大区，6月撤销，重新划建7个区，并以地名命名各区，称城区、西来区、长安区、孤山区、侯河区、东兴区、太和区。区署改称区公所。

民国32年3月重新调整行政区，东兴区与城区合并称东兴区，长安区与西来区合并称长安区；8月，长安区仍划为长安、西来两个区，东兴区仍划为东兴、城区（曾一度改称安人区）两个区；10月，又建立柏木区。民国34年8月，全县设城区、西来、长安、柏木、孤山、侯河、东兴、太和8个区，辖9个镇114个乡；10月，一度设新港、季家市两个区级市。民国35年1月，民国县政府重返靖江，仍沿用旧的区划；10月，中共靖江县委决定临时成立靖东、靖中、靖西3个战略大区，8个小区建制仍然保存，辖110个乡（镇），靖东大区曾一度归属如西指挥。民国36年4月，中共领导的3个战略大区撤销；8月，成立靖泰县，下辖西来、长安、柏木、孤山、侯河、东兴、太和、广陵、曲霞、蒋华10个区；10月，民国县政府裁区并乡调整保甲，设靖东、靖西两大区署，各辖10个乡，中部近城14个乡镇直属县政府，全县共设2个大区、34个乡镇、465个保、6917个甲。民国37年10月和12月，西来镇、季家市先后划隶如西县（后改如皋县）。

民国38年（1949年）1月，增设城区，全县设11个区、169个乡（镇）；5月，撤销靖泰县，恢复靖江县建制，广陵、曲霞、蒋华3个区仍划归泰兴县；5月和6月，季家市（包括附近区域）、西来镇（包括东、西市村）先后划归靖江县；撤季家市，设季市镇。全县仍设8个区，辖1个县属镇、7个区属镇、115个乡、917个村。同年8月，增设八圩区，共设9个区、13个镇、106个乡。

1950年1月，增设季市区，城区划出5个乡分别归属柏木、孤山、八圩3个区，柏木区的西园乡划分为东园、西园两个乡。至此，全县设10个区、7个区属镇、116个乡。

1950年靖江县区、镇、乡行政区划一览表

表1-1-1

区　名	所辖镇名	所　辖　乡　名
西来区	西来镇	龙澄 土桥 永振 普福 乐善 普安 永福 东来 永奠 见龙 永庆 新民 桐村 敦义 靖安 新港 斜桥
长安区		安武 元庆 祁安 陈塘 民政 石榴 长安 普济 廉让 大觉 祖师 筱山 老庄
柏木区		丰宁 六助 东闸 旺桥 柏木 井兴 黄庄 西园 宜和 木金 虹兴 东园
孤山区		裕福 大善 善缘 广陵 乐稼 团结 准提 孤山 山南 常胜 杨太 马静 长里
八圩区		同安 江防 六八 平安 同泰 下四圩 建安 正新 积盛 鼎新 昆盛
东兴区		九一 克成 丰盛 新胜 惠涉 恒吉 新生 成德 上六圩 上四圩 旺稼 海镇 三元 东兴 三河
侯河区		普正 新丰 岳北 七里 岳东 迎祥 文武 白衣 双店 新市 侯河 福兴 集福 龙王 生祠
太和区		丽珠 新义 地藏 涨公 法喜 周王 务本 礼士 水三圩 九圩 闻东 三太 三兴 孝化 滨江 太和
季市区	季市镇	宁界 洋港 季市 禅师
城　区	靖东镇 靖西镇 靖中镇 靖南镇 靖北镇	

1951年，季市区的宁界乡划归孤山区，季市乡划归长安区，禅师、洋港两乡划归泰兴县。1952年，八圩区辟建十圩乡，柏木区辟建宜稼乡。

1955年8月，撤小区并大区，设城区、斜桥、八圩、孤山、季市、生祠、太和7个区，辖7个镇、105个乡。

1956年春，并区并乡，全县设5个区、55个乡、2个镇。同年8月，为适应农业合作化的需要，撤区建乡，将原55个乡、2个镇，并为西来、敦义、土桥、斜桥、长安、大觉、柏木、罗家、十圩、六八、孤山、城北、团结、季南、侯河、马桥、七里、生祠、涨公、海镇、东兴、新桥、太和23个乡及靖城、季市2

个镇。

1957 年 3 月，东兴乡与惠丰乡合并改称惠丰乡。1958 年 10 月，实行公社化，全县划建红旗（由原靖城镇、柏木乡合并）、东升（由原西来、土桥、敦义 3 乡合并）、东方(原斜桥乡)、红庄（由原长安、大觉两乡合并）、越江（由原罗家、十圩两乡合并）、东兴（由原海镇、六八、惠丰 3 乡合并）、孤山（由原城北、孤山、季南、团结等乡及季市镇合并）、火花（由原侯河、马桥两乡合并）、红英（由原生祠、七里、涨公 3 乡合并）、红江（由原太和、新桥两乡合并）、渔业（原属江阴县的 5 个长江渔业合作社划归靖江后建立）11 个公社。下设生产大队和生产小队。

1959 年 5 月，“公社”改名“人民公社”，全县划建西来、敦义、土桥、大觉、长安、新港、渔业、越江、红旗、孤山、季市、团结、马桥、侯河、七里、生祠、涨公、八圩、惠丰、东兴、新桥、太和等 22 个人民公社，以及畜牧场和第二农场 2 个场；8 月，建靖江农场。11 月，成立斜桥人民公社；12 月，成立靖江林场。1960 年 3 月，靖江农场与林场合并，建靖江第一农场。1962 年、1963 年，先后划建季市镇、靖城镇。1965 年 9 月，调整为 22 个人民公社和 2 个镇，即西来、土桥、敦义、长安、斜桥、柏木、越江、渔业、八圩、季南、孤山、团结、侯河、长里、马桥、惠丰、东兴、大兴、新丰、红光、太和、新桥等人民公社和靖城镇、季市镇。

1972 年～1973 年 3 月，又有部分人民公社进行调整和更名，划建为 23 个人民公社和 1 个镇，即西来、土桥、敦义、长安、大觉、斜桥、柏木、越江、八圩、孤山、季市、团结、长里、侯河、马桥、大兴、惠丰、东兴、新丰、红光、太和、新桥、渔业等人民公社和靖城镇。1973 年 11 月，如皋县划出董家圩大队给西来人民公社，该大队更名团结大队。1974 年 8 月，西来人民公社原东升大队辟建为东升、同兴、丰产 3 个大队。1981 年 11～12 月，大兴人民公社更名生祠人民公社，向阳等 179 个生产大队废除新名恢复原名。1983 年 4～11 月，实行农村管理体制改革，分批撤销人民公社，建立各乡（镇）人民政府，渔业人民公社划建八圩乡，原八圩人民公社划建城南乡，全县有 23 个乡和 1 个镇（靖城镇），同时全县各大队均改村，村以下设村民小组。1984 年 9 月，撤销季市乡，改设季市镇。1986 年 8 月起，撤销西来、生祠、孤山、八圩、新桥、斜桥 6 个乡，先后建镇，实行镇管村体制。

1988 年，全县有靖城、季市、西来、斜桥、八圩、孤山、生祠、新桥 8 个镇和土桥、敦义、长安、大觉、柏木、越江、团结、长里、侯河、马桥、惠丰、东兴、新丰、红光、太和、城南 16 个乡及 3 个乡级场圃，下辖 15 个城镇居民委员会、342 个行政村。1992 年，土桥、太和、东兴 3 乡撤乡建镇。1999 年 12 月，城南撤乡建镇。

2000 年 2 月，柏木乡、越江乡与靖城镇合并，设靖城镇；太和镇与新桥镇合并，设新桥镇；新丰乡与红光乡合并，设红光镇；惠丰乡与东兴镇合并，设东兴镇；城南镇与八圩镇合并，设八圩镇；长安乡与季市镇合并，设季市镇；大觉乡与斜桥镇合并，设斜桥镇；长里、侯河、马桥 3 乡合并，设马桥镇；敦义乡、土桥镇与西来镇合并，设西来镇。是年 5 月，团结撤乡建镇。

2004 年 2 月，从八圩镇析出 7 个行政村建市政府城南办事处，从八圩、东兴镇分别析出 6 个和 4 个行政村建江阴经济开发区靖江园区办事处。2 个办事处分别负责市开发区城南园区和江阴经济开发区靖江园区社会事务管理。2005 年 4 月，八圩镇划归靖城镇管辖（实际分别由市政府城南办事处、江阴经济开发区靖江园区办事处代管）。是年 12 月，从靖城镇析出 9 个行政村建市政府滨江新区办事处，负责滨江新城和滨江生态园开发建设中的社会事务及相关服务工作。2006 年 1 月，团结镇与孤山镇合并，设孤山镇。

2007 年 6 月，红光镇与生祠镇合并，设生祠镇；11 月，靖城镇更名为靖城街道。至 2011 年年末，全市共有 1 个街道（靖城街道）、8 个镇（新桥、东兴、生祠、马桥、孤山、季市、斜桥、西来）。为配合沿江开发，设有江苏省靖江经济开发区（下辖新港园区、城南园区、城北园区、新桥园区）和江苏江阴—靖江工业园区 2 个省级经济开发区及 3 个办事处（市政府滨江新区办事处、城南办事处和江阴—靖江工业园区办事处），下辖 67 个居民委员会、188 个行政村，831 个居民小组、3610 个村民小组。

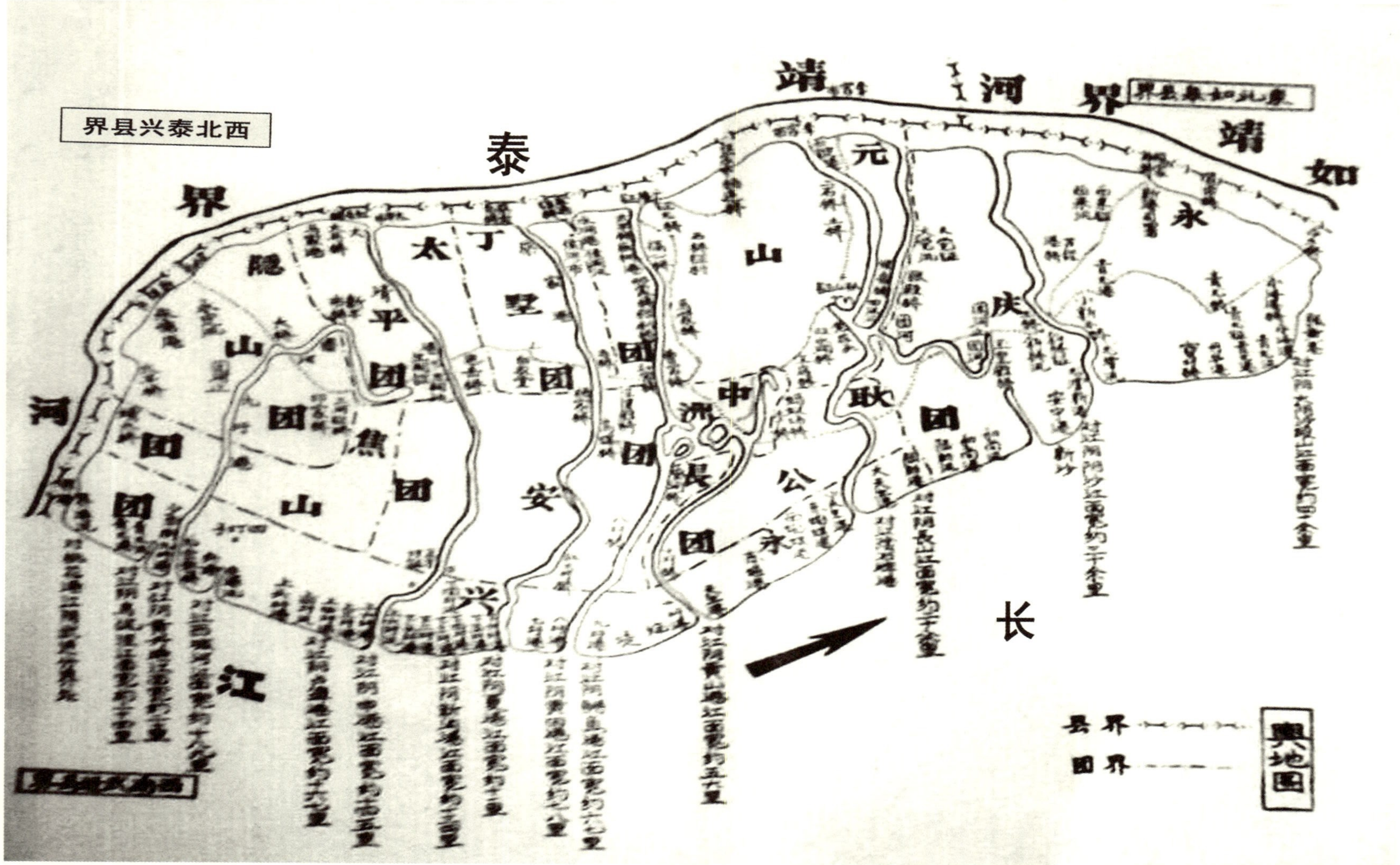

图 1-1-2 清朝靖江县行政区划图

（市档案馆供图）

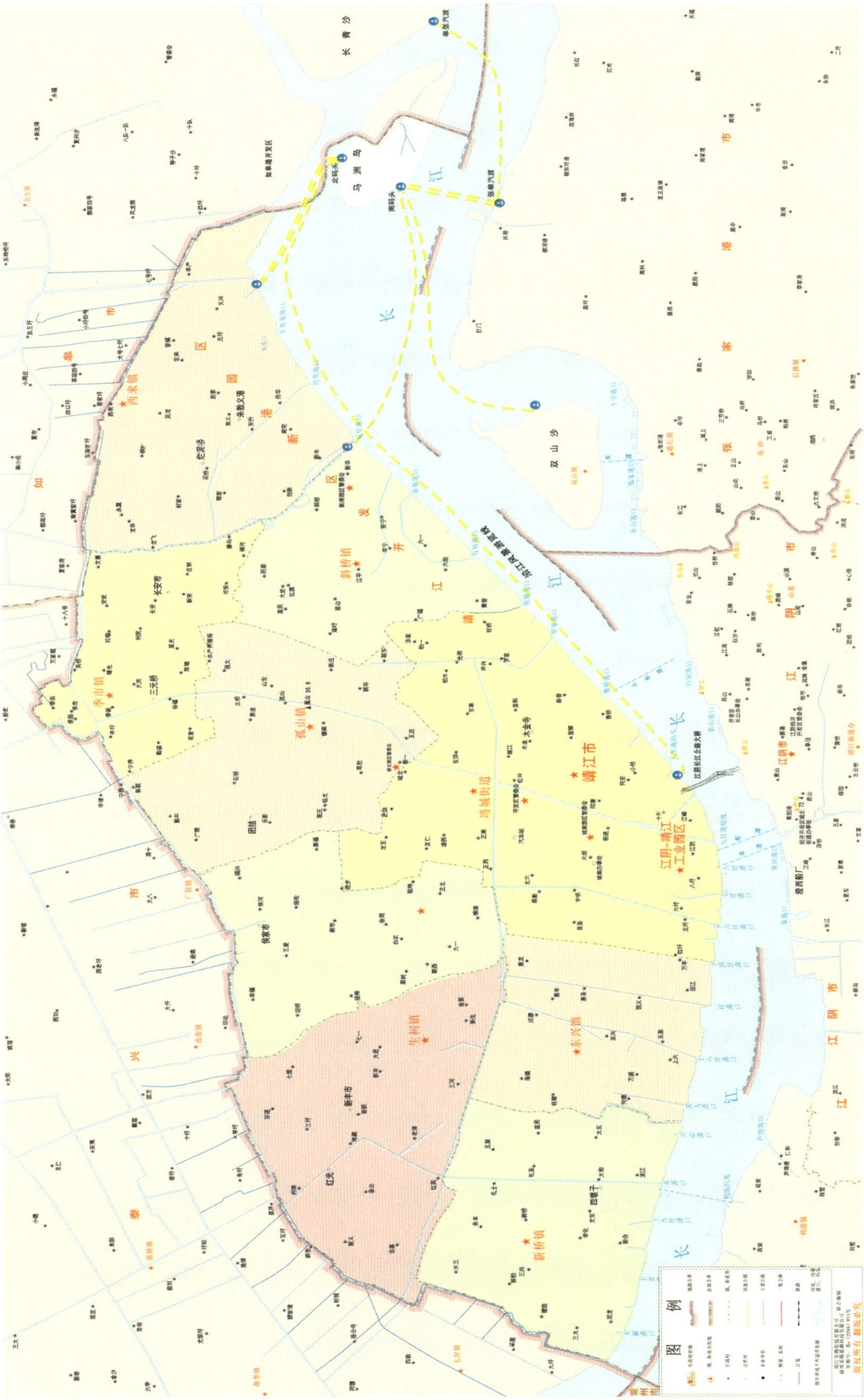

图1-1-3 2011年靖江市行政区划图

2011年各镇、街道、办事处、园区行政区划一览表

表1-1-2　　　　　　　　　　　　　　　　　　　　　　　　单位：个

行政区域	下辖行政村	行政村数	村民小组数	下辖居委	居委会数	居民小组数
靖江市		188	3610		67	831
靖城街道	东郊、西郊、东南、光明、柏木、汤家、井兴、正西、靖西、友仁、龙王、进步	12	221	江山路、公园弄、江华、东兴街、团结路、虹茂、虹桥；双港路、玉皇殿、羊巷、方家场、前进、小关庙、正南、虹兴；布市里、北大街、新西、玉带、新建北路、渔婆、城西、齐心、靖西	24	408
新桥镇	滨江、太东、益民、五星、礼圣、太和、文东、礼士、新合、孝化、新桥、务本、水三、新柏、三兴、德胜、三太、双龙	18	398	振兴、礼士桥、四墩子	3	15
东兴镇	克成、惠龙、惠丰、惠圣、上六、万盛、何德、东兴、合兴、旺稼、成德、海镇	12	260	正东圩	1	5
斜桥镇	斜桥、新华、安宁、丰宁、六助、六一、黄普、广富、江平、大觉、富民、红旗、筱山、海圩、民政	15	301	斜桥、新港、新华、东阜、新纪元	5	16
西来镇	西来、见龙、赵家、东来、普福、义兴、丰产、东升、敦义、郁家、泥桥、封家、龙飞、桐村、永胜、龙华	16	320	西来、土桥	2	11
季市镇	季新、井圩、宁界、勤盛、花家、裕福、陈塘、星光、大庆、曙光、关桥、季东、季市、季西、横河、廉尚、庄帜、长安、安武、文嘉、石榴、利民、新安、祁安	24	280	东街、西街	2	28
孤山镇	联华、联东、孤山、山东、新庄、土桥、勇进、通太、石桥、新联、勤丰、李王、乐稼、广陵	14	291	园山、乐庄	2	6

续表 1-1-2

行政区域	下辖行政村	行政村数	村民小组数	下辖居委	居委会数	居民小组数
生祠镇	金星、新生、生祠、三河、大进、七一、七里、芦大、东进、红英、地藏、利珠、涨公、新义、法喜、新丰、新跃、老港、三圩	19	472	生祠、地藏	2	3
马桥镇	正北、铭坤、马桥、徐周、白衣、栗树、朝西、九一、横港、集福、福兴、侯河、经伦、新市、祖师、迎祥、幸福、三爱	18	355	马桥、侯河	2	4
城南办事处	前进、火炬、鼎新、北六、昆圣、中桥、十圩	7	140	三江、科技、建新、同兴、新江海、合兴、华侨、春江花城、康兴新村、鼎和花苑、公所、同泰、东进、大桥	14	188
新港园区	新木、荷花、丹华、王圣、高家、创新、五圩、旺桥、罗家、柏一	10	171			27
城北园区	杨太、常胜、王庄、镇南	4	120	新一、城北	2	28
江阴—靖江工业园区办事处	五星、迎江、恒义、万丰、江峰、江防、八圩、六圩、五圩、四圩	10	165	八圩、莲沁苑、溢馨苑	3	39
滨江新区办事处	小桥、同安、同康、木金、越江、宜和、宜稼、新普、雅桥	9	116	晨阳、华阳、江阳、富阳、朝阳	5	53

四、地域变迁

三国·吴赤乌元年（238 年）前，扬子江海口“百里之洲隆起”。此洲分南北两沙，即牧马小沙、牧马大沙，成横向平行于大江之中。两沙东西长约 150

里，南北宽分别为5里和8里左右。两沙间有套水阻隔，俗称浹。浹之东称东沙，浹之西称西沙。赤乌年间（233～250年）为吴大帝（孙权）属下牧马之地，历若干年而成村墟。明成化七年（1471年）建县时，靖江东西约50里，南北约20里。县境四面环江，孤山在江水之中。弘治元年（1488年，即靖江建县17年），孤山登陆。弘治十八年新升田滩116顷。嘉靖二十八年(1549年)牧马小沙与牧马大沙合于一壤，面积约200余平方华里；从赤乌年间形成的夹江经1300余年的变迁而成桑田。是年，县域东自青龙港，西至焦山港，东西约130余里，南北约30余里。旧志载，全县时有10团，永兴团最大，其四达：东至江阴巫子门海口60里，西至武进横担65里，南至江阴君山麓40里，北至泰兴沙河埠25里。其四隅：东南由蟛蜞港对江阴的蔡港50里，西南由大新港对武进的澡港50里，东北由孤山港对如皋的石庄70里，西北由展苏港对泰兴的新河50里。在县域江面尚有10个沙，最东面的崇让沙（原称段头沙），悬于海口与青龙港相望。上有段山，亦称蛤蟆山，原属靖江，后割隶于常熟。天启元年至崇祯十二年（1621～1639年），北大江渐渐淤塞，西北涨连泰兴县，东与如皋县接壤，县境向北延涨10里，位置已处于长江北岸。靖泰接界之始，争界数年，界址未定。崇祯七年（1634年）知县唐尧俞作了让步，始定靖泰西段界址，形成今界河渐东则折而向南的状况。崇祯十一年，靖泰为东段界址又生争端，知县陈函辉以季家市以西数百顷地归泰兴，始定东段界址。清康熙五年（1666年）县境继续延涨，全县平、沙田56.26万亩。自康熙八年后，坍多而涨少，县域面积减少。嘉庆十八年（1813年），靖江大面积坍江，重点是中部地区。横港以南大片土地坍塌殆尽，中部坍塌距城脚仅剩43丈。为此，嘉庆帝三下御批，三易县令，钦定治江方案，地方士绅集合民力，西自澜港起东至苏家港止（今八圩港之东、十圩港之西迎春桥一带），兴筑石堤731丈，方才保住县治。而以前江中所涨的沙滩，除刘闻沙外，其余全部坍没。县城南面旧境，剩下不足十分之一，其它地方南部不足5里。今东兴镇的海坝、封头坝，靖城镇的墨金寺，均为当时筑坝挡洪而取名。道光十四年（1834年），由于长江中泓不断南移，刘闻段涨滩，靖江江岸逐渐淤涨南伸，形成今纵深约9千米的沿江圩区。道光十六年，全县有芦洲近10万亩。从此，县域基本稳定，再无大的涨坍。

民国23年（1934年），《南通区靖江概况》载：靖江辖境“东至如靖交界之张黄港，西至泰靖交界之西柏木桥，南至江靖交界之八圩港，北至泰靖交界之镇隆桥（在广陵镇）。全县横长而尖呈鲇鱼形（亦称纺锤形），东西两终点相距84华里，南北两终点相距36华里”。民国36年8月，泰兴的广陵、曲霞、蒋华3个区与靖江合并，成立靖泰县。民国37年10月和12月，华中一专署先后决定西来镇、季家市划隶如西县。

民国38年（1949年）5月，靖泰县撤销，恢复靖江县原建制，广陵、曲霞、蒋华3个区仍划归泰兴县。同月，泰州专员公署决定，季家市（包括附近区域短夼、前小庄、李家圩、王锡夼等村庄以及禅师、洋港两乡）划隶靖江县；同时决定西来镇（包括东、西市村）划隶靖江县。1951年12月，按泰州专员公署决定，禅师、洋港两乡仍划归泰兴。1955～1964年，靖江东部有和平滩、民主滩等7个沙滩相继出水，总名江心滩。出水时总面积1800公顷左右。后滩地坍多涨少。1973年11月，如皋县因开焦港挑废靖江耕地，划出董家圩大队归西来人民公社。该大队后名团结大队，今改称常乐村。

1987年，靖江县域东至县种猪场之东境与如皋县分界，西至红光乡永新村之西境与泰兴县分界，北至季市镇及团结乡广陵村之北境与泰兴县分界，南至八圩镇八圩港口临长江，东北至长安乡、土桥乡、西来镇3乡镇之东北境沿靖如界河与如皋县分界，西北至红光乡利珠村之西北境与泰兴县分界，东南至县苗圃场南境濒长江，西南至靖泰西界河口。东面长江中靖兴滩西流漕之西以及和平滩、民主滩、骥沙（已基本坍没）、驷沙等共800公顷，均属靖江。1988～1995年，以上滩地继续减少至600公顷，但后又新涨滩地266.67公顷。新涨滩地取名北吴沙，新旧滩地总面积为866.67公顷。2011年，靖江东西最长距离43千米，南北最长距离18千米，东南、南、西南濒长江，东、东北部西来镇与如皋市的石庄镇、江安镇接壤，北部季市镇、孤山镇、马桥镇与如皋市的江安镇及泰兴市的珊瑚镇、广陵镇、曲霞镇接壤，西北部生祠镇与泰兴市曲霞镇、七圩镇接壤，西部新桥镇与泰兴市七圩镇接壤，四邻界址稳定。

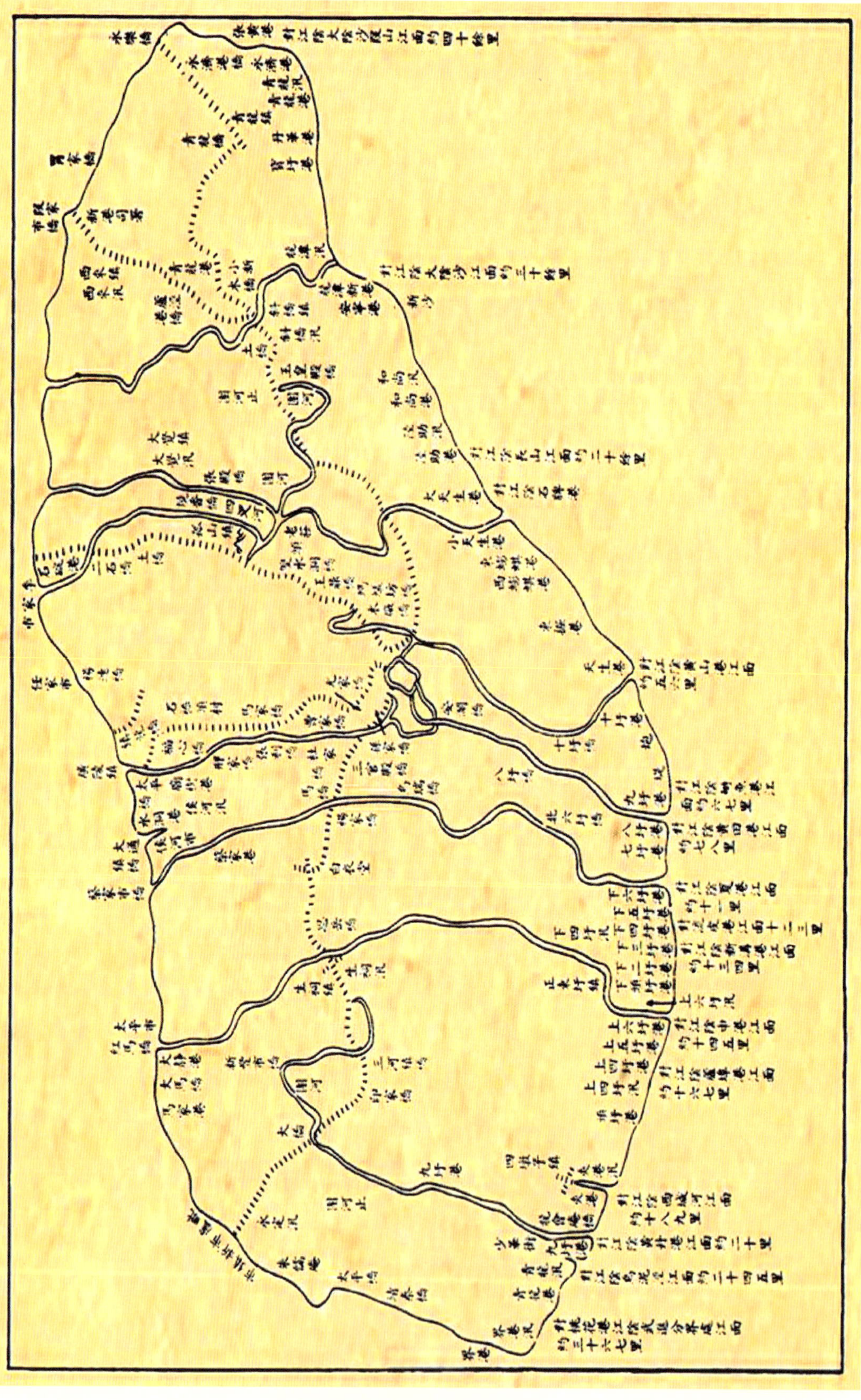

图 1-1-4 清光绪五年(1879年)靖江县境图

第二节　自然环境

靖江襟江近海，为长江下游冲积平原，地势低平，土种以淤泥土、油沙土为主，土壤肥沃，水网稠密，气候温和，四季分明，雨量充沛，高温期与多雨期基本一致，水资源丰富，为土地的开发利用带来极为有利的条件。但有时受江潮、季风侵袭，并有旱、涝、雹、虫、疫病、寒潮等灾害。

一、成　陆

靖江的成陆过程有其阶段性。从西汉至今2200余年间，历经无数次沙涨，才形成今天靖江的陆地。其中较大的沙涨有6次。

据《广陵志》记载，今季市镇一带于西汉时期（公元前206～公元25年）成陆。当时，长江靖江段孤山以北水面暗沙突起，沙团出水后逐年扩大，面积约20余平方千米，是靖江成陆最早的地域。此系长江靖江段江面首次大涨沙。

三国·吴赤乌元年（238年）前，由于海潮逆江，泥沙沿孤山之麓积聚，长江靖江段同时涨出两个沙洲，此为长江靖江段第二次大涨沙，也是靖江成陆史上最大的一次沧海变桑田。因沙洲土地肥沃，水草丰茂，时为吴主孙权属下的天然牧场，故两沙有牧马小沙、牧马大沙（后称为马驮沙）之名。这是以后靖江地域形成的主体。两沙的出现，使江流受阻，上游带来的泥沙沿着沙洲不断堆积，从而奠定了靖江本土逐年扩大、延伸的基础。

靖江第三次大涨沙在明弘治元年（1488年），相距前次沙涨约1250年。此次沙涨规模大、面积广，靖江北部的老岸地区向北拓境约4千米左右，原处于大江中的孤山南向登陆。西北方向，沙涨向外延伸达10余千米，使靖江西北部的隐山团（今新桥镇、生祠镇）、太平团（今生祠镇）、丁墅团（今生祠镇、马桥镇）及中部的元山团等面积扩大三分之一。在孤山以东，也延涨10余千米，使元山团和永庆团（今季市镇、西来镇、孤山镇）连成一片。至此，靖江本土面积比原来增加一倍之多。

靖江第四次大涨沙是在明嘉靖二十八年（1549年），与前次沙涨相隔61年。此次南江涨沙，将原来牧马小沙与牧马大沙之间的夹江涨塞，并在两沙外涨有10个沙滩。由于东部临近海口，泥沙易于沉积，涨滩快于西部，全县逐渐形成了东宽西狭的梯形地貌。

明天启年间（1621～1627年），长江主航道加快了南移速度，孤山之北沙洲延涨，北大江自西向东渐渐淤塞，涨连泰兴；至崇祯十二年(1639年)，北大江继续东涨直接如皋，因地脉由西而来，故新成陆之地取名西来。这次沙涨使原来的北江水域，变成今天的孤北洼地，全县新增土地25.12万亩。此为靖江第五次大涨沙。至此，靖江三大陆地基本形成，即老岸、沙上、孤北洼地。

清代，长江靖江段沙洲涨坍大起大落。乾隆四十六年（1781年），靖江东部坍地纵深5千米左右，新港以南江面的原永乐、崇明两镇全部坍没，斜桥的龙潭港街道也大部坍没，原两沙间相连部分亦有部分坍入江中。域内陆地由梯形地貌变成两头小、中间大的鲇鱼状地形。嘉庆四年（1799年），县境之西部刘闻段有沙突起江心，形似磨盘，其由若干沙墩逐步扩大而成，现今新桥镇盘头街的一墩子、孝化村的二墩子、文东村的三墩子、太东村的四墩子、红光村的五墩子等等，皆是当时涨沙留下的印记。此次涨滩，拓地2400亩。但相隔14年，即嘉庆十八年，靖江大面积坍江，重点是中部地区，原牧马小沙及夹江成陆的旧址，全部坍入江中，江岸坍卸距城墙根仅43丈。这是靖江成陆史上最大的一次桑田变沧海。幸朝廷派员勘查和地方人士筹集巨款，沿江筑石堤731丈，县城才得以保全。道光十四年（1834年），靖江西部刘闻沙（磨盘沙）再次陡涨，数月之中，从西部泰兴县蜘蛛港陆续涨过县城连老岸而东，直涨至如皋南江口。沙上地区猛增滩涂25万余亩。这是靖江第六次、也是最后一次大规模涨沙，其特点来势猛、涨速快，所涨速度超过历史上任何一次。至此，靖江地域基本定形。

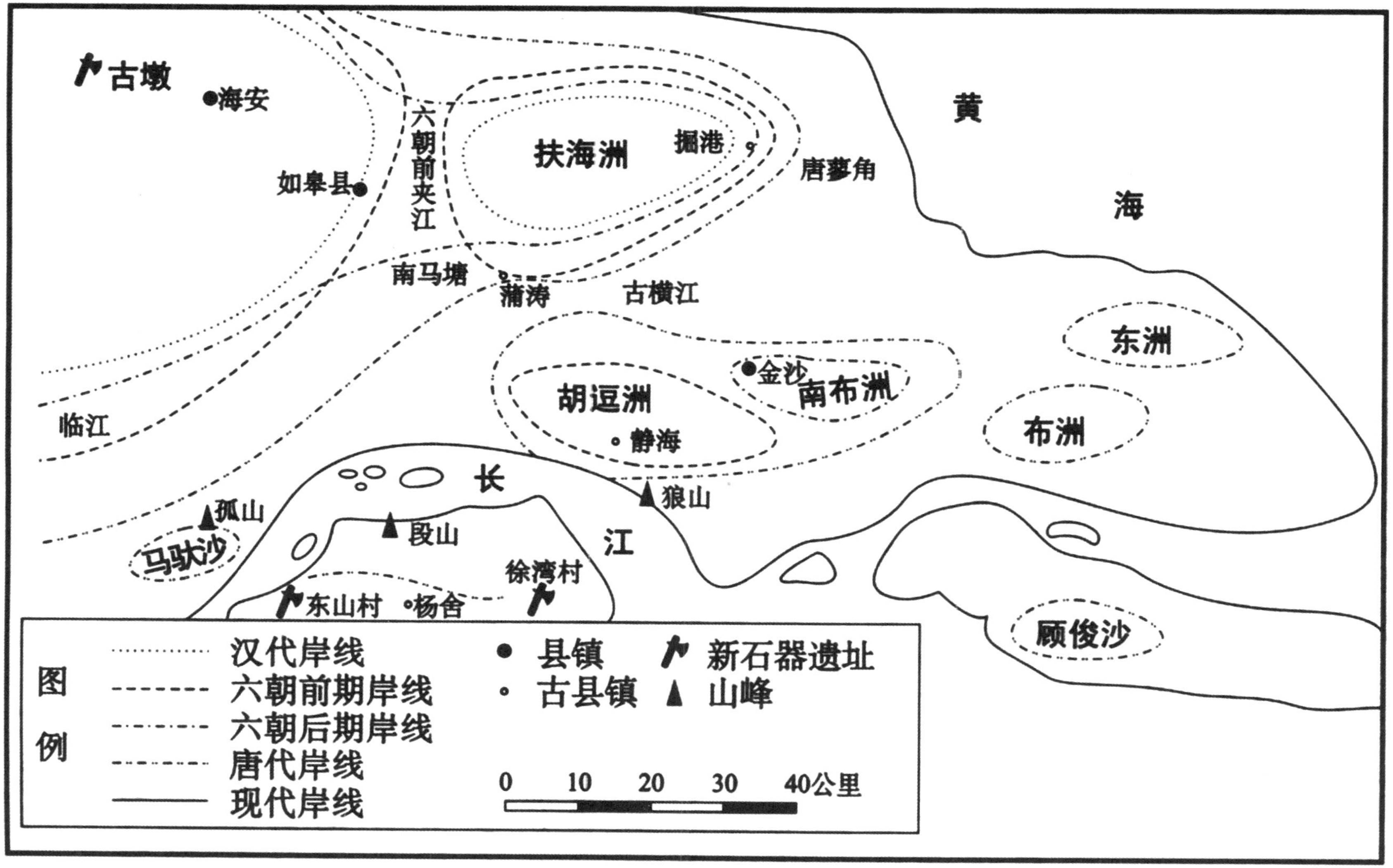

图1-2-1　唐以前马驮沙及其附近地区江海岸变迁示意图

二、地　貌

靖江特殊的成陆背景，造成了县境地形的复杂性。全境地面自西向东、自北向南微微倾斜，中以横港分南北两片，北片成陆早于南片，故有老岸与新沙之称，新沙又有东沙、西沙之分。域内有一独立丘陵——孤山，余皆长江三角洲冲积平原。长江三角洲地貌的最大特色是河道纵横，沟渠交错，大小沟、塘星罗棋布，交织成一片独特的水乡景观。全域根据其成因、地理位置和地面相对高度，可划分为以下几个地貌小区。

沿江圩田区　横港以南沿江地区，由牧马小沙（西小沙）和磨盘沙向东涨接而成，俗称“沙上”。总面积 25663.75 公顷，占全市陆地总面积的 46.52%；耕地面积为 15301.45 公顷，占全市耕地面积的 44.35%。该区地势低平，地面高程一般在 2.2 米 ~ 2.8 米，处于长江高、低潮位之间，过去曾普遍引潮自灌。区内水面面积较大，圩前圩后均有河沟通港。南依百里江堤，条条通江港门及内河均有闸

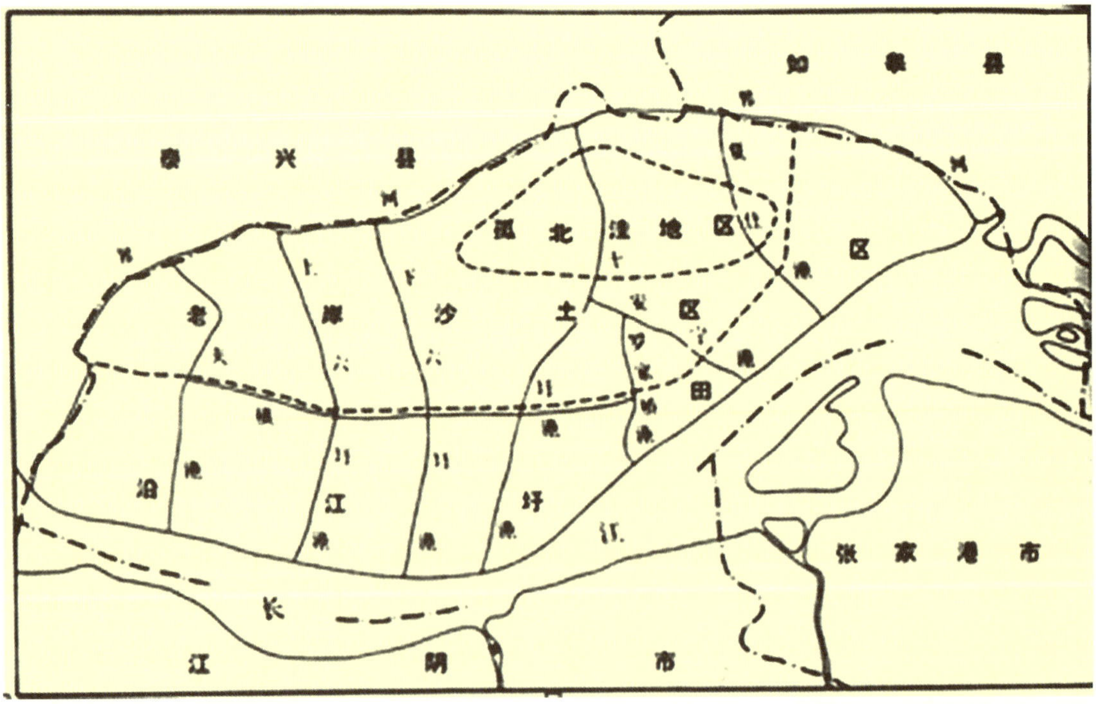

图1-2-2　靖江地貌分区图　　（源自《靖江县志》）

涵控制水位；北有横港与老岸沙土区高低分开。

老岸区 位于横港以北，由牧马大沙发育而成，习称“老岸”。地面高程3米～4.5米，总面积23428.26公顷，占全市陆地总面积的42.47%，耕地面积为15122.69公顷，占全市耕地面积的43.83%。土地平整程度不亚于沿江圩田区，原多为旱田。20世纪50年代起，老岸沙土区进行大面积平整与旱改水，作物分布与沙上地区差异渐消。

孤北洼地区 位于孤山以北地带，在成陆过程中，由孤山北麓的北大江流漕逐渐淤塞而成，面积6075.49公顷，占全市陆地总面积的11.01%，耕地面积为4076.61公顷，占全市耕地面积的11.82%。平均地面高程2.5米左右，局部地区仅2.2米，地势低于南北相邻地带（地面高程在3米～4.5米），比相邻地区低0.8米～2.0米，且自西向东呈一定比降，形成天然集水带，俗称靖江的“锅底塘”。故名“洼地”。由于地势低凹，雨期易受涝成灾。20世纪70年代起，建有一批中小型提排站，涝情有所减轻。

孤山 曾称元山，坐落市境中部孤山镇域内，距靖城6千米。海拔55.6米，周长1.5千米，占地面积5公顷。系天目山向东北延伸的余脉之一。随着地壳升降，新生代第三纪后，隆起为海上孤岛。隋唐时，孤山原高百仞（226.6米），形势险要，层累峻绝，东北陡崭。后多次塌方，至唐末宋初山高仅40仞（106米）。在新三角洲发育过程中，经江水夹带泥沙淤积，于明弘治元年(1488年)与陆地相连并突兀成平原上的孤丘。岩性为紫红色石英砂岩、长石石英砂岩，中间夹有紫红色薄层黏土页岩。明代山体多有崩塌，仅明弘治十四年（1501年）、嘉靖三十九年(1560年)、万历四十一年（1613年）就有3次崩塌。如今，山之北部高耸，南部延缓，形如坐狮。

图1-2-3 孤山景观区 (2008年摄)

图1-2-4　马洲岛　(2011年摄)

马洲岛（江心滩）

1955~1964年，和平滩、民主滩、驷沙、骥沙、靖兴滩、双姜沙、带子沙等沙滩相继出水，分布于八圩以东至靖（江）如（皋）交界处。出水时面积1800公顷左右，以地貌命名为江心滩。2008年取名马洲岛，2011年面积621.63公顷。

三、土　壤

（一）成土母质

从靖江成陆过程和地理位置来看，成土母质单一，全部属长江冲积平原，质地以中壤为主。直径小于0.001毫米的黏粒，平均含量在5.6%至15.5%，极值为2%至20.9%；直径小于0.01毫米的物理性黏粒，平均含量在34%至51.1%，极值为20.5%至61.8%；直径大于0.05毫米的沙粒含量平均值在6.67%至27.93%，极值0.9%至44.8%。域内土壤主要类型为水稻土类，土种主要有淤泥土、油沙土等。

（二）种类与分布

据1982~1984年第二次土壤普查，域内土壤分为2个土类（分别为水稻土、潮土），2个亚类（分别为渗育型水稻土、灰潮土），2个土属（分别为淤泥土、夹沙土）；12个土种及若干变种。

1984 年靖江县土壤类型及分布一览表

表 1-2-1　　　　　　　　　　　　　　　　　　　　单位：公顷

土类	亚类	土属	土　种	面积	占耕地面积(%)	分　　布	同土异名(或原定名)
水稻土	渗育型水稻土	淤泥土	黏质淤泥土	474.91	1.37	新桥、太和、东兴、惠丰、越江、八圩沿江圩田	黄黏土 油泥土
			淤泥土	6344.72	18.35	沿江各乡及马桥、生祠、柏木等靠近沿江圩区的部分	缠浆土 油夹沙
			薄层淤泥土	4379.86	12.67	沿江圩田、老岸与圩田交界处和孤北洼地零星分布	薄层缠浆土 薄层油夹沙
			沙底淤泥土	206.85	0.60	东兴、新桥、太和、柏木的部分面积	沙底缠浆土 沙底油夹沙
			沙底薄层淤泥土	957.93	2.77	太和、城南、越江、八圩及孤北洼地	薄层沙底缠浆土 薄层沙底油夹沙
			油沙土	18535.00	53.60	靖城、惠丰之外各乡镇	小粉土、沙夹缠、沙夹淤
			薄层油沙土	525.71	1.52	主要分布在惠丰、太和、西来、斜桥	沙滩土 薄层沙夹淤
			沙　土	1994.62	5.77	主要分布在大觉、侯河、孤山、团结、斜桥，其次分布在季市、柏木、长里、城南	泡沙土
			薄淤沙土	112.97	0.33	主要分布在柏木，其次分布在越江、团结	—
			漏沙土	707.42	2.04	主要分布在长安、西来、八圩，其次分布在敦义、新桥	—
潮土	灰潮土	夹沙土	堆叠土	188.57	0.55	越江、大觉、孤山较多，其次分布在敦义、团结等，都在主要河道两岸	—
			菜园土	148.59	0.43	靖城	—

（三）土种特性

黏质淤泥土　又称黄黏土，地面高程 2 米～3 米，质地重壤—轻黏。渗育层平均厚度 30.9 厘米，表土养分含量较高，有机质 2.2%，全氮 0.13%，速效磷

9PPM，速效钾 89PPM。有机质为水稻土含量最高的土种，pH 值 7.8。田间持水量 33.01%，土壤持水保肥性能良好，适宜水稻生长，旱作物发苗性差。

淤泥土 又称黄泥土，地面高程 2 米～3 米，质地中壤—重壤。渗育层平均厚度 36.5 厘米，表土养分仅次于黏质淤泥土。有机质 1.89%，全氮 0.12%，速效磷 9.7PPM，速效钾 85PPM，pH 值 7.89。田间持水量 32.46%，旱季地下水位 1 米左右。土壤持水保肥性能良好，适宜水稻生长，旱作物发苗性差。

薄层淤泥土 又称黄土、死黄土。质地黏重，重壤—中壤，地面高程 2 米～3 米。渗育层厚度小于淤泥土，为 21.6 厘米。表土养分含量较高，有机质 1.96%，全氮 0.13%，速效磷 8.7PPM，速效钾 83PPM，pH 值 7.95。田间持水量 32.85%，通气性略差。适宜于水稻生长。

沙底淤泥土 表土质地中壤—重壤，60 厘米以下质地为沙壤—轻壤，地面高程 2 米～3 米。此种土壤开沟易塌。渗育层发育良好，平均厚度 36 厘米。表土养分含量较高，有机质 1.99%，全氮 0.13%，速效磷 8.6PPM，速效钾 82PPM，pH 值为 7.9。田间持水量 34.4%，保水保肥性能良好，适宜于稻、麦、棉各类作物生长。

沙底薄层淤泥土 表土质地中壤—重壤，48 厘米以下为沙壤—轻壤，地面高程 2 米～3 米。渗育层厚度 25.1 厘米，表土养分含量较高，有机质 2%，全氮 0.13%，速效磷 10.7PPM，速效钾 94PPM，pH 值 7.8。保水保肥性能良好，适宜于稻、麦、棉等作物生长。

油沙土 又称夹沙土、沙夹黄。地面高程 3 米～4 米，渗育层平均厚度 31.8 厘米，表土养分含量中等，有机质 1.75%，全氮 0.15%，速效磷 9.1PPM，速效钾 72PPM，pH 值 7.8。田间持水量 31.62%，旱季地下水位 1 米以下。耕层疏松，易耕作，保水保肥能力中等。但肥力差的地方易板结僵苗。旱作有夜潮现象，发苗性较好，适宜于水旱作物生长。

薄层油沙土 又称滩地土，地面高程 2 米左右。质地中壤—重壤，有效土层厚度 35 厘米，渗育层平均厚度 19.3 厘米。35 厘米以下芦根孔隙较多，漏水严重。田间持水量 29.12%，旱季地下水位 80 厘米。土壤发育处于初级阶段，表土养分含量较高。有机质 2.01%，全氮 0.13%，速效磷 11PPM，速效钾 72PPM，pH 值 7.87。保肥性能中等，通气性中等偏下，保水性能较差。耕层疏松，易耕作，

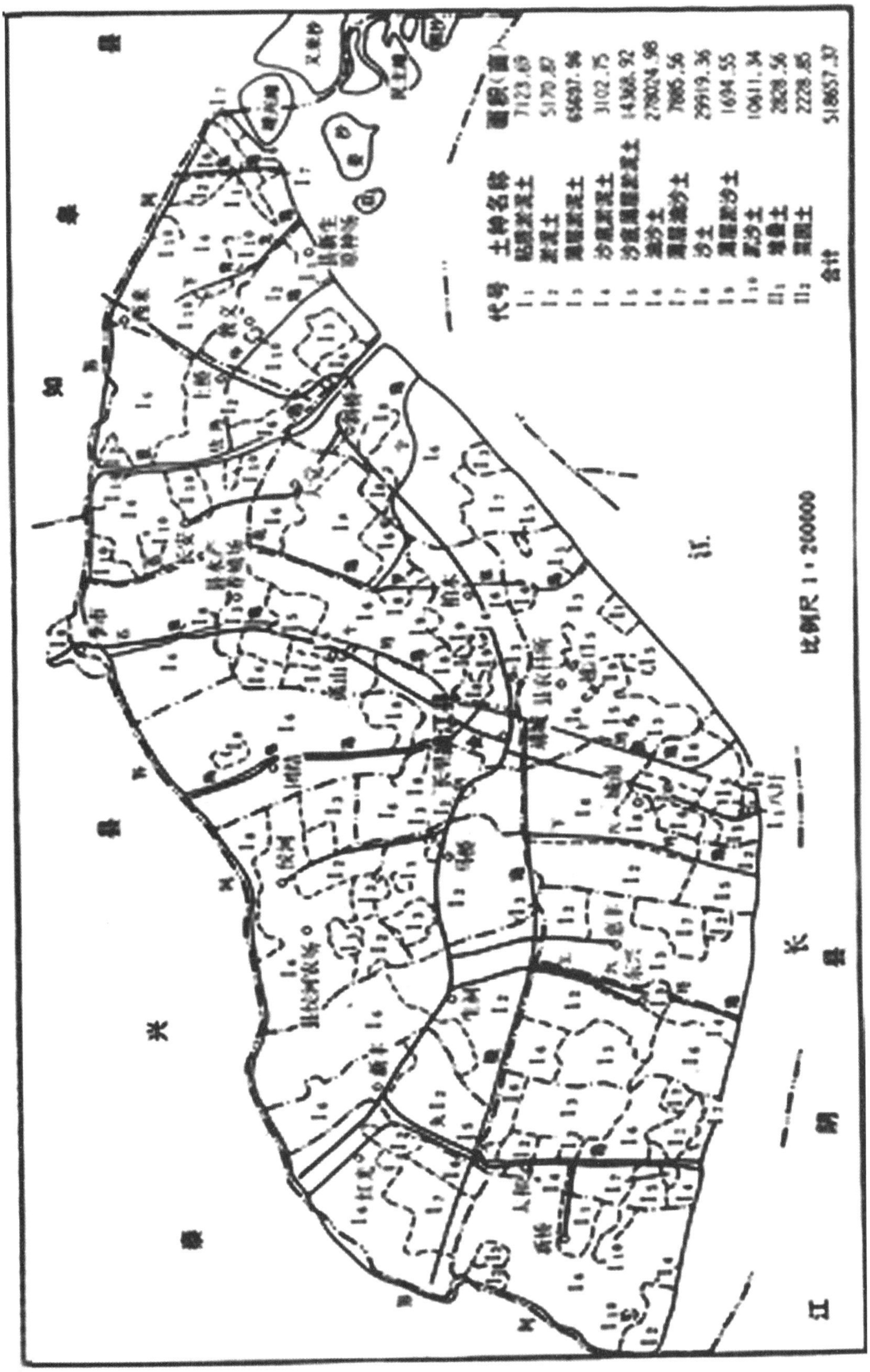

图 1-2-5 1985 年靖江县土壤分布图

发苗性较好，适宜于水旱作物生长。

沙土 又称泡沙土。可划为夏仕港、沙泥河、界河3个沙土片。地面高程3米~4米，质地以轻壤为主，渗育层平均厚度27.5厘米。表土养分含量较低，有机质1.49%，全氮0.1%，速效磷9.4PPM，速效钾56PPM，pH值7.87。保水保肥能力较差，田间持水量28.2%，通气性较好。耕层疏松，易耕作。但肥力差，易板结，漏水漏肥。种植小麦、棉花、蔬菜等旱作物，发苗性较好，但种植水稻易缺水僵苗。

薄淤沙土 又称夹沙土。30厘米以上为中壤，以下为轻壤或沙壤，地面高程3米~4米。渗育层发育良好，平均厚度42.8厘米。表土养分比沙土略高。有机质1.7%，全氮0.11%，速效磷12.9PPM，速效钾50PPM，pH值7.7。通气性、保水保肥能力差，易板结早衰。

漏沙土 为油沙土和沙土间的过渡型土种。40厘米以上为中壤—重壤，以下为紧沙—轻壤(或接近中壤)，地面高程3米~4米。渗育层平均厚度25.5厘米。表土养分含量较高，有机质1.93%，全氮0.12%，速效磷7.2PPM,速效钾67PPM，pH值7.96。田间持水量30.71%。耕层疏松，易耕作，发苗性较好，适宜于各种水旱作物生长。旱作有夜潮现象。

堆叠土 该土壤在所有土种中养分最低，有机质1.23%，全氮0.089%，速效磷6.8PPM，速效钾57PPM，pH值8.3。为低产土种。

菜园土 表土有机质1.55%，其余养分均很高，全氮0.12%,速效磷29.3PPM,速效钾107PPM，pH值7.9。表土结构呈小团块、碎屑状。肥力较强。

(四) 养分和等级

1984年土壤普查资料显示，靖江水稻土有机质含量中下等，平均为1.78%；全氮含量中等，平均为0.1127%；全磷含量丰富，平均为0.18%；速效磷、钾含量均不高，分别是8.4PPM和66.7PPM，碳、氮比为9：1。1984年以来通过加强农田基本建设，培肥地力，推进测土配方施肥，使土壤养分结构有了显著变化。2011年，市农委土壤肥力监测结果显示：靖江耕作层土壤容重每立方厘米1.22克，犁底层容重每立方厘米1.68克。耕作层土壤有机质含量每千克22.6克，全氮含量每千克1.22克，有效磷含量每千克16.8毫克，速效钾含量每千克75毫克，保肥保水性好。

1984年，靖江列入评级的耕地32753.35公顷，占总面积的65.5%，无一级土壤。二级土壤面积3759.27公顷，占耕地面积的11.48%。地势平整，灌排分开。旱季地下水位平均在1米以下，土壤爽水性好，无渍害。质地中壤或重壤，耕层深12厘米~15厘米，肥力较高，养分丰富。主要土种为淤泥土、油沙土、菜园土等。三级土壤面积20533.35公顷，占耕地面积的62.69%。地势基本平整，多数地块灌排不分，爽水性较好，旱季地下水位平均1米左右。肥力水平、养分含量均属中等。耕层厚度12厘米左右，主要土种为黏质淤泥土、薄层淤泥土、油沙土等。四级土壤面积7959.18公顷，占耕地面积的24.3%。地势基本平整或不够平整，灌排条件差，土壤僵板，囊水渍害，漏水漏肥。主要土种为油沙土、沙土、堆叠土等。五级土壤501.55公顷，占耕地面积的1.53%。地势不平整，耕层浅薄，灌排不分，串灌漫灌，囊水渍害，漏水漏肥严重，肥力较差。2011年，靖江列入评级的耕地26325.6公顷，占总面积的40.16%。其中，一级土壤面积2667.67公顷，占耕地面积的10.13%；二级土壤面积8055.07公顷，占耕地面积的30.6%；三级土壤面积14185.06公顷，占耕地面积的53.88%；四级土壤面积1417.8公顷，占耕地面积的5.39%。与1984年相比，改变了无一级土壤状况。

1984年靖江县耕地土壤评级一览表

表1-2-2　　　　　　　　　　　　　　　　　　　　单位：公顷

分布区域	面积	耕地等级							
		二级		三级		四级		五级	
		面积	%	面积	%	面积	%	面积	%
东兴乡	1519.65	143.14	9.42	1369.56	90.12	6.95	0.46	—	—
惠丰乡	1234.26	56.57	4.58	815.59	66.08	362.10	29.34	—	—
新桥乡	1886.20	587.74	31.16	1178.16	62.46	120.30	6.38	—	—
太和乡	1533.65	—	—	1348.72	87.94	184.93	12.06	—	—
城南乡	1813.66	54.98	3.03	1724.21	95.07	34.47	1.90	—	—

续表 1-2-2

分布区域	面积	耕地等级							
		二级		三级		四级		五级	
		面积	%	面积	%	面积	%	面积	%
越江乡	2135.67	856.17	40.09	1236.75	57.91	42.75	2.00	—	—
斜桥镇	1621.82	—	—	—	—	1613.30	99.47	8.52	0.53
敦义乡	978.07	14.88	1.52	579.33	59.23	344.61	35.24	39.25	4.01
土桥乡	1436.17	23.60	1.64	1026.95	71.51	385.62	26.85	—	—
西来乡	1234.32	—	—	73.79	5.98	1103.69	89.42	56.84	4.60
团结乡	1919.67	493.93	25.73	976.99	50.89	448.75	23.38	—	—
长安乡	1215.34	—	—	49.36	4.06	852.46	70.14	313.52	25.80
季市乡	1273.65	5.90	0.46	940.36	73.83	327.39	25.71	—	—
孤山乡	1947.84	48.54	2.49	1618.07	83.07	281.23	14.44	—	—
马桥乡	1345.44	627.61	46.65	710.27	52.79	7.56	0.56	—	—
侯河乡	1882.83	147.39	7.83	1667.35	88.55	68.09	3.62	—	—
红光乡	1626.66	25.41	1.56	1528.15	93.95	73.10	4.49	—	—
生祠乡	1667.37	153.27	9.19	1287.12	77.20	226.98	13.61	—	—
新丰乡	923.00	8.18	0.89	690.99	74.86	223.83	24.25	—	—
柏木乡	874.97	51.47	5.88	386.39	44.16	404.34	46.21	32.77	3.75
长里乡	771.65	12.46	1.61	453.15	58.73	306.04	39.66	—	—
八圩乡	735.98	291.73	39.64	444.25	60.36	—	—	—	—
靖城镇	135.42	135.42	100.00	—	—	—	—	—	—
大觉乡	995.03	20.88	2.10	420.20	42.23	503.30	50.58	50.65	5.09
侯河农场	7.64	—	—	7.64	100.00	—	—	—	—
新生农场	37.39	—	—	—	—	37.39	100.00	—	—
合计	32753.35	3759.27	11.48	20533.35	62.69	7959.18	24.30	501.55	1.53

2011年靖江市耕地土壤评级一览表

表1-2-3　　　　　　　　　　　　　　　　　　　　　　　　　单位：公顷

分布区域	面积	耕地等级							
		一级		二级		三级		四级	
		面积	%	面积	%	面积	%	面积	%
靖城镇	1219.73	69.60	5.71	210.40	17.25	802.86	65.82	136.87	11.22
孤山镇	2645.93	50.40	1.90	592.80	22.41	1853.00	70.03	149.73	5.66
季市镇	2301.07	—	—	531.73	23.11	1486.27	64.59	283.07	12.30
马桥镇	3169.33	462.40	14.59	949.87	29.97	1684.66	53.16	72.40	2.28
生祠镇	4342.13	681.00	15.68	1498.87	34.52	1966.53	45.29	195.73	4.51
东兴镇	2137.27	210.73	9.86	810.20	37.91	1032.21	48.29	84.13	3.94
新桥镇	3245.00	952.27	29.35	1303.87	40.18	852.66	26.27	136.20	4.20
西来镇	2433.27	—	—	483.87	19.88	1880.40	77.28	69.00	2.84
斜桥镇	2720.93	—	—	634.73	23.33	1943.67	71.43	142.53	5.24
城北园区	555.67	—	—	241.00	43.37	246.87	44.43	67.80	12.20
江阴园区	1103.87	241.27	21.86	547.13	49.56	235.13	21.30	80.34	7.28
滨江新区	451.40	—	—	250.60	55.52	200.80	44.48	—	—
合　计	26325.60	2667.67	10.13	8055.07	30.60	14185.06	53.88	1417.80	5.39

说明：此表由靖江市农业委员会提供。

四、气　候

（一）四季气候

靖江地处亚热带湿润气候区，由于受季风环流势力的影响，具有明显的海洋性、季风性和过渡性气候特点，夏季炎热多雨，冬季冷寒少雨，春秋冷暖、干湿多变，且有低温连阴雨、台风、暴雨、干旱、大风、寒潮、冰雹等灾害天气出现。

春季　平均从3月26日～5月24日，共60天。3月中、下旬，4月上、中旬，北方冷空气仍时常入境，气温骤降；冷空气过后气温骤升，暴冷暴热。稳定通过日均10℃的初日，最早在3月7日，最晚在4月16日，早晚差距40天。候平均气温≥10℃的初期，1987年和2007年最早，出现在2月的第二候，1976年最晚，出现在4月的第三候，早晚差达64天。在不同年份的同一日期，气温日较差值平均23.6℃，最多达29.8℃，并常有晚霜出现。4月中旬至5月中旬，春雨连绵并间有雷雨。3月、4月、5月总雨量260.3毫米，占全年降雨量的25%。

夏季 平均从5月25日~9月27日，共126天。各月平均气温分别为24.1℃、27.9℃、27.5℃、23.0℃。6~8月降雨量占全年的43.7%，多为雷暴雨。6月中旬至7月中旬为“梅雨期”。入梅期平均为6月18日，出梅期平均为7月11日，共24天，梅雨总量平均为230.6毫米，占全年降雨量的21.8%。各年梅雨期和梅雨量差异较大。入梅最早为1991年5月21日；出梅最迟为1987年7月28日。梅雨量最多为1991年，832.7毫米；最少为2005年，仅24.8毫米。梅雨期最长为1991年，54天；最短为1978年，仅1天(亦称空梅)。梅雨期结束，气温回升，进入盛夏天气。7月中旬至8月中旬，旬平均气温一般在27.4℃~29.5℃，也有少数年份旬平均气温达30℃以上。≥35℃的高温日平均为9.2天，2003年达31天。极端最高气温39.6℃，出现在2003年8月2日。

秋季 平均从9月28日~11月28日，共62天。此段时期，副热带高压势力逐渐减弱，气候温和，昼夜温差大，晴朗少雨，出现初霜，且多大雾。全季雨量229毫米，占全年降雨量的21.8%。9月下旬至11月上旬，降雨量明显减少，多为小雨，雨日减少不明显，属相对偏旱期。10月中、下旬，气温适度，累年月平均气温17.5℃，为秋高气爽的季节，但有些年份冷、暖空气交锋于长江中下游一带，形成持续性秋风秋雨。

冬季 平均从11月29日~翌年3月25日，长达117~118天。来自北方干冷的偏北风逐渐加强，气温迅速下降。10月、11月、12月逐月温差为6℃左右。个别年份11月底便气温陡降，如1993年11月24日，最低气温为-4.8℃。1月中、下旬为全年最冷期，旬平均气温为2.6℃，极端最低气温-14.1℃（1977年1月31日）。暖冬与冷冬之年际温差较大，1979年1月上旬为7℃，1967年1月上旬为-1.7℃，温差达8.7℃。一年度雪日平均为9天，最多17天（1968年冬和1980年冬），个别年度无雪（1970年冬）。1月内雪日最多13天（1977年1月）。初雪日平均在12月22日。终雪日平均在3月4日。最大积雪深度为35厘米

(2008年1月29日)。冬季降雨量平均为114毫米，占全年的10.8%。最多连续无雨日数达66天（1973年11月9日～1974年1月13日）。

（二）气象要素

气温　至2011年年平均气温15.6℃，1月份为最冷月，月平均气温2.7℃；7月份为最热月，月平均气温28.0℃。最高气温≥35℃的最早出现在5月10日(2009年和2011年)，最迟结束在9月下旬。最低气温≤0℃的最早出现在11月上旬（1968年、1969年和1992年)，最迟结束在4月上旬。但2003年8月2日，出现历史上罕见极端最高气温39.6℃，1977年1月31日，出现历史上罕见极端最低气温-14.1℃。2010年9月21日最高气温35.1℃，为有气象资料记载以来的最迟高温日。

气压　年平均气压为1016.2百帕，年际变化甚小，约在±1百帕。季节变化明显，冬季高，夏季低，1月、7月份分别为1026.5百帕和1003.9百帕。最高气压1045.1百帕（1970年1月5日)，最低气压989.6百帕（1977年9月11日)。

降水　至2011年，年降水量平均1069.1毫米。最多的1991年，1790毫米；最少的1978年，558.1毫米。年平均降水日数120天。最多的1980年和1985年，均为143天；最少的1995年，仅88天。一日最大降水量为219.4毫米(1962年9月6日)。最长连续降水日数为16天（1982年7月10～25日)，雨量288.6毫米。雨季一月降雨量最少的26.5毫米（2010年6月)，为近30年同期最少。全年有3个集中雨期：春雨连绵期（4月中旬～5月中旬)、梅雨期（6月中旬～7月中旬)、秋雨连绵和台风暴雨期（8月中旬～9月中旬)。

湿度　年平均相对湿度77.5%，年际差异在65%～82%之间。年最小相对湿度为9%(1968年3月3日和1987年2月8日)。月平均相对湿度以7、8月最大，为82%；12月最小，为74%。年平均水汽压为15.9百帕，盛夏季节最大，隆冬季节最小。累年水汽压最大值为41.7百帕（1962年7月16日)，最小值为0.1百帕（1964年2月13日)。

地温　年平均地面温度17.4℃。月平均地温8月最高，1月最低，分别为31.0℃和3.3℃。地面极端最高温度69.1℃（1971年7月31日)；极端最低温度-21.9℃（1977年1月31日)。地面以下不同深度差异较小，年际变化也不大，5、10、15、20厘米深的地温年平均都在16.7℃～17.1℃之间，年际温差<3℃。

土壤最大冻结深度为13厘米（1967年12月30日和31日）。

日照 至2011年，年平均日照总时数2091.7小时，年太阳总辐射量110.41千卡/平方厘米，其中5~8月为最高值期，各月均在11千卡/平方厘米以上；11月至翌年2月为低值期，各月均在6.6千卡/平方厘米以下。全年日照时数及其百分率的年际差值较大，如1978年干旱，全年日照总数达2535.9小时，年日照率57%；而1960年阴雨天多，全年日照总时数1767.1小时，日照率40%。

蒸发 年平均蒸发量1402.5毫米。年最大蒸发量1731.9毫米（1994年），年最小蒸发量1104.6毫米（1999年）；月最大蒸发量298.5毫米（1994年7月），月最小蒸发量23.5毫米（2006年1月）。

霜 平均初霜期为11月26日，终霜期为3月29日，霜期共124天。初霜期最早在10月21日，最晚在12月7日（2010年），为近30年最晚的初霜日；终霜期最早在3月4日，最晚在4月18日。无霜期最长为259天（2008年），最短为186天。年无霜期平均为218天。

雾 出现大雾的年平均日数为40天，其中秋雾(9、10月)占全年雾日的21.5%。雾日最多年为1986年，86天；最少年为2005年，7天。

风 年平均风速2.9米/秒，4月份最大，10月份最小，分别为3.2米/秒和2.5米/秒。春、夏两季多为东南风，秋季多为东北风，冬季多为西北风。有时受冷空气、台风、局部龙卷风袭击。每年出现8级以上大风的日数平均为4.3天，最多的达23天(1965年)。1965年3月，8级以上大风日数有6天。1977年9月11日，第8号强台风从长江口登陆，正面袭击靖江，6级以上大风刮12小时，其间出现靖江有记载以来的最大风速27米/秒。

五、水文与水资源

（一）降水

靖江降水由夏仕港闸水文站、新丰雨量站观测。夏仕港闸水文站汛期雨量自记，枯期为人工观测。新丰雨量站采用全年人工观测。

1936~2011 年靖江市（县）各月降水量特征值统计一览表

表 1-2-4　　　　　　　　　　　　　　　　　　　　　　　　单位：毫米

月　份	夏仕港闸水文站		新丰雨量站	
	最　大	最　小	最　大	最　小
1	124.7	4.8	144.8	10.5
2	133.7	4.1	145.9	8.5
3	175.3	16.0	190.3	12.8
4	179.1	17.8	130.5	16.4
5	235.3	17.2	200.0	26.4
6	483.5	25.1	518.4	43.5
7	442.8	22.4	436.1	23.3
8	508.5	10.1	492.5	30.0
9	249.7	3.3	203.8	0.2
10	204.1	0	187.1	0
11	163.2	0	126.2	2.7
12	103.2	0	95.3	0
汛期	1133.0	249.4	1284.1	190.2
年总量	1678.2	608.0	1934.4	490.6

说明：此表由夏仕港闸水文站提供。

（二）水位

长江靖江段属完全感潮河道区，潮型为非正规半日潮。每日 24 小时内，出现最高潮、低潮各 2 次，每次涨潮时间持续 3 小时左右，落潮时间持续 9 小时左右，次日高、低潮出现的时间约比前一日滞后 45 分钟。高潮位出现在汛期（6 ~ 9 月），警戒水位为 4.04 米（废黄河高程基准，下同）；低潮位出现在冬春季节，3 月份出现最低水位。1967 ~ 2011 年夏仕港闸水文站长江潮位资料显示，超警戒水位的年份有 40 年，占统计年数的 90%。最高潮位 5.66 米，出现在 1997 年 8 月 19 日；最低潮位 –0.97 米，出现在 1979 年 1 月 30 日。多年平均高潮位 4.47 米，平均低潮位 –0.60 米。潮汐差小，平均潮差 1.63 米 ~ 2.01 米，最大潮差 3.39 米 ~ 4.01 米，最小潮差 0 米 ~ 0.81 米。

根据靖江北高南低地形的特点，内河设三大水位控制区域。横港以南、夏仕港以东为 1.8 米，横港以北、十圩港以西为 2.3 米，十圩港以东、夏仕港以西为 2

图 1-2-6 潮位监测 (2011 年摄)

米。夏仕港闸水文站水位最高为3.93 米，出现在 2010 年 9 月 9 日；多年高水位平均值 3.48 米，低水位平均值 0.91 米。夏仕港为域内最大河流，出口受夏仕港节制闸控制，其水位在闸门关闭时因降水、蒸发和区间用水而变化，闸门开启时又因潮水涨落而变化，故年最高、最低水位何时出现不能确知。

地下水位的变化与降水、蒸发密切相关，一般较大降水后会引起地下水位显著增高，持续干旱又会使地下水位明显下降。

1967~2011 年长江靖江段夏仕港潮位特征值统计一览表

表 1-2-5 单位：米

排位	最高潮位		最低潮位	
	潮位	出现时间	潮位	出现时间
1	5.66	1997.8.19	-0.97	1979.1.30
2	5.40	1996.8.1	-0.80	1968
3	5.13	2002.9.8	-0.80	1987.1.5
4	5.03	1974	-0.76	1973
5	4.97	2005.8.7	-0.76	1980.1.1
6	4.94	2000.9.10	-0.73	1970
7	4.87	1992	-0.70	1999.2.5
8	4.80	1981	-0.68	1996
9	4.76	1983	-0.67	2007.1.9
10	4.73	1991.7.14	-0.64	1995.12.27
11	4.59	2010.8.11	-0.61	2009.1.25
12	4.51	2006.7.15	-0.54	2010.12.9
13	4.23	2007.7.15	-0.53	2011.12.11
14	4.12	2008.9.2	-0.47	2008.1.26
15	4.09	2011.8.31	-0.45	2006.1.7
16	4.06	2009.8.22		

说明：此表由夏仕港闸水文站提供。

1967~2011 年靖江市（县）夏仕港内河水位特征值统计一览表

表 1-2-6　　　　单位：米

排位	最高水位		最低水位		备　注
	水位	出现时间	水位	出现时间	
1	3.93	2010.9.9	0.13	1993.2.7	
2	3.83	1992.7.31	0.29	1995.4.13	排 180 万立方米
3	3.82	1975.6.25	0.31	1968.3.6	
4	3.81	2003.7.6	0.37	1990.1.26	
5	3.77	2005.8.21	0.38	1997.4.5	排 325 万立方米
6	3.77	2009.8.21	0.39	1998.2.10	排 466 万立方米
7	3.75	2007.7.31	0.40	1996.4.4	排 431 万立方米
8	3.73	1994.8.11	0.50	1987.12.7	
9	3.70	1998.8.12	0.56	1975.1.4	
10	3.69	1991.7.12	0.57	1967.12.12	
11	3.64	1999.9.30	0.63	1994.12.19	
12	3.58	1973	0.68	1991.3.1	
13	3.55	2008.8.2	0.71	1992.2.12	
14	3.52	2011.8.2	0.79	1981.5.4	

说明：此表由夏仕港闸水文站提供。

（三）径流

域内长江段潮流流速一般落潮大于涨潮，但靖（江）如（皋）沙洲群左汊水道则相反，潮流平均流速 2 米 / 秒。根据长江大通水文站实测流量资料，多年平均流量 2.87 万立方米 / 秒，年径流总量 9052 亿立方米。江水中含沙量较大，平均 0.45 千克 / 立方米，年输沙量 4.04 万吨。

夏仕港河闸孔最大流速 4.04 米 / 秒，最大流量 585 立方米 / 秒（1975 年），最小流量 –611 立方米 / 秒（1967 年），均超过夏仕港节制闸设计标准 528.4 立方米 / 秒。

1988~2011 年夏仕港河径流特征值统计一览表

表 1-2-7

年　份	流量(立方米 / 秒)		年平均流量（立方米 / 秒）	年径流总量（亿立方米）
	最　大	最　小		
1988	254	–418	4.82	1.521

续表 1-2-7

年份	流量(立方米/秒)		年平均流量(立方米/秒)	年径流总量(亿立方米)
	最大	最小		
1989	308	-426	9.46	2.983
1990	367	-441	11.70	3.685
1991	338	-362	28.90	9.124
1992	235	-450	7.75	2.445
1993	290	-440	9.56	3.016
1994	268	-410	-1.61	-0.507
1995	261	-359	2.20	0.695
1996	285	-345	6.83	2.155
1997	258	-391	3.73	1.177
1998	255	-448	18.50	5.840
1999	267	-419	9.99	3.151
2000	267	-486	3.49	1.102
2001	206	-356	3.36	1.059
2002	218	-342	5.67	1.788
2003	254	0	6.41	2.021
2004	233	-364	-2.37	-0.746
2005	214	-439	-5.29	-1.668
2006	199	-349	-5.20	-1.640
2007	284	-405	-5.50	-1.734
2008	280	-372	-7.08	-2.233
2009	270	-402	-2.30	-0.726
2010	337	-456	-4.38	-1.382
2011	287	-386	-1.95	-0.616

说明:此表由夏仕港闸水文站提供。

(四) 水资源

靖江水资源总量约7.3亿立方米，其中地表水2.2亿立方米，地下水5.1亿立方米。

1.地表水

靖江地表水资源以新进长江水为主，以保证率P=9.5%的特枯年(1978年)为例，全年可利用的地表水为3.5亿立方米，其中引长江水占77.1%；由降水形成的径流量每年平均为3亿立方米，可利用的占22.9%。人均水资源仅500立方米，低于全省平均水平，且受降水控制，时空变化大，利用率低。靖江水利条件好，人工调蓄明显，在正常降水年一般引水2.2亿立方米，即能提供全市工农业生产及生活用水。但因20世纪八九十年代，域内工业经济发展加快，环境保护工作力度不够，大量未经处理的污水直接排入河道，造成地表水严重污染。2001年，全市环保年投资达334万元，每日新增废水处理能力150吨。全市在夏仕港、天生港、水洞港、十圩港、罗家港、界河、夹港、横港、丹华港、八圩港、安宁港、永济港、陆三港、下六圩港、上青龙港、竖心港、渔婆港、上六圩港和长江设立河流水质监测点，对河流水质进行监测。其结果显示：pH平均值7.58、水质硬度228毫克/升，每升水中亚硝酸盐含量0.1毫克、硝酸盐含量0.42毫克、溶解氧含量(DO)为4.5毫克、水质中悬浮物（SS）为45毫克、化学需氧量（COD）为7.6毫克、5日生物耗氧量(BOD5)为4.8毫克。2006年，全市环保投资近3000万元，并在全市范围内开展企业违法排污专项整治活动。是年，泰州市挂牌督办的4家企业，2家搬迁、2家通过验收；靖江市挂牌督办的10家企业，1家搬迁、2家被取缔、7家通过验收。2010年起，加大对减排工作的督导力度，完成主要污染物总量减排任务。二氧化硫年排放量控制在11052吨，化学需氧量年排放量控制在9800吨；申请法院强制执行环境污染案件36件，停产环境污染企业9家，关闭小电镀厂8家。2011年，对全市11家重点企业进行排污口规范化整治，清除河坡垃圾、杂草2350吨，打捞水面漂浮物231吨，清理出水口19个，有14家泰州、靖江两级环境治污挂牌督办企业得到全面整治。域内城市污水集中处理率达85.8%，地表水pH值保持在5.25~7.09之间，自来水公司吸水口pH值在7.50~7.92之间。

2.地下水

靖江为长江三角洲冲积平原，除孤山附近有局部泥盆系砂岩外，其余广大地区均为第四系松散堆积物，堆积物以滨海三角洲相和河湖相为主，并夹有浅海相沉积物。岩性以砂性土为主，结构松散，导水性好，厚度大，并接受现代长江的越流补给，地下水量丰富。类型有松散岩类孔隙水和基岩裂隙水两大类。

松散岩类孔隙水含水层 靖江地下水主要为第四系松散沉积物（土层、砂层）和半胶结的碎屑沉积岩孔隙水，属松散沉积含水构造，具有分布广的特点。第四系有孔隙潜水含水层（即上部含水组）和第一、二、三承压含水层。孔隙潜水含水层水位埋深 1 米 ~ 3 米，厚度一般在 20 米 ~ 50 米之间，直接受降水、径流淡水和沿江地表水的补给，水质受补给源影响较大，水质较为复杂，单井涌水量达 300 立方米 / 日以上。第一承压含水层顶板埋深一般在 30 米 ~ 50 米之间，厚度一般大于 50 米，除孤山一带缺失外，其他地区普遍存在。由于受海侵影响及后期淡化作用，太和——八圩一线以北水质为矿化度每升微咸水 1 克 ~ 3 克，其中中北部为矿化度大于 3 克 / 升咸水。沿江地区为淡水。单井涌水量每日 1000 立方米 ~ 3000 立方米。第二承压含水层水质更差，均为咸水。第三承压含水层（即下部含水组）顶板埋深一般在 160 米 ~ 200 米之间，厚度一般在 50 米以上，在孤山——斜桥及八圩东——小桥长江沿岸一带缺失，其他地区普遍存在。受晚更新世海侵影响，团结——季市以北局部地区为 1 克 ~ 3 克 / 升微咸水，其他地区均为淡水。单井涌水量每日 1000 立方米 ~ 3000 立方米，为主要开采层。

灰色基岩裂隙水含水层 靖江岩层裂隙较为发育，团结以东地下为灰色基岩，有直径 3 厘米 ~ 5 厘米小溶洞，为主要含水层，可取基岩中裂隙水。该区域以东沙泥河附近埋深 273.71 米、281.01 米、283.63 米处均见较多小溶

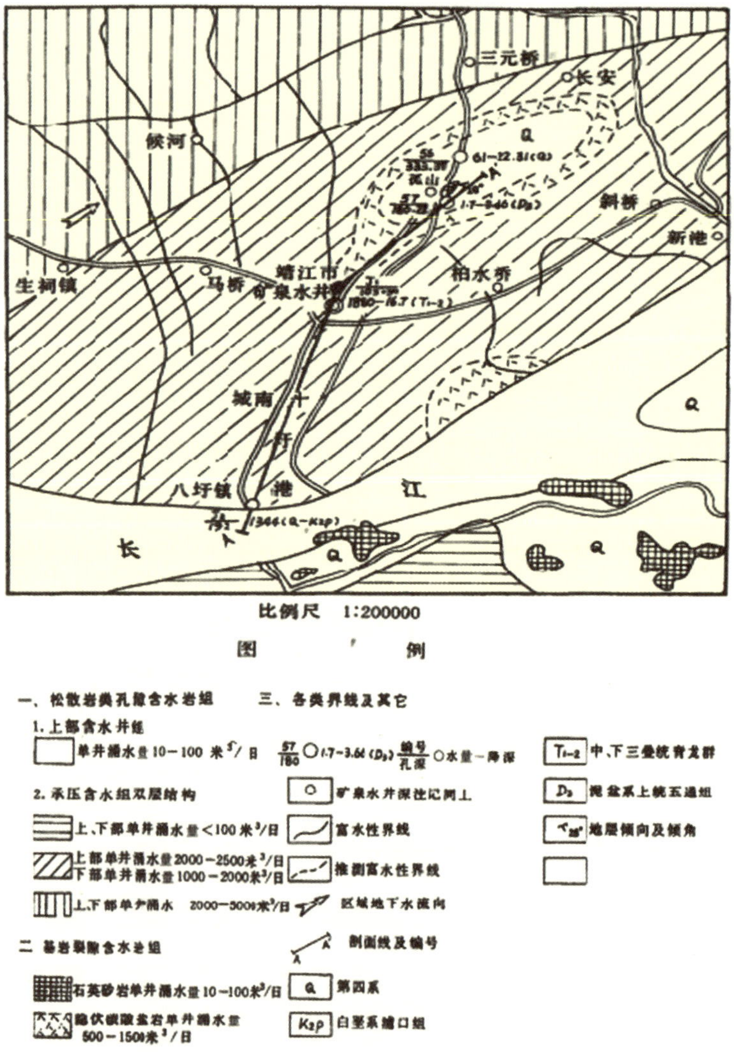

图1－2－7　1994年靖江市水文地质图

洞，直径 3 厘米 ~ 5 厘米，已建成的深井涌水量 78.36 立方米 / 小时、1881 立方米 / 日。存在于孤山地区的地下暗河，亦和团结以东地下水一样，同属基岩含水构造。

1987~2011 年靖江市（县）地下水位特征值统计一览表

表 1-2-8 单位：米

排位	最高水位		最低水位	
	水位	出现年份	水位	出现年份
1	2.90	1990	0.65	2007
2	2.90	1991	0.78	2006
3	2.90	1993	0.90	2005
4	2.89	1989	0.96	2004
5	2.89	1992	1.16	2009
6	2.89	1996	1.14	1996
7	地面积水	2002	1.22	1988
8	地面积水	2003	1.22	1993
9	地面积水	2004	1.43	1992
10	地面积水	2005	1.57	2011
多年平均	2.84	—	1.29	—

六、植被与矿物

（一）植被

靖江成陆较迟，除地衣、苔藓和野生杂草等少数自然植被外，多为人工植被，包括农作物、树竹（用材林、经济林、防护林）、芦苇、花卉等。域内植物有百余科近 300 种。除耕作地带外，地带性植被类型以落叶、阔叶与常绿阔叶混交林为主。农家常用树种历来为杨、柳（垂柳、旱柳、杂交柳、金丝垂柳）、榉（红榉、白榉）、榆（榆树、白榆、榔榆、刺榆树）、槐（槐树、紫惠槐、刺槐）、楝、桑、香椿、臭椿、松（黑松、雪松、马尾松、湿地松、罗汉松）、柏（侧柏、刺柏、龙柏、桧柏）、构树、檀（青檀、黄檀）、冬青、洋槐、梧桐（青桐）、泡桐、悬铃木、水杉、池杉、意杨、黄杨、枫杨、枸骨、棕榈、女贞、银杏、柘树、桂花、香橼、鹅掌楸、香樟、朴树、丝棉木、石楠、胡秃子、广玉兰、白玉兰、紫玉兰、火棘、枳、枫树、合欢、夹竹桃、紫薇、紫荆、红叶李、五角枫、元宝枫、八角枫、木槿、腊梅、大叶黄杨、黄杨、栾树、无患子、喜树、花楸、海桐、野柿等。稀有树木有秤砣树、杜仲、皂角、拐枣（金钩子）、麻栎、乌桕、梓树、紫树等。银杏栽植历史很久，孤山镇百花村有1株银杏，树龄457年，季市、西来、马桥等镇也有3株树龄在百年以上的银杏。靖江以"竹乡"著称，种有淡竹、桂竹、斑竹（湘妃竹）、紫竹、慈孝竹、早竹（燕竹）、白脯鸡竹、罗汉竹、鸡毛竹等。历史上有笙竹、黄杆竹、社竹、直竹等。1949年全县约有树木18万株。新中国成立后，人民政府十分重视树木种植，除加强农村的"四旁"（沟、渠、路、宅旁）绿化外，还注重农田林网建设，以及道路绿化和在江堤、河堤、滩地植树造林。江中沙洲产芦苇，总面积约1040公顷，因沙洲涨坍无常，面积变化较大。1983年江堤造林成绩尤其显著。是年该

图1-2-8　河堤营林　（2011年摄）

项工程与复堤同步进行，共栽植水杉23.2万株，果树3.3万株，湖桑32.4万株，林木绿化覆盖面积118公顷。据第一次全国土地资源调查，1984年全县耕地面积34500.75公顷，主要覆盖物为水稻、三麦、玉米、山芋、芋头、大豆、棉花、油菜和芝麻等。1986年5月，林业部授予靖江全国平原绿化先进单位称号。1987年，全县林业用地1560公顷，占总面积的2.8%。森林覆盖率为12.56%。全县建成农田林网面积12120公顷，占应建林网面积的40%。村前屋旁植树面积5340公顷，树木1133.4万株，林木总蓄积量30.82万立方米，农业人口人均占树20.4株。江堤林木绿化覆盖面积117.93公顷。域内省级道路共栽培梧桐、水杉、意杨等树208万株。江边滩地和江心滩栽培杞柳面积3.33公顷，比1975年减少24公顷。成片林地面积较1975年锐减；桑田面积从379.13公顷减至132.73公顷，竹林面积从1760公顷减至953.33公顷。用材林和防护林面积由13.67公顷增至136.2公顷，新造林从无到有，增至43.8公顷，果树面积由23.47公顷增至65.93公顷，苗圃面积由13.13公顷增至70.4公顷。至1995年，全市建成农田林网面积12100公顷，占应建林网面积的92.40%。2001年4月，市政府根据江苏省农林厅统一部署，完成森林分类区划调查，确认全市林业用地面积1309公顷（不含农户家前屋后小竹园面积300公顷），其中林地590.3公顷、苗圃75.4公顷、未成林地70.2公顷、宜林地564.4公顷、灌木林地2.3公顷。2009年，全市共植树194万株，新增村庄绿化示范村33个，靖江成为泰州小康社会森林覆盖率达标市。2010年，靖江重点实施江平公路、姜八公路、广靖高速公路绿色通道建设，年末通过泰州达标验收。是年，全省村庄绿化推进会在靖江召开，推广靖江村庄绿化经验。2011年，城区新建小游园13个和省级园林式单位7个，新增绿地16公顷。全市绿化覆盖面积1544公顷，造林面积923公顷。是年，靖江被评为省级园林城市。

（二）矿物

煤　20世纪70年代，靖江已探明地下煤资源储量1000余万吨，主要集中分布在孤山周围地带（长约10.5千米、平均宽6.5千米），储存于上古生界二迭系上统龙潭组中。该区隐伏的煤田最初为物探所发现，继而由钻探加以证实。煤系埋藏于深约200余米的第四系地层以下，厚约250米左右，含上、中、下3组煤层。第一、二层煤因风化质差灰分高，第三层煤质较好。由于地壳升降运动频繁，成煤环境不够稳定，煤系地层受断层影响往返重复，构造趋向复杂，煤层埋藏单薄且多断层，厚薄不均，分布局限。煤种属焦煤至肥焦煤。

黏土 即黏质淤泥土，主要分布在靖江沿江地带，为第四系全新统地层。可用于烧制砖瓦等建筑材料。

地热 主要为高于25℃的地下热水，储于地下1500米左右深层岩石孔隙含水层内，是集“热”“矿”“水”于一体的可再生清洁能源，分布于靖江南部沿江地带。

石膏 域内主要分布于沿江长约数十千米、宽约数千米的范围，矿产层较厚，储量丰富。

第三节 土地资源

靖江的土地资源受成陆过程中江、海岸线的推移、涨坍，历代行政区划更迭以及人们对土地开发、利用与保护的技术进步程度等因素的影响，从古至今变化很大。明成化八年（1472年），靖江置县之初，全县官田、民田、山田、滩田共289758.16亩。弘治十八年（1505年），新升报田滩11601亩。天启年间（1621～1627年）北大江渐淤塞，新增面积5.7万亩。崇祯十二年（1639年）全县官、民田，山、滩田共574130亩。清顺治九年（1652年），全县平、沙、滩田共662353.3亩，土地面积比建县时增加372595.14亩。康熙五年（1666年），全县有平、沙田561296.36亩，比原额透出丈增平田12106.94亩。此后坍多涨少，所属诸沙大部坍没，陆地面积减少。自道光十一年起至同治四年止（1831～1865年），升增坍废按数相抵，实共升增折实平田71929.9亩。据民国24年(1935年)统计，全县有原额平田549440余亩，土地总面积62.4万亩。民国38年4月23

日，县境解放。此后，靖江与邻县泰兴、如皋毗邻地带部分乡村有多次划进划出，江心滩亦有涨坍变化，土地面积随之有相应调整。1978 年 4 月，经江苏省测绘局航测校正，靖江土地总面积 66500.70 公顷，其中长江靖江段水域面积 11333.20 公顷、占总面积的 17.04%，陆地面积 55167.50 公顷、占总面积的 82.96%。至 2011 年，靖江市辖区土地总面积 65558.45 公顷。其中，长江靖江段水域面积 9569.83 公顷、占总面积的 14.6%，陆地总面积 55988.62 公顷、占总面积的 85.4%。

一、耕 地

1949 年，全县有耕地面积 41980 公顷，占土地总面积的 77.97%。其中，水田 28780 公顷，占耕地总面积的 68.56%；旱地 13200 公顷，占耕地总面积的 31.44%。据第一次全国土地资源调查，1984 年全县有耕地面积 34500.75 公顷，占土地总面积的 51.88%。其中，水田 31410.01 公顷，占耕地总面积的 91.04%；水浇地 2793.44 公顷，占耕地总面积的 8.1%；菜地 297.30 公顷，占耕地总面积的 0.86%。分布在 24 个乡镇、6 个场圃和 1 个农科所。农村中耕地占比最高的为团结乡，达 69.82%；最低的为八圩乡，占 55.89%。据第二次全国土地调查，2009 年，全市有耕地面积 28807.86 公顷，占土地总面积的 43.94%。其中，水田 25180.7 公顷，占耕地总面积的 87.41%；旱地 3505.54 公顷，占耕地总面积的 12.17%；水浇地 121.62 公顷，占耕地总面积的 0.42%。分布于 8 个镇、1 个街道、4 个场圃和 1 个江滩办事处。各镇(街道）耕地占比，最高的为生祠镇，达 62.46%；最低为靖城街道，占 37.41%。2011 年，全市有耕地面积 27565.13 公顷，占土地总面积的 42.05%。其中，水田 24057.01 公顷，占耕地总面积的 87.27%；水浇地 120.07 公顷，占耕地总面积的 0.44%；旱地 3388.05 公顷，占耕地总面积的 12.29%。耕地面积比 1949 年、1984 年、2009 年分别减少 34.34%、20.1%、4.31%。耕地减少的原因主要是耕地变更为农用地内部地类和建设用地。

1984 年靖江县耕地资源分布一览表

表 1-3-1　　　　单位：公顷

分布区域	土地总面积	其中	
		耕地面积	占土地总面积比例(%)
合 计	66500.70	34500.75	51.88
新桥乡	3289.29	1915.56	58.24
太和乡	2845.23	1688.07	59.33
东兴乡	2456.19	1521.49	61.95
惠丰乡	2176.56	1284.01	58.99
城南乡	2839.30	1795.26	63.23
八圩乡	1308.44	731.27	55.89
越江乡	3418.57	2105.54	61.59
斜桥乡	2743.33	1623.42	59.18
敦义乡	1756.80	1063.99	60.56
西来乡	2440.60	1483.96	60.80
红光乡	2407.47	1605.74	66.70
新丰乡	1620.02	1022.56	63.12
生祠乡	2978.35	1896.19	63.67
马桥乡	1943.45	1250.82	64.36
长里乡	1325.34	853.98	64.43
靖城镇	434.43	115.50	26.59
柏木乡	1481.41	911.94	61.59
侯河乡	3087.67	2056.54	66.60
团结乡	2940.62	2053.06	69.82
季市乡	2148.58	1432.40	66.67
孤山乡	3296.81	2115.46	64.17
长安乡	1963.00	1313.93	66.93
大觉乡	1654.46	1087.08	65.71
土桥乡	2197.43	1474.80	67.11
县种猪场	226.84	54.82	24.17
县渔业农场	69.73	0	0
新生原种场	71.53	31.14	43.53
县苗圃场	17.15	0	0

续表 1-3-1

分布区域	土地总面积	其　　中	
		耕地面积	占土地总面积比例(%)
县水产养殖场	11.73	0.62	5.29
县农业科学研究所	4.19	2.93	69.93
县侯河良种场	12.98	8.67	66.80
长江靖江段	11333.20	0	0

2009 年靖江市耕地资源分布一览表

表 1-3-2　　单位：公顷

分布区域	土地总面积	其　　中	
		耕地面积	占土地总面积比例(%)
合　计	65558.45	28807.86	43.94
靖城街道	11050.84	4134.15	37.41
新桥镇	6126.79	3489.84	56.96
东兴镇	4682.83	2392.11	51.08
斜桥镇	4435.66	2149.10	48.45
西来镇	6438.04	3244.72	50.40
季市镇	4106.30	2198.19	53.53
孤山镇	6077.79	3328.30	54.76
生祠镇	7010.00	4378.16	62.46
马桥镇	5029.80	3001.19	59.67
渔业农场	80.68	11.91	14.76
长江农场	201.30	42.77	21.25
侯河农场	6.79	4.08	60.09
新生原种场	79.74	32.09	40.24
水产养殖场	11.93	0	0
市苗圃场	7.28	0	0
江滩办事处	621.63	366.71	58.99
公花园	21.22	8.26	38.93
长江靖江段	9569.83	26.28	0.27

说明：表中“公花园”指位于西来镇的一处园地(属人民公园)，下同。

2011 年靖江市耕地资源分布一览表

表 1-3-3　　　　单位：公顷

分布区域	土地总面积	其　　中	
		耕地面积	占土地总面积比例(%)
合　计	65558.45	27565.13	42.05
靖城街道	11050.84	3689.23	33.38
新桥镇	6126.79	3370.03	55.00
东兴镇	4682.83	2261.89	48.30
斜桥镇	4435.66	2019.12	45.52
西来镇	6438.04	3095.45	48.08
季市镇	4106.30	2162.89	52.67
孤山镇	6077.79	3268.82	53.78
生祠镇	7010.00	4283.37	61.10
马桥镇	5029.80	2957.43	58.80
渔业农场	80.68	11.91	14.76
长江农场	201.30	38.81	19.28
侯河农场	6.79	4.08	60.08
新生原种场	79.74	23.26	29.17
水产养殖场	11.93	0	0
市苗圃场	7.28	0	0
江滩办事处	621.63	366.32	58.93
公花园	21.22	7.68	36.19
长江靖江段	9569.83	4.84	0.05

说明：靖城街道、新桥镇、东兴镇、斜桥镇、西来镇、孤山镇面积中含2个省级开发区及滨江新区的面积。

二、滩涂地

域内滩涂地可分为江心滩和江边滩。明嘉靖四十三年（1564 年），长江靖江段有 10 个沙（亦称滩），自东绕南达西，联络起伏，或大或小，有面条沙、东开沙、尹家沙、官沙、段头沙、南沙、西小沙、孙家沙、新沙、团沙。后尹家沙、官沙、面条沙进入其他县境，其余沙皆坍而复涨，改换名称。更名为复土团沙、洪沙、新沙、三沙、段头沙、崇让南沙、鹤洲沙。其中段头沙，位于县境最东面，悬于海口，与青龙港相望。上有段山，知县朱勋曾作记勒石于此山之阳，后割隶于常熟。

清初，新增沙有天福沙、新开沙、自来沙、康庄沙、永丰沙、刘闻沙。而后除刘闻沙外，其余皆坍没。顺治四年（1647 年），全县在册水滩 81000 亩。康熙十八年（1679 年），清丈各段芦滩田，全县共有芦洲 91157.48 亩，其中熟田 56720 亩、芦地 1459 亩、滩田 7849.53 亩、水滩 12756.11 亩、草田 12372.84 亩。官家纷纷报买，筑圩植芦。嘉庆四年（1799 年），磨盘沙（形似磨盘，故名）突于江心，归入刘闻段，告升 2400 亩。道光十四年（1834 年）刘闻沙涨滩 25 万余亩。其中官府报卖 20 余万亩，江岸外尚有芦滩地 5 万余亩。道光十六年，全县有芦洲 99853.43 亩，其中熟田约 95348.4 亩，埂铲田 2117.87 亩、密芦 224.36 亩、稀芦 198.16 亩、滩田 77.66 亩、草地 1552.12 亩、水滩田 334.86 亩。民国 6 年（1917 年），在靖江东面靖、如分界之张黄港口外江面陆续涨出一些沙滩，星棋罗列，有的已长水草，有的还如铁板。经垦殖，有芦滩地约 20000 亩，取名龙驹沙。后因江阴修建码头，未及 15 年，该沙全部坍没。

民国 21 年，丹华港至张黄港以下一带江面又出现绵延 10 多里的江心突涨，报买垦殖后分别取名震兴沙、藕藕沙、南畇沙、义兴沙、靖安沙。民国 26 年 8 月，为防日军沿江西犯南京，在长山和双山沙江面，国民政府海军炸沉 12 艘军舰和 23 艘商船，长江主航道堵塞，使北岸新涨沙洲大部坍没。1949 年，靖江县人民政府接收民国县政府江边公滩 426.67 公顷，没收、征收 9 户地主、富农江边滩 54.54 公顷。1955 年后，民主滩等 7 个滩地相继出水，形成江心滩群体，分布于八圩以东至靖（江）如（皋）交界处。至 1964 年，7 个沙滩面积 1800 公顷左右，盛产芦苇，取名江心滩。此外，全县尚有江边滩515.8 公顷，分布于西来、敦义、斜桥、越江、八圩、惠丰、东兴、太和、新桥 9 个公社的沿江大队，其中国有滩涂 457.27 公顷，集体滩涂 58.53 公顷。

1970 年后，由于部分滩地坍失或被围垦造田，芦滩地面积不断缩小。1980 年后，江心滩除驷沙一部分和带子沙外，其余滩地普遍老化，草滩地增大。据第一次全国土地资源调查，1984 年全县江边滩及江心滩面积为 883.95 公顷。1987 年，江心滩面积 800 公顷。其中，和平滩面积 13.33 余公顷，靖兴滩被围垦造田

图1-3-1　马洲岛滩涂地　(2011年摄)

200余公顷（堤外尚有滩地33.33公顷），双姜沙基本坍没。2002年后，国家对土地利用现状分类重新调整，将江心滩水域、滩地面积统一划归未利用地，江心滩土地总面积为235.74公顷。据第二次全国土地调查资料显示，2009年全市内陆滩涂面积1133.41公顷、沼泽地面积0.84公顷、沙地面积1.15公顷、裸地面积2.69公顷。2011年，全市有滩涂地面积1092.36公顷，其中江心滩（马洲岛）面积为621.63公顷，江边滩面积为470.73公顷。

三、水　域

（一）长江靖江段

长江靖江段既是南北通道，又是东西走廊，处于长江河口段，位于上海、南京两大经济圈的中间，东北与南通水域相连，南靠苏、锡、常经济发达地区。长江过境流程西起与泰兴交界的西界河口，东至与如皋交界的四号港闸，长52.3千米，主要分为江阴与福姜沙北水道两段，其中靖泰界河至鹅鼻嘴为扬中河段江阴水道，长约 25 千米；鹅鼻嘴至靖如界河是澄通河段福姜沙北水道，长约 27 千米。西部联兴港口江面宽 3.5 千米；中部上六圩港口江面稍宽，约 4.3 千米；江阴长江大桥段江面最窄，仅 1.25 千米；由天生港口向东，江面扩展呈喇叭形；至福姜沙（又名双山沙）两侧，宽达 6 千米。径流量大，水流较为平稳。水深 10 米左右，江底平坦，障碍物少，为良好的天然渔场。20 世纪 70 年代前，刀鱼、鲥鱼生产水口多在八圩港至下青龙港之间，其中罗家桥至丹华港口附近水口最好；江蟹、鳗鱼生产水口在上六圩港至西界河之间；河豚、鮰鱼钓钩水口在罗家桥上下、新港对岸的中心沙及和平滩、民主滩。其时水产资源相对得到保护，刀鱼、鲥鱼、凤尾鱼、鳗鱼均进入盛产期。1973 年建江阴澄西船厂，改变江水流向，使罗家桥上下渔场缩小。1979 年，国防科工委在小桥港口江面设置浮筒，导致八圩港至蟛蜞港间约 10.5 千米的水口遭到破坏。进入 21 世纪，随着沿江船舶生产企业、物流企业大量兴建码头，加之福北航道开通以及长江深水航道、锚地等工程建设，捕捞作业水域日渐缩小。据第一次全国土地资源调查，1984 年长江靖江段面积为 11333.2 公顷。2008 年第二次全国土地调查资料显示，因长江主流中心线北移，市（县）界接边线北移，省国土资源厅确定，靖江段水域面积减少 918.02 公顷。2011 年，长江靖江段面积为 9569.83 公顷。

图1-3-2　长江靖江段(局部)　(2011年摄)

长江靖江段为天然良港，有深水岸线35千米，生态岸线10千米，至2011年年末，已利用及临时使用岸线28.1千米，未利用及拟利用岸线24.2千米，分别占岸线总长53.73%和46.27%。保护岸线3.5千米，占岸线总长的6.69%。建成万吨级以上码头泊位45个，足称“黄金水道”。

（二）内陆水域

1.内陆河网

靖江东南西三面环江，域内港道密布，沟河纵横，内河航运、抗旱排涝均具有较好的自然条件。“邑中水利，其（长江）分支者曰港，会通（诸港）者曰河”。建县初期，全县有港道72条。20世纪80年代，全县有港道95条，多南北走向，沟通长江，河流水域面积7534.63公顷（不含长江靖江段水域），其中能蓄水的河流包括“六竖一横”（六竖：夹港、十圩港、上六圩港、下六圩港、罗家桥港、安宁港，一横：横港）等一级河道7条，全长124.80千米；与长江相对垂直交汇的主要河港除上述“六竖”外，尚有八圩港、夏仕港等骨干河道。骨干河道之间每隔0.5千米左右即有一条二级河道（乡级河道）。三级河道为村级河道，分布于埭前埭后，多为东西走向。内河通航总里程达122.27千米，其中焦港达三级航道标准，十圩港、夏仕港达四级通航标准。至2011年，全市有一级河道7

图1-3-3 十圩港（滨江新区段） （2011年摄）

2011 年靖江市主要河道分布一览表

表 1-3-4

河道名称	起讫地点	长度（千米）	宽度（米）	面积（公顷）	流经乡镇	交汇河流
夹港	长江—界河	14.50	45	63.0	新桥、生祠镇	团河、横港、焦山港、老港、济阳港、朱淑港、毛竹港、上青龙港
上六圩港（大靖港）	长江—界河	16.00	30	48.0	东兴、生祠镇	横港、团河
下六圩港（蔡家港）	长江—界河	17.00	35	59.5	靖城街道、马桥镇	横港、侯河横港
十圩港（石碇港）	长江—界河	22.00	50	110.0	靖城街道、孤山镇、季市镇	横港、柏木横港、真武河、大港、孤山南横港、孤山北横港、团河、沙泥河
罗家桥港（百花港）	长江—界河	18.00	40	72.0	靖城街道、斜桥镇、孤山镇、季市镇	横港、东团河
安宁港	长江—十圩港	10.00	34	34.0	斜桥、孤山镇	扒头河、牛角港、小夏仕、竖辛港、罗家桥港
夏仕港	长江—界河	13.00	120	156.0	斜桥、西来、季市镇	芦泾港、小夏仕港、太平流漕、横河、丹华港、塌港、北横河、界河
横港	生祠庆丰村—罗家桥港	26.00	42	109.2	靖城街道、新桥镇、生祠镇、东兴镇、马桥镇	上青龙港、夹港、美人港、上六圩港、二圩港、三圩港、四圩港、下六圩港、八圩港、十圩港、罗家桥港
界河	西界河口—张黄港	57.83	—	—	新桥、生祠、马桥、孤山、季市、西来镇	润泾港、上六圩港、下六圩港、水洞港、渔婆港、十圩港、百花港、竖辛港、芦泾港

说明：此表由靖江市水利局提供。

条、二级河道 113 条、三级河道 3843 条，加之 3000 余座配套涵洞与港道相通，全市河道引排有度，控制自如，构成纵横交错、纲目分明的水系网络。

2.水域分布

据第一次全国土地资源调查，1984 年全县内陆水域面积为 9216.22 公顷，占陆地总面积的 16.71%。其中，河流面积 7534.63 公顷，占内陆水域面积的 81.76%，是靖江内陆水域的主体；坑塘面积 7.63 公顷，占内陆水域面积的

0.08%；苇地面积33.35公顷，占内陆水域面积的0.36%；鱼池面积204.29公顷，占内陆水域面积的2.22%；沟渠面积1436.32公顷，占内陆水域面积的15.58%。全县农村各乡镇水域面积占比以八圩乡为最高，占该乡土地总面积的18.83%；红光乡为最低，占该乡土地总面积的11.23%。1.8米左右的枯水面积为数可观，约占水域面积的二分之一，其中完全可以人为控制的内河水面积占枯水面积的三分之二，乃发展水生植物的基地。1995年，全市内陆水域面积9301.51公顷，占陆地总面积的16.87%。其中，河流水面面积7470.43公顷，占内陆水域面积的80.32%；坑塘水面面积298.59公顷，占内陆水域面积的3.21%；苇地面积37.42公顷，占内陆水域面积的0.40%；沟渠面积1495.07公顷，占内陆水域面积的16.07%。农村各乡镇水域面积占比以八圩镇为最高，占该镇土地总面积的18.54%；红光乡为最低，占该乡土地总面积的11.31%。据第二次全国土地调查，2009年全市内陆水域面积8229.76公顷，占陆地总面积的14.70%。其中，河流水面面积5226.08公顷，占内陆水域面积的63.50%；坑塘水面面积1378.55公顷，占内陆水域面积的16.75%；内陆滩涂面积331.33公顷，占内陆水域面积的4.03%；沟渠面积1293.80公顷，占内陆水域面积的15.72%。各镇（街道）水域面积占比以东兴镇为最高，占该镇土地总面积的14.96%；斜桥镇为最低，占该镇土地总面积的9.65%。2011年，全市内陆水域面积8208.74公顷，占陆地总面积的14.66%。其中，河流水面面积5153.01公顷，占内陆水域面积的62.78%；坑塘水面面积1488.5公顷，占内陆水域面积的18.13%；内陆滩涂面积297.44公顷，占内陆水域面积的3.62%；沟渠面积1269.79公顷，占内陆水域面积的15.47%。全市各镇(街道）水域面积占比以东兴镇为最高，占该镇土地总面积的14.93%；斜桥镇为最低，占该镇土地总面积的8.75%。以上内陆水域分布于全市各镇、街道和场圃。

2011年靖江市内陆水域资源分布一览表

表1-3-5　　　　单位：公顷

分布区域	水域及水利设施用地	内陆水域	其中			
			河流水面	坑塘水面	内陆滩涂	沟渠
合计	8652.82	8208.74	5153.01	1488.50	297.44	1269.79
靖城街道	1481.88	1376.49	932.16	283.87	33.81	126.65

续表 1-3-5

分布区域	水域及水利设施用地	内陆水域	其中			
			河流水面	坑塘水面	内陆滩涂	沟渠
新桥镇	1006.00	919.02	700.36	115.52	15.27	87.87
东兴镇	817.74	770.65	602.90	81.05	15.23	71.47
斜桥镇	565.87	534.10	256.37	104.68	26.89	146.16
西来镇	1005.47	943.80	620.64	180.88	37.55	104.73
季市镇	692.45	692.45	458.52	139.07	6.54	88.32
孤山镇	866.00	866.00	510.06	139.50	11.76	204.68
生祠镇	1047.55	1047.55	598.07	206.49	30.24	212.75
马桥镇	782.13	782.13	403.40	148.24	29.42	201.07
渔业农场	51.16	30.17	8.28	19.74	2.15	0
长江农场	64.13	43.37	10.02	31.74	0	1.61
侯河农场	0.96	0.96	0.79	0	0	0.17
新生原种场	15.44	13.79	3.95	1.77	7.36	0.71
水产养殖场	11.16	11.16	0.12	11.00	0	0.04
市苗圃场	0.21	0.21	0	0.21	0	0
江滩办事处	242.74	174.96	47.12	23.06	81.22	23.56
公花园	1.93	1.93	0.25	1.68	0	0

第四节　土地承载量

一、人口状况

（一）人口总量

三国·吴赤乌元年（238 年）前，马驮沙始有居民。宋代北方战乱，江淮流民迁至马驮沙定居。元、明、清代，随着沙洲不断扩展，各方移民日渐增多。明初，人口逾2万。成化八年（1472年），靖江有7989户，36951人。成化十八年有8621户，39931人。弘治五年（1492年），有8190户，39883人。弘治十五年，有8321户，39362人。正德七年（1512年），有8736户，41594人。嘉靖元年（1522年），有8782户，40401人。嘉靖十一年，有8779户，40841人。嘉靖二十一年，有9099户，41755人。嘉靖四十一年，有9542户，47777人。隆庆年间（1567～1572年），有9514户，47771人。万历年间（1573～1619年），有8629户，33465人。清顺治年间（1644～1661年），原额户口人丁28481人。康熙三十年（1691年），全县人口29849人。乾隆三十年（1765年），人口逾10万，达120214人。道光十八年（1838年），人口达216346人。同治四年（1865年），有244310人。民国时期由于战乱，人口增长较慢。民国元年（1912年），有人口334272人。民国8年，有356691人，其中男193360人，女163331人。民国20年，有345249人，其中男179817人，女165432人。民国21年，有347832人，其中男189688人，女158144人。民国23年，有69652户，351908人。民国36年，有86307户，381615人，其中男191361人，女190254人。1949年，有99558户，371123人。1953年，有96214户，403298人。至1957年，全县人口有442025人，比1949年增19.1%。1958～1961年，国民经济处于困难时期，人口自然增长率大幅度下降，净增率0.76‰。1962～1970年为人口大幅度增长阶段，平均自然增长率27.33‰。1970年后，执行计划生育政策，人口初步得到控制，人口增长率逐年下降。1971～1979年年末，平均每年增加6225人，年均增长率10.93‰。1980年起，推行“一对夫妇只生育一个孩子”的政策，人口过快增长的势头得到有效控制。1985年，自然增长率仅2.97‰。至1987年人口达623592人，其中男314962人，女308630人。1987年后人口自然增长速度趋缓。1990年后，域内人口机械变动和自然变动呈缓慢增长趋势。2005年起，人口再次出现负增长。至2011年，全市总户数为221154户，户籍总人口为671503人，比上年末增长0.5‰，人口自然增长率为0.89‰，其中男334226人，女337277人。

1949~2011 年靖江市（县）人口统计一览表

表 1-4-1　　　　　　　　　　　　　　　　　　　　单位：户、人

年份	户数	人口数	非农业人口数	年度	户数	人口数	非农业人口数
1949	99558	371123	—	1981	148610	608536	50731
1950	98464	378806	—	1982	152863	612122	54936
1951	99459	386537	—	1983	155162	613612	56897
1952	100762	394426	—	1984	156261	614746	59015
1953	96214	403298	18524	1985	158117	615963	62349
1954	92920	415306	32098	1986	163738	619149	62836
1955	97435	421840	23485	1987	175052	623592	66380
1956	101106	433179	22613	1988	184934	629635	71697
1957	111106	442025	30433	1989	196923	638734	80770
1958	104316	446172	33167	1990	200613	645570	84691
1959	102383	442177	35296	1991	203016	650200	87031
1960	102150	452539	49101	1992	208138	652614	94252
1961	106637	440359	42016	1993	207754	654800	97595
1962	105037	447593	26392	1994	215534	657192	111920
1963	110501	459245	34422	1995	215095	660178	119608
1964	108392	465956	32376	1996	214672	661812	126567
1965	107770	478207	33813	1997	213106	662658	131764
1966	110642	493882	35033	1998	214022	663546	136204
1967	110112	505913	33615	1999	226728	663826	168921
1968	111283	519766	33517	2000	228536	664343	202800
1969	112455	533620	33419	2001	224532	664570	210699
1970	115195	544852	35258	2002	225466	664690	216104
1971	116738	552431	36295	2003	235063	664706	255858
1972	118328	558530	39116	2004	234626	664719	255294
1973	120672	565668	51439	2005	234250	661919	281291
1974	123068	570612	39804	2006	229693	664697	—
1975	126066	577692	39737	2007	222326	664768	—
1976	129001	583481	40429	2008	221783	665526	—
1977	132769	589654	41148	2009	221469	662071	—
1978	138377	595168	42602	2010	221645	668150	—
1979	143117	600878	48357	2011	221154	671503	—
1980	147029	605074	49565	—	—	—	—

说明：2006 年始，取消农业人口与非农业人口性质区分。

（二）人口分布

民国23年（1934年）靖江划为8个区，人口344969人。其中，一区35221人，二区68615人，三区53699人，四区33658人，五区38012人，六区30771人，七区43900人，八区41093人。是年，土地面积416平方千米，平均每平方千米约829人。新中国成立后人口迅速增长。1987年，全县8个镇、16个乡有人口623592人，占全省人口的1%，而土地面积只占全省总面积的0.65%。是年，靖城镇人口最多，48094人，占全县人口的7.71%；新丰乡人口最少，12905人，占全县人口的2.07%。按陆地面积551.68平方千米计算，全县每平方千米人口密度，1953年715人，1964年826人，1971年979人，1982年1085人，1987年1131人。按总面积665.01平方千米计算，全县每平方千米人口密度，1953年599人，1964年692人，1971年821人，1982年909人，1987年938人。为江苏省人口最密的地区之一。

1990年,靖江全县辖8个镇16个乡，有人口645570人，占全省人口的1%，土地面积占全省面积的0.65%。各乡镇比较，靖城镇人口最多，为56839人，占全县人口的8.8%；新丰乡人口最少，12911人，占全县人口的2%。2000年，靖江市行政区划进一步调整，撤乡建镇，合并行政村，由1990年的8个镇、15个乡调整为12个镇，有人口664343人。靖城镇人口最多，为203164人，占全市人口的30.58%；生祠镇人口最少，为24101人，占全市人口的3.63%。按陆地面积551.68平方千米计算，全县每平方千米人口密度，1990年1171人，2000年1205人。按总面积665.01平方千米计算，全县每平方千米人口密度，1990年971人，2000年999人。至2011年，人口总量基本稳定。年末全市总户数221154户，户籍总人口67.15万人，常住人口68.54万人，其中城镇人口39.59万人，城镇化率57.8%。各镇比较，靖城街道人口最多，为242719人，占全市人口的36.15%；马桥镇人口最少，为37284人，占全市人口的5.55%。按陆地面积559.89平方千米计算，全市人口密度（按户籍人口计算）为1200人/平方千米；按总面积655.58平方千米计算，全市人口密度为1025人/平方千米。

1990 年靖江县各乡镇人口分布、密度一览表

表 1-4-2

行政区域	总户数（户）	人口数（人）			土地面积（平方千米）	人口密度（人 / 平方千米）
		小 计	男	女		
合　计	200613	645570	326716	318854	551.68	1171
靖城镇	20834	56839	30405	26434	4.34	13097
季市镇	11942	33385	16532	16853	21.49	1554
八圩镇	5447	16808	8429	8379	13.78	1220
城南乡	8194	28541	14374	14167	28.39	1006
惠丰乡	5587	21592	11141	10451	21.77	992
东兴乡	6938	24812	12745	12067	24.56	1011
太和乡	8663	29835	15169	14666	28.45	1049
新桥镇	8472	30942	15707	15235	32.89	941
红光乡	5580	20412	10317	10095	24.08	848
新丰乡	3994	12911	6519	6392	16.20	797
生祠镇	7801	27110	13678	13432	29.78	911
马桥乡	5690	17892	9022	8870	19.43	921
长里乡	4817	15681	7622	8059	13.25	1184
侯河乡	8138	28263	14249	14014	31.01	912
团结乡	9581	32568	16292	16276	29.41	1108
越江乡	11041	37238	18760	18478	34.23	1088
斜桥镇	12322	38810	19715	19095	27.61	1406
敦义乡	7035	22520	11359	11161	18.29	1232
土桥乡	8030	24578	12448	12130	21.97	1119
西来镇	10908	30160	15278	14882	26.68	1131
大觉乡	6232	18902	9476	9426	16.54	1143
长安乡	6982	23964	12073	11891	19.63	1221
孤山镇	11211	35338	17397	17941	33.09	1068
柏木乡	5174	16469	8009	8460	14.81	1112

说明：表中土地面积不含长江靖江段面积，各乡镇面积中含其辖区内场圃面积。

2000年靖江市各镇人口分布、密度一览表

表 1-4-3

行政区域	总户数（户）	人口数(人)			土地面积（平方千米）	人口密度（人/平方千米）
		小 计	男	女		
总 计	228536	664343	333670	330673	551.43	1205
靖城镇	76396	203164	100542	102622	63.42	3204
新桥镇	18511	59425	30054	29371	61.35	969
东兴镇	12414	44206	22311	21895	46.33	955
八圩镇	10364	32853	16824	16029	36.39	903
斜桥镇	19507	51953	26141	25812	44.12	1178
西来镇	24345	71465	36265	35200	66.46	1076
季市镇	17528	52492	26455	26037	41.12	1277
孤山镇	10228	29569	14740	14829	33.10	894
红光镇	9468	29208	14903	14305	40.27	726
生祠镇	8459	24101	12114	11987	29.74	811
马桥镇	12721	38848	19652	19196	59.72	651
团结镇	8595	27059	13669	13390	29.41	921

说明：表中土地面积不含长江靖江段面积，各镇面积中含其辖区内场圃面积，人口资料来源《靖江统计年鉴》。

2011年靖江市各镇（街道）人口分布、密度一览表

表 1-4-4

行政区域	总户数（户）	人口数(人)			土地面积（平方千米）	人口密度（人/平方千米）
		小 计	男	女		
总 计	221154	671503	334226	337277	559.89	1200
靖城街道	86884	242719	119035	123684	111.32	2181
新桥镇	18930	61631	30960	30671	61.27	1006
东兴镇	11641	41918	20967	20951	46.83	896
斜桥镇	20398	54846	27332	27514	44.43	1235
西来镇	21496	73076	36458	36618	73.61	993
季市镇	15243	48770	24725	24045	41.06	1188
孤山镇	18561	61315	31063	30252	60.90	1007
生祠镇	16031	49944	24932	25012	70.10	713
马桥镇	11970	37284	18754	18530	50.37	741

说明：表中土地面积中不含长江靖江段面积，各镇面积中含辖区内场圃面积，人口资料来源《靖江统计年鉴》。

二、人均耕地

1949 年，靖江耕地面积占土地总面积的 60%以上，全县有耕地 41980 公顷，人均耕地 1.7 亩。此后由于开河筑路、农民建房和企事业占地增多，耕地逐年减少，人口逐年增加，人均耕地占有量不断下降。1957 年起，由于兴办工业，大搞水利建设，耕地面积大幅度减少。与 1949 年相比，1960 年、1975 年、1980 年分别下降 17.42%、19.82%、21.31%，1983 年又比 1980 年减少 146.66 公顷。1983 年，全县耕地 32886.67 公顷，比 1949 年减少 9093.33 公顷。1983 年至 1949 年，平均每年减少近 300 公顷。人均耕地从 1949 年的 1.7 亩降至 1983 年的 0.8 亩。1983 年后经济发展迅速，水利、交通和工业等用地猛增，特别是乡、村办工厂，用地无审批手续，乱占、滥用耕地现象严重。1987 年，全县非农业建设用地超过 10440 公顷，占土地总面积的 20%以上，人均耕地降至 0.78 亩，比 1949 年减少近 54.1%，成为扬州市人均耕地最少的县。至 1995 年，全市耕地面积进一步减少至 31961.34 公顷，比 1983 年减少 925.33 公顷。人均耕地减少至 0.73 亩，低于江苏省人均耕地 0.97 亩的水平，也突破了联合国粮农组织确定的人均耕地 0.8 亩的警戒线。在此后的 16 年间，面对各类建设用地不断增加，人均耕地逐年减少的状况，靖江市委、市政府认真贯彻"十分珍惜和合理利用每寸土地，切实保护耕地"的基本国策，加大土地管理力度，土地开发利用与复垦保护并举，耕地面积下降的速度趋缓。至 2011 年，全市耕地面积 27565.13 公顷，人均耕地 0.62 亩。

靖江人多地少，随着经济的持续发展及实现现代化过程中人民生活水平的不断提高，对土地的需求日益增加，而耕地后备资源不足，人地矛盾势必更为尖锐。

1949~2011 年靖江市（县）耕地及人均耕地面积一览表

表 1-4-5

年份	耕地(公顷)	其中		人均耕地(亩)
		水田(公顷)	旱地(公顷)	
1949	41980.00	28780.00	13200.00	1.70

续表 1-4-5

年份	耕地(公顷)	其中		人均耕地(亩)
		水田(公顷)	旱地(公顷)	
1950	41713.33	28513.33	13200.00	1.65
1951	41713.33	28513.33	13200.00	1.62
1952	41900.00	28700.00	13200.00	1.59
1953	41900.00	28700.00	13200.00	1.56
1954	41926.67	28706.67	13200.00	1.51
1955	41806.67	28640.00	13166.67	1.49
1956	41693.33	28773.33	12920.00	1.44
1957	38533.33	29113.33	9420.00	1.31
1958	36426.67	28333.33	8093.34	1.22
1959	35086.67	27000.00	8086.67	1.19
1960	34666.67	26666.67	8000.00	1.15
1961	34380.00	27166.67	7213.33	1.17
1962	34526.67	27813.34	6713.33	1.16
1963	34653.33	30100.00	4553.33	1.13
1964	34753.33	27380.00	7373.33	1.12
1965	34553.34	30426.67	4126.67	1.08
1966	34600.00	30653.33	3946.67	1.05
1967	34486.67	30746.67	3740.00	1.02
1968	34433.30	30736.63	3696.67	0.99
1969	34399.97	29733.30	4666.67	0.97
1970	34020.00	29013.33	5006.67	0.94
1971	33960.00	28860.00	5100.00	0.92
1972	33880.00	28986.67	4893.33	0.91
1973	33993.33	28960.00	5033.33	0.90
1974	33840.00	28653.33	5186.67	0.89
1975	33660.00	28506.67	5153.33	0.87
1976	33460.00	28373.33	5086.67	0.86
1977	33373.33	28480.00	4893.33	0.85
1978	33186.67	28353.33	4833.33	0.84
1979	33113.33	28260.00	4853.33	0.83
1980	33033.33	30066.67	2966.66	0.82

续表 1-4-5

年份	耕地(公顷)	其中		人均耕地(亩)
		水田(公顷)	旱地(公顷)	
1981	32940.00	30000.00	2940.00	0.81
1982	33066.67	27273.33	5793.34	0.81
1983	32886.67	27273.33	5613.34	0.80
1984	32753.33	27133.30	5620.03	0.80
1985	34500.00	27066.67	7433.33	0.84
1986	32466.67	27066.67	5400.00	0.79
1987	32326.67	26800.00	5526.67	0.78
1988	32133.34	26506.67	5626.67	0.77
1989	33193.33	27740.00	5453.33	0.78
1990	33040.00	27426.67	5613.33	0.77
1991	33026.67	27420.00	5606.67	0.76
1992	31960.00	29206.67	2753.33	0.73
1993	31886.67	29273.33	2613.34	0.73
1994	31740.00	29000.00	2740.00	0.72
1995	31961.34	29203.71	2757.63	0.73
1996	30853.33	28220.00	2633.33	0.70
1997	30733.33	28126.67	2606.66	0.70
1998	30740.00	28133.33	2606.67	0.69
1999	30726.67	28126.67	2600.00	0.69
2000	30561.49	27991.90	2569.59	0.69
2001	30356.47	27824.31	2532.16	0.69
2002	30240.75	27712.34	2528.41	0.68
2003	30163.15	27497.95	2665.20	0.68
2004	30343.75	27563.68	2780.07	0.68
2005	29974.95	27069.67	2905.28	0.68
2006	29841.68	26692.04	3149.64	0.67
2007	29912.77	26686.55	3226.22	0.67
2008	29696.01	26441.84	3254.17	0.67
2009	28807.86	25180.70	3627.16	0.65
2010	27818.18	24299.22	3518.96	0.62
2011	27565.13	24057.01	3508.12	0.62

三、土地生产水平

靖江土肥水丰，农业生产条件较好，土地经济历来以种植业及养殖业为主。历史上农作物种类较多，分布因地势而异。清代以麦、豆、稻、棉为大宗，其次为黍、稷、高粱、山芋、芋头、芝麻、花生等。域内东、西、南3面为圩田，地势低平，盛产水稻。老岸地区地势较高，遍种粟和高粱。麦、豆则圩田、老岸皆宜。棉花尤旺于东沙。民国时期，作物的种类和分布变化较小，东兴、新桥为典型的水稻区，孤山、马桥等地为杂粮区。据《江苏通史》《靖江县志》记载，水稻、三麦、大豆是靖江主要的农作物。民国7年（1918年），全县产水稻79.47万石、麦53.06万石、豆23.43万石。民国36年，种水稻21万亩，平均亩产196公斤；种小麦50万亩，平均亩产50公斤；种大豆20万亩，平均亩产40公斤。棉花为靖江另一主要农作物之一。民国7年，棉花总产9.66万担。民国21年，全县棉花播种面积25.67万亩，总产79072担。是时域内输出品以棉花为大宗，每年输出约15000担，值洋150万元。明清时靖江桑蚕业已有发展，民国年间，养蚕业发展加快。民国6年，靖江成为改良蚕种试行县。民国24年，靖江成为蚕桑模范区，年养蚕3429张，产茧57.72吨。翌年，全县桑田面积达1.1万亩。养蚕业在全县普及，有1/2以上的农户养蚕。竹子是靖江的特产。新中国成立前，域内农民多在家前屋后种竹，竹成为农户家庭主要经济来源，最多的农户竹林面积多达数十亩。品种丰富，有20余个，尤以淡竹为多，故靖江历有竹乡之称。但由于民国期间战乱频仍，水旱为患，加之受封建土地所有制的束缚，生产发展缓慢。

1949年，全县粮食总产98125吨，其中水稻平均亩产155千克，三麦平均亩产62千克。皮棉总产160吨，平均亩产7千克。是年，全县水产品总产量911吨。1950～1958年，老岸地区进行大面积平整土地及旱改水，改善生产条件，变革耕作制度，推广优良品种和先进技术，农业生产得到恢复和发展。其间，全县水稻面积由12733.33公顷增至19080公顷。粮食年均总产111400吨，其中水稻平均亩产 204 千克，三麦平均亩产 63 千克。皮棉年均总产 2205 吨，平均亩产 19 千克。1970 年起，全县大搞农田基本建设，积极发展农业机械化、电气化，推广棉花营养钵育苗移栽和水稻覆膜育秧技术，并增肥改土，农业生产持续稳定增长。1970 ~ 1976 年，粮食平均总产 193816 吨，其中水稻平均亩产 278 千克，三麦平均亩产 176 千克。皮棉总产7730 吨，平均亩产达 64 千克，列全省之冠，居全国第四位。1978 年，农业总产值 15625.20 万元，其中种植业占 73.22%。中共十一届三中全会以后，改革农村经济体制，推行家庭联产承包责任制，改变单一的种植经营，发展农林牧副渔、工商建运服综合型经济，农业生产有了更快的发展。1982 年，全县桑田面积由 1962 年的 34.07 公顷增至 575 公顷，为新中国成立后的最高点。1983 年，全县竹林面积 1760 公顷，年产青竹 22500 吨。1984 年，全县建成高产农田 26680 公顷，占耕地总面积的 81.46%。是年，全县水产品总产量突破 2000 吨，达 2758 吨。1990 年，靖江被国务院表彰为全国粮食生产先进县。1993 年起，靖江贯彻国家加强农业、保护农民积极性的各项政策措施，坚持走“高产、高效、优质”发展之路。1996 年，全市粮食总产首破 30 万吨大关，创历史最高纪录，达 301998 吨，其中水稻平均亩产 611 千克，三麦平均亩产 303 千克。皮棉总产 4241 吨，平均亩产 51 千克。皮棉总产比 1949 年的 160 吨净增 4081 吨，平均亩产比 1949 年的 7 千克净增 44 千克；油菜籽总产 4619 吨，平均亩产 145 千克。“四旁”植树 103 万株，林地面积 1710.61 公顷，林木蓄积量 44 万立方米。桑园面积 546.8 公顷、蚕茧产量 190 吨，果品产量 2470 吨。水产品总产量 7212 吨。农业总产值 133030 万元。此后，靖江加大科技兴农力度，推进农业产业化，农业生产水平不断提升。

2001 年，全市紧紧围绕农业增效、农民增收、农村稳定的总目标，大力推进农业结构战略性调整和农业产业化经营，实施品种、技术、知识三项更新工程，调减粮食作物面积 3646.67 公顷，调增经济作物面积 1360 公顷。农业经济、农业生产都获得较快的发展，是年全市农业总产值 137641 万元，粮食总产 281140 吨，其中水稻平均亩产 618 千克，三麦平均亩产 251 千克。油料作物总产 15189 吨，平均亩产 154 千克。“四旁”植树 85 万株，成片造林 87.33 公顷，其中果园 9.73 公顷，果品产量 3895 吨。2005 年，受自然灾害、动植物疫病影响，水稻大幅减产，农业总产值 163522 万元。全市粮食总产 302488 吨，其中水稻平均亩产 563 千克，三麦平均亩产 323 千克。油料作物总产 10875 吨，平均亩产 161 千克。水产品产量 8817 吨，其中内河养殖面积 2320 公顷，产量 5387 吨。“四旁”植树 82.5 万株，成片造林 333.27 公顷。其中栽植银杏 2.11 万株、果树 2.06 万株、意杨等苗木 9.2 万株。城区新增绿地 40 公顷，城市绿化覆盖面积达 1210 公顷，城市绿化覆盖率 8.4%。果园面积 252.73 公顷，果品产量 11277 吨。2008 年，全市农作物播种面积 5.42 万公顷，粮食总产量 32.28 万吨；农林牧渔总产值 19.91 亿元，其中农、牧、渔、林所占比重分别为 48.27%、31.73%、9.64%和 1.87%。至 2011 年，科技兴农战略全面实施，农业生产条件持续改善。全市农业总产值 290521 万元，比 1996 年的 133030 万元，增长 118.39%。粮食总产 334826 吨，比 1996 年的 301998 吨，增加 10.87%。其中，水稻平均亩产 603 千克，三麦平均亩产 355.5 千克。油料作物总产 4281 吨，平均亩产 145 千克。全市水产品产量 9345 吨，其中淡水养殖面积 2502 公顷，产量 1190 吨。全市林业时价产值 0.45 亿元，城市绿化覆盖面积达 1544 公顷，城市绿化覆盖率 10.8%。“四旁”植树折算面积 420 公顷，植树 145 万株。果园面积 187.47 公顷，果品产量 11348 吨。

图1-4-1　水稻喜获丰收　（2011年摄）

第二章

土地制度

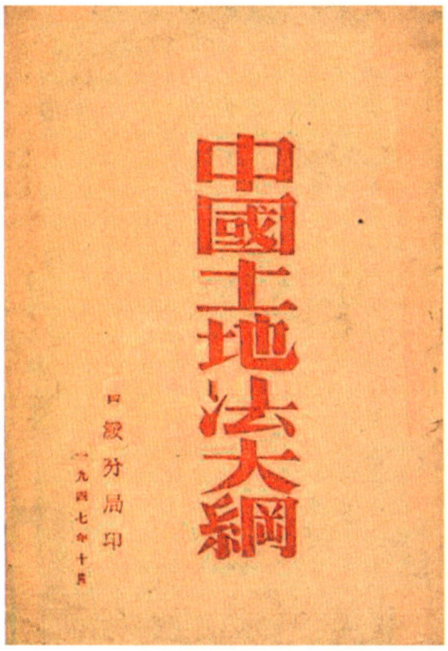
中國土地法大綱
四級分局印
一九四七年十月

中央人民政府命令公佈
中華人民共和國
土地改革法
附 劉少奇
關於土地改革問題的報告
自一九五〇年六月三十日起施行

中华人民共和国
土地管理法

蘇北區靖江縣農村土改工作团全体同志撮影
1950.11.20.

土地管理制度改革创新工作座谈会

域内土地所有制经历了封建土地所有制、农民土地所有制到社会主义土地公有制的发展过程。土地使用制度从租佃制发展到个体农民自主耕种、互助合作、集体经营、家庭联产承包责任制。土地制度的每一次变革都是一场深刻的社会革命。在封建土地所有制社会里，地主占有大部分土地，无地少地的农民饱受地主剥削，土地利用效益低。新中国成立前后，在革命老区和新解放区先后进行土地改革，彻底废除封建土地制度，实现耕者有其田。1951 年起，组织农民走合作化道路，至 1956 年，完成农业社会主义改造，实现了土地集体所有制。1958 年以后，土地集体所有制性质不变，核算单位和形式作了适当调整。改革开放后，由人民公社时期的生产小队核算变为家庭联产承包，并逐步向规模经营发展。

城市土地，解放以前除少数公有房地产和学校、慈善机构等房地产属公共所有外，绝大多数房地产属私人所有。新中国成立后，通过私房改造、公产接管、没收官僚资本及对手工业、资本主义工商业的社会主义改造，国有房地产比例有了很大提高。从 20 世纪 60 年代起，又通过政策规定，逐步将城市土地收归国有。至 1982 年，城市土地全部实现国有化。1986 年 6 月 25 日，第六届全国人大常委会第十六次会议通过的《中华人民共和国土地管理法》规定，“国家依法实行国有土地有偿使用制度”。1990 年后，靖江贯彻执行国务院颁布的《中华人民共和国城镇国有土地使用权出让和转让暂行条例》，实行国有土地使用权出让和转让制度，土地使用从无偿、无期限、无流动逐步转变为有偿、有期限、有流动。这种新的土地使用制度，为合理利用土地、提高土地经济效益，创造了良好条件。

第一节　土地所有制

一、封建土地所有制

（一）官　田

明朝政权建立后，吸取元代土地制度混乱的教训，在强化土地国有制方面较前有所创新，实行国有和私有两种土地所有制，即官田、民田。官田皆宋、元时无主之田地，还有皇室庄田、牧马草地、学田、园陵坟地、公占隙地、百官职田、屯田、宗室庄田及寺观庄田等，通谓之官田。其余为民田。明初，各地均继承了宋、元两代入官田，又没收了部分豪强富室的土地，同时，召回无地外流农民复业和鼓励垦荒，官田数量空前增加。明成化八年（1472 年），靖江有官田 18160.28 亩、官滩田 16.03 亩。明中叶以后，土地兼并激烈，农民租种官田，租赋畸重，无法生活，将“官田民卖”，变成民田，官田大为减少。清初，接管了明遗留的全部官田，加上明末长时间战乱，靖江人口大减，大片荒芜耕地成为官田，官田因之增加。清政权稳定后，将官田分荒地熟田变价出卖了部分。康熙八年（1669 年）后，又将未变价田亩给予原种之人，改为民田，号为更名地。承认原耕种农民对该地的所有权，加上豪强权势侵吞官田，官田数量减少。

明清时期，靖江属于官田性质的除县治衙门用地、职田、兵营、邮驿、汛地、公占隙地、无主荒地等外，还有以下几类：

学田　明成化八年（1472 年），首任知县张汝华建庙学，地址在县衙西，占地 24 亩。学田经营以租佃为主，所得以供修葺及日常之需。正德六年(1511 年)，知县殷云霄从城南迁社学于庙学之西，邑人沈潮捐田 20 亩充作社学经费。万历元年(1573 年)起，详定租价，夏麦每石收银 3 钱，秋米每石收银 4 钱。至万历二十五年，归县收管，除纳条编钱粮外，余款解缴学道。至万历三十七年，靖江有学田 615.9 亩，分布于全县各团，所收租粮作为县学收入。万历四十一年，增加学田 70.5 亩，夏秋收租标准仿照民间，后为定价收钱，岁征银 22.74 两。天启二年（1622 年），知县朱尚宾按巡抚之意，拨银 45 两置学田 71 亩有零（朱尚宾沿丘履亩，亲自踏勘，全为膏腴之田），每年除缴田赋外，尚余米麦 47 石有零，以养士子。至崇祯年间，学宫共有平田、沙田 807.59 亩，分布于中洲、元山等 9 团和一个鹤洲沙。清康熙七年(1668 年)，又增加学田 117 亩，每年收租“夏三秋六”，照岁之丰歉征收。域内各书院亦有田产。康熙十一年，绅士萧松龄等建骧腾书院，为知县郑重设教士子之地。康熙五十年，诸生杨坦等建东川书院，乾隆十三年（1748 年），置田 20 余亩，以作春秋祭祀及讲学之用。乾隆二十九年，诸生沈泓等建崇文书院，劝捐平课田 40 余亩以充费用。马洲书院几经变迁，至乾隆二十九年有老岸平、沙田及新沙田共 1366 亩有奇，多为县内乡绅所捐。咸丰五年至七年（1855 ~ 1857 年），知县冯誉驹、于作新先后捐俸倡建义学 3 处，拨平、沙田 140 余亩，收租充作经费。

公益田（慈善机构的义田） 明成化十年(1474 年)，知县张汝华建存恤院(后改称养济院)，有草房 16 间。慈善机构主要经费来源靠田租收入。收租田主要由官府下拨或私人捐赠，每个机构有租田 100 ~ 200 亩不等。清乾隆十一年(1746 年)，拨沙田 300 亩给养济院，以租充费。咸丰六年（1856 年），养济院需扩充收养孤贫老者，知县富克精阿拨临江新涨沙田 100 亩有奇。育婴堂为清康熙年间邑人朱凤台捐平沙课田 200 亩所建，募乳妇收婴儿，倡义举。相继而捐者甚多。清嘉庆、道光年间，育婴堂有老岸平沙课田及新涨沙田 1000 余亩。至咸丰六年，知县富克精阿又拨临江沙田 100 余亩，育婴堂亦以自积资金置沙田 20 亩以增经费。光绪三年（1877 年），知县叶滋森“查靖邑善堂公款，本属不敷”，拨庵田 200 亩给救生局、150 亩给医药局、100 亩给牛痘局，征租充其经费。

公产田（包括义仓田、图田） 为储积稻谷，以备赈荒，明成化初年，江阴知县王秉彝在衙前港建水次仓。成化九年（1473 年）冬，靖江知县张汝华在南门外稍东建常平仓，共 40 余间；在县治西南建永丰仓（万历十一年重建改称常余仓）以储条米。另在各团建有社仓 11 处，后废。清康熙初年又捐建社仓，共捐米 3300 石，分别储存各团，令贫民春借秋还，照例起息。咸丰二年(1852 年)，太平军起事，条米改折银两，仓廒名存实亡，日渐倒塌殆尽。其田亩数不详。

屯田 靖江三面环江，地势险要，系长江中下游五省（江、浙、皖、赣、鄂）咽喉，是里下河地区十三个州县的门户。明初，因倭寇侵犯，江阴知县曾驻兵设防，后又招募士兵 2000 人防守，沿江设烽火墩①25 座。正德元年（1506 年）知县周奇健在东门外英济王庙后（现体育场）建演武场，地 19.6 亩。正德六年（1511 年），知县殷云霄改建；万历四十三年（1615 年），知县赵应旃又改建。清顺治十八年（1661 年）坍塌，守备范明灿、知县郑重复修。清嘉庆十七年（1812 年）又坍，仅存地基 4.67 亩。嘉庆二十二年，知县王章增买民田 13.6 亩重建。咸丰二年（1852 年）知县齐在镕拨田 6 亩，扩建演武场。清代沿江设有炮台。道光二十三年(1843 年)，两江总督耆英令知县李炳照在刘闻沙构筑炮台，征买民田 19.16 亩。道光二十六年，又买民田 60.75 亩，给营兵耕种，以助经费。光绪元年(1875 年)新建天生港炮台，买民田 151.2 亩。光绪三年，增建十圩港炮台，买民田 107.86 亩。

图 2-1-1 古炮台遗址 (2000 年摄)

庙田 靖江历史上为多庙之县。清代最盛时期，全县有寺庙 160 余座，庙宇的名称不一，有寺、观、宫、殿、庙、堂、庵等。每座寺庙都有数量不等的庙田，如位于寒山闸西的玉皇殿有香火田 50 余亩、位于城西北 7 里的海神庙有香火田 50 亩、位于城内东侧的崇圣寺有香火田 24 亩、南关外官堤忠义祠之右的岳

①烽火墩：俗称烟墩，古时用于点燃烟火传递重要信息的高台，系古代重要军事防御设施。

鄂王庙有香火田12亩、东门外宝塔寺有香火田16亩、掘港善缘寺有香火田18亩、水洞港边的丁墅庙有香火田20亩、县东北25里的永庆寺有田25亩、城西5里团河边的观音堂有田40亩、焦山团的永佃庵有田70余亩、法喜庵有田44亩等。庙田多为官赐民助，其田租收入作为寺庙的香火费和僧侣的日常开支。由于寺庙兴衰变化较大，庙田也随之有所增减。清光绪二年(1876年)，知县叶滋森下令裁撤尼庵34所，一次没收庵产田地690余亩，拨归地方公用。至清代末年，靖江有庙田2000余亩。

祠田 清末，坐落在县治东北5里左右的烈女祠有祠田24亩；南关外的节孝祠有平、沙课田68亩，忠义祠有滩田36亩。另有其他祠田10余处，其田亩数不详。

民国时期，属于官田性质的上述田产，统称公产。民国36年（1947年），国民政府行政院颁发《公有土地管理办法》，规定曾经省、市、县或乡镇政府依法呈准使用收益的公有土地，为省、市、县或乡镇有土地，其余均为国有土地。国有土地由行政院指定机关管理，省、市、县有土地由所在地省、市、县政府或指定机关管理，乡镇有土地由乡镇公所管理。新中国成立后，县内所有公地、公房均由县政府接管。

（二）民　田

圈占拨补（兑拨）后的土地叫存剩地，即民地。后又增加了开垦地、更名地。明清时期，域内民田所占比例最大，超过全县总田亩的90%。明初，统治者既维护地主利益，亦扶植发展自耕农，民田增加。明成化八年（1472年），域内有民田223145亩、民滩田48391亩。明中叶以后，土地兼并激烈，大批农民相继失去土地，沦为佃农。清时，民田自由买卖，兼并较明代尤烈。康熙以后，地主、官僚、商人三位一体以权势购、占田地现象较为普遍。乾隆年间，有些田“二十年间，已数易其主，以致近日之田归于富户，大约十之五六，旧日有田之人，今俱为佃耕之户”（《皇清奏议卷十三》）。同治四年（1865年），靖江有平、沙田折实一等平田54.79万亩，其中民田占52万亩左右，达94.91%。这些民田，大多掌握在地主豪绅手中。

民国时期，靖江农村封建性的土地集中更趋严重。民国6年（1917年），财政部令江苏财政厅，将屯田与官产一律变买，买者发给部照为凭。域内原有的不少官田迅速转化为民田。有的由政府标卖于民，有的则为私人所占有，土地分配极不平均。民国35年（1946年）土地改革前，靖江共有土地61万余亩。老岸和沙上地区土地占有状况有所不同。老岸地区土地比较分散，由社会各阶层个体占有，而地主所占更多。如长安区陈塘乡共543户，土地4085亩。其中地主3户，占地175亩；中农254户，占地2294亩；贫雇农271户，占地1312亩。贫雇农户均占地仅是地主的十分之一。沙上地区多为新涨滩田，地主豪绅依仗官府庇护，采用薄水滩执照办法，在江边框滩围垦，占了80%～90%的土地，而贫苦农民则占地极少。如八圩区平安乡有1123户，土地5186.5亩。其中地主43户，占地3020亩；富农1户，占地46亩；中农433户，占地1464亩；贫农641户，占地656亩；雇农5户，占地0.5亩。从这个乡土地占有情况可见，占总户数96.1%以上的贫雇农、中农仅占全乡土地总面积的40.88%，而占总户数3.83%的地主却占全乡土地的58.23%。就全县而言，地主与贫雇农所占土地悬殊。是年，全县地主882户、4808人，占有土地145346亩，人均占有土地30.23亩；贫雇农43552户、187300人，占有土地109432亩，人均占有土地0.58亩。地主占全县总人口的1.2%，却占土地总面积的23.52%；贫雇农占全县总人口的46.65%，只占土地总面积的17.7%。

1946年土改前靖江县各阶层占有土地一览表

表2-1-1

阶　　层	户数（户）	占总户数（%）	人口数（人）	占总人口（%）	占有土地（亩）	占总面积（%）	人均占地面积（亩）
地主	882	0.96	4808	1.20	145346	23.52	30.23
半地主	324	0.35	1500	0.37	10272	1.66	6.85
富农	1296	1.41	9602	2.39	24332	3.94	2.53
中农	44898	49.03	195571	48.70	316304	51.17	1.62
贫雇农	43552	47.56	187300	46.65	109432	17.70	0.58
工商业者	108	0.12	405	0.10	2755	0.45	6.80
土地出租者	520	0.57	2363	0.59	5097	0.82	2.16
公田	—	—	—	—	4551	0.74	—
合计	91580	100	401549	100	618089	100	1.54

二、农民土地所有制

（一）土地改革

民国29年(1940年)9月，靖江县抗日民主政府为发动全民抗日，减轻农民负担，开展动员地主让租让息工作。翌年5月，根据中共中央指示精神，中共靖江县委(简称县委)将让租让息改为减租减息，实行“二五”减租，分半减息（按抗战前的租额减25%，债利年息最高不超过一分半）。民国31年下半年，减租减息运动全面展开，农民在减租减息斗争中获得了实惠。民国32年11月，县委召开农民代表大会，并成立靖江县农民抗敌协会，通过《减租换约条例》和《租田、赎田条例》。同年冬至翌年春，县委部署对减租不彻底和未减租的地区，开展“查减”工作，使减租减息运动深入开展。

民国35年5月4日，靖江县委根据中共中央《关于清算减租及土地问题指示》精神，将抗战时期的减租减息政策，改为没收地主土地分配给农民的政策。6月，县委组织工作队开展土地改革试点工作；7月，土改工作全面开展。除被国民党军队占领的靖城、八圩等集镇外，全县7个区约100个乡，采取“力求拉平”的做法，进行土地改革，使无地、少地的农民得到或增加土地。据9月16日《靖江各区土改进程》统计：全县892个村，全部平分土地的有466个村，占52.24%；分配了土地而未“拉平”的有209个村，占23.43%；仍在“拉平”的有10个村，占1.12%；分配手续未清的有68个村，占7.63%；正在土改的有62个村，占6.95%；尚未土改的有

图2-1-2　土改后，分得土地的农民集会庆祝

77个村（以上村均为自然村），占8.63%。运动中，由于政策界限不够明确，侵犯了一些富裕中农的利益。但因革命斗争形势急剧变化，复查纠正工作未能进行。民国36年春，县委、县政府北撤，靖江被国民党军队占领，土改成果遭到地主复辟倒算。

民国36年9月，革命斗争形势好转，中共华中一地委组织靖江的县、区、乡干部和地方武装打回靖江，收复失地，同时进行反复辟斗争。通过斗争，追挖“浮财”，将地主的财物及富农的多余财物分配给贫雇农民。据是年底统计，全县（靖泰县）人口51万人，得益人口20.6万人，共得土地25.3万亩、水车548部、耕牛897头、粮食5.56万石、房屋5695间、生猪3832头、黄金71两、白银2300两、银元4285枚，衣被、家具、小型农具等无数。但工作中产生了绝对平均主义的偏差，继续侵犯了一些中农的利益。为此，县委贯彻《中国土地法大纲》，于民国37年春成立土改复查工作队，将太和区法喜乡的朱叔村、马吉村、大河村作为土改复查试点；7月起，全面贯彻中共华中工委土地会议精神，土改复查在已解放的76个乡展开，对平均主义和错划成分的偏差作了纠正。

1950年6月20日，中央人民政府颁布《中华人民共和国土地改革法》，明确提出“废除地主阶级封建剥削的土地所有制，实行农民的土地所有制”。此后，扬州地委、苏北区党委和苏北行署分别下发关于土改实施办法等文件。9月10日，靖江新解放区土地改革试点工作开始；11月起，县委全面部署新区土改和结束老区、恢复区的土改工作。至1951年10月，新解放区和老解放区、恢复区的土改全部结束。全县127个乡(其中新区21个乡、老区84个乡、恢复区22个乡)，共没收地主、征收富农的土地12246.67公顷、房屋3594间、耕牛173头、各类农具657件、粮食768.5吨。1951年冬至1952年夏，全县颁发《土地房产所有证》，从法律上承认农民分得的土

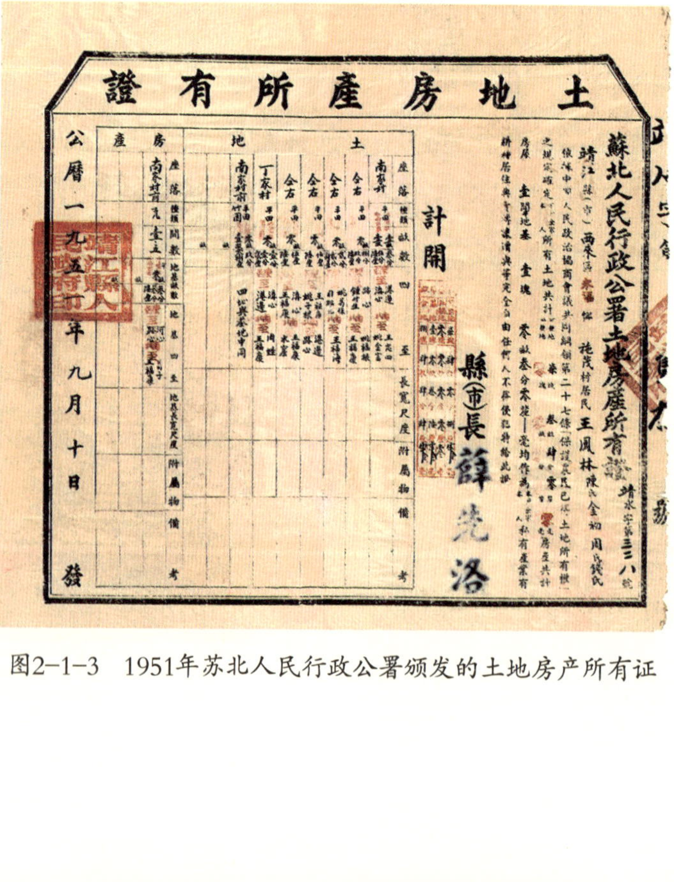
土地房產所有證
蘇北人民行政公署土地房產所有證
計開
縣(市)長 薛光洛
公曆一九五一年九月十日發

图2-1-3　1951年苏北人民行政公署颁发的土地房产所有证

1951 年土改后靖江县农村各种成分占有土地一览表

表 2-1-2　　　　单位：户、公顷

阶级成分	户数	占总户数(%)	占有土地	占总面积(%)	占有土地较土改前上升或下降(%)
地主	882	0.96	493.33	1.20	-94.91
富农	1620	1.77	1139.13	2.76	-50.62
中农	45526	49.71	20349.60	49.39	-5.83
贫农	43552	47.56	19223.87	46.65	+163.50
合计	91580	100	41205.93	100	—

说明：富农户数含土改前半地主户，中农户数含土改前工商业户和小土地出租户。

地、房产所有权。土地改革，使全县各阶级的土地占有状况发生重大变化。

经过土地改革，推翻了几千年的封建土地剥削制度，原来无地、少地的贫雇农分到了土地，农民真正成为土地的主人，享有自由处理土地的权力，生产热情高涨，农业生产迅速发展。1951 年，全县粮食总产 104255 吨，比 1949 年的 98125 吨增长 5.88%；皮棉总产 1840 吨，为 1949 年 160 吨的 10 余倍。

（二）农民土地私有制改造

土地改革结束以后，农民生活比土改前有了很大改善，但部分农民缺少资金、劳力和技术，难以种好地，生活仍很困难，以致出现荒地、卖地现象，加之个体生产难以抵御自然灾害的侵袭，使农民产生互助合作的愿望。县委、县政府因势利导，根据民间素有搭班车水、伴工收种的习惯，按照“自愿互利、等价交换、民主管理”原则，引导农民走互助合作道路。

1951 年 12 月，中共中央《关于农业生产互助合作的决议（草案）》在党内传达后，县委适时引导临时互助组向常年互助组过渡。东兴区惠涉乡第九村农民吉子荣，在原 3 户农民临时伴工的基础上，吸收 10 户农民，组建全县第一个常年互助组。是年年底，全县 9 个区（除城区）118 个乡，有 11 个乡相继成立不同形式的互助组 35 个，其中常年互助组 24 个、临时互助组 11 个，参加农户 324 户，占总户数的 0.33%；入组耕地 132.51 公顷，占总面积的 0.36%。1952 年，全县互助组增至 4369 个，其中常年互助组 1310 个、临时互助组 3059 个，入组农户 30936 户，占总户数的 33.14%。1953 年，互助组进一步发展，至 1954 年，全县共有互助组 8497 个，其中常年互助组 2052 个、临时互助组 6445 个，入组农户

56017户，占总户数的60%。

在组织发展互助组的同时，县内有条件的地方开始创办以土地入股、统一经营为特点的初级社。1953年3月，中共中央《关于农业互助合作的决议》公布后，全县第一个由互助组试办的初级农业生产合作社（简称初级社）——惠兴农业生产合作社成立，有17户农民参加，吉子荣任社长。是年12月，根据中共中央《关于发展农业生产合作社的决议》精神，县委贯彻党在过渡时期的总路线，动员农民组织起来，走集体化道路。翌年春又兴办初级社14个，入社农户440户。同年，对粮食、棉花、棉布和油料实行统购统销，推动了农业合作化的发展。至1954年秋，全县初级社发展到364个，入社农户9150户，占总户数的9.41%；入社耕地4333.33公顷，占总面积的10.34%。初级社实行土地评级入股，土地仍属农民私有；年终分配实行土（地）劳（力）分红；农具折价入社的，分配时按当地市场价计算，给予合理报酬。由于初级社发展过快，规模过大，缺乏管理经验，存在不少问题。1955年春，贯彻中共中央“全力巩固，一般不发展”的方针，全县从抓好生产、建立秩序、加强领导、解决存在问题入手，对初级社进行整顿，并以自愿互利为原则，准许不完全自愿入社的农民退社。退社的农民约200户，并有23个初级社转为互助组。整顿后，全县341个初级社实行不同形式的生产责任制，其中207个社实行小段包工，111个社实行季节包工，23个社实行派工生产。初级社的成立，为土地向集体所有制过渡创造了条件。

三、社会主义土地公有制

（一）集体土地所有制

1955年8月，县内贯彻中共中央七届六中全会《关于农业合作化问题的决议》，农村掀起合作化高潮。同年11月，国务院公布《农业合作社章程（草案）》，1956年2月初，在初级社尚未巩固的情况下，高级农业生产合作社（简称高级社）运动又在全县迅速展开。至年底，全县共办高级社396个，入社农户93455

户，占总户数的98%。高级社以初级社为基础合并组成，下分若干生产队。土地、耕畜、大型农具等均归高级社所有，社员留有少量自留地。实行统一种植、统一分配，取消土地入股分红，农民个人土地无偿地全部归农业生产合作社集体所有，土地所有权和使用权结合在一起，实行按劳分配。但由于高级社发展过快过急，有悖于自愿互利的原则，社员的积极性受到挫伤，影响了生产的发展。1957年年初，根据中共中央《整顿农业生产合作社的指示》，进行整社，改善农业生产合作社的经营管理，推行“三包一奖”(即在定生产队、定耕作区、定耕牛、定大型农具的基础上，由高级社对生产队实行包工、包本、包产和超产奖励)责任制，建立民主理财小组，贯彻“少扣多分”和按劳取酬的原则，扭转了经营管理上的混乱现象，社员情绪得以稳定。通过农业合作化，土地制度从农民个体所有制转变为劳动群众集体所有制。

1958年上半年，宣传贯彻中共中央制定的建设社会主义总路线。9月，中共中央《关于在农村建立人民公社问题的决议》发布后，由东兴、惠丰、八圩3个乡组成全县第一个公社——东兴公社，社址设在东兴镇。接着在“大跃进”的背景下，全县掀起大办公社的高潮，至10月底，在高级社尚未巩固、且未取得完整经验的情况下，全县404个高级社、24个初级社合并成11个公社。人民公社是政社合一的机构，既是集体经济组织，又是基层政权单位。公社设大队，大队设小队（或称生产队)，实行土地及其他生产资料的公社大集体所有制。全公社所有劳动力、土地、耕畜、农机、林木、水利设施、工厂等均属公社所有，由公社统一调度、使用、核算、分配。在“左”的思想指导下，片面地强调“一大二公”。共产风、强迫命令风、浮夸风、瞎指挥风、干部特殊化风（即“五风”）一度严重泛滥，由此而产生分配上的平均主义和无偿调用财物的现象。1960年11月，中共中央发出《关于农村人民公社当前政策问题的紧急指示信》（即“十二条”)，靖江根据这一指示，在全县范围内进行整风整社，反对“五风”，对“平调”的社员房屋、物资、树竹等，以实物退赔，不能以实物退赔的则抵价到户，分期分批清理退赔。1961年4月，靖江贯彻中共中央《农村人民公社工作条例（草案)》(简称“六十条”)。1962年2月13日，中共中央发出《关于改变农村人民公社基本核算单位问题的指示》；同年9月，中共中央八届十中全会通过《农村人民公社工作条例》，明确农村人民公社实行“三级所有、队（小队）为基础、独立核算、自负盈亏”的经营体制。此后，人民公社进入相对稳定的发展时期。

1978年12月，中共十一届三中全会以后，根据中共中央《关于加快农业发展若干问题的决定》，农村进行经济体制改革。1980年起，根据中共中央《〈关于进一步加快和完善农业生产责任制的几个问题〉的通知》精神，县内试行多种形式的农业生产责任制，有生产队小段包工、定额计酬和统一经营、专业承包、联产到劳等多种形式，后又发展为“包产到户、包干分配”的“双包”责任制，并由种植业的承包扩展至林、牧、副、渔等多个领域的承包。实行这种生产责任制只是生产关系的调整，并不改变土地的集体所有制性质。1982年12月4日第五届全国人民代表大会第五次会议通过的《中华人民共和国宪法》第十条规定：“农村和城市郊区的土地，除由法律规定属于国家所有的以外，属于集体所有；宅基地和自留地、自留山，也属于集体所有”。1983年10月，靖江贯彻中共中央、国务院《关于实行政社分开，建立乡政府的通知》，全县农村进行政治体制改革，实行政社分设，撤销人民公社，建立乡（镇）人民政府；同时，撤销原来的大队，建立村民委员会，生产队改为村民小组。从此，农村社会主义劳动群众所有制得到进一步巩固和稳定。

1986年6月25日，第六届全国人民代表大会常务委员会第十六次会议通过的《中华人民共和国土地管理法》第八条规定：“集体所有的土地依照法律属于村农民集体所有，由村农业生产合作社等农业集体经济组织或者村民委员会经营、管理，已经属于乡镇农民集体经济组织所有的，可以属于乡镇农民集体所有”。1989年起，在完善土地承包责任制的过程中，将农户向集体的单向承包，改为集体与农户的双向承包，明确了双方的责、权、利，农户包完成国家任务，集体包服务，推行口粮田和责任田分离，允许村民承包的土地进行转包，鼓励耕地向种田能手转移。这对强化土地公有制，解决土地承包中突出矛盾，加快农业经济结构调整，健全农业服务体系发挥了重要作用。

1998年8月29日，修订后的《中华人民共和国土地管理法》对集体土地再次作出规定：农村和城市郊区的土地，除由法律规定属于国家所有的以外，属于农民集体所有，宅基地和自留地、自留山，也属于农民集体所有。

2008年开始的第二次全国土地调查显示，2009年全市集体土地47892.82公顷。至2011年，全市共有集体土地47222.11公顷。

1995年靖江市集体土地利用现状一览表

表2-1-3　　　　单位：公顷

分布区域	小　计	耕　地	园　地	林　地	居民点及工矿用地	交通用地	水域及水利设施用地	未利用地
合　计	52213.16	31864.10	904.49	1706.52	8002.10	1162.73	8554.60	18.62
新桥镇	3243.77	1782.64	82.79	134.22	488.09	86.81	669.22	0
太和镇	2742.48	1629.65	0.79	142.81	382.69	57.37	528.91	0.26
东兴镇	2376.31	1461.21	5.66	128.00	289.84	62.49	428.52	0.59
惠丰乡	2070.19	1230.08	18.61	120.58	259.31	47.77	393.38	0.46
城南乡	2742.43	1739.01	4.87	82.43	451.40	41.21	422.73	0.78
八圩镇	1187.52	709.01	0.93	33.25	168.48	21.20	251.82	2.83
越江乡	3109.71	2015.56	20.98	94.52	459.19	46.54	470.92	2.00
斜桥镇	2558.56	1486.46	5.88	74.65	460.98	44.27	486.01	0.31
敦义乡	1687.76	997.03	3.87	51.13	284.68	35.27	312.70	3.08
西来镇	2345.71	1407.13	6.62	99.37	340.28	61.03	430.65	0.63
红光乡	2337.68	1461.34	14.85	96.13	361.34	103.22	300.80	0
新丰乡	1575.16	960.36	18.16	63.00	247.99	39.87	245.78	0
生祠镇	2903.87	1782.82	95.98	96.17	429.75	65.36	433.79	0
马桥乡	1929.11	1160.63	69.46	66.70	288.80	38.40	305.12	0
长里乡	1241.05	782.31	5.31	40.98	228.67	31.03	152.39	0.36
靖城镇	71.24	31.70	0	0	39.54	0	0	0
侯河乡	3047.90	1935.73	54.13	97.90	400.91	61.71	497.42	0.10
长安乡	1845.98	1205.50	3.37	47.12	279.51	38.59	271.56	0.33
团结乡	2905.64	1948.30	0.49	51.60	427.72	40.58	434.91	2.04
季市镇	1998.90	1334.46	1.98	29.17	319.90	49.45	263.94	0
孤山镇	3133.65	1554.38	485.52	48.16	511.73	84.24	444.81	4.81
柏木乡	1395.71	871.79	0.05	30.55	216.83	34.92	241.57	0
大觉乡	1640.51	1006.96	2.11	29.46	308.60	30.88	262.46	0.04
土桥镇	2122.32	1370.04	2.08	48.62	355.87	40.52	305.19	0

2011年靖江市集体土地利用现状一览表

表2-1-4　　单位：公顷

分布区域	小计	耕地	园地	林地	草地	城镇村及工矿用地	交通运输用地	水域及水利设施用地	其他土地
合　计	47222.11	26923.36	29.24	568.79	674.74	9607.23	2088.91	7099.16	230.68
靖城街道	6981.70	3575.37	0	99.29	75.10	1638.57	417.77	1147.67	27.93
新桥镇	5736.03	3368.07	0	38.17	89.68	1106.24	237.08	870.08	26.71
东兴镇	4042.48	2245.18	19.48	110.59	18.51	733.47	151.07	742.92	21.26
斜桥镇	3737.48	1997.84	0	60.95	49.95	961.89	198.69	448.82	19.34
西来镇	5635.46	3087.22	0	49.37	119.72	1234.23	277.35	840.53	27.04
季市镇	3785.05	2161.91	0	15.78	38.15	854.01	158.10	547.66	9.44
孤山镇	5688.17	3255.19	0	43.42	114.57	1235.06	229.74	793.92	16.27
生祠镇	6781.07	4279.97	9.76	84.54	87.97	1058.14	226.03	979.81	54.85
马桥镇	4833.19	2952.61	0	66.68	81.09	785.25	192.71	727.01	27.84
长江农场	0.05	0	0	0	0	0	0.02	0.03	0
侯河农场	0.05	0	0	0	0	0	0	0.05	0
新生原种场	1.09	0	0	0	0	0.37	0.07	0.65	0
水产养殖场	0.06	0	0	0	0	0	0.05	0.01	0
公花园	0.23	0	0	0	0	0	0.23	0	0

（二）全民土地所有制

靖江国有土地主要来源于以下几个方面：

接管旧有公地公房　明清时期，靖江除学田、庙田、慈善机构用地等公地以外，还有为数不少的公房。明成化八年(1472年)至成化十年，在县城建造的县衙、学宫、察院、总铺、坛庙、公馆、迎恩亭、仓廒、斋房、存恤院共281间24厦，系县内最早的公房。此后公房扩建日多。嘉靖四十四年（1565年）春，知县柴乔迁建巡检司公署于西小沙，有堂庑狱寝共30间，占地13亩。清时，常平仓有廒房40余间，学宫有大小房屋137间，全县还兴建了各种寺庙160余座，占地面积2000余亩。民国23年（1934年）全县有老荒坍废公占田21943.25亩，有公占芦田3757.48亩。民国35年，民国县政府清理出公地2233.56亩。民国36年，民国县政府成立房产评价委员会，对城区公、私房屋进行调查统计和评价。是年，靖江有公房 501 间，其中教育公房 16 间、救济及慈善公房 6 间、县属公房 479 间，分别由机关、学校、团体占用。

新中国成立后，旧有的公田公房由县人民政府接管。1949 年，县政府接收旧有江边公滩 426.67 公顷。1950 年 12 月 14 日，县政府颁布《靖江县公有房地产管理暂行办法》，据此接管解放前的公房和没收逃亡地主及反动分子的房屋共 1253.5 间，交机关、学校、团体使用，部分作为出租房。1951 年，县政府对旧有公房进行清理，靖城计有公房 721 间，其中楼房 63 间、厢房 43 间、平房 615 间。1956 年，调拨使用的公房 915 间，租赁使用的公房 669 间。1985 年房屋普查，是年出租公房 6.85 万平方米。

改造城镇私有房地产 1956 年 1 月 18 日，中共中央批转中央书记处第二办公室《关于目前城市私有房产基本情况及进行社会主义改造的意见》指出：一切私人占有的城市空地、街巷等地产，经过适当的办法，一律收归国家所有。1959 年 7 月，靖江成立私房改造工作委员会，按出租房屋建筑面积 40 平方米为改造起点(剥削阶级出租房屋实行无起点改造)，对靖城、季市镇的私有出租房屋进行社会主义改造。改造的方法是国家经租，即由国家统一租赁、统一分配使用、统一修缮维护。两镇共改造出租私房 884 户，建筑面积 8.99 万平方米。私地随房接受。1961 年改造起点调整为 70 平方米，退还部分房屋。靖城、季市两镇共退还 639 户的房屋 2247 间，建筑面积 4.76 万平方米。1964 年私房改造工作复查中，又补改 36 户 178 间。1968 年 11 月，县房地产公司根据县军事管制委员会《关于加强房地产管理的通告》精神，接管城镇 320 户的私房 945.5 间，建筑面积 1.95 万平方米。1979 年起落实私房改造政策，至 1987 年县政府发文明确其产权的有 379 户、房屋 1137 间。

城镇土地国有化 新中国成立后，按《中华人民共和国土地改革法》规定，县城和郊区没收、征收的土地、主要河流等均为全民（国家）所有。1956 年后，一切私人占有的城镇空地、街基等均收归国有。在对资本主义工商业实行社会主义改造和人民公社化过程中，亦有部分房地产收归国有。1982 年 12 月 4 日，第五届全国人民代表大会第五次会议通过的《中华人民共和国宪法》第十条规定："城市的土地属于国家所有"，从法律上明确城市土地的国家所有权。至此，靖江城镇范围内的土地(除城中村农民集体所有的土地外）属于国家所有。

农民集体土地征为国有 新中国成立后，域内因经济建设和社会事业的发展，需征用农民集体土地，其办法是由单位申请，主管部门签署意见，报县政府批准。1984年，全县征用土地287.33公顷。后由于加强对建设用地的控制，1987年，成立靖江县土地管理局。此后，各单位因建设需要征用农民集体土地，一律由单位申请，经县土地管理部门统一审核后，按批准权限报省、市、县政府批准。是年，征用土地280.27公顷，比1984年少征用7.06公顷。至1995年，靖江共征用农民集体土地808.89公顷。经过征用的土地，一律转变为国有土地。是年末，全市国有土地总面积为14263.31公顷。其中，耕地面积97.24公顷，占总面积的0.68%，主要分布于侯河农场、新生农场、渔业公司、种猪场等；园地面积54.14公顷，占总面积的0.38%，主要分布于侯河农场、渔业公司、种猪场；林地面积36.69公顷，占总面积的0.26%，主要分布于渔业公司、种猪场、苗圃场；居民点及工矿用地1186.56公顷，占总面积的8.32%，分布于全市各乡镇、场圃，其中占地面积最大的为靖城镇，其次为孤山镇、越江乡；交通用地293.48公顷，占总面积的2.06%，占地面积最大的为季市镇；水域及水利设施用地12594.83公顷，占总面积88.3%，面积最大的为长江靖江段水域，其次为市内各一、二级河道；另有未利用地0.37公顷。1996年后，国家建设项目逐年增加，尤其是江阴长江大桥，广靖、宁通高速公路，新长铁路等国家重点建设项目的兴建，用地随之相应增多。2008年起，全市点供项目、单独选址项目逐年增多，征用土地面积也随之增加。截至2011年年末，全市共有国有土地18336.34公顷，其中耕地641.77公顷、林地126.82公顷、草地7.64公顷、城镇村及工矿用地5629.13公顷、交通运输用地874.75公顷、水域及水利设施用地11046.23公顷、其他土地10公顷。

1995年靖江市国有土地利用现状一览表

表2-1-5 单位：公顷

分布区域	小计	耕地	园地	林地	居民点及工矿用地	交通用地	水域及水利设施用地	未利用地
合　计	14263.31	97.24	54.14	36.69	1186.56	293.48	12594.83	0.37
长江靖江段	11339.81	0	0	0	0	0	11339.81	0
新桥镇	45.52	0	0	0	28.92	1.60	15.00	0
太和镇	102.75	0	0	0	21.65	20.35	60.74	0.01
东兴镇	79.89	0	0	0	20.75	8.06	51.08	0

续表 2-1-5

分布区域	小计	耕地	园地	林地	居民点及工矿用地	交通用地	水域及水利设施用地	未利用地
惠丰乡	106.38	0	0	0	10.47	5.03	90.87	0.01
城南乡	96.87	0	0	0	39.91	1.37	55.59	0
八圩镇	120.92	0	0	0	47.93	17.46	55.49	0.04
越江乡	313.05	2.60	0	0	110.09	22.71	177.65	0
斜桥镇	185.07	0	0	0	84.37	24.07	76.63	0
敦义乡	71.53	0	0	0	8.97	10.51	52.02	0.03
西来镇	61.25	0	0	0	15.84	7.54	37.87	0
红光乡	69.79	0	0	0	7.23	14.81	47.75	0
新丰乡	44.85	0	0	0	14.32	11.81	18.72	0
生祠镇	74.48	0	0	0	33.75	9.99	30.74	0
马桥乡	14.34	0	0	0	3.83	4.69	5.82	0
长里乡	84.29	0	0	0	43.87	12.93	27.49	0
靖城镇	363.19	0	0	0	363.19	0	0	0
侯河乡	52.75	5.47	4.10	0	14.13	3.53	25.52	0
长安乡	117.02	0	0	0	5.91	25.83	85.28	0
团结乡	34.99	0	0	0	17.49	0	17.50	0
季市镇	149.68	0	0	0	53.72	27.98	67.98	0
孤山镇	174.89	0	0	0	117.00	20.57	37.04	0.28
柏木乡	85.70	0	0	0	71.50	9.20	5.00	0
大觉乡	13.94	0	0	0	10.27	3.67	0	0
土桥镇	75.11	0	0	0	8.86	21.74	44.51	0
渔业公司	69.73	5.25	19.85	2.55	18.60	0.54	22.94	0
新生农场	71.53	35.09	0	0	6.50	1.19	28.75	0
种猪场	226.84	48.83	30.19	26.69	5.91	5.81	109.41	0
苗圃场	17.15	0	0	7.45	1.58	0.49	7.63	0

2011年靖江市国有土地利用现状一览表

表2-1-6　　单位：公顷

分布区域	小计	耕地	林地	草地	城镇村及工矿用地	交通运输用　地	水域及水利设施用地	其他土地
合　计	18336.34	641.77	126.82	7.64	5629.13	874.75	11046.23	10.00
靖城街道	4069.14	113.86	51.04	3.50	3101.90	464.50	334.21	0.13
新桥镇	390.76	1.96	0.01	0	229.29	23.17	135.92	0.41

续表 2-1-6

分布区域	小计	耕地	林地	草地	城镇村及工矿用地	交通运输用　地	水域及水利设施用地	其他土地
东兴镇	640.35	16.71	0.07	0	511.25	37.48	74.82	0.02
斜桥镇	698.18	21.28	10.94	0	529.49	19.34	117.05	0.08
西来镇	802.58	8.23	4.78	0.19	577.96	46.47	164.94	0.01
季市镇	321.25	0.98	0.90	0	98.57	75.98	144.79	0.03
孤山镇	389.62	13.63	8.35	0	237.69	56.46	72.08	1.41
生祠镇	228.93	3.40	0.36	0	97.25	58.35	67.74	1.83
马桥镇	196.61	4.82	10.93	0	72.62	52.75	55.12	0.37
渔业农场	80.68	11.91	0.59	0.07	13.09	0.39	51.16	3.47
长江农场	201.25	38.81	24.89	1.99	63.85	7.61	64.10	0
侯河农场	6.74	4.08	0	0	1.15	0.32	0.91	0.28
新生原种场	78.65	23.26	0	1.45	22.24	15.73	14.79	1.18
水产养殖场	11.87	0	0	0	0.31	0.03	11.15	0.38
市苗圃	7.28	0	0	0.44	6.61	0.02	0.21	0
江滩办事处	621.63	366.32	0	0	7.75	4.44	242.74	0.38
公花园	20.99	7.68	7.49	0	2.16	1.73	1.93	0
长江靖江段	9569.83	4.84	6.47	0	55.95	9.98	9492.57	0.02

第二节　土地使用制

一、租佃制

在封建土地所有制时，农村土地绝大部分为地主、富农占有，无地少地的农民为养家糊口，只得向土地所有者租田耕种，俗称佃户。地主、富农凭借土地占有权，将土地给承佃人耕种或由承佃人再转租给佃户耕种，佃种前双方签订佃种契约，议定租田耕种时限、佃租交纳数量或分成比例，田主还要向佃户收一定数量的押租，佃种关系中止时再退还佃户或抵算地租。靖江常见的租佃方式有包租、预租、分租、烂租等。（1）包租制，就是租期年限长，租额固定。农民租种地主土地，必须请中间人做担保，书立契约。地租因土质、水口、田地远近等条件不同而有所区别，年租额无论丰歉都必须按时交纳。（2）预租制，即先交租后种田，此类多为尖刁地主、富农所为，地主、富农可多收1年利息，而佃农经常借债交租，忍受高利贷剥削。（3）分租制，亦称分种田，即地主提供土地和部分种子、肥料及大型农具（如水车等），由农民耕种，不论丰歉按主四佃六或对半分成。此制多为小地主出租时采用。（4）烂租制，亦称烂种田，即佃户预先一次交清议定的略低于正常年景的3～5年的租额，此后，不论年岁丰歉，业佃双方均无异议。此制多为破产地主或急需钱用而借贷无门的富农采用，属于短期行为，有烂种一熟的，也有烂种三五年的。租种期满后，田仍归还田主。

明清时期，官田也都以租佃制为主要经营方式，规定佃户有永佃权，土地使用权可继承、转让，亦可买卖，但田主卖田，仍由原佃户耕种，即“买田不卖佃”“田主虽易，而佃农不易”。民国时期，农村国有农地一般都实行租佃制经营方式，但规定承租土地以自耕为限，不得转租或分租。

二、自耕制

自耕即自己的土地自己耕种，缴纳赋税后，收获全归己有。自耕农一般为中农或富裕中农。有些自耕农因土地少，不足以维持生计，也向地主或富农租种土地。1951年10月，县内土改结束，共没收、征收地主、富农的土地1.2万余公顷，实现了耕者有其田。1951年冬至1952年夏，县政府向每个农户颁发土地房产所有证，从法律上承认农民分得的土地、房产所有权和使用权。土改结束后，农民开始在自己的土地上耕种，用以满足自己的生活需要，生产热情高涨。高级社时，农民的土地归集体所有，由高级社统一经营管理。农民仅有自主耕种自留地的权力。

农民自留地，是农业合作化以后将小块土地留给农民自种的另一种土地使用制度。初级社期间，农民大宗土地入社，保留零星碎地自种，这种土地当时既有私有权，也有个人自由种植权。到高级社时，土地全部入社，自留地只有使用权，而无所有权。人民公社期间，一度把自留地作资本主义尾巴砍掉，但很快得到纠正。20 世纪 80 年代起，农村实行家庭联产承包责任制，自留地的使用制度仍相沿未变。

三、互助合作制

土改后，农村出现的互助组，是以民间素有的劳动互助形式发展起来的。初期多数是农忙时成立、农忙后解散的临时互助组织。临时互助组土地以自耕为基础，在忙季实行劳力互助或劳、畜力之间的等价互助。后来，按照自愿互利、等价交换和民主管理原则组成常年互助组。常年互助组比较固定，各户自主经营，产品归己，自负盈亏。1953 年，开始创办初级农业生产合作社。初级社采取土地入社分红，根据土地远近、质量和水口等条件评级折股入社，集体耕种收获；耕畜、大型农具等折价入社，保本保息或私有租用；生产资金按股投资。社员参加劳动，按劳力强弱、技术高低和劳动质量评工记分，实行收获物按劳分配与按土地入股分红相结合的办法，全年收益除提留公积金、下年度生产费用和完成国家农业税外，其余按“土四劳五”或“土四五”“劳五五”和增产部分“土二劳八”的比例进行分配。

四、集体经营制

1956 年年初，靖江开始组建社会主义性质的高级社。土地入社属集体所有，集体经营，取消土地分红，土地（包括自留地）不得买卖和出租。入社时，将土地改革时政府颁发的土地证交高级社。高级社对生产队采取“三包干”（包工、包产、包本）、“四固定”（土地、劳动力、畜力、大型农具固定）的定额管理办法，实行按劳分配，耕畜、大型农具折价归社，小农具归各家所有，劳动时小农具自备。土地、劳力固定到生产队，社员留有少量自留地。农业生产实行统一种植、统一分配，进行计划、物资、劳力、财务四大管理。根据作物布局和产量、产值指标，测算全年收入；根据勤俭办社的原则，建立民主理财小组，制定财务开支和农业成本计划；根据作物布局制定用工计划；最后预测全年分配水平，以激励农民的生产积极性。

1958 年 9 月，人民公社建立之初，对生产资料实行无偿调用，社队规模由小并大，经济由公社统一核算，贫富拉平，平均分配。1960 年起，靖江根据中央有关文件精神，着手解决“大跃进”“人民公社化”运动中的问题，纠正“共产风”，调整公社、大队、生产队的规模，取消供给制，贯彻按劳分配、多劳多得的原则。1962 年，确立“三级所有，队为基础，独立核算，自负盈亏”的经营制度，把土地、劳力、耕畜和大型农具固定到生产队，由生产队统一管理、统一使用、统一经营。恢复高级社的评工记分制度，实行粮食按人劳比例分配，经济收益按劳动工分分配。但公社、生产大队对生产队仍有领导责任和生产指挥权及分配审批权，生产队不能按经济规律自主经营，全按上级下达的指令性计划从事农业生产。1966 年，“文化大革命”开始后，批判“三自一包”（即自留地、自由市场、自负盈亏和包产到户），把社员经营的家庭副业当作“资本主义的尾巴”割除，造成农业单一经营。1970～1977 年，采取发展农业生产的各种措施，粮棉产量得以持续稳定增长。粮食年均总产 193816 吨，年均亩产 459 公斤；棉花年均总产 6073 吨，年均皮棉亩产 51 公斤。其中，1976 年全县皮棉亩产 64 公斤，列全省之冠，居全国第四位。

五、联产承包制

1980 年 9 月，中共中央印发《〈关于进一步加强和完善农业生产责任制的几个问题〉的通知》后，靖江县委开始进行各种生产责任制的试点，主要形式有生产队小段包工、定额计酬，包产到组，包产到户，联产到劳，专业承包（主要是工副业）、联产计酬及大包干等。至1981年6月，全县有3644个生产队实行各种形式的生产责任制，占总队数的98.3%，其中实行联产承包责任制的生产队234个，实行小段包工、定额计酬的生产队3410个。家庭联产承包责任制即将生产队耕地承包到户耕种，牲畜、农具固定到户使用，实行分户经营，取消工分制，利益直接计算。承包户除上缴国家和集体的征购粮、农业税、公积金、公益金和管理费外，余下均为自己所有。至1983年，全县有3690个生产队实行联产承包责任制，占总队数的99.6%。1984年，按照“大稳定、小调整”的原则，对承包地进行合理划分，县人民政府颁发农村集体土地承包经营权证书。

1989年9月，靖江县委、县政府下发《关于完善家庭联产承包责任制的意见》，普遍推行以“人分基本田，劳包责任田”为主要内容的“两田制”。至1992年，全部实行“两田制”。1994年，在第一轮耕地承包即将到期之际，全市开展以稳定和完善农村土地承包制度为主要目的的改革工作，进一步强化土地集体所有权，稳定土地承包权。1998年，根据中央文件精神，县内开展承包期30年不变的第二轮土地承包工作。

图2-2-1　农村集体土地承包经营权证书

2002年8月29日和12月28日，国家相继颁布《中华人民共和国农村土地承包法》和《中华人民共和国农业法（修订）》，进一步明确国家在今后很长一段时期内，农村主要实行以家庭承包经营为基础、统分结合的双层经营体制，这是党在农村的一项基本政策和国家农村经济的一项基本制度。2003年，市委、市政府在贯彻落实农村土地承包法的同时，与农村土地第二轮承包衔接，开展农村集体土地承包合同补签、土地承包经营权证书补发和土地流转管理工作，全市共核实土地承包户22388户，补签合同1.4万份，补发承包土地经营权证书1.4万份。2006年，全市承包土地农户14.4万户，承包耕地面积24120公顷，土地承包经营权发证率达95%。2011年，全市承包耕地面积23893.33公顷。

六、划拨使用制

明清时期，城镇的官田大多为无偿划拨使用。民国时期，城镇国有土地以及官办或国营企业的用地等，亦由政府无偿划拨使用，禁止买卖。

新中国成立后，曾长期实行城镇国有土地的行政划拨、无偿无限期使用、禁止转让的使用制度。1954年2月24日，中央人民政府政务院《关于对国营企业、机关、部队、学校等占用市郊土地征收土地使用费或租金问题的批复》规定：国营企业经市人民政府批准占用的土地，不论是拨给公产或出资购买，均应作为该企业的资产，不必再向政府缴纳租金或使用费；机关、部队、学校经政府批准占用的土地，亦不缴纳租金或使用费。是年3月8日、4月27日，中央人民政府内务部在《答复关于国营企业、公私合营企业及私营企业等征用私有土地及使用国有土地交纳契税或租金的几个问题》和《关于执行国家建设征用土地办法中几个问题的综合答复》中均规定，国家机关、企业、学校、团体及公私合营企业使用国有土地时，由当地政府无偿拨给使用，均不必再交纳租金。但私营企业或私营文教事业单位使用国有土地时，应向政府交纳使用费。其合于减免条件者，可酌情减免。据此，靖江无偿划拨使用国有土地的范围扩大到除私营企事业单位外的所有用地单位。1973年起，靖江对国有土地划拨使用范围作了限制。是年8月，靖江县革委会先后发文规定党政机关、部队、学校、人民团体、社会福利等单位的用地，暂不征收土地使用费。

1989年起，靖江执行国务院颁布的《中华人民共和国城镇土地使用税暂行条例》，凡国家机关、团体、部队和财政拨款的事业性单位及公共公益事业用地，免征城镇土地税。1994年10月，江苏省财政厅、物价局、土地管理局联合印发的《关于收取土地有偿使用费有关问题的通知》规定，党政机关、村民委员会、学校、幼儿园、医院及由地方财政拨款的行政、事业单位用地，直接用于农、林、牧、渔的生产用地，公共福利用地，铁路、公路、水利用地，军事设施用地（含测量标志用地），免交土地使用费。2001年10月，国土资源部颁布的《划拨供地目录》明确规定，国家机关用地和军事用地、城市基础设施用地和公益事业用地、国家重点扶持的能源、交通、水利等基础设施用地、法律和行政法规规定的其他用地等4大类、19小类、121项用地适用划拨使用土地范围。靖江依照《划拨供地目录》规定，结合市内实际情况，对4大类、17小类、55项用地实行划拨使用。2008年，国务院印发《关于促进节约集约用地的通知》，要求严格限定划拨用地范围，明确军事用地、社会保障性住房和特殊用地等可以按划拨方式提供土地使用权。至2011年，靖江按照国土资源部《划拨供地目录》规定，严格控制以划拨方式提供土地使用权的范围。

第三节　土地使用制度改革

一、集体土地承包及有偿使用

（一）土地所有权与使用权分离

1978年，中共十一届三中全会召开后，靖江全面推行以土地所有权和使用权分离为重要内容的农村经营管理体制改革，建立和健全生产合同制、经济核算制、岗位责任制等多种形式的联产承包责任制。1980年至1981年上半年，全县农村拨乱反正，重新明确生产队的土地所有权和自主权，以调动农民的积极性。1981年下半年至1982年上半年，逐步探索出统一经营、专业承包、联产到劳及小段包工、定额计酬等多种形式生产责任制。1982年下半年至1983年年末，县内贯彻中共中央关于加强和完善农业生产责任制的几个文件精神，全面推行“包产到户，包干分配”的“双包”责任制，并由包产到户发展为包干到户（即大包干）。农村推行家庭联产承包责任制，是在土地公有制基础上的经营方式的变革，由分散的家庭经营，取代了生产队的统一经营，实现了土地所有权与经营使用权的分离，建立了土地集体所有、农民个体使用的新型土地关系。

（二）农村土地承包经营权流转

家庭联产承包责任制的实行，提高了农民的商品意识与经营能力，但也逐渐暴露出一些弊端。主要为零星分散的户营耕地不利于机械化作业，难以形成规模效益；有一技之长的农民受承包田牵制，无法发挥所长；大批青壮年劳动力向二、三产业转移，导致务农劳动力素质下降；农业投入不足，多年积累起来的农业基础设施有所削弱，加上管理不严，出现粗放耕作、明暗抛荒现象。针对上述情况，1988年，以中央和省、市有关文件精神为依据，县委印发《关于完善土地承包制的意见》（靖委发〔1988〕45号），要求按照“大稳定，小调整”原则，做好完善土地承包制工作。有条件的村组在实行土地调整时，可以试行“两田制”，即按人口平均留口粮田，其余为责任田。责任田可由种田能手转包或租赁经营，村组统一组织服务。转包分自由转包和集体转包两种。1989年，县委印发《关于完善土地承包责任制的意见》（靖委发〔1989〕48号），针对承包田“不够种”或“种不了”的现象，要求强化集体“统”的作用，逐步形成土地调节机制，优化土地和劳力组合，提高土地利用率、产出率。在全面推行“两田制”基础上，建立合理的土地流转制度。农民承包经营期间，经过集体鉴证，允许其通过转包方式将土地转给其他农户，但不改变原承包合同内容。是年起，域内有条件的地方开始土地承包经营权流转的探索。通过土地流转，逐步形成规模化、集约化、现代化的农业经营模式。1996年年末，全市第一次农业普查资料显示：全市有非农村住户类农业新经济合作组织76个，其中国有8个、集体50个，两者占总量的76.32%；私营个体单位12个，占15.79%；联营单位6个，占7.89%。

1997年，市委、市政府先后出台《关于进一步稳定和完善农村土地承包关系的意见》和《关于完善农村土地承包关系和发放集体土地承包经营权证书工作的意见》，明确在不改变农村集体所有土地的权属关系、不改变集体土地的农业用途、不逾越土地承包期限、不违背群众的意愿等原则基础上，因地制宜，选用流转形式，经发包方（村经联委或村委会）同意，承包方可采用转包、转让、互换、入股租赁或其他形式进行承包土地经营权的流转，并要求将农村集体土地承包经营权流转纳入农村承包合同管理，规范资金管理等，维护流转双方的合法权益，不断完善土地承包关系，稳定承包经营制度。2000年9月12日，市委、市政府印发《关于完善农村承包土地流转机制的意见》，要求各镇加强农村集体农用土地的流转管理，以建立社会主义市场经济体制和解放、发展农村生产力为目的，明确所有权，稳定承包权，搞活使用权，按市场经济法则建立健全土地承包经营权流转机制。有条件的地方探索土地适度规模经营，可以组为单位，统一规划，集中投入，分户承包，建立高标准设施农业基地。2001年，市委、市政府下发《靖江市农村集体土地流转实施意见》。2003年，全面落实农村土地承包政策，保护农民合法权益，根据“依法、自愿、有偿”的原则，开展农村土地经营权流转服务，规范流转合同文本和流转程序，推进以种植结构调整型、农民经纪人带动型、培植招商引资型、解决弃耕抛荒型等为主要形式的土地流转。是年全市流转耕地140公顷。2006年，市委农村工作办公室下发《关于农村土地承包经营权流转管理的指导意见》，进一步规范全市农村土地承包经营权流转行为。截至2006年年末，全市有承包土地农户14.4万户，承包土地面积24120公顷，土地承包经营权发证率达95%；土地流转农户9278户，流转总面积790.74公顷。2007年，市委出台承包土地流转价格指导意见，土地流转价格趋向合理。

据2010年统计资料，靖江土地流转呈现出以下四方面特点：一是流转形式多样化。市内出租的1381公顷、入股的682.07公顷、转包的182.33公顷、转让的22.13公顷、互换的0.73公顷、其他形式的26.8公顷，其中以出租和入股为主，累计成立土地股份合作社31家。二是流转土地规模化。流转规模在20公

图 2-3-1　签订土地流转承包合同现场　　（2011 年摄）

顷～66.67 公顷的有 17 个；超过 66.67 公顷的 3 个，分别是西来镇丰产村土地股份合作社（73.33 公顷）、生祠镇东进村土地股份合作社（93.33 公顷）、新桥镇孝化村土地股份合作社（68.2 公顷）。三是流转行为市场化。流转项目人、流转农户、流转中介组织，根据市场取向，积极发展市场形势好、项目效益高、风险系数小的优、新、特、绿农产品，以适应市场优质化、多样化、特色化的需求。四是流转对象多元化。从以前单一农户间流转到农户向农业企业、科技人员、专业大户、各类合作组织流转转变，实现流转主体多元化。2011 年，市委、市政府印发《靖江市农村集体土地流转实施意见》，进一步规范农村土地承包经营权流转市场，切实保护土地承包经营权流转各方的合法权益。至年末，市内流转土地农户数 3.75 万户，占全市总农户的 22.4%；流转土地面积 4133.33 公顷，其中规模流转 3400 公顷，分别占承包耕地面积的 17.4%和 14.3%。

（三）农村宅基地有偿使用

1990 年前，农村宅基地为无偿使用。1990 年 1 月，国务院转发国家土地管理局《关于加强农村宅基地管理工作的请示》，强调加强对农村宅基地的管理，严格控制占用耕地，并要求各地抓好农村宅基地有偿使用的试点工作。是年 3 月，县政府确定在孤山、东兴、新桥 3 乡镇各选 1 个村试点，县土地管理局按照县政府意见进驻孤山镇勇进村进行宅基地有偿使用试点。1991 年，根据试点情况，在全县开展宅基地有偿使用的宣传、宅基地丈量及登记造册工作，为后期工作作准备。是年10月，县土地管理局根据对孤山镇勇进村300户宅基地占用情况的调查，结合东兴乡、新桥镇的试点情况及全县各乡镇宅基地清丈登记汇总情况形成书面材料，提出宅基地有偿使用的具体意见，为县委、县政府决策提供依据。1992年2月，县政府根据试点调查情况，印发《靖江县农村宅基地有偿使用暂行办法》，规定农户宅基地的使用范围、逐年收费标准、减免宅基地使用费的条件、宅基地使用费的收缴和管理，以及其他有关政策。在标准范围内的宅基地每年每平方米收取0.05元，超出范围的，按用地时间执行不用收费标准：1982年底以前使用的，每年每平方米收取0.1元；1983~1986年使用的，每年每平方米收取0.2元；1987年1月1日以后使用的，且属少批多用的，应拆除非法占地上的建筑物，并退还土地，在退还土地之前，超标准面积20平方米以下的，超标部分每年按每平方米1元收取使用费，超标面积在20、30、40、50、60平方米以上的，其全部超标面积每年分别按每平方米2元、3元、5元、7元、10元收取。一切未经批准，或采取欺骗手段骗取批复的违法用地，应视实际情况分别进行处理，在未处理完毕之前，其全部宅基地面积，每年按每平方米10元收取使用费。民政部门优抚的特困户、“五保”户可免交法定宅基地面积的使用费，烈士的父母及遗孀、现役军人、荣誉军人可免交本人分摊法定面积的宅基地使用费。各乡镇收取的宅基地使用费，10%上交县土管局作土地管理业务费，18%留乡镇统筹使用，其余72%归村使用，主要用于土地复垦整理、村内基础设施和公益事业建设。1992年12月，全县11个镇、13个乡、292个村、109894户实行宅基地有偿使用，分别占全县行政村总数的82.6%及总户数的52.8%，共收宅基地使用费75.13万元。1993年，国务院下达关于减轻农民负担的指示，全市停止征收宅基地有偿使用费。

（四）乡镇、村企业用地有偿使用

1992年前，乡镇、村企业用地为无偿使用。是年5月，县土地管理局在城南乡开展乡镇、村、组办企业用地有偿使用试点工作。11月9日，县政府根据《江苏省农村非农业建设用地有偿使用收费管理试行办法》及扬州市补充规定精神，结合县内实际，印发《靖江县乡镇村企事业单位建设用地有偿使用暂行办法》，明确规定：经国家和省批准已收取城镇使用税以外的各类企事业单位用地都必须有偿使用。收费标准：各乡镇的全民及县属大集体单位用地、乡镇企事业单位用地、个体户、联合体从事工商业生产用地，每年每平方米收取0.2元；村、组单位及企业用地，每年每平方米收取0.15元；党政机关、村民委员会、学校、幼儿园、医院及由地方财政拨款的行政、事业单位用地，直接用于农、林、牧、渔的生产用地，公共福利用地，铁路、公路、水利用地，军事设施用地(含测量标志用地)，免交土地使用费；倒闭、关闭、政策性亏损企业、新建未正式投产的企业，由单位申请，经乡镇政府批准，可缓交当年建设用地有偿使用费。

乡镇企事业单位非农业建设用地使用费每年10月底以前交清，由乡镇土管所凭《江苏省收费许可证》亮证收取。从村、组单位和企业、个体户、联合体收取的土地使用费，上交县10%，乡镇留10%，80%返还给村；从乡镇企事业单位收取的土地使用费上交省、市、县40%，乡镇留60%；从全民及县属大集体单位收取的土地使用费，上交省、市、县80%，乡镇留20%。乡镇自留部分由财政部门专户储存，专款专用。返还村的部分，实行村有乡管，主要用于土地复垦、整理，村内基础设施和公益事业建设。

1993年起，按照县政府的部署，各乡镇实施乡镇、村企业用地有偿使用。据统计，1993～1994年，全市（县）有56%的乡镇、村企业按规定交纳建设用地有偿使用费，共收取集体土地使用费169.34万元。1995年起，乡镇、村企业逐步实施承包经营，集体建设用地有偿使用费纳入承包经营交费范围。1997年起，全市乡镇、村企业实施企业产权制度改革。改制后的企业用地，按照国家和省土地管理有关法律、法规规定，或通过补办征用手续以出让方式处置，或以租赁方式处置。

二、国有土地有偿使用

1949年10月～1954年2月，国家机关、部队、学校、医院使用国有土地时，由单位申请报政府批准后无偿划拨使用；国营企业、公私合营企业使用国有土地时，由政府划拨使用，同时缴纳租金或土地使用费。1973年8月1

日，靖江县革委会印发《关于加强城镇土地房屋管理，征收土地使用费的通知》，要求对用地的企事业单位和个人征收土地使用费。收取范围：凡全民和集体所有制单位，使用域内国有土地，无论是划拨、征用的土地，均应到县房地产管理部门办理登记手续，交纳土地使用费，领取土地使用证；凡个人新建、祖遗、购置、赠予的私人房屋所占用的宅基地及其院落等国有土地，亦应办理登记手续，领取土地使用证，交纳土地使用费。收费标准按区域和使用性质不同，分等确定。单位的土地使用费由银行托收，个人的由当地居委会组织收缴。征收的土地使用费，存入地方财政专户，用于旧城改造、住宅建设、直管公房维修及地政管理人员工资、行政经费开支等，居委会按收费总数的3%提取手续费。1974年10月21日，县革委会根据国务院《国家建设征用土地办法》、江苏省革委会《关于单位和个人使用公地征收土地使用费的有关规定》及扬州地区革委会《关于严格控制使用土地和私人建房的通知》精神，印发《关于加强城镇土地管理，征收土地使用费的通知》，规定凡使用国有土地的企事业单位和个人都要缴纳土地使用费。并进一步明确征收城镇土地使用费的范围、标准、办法。征收范围：城镇内凡属工矿、企事业单位使用土地（包括经批准征用的土地），都要缴纳土地使用费；社（镇）办企事业单位使用城镇土地和经批准征用的土地，亦应缴纳土地使用费；靖城、季市地区的居民使用城镇土地（包括原私房地基），都要缴纳土地使用费；虽系国家拨款事业单位用地，但属生产性的，如种植农作物、办附属工厂等，亦应缴纳土地使用费；亏损企业按实际情况报县城建部门批准免收或暂缓收费。征收标准：工矿、企事业单位用地（包括单位内的水面、道路和空地）每月每平方米0.005元；私房地基（包括屋檐外2米以内余地）每月每平方米0.005元，屋檐外空地2米以外的，不论种植与否，每月每平方米0.02元；个人利用余地进行种植和未经批准私自建房、搭棚，每月每平方米0.02元。征收办法：土地使用费统一由县房地产管理所按月或按季征收，个人有工作单位的，由所在单位代扣交县房地产管理所。至1987年，县房地产公司共征收土地使用费94.78万元。

顺应经济体制改革的需要，20世纪80年代后期，国家开始酝酿国有土地使用制度改革。1988年4月12日，第七届全国人民代表大会第一次会议对宪法有关条文进行修改，删去宪法第十条第四款中“土地不准出租”的规定，增加了“土地使用权可以依照法律的规定转让”的内容。同年12月29日，第七届全国人大常委会第五次会议根据修改后的宪法，通过了关于修改《中华人民共和国土地管理法》的决定，增加了“土地使用权转让”条款，规定国家“依法实行国有土地有偿使用制度”。

实行土地有偿使用，是城镇国有土地使用制度改革的核心。其具体内容之一是每年向行政划拨的国有土地使用者收取土地使用税。1989年1月1日起，靖江按照国务院颁布的《中华人民共和国城镇土地使用税暂行条例》规定执行。征税对象为在县城、建制镇、工矿区范围内使用土地的单位和个人。计税依据为纳税人实际占用的土地面积，征税标准很低，为每平方米0.2元~4元。1990年5月19日，国务院颁布《中华人民共和国城镇国有土地使用权出让和转让暂行条例》。是年，靖江县土地管理局受县政府委托，首次以国有土地所有者法定代表身份与中外合资企业江山制药公司签订外商投资企业土地使用合同，在土地使用制度改革上迈出成功的一步。1992年，靖江县根据江苏省政府《关于深化土地使用制度改革若干问题的通知》和扬州市政府相关文件精神，规定凡行政划拨取得国有土地使用权，进行非农业建设的用地单位和个人，除向国家逐年缴纳城镇国有土地使用税外，还需向国家一次性缴纳国有土地有偿划拨费。收费标准：按江苏省土地管理局《关于转发省物价局、财政厅审定全省土地管理系统行政事业性收费项目的通知》规定，国有土地有偿划拨费为每平方米15元~45元，靖江执行每平方米45元标准。1993年起，根据国家、省、市相关法规规定，域内私营和个体企业用地，商业、金融、旅游、娱乐、服务业、住宅等经营性用地和“三资”企业（外方独资企业、中外合资经营企业、中外合作经营企业，下同）用地，逐步退出划拨使用范围。同年9月9日，县政府印发《靖江县国有土地使用权出让和转让暂行条例》，明确规定全县城镇国有土地使用权实行出让、转让制度。凡经营性用地、旧城改造用地、“三资”企业用地等一律办理或补办出让手续，并收取出让金。出让方式采用协议、招标、拍卖3种方式。政府在垄断一级市场的同时，放开搞活二、三级市场，允许国有土地使用权合法转让、出租、抵押、入股等。这标志着靖江国有土地使用制度改革进入新阶段。1994年10月，江苏省财政厅、江苏省物价局、江苏省土地管理局联合发出《关于收取土地有偿使用费有关问题的通知》，将城镇国有土地有偿使用费降低到每平方米30元，国有荒山、荒滩、荒地每平方米7.5元，划占撤销村、组建制后剩余的国有土地有偿使用费每平方米15元。靖江按该通知执行，该费由市土地管理局在办理国有土地划拨手续时负责收取，上缴市财政部门。是年起，域内经营性用地和外商独资、合资企业用地均以有偿出让方式供地。

2000年12月，市政府根据国家、省、市相关规定，印发《关于加强城市土地资产管理的实施办法》，明确规定：城市建设用地除法律、行政法规规定可以划拨供地的项目用地外，一律引入市场竞争机制，实行有偿供地。据此，域内经营性用地全部退出划拨使用范围。2001年10月22日，根据《中华人民共和国土地管理法》和《中华人民共和国城市房地产管理法》的规定，国土资源部颁布《划拨用地目录》。该目录规定：对以营利为目的，非国家重点扶持的能源、交通、水利等基础设施用地项目，应当以有偿方式提供土地使用权；以划拨方式取得土地使用权的企业，因企业改制、土地使用权转让或者改变土地用途等不再符合“目录”规定的，应当实行有偿使用。自此，除划拨用地目录规定项目外，靖江建设项目用地逐步退出划拨使用范围。2004年起，除划拨用地目录规定项目外，域内建设项目用地基本退出划拨使用范围。

2008年，国务院印发《关于促进节约集约用地的通知》，要求对国家机关办公和交通、能源、水利等基础设施（产业）、城市基础设施以及各类社会事业用地积极探索实行有偿使用，对其中的经营性用地先行实行有偿使用。2011年5月，市政府印发《靖江市新增工业用地使用权出让办法（试行）》，规定全市新增工业用地使用权出让必须通过挂牌或拍卖方式进行，并率先试行新增工业用地使用权指标竞价出让模式，将价格竞争提至指标分配环节，以达到优化配置土地资源的目的。实施土地使用制度改革以来，通过出让、转让、租赁、抵押等方式，域内的土地资产收益连年增长。据1993～2011年统计，全市国有土地使用权出让面积3778.02公顷，土地出让总价151.06亿元，土地资产的经济价值得到充分体现。

第三章

地籍管理

地籍管理工作调研汇报会

泰州测绘地理信息市场巡查工作会议

明清及民国时期，靖江主政者曾进行土地清丈和登记，编制地籍簿册，旨在按地征收赋税。明代有“黄册”“鱼鳞册”；清代有“赋役全书”等册籍；民国初年，曾有土地测量之议。20 世纪 30 年代，试行过土地登记、地籍整理，但因战乱频仍，直至新中国成立前夕，地籍图册残缺，地籍管理零乱。新中国成立后，经过土地改革和农业社会主义改造，土地公有制得以确立，地籍管理经历了由单一到全面、由税收地籍到产权地籍的发展过程。特别是县土地管理局成立以来，地籍管理得到进一步强化和完善。市（县）国土资源管理部门在城镇和农村开展了土地调查、测绘、统计和土地申报、登记、确权发证及权属争议调处等工作，运用先进技术开展土地详查和城镇地籍调查，地籍管理开始从以地权登记为主转向多目标的管理。2002 年起，在全市范围内启动“数字国土”工程，建立城乡 1:500、1:1000、1:2000 全数字化地籍和土地利用现状数据库，为建立现代地籍管理制度、实现科学管理打下坚实基础。地籍管理已成为维护社会主义土地公有制、保护土地所有者和使用者合法权益的重要手段。

第一节　土地调查

一、土地资源调查

（一）土地清丈

明清时期，官府对地籍管理甚为重视。明成化七年（1471年）靖江建县后，对土地进行清丈，翌年全县有在册征收赋税的土地289758.16亩。其中，官田18160.28亩，官滩田16.03亩，民田223145亩有零，民滩田48391亩有零，山田15亩。弘治十八年（1505年）再次丈量后，新升报田滩11601亩。此后土地逐年增加。嘉靖十七年（1538年），知县周继学知民所苦者因赋不均为最，于是奉诏丈田勘验、核实田亩，减免全县每亩租2升有奇，以苏民困。嘉靖二十年冬，继任知县俞献可亲至田原查核，确定田界，画定版图，抑制兼并，减除虚额，明确实数，民得以安居复业，县从此富庶起来。嘉靖四十一年清丈，全县有官、民、山、滩田共423874亩有零。至崇祯十二年（1639年）达574130亩，比建县之初增加田地284371.84亩。

清顺治九年（1652年）、顺治十八年，清丈课田，以防欺隐。康熙二年（1663年），对土地重新核定。康熙五年，全县清丈田地，有平田561296.36亩，比原额增加12106.94亩；沙田81141.55亩，比原额减少7706.74亩，其原因是部分沙田升为平田或坍没。乾隆三年（1738年）冬勘，由冬勘委员会实地调查涨坍情况，造册题报户部，以便朝廷核准升科或豁免。乾隆四十四年（1779年）又冬勘，原、续坍没折实平田94378.6亩；原、续涨折实平田31982亩。乾隆四十五年、四十六年、四十七年、四十八年等年份均清丈。乾隆四十九年清丈，新坍折实平田17016亩，新涨折实平田105亩，实为坍多涨少。至乾隆五十年（1785年），巡抚闵鹗元造册申报户部，称靖江原额折实平田541824.28亩。道光十一年（1831年）至同治四年（1865年）两次清丈，整理地籍，重修《赋役全书》。其间，升增坍废按数相抵，实共升增平田71929.99亩。

清顺治初设芦政司，始对水滩田、芦洲（滨江及江中沙洲植芦之地）进行清丈，并规定每5年清丈一次。顺治四年（1647年）清丈，全县有水滩8.1万亩。康熙二年（1663年）、康熙十八年、道光十六年(1836年)均进行清丈。其中康熙十八年清丈各段芦税田亩，有熟田56720.78亩。道光十六年，丈有芦洲99853.43亩。咸丰七年（1857年），清厘刘闻沙，编造圩丘清册。同治八年（1869年），芦洲丈期由5年改为10年。涨则告升，坍则告豁。光绪六年（1879年），改为15年一大丈，后又改为25年一大丈。

民国3年（1914年），北洋政府成立经界局，订有《经界条例》《变更地籍章程》，全国组织地籍调查。民国16年，南京国民政府根据民国15年公布的《土地登记征税法》，在全国各地开展地籍整理，后因进度缓慢，用费过多，而田赋又急待清理，改为土地陈报。民国24年统计，全县有平田54.94万余亩，土地总面积62.4万亩。民国35年5月，靖江解放区实行土改，对部分所有权变更的耕地进行丈量或查对。

1950年11月至1951年10月，新解放区和老解放区、恢复区的土改全部结束，共没收、征收地主、富农的土地1.2万公顷。为使农民分得的土地面积落实，是时，以乡为单位，开展丈田核实工作，全县10区7镇116个乡均进行土地丈量，步骤是：户主逐块插标，填明姓名、土地面积，后由丈量组逐块丈量、划界、定桩和登记造册。经核实，全县共有耕地4.2万公顷。

1979年，全县开展宅基地、自留地、饲料地“三地”清丈工作，先在东兴等乡进行试点，1980年在全县推开。各户宅基地等面积在大队及生产队账册中有详细记载，但未汇总全县面积。

1990年3月起，域内推行农村宅基地有偿使用，各乡镇开展宅基地清丈工作，至1992年年末结束。

（二）土地利用现状调查

1952年，为提高农民生产积极性，保证国家财政收入，苏北行署根据中央人民政府政务院有关指示精神，于7月15日作出关于查田定产工作的决议，随后公布《苏北区查田定产实施细则（草案）》，具体规定查田定产的政策、土地面积计算方法和常年应产量[①]的订定标准。是年，靖江根据国家关于“查清田亩、定实分量”的要求，组织开展查田定产工作。经过查田定产，核实全县有计税田亩面积43886.67公顷，其中非耕地有收益面积1666.67公顷。调查的数据，作为统计部门使用的基础资料。

1978年，靖江由县建设部门牵头，请江苏省测绘局对全县23个人民公社、1个镇，368个大队、3680个生产队进行航拍测量，获县域航测图件资料，全县总面积测定为66500.70公顷，其中长江靖江段水域面积11333.20公顷，陆地面积55167.50公顷。

1982年，根据国务院〔1979〕111号文件和江苏省有关文件精神，靖江开展第二次土壤普查工作（第一次普查于1959年进行，其资料不详），以国家规定的土壤类型、性状、分布等为主要内容，经过两次试点，再按片分组、逐步铺开。野外作业共观察剖面2943个，分析化验8000余个样品，累计95000余个项次，历时3年，于1984年结束。此次普查绘制成图件3226幅，形成各种资料679册，并在此基础上编写完成《靖江县土壤志》。

1982年7月，靖江根据国务院“关于进一步开展土地资源调查工作”的指示，开展第一次全国土地资源调查（亦称土地详查）。此次调查是对全县土地资源利用现状、利用方式以及今后合理利用方向、途径等进行比较系统的调查和分析。调查工作由县政府统一组织，县农业区划办公室、水利局组织专业技术人员56人，并从工业、商业、供销等系统抽调工作人员90人，组建23个

---

①常年应产量：是指各种土地根据其自然条件（包括土质、水利、地势、气候、风向、阳光等）、当地一般经营条件（包括农户对土地所施劳力、畜力、肥料及耕作技术等）和种植习惯（在当地自然条件、一般经营条件下，农户种植的次数和种植的作物），在平常年成下，全年所应收获的产量。常年应产量以市斤为计量单位，以当地所产主粮为标准，夏季以小麦为主粮，秋季以稻子、玉米为主粮。

调查组，全面开展调查。1984年6月，土地资源利用调查的外业工作结束。根据各组实地调查资料，以乡镇为单位逐个村组进行精确测算、分类，绘制县乡土地利用现状图件，编写土地资源调查书面资料，于1985年出版《江苏省靖江县土地资源调查成果集》。是时，全县总面积66500.70公顷，其中陆地面积55167.50公顷，长江靖江段水域面积11333.20公顷(江边滩与江心滩面积883.95公顷)，并对土地利用现状作了分类统计。通过此次土地资源调查，获知靖江土地资源利用充分、耕地利用程度高、农村居民点用地比例较大等土地利用的特点及存在问题。

1991年4月～1992年6月，根据县政府《关于编制全县乡镇土地利用规划与划定农田保护区工作的意见》，县土地管理局以1989年末土地利用状况为基础年资料，在全县开展农村土地利用调查，并对土地利用现状作分类统计，为土地利用总体规划编制与基本农田保护区划定提供基础资料，其调查成果获省土地管理局土地利用科技优秀成果一等奖。

1997年5月，按照江苏省国土管理局部署，靖江市国土管理局在全市开展土地利用现状更新调查，先选择越江乡进行土地利用现状更新调查试点，6月在全市展开，9月底结束。完成全市24个乡镇的外业调绘和内业面积量算、数据统计工作。此次调查严格按照《土地利用现状调查技术规程》，运用先进的调查手段，确保数据全面、真实、准确，调查工作得到各乡镇的支持，调查成果质量通过江苏省国土管理局验收。该调查成果显示：全市土地总面积66476.47公顷，其中耕地30734.19公顷，占总面积的46.23%；园地521.12公顷，占总面积的0.79%；林地1669.53公顷，占总面积的2.51%；城镇及工矿用地10872.32公顷，占总面积的16.36%；交通用地2155.76公顷，占总面积的3.24%；水域及水利设施用

图3-1-1　1998年，靖江市国土管理局土地利用现状更新调查成果获省颁合格证书

地 20397.21 公顷，占总面积的 30.68%；未利用土地 126.34 公顷，占总面积的 0.19%。

2002 年，按照国土资源部和省、市统一部署，市国土资源局开展新设地类、可调整地类的补充调查及 2002 年度土地变更调查。按照上级调整地类的要求，通过外业调查、计算机内业处理，运用地理信息系统软件，完成过渡分类与原分类的年初面积转换和农村地籍信息系统数据转换及图件更新，将 2002 年以前土地利用现状划分的 8 大类，调整为农用地、建设用地和未利用土地 3 大类。经调查，全市土地总面积 66476.47 公顷，其中农用地 39728.39 公顷，占总面积的 59.76%；建设用地 12273.57 公顷，占总面积的 18.46%；未利用土地 14474.51 公顷，占总面积的 21.78%。

2008 年 1 月,根据国务院《关于开展第二次全国土地调查的通知》精神，按照江苏省国土资源厅、泰州市国土资源局关于第二次土地调查的具体部署，靖江开展第二次土地调查（以下简称“二调”）。为此，市政府成立靖江市第二次土地调查领导小组，由分管副市长任组长；召开全市土地调查工作会议，要求各镇、街道、办事处将土地调查列入日常工作；发布《关于开展全市第二次土地调查工作的通告》，制定《靖江市第二次土地调查实施方案》《靖江市第二次土地调查技术设计书》。此次调查由市国土资源局具体组织实施，主要查清全市土地利用的分类、分布、面积和权属等现状，以及自然变化和人为变更状况，形成权属清晰、界线明确、分类准确、数据可靠、图数一致的土地利用现状数据库。此项工作由中国人民解放军 73603 部队承担，南京普旭科技发展有限公司为监理单位。

图 3-1-2 靖江市第二次土地调查外业现场 （2008 年摄）

调查工作分城镇和农村两部分进行。城镇部分调查：2008 年 3 月至 2009 年 9 月

图 3-1-3 靖江市第二次土地调查成果集（2011 年摄）

在城西村完成城镇地籍调查试点。2010 年 6 月，完成城镇部分地籍测量调查工作。调查区面积共 21.56 平方千米，街坊 316 个，宗地 20324 宗。调查中布设一级 GPS 控制点“二调”外业现场 111 个，图根导线点 4795 个。农村部分调查：2008 年 6 月至 8 月在斜桥镇完成调查试点。9 月在各镇展开，至 12 月完成全市各镇地类调查及核查工作。整个调查工作由点到面，分前期准备、全野外调查、内业整理、数据处理、建立数据库等工作程序。作业方法根据省厅相关文件精神，采用外业数据电脑采集后输出外业成果底图的模式。“二调”工作结束时，按国家标准汇总方法进行面积汇总，完成“二调”数据库建库工作。城区部分在“二调”中形成 1∶500 地籍图 411 幅，以及地形图、宗地图、地籍调查档案资料和相关数据库等成果。农村部分调查获得 1∶5000 正射影像工作底图 127 幅、外业调查成果地图、《农村土地调查记录手簿》、权属界线协议书、集体土地权属调查表及其他图件等资料。数据库成果主要包括土地权属、土地利用现状、基本农田和影像等数据。其中，宗地 11347 宗，地类图斑 86282 个，线状地物 175017 条。2011 年 7 月，靖江第二次土地调查成果通过江苏省国土资源厅专家组的检查验收。此次土地调查为实现全市地籍管理信息化奠定基础，结束了长期以来靖江土地资源“家底”不清、数据不实的状况。

“二调”成果显示：全市土地总面积为 65558.45 公顷，比 1997 年和 2002 年土地变更调查减少 918.02 公顷（因长江主流中心线北移，省国土资源厅界定，将长江中心分界线北移，面积减少 918.02 公顷）。靖江市的地类主要以耕地和水域及水利设施用地为主。耕地 28807.86 公顷，占土地总面积的 43.94%，其中水田 25180.7 公顷、水浇地 121.62 公顷、旱地 3505.54 公顷。水域及水利设施用地 18171.77 公顷，占土地总面积的 27.72%，其中河流面积 13889.26 公顷、坑塘面积 1422.94 公顷、内陆滩涂 1133.41 公顷、沟渠 1293.80 公顷、水工建筑 432.36 公顷。园地 9.76 公顷，占土地总面积的 0.01%。林地 773.38 公顷，占土地总面积的 1.18%。草地 712.23 公顷，占土地总面积的 1.09%。城镇村及工矿用地 14143.39 公顷，占土地总面积的 21.57%，其中城市 1514.43 公顷、建制镇 522.72 公顷、村庄 11217.58 公顷、工矿用地 118.48 公顷、风景名胜及特殊用地 770.18 公顷。交通运输用地 2778.69 公顷，占总面积 4.24%，其中铁路用地 67.68 公顷、公路用地 884.23 公顷、农村道路 1765.37 公顷、港口码头用地 61.41 公顷。其他土地 161.37 公顷，占土地总面积的 0.25%，其中设施农用地 59.62 公顷、田坎 97.07 公顷、沼泽地 0.84 公顷、沙地 1.15 公顷、裸地 2.69 公顷。

二、地籍调查

明初马驮沙隶属江阴。据《明史·食货志》和江阴志书记载，明洪武十四年（1381 年），诏天下编赋役《黄册》，以 110 户为 1 里，推丁粮多者 10 户为长，余百户为 10 甲，每甲设有甲首。《黄册》详列丁口、地亩及赋税。洪武二十年（1387 年），江阴县（时马驮沙隶江阴）全面清丈土地，绘画田地形状，标明方位、业主姓名及四至，编制《鱼鳞图册》，即土地清册。清顺治初，重行清丈，实行验契课税，由区图按户登记造册，定《赋役全书》，设芦政司，规定沿江芦洲滩田 5 年清丈一次，后改为 10 年一丈。但每次清丈之田亩数，皆表示田赋之额，非耕地之实数。民国 19 年（1930 年），国民政府颁布第一部《中华民国土地法》。从此，地籍管理工作通过法律形式初步固定下来。

1950 ~ 1951 年，靖江县委全面部署新区土改和结束老区、恢复区土改工作。为使农民分得的土地面积落实，全县各地采取农民自报、互评、抽查方法开展丈田核实工作。土地改革完成后，由县人民政府颁发《土地房产所有证》，结束了长期以来地籍管理混乱的历史。1983 年起，全县推行家庭联产承包责任制，土地由各生产队分别清丈，承包到户，明确土地使用权、承包面积、核定产量及上缴任务，签订承包合同。1987～1988年，对非农业用地进行初步清理，积累了基础材料。

1989年7月，靖江根据《扬州市区地籍权属调查试点方案》，制订靖江地籍权属调查试点方案，确定以新建路121弄以南、靖西农贸市场以西、新西北路以北、渔婆港以东34号街坊5万余平方米区域为调查试点。试点工作至1990年11月25日基本结束，查清区域内70宗土地权属状况，其中单位27宗、居民个人43宗。有权属争议的2户，同时解决5起处于萌芽状态的权属纠纷。12月9日，扬州市地籍调查验收组对该调查成果进行检查验收，确认靖江试点区域地籍调查权属合法、界址清楚、面积准确，验收合格。1993年，为便于地籍调查，县土地管理部门将靖城镇划分为67个街坊。1994年11月，市土地管理局根据国家土地管理局《城镇地籍调查规程》《江苏省城镇地籍调查细则》、国家标准局《1：500，1：1000，1：2000地形图图式》《靖江市城区地籍测量技术设计书》及靖江市土地管理局编制的《靖城规划范围内地籍街坊编号，逐步逐年实施的计划》，开始实施1号、31号两个街坊测量调查。同年12月，1号、31号街坊地籍测量调查结束。1号街坊面积55000余平方米，有宗地41宗；31号街坊面积186000平方米，有宗地14宗。1995年10月，市土地管理局继续测量调查5号街坊和14号街坊。两街坊以团结路为界，团结路以南为14号街坊，团结路以北为5号街坊。同年12月，测量调查结束。测量面积为75644平方米，其中，14号街坊面积40977平方米，有宗地44宗；5号街坊面积34667平方米，有宗地124宗。

1996年，市土地管理局建立全市城镇及建制镇地籍平面控制测量网点，规范使用全球定位系统GPS测量，提高了精确度。全市设GPS测点105个，城区布设一级导线控制点123个，全网总长36.65千米。全市设GPS和一级导线控制埋石点213个，基本形成全市地籍服务三角网。由江苏省测绘局第二测绘院负责实施，此项GPS测量成果资料经省土地管理局验收确认。全市105个GPS测点委托保管工作全部落实到位。1997年8月，市国土管理局为维护土地的社会主义公有制，保护土地使用者的合法权益，投入地籍专项资金59万元，添置地籍管理专项设备，建立快速服务的地籍信息处理系统，利用全球定位GPS系统和全市设置的105个GPS测点，启动乡镇规划区内的地籍测量工作，确认村与村、镇与镇的土地权属界址。全市共签订村、镇土地权属界址协议书2054份。在农村结合土地更新调查，为24个乡镇全部建立土地统计台账。全市24个乡镇、6个场圃、373个村（居）及3940个村（居）民小组全部土地达到权属界址清楚明白。1999年，市国土管理局以查验土地证书为契机，再次对市区16437宗地的地籍进行调查、核实、校正，历时年余，于2000年年初，完成市区1246.2万平方米的地籍调查任务，查验16437宗地证书资料，重新登记造册。同时对“三房”（单位集资建房、公助私建房、房改房）进行查验登记，获“三房”登记资料7080份以及1：500地籍图221幅。

2008年，靖江开始第二次土地调查。此次调查为全市1个街道、8个镇、6个场圃、244个村（居）及4166个村（居）民小组理清界址、权属关系，全部达到土地权属界址清楚明白，并测定城区总面积21.56平方千米。与第一次全国土地资源调查现状比较，城区用地结构发生较大变化：城区面积由9.8平方千米扩展至21.56平方千米，上升120%。其中工矿仓储用地从21.3%下降到9.03%（很多工矿企业已转移到城区以外各工业园区）；耕地、园地面积占比由原来的9.3%下降至2.74%；公共管理与公共服务用地由原来的5.1%增至9.73%；零售、金融、住宿用地占比扩大了5倍；餐饮等商服用地从原来的0.48%提高至1.65%；城市道路面积从4.65%提高至11.6%。随着经济的发展，城区居民区由原单门独院天地房为主的格局被新建小区所替代，多层高层住宅数量迅猛增加，城市面积扩大了1倍多，人口增加了3倍，但宗地总数反而从3万余宗减少至20324宗。

图3-1-4　城区地籍调查　（2009年摄）

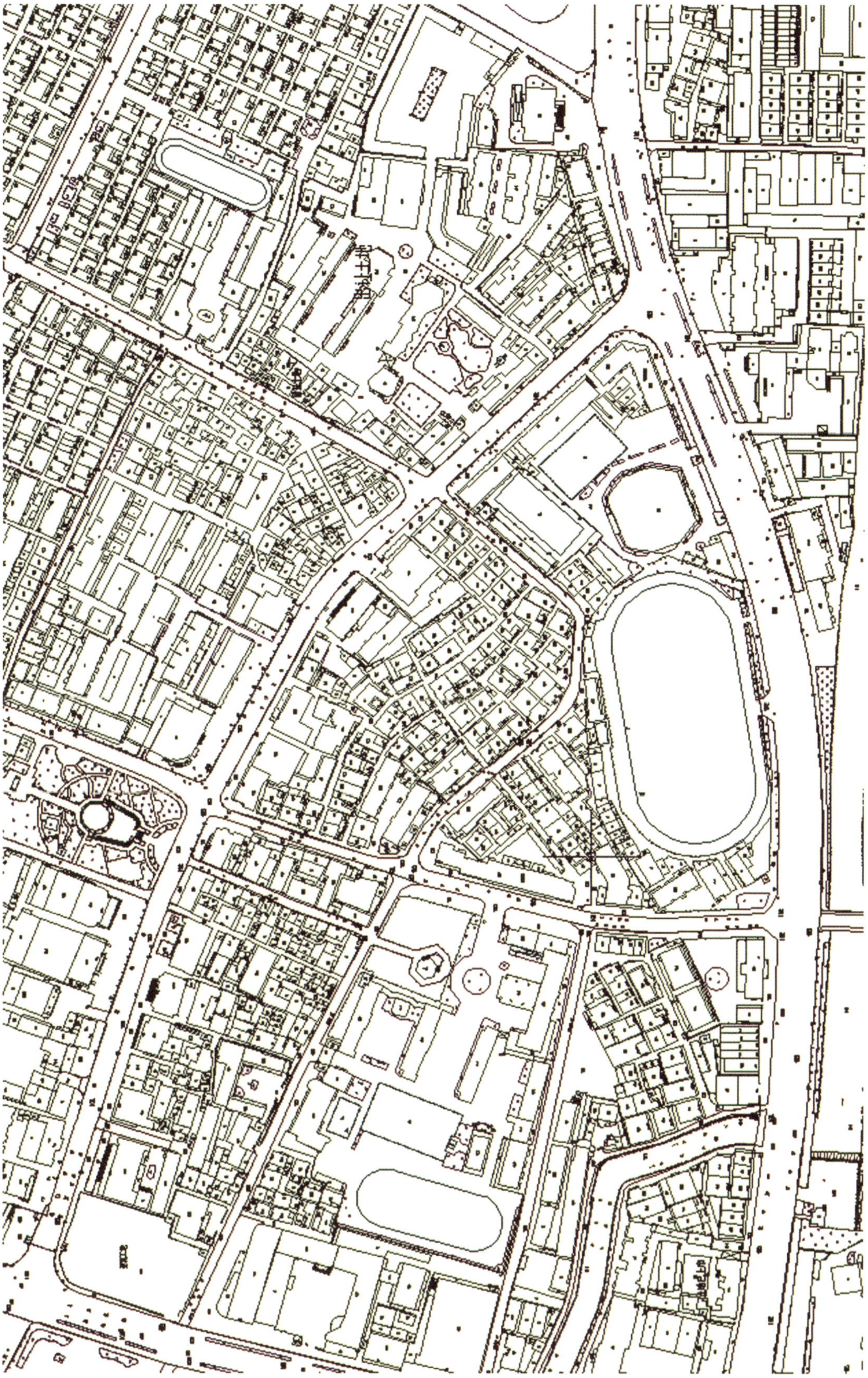

图 3-1-5 2011 年靖江市靖城街道地籍图（部分）

2011 年靖江市土地利用现状分类面积一览表

表 3-1-1　　　　单位：公顷

分布区域	合计	耕地	园地	林地	草地	城镇村及工矿用地	交通运输用地	水域及水利设施用地	其他土地
合 计	65558.45	27565.13	29.24	695.61	682.38	15236.36	2963.66	18145.39	240.68
靖城街道	11050.84	3689.23	0	150.33	78.60	4740.47	882.27	1481.88	28.06
新桥镇	6126.79	3370.03	0	38.18	89.68	1335.53	260.25	1006.00	27.12
东兴镇	4682.83	2261.89	19.48	110.66	18.51	1244.72	188.55	817.74	21.28
斜桥镇	4435.66	2019.12	0	71.89	49.95	1491.38	218.03	565.87	19.42
西来镇	6438.04	3095.45	0	54.15	119.91	1812.19	323.82	1005.47	27.05
季市镇	4106.30	2162.89	0	16.68	38.15	952.58	234.08	692.45	9.47
孤山镇	6077.79	3268.82	0	51.77	114.57	1472.75	286.20	866.00	17.68
生祠镇	7010.00	4283.37	9.76	84.90	87.97	1155.39	284.38	1047.55	56.68
马桥镇	5029.80	2957.43	0	77.61	81.09	857.87	245.46	782.13	28.21
渔业农场	80.68	11.91	0	0.59	0.07	13.09	0.39	51.16	3.47
长江农场	201.30	38.81	0	24.89	1.99	63.85	7.63	64.13	0
侯河农场	6.79	4.08	0	0	0	1.15	0.32	0.96	0.28
新生原种场	79.74	23.26	0	0	1.45	22.61	15.80	15.44	1.18
水产养殖场	11.93	0	0	0	0	0.31	0.08	11.16	0.38
市苗圃场	7.28	0	0	0	0.44	6.61	0.02	0.21	0
江滩办事处	621.63	366.32	0	0	0	7.75	4.44	242.74	0.38
公花园	21.22	7.68	0	7.49	0	2.16	1.96	1.93	0
长江靖江段	9569.83	4.84	0	6.47	0	55.95	9.98	9492.57	0.02

三、“数字国土”工程

1998 年，为及时掌握土地利用现状，更加科学、规范地进行地籍管理，市国土管理局利用全国第一次土地资源调查成果，开始建立土地管理信息化系统。至 2000 年，已购置计算机、AO 数字化仪、HP 喷墨绘图仪、平板绘图仪、激光打印机等硬件，逐步构建农村地籍管理信息系统（1：10000）、城镇地籍管理信息系统（1：500）、规划管理信息系统、建设用地管理信息系统等。

2004 年 10 月 21 日，国务院发布《关于深化改革严格土地管理的决定》，要求各地组织实施“金土工程”。根据该文件精神，靖江市国土资源局启动“数字国土”计划，内容包括建立大比例尺数字化地形图、地籍图和地籍管理信息系统数据库等，并委托北京新天地信息科技有限公司对全市土地进行首次 1∶5000 航空摄影测量，完成靖江 655.58 平方千米 1∶1000 正射影像图制作及相关数据的采集工作。

2006 年 9 月 20 日，国土资源部下发《关于开展金土工程一期建设的通知》，对“金土工程”建设作出部署。2008 年 8 月，江苏省国土资源厅下发《关于开展江苏省“金土工程”一期建设的通知》。靖江市委、市政府对国土资源局“金土工程”一期建设十分重视，市委书记、市长听取靖江市国土资源局关于“金土工程”一期建设的汇报，同意实施一期“金土工程”，下拨“金土工程”一期建设专项经费 100 万元，并明确了市国土资源局“金土工程”一期建设目标：建立市、镇两级国土资源全覆盖信息网络体系；建立市级国土资源数据中心；围绕实现土地调查评价与动态监测、政务管理和信息资源开发利用三个主流程的信息化，开展数据标准研究，完善国土资源信息系统的各项功能；加强市级国土资源网站建设，基本形成国土资源社会化服务体系；加强人才培养，建立健全国土资源信息化管理的新机制和制度，努力实现国土资源信息系统的规范化、程序化、制度化管理。

2011 年 5 月，市国土资源局成立由局长任组长、主管信息化建设的副局长和局纪委书记任副组长的信息化工作领导小组，开始实施“金土工程”一期建设。至年末，已完成以下项目：

（1）建成数据中心。市国土资源局购置数据库服务器 2 台、子系统应用服务器 4 台、大容量电子储存设备 2 台及配套相应系统软件。根据国土资源数据集中与分散相结合的管理模式，以省级数据中心为核心，依托正在兴建的泰州数据分中心，建立靖江国土资源数据中心。

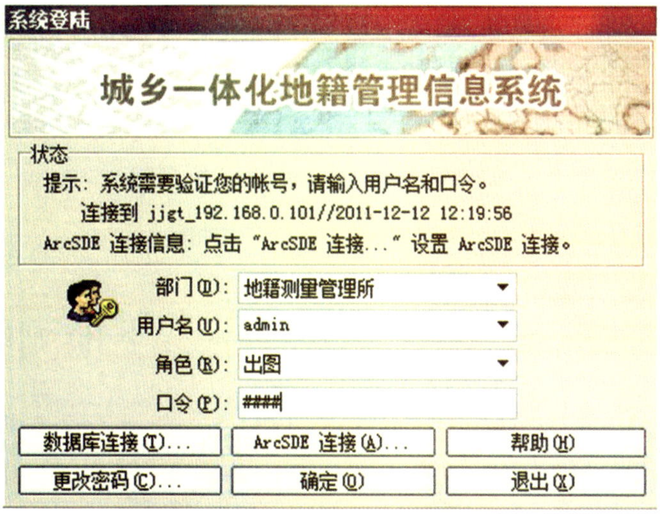

图 3-1-6　2011 年靖江市城乡一体化地籍管理信息系统

(2) 整合、新建7类国土资源数据库。市国土资源结合“二调”、规划修编等信息采集工作，以数据中心为物理空间，新建土地供地数据库、土地开发整理项目数据库、执法监察数据库，并整合已有的土地利用现状数据库（含基本农田）、城镇地籍数据库、土地利用规划数据库、建设项目用地数据库4类数据库和土地登记、发证2个应用系统，逐步向“无纸化办公”过渡。

(3) 完成网络系统建设。靖江配合省、市国土资源部门主干网改造，接入业务内网使用的10M专线（包括地质灾害应急指挥和远程会商视频会议专线），接入Internet外网使用的100M专线。

(4) 完成系统安全建设。从数据安全、网络安全、链路安全、主机系统安全和实体安全等五方面进行设计。靖江建立完整的安全防护体系，全方位、多层次地实现系统安全保障和安全访问控制；建立安全检测监控系统，利用数字证书系统实现数据的加密传输，实现对重要信息的传输加密保护；并建立全方位病毒防范体系和重要应用系统的数据、关键的主机系统冗余备份及灾难恢复系统。根据国土资源部关于“金土工程”建设要求，域内还建立了服务于靖江国土资源系统的数字证书认证服务基础设施，以及安全管理机制和组织体系，制定安全管理及其培训制度，确保系统安全。

第二节　土地测绘与管理

一、土地测绘

靖江历代清丈土地均采用传统丈量方法。明代土地丈量办法之一，县府围城10里以内，以步计亩，由差官采用走路数步（以5尺为步，240步为亩）的方法丈量土地。10 里以外，即以絙（粗绳）量之；50 里以外，则以约计不絙。清沿明制，仍以 240 步为 1 亩，通称"官亩"，即纵 16 步、横 15 步为 1 亩，100 亩为顷。丈量用弓，一弓即一步，每步合营造尺五尺。民国期间测量土地仍沿用步弓（前清工部营造尺），步弓由县政府统一营造颁发，但与过去原始清丈方法有别，在全面开展田亩清丈的同时，由县田赋稽征处设立测绘组，进行重点测绘。测量种类分平面测量、河道测量和图圩高低测量。

平面测量：先测图根点，用三角网法测定。另有水准专测人员按每 5 里间设固定水准标点 1 个，用木桩定之，10 里内用石桩定之。每标点依次序注明测定日期、高数几何等。比例三角图根用二万分之一，平面图用五千分之一。凡地面所有树林、房屋、大小道路、大小河道、沟渠、桥梁、庙宇、学舍及荒地等，均分别记号，测后详绘于图。

河道测量：主要测岸高、岸宽、河宽、底高、地平高、极大水位高。以上各项每一测点均须详细测量，约一里路间测横断面一个，计算河道之容积，中段河面有特别深阔及窄浅之处，随时酌量加测。在水面下者，用测深锤测定临时水位及流年极大水位，作于图上。干河平面图，对河两岸 200 米内地形等皆须测绘于图，各干河总图用二万分之一制作清图一份。

图圩高低测量：一圩之中高低相差甚微，可测多个高低点，合计平均，以求一圩平均高低之中数。也可视该圩形势长阔及高洼，采用两角线测法、十字线测法、或光线法测之。测点距离一般不逾 30 丈。如一圩之中有障碍，不能直接进测，即分段测量；若高低差数过大，不可平均求值，则随时酌量分块测量。

新中国成立后，靖江的土地测绘工作随土地清丈、土地现状调查、土地权属调查登记发证工作而开展。20 世纪 50 年代初期土地改革中，普丈田亩，缺少测量器具，普遍采用自制竹三角测量器。20 世纪六七十年代，农村测量田亩始用"皮卷尺"。

1958 年 4 月，江苏省水利厅测绘总局对全县进行 1∶10000 地形图测绘，该图精度较高，平地等高线甚密，便利于水利工程施工使用。

1964 年 2 月 20 日，县建设部门对靖城地区道路进行测量，编制城区道路规划，并根据道路现状和发展趋势，对人民路和骥江路进行设计施工。1978 年 4 月，由县建设部门牵头，请江苏省测绘局对土地进行航拍测量，全县土地总面积测定为665.01平方千米。1981年编制《靖江县县城总体规划》时，县基本建设局组织测量，绘制城区24.4平方千米的1∶5000现状图和规划图等11种。1982年，全县开展土地利用现状调查，组织农技、水利及具有一定测绘技术的工程人员建立专业调查组，采用内业量算与外业调绘相结合的方法，对新增加的自然村，根据现有地物特征点，在野外采用多点定位与皮尺丈量方法，再按比例转绘到图纸上。对线状地物采用实地量宽、图上量长的方法，编号列表计算其面积，并编制于底图上，绘制出线状地物图，注上相应编号，做到图表相符，便于检查复核。对在圩堤外侧的零星低田，用实量求出其面积。圩堤面积作线状地物处理，即实地量宽、图上量长，编号列表计算，并在线状图上反映，用箭头示意量算长度的起讫点。量取宽度时，因圩堤变化多，采用多处丈量，取其平均宽度，然后分类记录整理汇总。1988年10月，成立靖江县测量队，承担县内一般测绘任务。1998年，因土地利用规划、地政地籍管理工作的需要，市国土管理局成立靖江市国土管理局测量队。同年8月，靖江市机构编制委员会批准成立靖江市土地测量事务所，负责土地征收、供应、转让过程中勘测定界和土地使用权登记发证过程中的地籍测量工作。1999年9月，靖江市土地测量事务所已具备数字化测图、计算机制图、机器设备绘图等测绘工作能力，经江苏省测绘局资质审查，取得丙级测绘资质。2005年起，市土地测量事务所开始承担全市土地使用权抵押登记发证勘查测量任务。2006年5月22日，靖江市土地测量事务所、靖江市土地评估作价事务所、靖江市地政地籍管理所合并，成立靖江市地籍测绘管理所。是年，完成靖江市经济开发区四址定界工作，勘测面积9.03平方千米，先后通过省和国土资源部检查验收。2008年，按照土地使用权登记发证的要求、标准，市地籍测绘管理所承

图3-2-1　土地测量现场　(2010年摄)

担全市土地使用权登记发证实地勘查工作。

2010年后，市地籍测绘管理所依据《江苏省城镇地籍测量调查规程》《江苏省关于加强建设用地勘测定界的通知》，及时、准确完成新增建设用地勘查测量任务。全年编写勘测报告522份，测量面积1663.47公顷。2011年，该所配合做好市级行政事业单位整合划转发证的出图工作，绘制宗地图36份，涉及面积300公顷。2001～2011年，靖江市国土资源管理部门共测量宗地28627宗、测量面积9682.52公顷。其中，新增建设用地测量1367宗、面积3742.23公顷；抵押登记发证实地勘查测量5584宗、面积5151.48公顷；土地使用权登记发证勘查测量18805宗、面积660.00公顷；增减挂钩验收项目测量2871宗、面积128.81公顷。另外，增减挂钩宅基地测量5800户，面积266.67公顷。

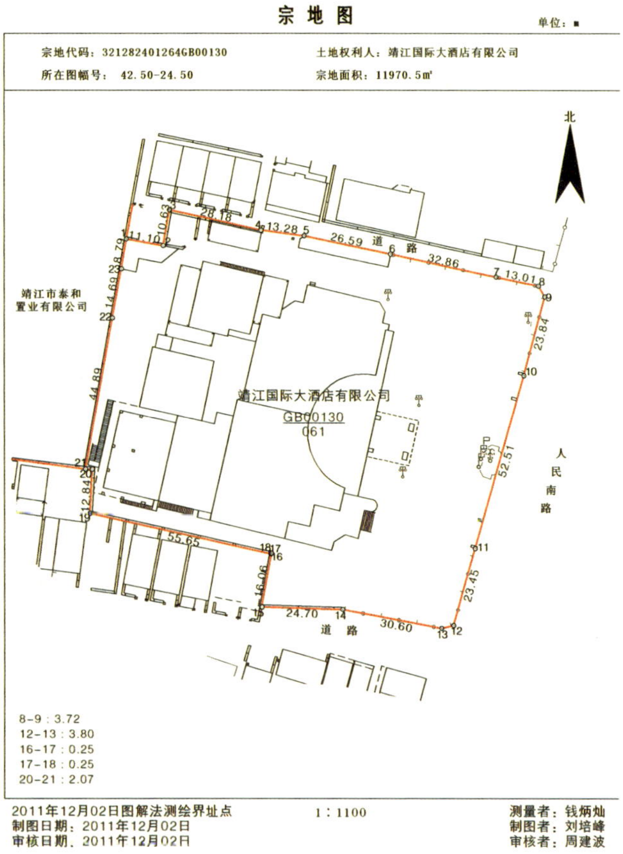

图3-2-2　2011年靖江国际大酒店宗地图

2001~2011年靖江市国土资源局土地测量一览表

表3-2-1

年份	新增建设用地测量		抵押登记发证实地勘查测量		土地使用权登记发证勘查测量		增减挂钩验收项目测量	
	宗数（宗）	面积（公顷）	宗数（宗）	面积（公顷）	宗数（宗）	面积（公顷）	宗数（宗）	面积（公顷）
2001	17	84.77	—	—	—	—	—	—
2002	85	183.83	—	—	—	—	—	—
2003	152	504.69	—	—	—	—	—	—
2004	131	459.08	—	—	—	—	—	—

续表 3-2-1

年份	新增建设用地测量		抵押登记发证实地勘查测量		土地使用权登记发证勘查测量		增减挂钩验收项目测量	
	宗数（宗）	面积（公顷）	宗数（宗）	面积（公顷）	宗数（宗）	面积（公顷）	宗数（宗）	面积（公顷）
2005	115	342.19	362	3.12	—	—	—	—
2006	187	429.89	415	285.04	—	—	—	—
2007	149	414.61	596	786.03	—	—	—	—
2008	189	434.80	796	1106.84	4452	22.79	—	—
2009	90	164.00	1108	1152.81	3500	198.66	—	—
2010	141	428.48	1173	989.41	4353	184.15	997	61.43
2011	111	295.89	1134	828.23	6500	254.40	1874	67.38
合计	1367	3742.23	5584	5151.48	18805	660.00	2871	128.81

二、测绘行业管理

1988 年 7 月，根据省政府《江苏省测绘管理办法》，靖江县政府印发《靖江县测绘管理暂行规定》，对测绘工作和测绘资料管理作出规定，明确靖江县城乡建设环境保护局为县测绘技术业务的归口管理部门，主管全县的测绘工作；测绘技术业务受扬州市测绘行政主管部门指导。是年起，凡在县域范围内施测的大比例尺地形图，一律采用 1956 年黄海高程系和 1954 年北京坐标系，对不符合上述要求施测的地形图，规划管理、设计部门有权不予使用。凡从事各项测绘业务活动的单位和个人，必须提出申请，填写“测绘资格申请表”，经专业主管部门审核后，由县城乡建设环境保护局转报省、市测绘行政主管部门审批，领取“测绘许可证”。获证单位和个人从事测绘业务活动时，不得超出《测绘许可证》规定的业务范围。从事经营性测绘业务的全民、集体企业和个人，必须到县工商行政管理部门申请营业执照。

2002 年 4 月，根据靖江市委、市政府《关于靖江市乡镇党政机关改革的实施意见》，测绘行业管理职能由建设局划归靖江市国土资源局。同年12月1日实施新修订的《中华人民共和国测绘法》，依据《中华人民共和国测绘法》和江苏省测绘局、泰州市国土资源局有关规定，靖江测绘行业管理职能为：（1）全市永久性测量标志维护和管理；（2）协助泰州市国土资源局完成测绘单位资质初审、注册、年检工作；（3）全市测绘成果汇交和基础测绘成果管理；（4）依法组织全市测绘项目备案、测绘基础设施费征收工作；（5）地理信息市场管理；（6）组织《中华人民共和国测绘法》宣传教育与实施；（7）其他测绘行业管理工作。

2003年起，靖江市国土资源局严格按照测绘行业管理职能，进一步加强全市测绘行业管理。一是组织全市测绘行业学习《中华人民共和国测绘法》，增强全市测绘人员的法律意识，并邀请专业人士对测量人员进行业务培训和指导，提高测绘人员的专业水平和专用软件及地籍信息系统应用的能力。二是协助泰州市国土资源局完成测绘单位资质初审、注册、年检工作。全市共有8个从事测绘活动的单位，按照年检工作要求、注册标准，有步骤地对每个单位进行初审，及时上报泰州市国土资源局和江苏省测绘局进行年度注册，实行测绘项目备案制度，做好各测绘单位测绘项目汇交和项目备案工作。三是依法管理全市测绘市场，组织全市测绘项目招标、投标，并指导全市基础地理信息社会化服务，监督管理地理信息获取与应用，组织协调地理信息安全监管，负责全市地图编制出版、展示前的样图初审，组织和管理全市各类测绘工作。四是加强全市永久性测量标志管理，做好全市测量标志巡查和维护工作。2006～2007年，市国土资源局根据《省政府办公厅转发省

图3-2-3 测量标志维护，图为清除测量觇标上的杂物 （2011年摄）

测绘局关于组织开展全省永久性测量标志维护工作意见的通知》、省测绘局《江苏省永久性测量标志维护方案》精神，在全市范围内开展永久性测量标志维护工作。全年共维护永久性测量标志 119 个（包括省管标志 30 个），其中三角点 10 个、水准点 28 个、GPS 点 81 个。提交成果资料包括靖江市行政区域影像点图 1 份、点之记（包括照片）72 份、永久性测量标志委托保管书 72 份、检查报告 72 份、普查登记表 72 份、维护工作登记表 72 份、工作总结 1 份、光盘 2 套。维护后的测量标志，点位清晰、权属明确、使用方便、管护落实。2008 年 10 月 17 日，周祝建被江苏省测绘局评为江苏省永久性测量标志维护工作先进个人、丁广奉被评为优秀测量标志保管员。

2009 年，根据《江苏省地理信息市场专项整治工作方案》，市国土资源局协同有关部门，围绕地理信息市场中的信息获取、提供、使用、生产、出版、传输 6 个环节，对全市地理信息市场进行治理整顿，查处地理信息泄密和窃密案件，打击各种非法测绘活动，推动全市地理信息市场健康发展。同年 9 月，该项工作通过泰州市专项整治工作领导小组的检查验收。2010 年，市国土资源局制订《靖江市测绘技术质量管理暂行办法》及测绘人员考核办法，加强对测绘人员考核，提高测绘服务质量。2011 年，市国土资源局被江苏省测绘局评为全省测绘依法行政先进单位。

2011 年靖江市测绘单位资质一览表

表 3-2-2

单位名称	资质级别
靖江市测绘院有限公司	乙级
靖江市土地测量事务所	丙级
靖江市长江护岸工程管理处	丙级
靖江市河海勘测设计有限公司	丙级
靖江市宏基测量技术研究所有限公司	丙级
靖江市马洲房产测绘有限公司	丁级
靖江市宏泰工程勘测有限公司	丁级
靖江市大地测绘有限公司	丁级

第三节　土地登记发证

一、土地登记

（一）初始登记

明初，由于元末连年战争，土地册籍大多毁失，故屡复实天下之田土。洪武二十年，江阴县（马驮沙时隶江阴）丈量田亩，绘画田地形状，编造《鱼鳞图册》。明、清两代通用。明太祖规定质田卖土时，必使报官而行税契过割，以防户去税存之弊。洪武二十六年（1393年）、弘治十五年（1502年）、万历六年（1578年）3次颁行州县清丈登记造册。清代为保证国家赋税，先后于顺治九年（1652年）、康熙二年（1663年）、乾隆三年（1738年）、道光十年（1830年）、同治四年（1865年）进行土地清丈，登记造册，续订《赋役全书》。

民国19年（1930年），国民政府颁布《中华民国土地法》，对土地登记作了详尽的规定：未经测量之地，不得进行所有权登记；在已办地籍测量的市县，应即进行土地总登记，无人申请登记所有权的土地归国有；土地权利如有变更，应在一个月内申请登记；土地所有权登记后，发给土地所有权状。由于政治腐败，时局动荡以及受科技手段落后等因素限制，虽有章法，且作过土地权属变更登记，但未得到全面落实。

新中国成立初期，经过土地改革，落实土地权属之后即以乡为单位，按村逐户进行土地登记，颁发土地房产所有证书，确定农民土地私有产权。1956年，全县农村实行农业合作化，土地为集体所有，土地证书失去原有的作用。1989年1

月，为加强城镇国有土地的地政统一管理，靖江对全县国有土地使用权进行申报登记。1月17日，县政府成立县国有土地使用权申报登记工作领导小组，负责全县城镇国有土地使用权申报登记工作。领导小组下设办公室，以县土地管理部门为主体，具体实施土地申报和审核工作。抽调乡镇和居民委员会工作人员180人参加该项工作，并举办国有土地使用权申报登记业务培训班，进行业务培训。2月25日，县政府发布《关于开展城镇国有土地使用权申报登记的通告》，规定县城、建制镇的建成区及党、政、军机关与企事业单位使用的国有土地(含国营场圃建设用地)范围内的一切单位和个人，均须向县地政地籍管理所申报登记。单位办理登记时，须持单位介绍信和《土地登记申请书》草表、土地利用现状平面图、土地使用权权源资料。个人办理登记时，携户口簿、身份证明、图章、批准用地文件或原权属证件。土地使用权申报登记工作在全县有序开展。7月，县政府开始部署国有土地确权发证试点工作。县土地管理局根据县政府要求，组织60名土地管理人员进行土地确权发证工作培训，并在靖城镇靖西居委新西新村进行城区土地确权工作试点。对试点区（新西新村）内所申报的70宗、近5万平方米国有土地使用权进行确权调查。内容包括对每一宗地进行土地登记申请、地籍调查、权属审核、地籍测量、绘制宗地草图、注册登记，最终确认每宗地的权利归属。7月25日，靖城和各乡镇、单位及居民国有土地使用权申报登记工作结束。8月，为县房地产公司管理的公私房使用的国有土地、国营场圃使用的国有土地办理申报登记手续。是月末，靖江首次国有土地使用权申报登记工作全部结束。县内全民、县属单位申报面积共744万平方米，占全县使用国有土地总面积的56%；县房管部门管理的公私房用地申报面积63万平方米，占全县使用国有土地总面积的11%；国营场圃申报面积314万平方

图3-3-1　1989年，靖江县土地使用权确权发证工作会议

图 3-3-2　土地权属调查现场　　　　　　(1989 年摄)

米，占全县使用国有土地总面积的 25%；城镇居民用地申报面积 52.5 万平方米，占全县使用国有土地总面积的 8%。9 月初，靖江国有土地使用权申报登记工作通过扬州市土地管理局验收。是年，全县国有土地使用权申报登记的单位 1482 个、宗地 2060 宗、面积 1121 万平方米；居民 6188 户、宗地 7500 宗、面积 52.5 万平方米。申报率均为 99%。经审核验收，对符合申报登记条件的单位和个人发放登记证明 6711 份，其中单位 1523 份，个人 5188 份。对不具备发证条件的单位限期依法办理土地的征用划拨、权属变更等手续；不具备发证条件的个人暂不发登记证明，待地籍调查时处理。同时，在土地申报登记工作的基础上，建立全县单位和个人使用国有土地的初始地籍档案。1990 年 11 月 25 日，城区土地确权工作试点结束，共调查 40 户、43 宗地和县城西中学等 23 个单位、27 宗地。12 月，江苏省土地管理局、扬州市土地管理局分别发文批准靖江实施地籍确权发证工作，对达到"界址清楚、权属合法、面积准确" 3 条标准的土地使用者，由县土地管理局审核后报县政府批准颁发土地使用证。1991 年 1 月 14 日，召开靖江县颁发首批"国有土地使用证"大会，依法颁发国有土地使用证 66 本，面积 45100 平方米，有 4 宗地不符合条件未发证，发证率94.29%。1993 年 1 月，县土地管理局在城南乡火炬村开展农村集体土地确权发证工作试点。4 月 1 日，县人民政府成立县土地使用权确权发证工作领导小组，发布《关于开展土地使用权确权发证工作的通告》，同时批转县土地管理局《关于土地权属问题的补充意见》。全县成立城镇和农村 2 个土地使用权确权发证工作组，下分土地权属验证调查小组及测量、绘图、计算小组。4 月 15 日，土地使用权确权发证工作在全县展开。11 月 16 日，市政府在率先完成确权工作的城南乡召开农村土地确权发证大会，首次颁发农村国有土地使用证和集体土地建设用地使用证 92 本。其中，国有土地 45 宗、面积

178020.13 平方米；集体土地 47 宗、面积 185913.54 平方米。有 15 宗地不符合条件未发证，发证率 85.98%。至年末，全市共发证 3526 本，其中国有土地使用证 2053 本，集体土地建设用地使用证 1473 本。此项工作标志着靖江结束地籍工作无证管理的历史。1995 年后，为加强农村宅基地用地管理，全市农村开展农户宅基地权属调查和权属证书的发放工作。

1996 年起，全市 24 个乡镇、342 个村开展农村集体土地使用权初始登记工作。是年，全市农村单位建设用地申报 2820 宗，农村居民建房用地申报 167679 宗。至 2000 年，全市 12 个镇及开发区农村居民宅基地用地权属调查结束，给符合发证条件的农户宅基地颁发集体土地使用证 5364 本。是年起，市国土管理局结合城镇地籍调查，建立“对内以图管地、对外以证管地”机制，对符合登记发证条件的宗地采取先行公告、集中发证的方法，加快土地登记发证工作。2003 年，开展以行政村及场圃为基本单位的土地权属调查。经勘测、确权、签订权属界址协议书，在确认权属合法、界址清楚、面积准确的基础上，以行政村为单位，发放集体土地所有证 172 本。是年，开始施行土地他项权利登记制度，全年共颁发土地他项权利证明书 45 本。2004 年，根据国土资源部《关于依法加快集体土地所有权登记发证工作的通知》精神，采用“组有村管”的方式，将集体土地所有证发到村，由村民委员会代管；对已经打破村民小组农民集体土地界线的，本着尊重历史、承认现实的原则，明确由村民委员会集体所有，仍以行政村为单位，发放集体土地所有权证。是年，颁发集体土地所有权证 21 本。此后，凡使用国有、集体土地的单位和个人，都必须在各镇国土资源所填写土地使用申请，并携带规定的有效证件至市国土资源局地籍管理科办理登记发证手续。至 2011 年年末，全市共有 47626 个单位和个人申报登记国有土地使用权，31648 个单位和个人申报登记集体土地使用权。

（二）变更登记

变更登记是指因土地权利人发生改变，或者因土地权利人姓名或者名称、地址和土地用途等内容发生变更而进行的登记。国民政府公布的《中华民国土地法》中规定，土地总登记后，土地权利有转移、分割、合并、增减或灭失时，应为变更登记。靖江在民国时期曾办理土地推收过户事宜。新中国成立之初，靖江土地变更登记相对较少，城区和农村房地产买卖、租赁、赠予、交换、分割由民政、财政、房管等部门分管。1956 年，完成农业、手工业、资本主义工商业社会主义改造后，域内土地权属均为全民所有和农村集体所有，使用、管理、经营权合为一体，土地变更登记除征用、划拨土地以外，均未进行。1987 年，靖江县土地管理局成立后，根据 1986 年 6 月 25 日颁布的《中华人民共和国土地管理法》第十条“依法改变土地所有权的，必须办理权属变更登记手续，更换证书”的规定，建立日常地籍管理制度。1992 年 12 月，靖江县政府印发《关于加强土地权属变更管理工作的意见》，县内土地变更登记工作全面展开。变更土地登记内容包括：因土地征用或划拨引起土地权属变化的；土地使用者名称和土地用途发生变化的；土地使用权依法出让、转让、调整、交换的；因地上建筑物、附着物依法转移、继承、析产、合并、分割、赠予、买卖、交换引起土地使用权变更的；因机构调整、单位联营、企业兼并等原因引起土地使用权变更的；在已登记范围内调整建筑布局、新增（减）建筑物、构筑物、改变土地使用性质的。另外因旧城改造、道路拓宽、房屋拆迁的也都必须办理土地使用权变更登记手续。擅自变更土地使用权的，按《江苏省〈土地管理法〉实施办法》有关规定处理后，再补办土地使用权变更手续。逾期不申请土地变更登记的，除责令其限期补登外，并处以应缴登记费 2～5 倍罚款。仍不登记或以各种手段骗取登记的，按《中华人民共和国土地管理法》和《江苏省〈土地管理法〉实施办法》有关规定处理。1992～2011 年，全市（县）共办理土地变更登记 10217 宗，变更面积 1221.94 万平方米。

1992~2011 年靖江市（县）土地变更登记一览表

表 3-3-1

年份	变更宗数（宗）	变更面积（万平方米）	年份	变更宗数（宗）	变更面积（万平方米）
1992	40	0.35	1999	45	2.12
1993	120	1.06	2000	350	3.26
1994	122	1.14	2001	562	5.94
1995	136	1.24	2002	364	39.60
1996	236	14.23	2003	512	70.80
1997	28	3.02	2004	783	108.70
1998	24	4.19	2005	623	106.90

续表 3-3-1

年份	变更宗数（宗）	变更面积（万平方米）	年份	变更宗数（宗）	变更面积（万平方米）
2006	533	105.70	2010	1081	150.10
2007	957	164.20	2011	1542	185.40
2008	891	103.90	合计	10217	1221.94
2009	1268	150.09			

（三）分割登记

分割登记是指因地上建筑物、附着物所有权分割转让而涉及的国有土地使用权的分割转让登记。靖江从 2001 年开始实施土地使用权分割登记制度。首次土地分割登记系位于骥江路南与新建路交会处的光明小区，分 A、B、C、D、E 共 5 幢，其中包括商务、住宅共 11825.25 平方米，按照土地分割登记程序，分割为 236 件(户)。此后，随着房地产业发展，土地分割登记逐渐增多。2002 ~ 2008 年，全市每年土地分割登记在千件以内。2009 年达 1260 件，2011 年达 4065 件。2001 ~ 2011 年，全市共办理土地分割登记 11039 件。

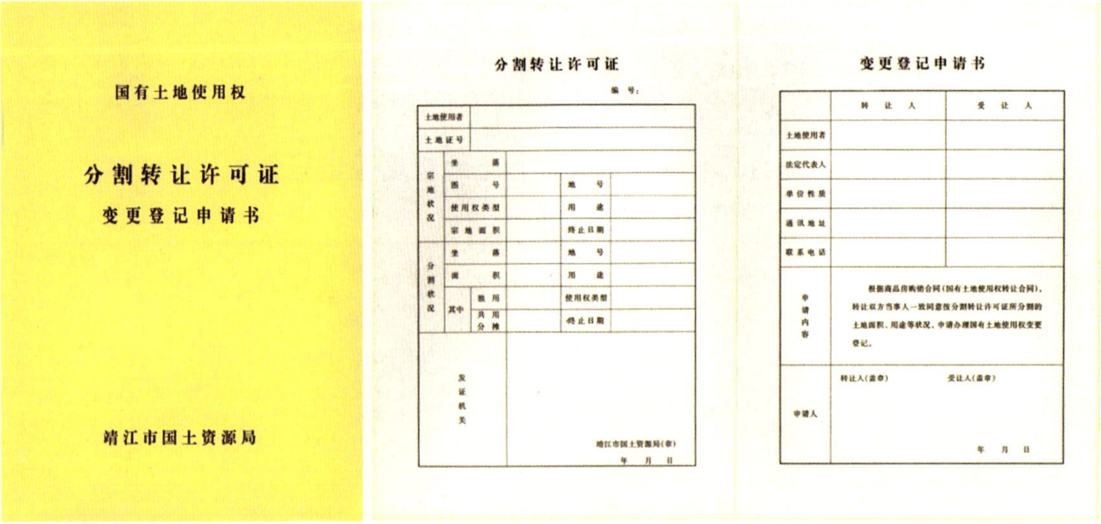
国有土地使用权

分割转让许可证

变更登记申请书

靖江市国土资源局

分割转让许可证

编号：

土地使用者				
土地证号				
宗地状况	坐落			
	图号		地号	
	使用权类型		用途	
	宗地面积		终止日期	
分割状况	坐落		地号	
	面积		用途	
	其中 独用		使用权类型	
	共用分摊		终止日期	
发证机关	靖江市国土资源局(章) 年 月 日			

变更登记申请书

	转让人	受让人
土地使用者		
法定代表人		
单位性质		
通讯地址		
联系电话		
申请内容	根据商品房购销合同(国有土地使用权转让合同)，转让双方当事人一致同意按分割转让许可证所分割的土地面积、用途等状况，申请办理国有土地使用权变更登记。	
申请人	转让人(盖章) 年 月 日	受让人(盖章)

图 3-3-3　靖江市国有土地使用权分割转让许可证

（四）抵押登记

土地使用权抵押登记属于土地变更登记的范畴。是土地使用权人把土地使用权作为担保财产向银行或其他金融机构贷款及债务抵押而进行的土地登记。1993年9月，靖江县政府印发《靖江县国有土地使用权出让和转让暂行规定》，明确土地使用权抵押需具备的条件及其原则与方法。1995年9月，国家土地管理局颁布《农村集体土地使用权抵押登记的若干规定》，规定经县级人民政府土地管理部门登记的集体荒地土地使用权和乡村企业集体土地使用权可以设定抵押权，其他类型的集体土地使用权不得抵押。市政府据此明确市土地管理局为国有、集体土地使用权抵押登记机关，负责全市国有、集体土地使用权抵押登记管理，保障抵押当事人的合法权益，维护国有、集体土地使用权抵押活动的正常秩序。1995年，市土地管理局为靖江市钢管公司办理土地抵押登记，抵押宗地坐落于城南乡康兴村8组，土地面积3904.32平方米，抵押权人为中国银行靖江市支行，抵押担保值150.47万元。此为市土地管理部门办理的首例土地抵押登记。2007年，市国土资源局为江苏新扬子造船有限公司办理土地抵押登记。该宗地位于东兴镇五星村，面积54.60万平方米，抵押权人是农行靖江市支行，抵押担保值8848万元。至2011年，全市共办理土地使用权抵押登记5466宗，面积5370.35万平方米，抵押值2229551.36万元。

（五）查（解）封登记

查封登记，是国土资源行政主管部门根据人民法院提供的查封裁定书和协助执行通知书，报经人民政府批准后，将查封或者预查封的情况在土地登记簿上加以记载的登记。查封期限届满或者人民法院解除查封的，查封登记失效，国土资源行政主管部门应当注销查封登记。

1996年10月，靖江宏昌实业公司与靖江市长里建筑安装总公司发生建筑安装工程承包合同工程款纠纷，靖江市人民法院裁定查封靖江市宏昌实业公司位于靖城镇靖南村12组的土地使用权。市土地管理局根据协助执行通知书，办理查封登记。此为域内办理的首宗查封登记。1997年8月，由于靖江市金属机电总公司与宝山钢铁（集团）公司购销合同货款纠纷终结，上海市第二中级人民法院裁定解除市金属机电公司位于城南乡同康村8组土地使用权的查封，市国土管理局根据协助执行通知书，为其办理解封登记。此为域内办理的首宗解封登记。1996～2011年，全市共办理查封登记299宗、解封登记103宗。

（六）补（换）发登记

土地权利证书污损的，土地权利人可持污损的土地权利证书原件申请换发新证。土地权利证书灭失、遗失的，土地权利人在指定媒体上刊登灭失、遗失声明后，可申请补发。补发的土地权利证书注明“补发”字样。1996～2011年，全市共办理补（换）发土地权利证书登记148宗。

（七）注销登记

注销登记是指因土地权利的灭失等而进行的登记。2001年9月17日，靖江市越江建筑实业公司原使用的土地部分被征用，申请注销靖集建（93）字第629号《集体土地建设用地使用证》。此为域内办理的第一宗注销登记。2001～2011年，全市共办理注销登记2675宗。

（八）其他登记

其他登记包括更正登记、异议登记、预告登记等。1998年12月18日，市国土管理局在给靖江市净化实业公司核发《集体土地建设用地使用证》时，将应属城南康兴村停车场的225.4平方米集体土地建设用地使用权误登记给靖江市净化实业公司，事后该公司申请复查，1998年12月31日予以核减更正，并给该公司重新核发《集体土地建设用地使用证》。1998～2011年，全市共办理其他登记（更正登记）109宗。

二、土地权属凭证

鱼鳞图册 明洪武十四年（1381 年），诏天下编制《黄册》（户领丘册），详列丁口、地亩及赋税。洪武二十年，明朝政府为保证赋役的征调，进行大规模土地清丈和登记，编制“鱼鳞图册”（丘领户册）。凡田区以领图，图以领圩，各个分图以小块土地为单位绘制，图内标明土地的地名、大体形状、四至、面积、土质、田赋等级（上、中、下）以及业主姓名、住址，一式四册，存户部、布政司、府、县，官府凭此承认其产权，作为征收田赋的依据。即所谓“鱼鳞册为经，土地之讼质焉，黄册为纬，赋役之法定焉”。

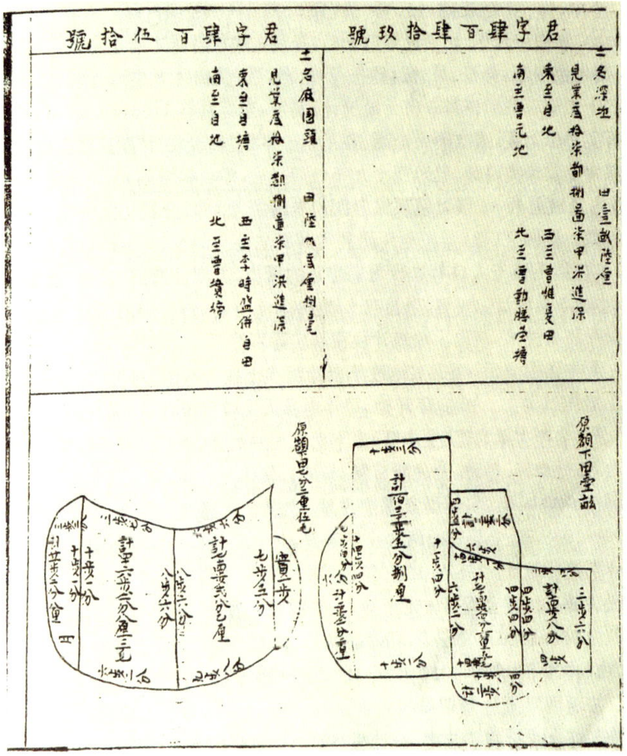

图 3-3-4 鱼鳞图册(部分)

土地契约 新中国成立前，私有土地所有权转移，主要形式为买卖、典押，此外还有继承、分析、合并、捐赠、交换等。遇有土地权属转移，均须立书契约为凭。一般有两种，一是典契，即活卖田契，订明田价和年限，期满后可备原价取赎；一是卖契，卖后即不能取赎。靖江契据除典契外，有正契（即卖契）、加契①、绝契②、倍契③、绝笔据④等，还有一种留赎字，系买户出给卖户作取赎产权的凭证

①加契：卖田时因价未足，后凭中加得时值田价所立据。

②绝契：亦称杜绝契，为业主卖田后永不加找、永不取赎所立据。

③倍契：业主倍价卖田后听凭买主起造开挖所立据。

④绝笔据：业主补得绝笔价后，其契田永为买主世产所立据。

(由于卖户大多数是自卖自种，完纳租粮；若租缴不清，买户即诱写绝契而留赎，其实很少有能赎回的)。契约有一种“约定俗成”的款式，内容包括出卖声明、田地界址、业价、中证人、卖方画押及立契年号月日等。订立契约一般是邀请地方熟悉此项业务的代笔人书写。买方取得卖方所立契约，即往官署印契，经查验、完纳契税后，在契约上加盖大红官署钤印，即成为合法管业凭证。

明崇祯八年（1635年）后，官府统一制定契约格式。官契由主管机关印制发给，在官契上转录卖契所列土地坐落、四至、面积、契价及买卖双方姓名，加盖官署印信及主管长官印章。官契已具土地证书的雏形。

民国时期，官契是政府按统一格式印出的土地凭证。其中卖主姓名及土地坐落、面积、界址、价格等须用墨笔填写（俗称“墨契”）。通常颁发官契时，须将墨契粘贴于官契纸上，加盖朱红钤印（官印），因而称“官契”，也叫“红契”。民国后期则相沿以业主完纳忙漕田赋所取得的粮串①、税契所取得的税单为必要的附属凭证。民间多以契据为正，以粮串等为副。新中国成立初期，则由县政府验契后发给契纸执照。

执业凭单 明初，奖励垦荒，所垦荒地由官府颁发“执照”，确认土地所有权。清初发布垦荒令，所垦荒地由官府发给“印信执照”。康熙七年（1668年）土地清丈后，发给各业户由单，作为管业凭证。乾隆十六年（1751年），向民间执业户改发印单。道光、同治年间，靖江地区查办清粮时，向业户发给执业方单。至光绪年间，由常州府向业户发给纳户执照。上述凭单，均系政府发给，具有同等效力。

部照 系承买官产执照。民国4年（1915年）起，国民政府财政部按照《官产处分条例》发给承买官产（包括滩荡荒地等）者的执业凭证，亦称《财政部执照》，民间也称“沙照”或“滩照”。执照开列承买人姓名、籍贯、承买官产类别、坐落、四至、面积或间数，及应缴价值等。靖江自民国6年起所报买的龙驹沙、震兴沙、藕藕沙、南昀沙、义兴沙、靖安沙等，均领有沙田局准予围垦的官方文书“滩照”。

土地所有权状 民国25年（1936年），颁布《地政施行大纲》。是年起，江

---

①粮串：即旧时政府征收田赋的缴款凭证。

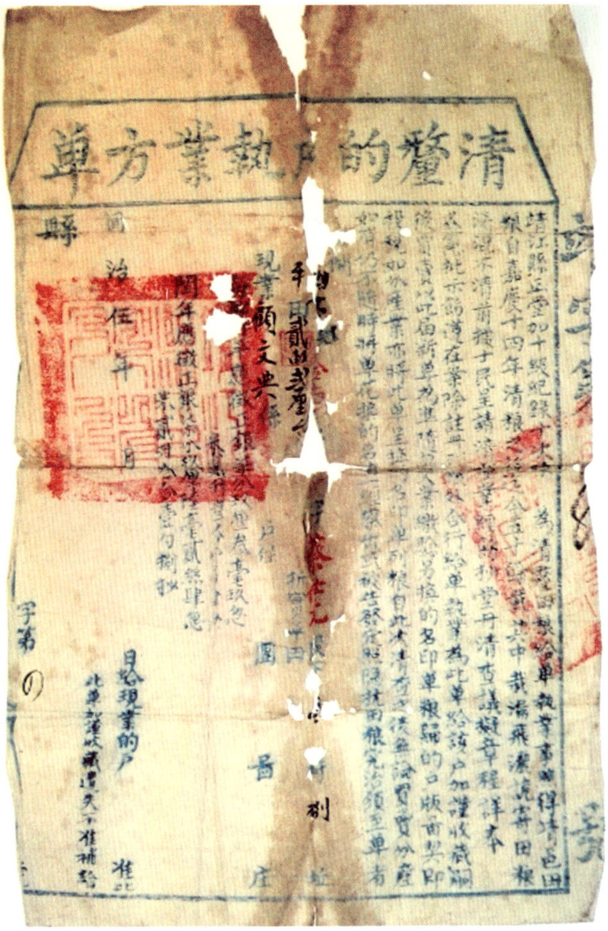

图 3-3-5　清同治五年(1866年)执业方单

图 3-3-6　清光绪三十四年(1908年)江苏常州府靖江县纳户执照

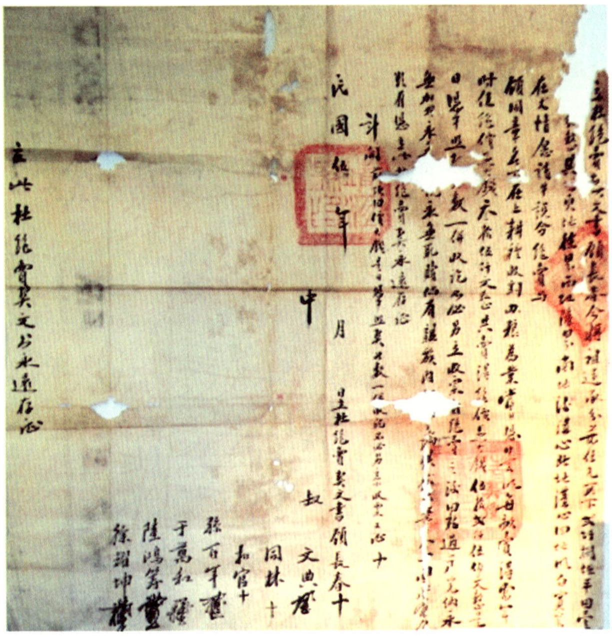

图 3-3-7　民国5年(1916年)杜绝卖契

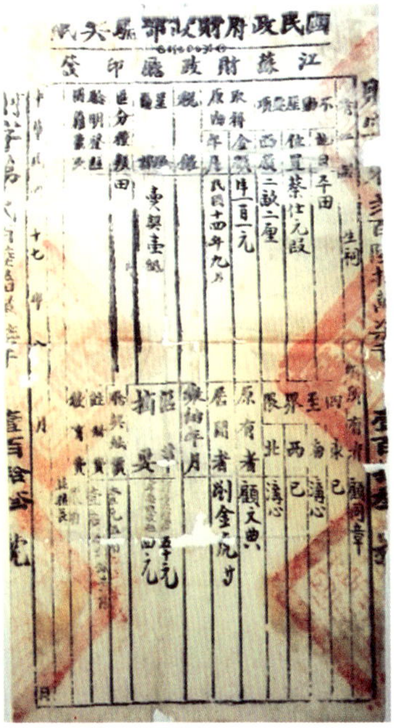

图 3-3-8　民国 17 年(1928年)验契纸

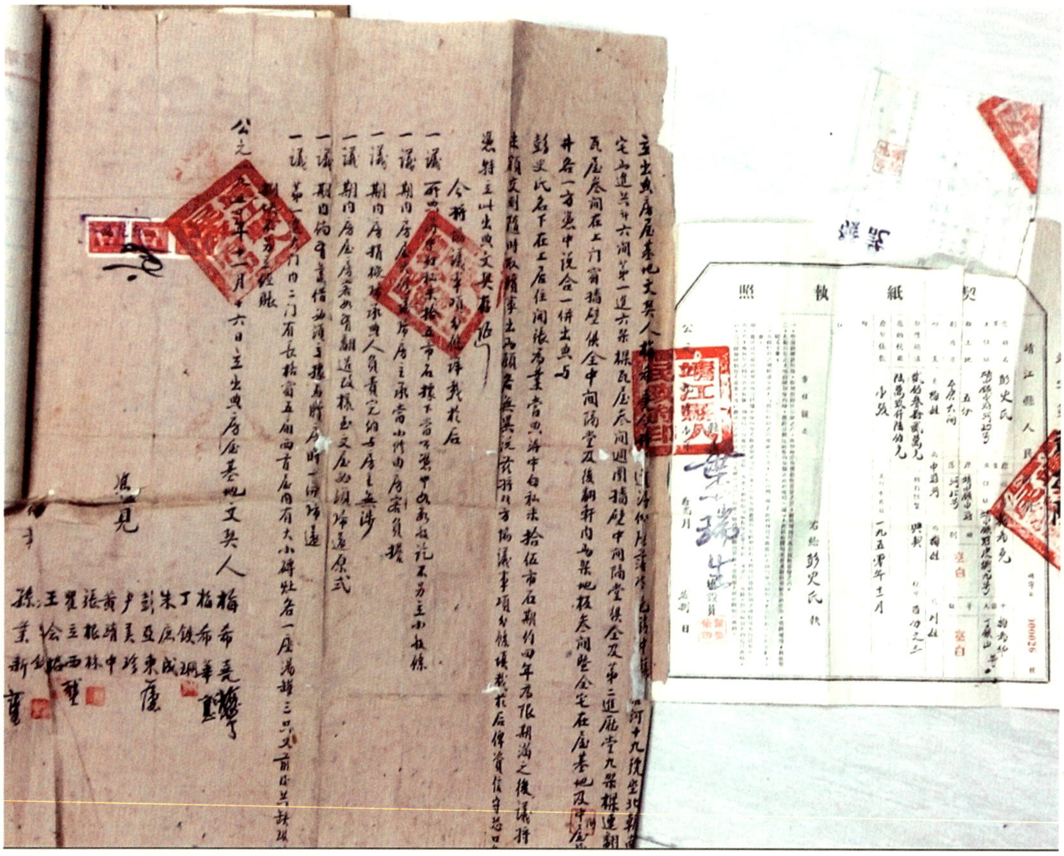

图 3-3-9　1950 年典契

苏省开展土地登记工作，明确产权后，由政府颁发土地所有权状。该状“土地标示”栏内载明业主姓名及土地坐落、四至、面积等，并粘贴清丈后绘制的地块图。

土地证书　1951 年冬至 1952 年夏，依据《中华人民共和国土地改革法》第三十条“土地改革后由人民政府发给土地所有证”之规定，靖江县政府在土地改革全部结束后，进行私有土地房产登记，分批给各农户颁发土地房产所有证。土地栏中有坐落、种类、地名、亩数、四至、长宽尺度、附着物等记载栏目；并明确规定土地作为该户或该业主私有产业，耕种、居住、典卖、转让、赠予、出租等完全自由，任何人不得侵犯。1956 年以后，根据《高级农业生产合作社示范章程》规定，农村土地逐步由农民私有转变为农业生产合作社集体所有。1962 年 9 月，《农村人民公社工作条例（修正草案）》进一步规定：“生产队范围内的土地都归生产队所有”。1978 年中共十一届三中全会后，农村土地实行所有权和经营权分离，农民承包土地经营，又享受承包经营权利。

1989 年 11 月，国家土地管理局公布《土地登记规则》，规定土地证书式样由

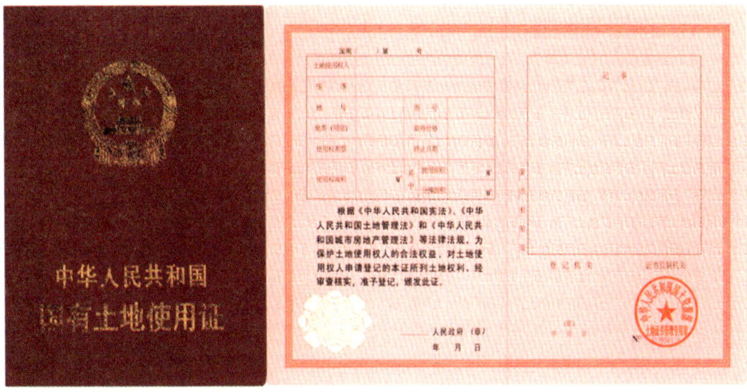

图 3-3-10　中华人民共和国国有土地使用证

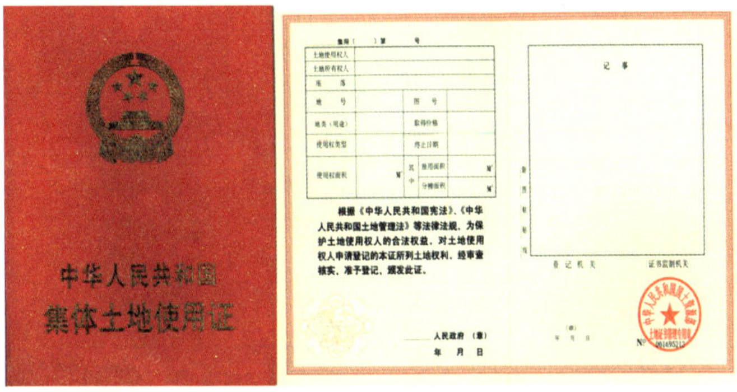

图 3-3-11　中华人民共和国集体土地使用证

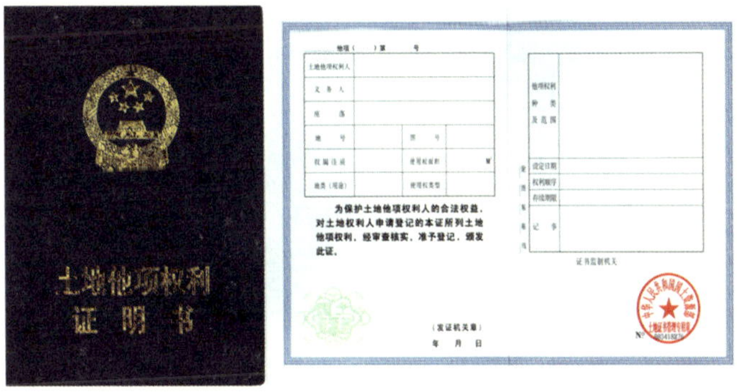

图 3-3-12　土地他项权利证明书

国家土地管理局统一制定。土地证书有 3 种：国有土地使用证是发给国有土地使用者的法律凭证；集体土地所有证是发给集体土地所有者的法律凭证；集体土地建设用地使用证是发给集体土地建设用地使用者的法律凭证。另外还有他项权利证书，如土地使用权承租证明书和土地使用权抵押证明书。是年年末，根据国家对土地证书的统一规定，域内各类建设用地项目竣工后，均由县土地管理局检查验收、报县政府批准后，发给国有土地使用证、集体土地建设用地使用证等权属证书。从此，靖江土地管理进入凭证用地、以证管地的新阶段。

1996 年，国家土地管理局统一制定新版国有土地使用证、集体土地所有证、集体土地使用证、土地他项权利证明书。新版土地证书载明土地使用者、地址、图号、地号、用途、批准使用期限、土地四至、用地面积、土地等级、变更记事等，并附贴宗地图。1998 年 9 月 3 日，国土资源部发出《关于修改土地证书的通知》，规定土地证书的新式样。该证书自 1999 年 1 月 1 日启用。2007 年 12 月 30 日，国土资源部颁布《土地登记办法》，2008 年 2 月 1 日起施行。至 2011 年年底，全市共发放国有土地使用证 47626 本、集体土地使用证 31648 本、集体土地所有证 193 本、土地他项权利证明书 5290 本。

1991~2011年靖江市（县）土地登记发证一览表

表 3-3-2　　单位：本

年份	发证类型				合计
	国有土地使用证	集体土地(建设用地)使用证	集体土地所有证	土地他项权利证明书	
1991	66	—	—	—	66
1992	396	—	—	—	396
1993	2053	1623	—	—	3676
1994	2218	1302	—	—	3520
1995	1269	251	—	—	1520
1996	1008	157	—	—	1165
1997	1441	228	—	—	1669
1998	1326	110	—	—	1436
1999	1181	92	—	—	1273
2000	1864	8340	—	—	10204
2001	2923	7253	—	—	10176
2002	2114	5364	—	—	7478
2003	3530	5220	172	45	8967
2004	1572	473	21	101	2167
2005	2252	185	—	363	2800
2006	1512	203	—	415	2130
2007	3427	173	—	539	4139
2008	4240	212	—	700	5152
2009	3347	153	—	940	4440
2010	4191	162	—	1091	5444
2011	5696	147	—	1096	6939
合计	47626	31648	193	5290	84757

第四节　土地统计

一、地类统计

土地统计包括土地数量、质量、分布、分类、利用、权属等内容。明清时期，为征收田赋和分派徭役作过多次土地统计。明初，每户各给户帖登记人口、土地，每十年造册统计一次。明洪武二年（1369 年）马驮沙全隶江阴。是年统计，马驮沙编户 55 里，每里 110 户。洪武二十年，以田地为主清丈田亩，分区编造《鱼鳞图册》，详列面积、地形、四至、土质以及业主姓名等内容，作为征税的依据。据光绪五年《靖江县志》载，成化七年（1471 年）至崇祯十二年（1639 年），靖江通过清丈和补丈，先后统计上报全县土地面积有 7 次之多，其中弘治十八年（1505 年），有新升报田滩统计。

清初，分多种地类进行统计，大都与清粮结合进行。顺治九年（1652 年）至同治四年（1865 年），先后 4 次重新清丈厘正全县土地，按平田、沙田、滩田统计土地面积，重订《赋役全书》。规定每五年对水滩、芦洲清丈一次，先分 4 等，后改分 6 等(熟田、密芦、稀芦、滩田、草地、水滩)统计芦滩面积。其中道光十六年(1836 年)统计，全县有芦洲近 10 万亩。

民国 20 年（1931 年），靖江土地分平田、芦田两类统计，全县有平田原额 548846.33 亩、芦田原额 62624.72 亩。民国 24 年，根据江苏省关于统计土地面积的要求，民国县政府以乡镇为单位，对土地与人口等进行调查统计，土地分平、沙、课、溢四类，全县平、沙田额征数为 50.91 万亩，课田、溢田额征数分别为 5.43、0.52 万亩。历代因限于封建土地所有制和测量技术，域内土地统计往往与实际不符。

二、综合统计

新中国成立后，在农村土地改革和城区“对私改造”中，曾多次对城乡土地进行统计。1953 年，县政府设立计划统计科后，每年由统计科（局）按乡镇（公社）、村（大队）、组（生产队）进行统计，再由下而上汇总到县（市）。主要统计农业用地，分水田、旱地，全民所有制（国营场圃）、集体所有制、农民自营地以及当年减少耕地面积（包括国家建设用地、水利建设用地、农民个人建房占地等项目）。1959 年和 1982 ~ 1984 年，全县两次进行土壤普查，对土壤种类、分布、质量、面积按乡（镇）分别进行统计。1982 ~ 1985 年，全县进行第一次土地利用现状调查，按耕地、园地、林地、牧草地、居民点及工矿用地、交通用地、水域及水利设施用地和难利用土地 8 大类进行统计。1986 年，县政府成立农村土地管理办公室，开始定期按乡（镇）统计土地情况。1987 年，县土地管理局成立后，确定专职和兼职统计人员，建立土地统计报表制度，主要是每年 2 月底前统计上报上一年度国家征用土地、乡（镇）村建设用地、农民建房用地及划拨用地等情况，计有《土地利用现状分类面积》《耕地面积变化情况》《城镇建设用地当年增加面积》《国有土地使用权有偿出让》《获得土地使用权方式》等 11 种。1991 年起除上述统计外，增加国有土地使用权有偿出让情况、违法占地处理情况、土地管理机构和人数、主要仪器设备拥有量、汽车拥有量、预算内资金拨入、国有土地有偿出让分项等统计年报表及审批建设用地情况、用地计划执行情况的定期统计报表等。1992 年，国家土地管理局颁布《土地管理综合统计报表制度》，使土地统计日趋科学、合理，更大限度地满足各方面、各层次的需要。1993 年，精简年报，取消仪器设备、汽车拥有量情况等统计内容。1994 年，又取消资金来源的统计内容。1995 年后，除综合统计上报年报报表外，还在土地利用现状调查的基础上，分耕地、园地、林地、城镇村及工矿用地、交通用地、水域、未利用土地 8 类进行统计，上报土地面积。

2000 年起，国土资源部制定和实施国土资源综合统计报表制度，实行全国统一的统计分类、行业分类和统一编码。综合统计报表，除《国土资源管理机构、人员及经费情况》外，主要有《审批建设用地情况》《土地征用情况》《基本农田保护情况》《土地整理、复垦、开发项目完成情况》《国有土地供应情况》《国有土地使用权交易情况》《地质勘查投入情况》《地质勘查新发现的矿产地》《矿产资源勘查许可证及采矿许可证发证情况》《探矿权、采矿权出让情况》《行政复议情况》《信息化建设情况》等统计报表。为确保土地统计数据准确、及时，每年土地综合统计时，市国土资源局均组织地籍与测绘管理科、建设用地管理科、法规监察科、计财科、办公室等科室进行统计，由专人负责制表、审核。有关审批用地情况和土地使用权流转及土地违法案件查处情况、行政复议情况的报表于 7 月 10 日上报，有关土地利用现状调查和耕地增减变动情况的统计资料报告期为上年的 11 月 1 日至次年的 10 月 31 日，其他报表的报送日期为 2 月 28 日。对所填报的内容要进行分析，特别对每年的土地利用现状要作全面分析，说明其增减变化的原因、去向，为市政府制定相关政策提供依据。2009 年起，根据上级要求，市国土资源局不再上报综合统计年报，改由相关科室向上提供有关统计信息资料。

第五节　土地权属争议调处

新中国成立以前，土地为私人占有，土地权属纠纷多为土地买卖、继承、分割以及放领荒地、强夺田地等引发的矛盾。新中国成立后，虽然土地所有权属于国有和集体所有，但享有土地使用权者分属千家万户，情况错综复杂，土地权属纠纷仍时有发生。至 1986 年，域内土地权属争议由管辖争议双方的人民政府处理。1987 年 1 月 1 日后，按照《中华人民共和国土地管理法》第十三条的规定，土地权属争议由县级以上人民政府或者乡级人民政府处理。县土地管理局负责调解处理土地权属争议的具体工作。

一、县际确权

明天启年间(1621～1627 年)，靖江西北涨连泰兴县，两县百姓为争界发生纠纷。崇祯七年(1634 年)，靖、泰百姓又为争界发生械斗。崇祯九年，靖、泰之间的北江流漕东段涨连如皋，靖江与泰兴百姓争界纠纷又起，杀伤颇多。天启、崇祯年间(1621～1644 年)，靖江、如皋两县在长江水域接流处也曾有沙地纠纷。以上权属纠纷均经两地官府协商而得以平息。民国 21 年，靖江、如皋两县为张黄港辟沙开港发生界址纠纷，经江苏省国民政府民政、建设两厅派员至靖江调解，纠纷得以解决。新中国成立后，县与县之间的土地权属纠纷仍然存在。

附：县际土地权属纠纷案例

驷沙滩权属纠纷 1957 年，驷沙滩出水，有大、小滩各 1 个，面积 266.67 余公顷。1958 年，靖江开始植芦，面积 163.37 公顷。1962 年，如皋县将驷沙滩部分芦柴卖给其江防公社渔池大队，引起纠纷。1964 年，江苏省政府指示扬州、南通两专署派员调处，经两县民主协商，从协议之日起确定东流漕以东划属如皋县管理（原称胜利长沙，现称友谊沙），西流漕以西划属靖江（即驷沙滩），并将驷沙与如皋胜利长沙流漕之间的滩地，作为分隔地带，定为界址沙，产权归靖、如两县共有，即驷沙公滩，双方按年（单年为靖江，双年为如皋）轮流收割。2004 年 2 月，经靖江市江滩办事处、如皋市江滩开发资源经营部民主协商，双方签订协议，平分驷沙公滩，并取中线造路以作界址依据。

带子沙滩权属纠纷 1963年，带子沙滩形成出水（滩的形状狭长似带，故名），面积100余公顷。1964年，靖江植芦49.93公顷。1965年，如皋县管理部门亦派人上滩植芦，引起纠纷。经交涉未再发生抢栽事件。1969年，如皋县芦滩管理部门又将带子沙滩列为其管辖范围，引发争议。1974年、1975年，省治淮指挥部、省革委会先后主持协商未果。1981年，根据省政府要求，省水利厅会同扬州、南通地区水利局，靖江、如皋水利局及芦滩管理部门协商，划定各自管辖范围，并由省水利勘测设计院测量队立桩标界。

靖兴滩权属纠纷 1963年，靖兴滩（名取靖江兴旺之意）在靖江县西来公社永济港上口出水处形成，后与陆地涨连，面积266.67余公顷。1964年，靖江植芦7.33公顷。1969年冬，靖江、如皋因收割芦柴，引起纠纷。1970年9月16日，省、地派员协调，双方签订协议，议定：以老张黄港口为界，向南以靖兴滩、跃进滩之间自然流槽中心为界，流槽以西为靖江管辖，流槽以东为如皋管辖。9月19日，省革委会生产指挥组〔1970〕117号文批复同意该协议。1973年，如皋县管理部门又至靖兴滩起苗，再起纠纷。是年，经省革委会派员会同扬州、南通地区代表至靖、如两县实地勘察、协商划界，原则上取得一致意见。1975年4月15日，江苏省革委会发出《关于靖江、如皋两县江滩界址问题的通知》，明确靖江、如皋两县江滩界址划分：以老张黄港出口中心为界，取直线连接1973年双方协商调整的跃进沙与靖兴沙分界线的北端；再由该2沙分界线的南端，取直线连接至又来沙平潮时的西端边缘，与又来沙、和平沙之间的流槽中心线交会；再沿又来沙与和平沙、骥沙之间，带子沙与骥沙之间流槽中心线，与带子沙南侧2小岛之间的中心线（作相似平行带子沙的直线）的延长线相交；东端与等分界址沙正南线的延长线相交；再从等分界址沙正南北线的南端，延伸至长江深泓（界址沙在双方收割年限相等时等分）。上述分界线以东以北，为如皋县管辖，以西以南为靖江县管辖。此后双方都不要越界至对方现有沙滩或新生沙滩进行垦殖。以往省行政区划界址与此有矛盾的，以该通知为准。

骥沙等4沙滩权属纠纷 1975年2月4日，沙洲县对靖江所属驷沙、民主沙、和平沙和骥沙滩权属提出异议，提请苏州地区革委会报省裁定。省革委会具文扬州地区革委会查办。2月27日扬州地区革委会要求靖江县革委会就苏州地区革委会提出的5点江滩权属纠纷，具实陈述。3月4日，靖江县革委会对苏州地区革委会提出的5点江滩权属纠纷，具实一一作了答复。1975年10月，江苏省革委会根据苏州地区革委会的报告和靖江县革委会的回复，组织苏州、扬州、泰州、沙洲代表组成调查小组，赴靖江实地调查、现场勘察、核对会议纪要、查阅协议档案，最终达成共识，向省革委会呈报调查结果。江苏省革委会根据调查报告，于1975年11月18日在《关于靖江、沙洲两县江滩权属问题的批复》中作出“查此4个滩地，均在深泓北侧，靖江已使用管理多年，仍由靖江县管辖，为照顾两县有关社队群众上滩割草的习惯，将靖江县管辖范围内的驷沙及驷沙以南的部分，作为沙洲县德积公社群众的割草范围，其余3个沙滩地作为靖江群众的割草范围”。至此靖江、沙洲两县江滩权属纠纷了结。

东小岛江滩权属纠纷 因1975年靖兴滩分界时未及时立标定界，后界址流槽淤塞，1980年，靖江、如皋为交界处的江滩（东小岛）归属发生纠纷，江苏省民政、水利两厅，南通、扬州两专区及靖江、如皋两县先后在靖江、如皋2次会商因故未果。1981年，江苏省人民政府派员会同民政、水利、财政厅，南通、扬州两专区及靖江、如皋两县民政、水利、财政部门负责人再次磋商划界事宜，最终达成协议。省人民政府于1981年5月18日以苏政发〔1981〕71号文件，对靖江、如皋两县江滩界址确定如下：上段从老张黄港口至东小岛北端，下段从东小岛南端到界址沙南延伸至长江深泓，按江苏省革委会〔1975〕20号文件精神实际管辖的界址不变，中段东小岛之间接上段终点和下段起点连接直线定界，界东为如皋县管辖，界西为靖江县管辖。线路走向见1981年省水利厅勘察总队测绘的《如皋、靖江县江滩分界地形图》。同年7月下旬，对江滩分界中心线立桩标界。1982年1月，对全线每个标石及位于水下的分界点，进行地理坐标测量，确定经纬度坐标，新绘《如皋、靖江县江滩分界图》。

二、县内确权

新中国成立以前，靖江民间由于土地权属关系不明、界址不清引起的土地纠纷时有发生，其中以沙田纠纷（沙案）最为突出。沙案俗称沙糊涂，案件判不明，理还乱。民国 6 年（1917 年），靖江设沙田局，负责处理沙田纠纷。由于沙滩时涨时坍，地主豪绅与沙田局官员相勾结，采取霸占、并吞、隐抗、罩报等手段强占沙滩，使沙案愈演愈烈。在沙田纠纷中，多数是百姓蒙受损失。如张念和不知沙田形势，受局方欺骗，报买夹漕 1200 亩，缴过田价，领有部照，但在原业主和新沙主两面挤轧下，除得到靖安沙十几亩外，其余未获一寸之地，损失甚巨。民国 25 年，沙田局官绅勾结，企图侵吞江边周谷卿埭老百姓的 100 余亩熟田，出于义愤，百姓一举将沙田局捣毁。新中国成立后，经过土改和农业合作化以及对私改造，土地或收归国有，或为集体所有，土地权属纠纷大为减少。单位之间或居民之间集体土地使用权发生争执，经乡（镇）、村(居委）调解，大都能得到解决。1988～2011 年，全市（县）累计受理土地权属争议案件 60 起，其中受理国有土地与集体土地之间权属争议 9 起、受理国有土地权属争议 8 起、受理集体土地权属争议 43 起。以上土地纠纷主要是在土地所有权和使用权上发生争议。根据《中华人民共和国土地管理法》第十六条规定，土地争议由双方当事人协商解决，协商不成的，由人民政府处理。

附：县内土地权属纠纷案例

红光乡 2 村民小组毗邻地块权属纠纷　1992 年，红光乡红光村红东村民小组与毗邻的盛家埭村民小组为两组之间一宗 353 平方米土地所有权发生争议。经调查，该宗地 1962 年“四固定”时，归红东生产队所有。1975 年，原红光公社、红光大队在盛家埭生产队和红东生产队埭后开规划河，经原公社、大队和红东生产队同意将这宗地作盛家埭生产队徐某的拆迁安置地，徐某在该宗地上建4间5架梁房屋。1980年，盛家埭生产队丈量宅基地时，将这宗地作徐某宅基地和自留地，并一直由徐某管理、使用。

1992年，徐某将房屋卖给谢某。因土地使用者发生变更，红东村民小组遂要求归还这宗地土地所有权。争议发生后，县政府会同红光乡政府和红光村委会多次调解未果。

1994年3月1日，市政府为加强土地管理，保护土地所有者和使用者的合法权益，根据《中华人民共和国土地管理法》第八条第二款、第十三条第一款、第二款、第四款和《国家土地管理局关于确定土地权属问题的若干意见》第十条第一款、第二款第三项、第十一条之规定，作出如下处理决定：位于盛家埭村民小组和红东村民小组之间的353平方米土地所有权归红光乡红光村盛家埭村民小组所有。该地四址为：东址张某西山墙脚外0.6米；西址叶某东山墙脚外0.6米；南址红南公路北边；北址红南公路北边23.3米。东西长15.15米，南北长23.3米。双方对此决定均无异议。

江防村江边滩权属纠纷 2010年靖江市江滩管理处、江阴—靖江工业园区办事处江防村村民委员会、江阴—靖江工业园区办事处江防村十一村民小组因对位于靖江市八圩港与九圩港间江堤外侧原八圩镇自来水厂预留取水口东西长24米滩地的土地所有权各自主张权利，并分别向靖江市人民政府提出确权申请。受理后，由市国土资源局负责调查处理。

靖江市江滩管理处称：原八圩镇自来水厂预留取水口原为长江江滩。解放初长江大堤外侧10米内为私滩，10米外为公有。1958年成立芦柴办事处（后改为江滩办事处）后，由办事处负责管理全县的沿江及江心洲滩涂。靖江市人民政府《市政府关于进一步加强滩涂管理的通知》规定，长江沿线以及江心洲范围的滩涂属于国家所有，任何单位和个人不得非法占有和使用。江滩管理处作为管理维护江滩的职能部门，应对该滩地主张权利。

江阴—靖江工业园区办事处江防村村民委员会称：早在解放初期土改时，八圩港与九圩港间江堤外侧从东到西三丈宽的滩地即为该村村民陆陈氏、东保等户所有，人民公社化时转为当时的渔业公社新民大队所有，其余滩地为国有。1981年9月因原靖江县打捞工程公司（现为江苏神龙海洋工程有限公司）建造江边码头需要，县江滩办事处与当时的新民大队及县打捞工程公司协商并达成协议，对大堤外的国有和集体滩地进行调整置换，明确东段130米长度范围内的滩地为国有滩地划拨给县打捞工程公司使用，西段的所有滩地归新民大队所有。1986年6月靖江县渔业公司需在江边建造八圩客运联营公司（先后变更为八圩渡口物资转运站、靖江市正龙港务有限公司），由县土地管理办公室批准使用新民村江滩地4733.33平方米（7.1亩）。争议滩地及上述批准使用的滩地均为调整置换后集体滩地的一部分。1993年，市国土局对东西两侧相邻宗地进行地籍调查，及2006年为靖江市正龙港务有限公司使用的集体建设用地办理征收手续时，均由村委会代表出席指界。由此证明争议的24米滩地应从1981年9月1日起即为村集体所有。

江阴—靖江工业园区办事处江防村十一村民小组称：解放初期土改后，八圩港至九圩港间江堤外侧滩地从东到西三丈宽的区域为靖江县八圩区江防乡十村村民陆陈氏、东保等户所有，合作化后八圩区江防乡十村名称先后变更为靖江县越江公社新民大队第一生产队、渔业公社新民大队第一生产队、八圩镇江防村十一组，但区域范围未发生变化，根据1962年《农村人民公社工作条例（修正草案）》（六十条）第二十一条规定，生产队范围内的土地都归生产队所有，该滩地在原新民一队范围内，所以该滩地权属为江防村十一组集体所有。1981年9月，江滩办事处与当时的新民大队及县打捞工程公司达成协议，对大堤外的国有集体滩地进行调整置换，其实此间新民大队只是作为一级法人代新民一队行使权力，签订有关协议。1986年6月靖江县渔业公司需在江边建造八圩客运联营公司，由县土地管理办公室批准使用新民村一组江滩地4733.33平方米，现仍有当初安置的劳力在靖江市正龙港务有限公司上班，由此也能证明此滩地的土地所有权属为江防村十一组集体所有。

根据当事人提出的确权申请和提交的证据材料，市国土资源局派员进行了现场调查踏勘，查阅了相关资料，查明：解放初期土改后，争议滩地所在江堤外侧从东到西三丈宽的滩地为现江防村十一组村民陆陈氏、东保等户所有。1981年9月，因原靖江县打捞工程公司建造江边码头需要，经县财税局批准，县江滩办事处与当时的新民大队及县打捞工程公司协商并达成协议，对大堤外的国有和集体滩地进行调整置换，东段130米长度范围内从江堤至长江水面间的滩地划拨给县打捞工程公司使用，其余面积属新民大队所有。1986年6月，靖江县渔业公司需在江边建造八圩客运联营公司，由县土地管理办公室批准（靖土办〔1986〕019号）使用新民村江滩地4733.33平方米。1990年，新民村将神龙海洋工程有限公司和八圩渡口物资转运站之间的24米滩地租赁给八圩渡口物资转运站使用。自原新民大队与县打捞工程公司、江滩办事处签订滩地调整置换协议至本次产生争议期间，村民小组均未对土地权属提出异议。

市国土资源局与当事人各方进行了座谈、协调，制作了谈话笔录，但因各方意见相左，无法达成调解协议。根据查明的事实，市国土资源局依据原国家土地管理局《确定土地所有权和使用权的若干规定》第十九条“土地改革时分给农民并颁发了土地所有证的土地，属于农民集体所有”、第二十一条“农民集体连续使用其他农民集体所有的土地已满二十年的，应视为现使用者所有”的规定，拟定了初步调查处理意见，报请市政府作出处理决定。市政府于2011年7月作出了《土地权属争议案件决定书》，决定八圩港与九圩港间江堤外侧原八圩镇自来水厂预留取水口东西长24米滩地的土地所有权为江阴—靖江工业园区办事处江防村集体所有。

靖江市江滩管理处、江阴—靖江工业园区办事处江防村十一村民小组对市政府作出的《土地权属争议案件决定书》不服，向泰州市人民政府申请行政复议。对此，泰州市人民政府作出《行政复议决定书》，认为本案争议土地在江堤外10米以内的土地应当属于江防村十一组所有，江堤外侧10米以外的滩涂和水流，应当为国家所有。以权属认定事实不清、法律适用不当，撤销靖江市人民政府作出的《土地权属争议案件决定书》，并要求重新作出确权决定。在规定期限内，申请人及第三人均未因不服复议决定向人民法院提起行政诉讼。

经与各方当事人分别沟通，虽然泰州市人民政府行政复议决定书要求靖江市人民政府重新作出确权决定，但泰州市人民政府行政复议决定对争议地块的权属界定实际已经明确，该决定也已经生效，各方均提出不再要求重新作出确权决定。按照当事人可以自己处分自己权利原则，市政府决定停止本案的处理。

第四章

土地利用、保护与开发

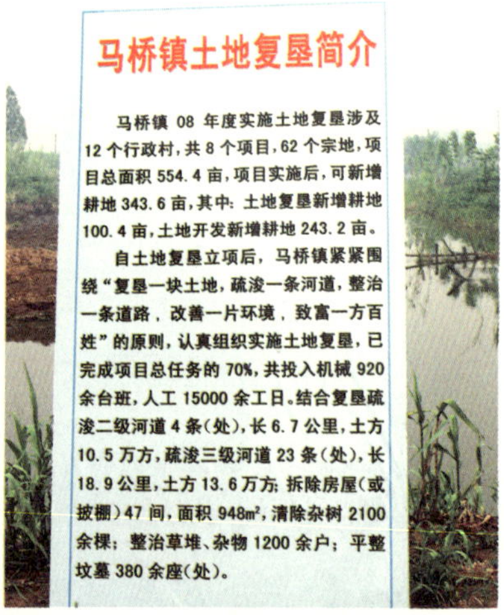
马桥镇土地复垦简介
马桥镇 08 年度实施土地复垦涉及 12 个行政村，共 8 个项目，62 个宗地，项目总面积 554.4 亩，项目实施后，可新增耕地 343.6 亩，其中：土地复垦新增耕地 100.4 亩，土地开发新增耕地 243.2 亩。
自土地复垦立项后，马桥镇紧紧围绕“复垦一块土地，疏浚一条河道，整治一条道路，改善一片环境，致富一方百姓”的原则，认真组织实施土地复垦，已完成项目总任务的 70%，共投入机械 920 余台班，人工 15000 余工日。结合复垦疏浚二级河道 4 条(处)，长 6.7 公里，土方 10.5 万方，疏浚三级河道 23 条(处)，长 18.9 公里，土方 13.6 万方；拆除房屋(或披棚)47 间，面积 948m²，清除杂树 2100 余棵；整治草堆、杂物 1200 余户；平整坟墓 380 余座(处)。

江苏省
工业用地利用调研会

靖江土地开发利用较早。三国时期，实行屯田开垦，马驮沙已有人定居。宋代时，围田垦荒逐渐兴起，元、明得到发展，清代进入鼎盛期，民国以来域内凡可垦之地大多已开垦利用。新中国成立后，人民政府兴修水利，培固江堤，疏浚河道，开展大规模的群众性治水保土活动。改革开放后，工业化、城市化进程加快，土地利用状况发生根本变化。为贯彻落实土地基本国策，统筹安排各类建设用地，保障土地可持续利用，先后于 1991 年、1997 年、2006 年编修市（县）、乡（镇）两级土地利用总体规划，以规划引导用地。并结合村庄整治开展土地复垦整理工作，加强基本农田保护，实施“工业向园区集中、人口向城镇集中、住宅向社区集中”的节约集约用地战略，推进农地适度规模经营，促进土地利用方式和经济增长方式的“两个根本性转变”，以达到科学合理利用和保护国土资源的目的。

第一节　土地利用总体规划

一、规划编制

（一）乡镇土地利用总体规划编制

1991年，根据上级部署，靖江县开始编制乡镇土地利用总体规划。4月10日，县政府下发《关于编制全县乡镇土地利用规划及划定农田保护区工作的意见》。5月，县政府在柏木乡开展编制乡镇土地利用总体规划和划定基本农田保护区试点工作。在试点的基础上，全县各乡镇均成立土地利用总体规划编制领导小组及办公室，制定工作计划，明确规划的目的、要求、依据、原则和方法。各乡镇土地利用总体规划编制统一以1989年年末的统计数据为基础年资料，以1995年为过渡年，2000年为规划目标年。规划的任务是对各乡镇内土地资源的利用、开发、保护在时间和空间布局上作出总体安排。规划编制工作大体分前期准备、土地利用现状调查、规划方案编制、成果归档与检查验收、审批与实施5个阶段。各乡镇在前期准备和土地资源详查的基础上，进行土地利用的变更补充调查和4项专题研究（即土地适宜性评估、土地人口承载力、土地利用现状及潜力分析、各部门用地需求量预测），为编制规划方案提供科学依据。规划编制过程中，各乡镇多次召开规划论证会，听取有关部门的意见和建议，进行修改完善。乡镇土地利用总体规划方案的主要内容，包括各乡镇的自然地理及经济社会情况、土地资源及其利用现状分析、人口增长及各业用地需求预测、土地利用的目标任务和基本方针、基本农田保护区规划、土地利用规划和各类建设用地规划、实施规划的政策与措施。各乡镇形成的成果有《乡镇土地利用总体规划方案》《乡镇土地利用总体规划方案的说明》、乡镇土地利用现状图（1：10000）、乡镇土地利用总体规划图（1：10000）、乡镇基本农田保护区规划图（1：10000）、乡镇建设用地规划图（1：10000）、乡镇土地复垦开发规划图（1：10000）、乡镇各行政村现状图和规划图（1：5000）以及为规划方案提供数据的13种表格。1992年10月30日，各乡镇土地利用总体规划获靖江县政府批准。

1997年11月，根据中共中央、国务院《关于进一步加强土地管理切实保护耕地的通知》和《江苏省土地利用总体规划编制和修订工作实施方案》，域内开展乡镇土地利用总体规划编修工作。全市24个乡镇相应成立领导小组及办公室。各乡镇依据1992年编制的乡镇土地利用总体规划和1996年编制的“两区”（村镇建设区、基本农田保护区）划定规划；以1996年10月31日为时点，对各乡镇行政区域范围内的土地利用进行全面的调查摸底，在土地利用现状分析的基础上，于1998年3月10日前，填报市规划修编办公室下发的17份统计表格，为规划修编提供准确的基础数据。各乡镇与有关部门对接，进行用地需求预测，并根据市政府下达的四项控制指标（建设占用耕地指标、补充耕地指标、净增耕地指标、耕地保护指标）编制乡镇土地利用总体规划。各乡镇在规划编制过程中，多次召开论证会，听取有关方面的意见和建议，进行反复修改。经前期准备、收集资料和调查研究、编制规划方案及汇总、评审、报批等阶段，最终形成的成果有《乡镇土地利用总体规划（1997～2010年）文本和说明》、乡镇土地利用现状图、乡镇土地利用总体规划图、乡镇基本农田保护区规划图、乡镇土地整理、复垦开发规划图以及汇总表格资料1套。1998年9月，各乡镇土地利用总体规划通过市土地利用总体规划领导小组评审组评审验收。2000年4月7日，靖江市乡镇土地利用总体规划（1997～2010年）获江苏省国土管理局批准。

2006年，根据市土地利用总体规划修编办公室的统一部署，全市各镇成立土地利用总体规划修编工作领导小组，开展土地利用总体规划修编工作。各镇土地利用总体规划修编工作大体分为组织准备、前期工作、方案拟定、协调论证和修改完善及验收审批6个阶段。各镇根据市政府下达的耕地保有量、基本农田、城乡建设用地、人均城镇工矿用地、新增建设占用耕地等约束性指标以及园地、林地等预测性指标进行落实，并注意土地整治工程、基础设施工程在空间布局上与土地规划的衔接，注重与城镇总体规划等其他空间规划的协调。2011 年 4 月，域内镇（街道）土地利用总体规划送审稿通过省国土资源厅专家组评审。各镇、街道规划主要由规划文本、规划图件、规划数据库 3 方面组成。规划文本为《镇（街道）土地利用总体规划（2006 ~ 2020 年）文本和说明》，规划图件有镇（街道）土地利用现状图、镇（街道）土地利用总体规划图、镇（街道）建设用地管制和基本农田保护图、镇（街道）土地整治规划图等。同年 12 月，靖江市各镇（街道）土地利用总体规划(2006 ~ 2020 年）获江苏省人民政府批准。

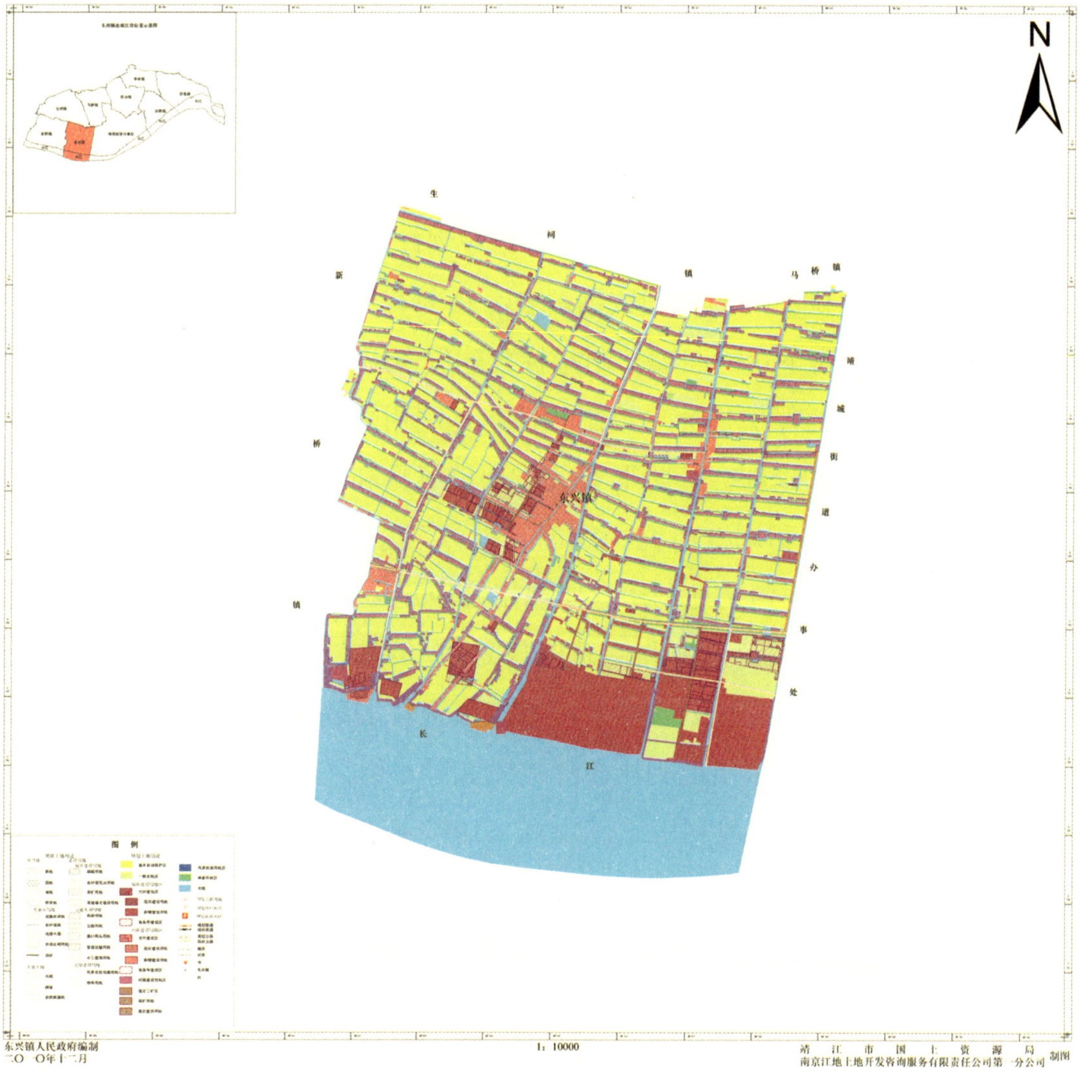

图 4-1-1　东兴镇土地利用总体规划图(2006~2020 年)

（二）市（县）土地利用总体规划编制

1992年4月，靖江县政府根据中共中央、国务院的部署和江苏省、扬州市政府的要求，开始编制《靖江县土地利用总体规划（1991～2000年）》。该规划基期年为1990年，过渡年为1995年，目标年为2000年，展望年为2020年。规划目标是在规划年内，县以下非农业建设占用耕地指标控制在1946.33公顷以内；基本农田保护面积控制在28000公顷以上，基本农田保护率为91.75%；复垦开发新增耕地139.77公顷，以尽量减缓耕地减少的速度。编制工作经过前期准备、搜集资料调查研究分析、规划方案编制、成果整理和规划方案审批5个阶段。形成规划初稿后，经市土地利用总体规划领导小组和市人大审议，进行修改后形成送审稿。1994年1月，通过扬州市土地利用总体规划验收组验收，同月获扬州市人民政府批准。

1997年4月，中共中央、国务院发出《关于进一步加强土地管理切实保护耕地的通知》，要求各地以实现耕地总量动态平衡为总目标，认真做好土地利用总体规划的编制、修订和实施工作。规划修编的基期年为1996年，过渡年为2000年，目标年为2010年，规划期为1997～2010年，展望年为2030年。规划编制的总体目标是农用土地得到有效保护和综合整治。12月，市政府成立市土地利用总体规划领导小组，对抽调的工作人员进行业务培训。在市土地利用总体规划领导小组统一部署下，修编工作经过前期准备、资料搜集整理、调查分析、规划编制、论证与审批等阶段，于1998年6月修编形成《靖江市土地利用总体规划（1997～2010年）》方案。规划方案经市土地利用总体规划领导小组和市人大审议、专家论证会论证，集中各方意见修改后，形成送审稿。1998年

图4-1-2 《靖江市土地利用总体规划（1997~2010年）》市级评审现场 （1998年摄）

10月，通过泰州市土地利用总体规划修编工作领导小组专家评审组评审。1999年3月，通过省级评审验收。2000年1月8日，经江苏省人民政府批准实施。

《靖江市土地利用总体规划（1997～2010)》实施后，在耕地保护、建设用地审

1996~2010年靖江市耕地总量动态平衡规划一览表

表4-1-1 单位：公顷

一、1996年10月31日耕地总量		30852.27			
		总 量	1996～2000年	2001～2005年	2006～2010年
二、1996～2010年建设用地总量		945.13	381.32	368.77	195.04
其中	1.新占耕地	786.67	338.48	311.64	136.55
	2.存量建设用地挖潜	156.80	42.84	56.80	57.16
	3.其他	1.66	0	0.33	1.33
三、1996～2010年耕地减少量		976.07	394.89	368.71	212.47
其中	1.建设占用	786.67	338.48	311.64	136.55
	a.城市	142.67	49.12	45.79	47.76
	b.集镇	46.82	16.96	13.26	16.60
	c.村庄	8.08	3.65	3.00	1.43
	d.交通	283.33	151.33	128.00	4.00
	e.水利	206.67	84.20	78.27	44.20
	f.独立工矿用地	85.77	29.62	37.32	18.83
	g.其他	13.33	3.60	6.00	3.73
	其中：国家和省重点工程	100.00	100.00	0	0
	2.退耕（不含结构调整）	30.27	14.76	6.20	9.31
	3.灾毁	159.13	41.65	50.87	66.61
四、1996～2010年补充耕地量		994.75	349.00	293.37	352.38
其中	1、土地后备资源复垦开发	256.54	93.43	68.06	95.05
	a.荒地开发	27.91	12.93	3.82	11.16
	b.其他	228.63	80.50	64.24	83.39
	2.土地整理	738.21	255.57	225.31	257.33
	a.村庄整理	711.38	250.83	219.05	241.50
	b.农地整理	26.83	4.74	6.26	15.83
五、1996～2010年净增耕地		18.68	-45.89	-75.34	139.91
六、2010年10月31日耕地总量		30870.95			

批、规划管理、土地用途管制等方面发挥了积极作用。随时间推移，规划实施时的环境发生了变化，原规划与局部现实已不相适应。为使规划顺利实施，根据上级统一部署，2006 年 1 月，靖江市政府成立新一轮土地利用总体规划修编工作领导小组，对规划进行修编。此次修编采取自上而下、上下联动、指标控制、搞好衔接的方法。前期工作主要是对现行规划实施情况进行评价，开展《靖江市耕地与基本农田专题研究》《靖江市土地集约和节约利用研究》《靖江市优化城乡用地结构与布局研究》《靖江市统筹区域土地利用研究》《靖江市土地利用与生态环境研究》《靖江市土地利用规划实施保障措施与制度创新研究》《靖江市沿江开发土地利用专题研究》和《靖江市建设用地需求专题研究》8 个专题研究。2008 年 8 月 20 日，市政府召开全市土地利用总体规划修编前期工作汇报会，审议前期工作的 8 个专题研究成果。11 月 1 日，以上 8 个专题研究成果通过泰州市专家组评审。

2010 年，靖江根据泰州市下达的约束性、预期性主要指标，统筹安排各业用地，兼顾各镇社会经济发展趋势、土地资源特点，把约束性指标和预期性指标分解到各镇，以此为基础编制《靖江市土地利用总体规划（2006 ~ 2020 年）大纲》。该规划大纲 6 月通过省国土资源厅组织的专家评审，10 月获省国土资源厅批准。2011 年年初，根据《靖江市土地利用总体规划（2006 ~ 2020 年）大纲》，编制成市土地利用总体规划征求意见稿，然后由市土地利用总体规划领导小组和市四套班子审议，并听取有关专家学者的意见，最终形成《靖江市土地利用总体规划（2006 ~ 2020 年）》送审稿。4 月，该规划通过省国土资源厅组织的专家评审。12 月,由江苏省人民政府批准实施。

新一轮市土地利用总体规划修编基期年为 2005 年。规划期限为 2006 ~ 2020 年，其中近期为 2006 ~ 2010 年，远期为 2011 ~ 2020 年。规划成果主要由规划文本、规划图件、规划数据库 3 方面构成，共形成《靖江市土地利用总体规划（2006 ~ 2020 年）前期研究专题》《靖江市土地利用总体规划（2006 ~ 2020 年）大纲》《靖江市土地利用总体规划（2006 ~ 2020 年）文本》《靖江市土地利用总体规划（2006 ~ 2020 年）说明》《靖江市土地利用现状图（2009 年)》《靖江市土地利用总体规划图（2006 ~ 2020 年)》《靖江市建设用地管制分区图（2006 ~ 2020 年)》《靖江市基本农田保护规划图（2006 ~ 2020 年)》《靖江市土地整治规划图（2006 ~ 2020 年)》《靖江市重点建设项目用地布局图（2006 ~ 2020 年)》《靖江市土地利用总体规划（2006 ~ 2020 年）数据库》11 项成果。

2005~2020 年靖江市土地利用主要调控指标规划一览表

表 4-1-2

指　　标	2005 年	2010 年	2020 年	指标属性
总量指标(公顷)				
耕地保有量	29544.1	28848.1	27973.5	约束性
基本农田保护面积	25528.7	23707.0	23707.0	约束性
园地面积	593.9	593.9	593.9	预期性
林地面积	1161.5	1640.9	2632.3	预期性
建设用地总规模	13436.8	14413.6	15840.2	预期性
城乡建设用地规模	11786.4	12039.5	12891.8	约束性
城镇工矿用地规模	3677.4	4187.5	5118.4	预期性
交通水利用地规模	1520.9	2172.2	2716.8	预期性
增量指标(公顷)				
新增建设用地规模	0	1062.3	3019.1	预期性
新增建设用地占用农用地规模	0	950.6	2855.1	预期性
新增建设用地占用耕地规模	0	836.1	2330.3	约束性
建设占用耕地补充义务量	0	836.1	2330.3	约束性
建设占用耕地补充任务量	0	280.8	849.8	约束性
节约集约指标(平方米 / 人)				
人均城镇工矿用地	120.0	127.0	129.0	约束性

二、规划管理

民国 34 年（1945 年）抗战胜利后，各项建设开始恢复。翌年，根据江苏省《关于收复区城市规划条例》，民国县政府编制《城镇营建规划》，规定此后凡公私房屋翻造营建，均须先行向政府申请登记，由建设科勘验后方可施工。

新中国成立初，靖江县政府先后设立建设科、民政科、计划统计科负责有关建设规划管理事宜。1964 年，靖江县人委编制城区道路规划，并颁发《靖江县基本建设工作管理暂行办法》，规定建设用地应按城市规划节约使用，开始对土地实施规划管理。1974年，县革委会遵照国务院和江苏省的有关文件规定，就征收土地使用费的有关问题发出通知，强调为节约土地，控制建筑密度，对于单位用地须统一规划，合理安排，报城建部门批准后方可使用。1978年，县革委会印发《关于加强基本建设和土地使用管理的通知》。1979年，县革委会拟订《城镇建设管理暂行规定》。2月，县基本建设局成立，负责对城区各项建设项目的审批、检查和监督。1980年4月，县政府成立城镇规划领导小组。1981年7月，靖江城区总体规划及各项专业规划编制完成。1982年11月开始，农村社员建房的批准权由公社集中到县，具体由县基建局农建股审批把关。1984年，各乡镇配备主管村镇建设的生建助理，并陆续完成乡镇规划及以中心村为单位的村庄规划。1985年9月，县政府委托省城乡规划设计研究院编制《靖城骥江路商业街改建规划》。1986年2月，《靖江县县城总体规划》经扬州市人民政府批准。同年6月25日，《中华人民共和国土地管理法》颁布，靖江逐步走上依法按规划用地的轨道。同年9月29日，县政府召开县城规划区管理工作会议，专题讨论规划区管理工作的具体措施。1987年，根据江苏省、扬州市统一部署，成立靖江县土地管理局，统管全县城乡土地。同年，县政府拟订的《靖江县村镇建设管理暂行规定》明确指出："村镇建设活动必须服从建设规划。"1988年，县委、县政府针对域内规划管理实施不到位等问题，印发《关于保护耕地，科学用地的意见》，批转县土管、计委、城建3部门《关于加强城乡建设用地管理若干问题的意见》，明确规定用地正式纳入指令性计划，列入全县国民经济计划的指标体系。并制订《分管土地管理乡镇长岗位责任制考核办法》，明确总体规划一经批准，即具有法律效力，任何组织、单位和个人必须遵照执行，不得擅自变更。确需进行调整、修改的，必须经过论证，报原批准机关审批。1989年，为强化建设用地计划管理，县土地管理部门依法对农户建房用地实行"两公开、一监督"（公开办事程序、公开办事结果，接受群众监督）、把"三关"（规划定位关、宅基地面积标准关、缴押金和先拆后建关）、"十不批"（不符合规划、不缴纳保证金、四至不明、手续不全、占用基本农田保护区耕地、占用蔬菜基地、能利用非耕地而利用耕地、未经现场踏勘审核、有土地纠纷未调处结束和超过规定面积标准不批）的审批制度，保证在规划指导和计划控制下的合理用地。同年12月29日，县土地管理局、县城乡建设环境保护局联合发出《关于加强村镇规划建设和用地管理的通知》，要求各土地管理所、建设管理办公室严格按标准、按程序办事，坚决制止建房审批中的违章、违规等不正之风。

20世纪90年代，靖江贯彻“十分珍惜和合理利用每寸土地，切实保护耕地”的基本国策和“一要吃饭，二要建设”的方针，编制乡（镇）和县（市）土地利用总体规划，发挥规划的宏观指导作用，统筹合理安排各类用地，为国民经济和社会发展五年计划和十年规划的实施提供用地保障。1990年5月18日，县政府印发《关于进一步明确国有土地使用审批程序的通知》，土地管理部门加强对土地利用“计划”“规划”执行情况的督促和检查，做到土地利用与总体规划协调一致。1991年8月13日，县政府成立县城市规划工作领导小组，10月25日，靖江县委印发《关于进一步加强靖城规划区建房管理的意见》，强化对城区建房的规划管理。1993年，贯彻国务院《村庄和集镇规划建设管理条例》，10月9日，市委办、市政府办批转市委宣传部、市城乡建设局《关于开展〈村庄和集镇规划建设管理条例〉宣传活动的通知》，在全市开展宣传活动。1994年，贯彻扬州市政府《关于实施全市土地利用总体规划的意见》，靖江加强对各项用地的规划管理和各项建设用地规划跟踪管理，做到按规划批地、依规划用地、按规划管地，切实维护规划的严肃性。1995年10月，市政府印发《关于加强基本农田保护管理的意见》，市土地管理局增设土地规划利用管理科，在落实基本农田保护措施的同时，严格坚持按规划用地，做到用地有登记、土地利用规划图上有标注、土地类别变化有说明。1997年起，全市实行规划管理“一图一表”的审批制度，严格把好规划用地审批关，做到凡占用一级基本农田的建设项目用地一律不批。1998年8月27日，市建委、市城管办和靖城镇召开规划建设管理联席工作会议，就城区区划调整后加强规划管理工作进行专题研究，提出管理措施。是年，市政府编制靖江市土地复垦开发规划，土地开发、复垦、整理的具体项目定时、定量、定序落实到规划图上。泰州市领导察看现场后给予充分肯定。1999年5月，市委、市政府成立靖江市建设规划管理领导小组，确保规划决策的科学性、民主化。

2000年5月起，贯彻国土资源部《土地利用规划实施管理工作若干意见》，市政府出台《关于加强城市土地资产管理的实施办法》等3个政策性文件，明确规定城市建设用地必须实行统一规划、统一征地、统一开发、统一供地、统一管理。靖江国土管理部门发挥规划宏观调控的“龙头”作用，建立健全规划审查和计划管理制度，全面加强对建设用地、农用地和土地开发复垦整理的规划管理。翌年，市政府召开全市土地利用总体规划调整工作会议，对规划调整进行动员部署。各基层国土管理所按上级要求和部署，科学合理地确定各镇土地的时间与空间布局，在全市开展土地利用总体规划调整工作。2002年，根据国土资源部《建设项目用地预审管理办法》，市国土资源局健全建设用地项目预审和规划审查制度。2003年，市国土资源局坚持“开发”与“保护”并举的方针，对土地利用总体规划和矿产资源规划进行微调，编制全市土地开发整理规划。2004年4月29日，国务院办公厅下发通知，决定暂停审批农用地转非农业建设用地。面对国家紧缩的宏观环境，市委、市政府在加强开发区规划管理的同时，实施市镇联动开发，所有新办企业全部进开发区。

2005年起，靖江坚持对土地集中使用、突出重点、兼顾一般的原则，及时修改重点项目规划。是年，为确保重点地区大项目的建设需要，省政府批准核减靖江市基本农田保护指标800公顷。市国土资源局根据建设需要，及时对建设用地规划进行内部整合，从“腹地乡镇”调出808.15公顷建设预留地至沿江地区，大幅度增加经济开发区的建设用地空间。2006年10月，市政府印发《关于加强城市经营性建设用地容积率管理的意见》，将土地利用总体规划作为审批建设用地、控制用地规模和用途的依据。凡不符合土地利用总体规划，没有农转用计划指标的项目，在项目预审过程中坚决予以否决。2007年，市国土资源局认真执行国家产业政策，重点控制投资总量、投资强度、注册资本3个指标，严把预审关。是年，办理建设用地预审88宗，核减超面积用地17.07公顷。2008年，市委、市政府出台《关于在全市开展“双保双促”活动的意见》,提出“保增长，保红线，促进节约集约用地，促进经济发展方式转变”的要求。市国土资源局根据文件精神，对照规划修改的原则和条件，主动与市开发区及相关镇协调，科学制定规划微调方案，调整建设预留地规划布局面积414公顷，为沿江地区重大项目落地提供规划空间。2010年，市国土资源局执行国家《限制用地项目目录》和《禁止用地项目目录》，开展规划衔接性修改工作。是年，全市涉及规划调整的项目75

个、面积524.33公顷，均获省国土资源厅批准。

2011年12月，《靖江市土地利用总体规划（2006～2020年）》获江苏省人民政府批准。新修编的土地利用总体规划按照集中、集约用地原则，把建设用地宏观调控从单纯的规模控制转向规划控制与土地利用集约度考核并重的联合控制。是年，全市依据土地利用总体规划完成34宗建设用地项目预审，否决6个不符合准入条件的用地项目。

第二节　土地利用分类和分区

明清时期，靖江土地利用主要以居住和农耕为主，土地利用结构较为单一。土地利用结构分类，大都按土地的权属、用途或质量划分，如官田、民田，学田、庙田，山田、滩田，平田、沙田，课田、溢田等。民国时期，靖江出现蚕桑业、近代工商业以及文教事业，城镇居民点逐渐扩大，土地利用结构也发生变化。新中国成立以后，随着生产力的发展，域内农、工、商、建、运、服务业迅速发展，土地利用率不断提高。20世纪80年代，靖江农业、水利、城建部门为加强各自系统内用地的计划和管理，先后作过不同程度的用地分类及统计调查。1982～1985年，县农业区划办公室、水利局进行土地利用现状调查，查清了县内土地的分布和利用状况。此后，靖江土地管理部门又按国家土地管理部门和省、市的统一要求，于1991年、1997年、2002年、2008年对土地资源及利用现状进行调查统计，为指导全市（县）农业生产、合理利用各类土地和制定国民经济发展计划提供科学、准确的数据。

一、土地利用分类

1982～1985年，开展第一次全国土地资源调查（土地详查）。靖江依据全国农业区划委员会颁布的《土地利用现状调查技术规程》，采用两级分类方法，对域内土地利用现状进行调查统计。

1988~2001年，全市土地变更调查统计一直依据1987年全国农业区划委员会颁发的《土地利用现状调查技术规程补充规定和说明》，一级类分8个(亦称8大类)，二级类分46个。2001年，全市耕地、园地、林地、水域及水利设施用地分别比1988年减少8.62%、16.83%、16.34%、3.25%，居民点及工矿用地、交通用地、未利用地分别比1988年增长32.58%、110.97%、251.25%。

随着社会生产力的发展和市场经济体制的逐步建立，域内土地利用结构随之发生变化。2002年起，按照国土资源部的部署，全市将土地利用类型从原地类调整为农用地、建设用地、未利用土地3个大类（亦称过渡地类）。至2007年，全市有农用地38109.39公顷，占土地总面积57.33%；建设用地13799.84公顷，占土地总面积20.76%；未利用地14567.24公顷，占土地总面积21.91%。

2008年，根据国土资源部发布的《第二次全国土地调查技术规程》，土地利用类型从原来土地分类(3大类）调整为8个一级地类、27个二级地类。2009年，全市土地总面积为65558.45公顷。其中，耕地28807.86公顷，占土地总面积的43.94%，耕地中水田25180.7公顷、水浇地121.62公顷、旱地3505.54公顷；园地9.76公顷，占土地总面积的0.01%；林地773.38公顷，占土地总面积的1.18%；草地712.23公顷，占土地总面积的1.09%；城镇村及工矿用地14143.39公顷，占土地总面积的21.57%，城镇村及工矿用地中城市用地1514.43公顷、建制镇用地522.72公顷、村庄用地11217.58公顷、工矿用地118.48公顷、风景名胜及特殊用地770.18公顷；交通运输用地2778.69公顷，占土地总面积的4.24%，交通运输用地中铁路和公路用地951.91公顷、农村道路用地1765.37公顷、港口码头用地61.41公顷；水域及水利设施用地18171.77公顷，占土地总面积的 27.72%，水域及水利设施用地中河流水面 13889.26 公顷、坑塘水面 1422.94 公顷、内陆滩涂 1133.41 公顷、沟渠 1293.8 公顷、水工建筑 432.36 公顷；其他土地 161.37 公顷，占土地总面积的 0.25%，其他土地中设施农用地 59.62 公顷、田坎 97.07 公顷、沼泽地 0.84 公顷、沙地 1.15 公顷、裸地 2.69 公顷。该土地利用分类沿至 2011 年。

1984 年靖江县土地利用现状分类一览表

表 4-2-1　　　　单位：公顷

土地类型		面　积	占总面积 比重(%)	备　　注
土地总面积		66500.70	100	
耕　地	小计	34500.75	51.88	
	水田	31410.01	47.23	
	水浇地	2793.44	4.20	
	菜地	297.30	0.45	
园　地	小计	642.99	0.97	
	桑园	569.69	0.86	
	果园	61.18	0.09	
	其他园	12.12	0.02	
林　地	小计	1877.54	2.82	
	有林地	41.52	0.06	
	竹林	1758.08	2.64	
	苗圃	77.94	0.12	
牧草地	—	—	—	未统计
居民地及工矿用地	小计	7358.38	11.07	
	城镇	91.84	0.14	
	农村	6485.96	9.75	
	工矿	741.38	1.12	
	特殊用地	39.20	0.06	含国防、名胜古迹、墓地

续表 4-2-1

土地类型		面　积	占总面积比重(%)	备　　注
交通用地	小计	1012.02	1.52	
	公路	193.97	0.29	
	农村路	818.05	1.23	
水域及水利设施用地	小计	21083.50	31.70	含长江靖江段 11333.2 公顷
	河流	17983.88	27.04	含长江靖江段 10449.25 公顷
	坑塘	7.63	0.01	
	苇地	917.30	1.38	含长江靖江段 833.95 公顷
	鱼池	204.29	0.31	
	沟渠	1436.32	2.16	
	堤坝水工	534.08	0.80	
难利用土地	小计	25.52	0.04	
	待用地	25.52	0.04	

1988~2001 年靖江市（县）土地利用现状分类一览表

表 4-2-2　　单位：公顷

类　别	1988 年	1989 年	1990 年	1991 年	1992 年	1993 年	1994 年	1995 年	1996 年	1997 年	1998 年	1999 年	2000 年	2001 年
土地总面积	66500.70	66500.70	66500.70	66500.70	66500.70	66500.70	66500.70	66476.47	66476.47	66476.47	66476.47	66476.47	66476.47	66476.47
耕　地	33220.67	33191.60	33055.03	33029.27	32973.20	31887.49	31738.60	31961.34	30852.27	30734.19	30741.43	30727.47	30561.49	30356.48
园　地	659.33	656.87	776.13	773.87	769.07	956.63	956.62	958.63	902.23	521.12	538.05	545.08	550.55	548.39
林　地	1924.07	1924.07	1924.07	1924.07	1924.07	1742.23	1730.67	1743.21	1710.61	1669.53	1653.48	1638.77	1616.46	1609.59
居民点及工矿用地	8265.07	8296.60	8313.80	8341.87	8398.47	9252.79	9384.93	9188.66	9936.98	10872.32	10857.93	10873.56	10892.53	10958.09
交通用地	1077.20	1077.20	1077.20	1077.27	1081.80	1468.91	1499.27	1456.21	1665.03	2155.76	2172.19	2179.72	2244.47	2272.55
水域及水利设施用地	21328.76	21328.76	21328.87	21328.75	21328.49	21173.66	21171.61	21149.43	21389.62	20397.21	20388.14	20386.70	20519.17	20641.45
未利用地	25.60	25.60	25.60	25.60	25.60	18.99	19.00	18.99	19.73	126.34	125.25	125.17	91.80	89.92

说明：牧草地未统计。

2002~2007年靖江市土地利用现状分类一览表

表 4-2-3　　单位：公顷

类别		2002年	2003年	2004年	2005年	2006年	2007年
土地总面积		66476.47	66476.47	66476.47	66476.47	66476.47	66476.47
农用地	小　计	39728.39	39605.38	39254.84	38417.27	38273.37	38109.39
	耕　地	30240.76	30163.15	29853.24	29544.09	29346.81	29639.81
	园　地	553.75	553.55	551.01	593.87	591.41	606.08
	林　地	1604.85	1600.53	1595.35	1161.49	1191.69	909.09
	其他农用地	7329.03	7288.15	7255.24	7117.82	7143.46	6954.41
建设用地	小　计	12273.57	12535.34	12967.00	13436.76	13766.31	13799.84
	居民点及工矿用地	10999.41	11266.81	11583.82	11915.89	12263.16	12260.97
	交通运输用地	845.47	845.04	963.69	1107.05	1106.64	1121.89
	水利设施用地	428.69	423.49	419.49	413.82	396.51	416.98
未利用地	小　计	14474.51	14335.75	14254.63	14622.44	14436.79	14567.24
	未利用土地	89.89	89.07	89.14	690.90	643.74	890.11
	其他土地	14384.62	14246.68	14165.49	13931.54	13793.05	13677.13

说明：农用地中牧草地未统计。

2008~2011年靖江市土地利用现状分类一览表

表 4-2-4　　单位：公顷

类别	2008年	2009年	2010年	2011年
土地总面积	66476.47	65558.45	65558.45	65558.45
耕　地	29309.33	28807.86	27818.18	27565.13
园　地	619.98	9.76	29.57	29.24
林　地	850.92	773.38	724.83	695.61
草　地	803.24	712.23	698.67	682.38
城镇村及工矿用地	12315.71	14143.39	14928.19	15236.36
交通运输用地	2712.20	2778.69	2936.26	2963.66
水域及水利设施用地	19835.31	18171.77	18187.83	18145.39
其他土地	29.78	161.37	234.92	240.68

2011 年与 1984 年详查数据相比较，耕地、园地、林地、水域及水利设施用地均有所减少，尤其是耕地面积减少 6935.62 公顷；城镇村及工矿用地、交通运输用地则大幅增加，两项非农业建设用地共增加 9829.62 公顷。

1984 年、1995 年、2002 年靖江市（县）土地利用结构比较一览表

表 4-2-5　　　　单位：公顷

项目		总面积	耕地	园地	林地	居民点及工矿用地	交通用地	水域及水利设施用地	未利用地
面积	1984 年	66500.70	34500.75	642.99	1877.54	7358.38	1012.02	21083.50	25.52
	1995 年	66476.47	31961.34	958.63	1743.21	9188.66	1456.21	21149.43	18.99
	2002 年	66476.47	30240.76	553.75	1604.85	11000.59	2351.88	20634.75	89.89
1995 年与 1984 年比较(增长+、减少-)	面积	—	-2539.41	+315.64	-134.33	+1830.28	+444.19	+65.93	-6.53
	百分率(%)	—	-7.36	+49.09	-7.15	+24.87	+43.89	+0.31	-25.59
2002 年与 1995 年比较(增长+、减少-)	面积	—	-1720.58	-404.88	-138.36	+1811.93	+895.67	-514.68	+70.90
	百分率(%)	—	-5.38	-42.24	-7.94	+19.72	+61.51	-2.43	+373.35

说明：1984 年数据由靖江县农业区划办公室提供。水域面积中与 1995 年统计口径比较，长江面积多 24.23 公顷。牧草地未作统计。

2002 年、2008 年靖江市土地利用结构比较一览表（过渡地类）

表 4-2-6　　　　单位：公顷

项目		总面积	农用地					建设用地				未利用地		
			小计	耕地	园地	林地	其他农用地	小计	居民点及工矿用地	交通用地	水利设施用地	小计	未利用地	其他土地
面积	2002 年	66476.47	39728.39	30240.76	553.75	1604.85	7329.03	12273.57	10999.41	845.47	428.69	14474.51	89.89	14384.62
	2008 年	66476.47	38082.96	29696.01	618.81	893.49	6874.65	13886.31	12348.75	1121.97	415.59	14507.20	843.71	13663.49
2008 年与 2002 年比较(增长+、减少-)	面积	—	-1645.43	-544.75	+65.06	-711.36	-454.38	+1612.74	+1349.34	+276.50	-13.10	+32.69	+753.82	-721.13
	百分率(%)	—	-4.14	-1.80	+11.75	-44.33	-6.20	+13.14	+12.27	+31.64	-3.06	+0.23	+838.60	-5.01

说明：牧草地未统计。

2009 年、2011 年靖江市土地利用结构比较一览表
（“二调”后地类）

表 4-2-7　　单位：公顷

项目		总面积	耕地	园地	林地	草地	城镇村及工矿用地	交通运输用地	水域及水利设施用地	其他土地
面积	2009 年	65558.45	28807.86	9.76	773.38	712.23	14143.39	2778.69	18171.77	161.37
	2011 年	65558.45	27565.13	29.24	695.61	682.38	15236.36	2963.66	18145.39	240.68
2011 年与 2009 年比较（增长 +、减少 -）	面积	—	-1242.73	+19.48	-77.77	-29.85	+1092.97	+184.97	-26.38	+79.31
	百分率（%）	—	-4.31	+199.59	-10.06	-4.19	+7.73	+6.66	-0.15	+49.15

二、土地利用分区

（一）土地利用类型分区

1984 年，根据自然条件及农业生产现状，靖江将全县土地划分为 3 个土地利用类型区：

沿江圩田区　位于横港以南沿江地区，包括新桥、太和、东兴、惠丰、城南、八圩、越江、斜桥、敦义、西来 10 个乡。土地面积 25663.75 公顷，占全县陆地总面积的 46.52%；农业人口 256939 人，占全县农业总人口的 46.72%；耕地面积 15301.45 公顷，占全县耕地面积的 44.35%。该区土地利用现状结构为：全区土地总面积中耕地占 59.62%，园地占 0.80%，林地占 4.33%，居民用地占 11.76%，工矿用地占 1.27%，交通用地占 1.92%，水域占 15.67%，水利设施用地占 4.52%，特殊用地（国防、风景名胜、坟地等，下同）占 0.06%，难利用土地（待用地等）占 0.05%。该区地势低平，格田成方，处于高低潮位之间，有自灌自排条件，港口有闸控制，内河水位较高，渍害较重，重壤土，稻棉轮作区，农业生产水平较高。

老岸旱改水田区 位于横港以北，孤山以南一带，包括红光、新丰、生祠、马桥、长里、靖城、柏木 7 个乡镇，以及侯河、团结、季市、孤山、长安、新桥、大觉 7 个乡的一部分。土地面积 23428.26 公顷，占全县陆地总面积的 42.47%；农业人口 222226 人，占全县农业总人口的 40.41%；耕地面积 15122.69 公顷，占全县耕地面积的 43.83%。该区土地利用现状结构为：全区土地总面积中耕地占 64.55%，园地占 1.63%，林地占 2.82%，居民用地占 12.20%，工矿用地占 1.46%，交通用地占 1.82%，水域占 12.65%，水利设施用地占 2.75%，特殊用地占 0.07%，难利用土地占 0.05%。该区地势较高，轻壤土，原以旱作为主，后改为稻棉轮作，农作物布局与沿江基本相同。

孤北洼地区 位于孤山以北地带，为上述 2 个区的全部剩余部分，包括侯河、团结、孤山、季市、长安、大觉、土桥 7 个乡的 43 个村，以及县水产养殖场、乡水产养殖场、乡农场。土地面积 6075.49 公顷，占全县陆地总面积的 11.01%；农业人口 70816 人，占全县农业总人口的 12.87%；耕地面积 4076.61 公顷，占全县耕地面积的 11.82%。该区土地利用现状结构为：全区总面积中耕地占 67.10%，园地占 0.93%，林地占 1.73%，居民用地占 11.55%，工矿用地占 1.20%，交通用地占 1.53%，水域占 13.08%，水利设施用地占 2.76%，特殊用地占 0.10%，难利用土地占 0.02%。该区地势低洼，排水缓慢，土质较劣，易涝易渍，虽建有一批中、小提排站，但农业生产水平不高。

1984 年靖江县农业类型分区土地分类面积一览表

表 4-2-8 单位：公顷

土地类别		孤北洼地区	老岸旱改水田区	沿江圩田区	长江靖江段	合计
耕地	面积	4076.61	15122.69	15301.45	0	34500.75
	占总面积%	67.10	64.55	59.62	0	51.88
园地	面积	56.57	381.54	204.88	0	642.99
	占总面积%	0.93	1.63	0.80	0	0.97
林地	面积	105.23	660.94	1111.37	0	1877.54
	占总面积%	1.73	2.82	4.33	0	2.82
居民用地	面积	701.95	2856.89	3018.96	0	6577.80
	占总面积%	11.55	12.20	11.76	0	9.89

续表 4-2-8

土地类别		孤北洼地区	老岸旱改水田区	沿江圩田区	长江靖江段	合计
工矿用地	面积	72.83	341.76	326.79	0	741.38
	占总面积%	1.20	1.46	1.27	0	1.12
交通用地	面积	92.84	427.34	491.84	0	1012.02
	占总面积%	1.53	1.82	1.92	0	1.52
水域	面积	794.70	2963.68	4021.53	11333.20	19113.11
	占总面积%	13.08	12.65	15.67	0	28.74
水利设施	面积	167.68	644.16	1158.55	0	1970.39
	占总面积%	2.76	2.75	4.52	0	2.96
特殊用地	面积	5.96	17.25	15.99	0	39.20
	占总面积%	0.10	0.07	0.06	0	0.06
难利用土地	面积	1.12	12.01	12.39	0	25.52
	占总面积%	0.02	0.05	0.05	0	0.04
总面积		6075.49	23428.26	25663.75	11333.20	66500.70

（二）土地利用功能分区

1992 年起，为了统筹兼顾，因地制宜，体现靖江土地利用方向、土地利用主导用途和土地保护、限制、管理措施的相对一致性，根据土地资源现状特点，以及与土地利用调整指标相协调，符合社会主义市场经济发展要求，便于实施管理等原则，先后 3 次从用途和功能方面对全市（县）土地利用进行分区。是年，将全县土地划分为城镇建设区（面积 5473.33 公顷）、农业区（面积 42753.33 公顷）和沿江经济发展带（面积 18280 公顷）3 个功能分区。1997 年，将全市土地划分为农业用地区（面积 33662.29 公顷）、建设用地区（面积 10266.51 公顷）和其他用地区（21629.65 公顷）3 大类用途区。2006 年，在综合研究构成土地利用差异各要素的基础上，围绕实现统筹安排、分区指导的土地利用区域统筹目标，对土地利用功能区作适当调整，将全市土地划分为 4 个功能分区：

南部中心城市发展区 靖江市中心城区主体位于靖城街道，同时包括城北园区、城南园区、滨江新城、生态园、新港园区、江阴—靖江工业园区等，土地面积3964公顷。该区是全市的政治、经济、文化和信息中心，靖城街道将发展成为一个经济发达、环境优美、生活舒适、功能齐全的中心城区。土地利用方向以商业用地、居住用地、文化景观用地、新型工业用地以及交通用地为主。

中心城区发展规模：中心城区兼顾靖江市未来城市发展定位要求，将靖江市域空间布局类型选择为组团式，构建“一城四片区及若干个农民集中居住区”的发展格局。东部片区，以新港工业园区为依托，整合斜桥镇、西来镇全域，为靖江经济技术开发区核心区域，系市域东部重要的先进制造业与临港产业基地、商贸物流基地、副中心城镇；西部片区，以新桥镇为依托，整合东兴镇部分区域(除江阴—靖江工业园区规划范围外)，以工业经济为主导功能；西北部片区，依托生祠镇，整合马桥镇部分区域，为市域西部具有历史文化特色的农副产品加工基地和旅游商贸城镇；北部片区，依托城北园区，整合季市镇、孤山镇全域，以商贸、物流业和自然景观旅游为主导功能。中心城区范围内有少量优质耕地作为基本农田保护任务；为适应中心城区发展需要，预留新增建设用地面积1132.9公顷。

2006~2011年，中心城区呈现“双中心团块状”空间布局结构。其中，在老城区形成了商业中心，围绕骥江路、人民路以及江平路形成商业与服务业集中区域。在滨江新城初步形成行政中心，围绕阳光大道与城东大道形成行政办公集中区域。同时，依托重要道路以及水系形成城北、老城、滨江新城、城南以及江阴—靖江工业园区等功能板块。城镇人口总量由32.04万人增加至50.05万人，城镇化率由45.88%增长至67.11%。

沿江产业优化区 位于靖江市南部沿江一带，是全市的重要发展轴，是承接沿江开发和苏南地区产业转移的主要地域，包括西来、斜桥、东兴和新桥4个镇，土地面积为31182.4公顷（含长江滩涂面积）。该区4个镇中，有2个为城市规划确定的重点中心镇，即新桥镇和斜桥镇，将建设成为两个片区中心。新桥镇主要以冶金、机械为主导。斜桥镇主要以船舶修造、物流业为主导。东兴镇靠近城区，是江阴—靖江工业园区主要用地区域，为城市扩展区域。西来镇地处市域最东部，濒临长江，与如皋接壤，发展商贸经济与沿江产业较有优势。

该区土地利用结构和方向：（1）耕地和基本农田主要安排在新桥镇和西来

镇。(2)建设用地主要集中布局在沿江经济区，在斜桥镇和西来镇适当增加布局。(3)土地整治补充耕地开发主要布局在新桥镇、斜桥镇和西来镇，预计新增耕地313.2公顷。

2006～2011年，靖江实施"以港兴城，港城相依"发展战略，沿江产业的先进程度和科技水平不断提高，已形成沿江制造业集聚发展，城区及港区公共服务、商贸服务、港口物流业快速发展，农业现代化水平不断提高的发展态势。凭借良好的区域优势，制造业占据主导地位的结构已开始向二、三产业为主导的方向演化，区域性的服务业及衍生产业（贸易、物流业）逐步释放出活力，靖江港成为新兴的现代化国际性商港。

西北部农业生态区 位于靖江市西北部老岸高平田区，是全市种植业的主要发展区域，包括生祠镇和马桥镇，土地面积12998.5公顷。西北部农业生态区主要为农业生态开敞空间，以发展高效、生态农业为主，该区域土地利用方向主要为耕地、园地等农用地。

土地利用布局：(1)耕地保有量：生祠镇为4170公顷，马桥镇为3454.3公顷。(2)基本农田保护面积：生祠镇为4140公顷，马桥镇为2950公顷。(3)新增建设用地面积：生祠镇为71.9公顷，马桥镇为75.9公顷，主要布局在集镇周边。

2006～2011年，精心打造生祠片区现代农业综合示范区，马桥等8个镇级农业科技示范园区建设进展顺利。生祠镇积极创建省级现代农业示范园区，规划面积1533.33余公顷，已累计投入2.5亿元，涵盖花卉、苗木基地、特种水产养殖基地、万亩优质稻米基地、千亩设施农业基地五大功能区，区内有各类农业项目79个，用地面积713.33公顷。马桥镇大力推进农业科技示范园建设，新增高效农业项目8个、高效农业面积166.67公顷。市农业部门以新江平线为依托，着手建设长20余千米，两边各宽300米的生态农业走廊，面积约2000公顷，自西向东串联起以新桥镇为主体的优质粮食基地，以生祠镇、马桥镇、孤山镇为主体的万亩蔬菜基地，以西来镇现有农业项目为主的休闲农业基地等，形成现代农业走廊。

北部城乡协调发展区 位于靖江市域北部，包括孤山镇和季市镇，土地面积10200.3公顷。该区各镇以发展商贸和物流为主导的商贸型城镇，加强与中心城区的经济联系，统筹城乡发展。

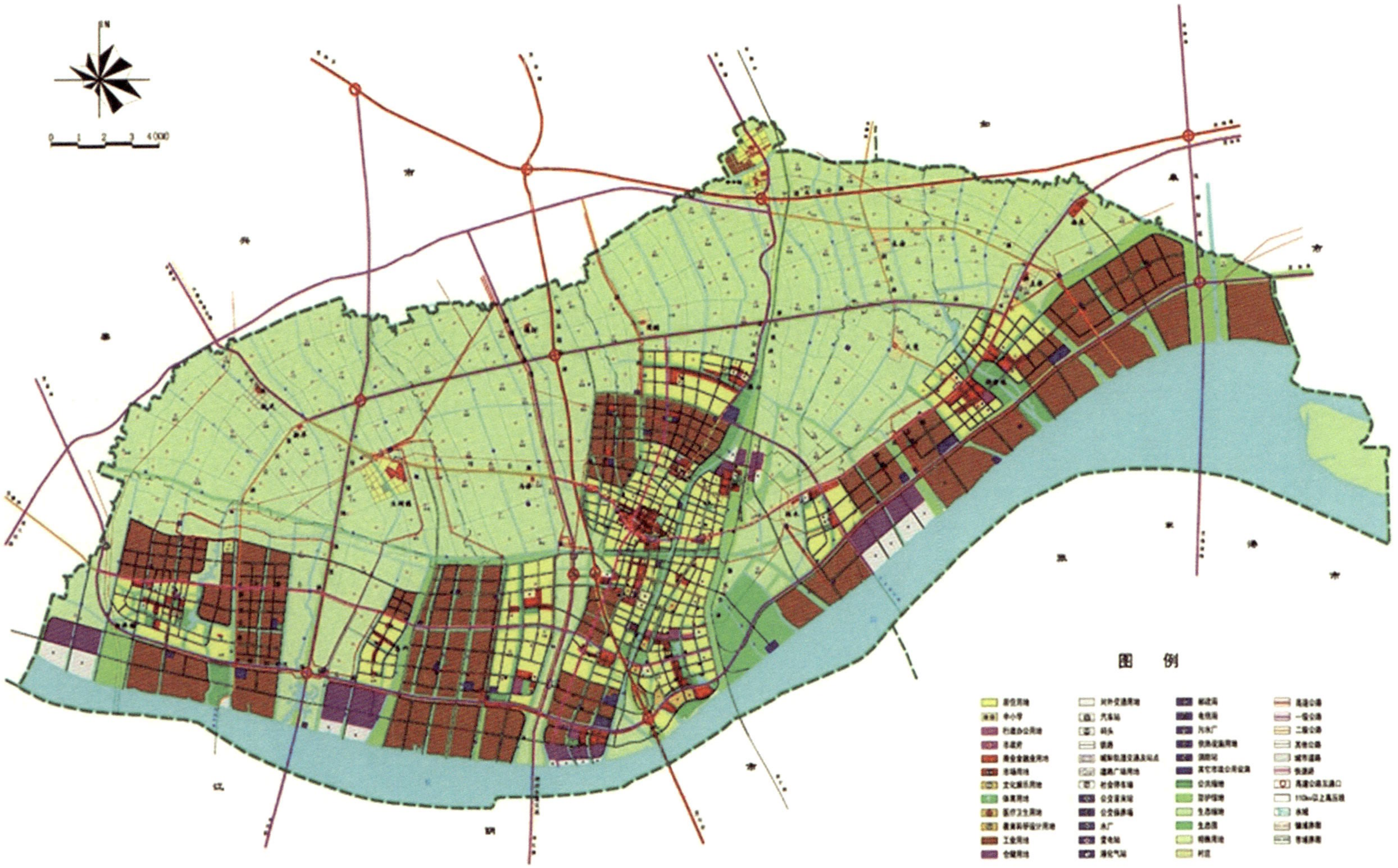

图 4-2-1　2011 年靖江市市域空间利用（一城四片区）规划图

土地利用布局：（1）耕地保有量：孤山镇为3280.6公顷，季市镇为2356.3公顷。（2）基本农田保护面积：孤山镇为2940公顷，季市镇为2060公顷。（3）新增建设用地面积：孤山镇为215.4公顷，季市镇为55.3公顷，主要布局在集镇周边，适当减少农村居民点规模。

2006～2011年，孤山镇着力发展城北组团，加快路网建设和水系调整，推进靖江市第一中学周边商居项目建设和姜八路、北环城路两侧地块综合改造，全力打造城北组团的教育文化、居住休闲功能区；加快推进规划面积70公顷的商贸物流中心建设；结合城乡建设用地增减挂钩工作，全面启动孤山集中居住点建设，一期工程规划用地29公顷；新建小游园7个，完成孤山景观区二期工程，绿化造林133.33公顷，成为省级环境优美乡镇。季市镇按照“资源向优势企业和项目集中”的原则，关停能耗高、竞争力不强的企业，签约落户汽车和船用配件、精密钢构、航天动力等优势项目，盘活土地8.87公顷。建成季市绿岛、绿廊和季市公园，植树造林233.61公顷，获泰州市小康社会森林覆盖率达标乡镇称号。

第三节　节约集约用地

靖江人多地少，特别是人均耕地少。2000年，人口密度每平方千米1205人，人均耕地只有0.69亩。且土地利用率极高，2002年已达98%，后备土地资源匮乏。为贯彻落实“十分珍惜和合理利用每寸土地，切实保护耕地”的基本国策，适应工业化、城镇化和农业现代化的发展要求，市委、市政府于2003年提出工业向园区集中、人口向城镇集中、住宅向社区集中的节约集约用地战略，明确以园区集中企业，以企业集中人口，以人口繁荣城镇的发展路径，推动新型工业化、新型城镇化、农业现代化同步发展。2004年起，围绕节约集约用地这一核心，启动“市镇联动开发”“建设用地增减挂钩”“万顷良田建设”3项工程，促进靖江土地利用方式和经济增长方式两个根本转变，不断探索适合靖江特色的集约发展型道路，为靖江经济社会可持续发展奠定基础。2011 年，靖江市获全国国土资源节约集约模范市称号。

一、工业集中发展

2003 年前，靖江沿用苏南发展乡镇企业的运作模式，市委、市政府重点考核乡镇招商引资工作，将企业税收与各镇财政收入紧密挂钩，导致各镇纷纷“圈地”建工业园。但镇级工业园规模小，配套设施分散，低水平重复建设，土地利用率不高。2004 年 5 月 8 日，市委、市政府印发《关于加快推进市镇联动促进土地集约利用的意见》，要求各镇领导干部解放思想，打破行政区划界限，加强各镇和园区的联动与合作，摒弃“村村点火、镇镇冒烟”的工业布局，撤销原有镇级工业园区，推行“零土地招商”“飞地开发”；各镇除重点骨干企业技术改造外，不再新增建设用地，所有新上项目全部进入市经济开发区，走资源集约、企业集群、产业集聚发展之路。2005 年，为了发挥各镇在市镇联动中的积极作用，市委、市政府按照“谁投资、谁受益”的原则，明确各镇、村和部门可以到市经济开发区内设立“区中园”、建设“工业村”，建造标准化厂房。2006 年后建成城北园区靖城工业园、科技创业园和新港园区粮食产业园、船舶配套园。是年，市政府印发《关于加强建设项目用地管理推进土地集约利用的通知》，引导新办工业企业向园区集中，探索建立有利于节约集约用地新机制。将各镇引进开发区的项目一律纳入乡镇考核，新增税收也纳入乡镇统计，通过财税分成解决市、镇两级的利益分配问题。至 2008 年，靖江经济开发区先后投入 63.8 亿元，用于基础设施建设，提升项目承载能力，及时兑现联动开发奖励政策。各部门全力配合，共签约市镇联动项目 107 个，其中城北园区 65 个、新港园区 28 个、城南园区 14 个，总投资 59.4 亿元。有 8 个镇、1 个街道、3 个部门参与共建，城南、城北园区由镇及部门为主开发的“区中园”4 个、由行政村为主开发的“区中村”5 个。靖江经济开发区每公顷土地投资强度，要求由 2003 年的 750 万元提高到 3000 万元。原来平均

图 4-3-1　城北园区工业集中区　(2007 年摄)

每个镇每年工业用地约 20 公顷，10 个镇 4 年用地 800 公顷左右，而开发区 4 年新批工业用地不足 130 公顷。开发区实施“少增地”甚至“零增地”技改，用地由“平面”向“立体”转变，鼓励企业向空中发展，建设多层标准化厂房。园区土地容积率从 2003 年的 0.5～0.6 提高到 1.1 以上。是年，靖江市地区生产总值 291.11 亿元，财政总收入 54.14 亿元，圆满实现“总量翻番，苏中夺冠”的第一个五年大跨越发展目标。

靖江举全市之力建设“两区”（市经济开发区和江阴—靖江工业园区）“三园”（城南、城北、新港工业园）的做法，得到省领导的肯定。2008 年 8 月，省国土资源厅厅长夏鸣带领考察组至靖江调查，认为靖江的经验和做法，对节约集约建设用地是十分有效的。同月 3 日，新华通讯社国内动态刊载了靖江工业集聚发展的经验。省委书记梁保华对此作出批示。省国土资源厅将靖江市镇联动开发经验推广至全省。2009 年，靖江成立新桥工业园，着力发展机械冶金和现代物流，加快打造临江产业。至 2011 年，通过市镇联动开发，沿江和各工业园区形成船舶、金属材料、木材、粮食、能源五大产业集群，“两区”“四园”已成为引领全市经济发展的主引擎和经济增长的主板块。

二、农民集中居住

靖江农村田亩陂塘，经纬错综，有古时井田制的遗风。村庄呈条带型，农户居住分散，户均占地过大。加之近年大量富余劳动力向城镇二、三产业转移，出现空置房、空心村现象，农村宅基地闲置或低效使用，土地利用率逐年下降，与城镇建设用地严重不足形成反差。为此，靖江从自然资源状况出发，鼓励农民进新农村集中居住点，促进农村住宅建设用地方式的转变。2003 年，市政府提出“人口向城镇集中，住宅向社区集中”的现代农村新模式。根据全市“一个中等城市（即主城区常住人口 40 万）、两个小城市（即新港城、新桥城聚集人口各 10 万左右）、两个特色镇（即生祠镇、季市镇聚集人口各 3 万左右），若干个新农村集居点”的城乡建设规划布局，按照“利于生产、方便生活、集中布局”的要求，打破行政村、组界限，选择区位优势好、农民集聚程度高、配套基础设施较完善的地方作为集中居住点，吸引农民入住，将原规划的 200 个农村集中居住点压缩到 30 个左右。2005 年，市政府印发《靖江市城镇村（居）民建房管理办法》，强化宅基地管理。按照城市发展和经济建设情况将全市划分为禁建区、近期控制区、远期控制区。禁建区内严禁住房建设，规定凡城市规划区及因城市建设需要控制范围内的村（居）民建房，均应遵守城市规划等相关法律、法规。明确全市城镇规划区以外的村民翻、改、扩建住宅，一律进入规划的集中居住区。是年，根据国务院《关于深化改革严格土地管理的决定》精神，市政府成立农村建设用地整理与新增建设用地挂钩试点工作领导小组。

2006 年，靖江市被国土资源部列为城镇建设用地增加与农村建设用地减少相挂钩工作首批试点单位。市国土资源局通过开展农村居民点和工矿废弃土地整理的专项调查研究，编制城乡建设用地增减挂钩规划和实施方案，并确定试点项目区。全市按照规划要求，在充分尊重农民意愿的基础上，鼓励和引导农民集中居住，一步到位进城入镇。通过建设多层农民公寓，对拆迁户进行集中统一安置，提高了土地利用集约度。同时规划区内坚持“统一规划、统一建设、合理补偿、妥善安置”的原则，有步骤地将分散居住的村民集中到生活小区。年内仅城南园区就有 345 户安置到集中居住区。

2009 年 4 月 16 日，市委、市政府下发《关于加快推进农民集中居住试点的实施意见》，以“生产发展、生活宽裕、乡风文明、村容整洁、管理民主”的社会主义新农村建设要求为总体目标，引导农民集中居住。市委办公室、市政府办公室印发《靖江市城乡建设用地增减挂钩试点项目实施方案》《靖江市新农村集中居住点建房管理办法（试行）》，明确城乡一体化战略的实施必须遵循“统一规划、试点先行、先易后难、稳步推进”原则，将宅基地等建设用地（即拆旧地

图 4-3-2　孤山集中居住区　(2011 年摄)

块）与集中居住点、拟用于城镇建设的地块（即建新地块）共同组成拆旧建新挂钩项目区，通过复垦、整理、调换等形式，推进农民集中居住，优化城乡人居环境，提高土地利用效率，促进现代农业发展。

2010 年 5 月，为加快城乡一体化发展，市委、市政府就加快推进全市城乡一体化提出实施意见，要求全市以规划为龙头，以体制创新为动力，以农村宅基地置换住房、以承包地置换保障，加快农民向市民转化。2011 年，市委在第十二个五年规划的建议中，要求全市创新城镇发展模式，把推进农民集中居住与加快城镇化进程结合起来，优先选择在建制镇进行高起点规划、高质量建设农民集中居住点，进一步提高居住集中程度。至年末，全市 8 个镇、1 个街道共规划建设 10 个集中居住点，建成公寓式农民安置房近 98 万平方米，比一户一宅式安置住宅楼节约土地近 30%，有 5100 余农户迁入集中居住区。

三、农业规模经营

2000 年，靖江市委、市政府贯彻省委、省政府办公厅《关于发展农业专业合作经济组织的意见》，引导农业向种养大户和示范区集中，将农田调整与推进农业产业化相结合，促使农业向规模化、基地化、集中化过渡。是年，全市建立 10

个特色种植基地、11个特色养殖基地，有各类专业户573个，专业合作经济组织2个。年末，重点农业龙头企业销售收入达6.1亿元。2001年起，东兴镇以多种形式流转土地69.72公顷，形成林木花卉、翠冠梨种植及万头生猪、万只蛋鸡、特种水产养殖等基地。马桥镇结合农业结构调整，流转土地176.7公顷，拥有徐周村无公害外贸蔬菜基地、“绿之缘”大米生产基地、无公害葡萄园等高效农业生产基地15个和6个专业合作社。2004年，斜桥镇流转土地70公顷，经营花卉苗木、名特优新品种蔬菜和特种水产养殖，“双绿牌”牛奶走出靖江，特种水产南美对虾获靖江市科技推广奖，江平村成为市农业综合示范村、省农业科教示范建设基地。西来镇以转包、入股为主，多种形式并举流转土地150.07公顷，占总面积6.2%，形成百亩反延季节无公害设施栽培基地等10大种植养殖基地。生祠镇形成靖江市绿禾设施蔬菜种植基地等5个特色种养区、2个高档花卉苗木种植区、2个观光休闲农业区、2160公顷良田优质稻米种植区，所产大米于2004年6月通过江苏省无公害农产品产地认证。土地适度规模经营，使土地、人才、技术、资金等生产要素得到合理配置，形成集约优势。2005年，泰州市在靖江召开土地集约利用现场会，推广靖江的做法。全市第二次农业普查资料显示：2006年全市共有农业规模生产经营单位73个，其中种植业7个，占9.59%；林业16个，占21.92%；畜牧业11个，占15.07%；渔业9个，占12.33%；农林牧渔服务业30个，占41.09%。土地规模经营面积达790.74公顷。

2008年，靖江按照中央和省农村工作会议精神，全力推进“三大合作”，即农民专业合作、土地股份合作和社区股份合作，发展适度规模经营。市农村工作部门依据“平等协商、自愿互利、保底分红”原则，指导合作社规范化建设，全年新建合作组织30个、土地股份合作社9个，成立社区股份合作社7个。年内，全市高效农业面积新增1333公顷，新增设施农业面积近266公顷，以高效名贵品种养殖为主的高效渔业面积新增147公顷；建成省级农业标准化示范区2个，无公害农产品产地61个。2009年，市内农田除农户之间流转外，工商企业、农民专业合作组织、专业大户等规模经营主体也作为受让方参与流转。全市土地流转农户3.5万户，流转面积2029.8公顷，流转规模20公顷～66.67公顷的项目17个，流转农户获得补偿费收入1037万元，每公顷收益9150元。年内，全市各镇、街道、园区、办事处均申报成立土地流转服务中心，农业规模经营趋向市场

图 4-3-3 生祠镇农业规模种植 (2011 年摄)

化规范运作。是年，新桥镇孝化村成立高效农业示范园有限公司，转包全村 153.33 公顷土地，统一进行规模种植。该公司引进高效农业项目，建设 13.33 公顷标准大棚 80 座，种植高档苗木花卉，还种植 53.33 公顷有机水稻。翌年，该村被评为江苏省文明村。2011 年，孝化村人均收入 1.86 万元，达到农业产业特色鲜明、种植手段先进、环境优美、生活宽裕等省级现代农业示范村入选标准，被中央精神文明建设委员会表彰为全国文明村，为市内第一个全国文明村。是年，全市有土地股份合作社 56 个，入股土地 1500 公顷，有农民专业合作社 241 个；26 家农业重点龙头企业，实现销售收入 65.21 亿元，上缴税金 10923 万元，实现利润 15241 万元。

四、全国国土资源节约集约模范市创建

2010 年 1 月，靖江市被国土资源部确定为“全国国土资源节约集约模范市”创建试点单位。市委、市政府成立创建国土资源节约集约模范市工作领导小组，统一领导、研究部署、综合协调土地节约集约利用工作。市政府常务会议对土地节约集约利用工作进行专题研究，贯彻落实国家、省国土资源节约集约模范市创建活动动员会议精神，按照“保增长、保红线”要求对创建工作进行部署，把节约集约、强化保障、科学管理作为创建工作的主要目标，深化创模活动内涵。2 月，市国土资源局召开国土资源管理工作座谈会，围绕土地节约集约利用展开讨论。各镇党委书记、街道办和园区主任应邀出席，分管副市长到会并讲话。随后市国土资源局开展专题调研，制订《关于开展国土资源节约集约模范市创建活动

工作方案》。各镇、街道、园区、办事处相继成立创建工作领导小组，全市形成节约集约用地的组织网络。3月18日，市委、市政府召开全市国土资源管理暨“三模”联创工作会议，市委书记刘建国对全市创模工作进行动员和部署。全国节约集约模范市创建工作在全市扎实有效地展开。5月6日，市委、市政府印发《关于加快推进城乡一体化的实施意见》，按照统筹城乡经济社会发展要求，以规划为龙头，以体制机制创新为动力，以农村宅基地置换住房、以承包地置换保障，加速推进产业和人口集聚，加快工业化、城镇化和农业现代化建设，推动工业向园区集中、人口向城镇集中、居住向社区集中、土地向适度规模经营集中，着力提高土地产出率、资源利用率和劳动生产率，走出一条既能加快发展、又符合本地实际的节约集约用地的发展路径。6月30日，市政府印发《靖江市土地节约集约利用的实施意见》，根据有关法律法规，结合靖江实际，对全市节约集约用地提出要求。7月，市政府专题召开创建工作部署会，提出了“两有两无一提升”的创建工作目标，即有丰富的创建内容、有扎实的创建措施，无闲置低效用地现象、无乱占滥用土地行为，通过创建活动，全面提升靖江土地节约集约利用水平。各镇、街道、园区、办事处把创建工作摆上重要位置，迅速成立相应组织机构，抽调精兵强将充实创建工作班子，主要领导亲临一线、靠前指挥，做到力量下沉、重心下移，不回避矛盾，将问题解决在基层，确保创建工作的各项任务落到实处。8月和10月，市委、市政府以国土资源部到靖江调研创建节约集约模范市工作和督导“双保工程”（保发展、保红线）为契机，总结2003年以来节约集约用地工作的经验，研究新形势下转变土地利用方式、促进经济社会发展新举措，共同破解保护耕地与保障发展的难题。11月12日，市政府召开全市基本农田保护模范村创建工作座谈会，听取各界对耕地和基本农田保护、国土资源管理工作的意见与建议。12月1日，为推进节约集约用地工作，市政府印发《关于进一步加强土地节约集约利用的实施意见》，对土地利用总体规划、存量建设用地、新增工业用地、房地产用地、项目跟踪监管、组织领导和工作考核等方面提出更为严格具体的要求。翌日，市委、市政府专题召开全市创建全国国土资源节约集约模范市、江苏省土地执法模范市工作推进会。市政府与各镇、街道、园区、办事处签订创建目标责任状，明确各镇、街道、园区、办事处是土地节约集约利用和创建模范市的责任主体，对所辖行政区内土地

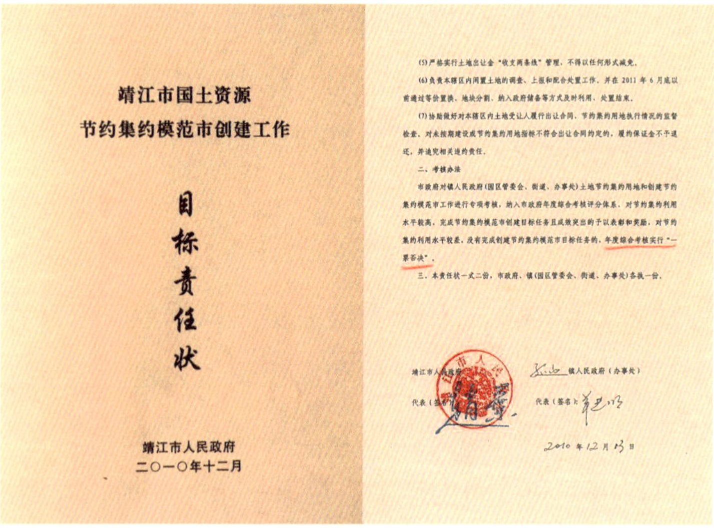
靖江市国土资源
节约集约模范市创建工作
目标责任状
靖江市人民政府
二〇一〇年十二月

(5)严格实行土地出让金“收支两条线”管理，不得以任何形式减免。

(6)负责本辖区内闲置土地的调查、上报和配合处置工作，并在2011年6月底以前通过等价置换、地块分割、纳入政府储备等方式及时利用、处置结束。

(7)协助做好对本辖区内土地受让人履行出让合同、节约集约用地执行情况的监督检查，对未按期建设或节约集约用地指标不符合出让合同约定的，履约保证金不予退还，并追究相关违约责任。

二、考核办法

市政府对镇人民政府(园区管委会、街道、办事处)土地节约集约用地和创建节约集约模范市工作进行专项考核，纳入市政府年度综合考核评分体系，对节约集约利用水平较高，完成节约集约模范市创建目标任务且成效突出的予以表彰和奖励，对节约集约利用水平较差，没有完成创建节约集约模范市目标任务的，年度综合考核实行“一票否决”。

三、本责任状一式二份，市政府、镇(园区管委会、街道、办事处)各执一份。

靖江市人民政府　　孤山镇人民政府(办事处)
代表(签名)：　　代表(签名)：
2010年12月13日

图 4-3-4　2010 年，市政府与孤山镇政府签订的国土资源节约集约模范市创建工作目标责任状

节约集约利用工作负总责，镇长（主任）为第一责任人。严格创建工作专项考核，对创建工作先进单位，核发专项考核奖；对未能通过考核验收的单位，年度考评时实行“一票否决”。

2011 年 1 月 14 日、15 日，市委、市政府先后印发《关于推进城乡建设用地增减挂钩和万顷良田建设工程，加快城乡一体化进程的意见》《靖江市城乡建设用地增减挂钩工作实施细则（试行）》《靖江市万顷良田建设工程实施方案》3 个政策性文件，有序推进增减挂钩和万顷良田建设工作，积极引导集聚发展，优化土地利用结构，建立节约集约用地新机制。同月 17 日，市委、市政府召开全市城乡建设用地增减挂钩和万顷良田建设工程指挥部全体（扩大）会议，对全市增减挂钩和万顷良田建设工作作出部署。年内市国土资源局根据市委、市政府部署和要求，完成孤山、斜桥两镇万顷良田建设规划方案的编制、听证、修订等工作。5 月 14 日，市政府出台《靖江市新增工业用地使用权出让办法（试行）》及新增工业用地相关配套政策。市国土资源局强化市场导向作用，运用价格杠杆理论，优化用地格局，对新增工业用地使用制度进行重大改革。（1）建立工业用地指标竞价机制，实行实质性的市场化配置。（2）建立工业用地制约机制，提高用地准入门槛。（3）建立工业用地产出达标补偿（奖励）机制，促进产业转型升级。5 月 16 日，市委、市政府召开 2011 年度全市国土资源管理暨创建全国国土资源节约集约模范市、江苏省土地执法模范市工作会议。会上，市政府与各镇、街道、园区、办事处签订国土资源管理目标责任书，进一步对创建工作作出部署，在全市建立节约集约用地、土地执法、考核奖惩等监管制度。会后，市经济开发区对 380 个进区项目集中开展“回头看”，对照投资协议，加强跟踪和督促，促其尽快达产达效，促进土地集约高效利用，并在

各企业中开展节约集约用地模范企业评选活动。市国土、规划、经贸、税务等部门共同组成评价工作小组，对照节约集约用地指标体系，对开发区各园区土地节约集约利用水平进行评估，凡土地节约集约利用工作做得好的园区，优先安排土地利用计划，并给予一定的财政补贴，用于标准厂房建设。建立标准厂房租赁社会化运作的工作模式，加快小型企业“腾笼换鸟”的速度。年内，全市各单位投资建设高标准厂房19座，主要集中在纺织、服装、电子、食品等行业，竣工面积40万平方米。

6月，“全国土地日”前后，市国土资源局通过知识竞赛、广场咨询、公益广告、座谈会、领导访谈、寄送公开信、录制放映创建工作专题片等形式，广泛宣传节约集约用地的意义。靖江电视台、电台、《靖江日报》等媒体及政府网站等信息平台，对节约集约用地进行宣传报道。各单位利用橱窗、横幅、标语、宣传车等形式，宣传节约集约用地的重要性。各镇、街道、园区、办事处还组织学习省纪委等5部门联合下发的《江苏省党政领导干部违反土地管理行为责任追究暂行办法》，举办节约集约用地培训班，强化对基层镇、村、组干部培训。全市共举办各类培训班13期，轮训镇、村、组干部1000余人次，发放、寄送各类宣传册近万份。

8月18日，全国国土资源节约集约模范县（市）考核组至靖江，进行实地考核。考核组观看了靖江创建工作专题片，并进行内业检查及现场督察。27日，国土资源部土地利用管理司及省厅领导至靖江，对靖江经济社会发展状况、新增工业用地出让情况及工业用地的出让制度改革进行调研。市国土资源局以此为契机，将节约集约工作进一步推向深入。12月，市政府出台《靖江市闲置及低效利用土地处置办法》《靖江市国有建设用地改变用途处置办法》，对全市各类闲置及低效利用土地实行分类处置，通过征收土地闲置费、转让、无偿收回等方式，促进其二次入市流转。如季市镇关停原季市砖瓦厂，腾出4公顷土地用于江苏航天动力机电有限公司发展。2年间，全市共盘活存量土地300余宗，面积近330公顷；共建标准化厂房90万平方米，节约用地80公顷；完成增减挂钩拆旧项目135个，新增耕地90.76公顷，并通过省市验收。全国国土资源节约模范市创建活动的开展，进一步提升全市节约集约用地水平。2011年年末，靖江市通过国土资源部全国国土资源节约集约模范市创建考评验收。

图 4-3-5　季市镇关停高能耗低效益企业，引进高新技术项目。图为拆除季市砖瓦厂　(2011 年摄)

第四节　土地保护

一、治水保土

（一）护岸止坍

靖江自成陆后，江岸涨坍靡定。清乾隆四十六年(1781 年)坍塌纵深 10 余里。嘉庆十八年(1813 年)滨江一带坍塌纵深 3 余里。横港以南大片土地坍卸殆尽，中部坍及靖城南门天后宫，距城脚仅43丈。知县张友伯借帑筹捐，集合地方民力，鸠工备料，采取打排桩和以竹笼储石沉江等措施护岸止坍，但因秋汛潮大和物力、财力不支，未能遏制坍势。为保全县城，邑人朱勋(时任陕西巡抚）致函两江总督百龄，由其与江苏巡抚朱理等奏准朝廷，嘉庆皇帝御批从苏州藩库借与靖江白银3.59万两，靖江百姓和淮商募捐5万两，共筹得治坍经费白银8.59万两，在西自澜港、东至苏家港(今八圩港之东、十圩港之西迎春桥一带)的沿江一线，兴筑石堤计731丈。朱勋的亲属又捐银1万两，江苏布政使接朱理亲笔信后亦拿出公帑9000两，作为岁修费用。尔后，由于长江中泓不断南移，靖江江岸逐渐淤涨南伸，形成今纵深约9千米的沿江圩田区。

新中国成立后，靖江江岸虽未发生大面积坍塌，但局部坍塌时有发生，尤以夏仕港至下三圩港及西界河口计16.4千米坍塌为严重。至1973年，累计坍失土地143.33公顷。为此，国家累计投资85万元兴修护岸止坍工程，共筑丁坝15道，每道坝长30米~70米，抛石7.1万立方米。1974年，县成立长江护岸工程管理处，专司护岸止坍工程。1975年，交通部澄西船厂于江滨围堰，使江面束窄1/4，阻水挑流，加剧了靖江下三圩港至炮台圩8.7千米江岸的坍势，经江苏省革委会、水利部与有关方面交涉，交通部从澄西船厂基建投资中划拨200万元，作为靖江止坍工程的补助经费。该工程当年动工，1977年竣工，共抛块石25.50万吨，平抛护岸2630米，护坡、护坎5380米，加固丁坝4道，经3年治理，坍情得到遏制。1978~1982年春，江苏省、扬州地区水利部门又拨给止坍经费计126万元，续建护岸止坍工程，抛石护岸1750米。1982年6月，交通部再次拨给靖江治江经费200万元，同年7月动工，1984年12月竣工，共抛石24.89万吨，护岸2.05千米，增做块石护坎2.16千米，加固丁坝2道。至此，受澄西船厂围堰影响的江岸坍势得到基本控制。此后，护岸止坍工程转移至西界河口及章春港口坍情危急地段。

西界河下口江岸因受泰兴县五洲圩淤涨影响，民国37年（1948年）起，处于极不稳定状态。1966年，坍势加剧。1977年3月，一次坍塌滩地2400平方米，是年筑退堤700米。1981~1984年，累计投资12.15万元，对该地段进行抛石止坍，坍情得到初步控制。

章春港至灯杆港段江岸是靖江坍江的特险地段。1964年、1968年共抛石

3900 吨，并在该段灯杆港下口、和尚港下口各建长 45 米的丁坝 1 道。1977 年后，近岸出现长 760 米、宽 150 米、最深点 –30 米的漩水塘。1980 年冬，动用民工 1200 人，抢筑退堤 1 道，长 3250 米。同年，购 12 艘 60 吨水泥驳船载块石沉入深塘。1981 年后投资 75 万余元，对该坍段进行治理，但未能遏制坍情。

1986 年，因利港电厂在夹港口对岸及以东江段建码头和灰场，阻水挑流，致深泓北移，影响靖江夹港至下三圩港江岸岸坡稳定。经交涉，由利港电厂补偿 800 万元，用于受影响的江岸段加固。此工程 3 年竣工，共平抛护岸 3900 米。

2001 年，市政府再次启动西界河下口江岸止坍工程，投入资金 751 万元，抛石护岸长 1140 米，宽 60 米，抛厚 0.8 米 ~ 1.5 米，石方 6.79 万立方米。同时，投入资金 825 万元，在靖江东部长江农场坍塌地段抛石护坎 1520 米、抛石护岸 790 米，共抛石 7.22 万立方米。2009 年，市水利部门完成长江农场坍江段应急抛石护岸工程，抛石量 5.1 万立方米，抛石区长 1500 米。2010 年，市水利部门在上青龙港下游、林家港至卢家港等处无防浪屏障堤段抛石护坎 800 米。2011 年，市水利部门又在老十圩港港口下游、新和尚港西侧等处无防浪屏障堤段实施抛石护坎工程 800 米，共抛石 2.7 万立方米。

图 4-4-1　长江靖江段抛石护岸　（2001 年摄）

（二）江堤培修

清光绪初年，靖江江堤系统初步形成，堤高 1 丈，底宽 3 丈，堤顶宽 0.5 丈，因规模小，防洪能力不强。光绪九年(1883 年)溃决 80 余里，淹没田禾 30 余图。民国时，民国县政府虽组织人力修筑堤防，终因堤身矮小单薄，难以抵御洪水的冲噬。1949 年汛期，江堤溃决 4 处、长 185 米，港堤溃决 152 处、长 1714 米，受淹农田 10226.67 公顷。是年 10 ~ 12 月，水利部责成长江下游工程局、苏北修防处对靖江江堤进行全线勘测，设计培修方案。1950 年 3 月，靖江县复堤总队部成立。月底，复堤工程开工，5 月初竣工。动用民工 1.27 万人，以工代赈，完成土方40余万立方米，培修主江堤2.69万米，并对江岸坍塌严重、危及堤身的东兴上六圩港至下头圩港、惠丰二圩港至三圩港、八圩下五圩港至下七圩港段江堤，退建复堤1道，总长3958米。

1954年汛期，长江中下游发生特大洪水，靖江夹港水位达5.10米。由于县内各通江口门无涵闸控制，江、港堤防抗洪标准低，决口169处，受淹农田25980公顷。是年冬翌年春，组织民工6.1万余人，对江、港堤防进行首次全面培修。完成土方40万立方米，国家补助40万元。1955年冬至1966年春，先后11次对江堤进行局部培修加固。1967年，对江、港堤防第二次全面培修，共完成土方152.29万立方米。

1974年汛期，长江出现异型天文大潮，靖江夏仕港水位达5.03米。全县江堤决口11处，受涝面积666余公顷。是年冬至翌年春，县革委会组织民工加固江、港堤防91.8千米，完成土方257万立方米。此后，江堤虽年年培修，但由于标准不高，绿化植被不好，致使水土流失严重。1982年始，县政府开始加固培修55.5千米闸外港堤，至1983年，共投入资金1061万元，投工360.3万工日，完成土方549万立方米。此次复堤防洪设计标准为百年一遇。1983年汛期，长江出现新中国成立后的第三次高潮位，加固培修后的主江堤经受住洪水的考验，无一处决口。

图4-4-2 1974年，干群奋力修筑双龙港江堤

1997年8月，域内开始实施靖江长江堤防达标工程，2003年10月竣工，新建主江堤护坡58.3千米，其中灌砌块石结构27.3千米，现浇混凝土结构31千米。配套建设通江水（套）闸37座，穿堤涵洞138座。工程建设期间，投入资金4.5亿元，实施主江堤及港堤护坡89.63千米，改建加固水闸35座，翻建和修理涵洞137座，铺设滨江公路100千米，实施填塘固基65千米，灌浆密实江堤52千米，治理长江坍段7.6千米，该工程为靖江经济发展构筑了重要的防洪保安

屏障，实现全市人民依江安居的夙愿。

（三）河道疏浚

据史籍记载，靖江建县之初，域内有港道 72 条。至明天启元年（1621 年），淤塞过半。崇祯元年（1628 年），知县叶柱国主持开挖阜民河，东西长 90 余里。崇祯十一年（1638 年），知县陈函辉主持开挖团河，东西长 70 余里，并疏通各通团河港道，设闸启闭。康熙五年（1666 年），泰兴、如皋欲假靖田开港，以通北水入江。知县郑重报经府道及两台核准，常州、扬州两府奉督抚饬协三县踏勘，议定泰兴县开蔡家港、庙树港、石碇港、柏家港，如皋县开夏仕港，翌年竣工。后又多次疏浚“五大港”。夏仕港是靖江最大港道，为通南地区主要引排河道之一。仅乾隆十七年（1752 年）至光绪三十一年（1905 年），靖江就先后组织民工对其疏浚过 6 次。民国时期，国民省政府规定港道凡淤浅 15 厘米以上者均应进行疏浚。民国 22 ~ 24 年（1933 ~ 1935 年），民国县政府共组织民工疏浚河道 31 条，完成土方 500 余万立方米。

新中国成立后，靖江采用统一规划、分级疏浚的办法，治理以“六竖一横”（夹港、上六圩港、下六圩港、十圩港、罗家桥港、安宁港、横港）县级骨干河道为纲，乡、村级河道为目的网络型水系。至 1987 年，先后新开和拓浚河道 170 余条（不含埭前、埭后的三级河道）。全县 80 余条小型河道平均疏浚 2 次以上，计长 509.72 千米，完成土方 1640.28 万立方米。其中，1951 ~ 1989 年，先后 9 次对横港进行分段拓浚及延伸开挖。2003 年对其疏浚时，在其岸坡统一绿化植被，防止水土流失，充分发挥水利工程综合整治效益。2005 年，按照市人大常委会“关

图 4-4-3　1968 年冬，马桥公社民工在疏浚河道

于综合整治农村三级河道议案”的要求，全市用3年时间将农村淤浅的二、三级河道轮浚一遍。至2008年，靖江全面完成以清洁河道、清洁村庄为主要内容的农村“双清”工程，建成村级河道达标村169个，疏浚整治村级河道3957条，完成土方1655万立方米，实施拆坝建桥8250座，新、改建涵洞2362座。

（四）涵闸兴建

明崇祯十二年至十三年(1639～1640年)，靖江知县陈函辉在开凿团河的同时，建造寒山闸、东山闸、平山闸，而后又建梅山闸、桃山闸和东闸。清乾隆六年（1741年），知县杨逢泰重修东西两闸，使民蓄泄有备。民国年间曾对寒山闸大修。新中国成立后，靖江沿江港口逐步建涵闸控制。1955年，建上头圩港封口涵，为靖江第一座江边封口涵。1957年，建大掘港、上五圩港、旺桥港、六助港4座封口涵。此后逐年兴建。1958起，逐步对通江河港建闸控制。1987年，全县有中小型套闸、节制闸61座，其中中型闸11座，小型闸50座。套闸、节制闸主要分布在沿江、横港、界河3条控制线上。其中，沿江控制线37座、横港控制线8座、界河控制线16座。全县3772座涵洞中，194座为沿江闸外涵，基本达到沟涵配套，能引能排能档。在诸闸中尤以夏仕港节制闸为最，该闸于1958年7月竣工，投资144.73万元。2002年10月，该闸按照百年一遇潮位设计、

图4-4-4　1975年，十圩套闸建成

300年一遇潮位校核防洪标准改建。建成后对靖江孤山、季市、西来、斜桥以及泰兴、如皋共600平方千米土地的灌排、抗洪、防涝起到重要作用。2010年，全市完成中央财政小型农田水利重点县项目，实施新桥、生祠、马桥、孤山4个镇74座排涝站、233座涵洞、4座节制闸的更新改造。并启动下六圩港闸枢纽工程建设，2011年基本完成该闸主体工程。是年，继续完成2010年中央财政小型农田水利重点县建设工程，更新改造西来、季市、斜桥、孤山4个镇的排涝站47座、涵洞268座，新建水闸2座，修理水闸4座。沿江各中型闸，几经修建，引排水能力更强。沿江各闸全年引水7.50亿立方米，排水8.60亿立方米，城区共调水0.75亿立方米，有效缓解旱情，排除涝情，改善水质。

二、农田基本建设

（一）田间水系建设

靖江农田水系建设，是在农业合作化后进行的。1955～1972年，田间水系工程土方每年少则数十万立方米，多则150余万立方米。1973年起，根据省革委会颁发的关于建设高产稳产、旱涝保收田的“六条标准”，对田间水系重点进行“一套沟”建设，做到田内有三沟(主墒、副墒、横墒)，田外有三沟(隔水沟、田头沟、主排沟)，水旱分开，高低分开，灌排分开，达到墒通缺、缺通河、河通港、沟沟相通、雨住田干的要求。1974年，全国农田基本建设座谈会又提出以改土治水为中心的“六条标准”（即旱涝保收、配套齐全、保养完好、合理排灌、保墒防旱、植树造林）。当年验收，县内达标或基本达标的农田2.1万公顷，占耕地总面积的62.39%。1976年再次验收，达标或基本达标的农田2.65万公顷，占耕地总面积的79.34%。1977年，根据老岸地区、沿江地区和孤北洼地的地势情况，以降低地下水位、解决受涝受渍为重点进行农田基本建设，使老岸地区地下水位控制在田面1.5米以下，沿江及孤北洼地地下水位控制在田面1米以下。全县共出动劳力约12万人，完成土方1523.1万立方米，其中平田整地412万立方米，农田一

图 4-4-5　1974 年冬，新桥公社 11 大队平整土地现场

套沟 400 万立方米。1978 年起，域内采用明、暗沟相结合的方法，建设田间一套沟。至 1979 年，农田基本建设共完成土方 3411 万立方米，其中农田一套沟 750 万立方米，平整土地 618 万立方米；建成高产稳产田 2.33 万公顷，占耕地总面积的 70.47%。1980 年起，农田基本建设的重点为续建、配套、挖潜和除险加固工程。至 1984 年，农田基本建设共完成土方 1976.46 万立方米，其中农田一套沟 500 万立方米，建成高产稳产农田 2.66 万公顷，占耕地总面积的 81.77%。1985 年后，域内田间水系工程采取统一规划，统一标准，统一组织，开挖外三沟及在灌渠两侧开挖导渗沟，使之达到“一方大田，两头出水，三沟配套，四面脱空”的要求，收到改土治水、旱涝保收的良好效果。

（二）孤北洼地治理

靖江孤北洼地包括侯河、团结、孤山、季市、长安、大觉、土桥 7 个乡镇的部分村(场)，耕地面积 4076.61 公顷，为天然集水地带，俗称“锅底塘”，降雨后北、西、南三面来水，常常引起涝灾。1957 年起，县政府开始对孤北洼地进行治理。其方法：一是疏浚河港。至 1987 年，先后疏浚或开挖丹华港、夏仕港、安宁港、十圩港、罗家桥港、渔婆港、竖辛港、小港、百花港、孤山横港、芦泾港、东团河、竖河、大港、塌港、小夏仕港、季市东（西）横河、芦场港、老石碇港、掘港等 20 余条，同时各村队也疏浚了河沟，共完成土方 1600 万余立方米。二是建排涝站。在孤北洼地的特洼地段，建大小排涝站数十座（后改建为 9 座翻水站），排水总流量 40 立方米 / 秒，受益面积 2600 余公顷。2008 年 11 月起，实施孤山灌区治理工程，总面积13600公顷，其中耕地面积8200公顷，总投资2422万元。在孤山、季市镇内新建提水站1座、节制闸1座、涵洞5座、桥梁3座、拆建9座排水闸站，更新改造机电泵站62座，疏浚河道20.54千米，完成土方39.2万立方米。该工程建成后，灌区排涝标准由5年一遇提高到10年一遇，机泵装置效率由40%提高到55%，改善排灌面积8200公顷、新增节水灌溉面积7000公顷、新增粮食生产能力2770吨。2010年9月，该工程通过国家农业综合开发办公室的综合检查。同年12月，通过由省水利厅、省财政厅、省农业资源开发局等部门组成的省级验收。2011年，继续更新改造洼地区西来、季市、孤山等4个镇的排涝站47座、涵洞268座，新建水闸2座，修理水闸4座，完成夏仕港等中小河道疏浚整治。同时，域内着手建设新江平线农业生态走廊，昔日的“锅底塘”正成为米粮仓。

图4-4-6　1975年冬孤山公社组织民工拓浚石碇港

（三）耕作改土

靖江土壤多为壤质，耕性较好，适耕期较长。但从20世纪70年代中期起，随着作物品种布局的改革，季节矛盾突出。土壤耕翻冻晒时间较少，机械作业也由深变浅，由干到水，由耕到旋。多年的烂耕烂种和水旋水耙，使土壤结构受到严重破坏，熟土层变薄（耕层厚度平均不足12厘米），容重增加（表土容重平均为每立方厘米1.24克），水田通气孔隙仅占3%～5%，作物常表现为僵苗不发。70年代末，斜桥、太和等地试验免耕麦和免耕后季稻获得成功，1981～1983年在县内推广，产量分别比烂耕烂种、水旋水耙增加4.4%～12.01%和7.25%～

12.15%。据县生祠农技站1983年10月下旬测定，免耕后季稻的表土容重每立方厘米1.236克，比旋耕少0.054克；总孔隙度59.63%，比旋耕多1.96%。1985年秋播起，在东兴、孤山、敦义3乡定点进行扬州市科委下达的“土壤不同耕法试验研究”课题试验，至1987年，试验初步结果为：粮食作物（稻、麦）实产合计，与深耕比较，交替耕增0.59%，浅耕增0.31%，免耕增1.34%；粮食和经济作物合计经济效益以交替耕为最高；生产成本以免耕为最低，其次为交替耕。在进行该项试验的同时，全县示范推广不同作物的深、浅、免交替耕面积达108万亩次，增产粮食1.67万吨。1999年，靖江推广抛栽技术，全市抛栽水稻面积20833.33公顷，占水稻种植面积87.07%，亩产557千克。2001年，推广直播技术，全市水稻直播面积3906.67公顷，亩产619千克。随着农业机械化水平的提高，2006年靖江推广机插秧技术。2011年，全市推广机插秧面积6726.67公顷，水稻亩产603千克。

（四）培肥改土

为提高土壤肥力，增加作物产量，靖江农民素有客土改土和秸秆还田改土的习惯。客土主要为河泥，一般采用沙土压淤和黏土压沙。1980年前普遍施用河泥，每年每亩100余担。由于河泥有机质含量低（1982年测定仅为1.55%，同期大田耕层平均1.78%），因此多加工成草塘泥施用。1983年后，农民罱河泥极少。秸秆还田方式除加工成草塘泥（秸秆、青草、绿肥与河泥沤制）施用外，还采取秸杆留高桩或直接还田（覆盖或深埋）。1980年后，沤制草塘泥逐渐减少，利用麦草、稻草直接还田不断增多。1984年，全县秸秆还田面积1. 2万公顷，每公顷还田秸秆1837.5千克。1987年，全县秸秆还田面积增至20666.7公顷，每公顷还田秸秆1575千克。据1986年、1987年试验，每公顷施2250千克秸秆，当季增产5%，下季增产10%以上；土壤有机质增0.02%～0.03%；容重每立方厘米减0.05克；总孔隙度增2%。1988年，积造粪尿肥60万吨左右，绿肥种植面积1146.67公顷，占耕地面积4.56%。

1992年，年均每公顷施粪尿肥528千克、杂灰120千克，秸秆还田量占总量的12%。1997年，年均每公顷施粪尿肥3480千克、杂灰1200千克、鲜肥120千克，秸秆还田量占全量的8%。2002年，推广秸秆还田，全量还田率约占

图 4-4-7　新桥镇秸秆还田现场　　（2011 年摄）

16%，年均每公顷施粪尿肥 2130 千克。2007 年，秸秆还田量占全量的 24%，年均每公顷秸秆用量 1140 千克，施粪尿肥 1800 千克；施其他有机肥 1140 千克，折纯氮、磷、钾量分别为 0.64 千克、0.27 千克、0.48 千克。2010 年，全市共建立 5 个秸秆综合利用示范镇、8 个秸秆综合利用推动镇，建立秸秆机械化全量还田集成机播种示范方 1266.67 公顷。全市稻麦面积合计 44520 公顷，共投入大中型拖拉机和秸秆还田机 510 台套，机械化全量还田面积 16073 公顷，还田率 36.10%，其他多种形式还田面积 24307 公顷，利用率 55%。是年，靖江被省列为秸秆机械化还田示范县。2011 年，全市稻麦种植面积 3.93 万公顷，秸秆机械化全量还田面积 2.01 万公顷，还田率 51.2%。

三、中低产田改造

1994 年，靖江被列入国家农业综合开发区。是年起，实施靖城镇（原柏木乡、越江乡）16 个行政村的 1466.67 公顷中低产田改造。开挖疏浚渠系 25 千米，建设硬质衬砌渠道 9.65 千米，修建机电排灌站 6 座、中沟级桥涵闸及小沟级田间配套建设建筑物 470 座，修筑机耕路 11.3 千米；购置和配套农机具 65 台（套），营造农田防护林 133.33 公顷。1997 年 2 月，该工程通过省级验收。

1998 年起，实施季市、马桥、靖城、东兴镇的 27 个行政村和市农业试验站的 2266.67 公顷中低产田改造。开挖疏浚渠系 43.7 千米，建设硬质衬砌渠道 32.2 千米，修建机电排灌站 22 座、中沟级桥涵闸及小沟级田间配套建设建筑物 2123

座，修筑机耕路28.3千米；购置和配套农机具164台（套），营造农田防护林73.33公顷。1999年5月，该工程通过省级验收。

2000～2002年，实施靖城、斜桥、生祠、东兴镇的26个行政村和市农业试验站、市新生原种场、市侯河良种场、市堤防所的2560公顷中低产田改造，其中2002年改造中低产田613.33公顷，总投入298.1万元；3年累计开挖疏浚渠系63.3千米，建设硬质衬砌渠道66.7千米，修建机电排灌站48座、中沟级桥涵闸及小沟级田间配套建设建筑物2549座，修筑机耕路46.1千米；购置和配套农机具153台（套），推广先进适用农业技术18项，营造农田防护林86.67公顷。2003年5月，该工程通过省级验收。

2003～2005年，实施生祠、马桥、东兴、孤山、团结、斜桥镇的12个行政村和市新生原种场、市侯河良种场、市堤防所、市农业试验站的2373.33公顷中低产田改造，其中2003年改造中低产田386.67公顷，投入资金216.6万元。3年累计开挖疏浚渠系76.6千米，建设硬质衬砌渠道68.4千米，修建机电排灌站56座、中沟级桥涵闸及小沟级田间配套建设建筑物2643座，修筑机耕路49千米，营造农田防护林73.33公顷。

2006～2007年，全市完成孤山（原孤山镇、团结镇）、季市、西来镇的12个行政村1400公顷中低产田改造，2年开挖疏浚渠系71.7千米，建设硬质衬砌渠道52千米，修建机电排灌站49座、中沟级桥涵闸及小沟桥级田间配套建设建筑物1085座，修筑机耕路12.68千米；营造农田防护林77.33公顷。

2008年，全市一般土地治理项目改造中低产田666.67公顷，分别安排在生祠镇、东兴镇，项目投资520万元。另在生祠镇规模开发土地治理项目改造中低产田533.33公顷，项目投资624万元。至年末，项目区开挖疏浚渠道78.3千米；建成排灌站47座、机耕桥及人行桥等2510座、涵洞2座；建设机耕路20.6千米、衬砌渠道35.6千米；埋设管道1.67千米；改良土壤640公顷。2009年，改造中低产田1333.33公顷，其中生祠镇1066.67公顷、马洲岛266.67公顷。项目总投资1300万元，其中中央财政投入500万元，省财政配套425万元，市财政配套75万元，群众自筹300万元。共建造衬砌渠道41.7千米、排灌站38座、4.2×18米T型梁桥7座，埋设管道1.28千米，开挖疏浚渠系78千米，建造机耕路24.36千米（其中硬质机耕路11千米），改良土壤640公顷，营造农田防护林66.67公顷。2010 年，一般土地治理项目 2 个，为生祠镇、马洲岛中低产田改造项目和靖江农民专业合作经济组织试点项目，治理总面积 1033.33 公顷，总投资 1436.50 万元。共建造排灌站 39 个、桥梁 7 座、涵洞 3 座；开挖疏浚渠道 40.5 千米，建造衬砌渠道 40.63 千米、机耕路 26.5 千米，埋设管道 1.18 千米；建设农田林网 46.67 公顷。2011 年，实施中低产田改造 1066.67 公顷，其中季市镇 733.33 公顷，涉及季东、季新、陈塘、大庆、星光、利民、新安 7 个行政村；东兴镇 333.34 公顷，涉及旺稼、何德、万盛 3 个行政村。项目总投资 1386 万元，其中财政资金 1260 万元（中央财政资金 630 万元，地方财政配套资金 630 万元），群众自筹 126 万元。是年，项目区农业基础设施建设成效显著，农业综合生产能力有较大提升。

第五节　基本农田保护

为落实“十分珍惜和合理利用每寸土地，切实保护耕地”的基本国策，进一步稳定耕地面积，巩固农业基础地位，靖江县政府根据国务院《基本农田保护条例》和《江苏省基本农田保护条例》，于 1991 年 5 月开始划定靖江县基本农田保护区，建立基本农田保护管理制度，形成县、乡镇、村基本农田管理网络，采取法律、行政、经济等综合措施，明确各级责任，对基本农田实行严格的管理和保护。

一、基本农田保护区划定

1991 年 4 月 10 日，县政府成立靖江县编制乡村土地利用规划和划定基本农田保护区工作领导小组。5 月，各乡镇在编制乡镇土地利用总体规划的同时，开展基本农田保护区划定工作。先在柏木乡进行试点，在试点区内划定基本农田保护片12个、保护块229个，其中一级保护块93个、二级保护块136个。在取得试点经验的基础上，下半年在全县推行。1992年3月，县土地管理局对各乡镇基本农田划定工作进行验收。各乡镇共划定基本农田保护面积34120公顷（51.18万亩），其中一级保护农田28000公顷（42万亩）、二级保护农田6120公顷（9.18万亩）。4月，靖江县政府根据江苏省、扬州市政府的要求，在编制《靖江县土地利用总体规划（1991～2000年）》时，做好全县的基本农田保护区划定工作。保护范围为县、乡（镇）两级政府和各有关部门已确定的粮、棉、油生产基地；集镇和工矿区所必需的蔬菜生产用地；有开发前途的名、优、特产品用地，包括桑园、果园、苗圃、林地；各类示范田和良种繁育基地；农业发展规划中已列为中低产田改造的耕地；可通过复垦开发的零星废弃地和待归并拆迁的旧宅基地。至1993年11月，全县划定的基本农田保护区分区、片、块3个层次进行保护，以乡、镇（或市属场圃）为单位划定保护区；以村为单位划定保护片；以固定的地物（自然村庄、道路、河流）划定基本农田保护块。按从上到下、从左到右的顺序，注上片、块号，最后绘制出基本农田保护区规划图。全市24个乡镇（含4个国营场圃），共划分27个基本农田保护区、346个基本农田保护片、4148个基本农田保护块。全市基本农田保护面积28458.49公顷，比扬州市下达靖江控制指标多划定458.49公顷。为给基本农田保护区提供必要的补充来源和长期的基本建设提供后备用地，确定在城市、集镇、农村居民点、独立工矿地外围与基本农田保护区之间，划定适量的一般农地。一般农地保护面积共6151.4公顷，按农用地计算，保护率为18.29%。在规划期内，一般农地原则上不能占用。如确因建设需要，必须履行合法审批手续后方可调整使用。整个划定工作做到“六定两协调”，即定面积、定位置、定质量、定标志、定责任人、

图4-5-1　1993年5月，县基本农田保护区划定工作现场

定规划，与土地利用总体规划相协调、与村镇建设规划相协调。综合考虑靖江土地的产出能力和与此相关的自然属性与经济属性，全市基本农田保护区按土壤等级划分为3个等级。一等地面积6533.93公顷，占基本农田保护总面积22.96%；二等地面积14540.38公顷，占基本农田保护总面积51.09%；三等地面积7384.18公顷，占基本农田保护总面积25.95%。

1993年12月29日，第八届省人大常委会第五次会议通过《江苏省基本农田保护条例》。1994年8月24日，国务院颁布《基本农田保护条例》。为贯彻以上两“条例”，12月2日，靖江市政府成立基本农田保护工作领导小组。8日，召开全市基本农田保护工作会议，部署全市基本农田保护区界定工作，确保扬州市政府下达靖江基本农田保护面积28000公顷的任务落实到地块。界定工作以土地利用总体规划为依据，以原划定的基本农田保护面积为基础，做到基本农田的面积、位置、级别与图、表相一致，并按规定要求对基本农田保护区、片、块层层建立责任制。

1995年1月6日，江苏省政府下发《关于做好基本农田保护区划定工作的通知》，靖江根据通知精神，加强对基本农田保护区的检查监督。1996年4月，依据省、市“村镇建设用地人均100平方米一分不能超，基本农田保护面积28000公顷一分不能少”的要求，进行村镇建设区、基本农田保护区的“两区”衔接划定工作。1997年，根据江苏省政府和泰州市政府的统一部署，修编《靖江市土地利用总体规划（1997～2010年）》，该规划突出对基本农田的保护。1998年，靖江市政府在完成修编任务的同时，重新划定基本农田保护区23个、基本农田保护片343个、基本农田保护块3121个，全市基本农田保护面积28002.4公顷。

图4-5-2　西来镇基本农田保护区公示牌　　(2011年摄)

2000年，靖江行政区划调整。2004年，全市划定12个基本农田保护区、179个基本农田保护片、2903个基本农田保护块，基本农田保护面积为26328.71公顷。2005年，因支持江阴—靖江工业园区建设，经省政府批准，同意核减靖江市基本农田保护面积800公顷，全市基本农田保护面积划定为25528.71公顷。

2011年，《靖江市土地利用总体规划（2006～2020年）》实施，全市共划定基本农田保护区9个、保护片182个、保护块3352个，基本农田保护面积23855.16公顷，比泰州市下达靖江的控制指标23707公顷多划定148.16公顷。

1993~2011年靖江市基本农田保护区划定一览表

表4-5-1

划定年份	保护区(个)	保护片(个)	保护块(个)	保护面积(公顷)
1993	27	346	4148	28458.49
1998	23	343	3121	28002.40
2004	12	179	2903	26328.71
2005	12	179	2835	25528.71
2011	9	182	3352	23855.16

2011年靖江市各镇、街道基本农田保护区划定一览表

表4-5-2

行政区域	保护区(个)	保护片(个)	保护块(个)	保护面积(公顷)
合　计	9	182	3352	23855.16
靖城街道	1	29	322	2051.81
新桥镇	1	18	443	2903.63
东兴镇	1	16	461	2152.50
斜桥镇	1	15	180	1425.97
西来镇	1	24	380	3178.38
季市镇	1	23	300	2072.90
孤山镇	1	19	399	2951.73
生祠镇	1	19	470	4153.42
马桥镇	1	19	397	2964.82

说明：4个国营场圃基本农田划定数统计在所在行政区域内。

二、基本农田保护区管理

1991年5月开始，全县分期分批开展乡镇土地利用总体规划编制和基本农田保护区划定工作，至1992年全县完成划定工作，实行“六个不准”（不准挖土建砖瓦窑、不准挖塘养鱼、不准擅自改变种植计划、不准抛荒、不准集体和个人建房、不准破坏保护标志）。1993年起，全县逐步建立基本农田保护制度，做好基本农田的保护工作。1994年12月，依据国家、省、扬州市政府的要求，对全市基本农田保护区进行界定。以村为单位，把基本农田保护区面积界定落实到田块。1995年10月，市政府印发《关于加强基本农田保护管理的意见》，规定任何单位和个人不得擅自改变或占用基本农田，凡占用基本农田的必须按“占一补一”的原则，组织再造。保护区、片、块划定后，均设立基本农田保护标志，以乡镇、村或自然成片的基本农田地块为单位，埋设或利用位置醒目的墙体制作基本农田保护公示牌。公示牌上标明该乡镇、该村或该保护田块的示意图、面积、登记情况、田块编号、保护措施和保护责任人及立牌单位和时间。公示牌制作统一规范。1996年，市土地管理局获扬州市1995年度基本农田保护区划定与实施一等奖。是年6月，市政府成立靖江市乡镇规划修编和基本农田保护区划定工作领导小组，加强对村镇建设区、基本农田保护区划定工作的督促检查。1997年，根据中共中央、国务院《关于进一步加强土地管理，切实保护耕地的通知》，市政府建立和完善基本农田保护制度，与各

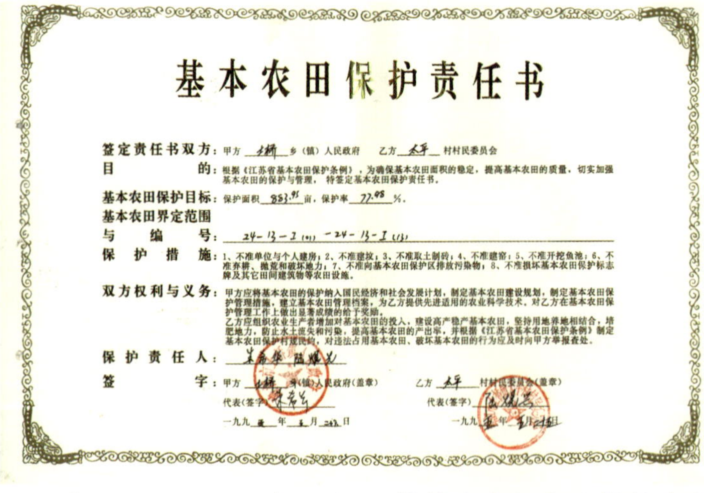
基本农田保护责任书

签定责任书双方：甲方 土桥 乡（镇）人民政府　乙方 太平 村村民委员会

目的：根据《江苏省基本农田保护条例》，为确保基本农田面积的稳定，提高基本农田的质量，切实加强基本农田的保护与管理，特签定基本农田保护责任书。

基本农田保护目标：保护面积 853.95 亩，保护率 77.98 %。

基本农田界定范围与编号：24-13-Ⅰ(01)-24-13-Ⅰ(13)

保护措施：1、不准单位与个人建房；2、不准建坟；3、不准取土制砖；4、不准建窑；5、不准开挖鱼池；6、不准弃耕、抛荒和破坏地力；7、不准向基本农田保护区排放污染物；8、不准损坏基本农田保护标志牌及其它田间建筑物等农田设施。

双方权利与义务：甲方应将基本农田的保护纳入国民经济和社会发展计划，制定基本农田建设规划，制定基本农田保护管理措施，建立基本农田管理档案，为乙方提供先进适用的农业科学技术，对乙方在基本农田保护管理工作上做出显著成绩的给予奖励。
乙方应组织农业生产者增加对基本农田的投入，建设高产稳产基本农田，坚持用地养地相结合，培肥地力，防止水土流失和污染，提高基本农田的产出率，并根据《江苏省基本农田保护条例》制定基本农田保护村规民约，对违法占用基本农田、破坏基本农田的行为应及时向甲方举报查处。

保护责任人：

签字：甲方 土桥 乡（镇）人民政府（盖章）　乙方 太平 村村民委员会（盖章）
代表（签字）　代表（签字）
一九九五年五月　日　一九九五年五月　日

图4-5-3　1995年5月，土桥镇政府与太平村村委会签订的基本农田保护责任书

乡镇政府签订土地管理目标责任书，把基本农田保护和管理列入年度综合考评内容。各乡镇按照要求，完善基本农田保护的管理制度，层层签订土地管理目标责任书，建立目标考核与年终报酬挂钩等奖惩机制。严格坚持按规划用地，做到用地有登记，规划图上有标注，全面实行“一图一表”的审批制度，凡占用基本农田的建设项目一律不批。

靖江在划定、保护和建设基本农田的同时，重视提高干部群众的土地基本国策意识。1999 年 1 月 1 日，修订后的《中华人民共和国土地管理法》实施，市国土管理局立即组织全系统人员认真学习，并在全市范围内大力宣传和贯彻，增强市民基本农田保护法治意识。是年，进一步完善基本农田保护管理体系，在基本农田保护区内设立公示牌 248 块，把基本农田保护、管理和监督纳入正常的土地利用规划管理范畴。2000 年，市国土管理局进一步加大基本农田保护力度，在批地时严把立项预审关、实地踏勘关、用地面积关、用地政策关和用地材料审核报批关，提高审批质量。在规划审查中坚持做到“四审”（审计划指标、审地类性质、审土地用途、审补充耕地方案），提出规划审查意见，以供上级部门审定。2001 年起，按照江苏省、泰州市人民政府开展基本农田保护工作检查的统一部署，市政府成立全市基本农田保护工作检查小组，制订下发《靖江市基本农田保护工作检查方案》，召开专题会议，部署全市基本农田保护检查工作。市国土管理部门培训业务骨干，明确检查时间、进度、工作任务、工作重点，制定详细的基本农田保护检查技术路线。各镇坚持边检查边纠正，进一步完善各项基本农田保护制度。2004 年 9 月，靖江市基本农田保护工作通过泰州市验收。2005 年，市农业部门开始对基本农田质量进行动态监测，全市设立 19 个肥力监测点和 110 户肥情点。其中 4 个监测点列为省农林厅监测点，5 个监测点列为泰州市农业局监测点。

2006 年起，全市开展基本农田“争先达标”活动，落实基本农田保护工作责任制。加强基本农田建设，以建设促保护，基本农田从偏重数量管理转向数量、质量、生态并重管理，多渠道、多层次增加对基本农田的生产投入和农田水利等基础建设的投入，加快中低产田改造，对新开垦耕地、劣质地采取覆盖耕作层土壤的办法，确保新增耕地质量。同时推广秸秆还田，广辟有机肥源，培育土壤肥力，减少农药对基本农田的污染。是年，开展城乡建设用地增减挂钩试点工作，推进城乡统筹发展，引导农民集中居住，促进基本农田规模经营。2007年，全市聘请191位基本农田保护协管员，实行“定量、定位、定人”管理。投入50余万元，更新基本农田保护公示牌、台账、图册，建立基本农田保护信息系统，实现“五有”（室内有图册、实地有标志、管理有规定、保护有专人、监管有专员），建立起基本农田监管体系，严格执行基本农田保护“五不准”（不准除法律规定的国家重点建设项目之外的非农业建设占用基本农田；不准以退耕还林为名，将耕作条件良好的基本农田纳入退耕范围，违反土地利用总体规划，随意减少基本农田面积；不准占用基本农田进行植树造林，发展林果业；不准以农业结构调整为名，在基本农田内挖塘养鱼和进行畜禽养殖，以及其他严重破坏耕作层的生产经营活动；不准占用基本农田进行绿色通道和绿化隔离带建设）。市国土资源局按照《基本农田保护条例》精神，结合靖江实际，制订基本农田保护用途管制制度、保护责任制度、动态巡查制度及占补平衡制度，并定期进行考核。

2008年，为进一步加强基本农田保护，市政府与各镇政府、镇政府与各村、各村与各组、各组与农户层层签订基本农田保护责任书，完善各镇基本农田保护台账，更新基本农田保护公示牌，进一步健全基本农田保护监督管理网络，做到“三公开”：保护单位及责任人公开，保护范围及面积公开，举报电话公开，主动接受社会监督。并严厉查处非法占用基本农田行为，做到基本农田保护“总量不减少，质量不降低，用途不改变，责任不含糊”。2009年起，全市开展基本农田保护模范村创建活动。是年，中桥村等15个村被评为基本农田保护模范村。2010年，将基本农田保护与万顷良田建设相结合，加大土地复垦整理工作力度，加强基本农田质量建设。年内新增耕地26.67公顷。2011年，围绕耕地保护工作目标，推动市、镇、村层层签订耕地保护责任书，强化基本农田保护各项措施，确保全市基本农田面积稳定在2.39万公顷。

图4-5-4　2009年生祠镇新义村举行基本农田保护责任书签字仪式

三、万顷良田建设工程

2009年2月，市国土资源局成立“万顷良田建设工程”领导小组，具体负责该工程指导协调等事宜。11月，市政府成立靖江市万顷良田建设工程试点工作领导小组，加强对该工程试点工作的领导。是年，着手实施生祠镇万顷良田建设工程，规划方案总规模402.20公顷，工程实施后可产生挂钩指标38.60公顷，扣除安置房建设，尚节余19.27公顷建设用地指标。2010年1月17日，市委、市政府召开全市城乡建设用地增减挂钩和万顷良田建设工程会议，出台全市增减挂钩、万顷良田建设工程具体实施办法，本着“实事求是，先易后难”的原则，编制2010年增减挂钩项目方案，稳步推进域内居民集中居住。至年末，全市先后投入拆迁平整、土地复垦、社会保障等资金7.50亿元，新增耕地26.93公顷。

2011年，全市着力推进增减挂钩和万顷良田建设工程试点项目实施。1月17日，市委、市政府成立市城乡建设用地增减挂钩和万顷良田建设工程指挥部，并召开会议，研究部署万顷良田工程建设有关重大事项。2月17日，该指挥部印发《靖江市城乡建设用地增减挂钩和万顷良田建设工作考核办法》，同时成立靖江市农村土地整理开发投资有限公司，负责万顷良田建设工程配套资金的筹措、使用。各镇、街道、园区、办事处也相应成立专门工作机构，为万顷良田建设工程和增减挂钩项目顺利实施提供组织保证。2月18日，市委、市政府召开会议，部署万顷良田建设工程有关工作。1～3月，市委、市政府连续出台《关于推进城乡建设用地增减挂钩和万顷良田建设工程，加快城乡一体化进程的意见》《靖江市城乡建设用地增减挂钩工作实施细则（试行）》和《靖江市万顷良田建设工程实施方案》等文件，明确城乡建设用地增减挂钩和万顷良田建设工程的目标、实施方案、运作机制和政策，为万顷良田工程建设提供政策依据。7月，市国土资源局与江苏博源土地规划设计咨询有限公司合作，进行万顷良田建设工程规划设计。该公司在市国土资源局和孤山、斜桥2镇配合下，对万顷良田

图 4-5-5　万顷良田建设区　(2011 年摄)

建设工程区内的道路、农田水利设施、居民点分布以及农民安置等进行调查、统计和分析，完成靖江市万顷良田建设工程规划方案编制工作。该方案明确了靖江市万顷良田建设范围、目标、实施时序、拆迁安置补偿方案、资金筹措、权属调整、土地流转、保障措施等，规划靖江万顷良田总面积为 1048.61 公顷，其中孤山片区 452.26 公顷、斜桥片区 596.35 公顷。下半年，市政府加大财政扶持力度，推进农民集中居住。对成片搬迁农民进入集中居住区的，按标准补助该镇集中居住区基础设施建设资金。设立新农村建设资金专户，对农村闲置宅基地、空关房屋，实行优惠价格收购和复垦。鼓励农民购买公寓房，对放弃宅基地到城镇购买商品房的住户给予一定的税费优惠。凡街道、园区、办事处节约出来的建设用地，每公顷补偿 150 万元，用于基础设施建设。由于集中居住区基础设施达到路、水、电、气、电话、网络、有线电视等“七通”要求，农民只需支付房屋的建设成本，受到农民欢迎。至年末共搬迁农户 997 户，拆旧复垦面积 61.43 公顷，全部通过江苏省国土资源厅验收。

第六节　土地开发与复垦

域内的土地开发利用，最早可追溯到三国·吴赤乌年间，距今已有1700余年的历史。随着历代对域内荒滩草地的垦殖，耕地面积不断增加。新中国成立时，全县耕地面积达41980公顷。20世纪50年代，各级政府坚持不懈地进行土地的开发、复垦工作，开垦大片荒地、废弃地，农业生产迅速发展。60年代前期，随着经济的恢复与发展，挖废、压废的土地增加，县主管部门及时组织土地复垦。1964年后，在“农业学大寨”运动中，全县掀起治水改土、填河造田、平整和复垦土地的热潮。20世纪80年代，各级政府及土地管理部门将土地复垦列为重点工作之一。1989年，县政府贯彻国务院《土地复垦规定》，结合靖江的实际情况，印发《靖江县土地复垦整治试行办法》，并由县逐年下达复垦指标，把土地复垦列入乡镇目标管理考核范围，土地复垦整治工作取得一定成效。至1995年，全市申报江苏省土地复垦整治立项1个，面积140.4公顷；扬州市立项6个，面积167.2公顷；市内立项79个，面积116.3公顷；乡镇、村、组自行完成零星复垦任务101.4公顷。以上项目共复垦整治土地525.3公顷，其中复垦耕地451.27公顷、开发利用鱼池48.10公顷、果林地6.86公顷、转为建设用地19.07公顷。1995年，根据国务院、省和市有关土地复垦规定，市政府编制靖江市土地复垦开发规划，规划年限为1991～2000年。此后，市政府逐年加大土地复垦整治力度，多次召开全市土地复垦现场会，投入大量专项资金，开展土窑、土坟、土地庙“三土”专项治理，对废窑（坟、庙）地、道路、水利建设挖压废地，废弃老宅地和废河塘、废园地进行复垦整理。1989～2011年，全市（县）累计投入资金14853.1万元，复垦整治土地3993.53公顷，新增耕地2064.71公顷。

1989~2011 年靖江市（县）土地复垦一览表

表 4-6-1

年份	复垦面积(公顷)	新增耕地面积(公顷)	投入经费(万元)
1989	19.87	6.08	5.82
1990	26.40	8.12	8.16
1991	19.29	7.23	9.30
1992	214.89	44.29	68.70
1993	88.37	78.67	41.60
1994	83.07	73.00	49.60
1995	73.41	66.00	36.00
1996	60.00	53.00	58.00
1997	151.64	57.33	113.00
1998	140.44	87.09	44.10
1999	283.71	69.39	86.00
2000	60.40	60.40	89.00
2001	29.50	28.83	170.00
2002	115.68	90.79	555.50
2003	134.49	134.49	2175.70
2004	860.00	466.93	2912.00
2005	675.00	191.00	1920.00
2006	442.53	239.60	2521.00
2007	320.01	107.87	706.10
2008	71.35	71.19	1070.20
2009	42.86	42.86	707.52
2010	39.56	39.54	652.78
2011	41.06	41.01	853.02
合计	3993.53	2064.71	14853.10

一、土地开发

（一）垦荒

三国·吴赤乌元年（238 年)前，扬子江海口“百里之洲隆起”。由于沙洲土地肥沃，水美草丰，其时吴主孙权属下在此围田牧马，使一些荒滩得以开发。故靖江古称马驮沙，且有马洲等别称。

自宋以来，各朝均下诏立法，鼓励百姓垦荒。北宋初期，诏令“许民辟土，州县毋得检括，止以见佃为额”，并予以鼓励，规定“广植桑枣、开荒田者，只纳旧租，永不通检。”至道元年（995年），还规定“凡无主荒田，许农人请佃，便为永业”。这些招集流民进行垦荒的法令，把劳动力与荒闲土地结合起来，是恢复和发展生产的有力措施。宋建炎四年（1130年），通泰镇抚使、泰州知州岳飞移军沙上，所挈带的江淮流民则在此（今生祠镇）定居垦殖。元朝入主中原后，重视农业开发，专设农事机构管理农业生产。元宪宗（1251～1259年）时，屯田聚众垦田种植谷物。中统元年（1260年），令各路宣抚司“劝诱”百姓开垦田亩，种植桑枣。至元二十五年(1288年)，官府下令招募农民垦荒，凡能耕种荒地及官田的，免除差役三年，减免租税三分之一。至正十六年（1356年），张士诚之弟张士德派部将朱定、徐泰二在马驮沙筑水寨（后为县治所在），方圆3里左右，垦地510亩有零。

明洪武元年（1368年），朱元璋下令“各处荒闲田地，许诸人开垦，永为己业,俱免杂泛差徭，三年后，并依民田起科”，用法律形式承认这部分土地为耕者所有，并规定分别免除三年徭役和赋税。经垦殖，马驮沙“出产类江南，田赋税亩之入重于扬州”，故隶江阴，设巡检司治理。洪武二十七年，又发布“额外垦荒，永不起科”的诏令，其结果移民纷至，域内耕地面积大增。永乐元年(1403年）颁发移民垦荒法令，鼓励人们进行荒地开发。下诏：流浪人口恢复旧业。其重要措施之一就是从人口稠密地区迁徙农民前往人口稀少、土地荒芜的地区垦耕无主荒田。史载其时范仲淹的后裔范子惠与兄子茂从江阴迁居马驮沙垦荒，“田园浸广”。至成化八年（1472年），靖江已有官、民田289758.16亩。《常州赋》载“金惟深督垦新沙，逋民得饭”，记述靖江原有沙田圮于江，官犹敛其租，逼民逃亡他乡；弘治（1488年）初知县金洪到任后予以豁免，督民垦殖新淤之田以充赋额，使流民得以生计。此后每一沙涨，“大豪宿猾，人人睥睨”，土豪士绅争相前来报买垦殖。嘉靖十七年（1538年），知县周继学抑强扶弱，制定田赋优惠政策，奖励垦荒，不分官田、民田均收一斗八升，积荒沙田仅收一斗二升，飞沙荒田收五升，新升报滩田只收四升，百姓称便。嘉靖二十年，知县俞献可“正疆界，定版图，抑兼并，惩豪右”，让生活无着的贫民编入本县户籍，给予适当的荒地，招抚流亡在外的人回来垦殖。原来全县58里，新增2里，共60里，新增290户、1100余人。至隆庆六年(1572年)，全县已有官、民田411500亩，较百年前增田12万余亩。崇祯七年（1634年）全县又新增沙田21909.62亩。

清顺治六年（1649年），颁布《垦荒令》，鼓励垦荒，明确规定："凡无主荒地，州县官给以印信执照，开垦耕种，永准为业"。靖江一部分无地或少地的农民通过开荒得到土地，成为自耕农。顺治十年，颁布条例，招民垦荒者奖以官职。顺治十四年，户部又制定《垦荒劝惩则例》，规定对督抚、道府、县三级地方官员开垦荒地的考绩和奖励办法。至康熙二年（1663年），全县平、沙田共562415.53亩。康熙二十二年，朝廷下令：凡田地"数年无人耕种完粮者，即系抛荒；以后如已经垦熟，不许原主复问"。并下诏宽展起科的年限，"嗣后各省开垦荒地，俱再加宽限，通计十年，方行起科"，还规定极荒地永不起科。这种宽厚的开荒政策，吸引了大批移民。康熙三十年，全县编审人丁达29849人。雍正年间劝农之诏屡下，无田农民纷纷响应。乾隆五年（1740年）宣布，有零星土地永免升科。三十一年对开垦土地，皆听民耕种，不限亩数，概免升科。此后，形成一次较大的移民潮，靖江沿江新涨沙地吸引崇明、宜兴、扬中等地的农民到沙上垦殖定居。嘉庆十九年（1814年）起至道光十年（1830年）止，全县已有折实一等平田475972.44亩。据清光绪五年《靖江县志》记载，至道光十四年，靖江"承买各业户垦田约二十万亩有零"。沿江圩田区即形成于此时。同治年间颁发《垦荒章程》，奖励民垦。至同治四年(1865年)，全县有人丁244310人，实共升增折实平田71929.99亩。

民国初，县内已有私营农场利用荒冢废地，垦荒种植。民国元年（1912年），苏州第二农校毕业生方香久在县城北门外楞严庵创办蚕桑场，垦田9亩。民国14年，国民政府制定《国有荒地承垦条例》。是年，蚕桑场改为县立蚕桑指导所，并于县城外海坝南崇明圩建江苏省立杂谷试验场（后改称县立农场、县农业改良场）。民国18年，于县立农场苗圃东侧开垦坟地10亩，栽槐、柏2000株。民国20年，又在县农业改良场总场及横港分场（城西15里处）前后荒坟园内植造"中山纪念树"15亩。是时，县蚕桑指导所、总场、横港分场共垦田73.3亩。民国21年，为鼓励人民开荒，国民政府制订的《奖励民垦办法》规定："人民开垦荒地，由县政府酌予免纳土地税2至8年，其所垦荒地之地力较瘠或其他特殊原因，致生产不敷自给者，其免税期不得少于5年；从事垦荒工作之人民得酌予减免其义务劳役"；对"人民开垦荒地或从事垦务著有成绩者，得由农林部或地方主管垦务机关予以奖励”。此举促进了民垦事业的发展。至民国25年，全县利用荒地植桑面积达1.1万亩。民国34年6月29日，江苏省颁发《荒地勘测办法》共十四条，包括荒地勘测程序、荒地调查和测量办法等。民国37年7月，江苏省政府颁布《奖励民垦实施细则》，要求各县限5年内将公私荒地垦竣。经前期开垦，至民国后期，靖江可垦荒地已为数不多。

新中国成立后，经过土地改革，农民生产积极性空前高涨，域内一些零星荒地、洼地、坟地、滩涂得到开垦。1950年，在县农业改良场旧址建县农场。1952年，通过垦荒，县农场面积增至7公顷。翌年，接收县张黄港龙王庙劳改场和八圩公所桥劳改场，作为县农场分场，垦荒面积计9.59公顷。其中，张黄港分场5.05公顷，公所桥分场4.54公顷。1955年，县农场又于土桥乡老土桥夏仕港边垦地5.53公顷，累计垦荒17.94公顷。是年，邑人刘仲贤、金玉昆、蔡鹏在城西玉皇殿垦地建泰康畜牧场（后并入县饲养场），面积不详。1956年，在侯河乡三爱村五圩港边，垦地3.33公顷，建苗圃场。2年后面积增至11.33公顷。1959年，在孤山公社叶宋大队芦场圩建县水产养殖场，面积14.67公顷。其中，池塘面积7.72公顷，河沟面积0.33公顷，池埂、耕地面积5.5公顷。之后新垦荒地较少。20世纪六七十年代，域内开展“农业学大寨”运动，把农田建设推向新高潮。其间，农村平整土地、格田成方，开垦荒滩、洼地，迁坟、削墩，填沟平塘，扩大了耕地面积。

（二）围垦

1.江心滩垦殖

明嘉靖四十三年（1564年）,长江靖江段先后涨出10个沙滩，每一沙涨，豪强争相报买垦殖。“故靖之簿书讼狱，争滩居十之七。”万历三十二年（1604年），县令朱勋担心买滩垦殖者争抢，将段头沙改名为崇让沙，分为20段，每段由1人承买垦殖，分片画图、给单，政府盖印证明，谁先谁后，“划然有据”。清顺治四年（1647年）清丈后，收新旧在册水滩81000亩。至康熙十八年（1679年），围垦的滩地达9万余亩。嘉庆年间，靖江沙滩扩展，官家纷纷报卖，筑圩植芦。据旧志载，嘉庆十九年（1814年），招买沙滩。每亩水滩价4钱，泥滩价8钱，高阜滩价12钱，熟田价24钱。至道光十六年（1836年），全县有芦洲近10万亩。民国6年(1917年)，靖江设沙田局，专管江边沙田。是年，靖江丹华港至张黄港以下江面，出现绵延5千米长的沙滩，星棋罗列。有的已长水草，有的仍如铁板。家居白衣堂刘家埭的刘莲舫、刘玉衡等5人报领2万亩，陈科甫、刘藕舲、盛金亮等15人报领1.5万亩。经与省沙田总局商谈，结果刘玉衡、刘莲舫与陈科甫等合并，实领沙滩2万亩，取名龙驹沙，颁领滩照。并成立“龙驹沙”垦殖公司，在龙驹沙高阜之区筑岸围田1000余亩，招佃耕种。后因江阴建轮船码头，水线变动，渐次洗坍，未及15年，龙驹沙大部坍没。民国21年，距老滩水脚约2里，又出现绵延5千余米长的涨滩。是年，刘莲舫、刘玉衡等报买青龙港至永济港一段沙滩地3000亩，取名震兴沙。张益甫报买500亩，取名藕藕沙。盛金亮报买丹华港至青龙港段沙滩2000亩（实买1200亩），取名南畇沙。刘藕舲报买永济港至张黄港段沙滩2000亩，取名义兴沙。盛金亮报买堨港至张黄港段沙滩3000亩，取名靖安沙。南畇、震兴、义兴、靖安等沙中间夹槽由张念和报买1200亩。自清至民国，域内形成一股围垦热潮。这些沙滩，在水影光滩之期，即有地方豪绅申报购买，招佃垦殖，将滩地建成芦洲。围垦一般在千亩以上，多的2万余亩。

1955～1964年，靖江东部江面先后又涨出7个沙洲，即驷沙、骥沙、民主滩、靖兴滩、和平滩、双姜沙、带子沙，总称江心滩，面积1800公顷。1955年，县政府设芦柴办事处(1962年改称江滩办事处)，负责江滩的垦殖管理事宜。是年起，每年组织社员上滩植芦，至60年代普遍收益，年均产柴220万捆（1.2万吨）左右，成为县财政收入的来源之一。1970年，产值达53.7万元（含江边滩15.14万元）。此后，由于部分滩地坍失或被围垦造田，面积不断缩小，年产芦柴130万捆左右。1975年栽杞柳77.33公顷，产柳条102.5万千克。双姜沙坍没后，于1977年新出水沙滩333.33公顷。1980年，滩地产柳条达560万千克，此后江心滩坍多涨少。至1985年，累计上交财政收入350万元。至1987年，江心滩面积仅剩800公顷。1989～1990年，县政府组织对地势较高的和平滩、民主滩的部分滩地围垦，造田236公顷。1993年进行围堰筑堤，围垦土地233.33公顷。1995年，无锡宏伟公司投资2亿元建工厂化养鳖场，用地66.67公顷。建成1500千瓦热电站1座、养鳖温室面积10万平方米，建露天鳖池64个，养鳖50万只。1998年，继续加固围堤6.1千米，真高达7.5米，堤顶宽6米，坡比1∶2.5，能抵御百年一遇的洪水。2003年10月，江苏润生林产有限公司在江心滩建速生杨生产基地，占地400公顷。2008年，江心滩被命名为马洲岛。岛上栽植芦苇400公顷，有江滩水草资源400公顷，有野生鸟类20余

图 4-6-1　垦殖后的滩涂　(2011 年摄)

种，特别是白鹭和野鸡的种群数量达上万只。至 2011 年年末，在靖江市政府的推动下，成立靖江市江心洲生态工程发展有限公司。该公司依托中科院、省淡水研究所、南京农业大学等科研院校技术力量，建设全生态、全循环的有机农业生态园，已开发建成水产物种驯繁基地，水产养殖面积 66.67 公顷。马洲岛成为长江靖江段中华绒螯蟹、鳜鱼国家级水产种质资源保护区，是一处原生态湿地旅游胜地。

2.江边滩围垦

1949 年，靖江县人民政府接收民国县政府江边公滩 426.67 公顷，没收、征收 9 户地主、富农的江边滩 54.53 公顷。20 世纪 50 年代，靖江在江边滩主要垦植芦苇。1960 年开始引种杞柳，至 1980 年，全县已在江边滩地（含江心滩）垦植杞柳 241.33 公顷。

1963 年冬，敦义人民公社在江边芦滩围圩，造田 45.67 公顷。翌年 10 月，由县人委命名为县新生农场。1968 年冬、1969 年，靖江分别在斜桥公社黄普大队、六二圩围垦造田 20 公顷。1969 年，越江公社在渡江大队围田 20 公顷、在旺桥大队围田 6.67 公顷，西来公社在靖安沙围田 36.67 公顷，敦义公社围田 18 公顷。1971 年，渔业公社在永济港至塌港义兴滩间围垦 63.61 公顷，建

图 4-6-2　1977 年冬，县政府组织民工在靖兴滩围垦造田

渔业农场，解决渔民定居之所。1977 年 11 月，县革委会成立靖兴滩围垦指挥部，在西来镇靖兴滩围垦造田 184.13 公顷，建国营靖江长江农场。至 1998 年全市有江边滩 453.33 公顷。此后，靖江逐步将江滩围垦纳入长江岸线综合开发利用之中。

二、土地复垦

（一）废窑（坟、庙）地复垦

1949 年前，靖江已有多家私营小团子窑、土窑。新中国成立后，随着人民生活水平提高，因改善住房条件，域内砖瓦需求量剧增。20 世纪 80 年代，几乎村村有小团子窑、小土窑，不仅占用了大片土地，也毁坏了不少耕地。

县政府为了从根本上解决砖瓦生产企业滥占土地和挖废耕地问题，从 1988 年开始，在全县范围内开展清理整顿砖瓦窑业和废窑地复垦工作。7 月，县政府印发《关于砖瓦窑及水泥构件预制场用地的管理意见》。8 月，县土地管理局根据县政府的部署，首次在全县范围内开展对团子窑、小土窑、小轮窑的清理整顿工作。1990 年，县政府按照上级严格控制建轮窑，限制发展小立窑，淘汰耗能高、产量低、效益差的老式小土窑精神，对全县 616 座大、小砖瓦窑，再次进行清理整顿。至 1995 年，全市共关停砖瓦窑场 325 座，复垦土地 307.5 公顷。是年起，县土地管理局开始建立砖瓦生产企业取土发证制度，严禁无证取土，要求对窑业挖废地做到当年取土，当年复垦。

1997 年，靖江市政府根据泰州市政府《关于对全市“三土”进行专项治理的通知》要求，成立由副市长任组长，市土管、农业、工商、税务、监察、水利、交通等部门负责人为成员的靖江市“三土”专项治理工作领导小组，通过宣传发动、制订方案，在红光、新丰 2 个乡试点的基础上，召开全市“三土”（土窑、土坟、土地庙）复垦现场会，开展以清理整顿砖瓦窑业为重点的“三土”专项治理。至年底，全市拆除各类土窑 96 座、土地庙 301 座、平坟 21 万座，投入 113 万元复垦经费，复垦土地面积 151.64 公顷。为保护和合理开发黏土资源，市国土管理局在明确各砖瓦生产企业取土范围的同时，为其办理取土临时用地手续、核发取土执照，并每年组织检查窑业用地、取土复垦情况。2003年，对已关闭的小土(立)窑进行复垦，拆除小土(立)窑89座，复垦土地30.53公顷。2005年，拆除小土(立)窑54座，复垦土地11.36公顷。2011年，为巩固砖瓦生产企业整顿成果，全市实施窑业用地巡回检查、临时用地报批、交纳复垦保证金制度，确保砖瓦窑厂关停一处，复垦一处。

1988～2011年，复垦废窑（坟、庙）地1053.2公顷。

（二）道路、水利建设挖压废地复垦

1982～1983年，县政府对百里江堤进行全面培修，复堤取土废塘经整修成精养鱼池771个，水面积162.97公顷，做到堤成、路成、绿化成、鱼池成，使靖江江堤成为防洪的阵地、绿化的园地、多种经营的基地。1995年后，国家和省重点工程宁通一级公路、江阴长江公路大桥、广靖高速公路、新长铁路相继竣工通车，共挖压废土地366.07公顷。同时，因水利建设共挖压废土地80公顷。为恢复土地面积，市政府在全市开展挖压废地复垦整治工作。沿线各乡镇成立由分管乡镇长为组长的土地复垦整治工作领导小组和专门工作班子，同时明确各有关部门与乡镇挂钩，负责对此项工作的指导与督查，市国土管理局重点抓进度、抓质量、抓典型。1997年，季市、长安两乡镇对宁通公路沿线挖压废地66.66公顷进行复垦，恢复耕地53公顷。1999年，侯河乡对广靖高速公路沿线挖压废土地进行复垦，恢复耕地12.66公顷。1995～2011年，全市共复垦道路、水利建设挖压废地500余公顷。

（三）废河塘、废园地复垦

1990年起，靖江开始进行废河塘、废园地复垦工作。是年，县土地管理局按照县政府要求，下达各乡镇废河塘地的复垦整治任务，并建立严格的项目申报、跟踪管理及验收制度，全年共复垦整治废河塘6.4公顷。1991年，八圩镇采取泥浆泵抽淤填沟塘的方法，复垦整治废河塘2.43公顷。1996年，新桥、太和两镇抓住水利建设的契机，采取泥浆泵抽淤填土方法，复垦整治土地15.33公顷。红光、新丰乡结合疏浚村内河道，对村内空闲地、废河塘进行复垦整治，增加耕地面积25.2公顷。同年10月，市政府在红光、新丰乡召开全市耕地保护暨土地复垦现场会，树立红光、新丰为土地复垦典型，进一步推动全市土地复垦工作。在现场会的推动下，全市掀起土地复垦热潮。越江乡小桥村村民王小狗罱河泥填废塘170

图 4-6-3　新桥镇土地复垦现场　　（2007 年摄）

余个，复垦整治面积 0.66 公顷。1996～1997 年，全市复垦整治废河塘、低洼地、废园地 140 公顷。2004 年后，全市实施“三集中”战略，引导农民集中居住。村民搬迁后，各镇、街道、园区、办事处对老村庄埭前屋后的河塘做到搬迁一处，复垦一处。1990～2011 年，全市共复垦整治废河塘、废园地 315.6 公顷。

（四）废弃老宅基地复垦

历史上，靖江在围圩造田过程中，形成条带状自然村落，村庄空散且住户多为单门独院，户与户间隔较大，生活设施分散，土地利用率不高。据全市土地利用现状抽样调查及农村居民宅基地调查资料，靖江农村居民户均住房面积占地仅占宅基地面积的 32.5%。

20 世纪 90 年代后期，靖江加大对废弃老宅基地复垦力度。1997 年，红光乡对公路沿线的 8 个自然村进行综合整治，归并复垦老宅基地 12.33 公顷。1998 年，大觉乡围绕建设社会主义新农村远景目标，以夏仕村 7 组为试点，高起点规划，抓样板引导，结合农村土地二轮承包，把村庄改造与庭院经济开发、农村道路建设和二、三级河道疏浚相结合，进行田、林、路、渠综合整治，既确保规划的实施，又美化了村庄。是年，该乡复垦废弃老基宅地 8 公顷。1999 年，八圩镇抓住江阴长江大桥建设契机，撤并自然村，复垦废弃老基宅地 14 公顷。

2004 年，市政府在东片斜桥镇进行旧村庄改造复垦试点。该复垦项目总面积 6.61 公顷，新增耕地 5.1 公顷，共投入复垦资金 60 万元，平均每公顷复垦费用 90771.56 元。6 月 24 日，市政府召开纪念第 14 个全国土地日大会，省国土资源厅及靖江市四套班子领导出席会议并视察斜桥镇旧村庄改造复垦试点现场。是年起，市政府为推动旧村庄改造，制定新增耕地面积每公顷给予 7500 元的奖励政策。2011 年，滨江新区在旧村庄改造中，推进商业核心区地块增减挂钩项目的建库和土地复垦工作，复垦项目置换建设用地 26.67 公顷。1997～2011 年，全市结合旧村庄改造，复垦废弃老宅基地 1580 余公顷。

第五章

建设用地管理

中铁一局热烈祝贺新长铁路全线贯通
中铁一局

明清时期，国家建设动用民地需要征买，慈善机构用地则由官府征拨或民间捐助。民国时期，国民政府颁布《中华民国土地法》，规定土地由政府征划以供建设之需。新中国成立后，城乡建设用地长期实行无偿划拨。1986 年，《中华人民共和国土地管理法》颁布后，县农村土地管理办公室加强农村非农业建设用地管理。1987 年起，县土地管理局开始按照依法、节约和计划三项管理原则，对各类建设用地进行总量控制、计划管理。1992 年 6 月，靖江经济技术开发区设立后，中共靖江市（县）委、市（县）政府先后出台一系列鼓励外商投资的土地优惠政策。1995 年后，围绕经济建设中心，靖江在严格执行用地计划的同时，逐步建立健全各类建设用地审批制度，对符合产业政策的建设项目严格进行预审，加强宏观调控，确保实际批准用地面积低于省、市下达的计划用地面积。1999 年起，注重建设用地全程管理，推行“批前早介入、批中严把关、批后重监管”的管理模式。2003 年起，靖江经济快速发展，市国土资源部门积极探索用地服务新方法、新路子。坚持“服从大局、服务中心、保护资源、保障发展”的方针，认真贯彻国家产业政策，在批地供地上做到依法依规、从严从紧、有保有压、节约集约、统筹安排，优先保障国家、省、市重点建设项目用地，对国家禁止类、限制类产业项目用地不予审批。同时，采取“单独选址”和“点供”方式上争农用地转用指标，化解重大项目的落地难题，从而有效保障全市建设用地的需要。1987~2011 年，市（县）国土资源管理部门为各类建设项目供地 7777.98 公顷，并按规定做好“撤组转居”、征地补偿、劳力安置以及被征地农民基本生活保障等工作，维护被征地农民的合法权益。

第一节　用地计划编制与管理

一、用地计划编制

1988年，靖江开始以县为单位编制年度建设用地计划。计划包括国家建设用地、乡（镇）村集体建设用地和农村个人建房用地。凡纳入用地计划的各项建设用地，必须符合《中华人民共和国土地管理法》的有关规定。用地计划的编制时间和计划期，与国民经济和社会发展计划相同。靖江年度建设用地计划编制的时间在每年第四季度。1999年前，工业、交通、水利、城建、商业、供销等部门和各乡镇，分别按照市（县）国民经济和社会发展计划以及建设项目落实情况，预测年度建设用地面积指标，向市（县）土地管理局报送预测项目用地需求。市（县）土地管理局根据各部门、乡镇上报项目用地需求，编制下年度建设用地计划，经市（县）计划委员会综合平衡后，由市（县）计划委员会、市（县）土地管理局联合上报扬州市计划委员会、扬州市土地管理局（改隶泰州市后随之改报泰州市计划委员会、泰州市土地管理局）。1999年起，各乡镇、开发区（园区）及交通、水利、建设等部门，按照相关要求和项目落实情况，向市国土管理局报送预测项目用地需求，市国土管理局根据用地需求，编制下年度建设用地计划，并上报泰州市国土管理局。2010年起，为严格执行年度计划，科学安排建设用地供应，国土资源部发布《国有建设用地供应计划编制规范》，市国土资源局按该规范要求，结合上年度土地供应情况和当年各类用地需求，科学合理编制建设用地供应计划，报省、市国土资源主管部门审核确定。

二、用地计划管理

1988年1月，县政府批转县计委、县经委、县劳动局、县城建局、县土管局等职能部门《关于加强城乡建设用地管理若干问题的意见》，规定将非农业建设用地纳入指令性计划，列入全县国民经济计划指标体系。建设用地计划由县计划委员会统一下达。国家建设用地和乡（镇）村集体建设用地计划指标，由土地管理部门统一掌握使用，以保证重点建设项目用地。农村个人建房用地计划指标由各乡镇掌握使用。乡（镇）村集体建设和农村个人建房用地计划指标，可以调剂使用。建设用地占用耕地计划指标属指令性指标，只能节约，不能突破。占用非耕地计划属指导性计划。无用地计划指标的建设项目，县土地管理局不予审批土地。需增加用地计划指标时，在县内用地计划总指标内调整，并报上级计划部门和土地管理部门备案。确实无法调整，需追加用地指标的，报上级计划部门和土地管理部门审批。土地管理部门每季度将用地计划的执行情况向上级土地管理部门报告，同时报送同级和上级计划部门。

1989年起，靖江县土地管理局在严格执行计划用地的同时，通过“跟踪管理”“全程管理”等方式强化用地计划指标的使用管理。同年10月，江苏省土地管理局印发《关于加强建设用地跟踪管理，实行建设用地许可证制度的通知》，靖江按照通知精神，规定从是年11月起，凡国家建设用地、乡（镇）村集体建设用地和中外合资企业用地，一律实行建设用地许可证制度。建设用地单位在领取建设用地批准文件时，必须同时向县土地管理局申请领取《建设用地许可证》，并依法交纳建设用地保证金。军事、党政机关及学校、幼儿园、敬老院、医院、监狱等单位建设用地免收建设用地保证金。县土地管理局对已经批准使用的建设用地，派人到现场放线、定界，并向用地单位颁发《建设用地许可证》。建设项目竣工后，建设单位应及时向县土地管理部门申请验收，验收符合规定的，办理土地登记手续，交回《建设用地许可证》，按项目用地面积，换发《土地使用证》，退回保证金。1990年起，靖江县土地管理局通过对建设项目用地审批勘查、施工放线、竣工验收三到场，加强批前、批中、批后的监督管理。1994 年后，靖江停收建设用地保证金。

1988～1998 年，靖江建设用地计划指标共 943.53 公顷，其中国家建设用地计划指标 528.66 公顷、乡（镇）村建设用地计划指标 263.87 公顷、农民建房用地计划指标 151 公顷。三项建设用地实际使用面积 808.1 公顷，占建设用地计划指标的 85.65%。其间，仅 1994 年因经济发展加快，用地项目多，重点工程多，开发区建设全面展开，用地计划指标有所突破。

1999 年起，用地计划由市国土管理局负责管理。市国土管理局根据上级下达的用地计划指标，按照"保证重点、兼顾一般"的原则，筛选用地项目，报请市政府批准后，将用地计划指标直接落实到相关建设项目。是年，市国土管理局贯彻国土资源部《土地利用年度计划管理办法》，建设项目用地管理由注重"前置管理"向"全程管理"转变，推行"批前早介入、批中严把关、批后重监管"的管理模式。2004 年后，因靖江、江阴两市跨江联动，建设用地需求量大增。是年，市国土资源局申请获准江苏省国土资源厅土地"点供[①]"计划指标 81.11 公顷。年内，全市新增建设用地 360.95 公顷，为新中国成立以来全市建设用地数量最多的一年。2005 年开始，江苏省国土资源厅对外资达 1 亿美元及内资 8 亿元人民币以上规模、符合国家和省产业政策及环保要求、特别是高新技术类产业的重大工业项目，采用"点供"的创新办法安排用地计划，以保障重点，提高有限计划指标的使用效益，为全省重大项目提供用地保障。靖江市政府针对农用地转

图 5-1-1　监督检查用地项目建设　　(2011 年摄)

①点供：即点式供地，是指对省、市有权部门核准的重大项目采用直接对点安排用地指标的保障性供地。

用计划继续偏紧的宏观环境，按照“区别对待、有保有压”的思路，在优化指标使用、严把项目筛选关的基础上，采用“点供”“单独选址”等方式，上争农用地转用计划指标，优先保障国家、省、市重点工程、基础设施以及沿江重大建设项目合理用地需要，优先保障“高效益、高就业、低消耗、低污染”产业项目用地。2004～2011 年，全市上报审批“点供”项目 33 个、“单独选址”项目①16 个，向上争取农用地转用计划指标 891.43 公顷。同时经省市主管部门批准，有偿使用徐州市、兴化市等地耕地占补平衡②指标 718.3 公顷，有效缓解了土地供需矛盾，保障了重大项目用地需求，促进了经济社会又好又快发展。

1999～2011 年，省下达新增建设用地指标 3039.55 公顷，其中农用地转用指标 2800.94 公顷。报省批准新增建设用地 2935.39 公顷，其中农用地转用 2771.29 公顷。

1988~1998 年靖江市（县）建设用地计划执行一览表

表 5-1-1　　　　单位：公顷

年份	三项建设用地计划				实际使用面积	计划执行（+、-）
	小计	国家建设	乡（镇）村建设	农民建房		
1988	114.67	34.67	46.67	33.33	101.07	-13.60
1989	60.01	14.67	28.67	16.67	31.73	-28.28
1990	45.67	7.33	24.00	14.34	18.93	-26.74
1991	36.66	13.33	3.33	20.00	28.13	-8.53
1992	86.66	53.33	20.00	13.33	64.27	-22.39
1993	93.33	73.33	13.33	6.67	77.49	-15.84
1994	130.00	100.00	20.00	10.00	163.40	33.40
1995	220.00	166.67	40.00	13.33	216.20	-3.80
1996	50.00	26.67	13.33	10.00	23.15	-26.85
1997	33.33	13.33	10.00	10.00	10.53	-22.80
1998	73.20	25.33	44.54	3.33	73.20	0
合计	943.53	528.66	263.87	151.00	808.10	-135.43

①单独选址项目：指在土地利用总体规划确定的城市建设用地范围外选址建设的能源、交通、水利等基础设施项目。

②耕地占补平衡：指非农业建设经批准占用耕地后，根据“占多少，垦多少”原则，由建设占用耕地单位或所在地政府负责补充数量和质量相当的耕地。

1999~2011 年靖江市农转用、征用计划执行一览表

表 5-1-2　　　　单位：公顷

年份	农转用计划构成												征转用情况					计划执行(+、-)
	小计		省市下达计划		“点供”计划		单独选址		奖励指标		增减挂钩指标		征转用总量	其中				
														新增建设用地			建设用地	
	新增建设用地	其中农用地	新增建设用地	其中农用地	新增建设用地	其中农用地	新增建设用地	其中农用地	新增建设用地	其中农用地	新增建设用地	其中农用地		小计	农用地	未利用地		
1999	103.00	101.00	103.00	101.00	—	—	—	—	—	—	—	—	103.00	103.00	101.00	2.00	0	0
2000	35.31	33.64	35.31	33.64	—	—	—	—	—	—	—	—	35.31	35.31	33.64	1.67	0	0
2001	47.00	45.02	47.00	45.02	—	—	—	—	—	—	—	—	52.19	47.12	45.02	2.10	5.07	+0.12
2002	197.50	185.74	197.50	185.74	—	—	—	—	—	—	—	—	257.55	197.54	185.74	11.80	60.01	+0.04
2003	222.60	213.57	222.60	213.57	—	—	—	—	—	—	—	—	252.60	222.60	213.57	9.03	30.00	0
2004	360.95	360.67	140.00	140.00	81.11	81.11	—	—	—	—	139.84	139.56	459.08	360.95	360.67	0.28	98.13	0
2005	243.49	238.23	93.33	93.33	92.42	90.32	—	—	—	—	57.74	54.58	342.20	243.49	238.23	5.26	98.71	0
2006	330.90	323.39	93.33	93.33	—	—	30.89	30.01	—	—	206.68	200.05	429.89	330.90	323.39	7.51	98.99	0
2007	314.58	277.82	113.33	83.33	113.14	109.80	26.12	22.70	20.00	20.00	41.99	41.99	414.61	314.58	288.48	26.10	100.03	0
2008	290.96	253.90	113.33	83.33	132.60	129.50	25.03	21.07	20.00	20.00	—	—	392.23	277.39	266.86	10.53	114.84	-13.57
2009	276.14	223.75	126.00	78.00	104.39	101.20	25.75	24.55	20.00	20.00	—	—	313.47	249.62	199.78	49.84	63.85	-26.52
2010	320.66	288.43	108.00	78.00	129.82	128.53	37.24	36.30	20.00	20.00	25.60	25.60	420.35	320.66	308.07	12.59	99.69	0
2011	296.46	255.78	109.33	79.33	89.21	82.60	37.81	33.74	60.11	60.11	—	—	295.89	232.23	206.84	25.39	63.66	-64.23
合计	3039.55	2800.94	1502.06	1307.62	742.69	723.06	182.84	168.37	140.11	140.11	471.85	461.78	3768.37	2935.39	2771.29	164.10	832.98	-104.16

说明：2004~2005 年，“点供”计划为上争江苏省国土资源厅计划，增减挂钩指标为泰州市国土资源局调剂指标。2011 年计划指标余数为申报待批新增建设用地。

第二节　建设用地审批与供应

一、建设用地政策与规定

（一）国家、集体建设用地政策与规定

1954 年 1 月起，靖江按照中央人民政府政务院颁布的《国家建设征用土地办法》及有关法律、法规，开始办理国家建设用地征地及供地事宜。农业合作化后，土地所有权逐步转变为全民和农民集体经济组织所有，靖江对土地的管理随之加强。

1958 年后，县内盲目办工业、建学校，用地剧增，出现多征少用、征而不用的浪费土地资源现象。1959 年 3 月，江苏省人民委员会《关于处理国家建设征用土地补偿费的补充通知》中规定："凡属人民公社在本社范围内的建设用地，均由公社根据已经领导批准的工农业生产整个布局，本着精打细算、节约用地精神，自行调度。"1962 年，县人民委员会在转发《国务院对广西处理征用土地中有关问题的批复的通知》中指出："凡征用土地的单位，对征用土地认真地进行一次检查。一切征而不用、多征少用、早征迟用的土地，都要迅速退还给原生产队耕种。"规定此后凡国家建设征用土地，都要严格执行《国家建设征用土地办法》。1964 年，县人民委员会颁布《靖江县基本建设工作管理暂行办法》，开始对县内建设用地进行规范管理。

1973 年 9 月，县革委会印发《关于贯彻执行国务院有关在基本建设中节约用地及征用土地补偿费的指示的通知》，规定基本建设征用土地，需认真贯彻节约

用地原则，坚决纠正片面强调建设需要，征好不征次、多征少用和早征迟用等浪费土地现象，严格执行征地审批制度，认真办理征用手续。凡是未经批准的建设项目，不许征用土地；经批准的建设项目，必须报县审查批准后才能占用土地。1978年5月，县革委会印发《关于加强基本建设和土地使用管理的通知》，重申严格执行征地审批制度，节约使用土地，严格禁止租用和借用土地。

1982年2月13日，国务院颁布《村镇建房用地管理条例》，同年5月14日，国务院又颁布《国家建设征用土地条例》。靖江严格按照以上条例规定办理征地相关事项。1983年10月，江苏省政府根据国务院发布的《村镇建房用地管理条例》和有关规定，制定《江苏省村镇建设用地管理实施办法》。1985年10月，为促使乡镇各项建设逐步走上按规划、讲标准、有计划的轨道，县政府下发《关于加强村镇建设用地管理的意见》，要求乡镇企事业单位用地必须严格按相关法规履行报批程序，严禁未经批准擅自圈地、占地。1986年，县农村土地管理办公室对各乡镇用地情况进行调查研究，针对农村土地管理中出现的不批就用、多批少用、乱占滥用状况，提出《关于当前农村土地管理工作的意见》。县政府于1987年3月批转各乡镇，要求各乡镇政府认真执行“十分珍惜和合理利用每寸土地，切实保护耕地”的基本国策。是年8月，全县城乡土地管理工作统一归口县土地管理局，靖江建设用地管理工作开始走上法制化、规范化轨道。1988年12月，县政府为切实加强土地统一管理，印发《关于加强土地统一管理的会议纪要》，规定单位建设用地的报批程序。1989年10月，江苏省土地管理局制定《江苏省乡镇村企业建设用地管理办法（暂行）》。是年，针对县内出现乱占、滥用耕地现象，县政府印发《关于全民、集体单位建设用地的管理意见》，对建设用地计划管理、征使用土地办理程序、审批权限、土地补偿、劳动力安置、征收费用等作了详尽规定，域内乱占滥用土地现象得到控制。

1993年9月，为改革国有土地使用制度，合理开发、利用、经营土地，靖江县政府颁发《靖江县国有土地使用权出让和转让暂行规定》，按照国有土地所有权和使用权分离的原则，对域内城镇国有土地使用权实行出让、转让制度。

1997年4月15日，中共中央、国务院发出《关于进一步加强土地管理切实保护耕地的通知》后，市内除江阴长江大桥、广靖高速公路等重点工程建设项目用地报省审批外，各类非农业建设用地一律停止报批，以落实国务院非农业建设用地冻结1年的规定。

1998年8月29日，第九届全国人大常委会第四次会议审议通过修订后的《中华人民共和国土地管理法》，要求建立以土地用途管制为核心的土地管理制度，规定建设占用土地涉及农用地转为建设用地的，应当符合土地利用总体规划和土地利用年度计划中确定的农用地转用指标；不符合土地利用总体规划的，不得批准农用地转为建设用地。1999年1月起，全市实行建设项目用地预审制度。市国土管理局在建设项目用地报批前，对土地利用规划、用地计划、产业政策和行业用地标准进行审核，以确保土地利用总体规划实施和用地计划的执行。

2000年12月，为深化城市土地使用制度改革，切实加强国有土地资产的管理，市政府下发《关于加强城市土地资产管理的实施办法》，明确城市建设用地除法律、行政法规规定可以划拨供应的项目外，一律引入市场竞争机制，实行有偿供地；对商业、金融、娱乐、旅游、服务等经营性项目用地，应通过招标、拍卖方式出让或租赁供地；房地产开发用地必须通过招标、拍卖、挂牌方式出让供地。

2004年，市委、市政府出台《关于加快推进市镇联动促进土地集约利用的意见》，引导新办镇村企业向市工业园区集中，探索建立有利于经济发展要求的集约用地新机制。是年，经市政府同意，市国土资源局加强建设用地定额管理，加大对投资总量指标、投资强度指标、产出水平指标和工商注册资金额度的控制力度，规定凡投资总量达不到3000万元，投资强度低于每公顷2400万元，产出税收低于每公顷150万元，工商注册资金少于每公顷600万元的投资项目，一律进工业园区，不予单独供地。

2006年，国家出台一系列新政，严把土地闸门关，靖江市委、市政府坚持在土地保护中发展经济。5月18日，市政府印发《关于加强建设项目用地管理，推进土地集约利用的通知》。根据通知精神，市国土资源局强化用地监管，提高土地利用率和利用效益，把单独供地的项目投资总量提高到5000万元。

2008年，市委、市政府提出“约束要硬、激励要实、责任要明、监管要严”的建设用地管理要求，进一步规范土地管理，科学利用土地。除安全、消防等有特殊规定或行业生产有特殊要求的项目外，工业用地容积率一般不得低于1，企业内部行政办公及生活服务设施用地面积不得超过工业项目总用地面积的7%。进入经济开发区和工业园区的中小项目，一般应建造2层及多层厂房，尽量不建单层厂房。鼓励建设项目拓展地下空间，在保障人防、城市公共安全设施建设的前提下，充分利用地下空间安排市政配套设施。

2010年6月30日，市政府印发《靖江市土地节约集约利用实施意见》，对土地利用总体规划、存量建设用地、新增工业用地、房地产用地、项目跟踪监管、组织领导和工作考核等工作提出更为具体的要求。8月，市政府以国土资源部领导到靖江调研全国节约集约用地模范市创建工作为契机，专题研究新形势下如何转变土地利用方式，促进经济社会发展，共同破解保护耕地与保障发展难题。

2011年5月14日，为进一步优化土地利用结构，市政府出台《靖江市新增工业用地使用权出让办法（试行）》，通过制订新的竞价、奖励等政策，建立用地制约机制和用地指标竞价及产出达标补偿机制，倒逼企业节约集约用地，促进产业转型升级，逐步形成全市节约集约用地政策体系，引导全社会在土地利用上精打细算。

（二）村（居）民建房用地政策与规定

新中国成立前，靖江居民建房无需审批手续。20世纪60年代初，随着土地公有制的确立，村（居）民私人建房使用土地一般由当地基层组织同意即可。1962年9月，中共中央发布《农村人民公社工作条例（修正草案）》（即六十条），规定生产队范围内土地，都归生产队所有；生产队所有的土地，包括社员自留地、自留山、宅基地等一律不准出租和买卖；生产队的土地不经过县级以上人民委员会审查和批准，任何单位和个人不得占用。1963年3月，中共中央印发《关于对社员宅基地问题作一些补充规定的通知》，对农村社员建房用地作出明确规定。1964年10月，县人民委员会根据中共中央文件精神，印发《关于社员建房基地安排问题的通知》，规定社员需建房又没有宅基地的，由建房户申请，经社员大会讨论同意，由生产队统一规划，帮助解决，但不得占用耕地；必须占用耕地的，应根据“六十条”规定，报县人民委员会批准。

1974年，针对农村社员和城镇居民建房占地控制不严、缺乏严格的审批手续等情况，县革委会按照扬州地区革委会相关文件精神，印发《关于重申严格控制使用土地和私人建房的通知》，规定公社、大队、生产队建设以及社员建房用地（指出宅用地）一律要报经县审查批准，不得擅自占用土地。城市居民房屋主要应依靠集体解决，私人不得在城市新建住房。

1981 年 11 月，为贯彻执行国务院《关于制止农村建房侵占耕地的紧急通知》，县政府印发《关于节约土地和控制农村建房用地的暂行办法》，规定农村建房用地必须统一规划，合理布局，节约用地。社员建房使用土地，必须由社员申请，经生产队民主讨论和统一安排，大队审查后报公社批准。社员建房宅基地面积控制指标数一般为 5 人（含）以下的农户不超过 160 平方米，10 人（含）以下的农户不得超过 230 平方米。城镇户籍人口一律不准在农村占地建房，原在农村有祖遗宅基地的，不准再扩大建房用地。1985 年 1 月，根据国务院 1982 年发布的《村镇建房用地管理条例》和《江苏省村镇建设用地管理实施办法》的有关规定，县委印发《关于农村违章占地建房的处理意见》，对各类违章占地建房问题作出处理规定。1986 年起，县政府规定农村村（居）民在原地翻建或利用非耕地、空闲地建房的，由乡镇政府审批并管理；使用耕地建房的，由乡镇政府审查、经县土地管理局审核后，报县政府批准。

1989 年 7 月，县政府印发《关于农村居民宅基地的管理意见》，规定因拆迁或因统一规划建设的居民新村需重新安排宅基地的；原宅基面积低于规定标准，居住拥挤，确属无法安排建房的；子女年满二十周岁，已达分户年龄且居住困难的及回乡定居的华侨、侨眷等需要安排宅基地的可申请和安排宅基地。

1999 年 8 月，市政府印发《关于加强土地市场管理的若干规定的通知》，对村民住宅用地管理作出明确规定：农民的住宅不得向城市居民出售，也不得批准城市居民占农民集体土地建住宅，有关部门不得为违法建造和购买的住宅发放土地使用证和房产证。

2005 年 11 月，市政府印发《关于城镇村（居）民建房管理办法》，进一步明确市规划局是全市城镇村（居）民建房规划管理的行政主管部门，市国土资源局是全市城镇村（居）民建房土地管理的行政主管部门。要求各镇、园区应当配合规划、土地行政主管部门，负责做好村（居）民建房的规划、土地管理和监督、检查工作。村（居）民建房必须服从规划管理，不得擅自扩大原有宅基地面积及妨碍道路交通、消防安全，不得侵占公共绿地、邻里通道，并妥善处理好给水、排水、通风、采光等方面的问题。

2009 年 4 月 16 日，市委办公室、市政府办公室印发《靖江市新农村集中居住点建房管理办法（试行）》，明确规定新农村集中居住点建房原则及管理细则。

2011年1月14日，市委、市政府印发《关于推进城乡建设用地增减挂钩和万顷良田建设工程，加快城乡一体化进程的意见》，要求从即日起一律禁止农民原地翻、改（扩）建住宅；凡农村翻、改（扩）建住宅的，一律进入规划的集中居住区；各类项目建设需要搬迁安置的村民，一律进入安置区；严格把好资格审核关，禁止不符合条件的成员入住集中居住区。对违反相关规定的党政干部，一律予以严肃处理。

（三）外商和台、港商投资企业用地政策与规定

1992年8月，靖江县政府出台《关于鼓励内外商投资靖江经济技术开发区建设优惠政策》，规定域内外投资者（包括港、台胞）使用开发区内国有土地，由县土地管理局办理出让或划拨手续；域内外投资者通过出让形式获得的土地使用权，在规定的出让期内，可以依法进行转让、出租、抵押等经济活动，并一次性支付出让金，出让金标准由县土地管理局制定，对域内外投资者给予优惠；域内外投资者通过划拨取得的土地使用权，土地使用者在使用期内只供自己使用，不得转让、出租、抵押等。使用者应一次性缴纳场地开发费，并按年度每年交纳土地使用费。场地开发费和土地使用费标准，由县土地管理局制定，对域内外投资者给予优惠。

1993年4月，靖江县政府出台的《关于鼓励国内外投资者到靖江经济技术开发区建设的特殊优惠政策》规定：（1）对率先进入开发区的生产性“三资”企业和县内外投资者，土地划拨或出让价格实行特殊优惠，自1993年4月10日起对前10名优惠30%，对前11名至20名优惠20%，对前21名至30名优惠10%。（2）凡合同利用外资50万美元以上的“三资”项目等，土地有偿划拨或出让费用实行分期付款。划拨或出让土地时先付50%，其余部分待项目竣工投产后，第一年支付25%，第二年支付25%（不受地价上涨因素的影响，不计息），而且10年内免交土地使用费。（3）凡合同利用外资100万美元以上的“三资”项目等，土地有偿划拨或出让费用实行分期付款。划拨或出让土地时先付50%，其余部分待项目竣工投产后，第一年支付25%，第二年支付25%（不受地价上涨因素的影响，不计息），而且15年内免交土地使用费。（4）开发区在工业区划出6.67～

13.33公顷土地，作为鼓励外商投资的新兴工业园，出让手续加快办理，出让价格更加优惠，视同“小特区”，可以特事特办（由开发区和外商面议），出让后依法保障外商的合法权益。同年9月，县政府印发《靖江县国有土地使用权出让和转让暂行规定》，明确在靖江行政区域内兴办的中外合资企业、中外合作企业、外资企业和与台、港商合资兴办企业，可以按照城镇国有土地使用权出让和转让的办法受让或转让土地使用权。

1997年9月，为更加有效地吸引外商投资，提高靖江对外开放和经济发展水平，靖江市委、市政府印发《关于进一步鼓励外商投资的若干规定》，明确规定：（1）凡从事农、牧、渔开发，兴办交通、能源基础设施及教育、文化、科学技术、卫生等社会公益事业，且办理土地出让手续获得土地使用权的外商投资企业，可以免缴场地使用费。（2）对沿江开发带，如外商投资围填滩涂，5年内免收土地出让费。（3）开发区的外商投资企业的土地出让价格根据投资规模、开发地段等级、投资时间给予优惠。凡投资100万～200万美元的优惠10%，投资200万～300万美元的优惠15%，投资300万美元以上的优惠20%，成片开发的优惠30%。

2000年9月，靖江市政府印发的《关于鼓励外商投资优惠措施的意见》规定：（1）外商投资者在靖江域内利用滩涂从事农业开发的，5年内可免收土地有偿使用费；用于非农业开发建设围堰吹沙用地依法办理土地出让手续，土地出让金经市政府批准给予减免。（2）对外商投资企业依法出让供地。兴办工业企业征地费用不超过90万元/公顷，办理土地使用权出让手续时，土地出让金经市政府批准给予减免。兴办其他非农业建设项目，实际利用外资在200万美元以上的，经市政府批准，土地出让金可优惠20%。

2001年，靖江经济开发区管委会为加大外资引进力度，规定对外商独资的生产性企业和中外合资企业的土地供应价格，按投资额多少设定每公顷45万元、90万元、120万元、150万元4个优惠档次。

2002年2月，靖江市委印发《关于进一步加强利用外资工作的决定》，要求靖江经济开发区以一定数量的土地进行整合配套，实行滚动开发，逐步成片，尽早形成外商投资工业园区，使之成为全市主要经济增长点。

至2011年，外商及台、港商投资企业用地按以上文件精神执行。

二、建设用地审批

（一）建设用地审批权限

1.国家、集体建设用地审批权限

1950年8月15日，华东军政委员会颁布《关于修建公路征用土地暂行办法》，规定因新建或修建公路征用土地需经省（区）人民政府批准。1953年9月15日，省政府印发《关于建设工程占用民地的处理办法》，规定征用土地需经省政府审核，报华东行政委员会批准后，方可插标施工。同年12月5日，中央人民政府政务院颁布《国家建设征用土地办法》，规定地方性建设事业用地在333.33公顷（5000亩）以上，或迁移居民300户以上的，由大行政区行政委员会批准；用地66.67公顷～333.33公顷（1000亩～5000亩），迁移居民50户～300户的，由省人民政府批准；用地不足66.67公顷（1000亩），或迁移居民不足50户的，由县人民政府批准；私营经济企业和私营文教事业用地需向省人民政府申请。

1958年1月6日，国务院颁发《国家建设征用土地办法（修正）》，规定地方性建设用地不足20公顷或迁移居民不足30户的，由县（市）人民委员会批准，超过此标准的报省人民委员会批准。1959年12月，江苏省人民委员会规定：凡属于人民公社建设事业用地，一律由公社自行规划安排，不办理报批手续。但为了合理布局，防止浪费，人民公社兴办事业用地计划应先经上级主管部门批准。1962年8月，江苏省民政厅规定，各项建设征用土地，无论数量多少，均报省人民委员会批准。

1964年7月，国务院《关于国家建设征用土地审批权限适当下放的通知》下发后，省人民委员会于同年8月对县级人民委员会审批征用土地的权限作出新的规定：国家建设征（拨）用地0.67公顷（10亩）以下和迁移居民5户以下的（不分城市和农村），由县（市）人民委员会审批。

1973 年，省革委会规定：征用土地 0.2 公顷以上，需报地区革委会批准。同年10 月 19 日，扬州地区革委会印发《关于严格控制使用土地和私人建房的通知》，规定征地 0.67 公顷以上报省革委会审批；0.33 公顷以上报扬州地区革委会批准；0.33 公顷以下由县（市）革委会批准。1976 年 9 月 18 日，扬州地区计划委员会 292 号文件规定：为更好地完成国家基建计划，有利各县（市）对基建工作的领导，简化征用土地的审批手续，凡一个单位因基建使用 0.33 公顷以内土地的，仍由县(市）革委会审批。

1982 年 5 月，国务院颁布《国家建设征用土地条例》，规定征用耕地、园地 0.2 公顷以上，林地、草地 0.67 公顷以上，其他土地 1.33 公顷以上，由所在县、市人民政府审查，报省、自治区人民政府批准，在上述限额以下的，由县、市人民政府批准。同年 11 月，省政府依照《国家建设征用土地条例》制定的实施办法规定：征用一般土地 0.33 公顷以下，由县、市人民政府审批；征地 0.33 公顷以上的应分别报地区行署或省人民政府审批。

1985 年 4 月 27 日，扬州市政府印发《关于进一步加强村镇建设用地管理的通知》，规定乡镇企业建设用地的审批权限为征用土地（包括耕地、水面、山地）0.67 公顷以上，菜地 0.2 公顷以上的，须经省主管部门审查，报省人民政府审批；征用土地 0.2 公顷以上不足 0.67 公顷，菜地不足 0.2 公顷的，由省辖市人民政府审批；征用土地 0.2 公顷以下的，由县（市）人民政府审批。1987 年施行的《中华人民共和国土地管理法》规定，征用耕地 0.2 公顷以下，其他土地 0.67 公顷以下的，由县级人民政府批准。是年起，靖江据此执行。

1989 年 7 月，根据《中华人民共和国土地管理法》和《江苏省〈土地管理法〉实施办法》有关规定，县政府印发《关于全民、集体单位建设用地的管理意见》，规定全民、集体单位征、使用土地，都必须报经县以上人民政府批准，乡镇人民政府不得自批自用。分级批准的权限是：征（使）用耕地 0.2 公顷以下或其他土地 0.67 公顷以下的，报县人民政府批准（带劳力指标的还需报扬州市政府批准）；征(使）用耕地 0.2 公顷以上、1 公顷以下，蔬菜地 0.2 公顷以下，其他土地 0.67 公顷以上、1.33 公顷以下的，报扬州市人民政府批准；征（使）用耕地 1 公顷以上、蔬菜地 0.2 公顷以上、其他土地 1.33 公顷以上，报省政府批准，已经批准的建设用地，不得改变项目用途，更不得非法买卖、转让，也不得更改四址任意扩大用地面积。如因特殊情况确需变动的，须经原批准机关同意后方可进行。

1992年1月3日，省政府批转的省土地管理局《关于明确国家建设征用土地和开发国有荒山、荒地、滩涂有关审批权限的请示》中，对征用土地审批权限作了明确解释，即一个建设项目同时征用耕地、蔬菜地和其他土地的，市、县人民政府对各类土地的审批权限，合计不得超过本级政府一次审批“其他土地”的限额。

1998年8月，修订后的《中华人民共和国土地管理法》取消建设用地分级审批的办法，规定建设占用土地，涉及农用地转为建设用地的，应当办理农用地转用审批手续。征用农用地的，在办理农用地转用审批手续的同时办理征地审批手续。转用、征用涉及基本农田及其以外的耕地超过35公顷的、其他土地超过70公顷的需报国务院批准。转用、征用上述数额以下的土地，由省政府批准并报国务院备案。在已批准的农用地转用、征用范围内，具体建设项目用地由市、县政府批准。靖江按规定从1999年1月1日起实施。

2000年8月，第九届江苏省人大常委会第十九次会议通过的《江苏省土地管理条例》，对建设占用国有未利用地作出规定：具体建设项目需要占用土地利用总体规划确定的国有未利用地1公顷以下的，由县政府批准；1公顷以上、5公顷以下的，由设区的市政府批准；5公顷以上的，由省政府批准。此条例于2001年1月起在全省施行。至2011年，域内国家建设用地仍按1998年8月修订的《中华人民共和国土地管理法》和2000年8月公布的《江苏省土地管理条例》有关规定执行。

2.村（居）民建房用地审批权限

新中国成立前，土地私有，城乡居民私人建房利用自有土地，或利用购买的土地，其建房的选址及用地数量均由建房者自定，毋须报经政府审批。新中国成立初期，城镇个人利用院内隙地建房，只要四邻不干涉即可。城镇土地国有化后，居民不得擅自利用隙地建房，确需在院内建房，须经居民委员会许可，镇主管部门批准。农村土地未属集体所有前，农民在宅基地上建房不受限制；土地集体化后，农民建房须个人申请，经生产队社员大会讨论通过，由生产队统一规划，经大队同意，报人民公社批准。

1973年3月20日，中共中央颁布《关于各地对社员宅基地问题的补充规定》，规定社员建房如需占用耕地的，应报县革委会生产指挥组批准。

1987年，域内贯彻执行《中华人民共和国土地管理法》的有关规定，村（居）民建房在原地翻建或利用非耕地、空闲地的，由乡（镇）政府审批；使用耕地的，必须经乡（镇）政府审核后报县政府审批。

1989年起，靖江执行《江苏省农村宅基地管理办法（暂行）》，严格审批制度，把好用地关。7月，县政府下发《关于农村居民宅基地的管理意见》，规定农村村（居）民建房占用原宅基地、村内空闲地和其他非耕地的，经村委会审核同意，报乡（镇）政府审批；占用耕地的，经乡（镇）政府审核同意，报县政府审批。城镇居民户占用国有土地或集体土地建房的，均由所在乡（镇）政府审核同意后，报县政府审批。从此，全县形成城乡村（居）民建房用地的管理和审批制度。

2001年1月起，靖江执行《江苏省土地管理条例》有关规定。村民新建、翻建住宅使用所在集体经济组织农民集体所有土地的，由村民提出用地申请，经村民会议或者农村集体经济组织全体成员会议讨论同意，乡（镇）政府审核后，报市政府批准。其中，农村村民建住宅占用农用地的，由市政府按照土地利用年度计划，按年度分批次办理农用地转用审批手续。农村村民出租住房后，再申请宅基地的，不予批准。购买农村村民房屋的农户应符合申请建房用地条件。

2005年11月10日，市政府印发《靖江市城镇村（居）民建房管理办法》，规定凡城市规划区及因城市建设需要控制范围内（含城市建成区、新城区、滨江生态区，开发区城南、城北、新港园区，江阴开发区靖江园区等）的村（居）民建房，均应遵守城市规划等相关法律、法规。远期控制区的建房审批，由市规划、国土等部门和所在镇政府（园区）先行预审，预审通过后再按规定程序统一履行建房手续。

2009年4月16日，市委办公室、市政府办公室印发《靖江市新农村集中居住点建房管理办法（试行）》，规定新农村集中居住点建设的审批权限：宅基地占地面积每户不超过133平方米，建筑占地面积不超过105平方米，建筑面积不超过300平方米。

2011年1月14日，市委、市政府出台《关于推进城乡建设用地增减挂钩和万顷良田建设工程，加快城乡一体化进程的意见》，规定全市农村一律禁止农民原地翻、改（扩）建住宅；凡农村翻、改（扩）建住宅的一律进入规划的集中居住区；各类项目建设需要搬迁安置的村民，一律进入安置区；严格把好资格审核关，禁止不符合条件的人员入住集中居住区。

（二）建设用地审批程序

1.国家、集体建设用地审批程序

民国时期，城乡建设用地征拨由民国县政府民政机关或地政机关办理，审批管理资料不详。新中国成立后，县政府逐步加强对国家、集体建设用地审批管理。1953年12月5日，中央人民政府政务院颁布《国家建设征用土地办法》，规定国家建设用地需由用地单位根据节约用地的精神，编制征用土地计划书，说明用地位置（并附图），用地数量，用地所涉及的户数、人口、地面附着物和农作物，以及对土地被征用者的补偿安置方案，按业务系统报上级主管机关批准后，再依照征用土地核准权限的规定，分别报请省、市、县人民政府核准征用。使用城市空地，实行无偿划拨，由县民政科办理手续，报县政府批准。1958年，国务院补充规定：除申请用地必备的计划任务书和设计平面图外，还须填报申请用地呈报表，并由用地单位及其主管部门、被征地所在的生产队、大队、公社签章。用地单位与被征地生产队签订协议书，经县民政科审核后，按审批权限逐级审核批准。

1964年，县人委颁布《靖江县基本建设工作管理暂行办法》，规定建设用地应按城市规划节约使用，靖城城区的机关、学校、团体、企事业单位，在正式获得上级机关批准的基建项目计划任务书和有关证明文件后，须向县城市建设委员会提出申请，由县城市建设委员会根据城市规划布局提出意见转县人委批准后，方可办理土地征用手续。“文化大革命”期间，国家、集体建设用地的管理工作由县革委会生产指挥组负责。

1973年10月19日，扬州地区革委会印发的《关于严格控制使用土地和私人建房的通知》规定：国家建设用地必须有上一级主管机关批准的文件、用地平面布置图、与有关社队的协议和建设用地申请书，送主管部门审核后，报扬州地区

革委会生产指挥组批准。

1982 年 5 月，国务院公布《国家建设征用土地条例》，对用地审批程序作了一系列规定。

1988 年 1 月，县政府批转县计委、县城建局、县土管局《关于加强城乡建设用地管理若干问题的意见》，明确规定：所有国家建设、乡（镇）村集体建设、市政工程、商品房建设和各单位的零星土建项目需征用土地的，均须报计委批准后方可申请建设用地；属技改项目的，原则上就在原厂区建设，确需新增用地的，由经委批准项目，县土管局从紧核实用地数量后办理有关手续；任何单位和个人在城镇规划区内新建、扩建和改建建筑物、构筑物、道路和其他工程设施，都必须按有关项目批准文件，由县规划管理部门办理建设用地规划许可证，然后至县土地管理局办理使用土地的审批手续。

1989 年 7 月，依据《中华人民共和国土地管理法》和省、市相关规定，县政府规定办理征、使用土地的程序为：（1）用地单位根据建设需要，先向县有关部门申请，获得基建（技改）项目批准书。基本建设项目报县计委批准，技术改造项目报县经委批准。（2）用地单位凭项目批准书，根据建设规模，向县土地管理局提出用地申请。（3）县土地管理局对用地单位的申请进行审议并与有关部门会商后，向被用地单位所在乡镇政府发出用地洽谈介绍信。（4）县土管、建设等部门会同用地单位和被用地单位所在的乡镇、村、组进行现场勘查，选址定点，并由县建设局规划办公室出具《定位审批表》及用地红线图。（5）由县土管部门主持用地、被用地单位签订用地协议。（6）建设项目如有环境污染的，还须报环保部门审定，并填写《环境影响报告书》。重大建设项目应同时附有工程初步设计或实施方案的批准文件，并出具验资证明。（7）县土管部门填写《国家、乡镇村建设用地申报表》，并按审批权限报县以上人民政府批准。（8）用地申请获准后，用地单位必须按规定先行缴纳各项用地费用，由县土地管理局发出批文。用地单位凭用地批文至县地政地籍管理所办理土地使用权申报手续，划拨土地。（9）用地单位施工前，由县土管、建设等部门派员实地放线，确定用地四址和建筑红线。竣工后，县土管部门会同相关部门对土地使用情况进行验收，合格者发给土地使用证件，退还用地保证金。

1999 年 1 月，靖江按《〈中华人民共和国土地管理法〉实施条例》对征、转、使用土地审批程序作进一步规范。具体程序为：（1）申请。建设用地使用者提出用地申请，填写《建设用地申请表》，并提交项目可行性研究报告批准文件或其他批准文件、初步设计方案、建设单位的资质证明、项目总平面布置图、规划部门出具的建设用地规划许可证及用地范围红线图。合资、合作、股份制企业还应提供经批准的企业合同、章程、企业批准证书、营业执照。属于改、扩、移、续建项目，须附原有项目可行性研究报告批复、初步设计批复和其他有关文件、总平面图、原用地批准文件、移建项目须附场地安排利用说明及其他要求提供的材料。（2）预审。由市国土管理局对建设项目进行土地利用规划、产业政策、供地政策、行业用地指标等审查，根据项目工程设计核定用地规模，决定供地方式，出具规划审查意见。（3）勘测。由专业人员对建设用地进行实地勘测，出具勘测报告书。（4）编制方案。按照土地利用年度计划，根据规范填写建设用地项目呈报说明书，涉及农用地的编写农用地转用方案，占用耕地的编制补充耕地方案，征用土地的需编制征用土地方案。（5）报批。市国土管理局在做好方案的基础上分批次上报有批准权的人民政府批准。（6）供地。经依法批准后，市国土管理局与土地使用者签订国有土地有偿使用合同（出让供地），或向土地使用者核发划拨决定（划拨供地）。建设单位竣工后，经市国土管理局验收合格，市政府核发土地使用证。

2006年，市国土资源局对征、转、使用土地审批程序作进一步规范。在征、转用土地前期工作中，明确由地籍科做好地籍调查（权属调查及地籍测量）、权属审核工作。2009年1月，省国土资源厅印发《关于改进报国务院批准单独选址建设项目报批工作的通知》，规定征、转用地报批前期工作程序：（1）征地告知；（2）征地调查确认；（3）组织征地听证。报批时必需附有《征地告知书》《征地告知书送达证明》《征地调查结果确认表》以及听证笔录、纪要等材料，随同报批材料一同上报。

2011年5月，省国土资源厅印发《关于进一步完善建设用地审查报批工作的通知》，明确规定：（1）《征地告知书》在征地所在地的乡（镇）、村、组内醒目位置张贴，张贴后要通过拍照、摄像等方式留存证据，同时在国土资源局门户网上予以公告。告知的内容全面、准确，其中地类、面积、土地补偿标准、安置补助费标准等与呈报的《征收土地方案》一致，补偿标准不低于当地补偿安置标准和省政府规定的最低标准。（2）《征地告知书送达证明》填写要规范，送达人、受送达人须签名、盖章，并填写日期；《征地调查结果确认表》中须由被征地农村集体经济组织负责人（权利人代表）签字确认，加盖集体经济组织印章，并填写日期；征地涉及到的农户签字必须真实有效，不得弄虚作假，被征地农户拒绝签字或因其他原因无法签字的，在备注栏内注明。（3）征地告知后，被征地农村集体经济组织或农户就征地补偿标准和安置途径提出听证书面申请的，按照《国土资源听证规定》组织听证，并将听证笔录复印件作为报件材料一并上报。被征地农村集体经济组织或农户在听证告知后5个工作日内未提出听证书面申请的，视为放弃听证。放弃听证的，单独作出书面说明，并作为报件材料上报。

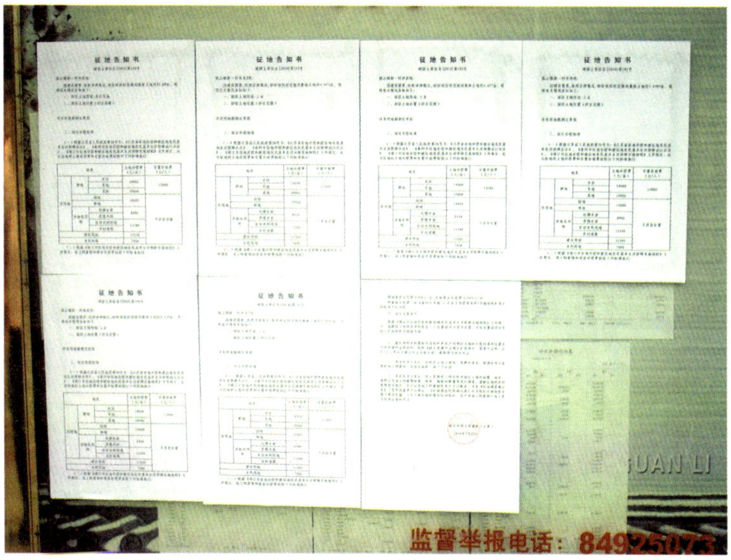

图 5-2-1　征地告知书　（2011 年摄）

2.村（居）民建房用地审批程序

新中国成立初期，域内农民在自家宅基地上建房，基本上不受限制。1956 年开始，民房建设按县人委有关规定实施管理。20 世纪 60 年代后期至 70 年代中期，社员建房一般由生产队自行安排，其程序为本人申请经社员大会讨论通过，由生产队统一实施。1976 年以后，域内民建房屋始有报批程序。城镇居民建房，从 1957 年至 1977 年，一直受到严格限制。1978 年开始，城镇居民新建、翻建住宅须在不影响规划、不影响市容、交通和消防的前提下，履行由住户申请、居委会签署意见、房地产公司派员现场察看后审批的程序，严禁违章建房。社员建房用地由本人申请、社员大会讨论通过，大队同意、公社审核、县革委会计划委员会批准。不久，审批权限又下放到各公社。中共十一届三中全会召开后，域内村（居）民建房的报批程序得以逐步规范。

1989年，依据《中华人民共和国土地管理法》和《江苏省农村宅基地管理办法（暂行)》，县政府印发《关于农村居民宅基地的管理意见》和《靖江县村民建房审批办法》，规定农村宅基地的审批程序为：由建房户向户口所在的村民小组申请，村民小组根据申请人居住情况，对照有关政策提出初步意见，村民委员会调查核实并初步定点，乡镇土地管理所根据有关规定和规划进行审核，提交分管副乡（镇）长审核签署意见。在老宅基翻建或利用空闲地及其他非耕地建房的，由乡镇政府审批。占用耕地建房的，必须经乡镇政府和县土地管理局审核后，报县政府批准。审批后，由申请人按规定交纳有关费用，再由土地管理所向村民委员会及申请人发放建房用地批准通知书。原地翻建的，由村土地管理员于建房户动工前会同有关人员至现场放线，打界址桩。占用耕地建房的，须由乡镇土地管理所派员会同村土地管理员至现场放线，打界址桩。竣工后验收宅基地使用情况，合格者发给宅基使用证书，退还用地保证金。出宅建房的农户，必须将原有宅基上的房屋、树竹及其他一切附着物清理完毕，并将原有宅基地交还集体后方可动工新建。建房户必须在接到批准通知书后6个月内建成，逾期不建的，原批准书无效，土地收归集体，以后确需建房的，再重新履行申报、批准手续。

1994年后，靖江对城市居民新增建房用地开始采取出让供地的办法。报批程序为：建房户提出要求受让土地使用权的书面申请，市土地管理局审核用地条件，按照城镇规划确定用地位置，绘制用地平面布置图；建房户采用协议、招标或拍卖的方式确定受让后，再与市土地管理局签订土地出让合同，并按合同规定缴纳有关费用；市土地管理局填写呈报表，办理用地手续，报市政府批准。

1999年起，村（居）民建房用地审批程序进一步规范，其程序为：（1）申请。符合建房条件的农户向所在村村民委员会提出安排宅基地的书面申请，由村民委员会初步审查后报乡镇国土管理所。（2）审查。乡镇国土管理所进行现场勘查，对建房用地是否符合土地利用总体规划进行初审并听取当地群众意见，初步选定建房地点，乡镇政府村镇建设办公室签署村镇规划审查意见，再经市国土管理局对初选地点进行土地利用总体规划审核，核准后涉及占用农用地的由市国土管理局按规定分批次办理农用地转用审批手续。(3) 供地。市国土管理局核发宅基地批准决定书，并委托乡镇国土管理所到现场实地放样，确定用地位置和面积。(4) 发证。建房竣工后，经验收合格，核发集体土地使用证。

2004 年 11 月，根据国土资源部《关于加强农村宅基地管理的意见》，靖江进一步健全宅基地管理制度，对村（居）民建房用地报批材料提出新的要求。报送的主件：《靖江市农户（居民）建房用地审批表》。报送的附件：农户建房申请书（须由村民小组、村委、群众代表分别签署意见），土地利用总体规划审核图，个人建房规划用地定点书，居民户口簿或身份证复印件，原宅基地使用证复印件（宅基地不扩建的）。老房拆除异地新建的要填写拆旧建新保证书或提交老宅基地使用证注销手续。

2009 年 4 月 16 日，市委办公室、市政府办公室印发《靖江市新农村集中居住点建房管理办法（试行）》，规定：(1) 农居建房报批时，建房户必须放弃对原有宅基地及宅旁地的使用权利，并作出拆除原有房屋后才能选择新居的保证，原有宅基地及宅旁地统一由镇、街道收回，注销土地证书。(2) 村民向所在村（居）委会提出书面申请并填写《靖江市新农村集中居住点用地申请审批表》，经村（居）委会初审并对建房申请户相关情况进行公示，公示 10 天后无异议，由村（居）委会向所在镇、街道村镇规划建设服务所申报，村镇规划建设服务所对申报材料进行组件并初审。(3) 当地村镇规划建设服务所在申请建房符合进点条件的农户达 30 户左右的前提下，可根据新农村集中居住点建设详细规划和其他相关规定，对《靖江市新农村集中居住点用地申请审批表》及有关附件进行审核，填写《靖江市农居规划选址定点审核意见表》并签署意见后，向当地国土资源分局申报用地。(4) 当地国土资源分局对建房户的原宅基地使用和处理情况、建房人口和建房条件进行调查核实，作出用地审核意见。(5) 当地村镇规划建设服务所将上述资料统一报送市规划局，办理《乡村建设规划许可证》副本。(6) 当地镇、街道根据农村集中居住点建设详细规划，对新建房屋进行统一设计、统一建设、统一监管、统一安排。申请建房户可推选代表参与全过程的管理。至 2011 年，上述规定无变化。

三、建设用地供应

（一）国家建设用地供应

靖江公有土地征用始于明代。明正德元年（1506年），知县周奇健建演武场，征地19.6亩。清康熙五年（1666年），开浚蔡家港、柏家港、石碇港、庙树港和夏仕港，共征买平田831.64亩，按每亩3.5两（银）补偿百姓。嘉庆二十二年（1817年），知县王章征买民地13.6亩，扩建演武场。道光二十三年（1843年），知县李炳照奉命在刘闻沙构筑炮台，征买民田19.16亩；道光二十六年，又征买民田60.75亩，供营兵耕种，以助经费。咸丰二年（1852年），知县齐在镕拨田6亩扩建演武场。咸丰六年，养济院扩充收养孤贫老者，知县富克精阿拨田100亩。光绪元年（1875年），为新建天生港炮台，征买民田151.2亩；光绪三年，为增建十圩炮台，又征买民田107.86亩。民国17年（1928年），靖江建设局筑江靖公路（八圩港口—靖城），长7.9千米，征划土地90余亩；民国18年，姜（堰）八（圩）公路靖江城至季市段建成，长18千米，征拨土地200余亩。民国38年6月，苏北行政区泰州分区建设处投资开办季市油饼厂，征地0.65公顷。

1953年12月，中央人民政府政务院颁布《国家建设征用土地办法》后，靖江采用征用集体土地和划拨国有土地两种方式供地。其办法是由单位申请，县主管部门签署意见，报县政府批准。通过行政划拨的国有土地，用地单位没有土地所有权只有土地使用权。对征用的集体土地，其所有权即由集体所有转变为国家所有，用地单位同样没有土地所有权只有土地使用权。1954年，省道姜八公路靖江段25.9千米拓宽工程以及江、港堤防全面培修等水利工程，共征用土地166.67公顷。1954～1957年，全县国家建设征用划拨土地，主要用于道路、水利、工业企业及学校建设。用地单位有裕纶纱厂、三友美味食品厂、民生碾米厂、新联袜厂、季市油厂、靖江印刷厂、新纶布厂、新民碾米厂、地方国营靖江新建砖瓦厂及西来中学、斜桥中学、礼士中学等。

1958 年，全县大办工业、兴修水利、拓宽道路，用地剧增。征地较多的国营企业有靖江通用机械厂 9.07 公顷、季市光华造纸厂 5.6 公顷等。是年，夏仕港全线取直拓浚工程、安宁港闸工程、十圩港节制闸工程等项目也征用一定数量的土地。至 1961 年，全县共征（拨）用土地 333.33 余公顷。

1962 年，县人民委员会针对县内出现土地多征少用、征而不用的现象，开展征用土地使用情况检查，通过检查退出土地 6.73 公顷。

1965～1966 年，县重点为靖江轧花厂、大兴轧花厂、裕纶纱厂、化肥厂、磷肥厂、靖江自来水厂、渔民陆上定居等一批涉农且与人民生活密切相关的建设项目供地，共征（拨）用土地 166.67 公顷。

“文化大革命”期间，国家建设项目明显减少，主要征地供应项目为：1970 年新建国营靖江钢铁厂，征地 12.45 公顷。1971 年新建国营靖江造船厂，征地 23.36 公顷；孤山煤矿征地 13.33 公顷。1972 年新建靖江灯头厂，征地 3.67 公顷。1967～1974 年，全县共征（拨）用土地 186.67 公顷。

1975 年起，全国经济开始复苏，县内各类国家建设用地逐年增加。1982 年，国务院颁布《国家建设征用土地条例》后，严格控制国家建设征（拨）用地。

图 5-2-2　新长铁路靖江段施工现场　（2001 年摄）

1975～1985年，全县共征地853宗，面积225.97公顷。

1986年起，随着改革开放不断深入，县内骨干企业纷纷增资扩产。1992年，靖江经济技术开发区设立后，进区项目不断增加，用地需求逐步加大。1993年后，发展路桥经济，宁通公路靖江段、江阴长江大桥、广靖高速公路、新长铁路靖江段相继开工建设。靖江城区面积由9.6平方千米扩大到12.46平方千米。是年，全市供应国家建设用地134宗，面积150.21公顷。1995年，全市供应国家建设用地157宗，面积200.39公顷。

1997年4月15日，中共中央、国务院发出《关于进一步加强土地管理切实保护耕地的通知》，明确除国家规定的解困房、安居工程、国家和省重点建设项目、已经签约的外商投资项目占用耕地予以审批外，其他建设项目占用耕地的一律暂停审批。是年，靖江除江阴长江公路大桥、广靖高速公路等重点工程建设项目用地报省审批外，停办其他非农业建设用地项目的审批事项。

1986～1999年，域内各类国家建设用地供应1640宗，面积1571.8公顷。其中，工业用地565宗，面积384.54公顷，占供地总量的24.46%；仓储用地43宗，面积11.94公顷，占供地总量的0.76%；交通水利建设用地119宗，面积850.62公顷，占供地总量的54.12%。

2000年后，随着省沿江开发战略的实施，靖江经济步入快速发展轨道。尤其是2003年后，靖江实施“以港兴城、港城相依”主体战略，推动市镇联动开发和跨江联动开发，加快经济开发区各园区的建设；统筹城乡发展，推进城乡一体化进程；旧城改造加速，城中企业用地“退二进三”（退出第二产业、发展第三产业）；靖江城市南移，城区面积由12.46平方千米扩大到21.56平方千米等。全市用地需求量大增。2000～2011年，全市各类国家建设用地供应2271宗，面积4214.38公顷。其中，工业用地1265宗，面积2516.05公顷，占供地总量的59.70%；仓储用地68宗，面积370.62公顷，占供地总量的8.79%；商业服务用地305宗，面积170.82公顷，占供地总量的4.05%；交通水利建设用地33宗，面积157.81公顷，占供地总量的3.74%。

1975~2011年靖江市（县）国家建设用地供应一览表

表 5-2-1　　　　单位：宗、公顷

年份	宗数	面积	其中															
			工业用地		仓储用地		交通用地		水利用地		商服用地		住宅用地		公共公益事业用地		其他用地	
			宗数	面积	宗数	面积	宗数	面积	宗数	面积	宗数	面积	宗数	面积	宗数	面积	宗数	面积
1975	57	11.24	23	6.14	0	0	5	0.40	2	0.31	16	2.04	0	0	0	0	11	2.35
1976	7	2.26	4	1.19	0	0	1	0.53	0	0	1	0.10	0	0	0	0	1	0.44
1977	76	19.73	40	14.74	0	0	0	0	0	0	10	1.15	0	0	0	0	26	3.84
1978	115	39.22	52	23.54	0	0	6	6.72	0	0	28	4.44	0	0	0	0	29	4.52
1979	61	17.99	28	12.69	0	0	0	0	0	0	24	3.69	0	0	0	0	9	1.61
1980	65	16.07	29	6.79	0	0	0	0	0	0	14	3.66	0	0	0	0	22	5.62
1981	85	22.97	33	15.09	0	0	4	0.56	0	0	24	3.86	0	0	0	0	24	3.46
1982	134	24.70	56	14.85	0	0	3	0.65	0	0	52	5.84	0	0	0	0	23	3.36
1983	44	9.45	21	5.18	0	0	0	0	0	0	6	0.87	0	0	0	0	17	3.40
1984	97	32.75	45	17.09	0	0	4	6.72	0	0	6	1.61	0	0	0	0	42	7.33
1985	112	29.59	49	16.35	0	0	0	0	0	0	8	1.40	0	0	0	0	55	11.84
1986	109	30.73	65	20.57	0	0	2	0.65	0	0	15	3.18	0	0	0	0	27	6.33
1987	70	17.21	29	6.49	0	0	8	2.19	1	0.02	6	3.75	0	0	0	0	26	4.76
1988	306	179.32	75	35.45	9	2.00	15	33.53	20	54.90	36	8.25	22	8.11	76	24.29	53	12.79
1989	95	54.16	16	4.62	8	2.18	1	26.47	0	0	12	3.71	11	2.42	30	10.57	17	4.19
1990	59	11.12	16	3.59	3	0.65	7	2.00	0	0	7	1.07	9	2.23	13	1.20	4	0.38
1991	77	18.61	18	5.34	9	3.09	3	0.21	0	0	6	0.57	16	3.19	12	4.08	13	2.13
1992	118	51.56	47	18.09	2	0.50	6	3.84	1	2.46	16	4.02	6	2.88	19	13.27	21	6.50
1993	134	150.21	45	27.68	5	1.33	4	94.21	1	1.85	17	8.04	24	8.53	19	3.34	19	5.23

续表 5-2-1

年份	宗数	面积	其中															
			工业用地		仓储用地		交通用地		水利用地		商服用地		住宅用地		公共公益事业用地		其他用地	
			宗数	面积	宗数	面积	宗数	面积	宗数	面积	宗数	面积	宗数	面积	宗数	面积	宗数	面积
1994	181	126.31	53	37.32	6	1.30	12	40.84	1	0.20	19	5.34	42	18.97	17	10.93	31	11.41
1995	157	200.39	47	55.12	1	0.89	16	90.58	0	0	16	5.65	15	8.60	19	20.62	43	18.93
1996	55	20.94	14	7.23	0	0	1	0.89	0	0	1	0.11	8	2.73	14	5.15	17	4.83
1997	138	57.83	97	37.92	0	0	2	1.38	0	0	5	2.47	5	1.88	23	12.22	6	1.96
1998	102	524.19	37	109.67	0	0	10	395.40	2	2.50	25	1.52	5	3.43	15	8.85	8	2.82
1999	39	129.22	6	15.45	0	0	5	96.41	1	0.09	6	0.63	15	15.01	2	0.13	4	1.50
2000	113	45.55	40	27.53	2	0.42	1	0.72	0	0	19	4.00	20	5.50	31	7.38	0	0
2001	138	83.74	55	47.19	4	1.74	0	0	0	0	30	11.27	29	14.02	20	9.52	0	0
2002	106	57.35	30	18.18	2	8.81	0	0	0	0	39	8.95	23	6.73	12	14.68	0	0
2003	126	237.60	58	168.49	3	3.38	0	0	0	0	25	14.50	25	31.59	15	19.64	0	0
2004	277	336.29	141	233.77	9	14.18	2	2.19	1	0.04	29	24.50	76	44.32	10	7.80	9	9.49
2005	175	349.11	125	174.17	4	2.88	9	1.85	0	0	13	19.94	20	19.80	3	34.20	1	96.27
2006	283	792.40	189	540.06	9	52.45	8	45.05	0	0	30	10.33	32	125.17	12	13.69	3	5.65
2007	367	588.36	270	401.43	17	33.06	2	7.69	0	0	27	4.63	31	78.56	18	32.72	2	30.27
2008	169	495.10	85	215.03	8	72.09	3	49.50	0	0	20	6.99	32	87.58	15	17.76	6	46.15
2009	212	470.93	124	306.10	3	61.48	1	9.71	0	0	30	22.06	34	44.57	15	20.37	5	6.64
2010	171	389.16	85	220.58	3	14.86	1	25.54	0	0	28	27.46	37	73.27	16	20.84	1	6.61
2011	134	368.79	63	163.52	4	105.27	5	15.52	0	0	15	16.19	35	46.23	11	20.28	1	1.78
合计	4764	6012.15	2210	3034.24	111	382.56	147	961.95	30	62.37	681	247.79	572	655.32	437	333.53	576	334.39

1993 年宁通公路（靖江段）建设征用土地面积一览表

表 5-2-2　　　　　　　　　　　　　　　　　　　　单位：公顷

乡（镇）	村	组	征地面积
季市镇	井圩村	井圩组	3.13
		黄家组	0.88
		叶家组	0.11
		杨家组	1.24
		三东组	3.80
		三西组	3.25
	镇农场		1.84
	元庆村	节一组	1.16
		节二组	1.33
		节三组	1.38
		节四组	1.22
	大众村	九东组	2.88
		九西组	3.56
	季南村	海东组	4.23
		海西组	3.06
		扁圩组	0.47
	小　计		33.54
土桥镇	五四村	一组	3.84
		二组	2.90
		四组	0.89
		五组	1.76
		六组	2.04
	永奠村	七组	0.25
		八组	4.26
	小　计		15.94
长安乡	文武村	一组	1.26
		二组	1.05
		三组	1.66
		四组	1.47
		五组	0.67
	安武村	三组	0.33
		四组	1.17
		五组	0.96
		六组	1.26
		七组	0.94
		八组	0.38
		九组	1.31
		十组	0.80
		十一组	1.88
		十二组	2.59
	勤俭村	二组	0.04
		三组	2.99
		四组	2.86
		六组	1.48
		七组	2.27
		八组	3.00
	孙家村	一组	1.24
	小　计		31.61
合　计			81.09

1994~1998年江阴长江大桥北岸建设征用土地面积一览表

表 5-2-3　　　　单位：公顷

乡（镇）	村	组	征地面积
八圩镇	十圩村	一组	13.86
八圩镇	十圩村	二组	15.64
八圩镇	十圩村	三组	0.63
八圩镇	十圩村	四组	4.06
八圩镇	十圩村	六组	16.61
八圩镇	十圩村	七组	8.05
八圩镇	十圩村	八组	1.91
八圩镇	十圩村	九组	21.04
八圩镇	十圩村	十一组	1.58
八圩镇	十圩村	十二组	13.03
八圩镇	十圩村	十三组	9.77
八圩镇	十圩村	十四组	0.10
八圩镇	十圩村	十五组	7.64
八圩镇	十圩村	十六组	11.43
八圩镇	十圩村	村集体	6.81
八圩镇	江防村	二组	1.48
八圩镇	江防村	三组	0.62
八圩镇	江防村	四组	0.99
八圩镇	江防村	五组	0.80
八圩镇	江峰村	一组	0.41
八圩镇	江峰村	三组	0.41
八圩镇	江峰村	西四组	0.89
八圩镇	江峰村	东四组	1.53
八圩镇	江峰村	五组	4.44
八圩镇	江峰村	七组	0.55
八圩镇	江峰村	九组	0.07
八圩镇	小计		144.35
越江乡	同安村	二组	0.39
越江乡	同安村	三组	3.88
越江乡	同安村	七组	3.20
越江乡	同康村	一组	6.53
越江乡	同康村	六组	1.58
越江乡	合兴村	九组	0.18
越江乡	小计		15.76
城南乡	康兴村	十七组	0.68
城南乡	建安村	十组	0.09
城南乡	建安村	十五组	2.19
城南乡	小计		2.96
合计			163.07

1998 年广靖高速公路（靖江段）建设征用土地面积一览表

表 5-2-4 单位：公顷

乡（镇）	村	组	征地面积
城南乡	建安村	二组	0.93
		三组	4.23
		四组	2.07
		六组	1.02
		九组	1.61
		十二组	2.44
		十三组	4.93
		十四组	4.59
		十六组	2.41
		十八组	1.01
	火炬村	十四组	6.16
	康兴村	二组	0.28
		三组	1.60
		四组	1.76
		十五组	0.92
	北六村	七组	3.34
		八组	4.28
		九组	1.58
		十一组	1.87
		十二组	1.80
		十三组	1.50
		十四组	1.35
	其它		0.34
	小计		52.02
八圩镇	前进村	村集体	0.46
		四组	0.07
		六组	0.09
		七组	1.38
	十圩村	十三组	0.31

乡（镇）	村	组	征地面积
八圩镇	十圩中学		0.34
	十圩卫生院		0.29
	小计		2.94
长里乡	靖西村	一组	4.06
	进步村	二组	1.15
		三组	2.90
		四组	3.50
		五组	1.33
		七组	0.13
		八组	2.44
	季祠村	一组	2.11
		二组	1.05
		三组	3.30
		四组	2.97
		五组	1.00
		七组	2.79
		八组	2.94
	友仁村	顶东组	1.41
		顶西组	6.33
		中埭组	6.35
		石东组	3.10
		石西组	5.98
	正西村	一组	2.15
		二组	5.82
	正南村	五组	2.32
		六组	0.65
	小计		65.78
马桥乡	铭坤村	八组	2.34
		九组	1.67

乡（镇）	村	组	征地面积
马桥乡	正北村	一组	1.34
		二组	6.31
		三组	2.51
		八组	0.83
		十组	2.31
		十二组	0.14
		十三组	4.25
		十八组	0.16
	小计		21.86
侯河乡	新圩村	于家组	4.45
		商家组	0.96
		东八圩组	1.90
	集福村	前中组	4.77
		靖公组	2.92
		前东组	6.09
		商西组	4.02
		商家组	2.48
		陆家组	2.91
		小房组	0.16
		小东组	0.62
	四新村	十五组	8.87
		皮匠组	1.87
		地藏组	4.76
		郑家组	8.86
		长西组	0.14
	万福村	徐家组	5.27
	小计		61.05
合计			203.65

1999年新长铁路（靖江段）建设征用土地面积一览表

表5-2-5　　　　　　　　　　　　　　　　单位：公顷

乡（镇）	村	组	征地面积
柏木乡	光二村	一组	0.27
		三组	4.84
		四组	8.56
		六组	0.20
	光明村	七组	0.27
	西南村	三组	1.17
		四组	0.55
		七组	0.96
	西北村	一组	0.44
		二组	3.06
		三组	0.94
		七组	3.22
		八组	2.15
	小　计		26.63
越江乡	宜稼村	四组	0.95
		五组	1.17
		六组	1.20
		七组	1.23
	越江村	一组	1.55
		三组	1.36
		十三组	1.53
	木金村	一组	1.36
	雅桥村	三组	0.45
		二组	1.18
		五组	0.88
		六组	0.59
		九组	1.83
		十组	0.89
		十一组	2.79
		十二组	0.38
		十六组	1.04
	小　计		20.38
季市镇	季东村	王东组	1.93
	关桥村	七组	1.70
	曙光村	五东组	1.27
		西三东组	1.64
	三元村	三东组	0.59
季市镇	大众村	韩东组	2.17
		九东组	0.86
		汤家组	0.29
		盛西组	1.19
	陈塘村	陈东组	1.43
		陈西组	0.55
		保西组	1.17
	裕福村	裕东组	1.12
		裕西组	0.02
	小　计		15.93
孤山镇	张太村	关东组	0.05
		关西组	1.98
		张西组	1.01
	土桥村	土桥头组	0.44
		高西组	1.02
		朱家尤组	0.93
		孙西组	0.49
	山东村	十一组	1.18
		九组	1.77
		七组	0.67
		四组	0.91
		二组	0.69
	联华村	郑西组	0.43
		邵东组	0.72
		徐西组	0.83
		徐东组	0.16
		杨西组	0.21
	文昌村	吴东组	1.23
	王庄村	康西组	0.94
		叹北组	0.85
		叹东组	0.90
		红星组	1.48
		朝中组	3.35
	其　它		1.33
	小　计		23.57
合　计			86.51

1995~2011年靖江市用地6.67公顷（百亩）以上企业一览表

表5-2-6　　　　　　　　　　　　　　　　　　　　　　　　　　单位：公顷

年份	企 业 名 称	供地面积	土 地 坐 落	土地用途
1995	江苏长荣钢铁有限公司	31.94	斜桥镇新港村	工业
2002	江苏中燃油品储运有限公司	8.56	八圩镇八圩村	仓储
2003	江苏天伦染织实业有限公司	17.10	八圩镇前进村	工业
	靖江市铁马叉车有限公司	7.88	八圩镇火炬村七、九组	工业
	靖江市敦丰拆船有限公司	10.27	东兴镇恒义村	工业
	江苏裕纶纺织有限公司	10.45	靖城镇纺织路东侧	工业
2004	靖江宏联木业有限公司	7.11	八圩镇六圩村	工业
	靖江苏美达船舶工程有限公司	16.70	八圩镇江峰村	工业
	江苏荣联科技发展有限公司	6.67	八圩镇火炬村	工业
	靖江市天港码头有限公司	10.95	天生港港口东侧	工业
	江苏扬阳化工设备制造有限公司	11.76	八圩镇八圩村	工业
	靖江苏源热电有限公司	10.58	八圩镇前进村	工业
	江苏环胜铜业有限公司	12.22	八圩镇八圩村	工业
	靖江市茂昌实业有限公司	6.74	开发区康兴村、八圩镇前进村	仓储
	江苏小天鹅三江电器制造有限公司	11.11	开发区建安村	工业
	江苏金泰钢结构有限责任公司	12.69	八圩镇江峰村	工业
2005	江苏省恒达服饰有限公司	7.40	靖城镇八圩村	工业
	江苏省金泰服饰有限公司	7.23	靖城镇八圩村	工业
	江苏八圩港港口投资发展有限公司	16.74	靖城镇八圩村	仓储
2006	泰州中油长江石化有限公司	9.60	斜桥镇黄普村	仓储
	江苏永益铸管股份有限公司	15.18	开发区建安村	工业
	江苏正祥轧辊有限公司	7.72	开发区北六村13、15、16、17组	工业
	江苏中化纺科技有限公司	7.55	八圩镇八圩村22、23、24组	工业
	江苏新世纪造船股份有限公司	102.75	西来镇荷花、丹华村，斜桥镇新华村	工业
	江苏新时代造船有限公司	87.93	西来镇荷花、新木村	工业
	江苏德桥仓储有限公司	18.57	西来镇丹华、王圣村	仓储
	靖江大金制衣有限公司	6.89	靖城镇火炬村	工业
	江苏扬子江现代粮食物流中心	20.61	斜桥镇安宁村、新华村	仓储
	江苏新扬子造船有限公司	79.30	东兴镇五星村	工业
	江苏扬子江港务有限公司	43.05	斜桥镇六助村	码头
	江苏扬子江金属加工有限公司	35.00	斜桥镇六助村	工业
	靖江市地方金属材料有限公司	8.21	靖城镇江防村、前进村	工业
	卓然(靖江)设备制造有限公司	8.33	靖城镇北六村	工业

续表 5-2-6

年份	企业名称	供地面积	土地坐落	土地用途
2007	江苏省恒德港口发展有限公司	19.49	东兴镇迎江村	仓储
	江苏省扬子江仓储有限公司	6.84	靖城镇八圩村	仓储
	江苏广宇重机建设工程有限公司	9.95	靖城镇火炬村、八圩村	工业
	江苏通舟海洋工程装备有限公司	14.87	东兴镇恒义村	工业
	江苏润舟船舶配套工程有限公司	28.09	东兴镇五星村	工业
	靖江市三菱暖通机械制造有限公司	7.46	靖城镇北六村	工业
	中建钢结构有限责任公司	32.67	东兴镇迎江村	工业
2008	江苏新东方船舶配件有限公司	29.90	靖城镇江峰村	工业
	盈利(靖江)开发建设有限公司	34.98	斜桥镇黄普、六助村	工业
	江苏万林国际木业有限公司	61.64	斜桥镇六助村、黄普村	工业
	格菱动力设备(中国)有限公司	38.19	斜桥镇黄普村	工业
	江苏华澄重工有限公司	15.31	东兴镇迎江村	工业
	江苏长阳金属材料有限公司	7.43	江阴园区办事处八圩村	工业
	靖江信达物流贸易有限公司	23.91	斜桥镇安宁村	仓储
	江苏南方重工有限公司	9.46	靖城镇江峰村	工业
	江苏国泰船用柴油机制造有限公司	19.75	斜桥镇黄普村	工业
2009	靖江新华港务有限公司	40.73	斜桥镇安宁村	仓储
	靖江南洋船舶制造有限公司	15.79	靖江市长江农场南	工业
	靖江靖渝特殊钢有限公司	12.43	斜桥镇新华村	工业
	江苏华澄重工有限公司	7.05	东兴镇迎江村	工业
	靖江双江港务有限公司	9.71	西来镇入口东侧	码头
	江苏江山制药有限公司	17.39	靖江市江山路北	工业
	江苏长润钢结构有限公司	20.00	东兴镇万丰村	工业
	江苏华菱锡钢特钢有限公司	90.40	西来镇五圩村	工业
	靖江众达炭材有限公司	23.33	西来镇五圩村	工业
	江苏太和物流有限公司	20.46	沿江高等级公路南侧	工业
	江苏中舟海洋工程装备有限公司	24.97	东兴镇恒义村	工业

续表 5-2-6

年份	企业名称	供地面积	土地坐落	土地用途
2010	江苏奥海船舶配件有限公司	18.00	东兴镇迎江村	工业
	靖江龙威粮油港务有限公司	39.87	斜桥镇安宁村章春港路东侧	工业
	江苏长强钢铁有限公司	82.96	东兴镇万丰村	工业
	江苏国宇高科通信技术有限公司	12.38	城南办事处五圩村	工业
	江苏华元金属加工有限公司	14.12	西来镇焦港东侧	工业
	扬子江金属加工有限公司	22.99	斜桥镇六助村	工业
2011	华菱靖江港务有限公司	33.23	西来镇五圩村	工业
	靖江苏农物流有限公司	25.54	西来镇丹华村	仓储
	三峰靖江港务物流有限公司	28.71	西来镇焦港东侧	仓储
	靖江市润新核能设备有限公司	17.37	新桥镇礼圣、太和村	工业
	靖江苏通港务有限公司	17.80	新港园区罗家村万福港路西侧	工业
	江苏上骐集团有限公司	24.86	城南园区中桥村	工业
	江苏国信秦港港务有限公司	28.23	新港园区永兴路东侧	工业
合计		1683.05	—	—

（二）集体建设用地供应

新中国成立前，靖江有零星的纺土纱、织土布、造土纸、烧土窑及粮油加工等个体手工业，铁、木、竹农具的生产遍布全县，但多以手工作坊为主，尚无占有一定土地规模的企业。1954 年，县内有个体手工业 16658 户，从业者 21540 人。1956 年起，多数个体手工业户加入手工业生产合作社或合作组，靖江始有集体企业用地记载。

1958 年，域内大办社队工业，新桥公社建农具、油米、竹器、砖瓦 4 家工厂，孤山公社办油米、酱菜、砖瓦、农具等厂，全县社队工业用地 293 宗；县属工业建县被单厂、县农药厂等企业，用地 335 宗。1960 年，扬州专署在靖江季市公社召开大办工业现场会，江苏省广播电台播报该公社大办社队工业的经验，在全县产生很大影响。是时，全县社队企业用地无专门机构管理，处于各自为政状态，不少耕地被占用。1961 年起，全县压缩社队工业，规定新办社队企业用地参照国家建设征用土地的办法，给予生产队土地补偿。至 1963 年，全县有

142个社队企业停办，其所占用的土地，部分被还耕，少数仍被占用闲置。是年，全县社队工业用地仅63宗。1964年，国民经济开始恢复，靖江社队办工业出现转机。同年，根据县人委颁布的《靖江县基本建设工作管理暂行办法》，对全县社队办企业用地实施规范管理。此后，社队企业用地开始有计划供给。1966年，全县有社队企业92个。

“文化大革命”初期，全国城市部分工厂停工停产，一些产品及生产技术向农村转移，加之70年代初强调“围绕农业办工业，办好工业为农业”，为域内社队工业的发展提供了有利条件。1971年，全县新办社队企业用地78宗。但用地管理不够严格，选址无规划、用地无标准，土地配置不当、利用率低、浪费土地现象普遍存在。1972年，靖江根据江苏省委部署，对县内社队企业中无户口、无油粮计划、无介绍信的外来技术人员和供销人员进行清理整顿，规定生产的产品就地取材、就地生产、就地销售，社队工业的发展受到影响，用地数量有所下降。1974年，县革委会根据国务院和江苏省有关规定，对社队企业用地实行统一规划，合理安排，报县城建管理部门批准后使用，并开始征收社队企业用地土地使用费。1979年起，靖江贯彻国务院《关于发展社队企业若干问题的规定(试行草案)》，县内社队企业得到发展，用地数量逐年上升。至1983年，全县乡镇企业用地308宗、面积741.38公顷。

1984年，中共中央肯定乡镇工业是农村致富的必由之路。靖江各级政府对发展乡镇工业更为重视。县政府明确土地的征拨使用管理由县计划委员会转至县建设局。但由于没有严格的管理制度，全县不少乡镇出现乱占、滥用耕地的现象。

1986年1月，成立靖江县农村土地管理办公室，加强乡镇村集体建设用地管理。

1987年，靖江将乡镇工业用地纳入指令性计划和县国民经济计划指标体系。各乡镇只允许在计划指标内安排乡镇集体建设用地，不允许突破。年末，全县集体建设用地77.02公顷，其中乡镇企业用地39.1公顷、农田水利用地12.26公顷、农村道路用地25.29公顷、其他用地0.37公顷。

1988年起，靖江贯彻执行《江苏省〈土地管理法〉实施办法》，对集体建设用地加强管理。是年，全县乡镇建设用地共224.44公顷（含非农业建设用地清理补办），其中农村道路建设用地20.18公顷、农田水利建设用地16.46公顷、乡镇工业建设用地 183.39 公顷。

1989 年 10 月，靖江县土地管理局围绕治理经济环境、整顿经济秩序、振兴靖江经济的总要求，在妥善安排乡镇建设用地的同时，按用地政策和审批程序，严格控制省、市下达的用地指标。是年，全县集体建设用地 75.64 公顷。其中，乡镇企业建设用地 33.27 公顷、农田水利建设用地 20.04 公顷、农村道路建设用地 21.42 公顷。

1992 年，靖江贯彻《江苏省农村土地资源管理办法》和《江苏省村镇建设管理办法》，乡镇集体建设用地管理进一步加强。1994 年起，国家进行宏观调控，紧缩银根，部分乡镇企业因前期论证不充分，后期配套资金不到位等情况，使部分土地长期闲置，降低了土地使用的合理性，导致土地的低利用率。1987～1997 年，全市（县）集体建设用地 538.51 公顷，其中乡镇企业建设用地 388.66 公顷。

1998 年，市政府印发《关于加强土地市场管理的若干规定》，加强对全市乡镇、村企业建设用地规范管理，实施“五统一”（统一规划、统一征地、统一出让、统一开发、统一管理），坚持有偿供地的原则。1998～2002 年，全市乡镇、村集体建设用地 742.6 公顷。

2003 年，市委、市政府提出“一年出形象，三年大变样，五年大跨越”发展目标，各镇纷纷建立镇级工业园区。是年，全市有 6 个镇设立镇级工业园区，用地量显著增加。翌年，市委、市政府决定摒弃工业企业“村村点火、处处冒烟”的传统发展模式，取消镇级工业园区，各镇除了重点骨干企业技术改造项目外，不再安排农用地转用计划。新投资项目全部进入市经济开发区，城镇建设用地计划不再零星分配到镇。

2011 年，靖江镇、村企业建设用地实现“零批地”，真正做到资源集约利用、产业集群发展。

1987～2011 年，全市（县）依法批准乡镇村集体建设用地累计 1681.99 公顷。25 年间平均每年乡镇村集体建设用地 67.28 公顷。有三个用地高峰期，分别为 1987～1990 年年均用地 99.44 公顷，1994～1999 年年均用地 141.77 公顷，2003～2006 年年均用地 97.90 公顷。1998 年为集体建设用地最多年份，主要用于农田水利建设。

1987~2011年靖江市（县）集体建设用地供应一览表

表5-2-7　　　　　　　　　　　　　　　　　　单位：公顷

年份	批准用地面积	建设用途					
		乡镇企业用地	农田水利用地	农村道路用地	公益事业用地	文教卫生用地	其他用地
1987	77.02	39.10	12.26	25.29	0	0	0.37
1988	224.44	183.39	16.46	20.18	0	0.40	4.01
1989	75.64	33.27	20.04	21.42	0	0	0.91
1990	20.65	4.91	0	15.63	0	0.10	0.01
1991	3.37	2.15	0	0	0.41	0.11	0.70
1992	8.65	8.03	0	0	0	0	0.62
1993	2.92	2.70	0	0.04	0.03	0.15	0
1994	62.93	59.36	0	0	0	0	3.57
1995	32.77	29.77	0	0	0.24	0.44	2.32
1996	10.36	9.55	0.53	0.28	0	0	0
1997	19.76	16.43	0.01	2.53	0	0	0.79
1998	610.21	5.51	603.19	1.10	0.13	0	0.28
1999	114.61	0	114.61	0	0	0	0
2000	0.84	0.59	0	0	0.19	0.06	0
2001	11.63	8.83	2.80	0	0	0	0
2002	5.31	5.31	0	0	0	0	0
2003	71.39	18.69	24.18	28.52	0	0	0
2004	68.19	5.03	63.16	0	0	0	0
2005	82.48	0	61.36	0	21.12	0	0
2006	169.54	1.43	125.75	42.36	0	0	0
2007	1.44	1.44	0	0	0	0	0
2008	3.93	3.93	0	0	0	0	0
2009	0.51	0.51	0	0	0	0	0
2010	3.40	3.36	0	0	0.04	0	0
2011	0	0	0	0	0	0	0
合计	1681.99	443.29	1044.35	157.35	22.16	1.26	13.57

说明：集体建设用地供应中包括非农业用地清理补办面积。

（三）村（居）民建房用地供应

靖江成陆后，不断有移民围堤造田，选择宅基地建房。最初多为低矮土草房，用地面积不大，若干土草房排成一字形即成村庄，亦称“埭”或“圩”。而后建造砖木结构瓦屋者逐渐增多，宅基地逐步扩大。地主的庄房占地更多。较大的庄房四面围河，仅一桥供人出入；屋后有大竹园，门前有大晒场。南面或西面河边有茅屋数椽为长工栖息之所。

1949 年前，靖江城乡私人建房用地，多数属于自己安排。新中国成立后至 1957 年建立高级农业生产合作社时，民房建设用地均由建房户自行解决。农村土地实行集体所有制后，农民建房用地由集体安排，城市居民翻建房屋由个人申请，街道居民委员会同意。至 1977 年，靖城私房建设一直受到限制。

20 世纪 70 年代，靖江村（居）民改建和新建住宅，大多为五架梁或七架梁砖木结构平房。中共十一届三中全会后，贯彻党的富民政策，农民经济收入迅速增长，生活水平不断提高，住房观念逐步更新。80 年代，农村房屋多为七架梁、九架梁连走廊，有条件的富裕户则建楼房。在农民改善居住条件的同时，也出现相互攀比、多占滥用土地的现象。1984 年第一次国家土地调查时，全县农村居民住宅占地 6485.96 公顷，占土地总面积的 9.75%；城镇居民住宅占地 91.84 公顷，占土地总面积的 0.14%。

1986 年以前，靖江村（居）民建房用地，统一由乡镇政府负责安排。1986 年，《中华人民共和国土地管理法》颁布前后，少数乡镇出现突击批准农户出宅建房现象。据东兴、柏木、大觉 3 个乡统计，仅 1986 年 11 ~ 12 月就批准 2001 户出宅建房。其中有 1 个村批准 246 户出宅建房，1 个组仅 58 户，批准 49 户出宅建房。根据上述情况，1987 年 3 月，县政府批转县农村土地管理办公室《关于当前农村土地管理工作的意见》，要求农户建房必须坚持“节约用地”的原则，严格按照分户标准，履行审批程序，控制用地面积，建房用地逐步纳入依法管理轨道。是年，全县批准村（居）民建房 1276 户，用地 17 公顷。

1988 年起，县土地管理局加大《中华人民共和国土地管理法》的宣传和查处违法用地的力度，村（居）民建房用地得到有效控制。从 1990 年开始至 1998 年，全市（县）村（居）民建房用地面积呈下降趋势，共用地 50.48 公顷，平均每年用地 5.61 公顷。其中用地最少的 1998 年，全市村（居）民建房仅 43 户，用地 0.39 公顷。

1999 年后，由于前 10 年严格控制村（居）民建房用地，确有部分符合出宅建房条件的农户没有得到妥善安置。加之随着农村经济发展，农户收入增加，欲改善住宅条件的户数增多，村（居）民建房用地呈上升趋势。是年，全市批准村（居）民建房 1657 户，用地 19.88 公顷。

2003 年，根据住宅向社区集中的原则，全市个人建房用地明显减少。2010 年，全市开展城乡建设用地增减挂钩工作，动员农民集中居住。是年，增减挂钩入库面积 266.67 公顷，拆旧面积 61.27 公顷，不仅缓解了城乡建设用地的矛盾，而且推进了城乡一体化建设。2003 ~ 2010 年，全市批准村（居）民建房 4961 户，共供地 59.06 公顷，年均供地 7.38 公顷。

2011 年 1 月 14 日，市委、市政府《关于推进城乡建设用地增减挂钩和万顷良田建设工程加快城乡一体化进程的意见》规定，凡农村翻、改（扩）建住宅的一律进入规划的集中居住区。是年，全市进入集中居住区 2848 户，用地 75.91 公顷。

1987 ~ 2011 年，靖江市（县）村（居）民建房（含集中居住）总计 24834 户，用地供给 340.54 公顷，平均每户用地 0.014 公顷。

1987~2011 年靖江市（县）村（居）民建房用地一览表

表 5-2-8

年份	村（居）民建房用地	
	建房户数（户）	建房用地面积（公顷）
1987	1276	17.00
1988	1684	17.13
1989	1282	15.33
1990	930	10.73
1991	865	10.40
1992	417	5.00
1993	368	4.37
1994	550	6.40
1995	670	7.87

续表 5-2-8

年份	村（居）民建房用地	
	建房户数（户）	建房用地面积（公顷）
1996	362	3.59
1997	157	1.73
1998	43	0.39
1999	1657	19.88
2000	1863	23.00
2001	2754	34.71
2002	2147	28.04
2003	1461	17.53
2004	595	7.38
2005	945	11.51
2006	303	3.44
2007	591	6.84
2008	556	6.44
2009	219	2.43
2010	291	3.49
2011	2848	75.91
合计	24834	340.54

说明：1.2011 年个人建房户数为集中居住户数。
2.1987~1998 年建房用地面积为占用耕地面积
3.1999~2011 年建房用地面积包含老宅基地面积。

（四）外商和台、港商投资企业用地供应

根据 1980 年 7 月国务院颁布的《关于中外合营企业建设用地的暂行规定》及 1987 年 2 月江苏省政府颁布的《江苏省外商投资企业土地使用管理办法》，靖江切实做好中外合营企业建设用地供应工作。1987 年 7 月，靖江县量具厂利用原 2.01 公顷国有划拨土地与江苏机械设备进出口分公司、香港钟山有限公司三方签订协议，成立中外合资靖江量具有限公司，为全国量具行业首家与港企合资经营企业。1990 年，江苏华源药业有限公司、江苏省保健品进出口（集团）公司、靖江县新兰生物化工有限公司、EXPZRT ASSETS 有限公司和 RESISTOR TECHNOL-

图 5-2-3　1987 年，中外合资靖江量具有限公司成立揭牌

OGY LIMI TED 五方，利用原靖江葡萄糖厂部分国有划拨土地组建中外合资企业——江苏江山制药有限公司，公司注册资本 2606 万美元，经先后 4 次扩产建设，该公司用地面积 34.83 公顷。

1993年，靖江县化工防腐设备厂利用位于城南乡火炬村 3.73 公顷集体建设用地与日本王子橡胶化工株式会社、日本粟山株式会社组成中外合资靖江王子防腐工程有限公司。至年末，全市共建中外合资及与台、港商合资企业 15 家，均为利用原行政划拨土地使用权作为合作条件组建的合资公司。1994 年，市土地管理局依据市政府规定，为已批组建的中外合资企业和与台、港商合资企业补办土地使用权出让供地手续。

1995 年，第一家台商独资企业江苏长荣钢铁有限公司入驻靖江，获准用地 31.94 公顷，使用年限 50 年。该企业是靖江第一家直接以出让供地方式获得土地使用权的台资企业，也是当时靖江用地面积最大的台资企业。是年，全市新批外商和台、港商投资企业 24 家，协议利用外资和台、港资 5974 万美元，实际利用外资和台、港资 3107 万美元；新批外商、台港商投资用地项目 6 个，新增用地面积 33.45 公顷。2000 年，靖江市天马电机有限公司与日本爱发科株式会社合资组建爱发科天马电机（靖江）有限公司，落户靖城镇玉带路，其住宅及生产车间 2 个项目共获准用地面积 4.18 公顷（含 2001 年扩产用地面积 0.69 公顷）。1996～2000 年，全市累计新批外商及台港商投资企业 45 家。2000 年年末，全市实有外商和台、港商投资企业 80 家。

2001 年，市国土管理局严格执行省、市确定的土地出让最低保护价的规定，确定土地供应价格。为支持开发区建设，将其对外商独资、中外合资和与台、港商合资生产性企业土地供应价格的优惠部分以补充协议方式带进审批程序。对享受优惠而投资额未达到优惠条件的企业，其享受的优惠予以追缴。3月，日本王子橡胶化工株式会社、日本粟山株式会社收购靖江王子防腐工程有限公司中原靖江市化工防腐设备厂 40%的股份，组建靖江市第一家外商独资企业——靖江王子橡胶有限公司，获准用地 3.89 公顷。是年，新批外商和台、港商投资企业 28 家，新批外商和台、港商投资用地项目 6 个，新增用地面积 11.98 公顷。

2004 年 2 月，市政府出台《靖江市引荐外资奖励办法》，外商投资项目入驻量快速增加。江苏环胜铜业有限公司精铜分公司、江苏中油长江石化有限公司、江苏荣联科技发展股份有限公司、江苏金秋竹萨尔勒门业有限公司等一批中外合资和与台、港商合资企业落户靖江开工建设。是年，新批外商和台、港商投资企业 40 家，新批外商和台、港商投资用地项目 13 个，新增用地面积 31.2 公顷。2005 年，孤山镇镇办企业靖江山达化工厂利用 2.94 公顷原集体建设用地与外商合资组建江苏山达化工有限公司。是年，新批外商和台、港商投资企业 48 家，为新批外商和台、港商投资企业数量最高年份。年末，全市实有外商和台、港商投资企业 185 家。

2006 年，随着沿江开发战略快速推进，一批外商和台、港商超大投资项目纷纷涌入靖江。江苏新世纪造船股份有限公司与新加坡恒舟国际贸易有限公司合资组建的江苏新时代造船有限公司在新港园区开工建设，总投资 9800 万美元，经先后几次扩建，获准用地面积 129.44 公顷（含 2011 年扩建钢构项目用地面积 34.93 公顷）。江阴市金桥贸易有限公司与英属维尔京通用企业集团公司合资组建的江苏德桥仓储有限公司在新港园区开工建设，总投资 15.8 亿元人民币，获准用地面积 18.57 公顷。江苏丰立集团有限公司与香港天龙控股有限公司合资组建的江苏扬子江港务有限公司、江苏扬子江金属加工有限公司落户新港园区开工建设，两公司投资均为 9800 万美元。江苏扬子江港务有限公司项目获准用地面积 43.05 公顷，江苏扬子江金属加工有限公司项目获准用地面积 57.99 公顷（含 2010 年批准扩建用地面积 22.99 公顷）。是年，新批外商和台、港商投资企业 40 家，新批外商和台、港商投资用地项目 23 个，新增用地面积 240.7 公顷，为新批外商和台、港商投资用地项目最多、面积最大的年份。

2007年，第一家港资房地产开发企业——南通德城房地产有限公司靖江分公司在靖江注册成立。该企业参与靖江老城区旧城改造，获得老城区09号地块A、B 2个宗地（骥江路北、老胜利街以西、新建路东侧、解放南路南侧）3.23公顷土地开发权。同年，第一家由英国格林热能工程国际海外有限公司全额投资组建的格菱动力设备（中国）有限公司落户靖江，翌年获准用地38.19公顷。年内，江苏耐斯数码科技有限公司、江苏华帝海洋工程设备制造有限公司、江苏广宇重机建设工程有限公司、靖江三英焊业发展有限公司、江苏大江轻纺科技有限公司、托普工业（江苏）有限公司等中外合资和台、港商投资企业落户靖江。是年，新批外商和台、港商投资用地项目22个，新增用地面积43.38公顷。

图5-2-4　重大项目开工　（2007年摄）

2008年，江苏安泰动力有限公司与香港安泰集团有限公司合资成立江苏国泰船用柴油机制造有限公司，开工兴建船用柴油机制造项目，获准用地19.75公顷。是年，新批外商和台、港商投资用地项目9个，新增用地面积63.05公顷。2009年，南通天南船行与新加坡客商合资组建靖江南洋船舶制造有限公司落户靖江，获准用地15.79公顷。是年，新批外商和台、港商投资新、扩建用地项目17个，新增用地面积42.79公顷。

2010年起，中外合资企业江苏华元金属加工有限公司、江苏上骐进出口有限公司、香港苏通投资有限公司和江阴长山肖山物资中转站合资成立的靖江苏通港务有限公司等先后注册落户靖江。其中，江苏华元金属加工有限公司获准使用西来镇焦港东侧土地14.12公顷，江苏上骐进出口有限公司获准使用城南园区中桥村土地24.86公顷，靖江苏通港务有限公司获准使用新港园区罗家村万福港路西侧土地 17.8 公顷。2011 年，新批外商和台、港商投资新、扩建用地项目 5 个、面积 102.89 公顷。是年年末，全市实有外商和台、港商投资企业 158 家、其中生产性企业 125 家、房地产开发企业 1 家、物流企业 3 家、商业服务性企业 29 家。全年共协议利用外资和台、港资 95035 万美元，实际利用外资和台、港资30224 万美元。

1995～2011 年，全市累计批办外商和台、港商投资新、扩建用地项目 127 个，新增用地面积 709.51 公顷；协议利用外资和台、港资 455681 万美元，实际利用外资和台、港资 221705 万美元。

1995~2011 年靖江市外商和台、港商投资企业用地一览表

表 5-2-9

年份	批办企业数（家）	实有企业数（家）	协议利用资金额（万美元）	实际利用资金额（万美元）	审批用地项目数（个）	用地面积（公顷）
1995	24	137	5974	3107	6	33.45
1996	10	132	4658	2559	0	0
1997	7	113	1307	1075	0	0
1998	10	85	2428	1200	0	0
1999	11	83	2612	1273	0	0
2000	7	80	2810	1183	2	3.49
2001	28	100	3172	1201	6	11.98
2002	34	115	5056	2389	4	3.44
2003	45	136	8013	5514	9	73.38
2004	40	155	20018	10664	13	31.20
2005	48	185	34175	20469	4	13.58
2006	40	189	30168	20012	23	240.70
2007	17	187	40905	25026	22	43.38
2008	14	189	45600	27700	9	63.05
2009	13	176	65006	31483	17	42.79
2010	13	161	88744	36626	7	46.18
2011	16	158	95035	30224	5	102.89
合计	—	—	455681	221705	127	709.51

第三节　补偿与安置

一、征（使）用土地补偿

（一）土地补偿

明清时期，因水利工程挖压废地补偿标准为平田每亩赔银3.5两，沙田每亩赔银2.1两，滩田每亩赔银1.5两。民国17年（1928年）7月颁布的《中华民国土地征收法》规定：土地所有人及关系人因土地征收通常所受的损失，应由兴办事业人给予补偿。民国19年公布的《中华民国土地法》规定：被征收土地，其所有权已经登记而未转卖者，照申报地价额补偿；被征收土地，其所有权已经登记而且已转卖者，照已登记之最后卖价补偿；未经依法申报地价之土地，其应补偿地价额，应由主管地政机关估定。民国25年11月，经国民政府行政院批准的《举办军事设施征用民地补偿办法》规定：征用县镇地方民地（不分水田、基地），每亩给价20元（国币），荒地水塘照地价折半发给。

1950年8月15日，华东军政委员会《关于修建公路征用土地暂行办法》规定：被征用土地属生活困难的农民，由人民政府酌情补贴，地上不成熟的农作物，可按种子、肥料、人工等成本价值给予补贴，对生活困难的农民，给予一季作物收入的补贴。是年11月21日，中央人民政府政务院公布的《城市郊区土地改革条例》规定：国家为市政建设及其他需要收回由农民耕种的国有土地时，应给耕种该宗土地的农民以适当的安置。国家为市政建设及其他需要征用私人所有的农业土地时，须给予适当补偿，或以相等的国有土地调换之。

1953年12月，中央人民政府政务院颁布的《国家建设征用土地办法》规定，被征用土地的补偿费，在农村中应当由当地人民政府会同用地单位、农民协会及土地原所有人（或原使用人）推出的代表评议商定。一般土地，以其最近3～5年产量的总值为标准补偿，特殊土地酌情变通处理。如另有公用地可以调剂，亦须发给调剂土地的农民迁移补助费。农民耕种的土地被征用的，当地人民政府必须负责协助解决其继续生产所需的土地或协助其转业，不得使其流离失所。用地单位亦应协同政府劳动部门和工会在条件许可的范围尽可能吸收其参加工作。

1958年1月，修改后的《国家建设征用土地办法》颁布，对征用土地的补偿费作了调整，规定一般土地以其最近2～4年的定产量的总值为标准，鱼塘、竹林、果园、苇塘等特殊土地可以根据具体情况变通办理。靖江据此作出规定，以“群众不吃亏，国家不浪费”为原则，对被征用土地者发放土地补偿费，其标准按该土地最近3年产量总值计算，特殊土地酌情变通处理；如另有土地可以调剂，则发给被调剂土地者以拆迁补助费。

此后，为保护农民利益，域内土地补偿费作过多次调整。1966年，每公顷土地补偿费为：粮田2250元，菜田2550元～3450元。1972年，每公顷土地补偿费为：粮田2700元，菜田3600元。1979年，县政府再次调整征地补偿标准，每公顷土地补偿费为：老菜田18900元，新菜田12900元，粮田6900元。

1982年，《江苏省〈国家建设征用土地条例〉实施办法》规定的土地补偿费标准：（1）征用耕地（包括蔬菜地）为该土地年产值的5倍（年产值按该土地征地前3年平均年产量和国家规定的价格计算，下同）。（2）征用柴山、滩地、水塘、苇塘等有收益的非耕地，为该土地年产值的3倍。（3）征用无收益的非耕地，不予补偿。（4）征用人工鱼塘、养殖场、宅基地（房屋需移地重建另占土地时，原宅基地不再给予补偿）、果园及其他多年生经济作物的土地，按邻近耕地补偿标准计算；对其地面附着物及农田设施，按附着物补偿标准办理。

1984年1月4日，靖江根据扬州市政府《关于调整国家建设征用土地补偿费通知》精神，每公顷土地补偿费调整为：菜地 37500 元，粮田 18000 元。1985 年 4 月 27 日，扬州市政府要求乡镇企事业单位建设用地要承担所征用土地的农业税，并按标准付给土地补偿费和青苗补偿费。

1989 年 7 月 31 日，县政府依据上级文件精神印发《关于全民、集体单位建设用地的管理意见》，对征用土地补偿标准作出新的规定：（1）征用耕地、菜田按该土地征用前 3 年平均年产值的 6 倍计算。（2）征用鱼塘、藕塘、养殖场、果园、竹园、林地按该土地征用前 3 年平均年产值的 5 倍计算。（3）征用滩地、水塘、苇塘和其他有收益的非耕地，按该土地年产值的 3 倍计算。（4）征用宅基地，按邻近耕地的补偿标准计算；房屋等附着物由征地单位另行补偿，如迁移重建的，原宅基地不再给予补偿。（5）征用无收益的非耕地，一般不予补偿。乡镇企业使用土地的土地补偿费，根据各乡镇的经济条件和负担能力决定，使用耕地的按该耕地征拨用前 3 年年均产值的 3.5 倍计算。使用其他土地的可略低于征用相应土地的补偿标准。

1992 年 7 月，县政府办公室印发《关于调整征地补偿费用标准的通知》，提高年平均产值标准，将 3 年年平均产值标准调整为：稻、麦、棉 1 年两熟轮作田，平均每公顷 7500 元～9000 元；旱作物农田每公顷 6000 元～7500 元；1 年水旱三熟农田每公顷 9000 元～10500 元；老菜田（3 年以上的高产田）每公顷 15000 元～18000 元，3 年以下的新菜田每公顷 12000 元～15000 元；精养鱼塘每公顷 18000 元～22500 元，粗放养鱼塘每公顷 6000 元～7500 元。

1999 年 1 月 1 日，新《中华人民共和国土地管理法》实施，对征用土地补偿标准重新作了调整，规定征用土地的，按照被征用土地原用途给予补偿。其标准为：按被征用土地前 3 年平均年产值 6 ～10 倍计算。

2001 年 1 月 1 日，《江苏省土地管理条例》规定：征用耕地的，必须按耕地前 3 年平均年产值的 8~10 倍标准支付土地补偿费；征用精养鱼池，按其邻近耕地前 3 年平均年产值的 10~12 倍标准支付土地补偿费；征用其他养殖水面的，按其邻近耕地前 3 年平均年产值的 4~8 倍计算；征用果园或者其他经济林地的按其邻近耕地前 3 年平均年产值的 8~12 倍标准计算；征用其他农用地的按其邻近耕地前 3 年平均年产值的 6~10 倍标准计算；征用未利用地的按其邻近耕地前 3 年平均年产值的 3~5 倍标准计算；征用农民集体所有的非农业建设用地的按其邻近耕地前 3 年平均年产值的 6~10 倍标准计算。

2002 年 6 月 1 日起，泰州市政府根据《中华人民共和国土地管理法》《江苏省土地管理条例》规定，调整平均年产值计算标准，粮田平均每公顷年产值 18000 元～21000 元，城市规划区内常年（连续 3 年以上）蔬菜地平均每公顷年产值 24000 元～28500 元。靖江执行省、市规定的补偿标准。

2004 年 9 月 3 日，市政府印发《靖江市征地补偿和被征地农民基本生活保障实施细则》，将征地补偿标准进一步明确为：按被征用土地前 3 年平均年产值的倍数计算，粮田被征用前 3 年平均年产值的最低标准为每公顷 21000 元；城市规划区内连续 3 年以上蔬菜地平均年产值最低标准每公顷 28500 元。征用耕地（含粮田、蔬菜地）的土地补偿费为该耕地前 3 年平均年产值的 10 倍；征用精养鱼池，按其邻近耕地前 3 年平均年产值的 10 倍数计算；征用其他养殖水面的，按其邻近耕地前 3 年平均年产值的 8 倍数计算；征用果园或其他经济林地的，按其邻近耕地前 3 年平均年产值的 10 倍数计算；征用其他农用地的，按其邻近耕地前 3 年平均年产值的 8 倍数计算；征用未利用地的，按其邻近耕地前 3 年平均年产值的 5 倍数计算；征用集体所有的非农业建设用地的按其邻近耕地前 3 年平均年产值的 8 倍数计算。

2011 年 4 月 8 日，省政府为切实维护被征地农民和农村集体经济组织的合法权益，保障被征地农民的基本生活和长远生计，印发《关于调整征地补偿标准的通知》，决定全省统一按照农用地、建设用地、未利用地确

图 5-3-1 征收土地方案和土地补偿安置方案公告
（2011 年摄）

定土地补偿标准，并调整提高征地补偿标准。根据通知精神，靖江征收农用地的土地补偿费最低标准为每公顷270000元。征收建设用地的土地补偿费，按照征收农用地土地补偿费计算。征收未利用地的土地补偿费，按照征收农用地土地补偿费的50%计算。

（二）青苗补偿

民国25年（1936年），国民政府行政院发文规定：无论菜园、果园、稻麦等苗，青苗费一律每亩6元。

1953年起，根据《国家建设征用土地办法》规定，青苗费由当事人双方协商解决，由用地单位支付一季农作物的青苗补偿费。1958年，国家对青苗补偿费作出具体规定：经济作物每公顷450元~750元，粮田每公顷300元~450元。此后又做过多次调整。

1972年，靖江每公顷青苗补偿费：菜田1200元，粮田750元。

1973年，靖江每公顷青苗补偿费：菜田1350元，粮田1050元。

1979年，靖江调整青苗补偿费：老菜田每公顷3150元，新菜田每公顷2250元，粮田每公顷1200元。

1982年，靖江按《江苏省〈国家建设征用土地条例〉实施办法》有关规定执行。（1）青苗补偿费标准，一般农作物最高按一季的产量产值计算，粮食、油料和蔬菜青苗，能收获的不予补偿。对多年生的经济林木，需尽量移植，由用地单位付给移植费；如不能移植必须砍伐的，由用地单位按实际价值补偿。（2）征用城市郊区的常年蔬菜地，用地单位还应当按照省政府的规定，向国家缴纳新菜地开发基金。

1989年7月31日，县政府印发《关于全民、集体单位建设用地的管理意见》，对征用土地青苗补偿标准作出规定：青苗补偿费按在田作物一季产值计算。麦子、油菜每公顷3000元，水稻每公顷3450元，棉花每公顷3750元，蔬菜及其他经济作物每公顷7500元。能收获的作物不予补偿。

2004年1月1日起，执行新的青苗补偿标准，按当年被征用耕地平均年产值的一半予以补偿，标准为每公顷13500元。同年4月16日，靖江执行江苏省《关于修改〈江苏省土地管理条例〉的决定》，青苗补偿费一般按一季的产值计算，能如期收获的不予补偿。至 2011 年，青苗补偿均按该决定执行。

（三）主要附着物补偿

民国 25 年（1936 年），国民政府行政院核准军事设施征用民地补偿办法，规定房屋分置留或拆迁，如需置留，须经公估给费。拆迁仍按方计算，民房（中西式）平房每方 7 元，楼房加半给费，草房、白铁房每方 3 元，砖墙每方 1 元。

1953 年起，依据《国家建设征用土地办法》，域内被征（使）用土地上的房屋、水井、树木、坟墓等附着物，由当地人民政府、用地单位和土地所有人（或原使用人）根据实际情况和公平合理的原则，协商确定补偿额。房屋拆迁由政府补助搬运费，群众帮工，每间补助大米 25 千克 ~ 100 千克。1955 年，拆迁草房每间补助 15 元 ~ 25 元，拆迁瓦房每间补助 30 元 ~ 50 元。1958 ~ 1961 年，拆迁草房每间补助44 元 ~ 50 元，拆迁瓦房每间补助 80 元 ~ 120 元。1966 ~ 1980 年，拆迁瓦房每间补助 100 元左右，草房折半。1981 年后，拆迁瓦房每间补助 200 元，并平价供应砖、瓦、木材、水泥等建筑材料。

1984 年 10 月，县政府出台《靖江县城镇建设房屋拆迁安置实施细则》，对被拆迁的房屋及主要附着物补偿标准作出规定。房屋分 6 个等级补偿。最高每平方米补偿 37 元，最低每平方米补偿 12 元。炉灶补偿：单眼每座 6 元、双眼每座 10 元、三眼每座 16 元。院墙补偿：每平方米 1 元 ~ 10 元。水井补偿：砖瓦砌井每口 55 元、水泥管井每口 45 元、土井每口 9 元。竹林补偿：每平方米 1.5 元 ~ 2.5 元。杂树补偿：直径 4 厘米以上 0.7 元 ~ 4 元 / 棵。果树补偿：3 厘米以上 1 元 ~ 15 元 / 棵。

1989 年 7 月 31 日，县政府印发《关于全民、集体单位建设用地的管理意见》，对征用土地主要附着物补偿标准作出具体规定：建设用地上的建筑物和构造物拆迁，应按房屋结构、新旧程度等实际情况给予补偿。建设用地上的成树或苗木应尽量移植，用地单位适当负责迁移费；如无法移植的，由用地单位付给补偿费。

1992 年 8 月，县政府印发《靖江县经济技术开发区房屋拆迁管理暂行办法》，对征用土地拆迁房屋和主要附着物补偿标准，作出具体规定。建设用地上的建筑物和构造物拆迁，应按房屋结构、新旧程度等实际情况给予补偿。主要附着物补偿标准：院墙每平方米5元~30元，水井每口30元~200元，炉灶每只15元~30元，沼气池每个150元~200元，猪、牛、羊舍每平方米15元~20元，粪坑每个3元~30元，厕所每平方米50元~100元，打谷场每平方米1元~10元。

1994年1月，靖江经济开发区管委会下发《关于进一步做好拆迁安置工作的补充意见》，将征用土地拆迁房屋和主要附着物补偿标准提高30%。另对树木等补偿作了补充规定：凡树木可作成材使用，不分品种，按1.3米高处直径计算，付砍伐费用，树木归树权者所有；补偿标准为直径15厘米以下每株3.2元~4.8元、15厘米~20厘米每株4.8元~8元、20厘米~25厘米每株8元~16元、25厘米以上每株16元~24元。湖桑，1等（5年以上）每株4.8元~8元，2等（3~5年）每株3.2元~4.8元，3等（3年以下）每株1.6元~3.2元。竹林，每平方米2.4元~4元。杞柳，每公顷4800元~9600元。果木树，10厘米以下每株32元，10厘米~15厘米每株48元，15厘米以上每株80元。生猪，35千克~75千克每头补偿80元，仔猪每头补偿16元。迁坟补偿，单棺48元，双棺64元，拾骨24元。

2002年5月，为规范城市房屋拆迁安置，保障拆迁当事人的合法权益和建设项目顺利进行，根据国务院《城市房屋拆迁管理条例》和《泰州市城市房屋拆迁管理暂行办法》，市政府制订《靖江市城市房屋拆迁管理实施细则（暂行）》。该细则规定拆迁补偿的方式可实行货币补偿，也可实行房屋产权调换。货币补偿金额，根据被拆迁房屋的区位、用途、建筑面积、新旧程度等因素，以房地产市场评估价格确定。实行房屋产权调换的，拆迁人与被拆迁人先按照上述方法，委托具有房地产评估资质的房地产评估机构，计算被拆迁房屋的补偿金额和所调换房屋市场价格，结清产权调换的差价。拆除违章建筑和超过批准期限的临时建筑，一律不予补偿；拆除未超过批准期限的临时建筑，按重置价格结合成新价给予30%货币补偿。被拆迁人擅自改变原房屋使用性质的按原房屋使用性质补偿。

2005年3月25日，市政府印发《靖江市集体土地房屋拆迁补偿安置暂行办法》，对补偿原则和标准作出新规定：（1）对拆除批建房屋办理审批手续中明确应拆除而未拆除的旧房，不予补偿。（2）拆除公益事业用房以及交通岗亭、交通标志等公共设施的，拆迁人应依照城市规划的要求予以重建，或者给予货币补偿。（3）因房屋拆迁需迁移管线或铺设临时管线的费用，由拆迁人负责；结合道路扩建按照规划需要就位或新建、改建、扩建各种管线的费用，由管线权属部门承担，拆迁人不予负担。（4）房屋拆迁实行货币补偿安置方式的，货币补偿安置款由房屋重置价、房屋区位补偿款组成。房屋重置价由房地产评估机构按照所拆房屋合法建筑面积的重置价格结合成新价结算。房屋区位补偿款按照集体土地房屋拆迁评估实施细则确定。

2008年4月15日，市政府印发《靖江市集体土地房屋拆迁补偿安置实施意见》，对补偿作出新规定：（1）被拆迁房屋的补偿安置，以被拆迁人所持有的房屋权属证书、土地权属证书或者取得的合法用地建房手续为依据。拆迁范围内未取得合法权属证书或批准手续的不得计入补偿和安置面积。但有以下情况之一的可以计算补偿安置面积：1982年2月13日国务院《村镇建房用地管理条例》颁布前建造的；1982年2月13日至1998年12月31日期间建造的，不影响土地利用总体规划和村镇规划，具备建房申请条件，所建房屋未超过农村村民宅基地建房面积标准的。（2）被拆迁人具有合法建房手续且新房已建造完毕不满5年的，拆迁人应当增加补偿：不满1年按被拆迁房屋重置价增加19%的补偿金额、1年以上不满3年的按被拆迁房屋重置价增加17%的补偿金额、3年以上不满5年的按被拆迁房屋重置价增加15%的补偿金额。如被拆迁人具有合法建房手续且新房尚未建造完毕的，被拆迁人应立即停止建房，已建新房部分，由拆迁人按照批准的建房面积按规定进行安置并依据评估结果给予补偿。已领取合法建房手续尚未建造的，由拆迁人按照批准的建房面积以及有关规定给予安置，但当事人应按安置房造价与拆迁人结算房款。（3）被拆迁人书面承诺自行解决住房并申请要求进行货币补偿安置的，经所在地的镇人民政府（街道办事处）、村民委员会（居民委员会）证明、在他处另有合法居住房的相关证明，可按以下方法计算提取房屋补偿安置款。补偿安置款＝被拆除房屋评估总值＋（应安置房屋面积×被拆除房屋所在区域50%区位价）。被拆迁人所属集体经济组织对被拆迁人住宅房屋拆除后安排宅基地重建的，拆迁人按合法建筑面积的重置价结合成新价对被拆迁人给予补偿。被拆迁人按房屋重置价结合成新价补偿低于35000元的，拆迁人按35000元补偿。

2009年5月7日，根据城市房屋拆迁管理工作实际情况，市政府印发《靖江市城市房屋拆迁管理实施细则的通知》，对城市房屋拆迁补偿标准作适当调整：(1) 拆除违章建筑和超过批准使用期限的临时建筑不予补偿。拆除未超过批准使用期限的临时建筑，按重置价格结合成新价后扣除已使用年限值计算剩余使用年限值给予合理补偿。(2) 拆迁补偿的方式可以实行货币补偿，也可以实行房屋产权调换。被拆迁人可以选择补偿方式。参照经营性用房评估的住宅房屋只能选择住宅房屋进行产权调换。(3) 实行货币补偿的金额，根据被拆迁房屋的区位、用途、建筑面积、新旧程度等因素，以房地产市场评估价格确定。实行房屋产权调换的，拆迁人与被拆迁人应依规定，计算拆迁房屋的补偿金额和所调换房屋的市场价格，结清产权调换差价。至2011年，城市房屋拆迁补偿沿用此标准。

2008年靖江市拆迁房屋附属设施装饰装潢及其他补偿标准一览表

表5-3-1

项目名称	等级规格	单　位	单价（元）	备　　注
水　井	水泥管	口	250	
	砖砌		400	
水码头		个	100	
粪　坑	缸式	个	100	
	砖砌		300	
铸铁围墙		平方米	120	
围　墙	甲	平方米	90	连墙基，实墙、双面粉
	乙	平方米	60	连墙基、空斗墙、双面粉
砖石驳岸		平方米	100	含基础
木楞木阁	甲	平方米	70	杉木板、楞
砼梁（楞）木阁		平方米	50	钢架楞木阁相同
楼梯扶手	木扶手	平方米	140	
	不锈钢	平方米	120	

续表 5-3-1

项目名称	等级规格	单　位	单价（元）	备　　注
家用灶	一眼	座	300	含瓷砖贴面
	二眼	座	500	含瓷砖贴面
	三眼	座	800	含瓷砖贴面
室外砖地		平方米	6	
室外水泥地		平方米	30	厚度不低于 6 厘米
竹　园		平方米	2.4 ~ 4	
肉　猪		只	50	指搬运费，猪归户主所有
母　猪		只	150	
小　猪		只	10	
羊		只	30	

2008 年靖江市拆迁房屋树木补偿标准一览表

表 5-3-2

项目名称	等级规格（直径）	单位	标准（元）
一般树木	3 厘米以下	株	1.5
	15 厘米以下		3.2 ~ 4.8
	15 ~ 20 厘米		4.8–8
	20 ~ 25 厘米		8 ~ 16
	25 厘米以上		16 ~ 24
果树木	3 厘米以下		2
	10 厘米以下		32
	10 ~ 15 厘米		48
	15 厘米以上		80

说明：1.地栽、盆栽花木不作补偿。

2.凡树木可作成材使用的，不分品种，从树木根部向上 1.3 米处测定树木直径，计付砍伐费，树木归户主所有。

2008年靖江市房屋拆迁重置价格一览表

表 5-3-3　　　　　　　　　　　　　　　　　　　　　　　单位：元/平方米

房屋类别	结构类型	级别	结构等级评定标准	重置价格
住宅	楼房	一	钢筋混凝土基础，一砖实砌内外墙，现浇楼梯，有构造柱，层层圈梁，预制空心楼板面，木门窗或铝合金门窗，混合砂浆内外粉刷，水泥地面，平顶屋面部分现浇或尖顶屋面（小瓦、望板、木椽、水泥或木桁条），水电设施齐全。	500
		二	砖基础，空斗墙，层层圈梁，预制板楼梯，预制空心板楼面，木门窗或铝合金门窗，混合砂浆内外粉刷，水泥地面，平顶屋面部分现浇或尖顶屋面（小瓦、望板、木椽、水泥或木桁条），水电设施齐全。	420
	平房	一	钢筋混凝土基础，一砖实扁墙，混合砂浆内外粉刷，木门窗或铝合金门窗，平顶或尖顶屋面（小瓦、望板、木椽、水泥或木桁条），水泥地面，必要的水电到位。	360
		二	砖基础，一砖空斗墙，混合砂浆内外粉刷，木门窗或铝合金门窗，纸筋灰粉刷，平顶或尖顶屋面（小瓦、望板、木椽、水泥或木桁条），砖地面，必要的水电到位。	280
单层厂户	钢结构		层高7米，跨度18米，钢筋混凝土条形基础，钢柱承重，钢梁或钢屋架、C型钢檩条、单层彩钢板屋面，1.2米高实砌砖墙、内外粉混合砂浆，1.2米高C型钢墙架，彩钢板墙面，铝合金窗或塑钢窗、彩钢板墙面，铝合金窗或塑钢窗、彩钢板移门或彩钢板（铝合金）卷帘门，必要的水电到位。	500
	钢混结构	带行车	素混凝土垫层，钢筋混凝土条形基础，钢筋混凝土圈梁、钢筋混凝土独立柱基或杯型柱基，预制或现浇钢筋混凝土柱承重，实砌砖墙，钢筋混凝土预制层架基，钢筋混凝土预制板屋面或钢层架及彩钢板屋面，混凝土地坪或水磨地坪，钢窗或铝合金窗，铝合金卷帘门或钢木大门，必要的水电到位。	660
		不带行车	素混凝土、垫层钢筋混凝土、砖条形基础，砖柱基或钢筋混凝土独立柱基，组合砖柱或砖墙承重，钢屋架、混凝土檩条、石棉瓦屋面，混凝土地坪或水磨地坪、钢木窗或铝合金窗，铝合金卷帘门或钢木大门，必要的水电到位。	560
	砖混结构	一	素混凝土垫层、条形基础，一砖实砌墙，门柱承重，石棉瓦、混凝土檩条屋面或简易钢架屋面，水泥地坪钢木窗或铝合金窗，铝合金卷帘门或钢木大门，必要的水电到位。	460
		二	砖基础，空斗墙，门柱承重，石棉瓦、混凝土檩条屋面，水泥地坪，钢木窗或木门，必要的水电到位。	320

2008 年靖江市层高范围调整及修正标准一览表

表 5-3-4

<table>
<tr><th>房屋类型</th><th>结构类型</th><th>结构等级</th><th colspan="3">层高及跨度标准</th><th colspan="3">层高调整标准</th></tr>
<tr><td rowspan="4">住宅</td><td rowspan="2">楼房</td><td>一</td><td colspan="3">层高 3 米</td><td rowspan="4" colspan="3">层高每增减 10 厘米，重置价格相应增减 1%。</td></tr>
<tr><td>二</td><td colspan="3">层高 3 米</td></tr>
<tr><td rowspan="2">平房</td><td>一</td><td colspan="3">层高 3 米</td></tr>
<tr><td>二</td><td colspan="3">层高 3 米</td></tr>
<tr><td rowspan="4">厂房</td><td>钢构</td><td></td><td colspan="3">层高 7 米，跨度 18 米</td><td rowspan="4" colspan="3">层高每增减 50 厘米，重置价格相应增减 2%。</td></tr>
<tr><td rowspan="2">钢混</td><td>一</td><td colspan="3">层高 7 米，跨度 15 米</td></tr>
<tr><td>二</td><td colspan="3">层高 7 米，跨度 15 米</td></tr>
<tr><td>砖混</td><td></td><td colspan="3">层高 7 米，跨度 15 米</td></tr>
<tr><td rowspan="7">说明</td><td rowspan="3">住宅</td><td colspan="7">1.多层房屋，以该楼地面至上一层楼面的高度计算，如作为一个整体评估时，按平均层高计算。</td></tr>
<tr><td colspan="7">2.坡屋面平房，以室内地坪至檐墙中心线和椽子上表面相交点的高度计算，前后屋檐不等的，按平均高度计算。</td></tr>
<tr><td colspan="7">3.平屋面平房，以室内地坪至平屋面结构层上表面的高度计算。</td></tr>
<tr><td rowspan="4">单层厂房</td><td colspan="2">跨度（米）</td><td>12 以下</td><td colspan="2">12～15</td><td>18</td><td>24</td></tr>
<tr><td colspan="2">修正系数</td><td>0</td><td colspan="2">6%</td><td>0</td><td>-12%</td></tr>
<tr><td colspan="2">跨数（米）</td><td>1</td><td colspan="2">2</td><td>3</td><td>—</td></tr>
<tr><td colspan="2">修正系数</td><td>0</td><td colspan="2">-15%</td><td>-20%</td><td>—</td></tr>
</table>

二、征（使）用土地安置

（一）劳动力安置

民国时期，征收土地只有补偿而无安置。

新中国成立初期，因国家征用土地造成的剩余劳动力，均由原生产单位自行安置。1950 年 11 月 21 日，中央人民政府政务院公布的《城市郊区土地改革条例》规定：国家为市政建设及其他需要收回由农民耕种的国有土地时，应给耕种该项土地的农民以适当的安置。1953年，省政府关于建设工程占用民地的处理办法规定：对被征土地的农民，当地政府必须本着负责到底的精神，对其生产所需的土地，应予以调剂解决，无法调剂时，土地使用单位如工厂、医院等部门，有条件安排其工作的，应尽量先吸收被征土地的农民工作。

1958年起，贯彻《国家建设征用土地办法》，靖江对被征地农民，先安置在社、队农副业企业，实在无法安置时由县统一安排至县属集体单位工作。1970年，靖江县机关、企事业单位以及孤山煤矿先后在长里、柏木、越江、八圩、孤山等公社征用集体土地249.6公顷，安置进县属大集体单位的被征地农民4749人。

为控制城市人口机械增长，1973年开始，征用土地安置劳动力进城务工，需经扬州地委批准，一般按亦工亦农合同工安置，户口、油粮关系不迁。1979年，根据扬州地区文件，将历年来征用土地安置的亦工亦农合同工转正，并迁移户口、粮油关系。1979～1986年，全县安置被征用土地农民2053人。1987年，建造靖城东南环城公路，安置114名被征地农民进县属大集体单位。

1988年，靖江执行扬州市政府《江苏省〈土地管理法〉实施办法扬州市补充规定》，征地前人均耕地在0.0333公顷（0.5亩）以下的（含0.5亩），按被征地单位征地前土劳比例计算人数安置就业，但每公顷安置最多不得超过30人。被安置人员必须符合本队户口、16～35周岁、具有初中文化水平、身体健康4个条件。凡符合条件的人员，安排到有劳动力用工计划指标的用地单位或其他全民所有制企业、城乡集体所有制企业。经半年试用合格后，农业户口可以转为非农业户口，并将相应的安置补助费转拨给吸收劳动力的单位。

1989年7月31日，县政府印发《关于全民、集体单位建设用地的管理意见》，对安置补助费和剩余劳动力作出规定：安置补助费，按《江苏省〈土地管理法〉实施办法》规定的“人地比”计算，先计算出被征土地年产值的倍数，而后确定应支付的安置补助费。被征地前人均耕地1亩以上的按年产值5倍计算；人均耕地不足1亩的，从6倍起算，人均耕地每减少0.1亩，安置补助费相应增加1倍，但最高不超过15倍。征用其他农用地的按70%计算。需要安置剩余劳动力进大集体以上单位的，每个劳动力的安置补助费不得少于3000元。

1998年3月20日，市政府印发《关于征地劳动力安置的实施意见（试行）》，提出征地劳动力安置必须遵循“谁征地，谁负责落实安置；谁受益，谁负担”的原则，由征地单位与被征地村民委员会签订征地劳动力安置协议，经市计委、劳动局、国土管理局等部门审核后，在工程施工前予以落实。机关、事业单位建设公益设施征用土地，对征地劳动力原则上不予安排，发给一次性安置补助费；鼓励征地劳动力自谋职业。征地劳动力本人不要求安排工作而自谋职业的，也可发给一次性安置补助费。征地劳动力安置一次性补助费的发放标准为10000元/人。征地前已在乡镇、村办企业做工或已在全民、集体企事业单位（包括外商投资企业）工作的农村劳动合同制工或经批准使用的临时工，不再重新安置，就地改为城镇劳动合同制工人，工龄可连续计算，并按规定交纳社会养老保险费和失业保险费。

2004年9月，市政府印发《靖江市征地补偿和被征地农民基本生活保障实施细则》，规定安置补助费按需要安置的人员计算，每个需安置人员的安置补助费最低标准为13000元。需要安置人员不再安排工作的，实行基本生活保障，自谋职业。被征地农民基本生活保障资金的来源包括：（1）80%的土地补偿费和全部安置补助费；（2）政府从土地出让金中按每公顷135000元标准提取。以征地补偿安置方案批准之日为界限，实行基本生活保障的被征地农民划分为4个年龄段：第一年龄段为16周岁及16周岁以下；第二年龄段为女性16周岁以上至45周岁、男性16周岁以上至50周岁；第三年龄段为女性45周岁以上至55周岁、男性50周岁以上至60周岁；第四年龄段为女性55周岁以上，男性60周岁以上。第一年龄段人员一次性领取生活补助费为每人4000元，不再纳入基本生活保障体系，达到就业年龄后，按照城镇新成长劳动力进行管理；第二年龄段人员，从农村集体经济组织交付土地次月起，按月领取就业培训期生活补助费，每人每月120元，女性最长期限2年（42周岁至45周岁）、男性最长期限3年（45周岁至50周岁），达到养老年龄按月领取养老金；第三年龄段人员从交付土地次月起，到养老年龄止，按月领取生活补助费，每人每月100元，达到养老年龄按月领取养老金；第四年龄段人员，从交付土地次月起，按月领取养老金，每人每月140元。被征地农民基本生活保障的生活补助费和养老金标准，根据全市经济发展水平适时作出调整。

2006年9月，市政府办公室下发《靖江市征地补偿和被征地农民基本生活保

图 5-3-2　被征地农民喜领基本生活保障卡　　（2011 年摄）

障实施细则补充规定》，调整被征地农民基本生活保障补偿标准。第一年龄段一次性领取生活补助费标准由每人 4000 元提高到 13000 元。第二年龄段按月领取生活费由每人每月 120 元提高到 140 元。第三年龄段按月领取生活费由每人每月 100 元提高到 120 元。补充规定还将第二、三、四年龄段被征地农民基本生活保障人员纳入城镇企业职工基本养老保险范围，实行基本养老保险置换。置换标准：以征地时上年度全市在岗职工平均工资的 60%为缴费基数，按 20%的缴费比例，计算置换基本养老保险年缴费标准（即 1 年的置换费）。置换年限：15 年（城镇企业职工退休按月享受养老金最低缴费年限）。

2011 年 4 月 8 日，江苏省政府印发《关于调整征地补偿标准的通知》，决定调整征收农用地的安置补助费。根据省政府文件精神，靖江征收农用地的安置补助费调整为 17000 元 / 人。征收建设用地和未利用地的，不支付安置补助费。

（二）房屋拆迁安置

1991 年 6 月 1 日，县政府印发《靖江县城市房屋拆迁管理办法》，明确房屋拆迁安置的相关政策和安置标准：（1）拆除住宅房屋和非住宅房屋，按照原建筑面积安置。对按照原面积安置有困难的被拆除房屋使用人，可以适当增加安置面积。增加安置面积部分按商品房价格结算。（2）被拆迁人因拆迁而迁出的，由拆迁办一次性按每人20元的标准付给搬家补助费，但每户最低不得少于80元。（3）被拆迁人因拆迁而迁出的，按每人每月10元的标准付给临时安置补助费。但每户每月临时安置补助费不得少于40元。（4）由于拆迁办的责任使被拆迁人延长过渡期限的，对自行安排住处的被拆迁人，从逾期之月起加倍付给临时安置补助费。对使用拆迁办提供周转房的被拆迁人，从逾期之日起按每人每月10元的标准付给临时安置补助费。但每户每月临时安置补助费不得少于40元。拆迁非住宅房造成停产、停业引起经济损失的，由拆迁办按在编职工人数以6个月为限每人每月80元的标准，一次性补贴给被拆迁单位。

2002年5月31日，市政府下发《靖江市城市房屋拆迁管理实施细则（暂行）》，在拆迁安置方面作出新的规定：（1）拆迁人支付被拆迁人一次性搬迁补助费250元。（2）实行房屋产权调换的在过渡期内被拆迁人自行安排住处的，拆迁人应按照每户每月200元的标准，支付临时安置补助费。被拆迁人使用拆迁人提供的周转房的，拆迁人不支付临时安置补助费。实现货币补偿的，由拆迁人给予被拆迁人每户3000元一次性安置补助费。（3）过渡期限原则上控制在多层建筑不得超过24个月，高层建筑不得超过36个月。因拆迁人的责任延长过渡期限的，对自行安排住处的被拆迁人，拆迁人自逾期之月起附加50%临时安置补助费。（4）拆迁非住宅房实行产权调换，造成被拆迁人停产、停业引起经济损失的，拆迁人应根据拆迁公告发布之日在被拆迁非住宅房屋内并在劳动保障部门备案的、实际在册的从业人员和实际过渡期限，按每人每月210元的标准发给生活补助费。实行货币补偿的一次性发给6个月的生活补助费。被拆迁人因拆迁需要搬迁设备、产品、原辅材料的，拆迁人按照实际营业或生产使用面积一次性补助每平方米10元~15元的搬运费。

2005年3月25日，市政府印发的《靖江市集体土地房屋拆迁补偿安置暂行办法》规定：（1）拆迁安置一律采用公寓楼的方式进行安置。（2）房屋产权人按原建房批复确认，家庭内部的分户不作补偿依据。（3）原拆除合法建筑面积100平方米（含100平方米）以下的，可选购一套小户或中户型的公寓楼；原拆除合法建筑面积100平方米~200平方米（含200平方米）的，可选购一套大户或特大户型的公寓楼；原拆除合法建筑面积200平方米以上的可选购一套大户或特大户型的公寓楼，也可根据实际居住人口情况选购两套公寓楼，两套住宅的总面积不得超过实拆合法建筑面积（两套中只能购一套特大户型）。（4）如被拆迁人按规定所购公寓楼面积较小，需另购较大面积的公寓楼，则由被拆迁人提出申请，经批准予以解决。（5）如被拆迁人选择产权调换的，在签订拆迁补偿协议的同时签订安置协议，并按照预订房基价的120%预缴购房款。误工费、搬家费、过渡费、奖金一次性支付给被拆迁人。如超过18个月不能交付安置房的，自超过之日起，预缴购房款按银行的同期存款利率计息。（6）如被拆迁人自愿放弃购买安置房的，由本人提出书面申请，并提供合法的住宅证明，办理相关手续后一次性支付全部拆迁补偿费。

2008年4月15日，市政府印发《靖江市集体土地房屋拆迁补偿安置实施意见》，对房屋拆迁补偿安置作出具体规定。住宅房屋的被拆迁人以一处宅基地或合法建房手续为一户，被拆迁人在同一拆迁范围内有多处住房的，应合并为一户计算其原住房面积；被拆迁住宅房屋合法建筑面积经公示后，被拆迁人凭拆迁房屋安置协议书，每户可按下列规定进行产权调换：（1）被拆迁住宅房屋合法建

图5-3-3　江阴—靖江工业园区莲沁苑安置区　（2011年摄）

筑面积小于等于200平方米的，可以按实际被拆迁住宅房屋合法建筑面积最接近的户型进行产权调换，按被拆迁房屋的补偿金额和安置房价格结算差价。产权调换房屋大于被拆迁房屋面积的部分，被拆迁人按市场价支付价款。（2）被拆迁住宅房屋合法建筑面积大于200平方米的，可按实际超出面积的50%折算增加产权调换面积，但每户实际安置面积不得超过250平方米。（3）被拆迁房屋面积小于65平方米，由拆迁人按65平方米安置，被拆迁人不再支付房屋价款；因户型超出65平方米的部分按政府公布的安置房屋价格结算。（4）被拆迁人在过渡期限内自行安排住处的，拆迁人按每户每月不少于400元的标准，支付被拆迁人临时安置补助费。延长期限在12个月内的，按2倍标准支付临时安置补助费；延长期限超过12个月的，自超过之月起，按4倍标准支付临时安置补助费。拆迁人提供过渡用房的，延长期限在12个月内的，每月付给不少于400元临时安置补助费，延长期限超过12个月的，自超过之月起按2倍标准支付临时安置补助费。

2004～2011年，江苏省靖江经济开发区（城南园区、城北园区、新港园区）、滨江新城区和江苏江阴—靖江工业园区共拆迁20639户，拆迁房屋面积581.94万平方米，安置19917户、93400人，面积438.7万平方米。

2004~2011年靖江经济开发区城南园区建设拆迁一览表

表5-3-5

年份	拆迁位置	拆迁户数（户）	拆迁面积（万平方米）	安置户数（户）	安置人口（人）	安置面积（万平方米）
2004	火炬、前进、建安、康兴村	272	7.81	259	1554	5.72
2005	八圩、北六、火炬、前进、建安、康兴村	268	7.60	236	1416	5.28
2006	八圩、北六、火炬、江防、前进、建安、康兴村	518	15.21	473	2838	11.02
2007	八圩、北六、火炬、江防、前进、建安村	345	9.22	322	1932	7.56
2008	前进、火炬、康兴、建安、北六、江防、八圩村、科技、供销居委	519	16.67	479	2874	12.54

续表 5-3-5

年份	拆迁位置	拆迁户数（户）	拆迁面积（万平方米）	安置户数（户）	安置人口（人）	安置面积（万平方米）
2009	北六、六圩、火炬、前进、十圩村、建新居委	705	22.66	666	3996	15.32
2010	康兴、北六、火炬、前进、十圩、中桥、八圩、六圩村、科技、建新居委	945	29.11	851	5106	21.55
2011	—	—	—	—	—	—
合　计		3572	108.28	3286	19716	78.99

2004~2011 年靖江经济开发区新港园区建设拆迁一览表

表 5-3-6

年份	拆迁位置	拆迁户数（户）	拆迁面积（万平方米）	安置户数（户）	安置人口（人）	安置面积（万平方米）
2004	王圣、高家村	22	0.64	14	51	0.51
2005	丹华、荷花、王圣、高家、新木、六助、黄普、新华、安宁、六一、旺桥村	1293	33.52	1207	3630	29.31
2006	新木、高家、富民、荷花、柏一、新华、六助、六一、安宁村、新港居委	414	11.23	377	1161	8.90
2007	安宁、六助、广福、新华、黄普、荷花、新木、丹华村、新港居委、五七农场	634	15.71	610	1839	11.83
2008	新木、六助、安宁、斜桥、六一、新华、黄普、柏一、旺桥、荷花、五圩村、渔业农场	1065	25.88	1031	3093	19.88
2009	五圩、罗家、黄普、六助、新华、斜桥、安宁、新木、荷花、丰宁、六一、广福、旺桥村、渔业农场	1171	28.00	1143	3429	21.86
2010	丹华、五圩、新华、斜桥、六助、荷花、旺桥、黄普、新木村	1266	36.48	1265	3815	23.63

续表 5-3-6

年份	拆迁位置	拆迁户数（户）	拆迁面积（万平方米）	安置户数（户）	安置人口（人）	安置面积（万平方米）
2011	丰产、新木、黄普、旺桥、安宁、罗家、荷花、五圩、丹华、六一、斜桥、创新村、新生农场	1974	60.53	1972	5947	36.90
合　计		7839	211.99	7619	22965	152.82

2004~2011 年靖江经济开发区城北园区建设拆迁一览表

表 5-3-7

年份	拆迁位置	拆迁户数（户）	拆迁面积（万平方米）	安置户数（户）	安置人口（人）	安置面积（万平方米）
2004	—	—	—	—	—	—
2005	新一村	72	2.30	72	452	2.04
2006	新一、城北村	42	1.47	42	250	1.19
2007	新一、常胜村	185	6.40	185	735	5.65
2008	新一、常胜、城北村	249	8.70	249	1000	7.24
2009	新一、常胜、城北村	125	4.10	125	550	4.51
2010	新一、常胜、城北村	32	1.15	32	175	0.95
2011	新一、常胜、城北村	90	2.90	90	620	2.80
合　计		795	27.02	795	3782	24.38

2004~2011 年靖江市滨江新城区建设拆迁一览表

表 5-3-8

年份	拆迁位置	拆迁户数（户）	拆迁面积（万平方米）	安置户数（户）	安置人口（人）	安置面积（万平方米）
2004	—	—	—	—	—	—
2005	木金、虹兴、越江、同康村	627	17.73	627	2821	13.20
2006	木金、同康村	635	15.58	635	2858	13.35
2007	同康、木金、小桥、同安、虹兴、同康村	217	5.61	217	972	4.90

续表 5-3-8

年份	拆迁位置	拆迁户数（户）	拆迁面积（万平方米）	安置户数（户）	安置人口（人）	安置面积（万平方米）
2008	新普、雅桥、宜和、越江村	1080	34.56	1080	4860	25.00
2009	木金、小桥村	194	5.06	194	873	4.05
2010	新普、宜稼、宜和、同安、同康、木金村	1417	39.69	1417	6243	22.13
2011	小桥、雅桥、同安村	773	21.42	773	3250	17.78
合　计		4943	139.65	4943	21877	100.41

2004~2011 年江苏江阴—靖江工业园区建设拆迁一览表

表 5-3-9

年份	拆迁位置	拆迁户数（户）	拆迁面积（万平方米）	安置户数（户）	安置人口（人）	安置面积（万平方米）
2004	火炬、五星、恒义村	510	13.9	—	—	—
2005	恒义、万丰村	490	13.2	600	4800	15.0
2006	万丰、迎江村	460	12.4	580	4600	14.5
2007	五星、迎江村	500	13.5	500	3800	12.5
2008	四圩、江防村	520	14.1	470	3300	11.8
2009	八圩、江峰村	480	13.1	480	3360	12.0
2010	五圩、江防村	530	14.4	350	2800	8.8
2011	迎江、六圩村	510	14.3	300	2400	7.5
合　计		3490	95	3280	25060	82.1

三、撤组转居

1986年，县政府按照《扬州市国家建设征用土地撤销村民小组建制的试行办法》，办理和协调撤组转居工作。

1987年6月26日颁布的《江苏省〈土地管理法〉实施办法》规定，被征地单位的耕地全部被征用，或征地后农业人口人均耕地面积不足0.1亩的村民小组，经县级人民政府审核后报省政府批准，被征地单位原有的农业户口可以转为非农业户口（即城镇居民户口），剩余的零星土地交给土地管理部门作为国有土地管理使用。1988年3月，根据这一规定，县政府成立撤组工作领导小组，加强对撤销村民小组建居委工作的领导和协调。同年7月，县政府下发《关于撤销生产队[①]建置有关问题的暂行规定》，对征地后人均耕地不足0.1亩的村民小组履行撤组转居报批手续、报批条件和程序，以及户口、剩余土地、房产处理，劳动力安置，老年人供养，粮、油差价补贴等作出规定。年内，全县撤队（组）转居100户、288人。

1989年7月，县政府根据上级文件精神，对撤组转居工作作出规定。因国家建设征地后，农业人口人均耕地不足0.1亩的村民小组，按撤组计划，经所在乡镇政府审核，转报省政府批准后，其原有人员的农业户口可转为非农业户口，同时撤销村民小组建制。1990年，江苏省土地管理局下发《关于加强征地“农转非”管理工作的通知》，对征地“撤组转居”及“农转非”实行计划管理和预报制度。1992年，省政府办公厅又转发省计经委等部门《关于征地撤组“农转非”有关政策规定的请示的通知》，从1992年起，对全省征地撤组及“农转非”工作实行全面的跟踪管理。至1995年，全市共撤销21个村民小组建制，计1263户、3957人。其中规模最大的为江苏长荣钢铁公司建设征地后撤销村民小组建制5个，农转非951人。随着户籍制度改革的深入，1996年后不再办理撤组转居（农转非）手续。

①生产队：即村民小组。

1986~1995年靖江市（县）土地征用撤组转居一览表

表5-3-10

用地单位	被撤销村组（队）名称	撤转时间	户数	人数
县科委、广电局	靖城镇靖北村七组	1986.10.30	89	260
县葡萄糖厂	靖城镇靖北村六组	1988.4.19	60	133
县虹南小学	柏木乡虹桥村二组	1988.12.28	40	155
县工商局	靖城镇靖北村一、二组	1989.7.26	44、70	71、147
县空调器械厂	孤山镇孤山村镇东组	1989.12.30	105	397
靖江县中学	靖城镇靖东村一组	1991.12.31	59	138
市锻压机床厂	生祠镇生祠村北街组	1994.3.18	65	250
市江山制药有限公司	柏木乡桃园村七组	1994.10.19	58	222
市东郊中学	柏木乡虹桥村五组	1994.12.06	38	119
市长江大桥建设办公室	八圩镇十圩村十一组	1994.12.06	37	155
江苏长荣钢铁有限公司	斜桥镇新港村四、五、六、七、八组	1995.5.22	58、52、60、66、51	203、167、207、211、163
市长江大桥建设办公室	城南乡建安村十五组	1995.8.25	52	131
市江安制药有限公司	八圩镇前进村十组	1995.9.16	47	163
市皇冠皮革厂	靖城镇靖北村三组	1995.12.18	128	262
市长江大桥建设办公室	八圩镇十圩村一、三组	1995.12.25	49、35	229、174
合　计			1263	3957

第六章

沿江开发用地

希腊达纳康油轮管理公司
DYNACOM TANKERS MANAGEMENT LTD.
江苏新世纪造船
4艘32万吨VLCC超大型油轮建造合同签字仪式

滨江明珠
港城大厦

JES

靖江南濒长江黄金水道，岸线长52.3千米，是江海转运和江河转装的接合部。顺流而下可出江入海，呼应上海浦东开发，直接与大江之“龙头”上海接轨，溯江而上可直达皖、赣、鄂、湘、川、渝6省市各港口，水陆交通便利，区位优势明显。

靖江港口设渡始于明嘉靖年间。20世纪60年代，有4个客运渡口。1980年，建成首座千吨级货运码头。1992年，设立靖江经济技术开发区，沿江开发步入新的历史时期。21世纪初，中共江苏省委、省政府提出沿江开发战略，为靖江港口开发带来千载难逢的机遇。2000年，靖江市政府制定《靖江沿江开发总体规划》，将靖江沿江港区划分为仓储码头区、旅游度假区和重化工业园、新材料工业园。2002年8月，靖江、江阴两市政府签署江阴经济开发区靖江园区联合开发备忘录，揭开跨江联动开发的序幕。2004年起，靖江经济开发区调整规划布局，先后分设城南、新港、城北和新桥4个园区。全市工业项目向园区集中，各类建设用地剧增。2005年，靖江经济开发区由国家发展与改革委员会发文明确为省级开发区，2006年江阴经济开发区靖江园区经核准也升格为省级经济开发区，并更名为“江苏江阴—靖江工业园区”。2007年，靖江实施“以港兴城、港城相依”发展战略，在用地上呈现出开放开发的特点，通过大开放、大开发，发挥区位优势，全市经济获得跨越式发展。是年，靖江经济开发区在省级开发区中名列第27位，跨入全省开发区第一方阵。2008年，靖江24.1千米长江岸线对外开放通过国家验收。2009年2月，交通部发布长江岸线靖江段24.1千米对外开放通告。2011年1月，江苏省政府向国务院申请设立靖江港口国家一类开放口岸。

第一节　港口用地

靖江港位于长江下游北岸，是新兴的现代化国际性商港，拥有长江岸线52.3千米。港口岸线40.1千米，其中深水岸线35千米，深水岸线长度居江苏省沿江市县之首。水域宽阔，岸线顺直，河势稳定，深槽贴岸，水深8米~14米，具有天然良港条件。靖江沿江港口利用由来已久。明嘉靖三年（1524年），长江靖江段苏家港口设渡，名谭公渡。清咸丰初年，谭公渡改驿道，渡口移至八圩。清光绪四年（1878年），国营招商局和太古、怡和3家轮船公司在八圩港口设“洋棚”(轮船停靠站)。光绪二十年，江靖义渡总局派2只木质船至夹港免费渡客。民国6年（1917年）起，新港先后开办大达、大通轮船公司。民国27年3月，在新港开设“洋棚”，名复兴运输公司，有“祥太”等七八艘轮船从上海直达新港。1952年，八圩渡口有3艘轮船、25只木帆船和1座简易码头。上六圩港口有张姓船民2人，用私有木帆船渡运过江旅客。至20世纪60年代，靖江沿江有八圩、夹港、上六圩港和新港渡口4个。1962年，东兴运输站在上六圩渡口建简易码头及候船室。1970年5月，江苏长江驳运公司在八圩客运渡口西侧建造斜坡式汽车轮渡码头1座。1980年，县物资局在夹港建成首座2000吨泊位散装货运码头。1983年9月，县交通局在夹港渡口建长50米、宽32米轮渡码头1座，购12车渡轮1艘，1984年10月1日通航。从此，西线机动车辆去常州、宜兴方向由此过江。1985年，由南通轮船公司投资，建新港轮船码头1座。1986年，靖江在九圩渡口建长50米、宽32米汽渡码头1座，修筑渡口与姜八公路衔接的一级公路2千米，购14车渡轮2艘，同年7月1日通航。1993年2月，为适应域内经济快速发展，县交通局建成5000吨级2泊位天港货主码头。1997年3月9日，市委、市政府成立靖江市沿江开发开放领导小组和港口建设领导小组。是年，靖江造船厂在新港建成1.5万

图 6-1-1　九圩汽渡　(2005 年摄)

吨级泊位舾装码头1座，此为靖江首座沿江万吨级专用码头。

2000年，随着江苏省沿江开发战略的实施，靖江沿江开发建设开始提上重要议事日程，制订《靖江沿江开发总体规划》，提出合理利用、总体布局长江岸线资源要求，将沿江港区划分为“二区二园”：仓储码头区，利用长江岸线约3.5千米；旅游度假区，利用长江岸线约4千米；新材料工业园，利用长江岸线约6千米；重化工业园，利用长江岸线约7千米。2001年，市委、市政府成立沿江开发开放办公室。2003年11月，江苏中燃油品储运有限公司在七圩港至八圩港之间建成4万吨级泊位货主码头1座，占地8.55公顷，年货物吞吐能力100万吨。

2004年，市政府成立市口岸管理委员会办公室，挂港口管理局牌子，负责港口规划建设、岸线审批、港口经营及管理。12月，市政府与中国科学院南京地理与湖泊研究所联合编制完成《靖江长江岸线资源利用与港口发展规划》。根据域内岸线特点和基础现状，规划将沿江岸线分为工业与港口、城市生活、生态保护、旅游景观等岸段。年末，该规划通过江苏省发展和改革委员会组织的专家评审。2005年，针对沿江港区建设和岸线使用中出现的违法违规问题，根据市政府部署，市国土资源局配合市港口管理局对沿江码头项目进行清理整顿，采取行政、法律和经济手段，整治“深水浅用、长线短用、优线劣用、占而不用、乱占乱用”行为，取缔违规小码头8座，有力推进港区规范建设和岸线合理利用。同年6月，市政府委托江苏省交通规划设计院编制《靖江港总体规划》，重点对靖江沿江岸线利用现状及规划设想，各港区公用码头、货主码头的时有规模、经营状况及发展需求，港口发展环境诸方面进行首次系统调研。11

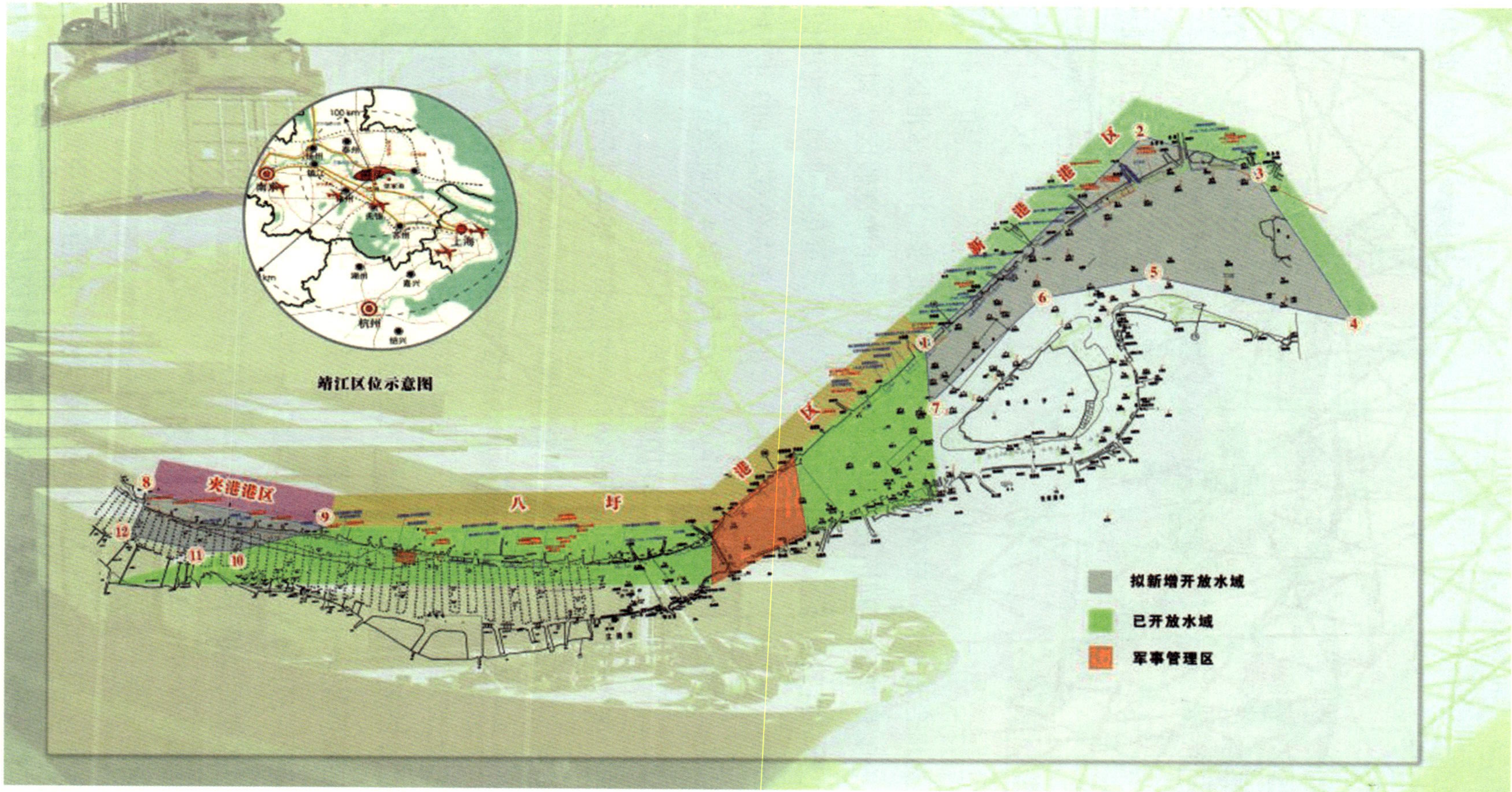

图 6-1-2　2011 年靖江港口岸开放范围示意图

月，市政府与江苏省交通规划设计院联合编制《靖江港码头前沿线控制及锚地规划》。12月，《靖江港总体规划》通过靖江市和泰州市港口局联合组织的专家评审。

2006年6月3日，江苏中燃油品储运有限公司码头第一艘外轮到港，接卸船用柴油5000吨。4日，江苏中油长江石化有限公司码头挪威籍5万吨级“百吉海滨号”货轮到港，卸载液化气1.76万吨。靖江港自此结束无外轮靠泊的历史，开启靖江港口岸走向世界的大门。同月，泰州市政府下达《关于同意实施靖江市长江港区总体规划的批复》，要求靖江严格按规划组织实施，抓好规划的细化工作。2007年，靖江实施“以港兴城，港城相依”战略，加快沿江港口码头建设。是年1月，泰州港靖江海轮锚地改扩建工程开工建设，锚地区域长3300米，宽650米，可同时锚泊5艘3万吨级散货船，并兼顾各船型组合。7月，国务院批复同意靖江24.1千米长江岸线，以江阴港口岸扩大开放形式对外开放。开放范围东至灯杆港，西至夹港。9月，市政府与交通运输部规划研究院联合修编完成《靖江港总体规划》，规划至2020年靖江港陆域面积5095公顷，港口年吞吐能力16080万吨。规划同时将靖江港分为夹港、八圩、新港3个作业区。

2008年，新港液体化工码头2个3万吨级泊位获交通部使用岸线批文，通过省发改委可行性报告审核；新华港务公用码头三期工程项目通过由江苏省交通厅组织召开的岸线合理性使用专家评审会评审，并完成土地平整和吹沙工程；新港作业区公用码头四、五、六期工程项目获省发改委前期工作批文。12月，靖江24.1千米长江岸线对外开放通过国家级验收。2009年2月，交通部发布长江岸线靖江段24.1千米对外开放公告。靖江港区乘势而上，紧紧围绕“以港兴城、港城相依”的主体战略，加快推进货主码头和口岸对外开放配套设施建设，全力打造“苏中最强港”。同年8月，市政府启动靖江港口岸对外开放申报工作。2011年1月，江苏省政府在征求省级各查验机构和南京军区意见后，向国务院申请设立靖江港国家一类开放口岸。开放范围东至靖如界，西至靖泰界，覆盖靖江除军事控制区外全部长江岸线。

至2011年年末，靖江港区建设已利用长江岸线23.76千米，新增建设用地983.36公顷（含生产、生活设施用地），所征用地以滩地、江堤和水利废弃地为

图 6-1-3　靖江港口码头鸟瞰图　(2011 年摄)

主，其余为耕地。此外还有吹沙造地。建成码头 48 座、各类泊位 124 个，其中万吨级以上泊位 45 个，通过能力达 5000 万吨；在建万吨级以上泊位 7 个，可新增通过能力 1060 万吨。按照打造国际制造业基地和现代物流基地的发展定位，靖江港已初步形成船舶修造及配套、特色冶金、能源石化、粮油加工、木材加工和现代物流 6 大港口产业。为保障港口货物集疏运方便快捷，依托沿江高等级公路东西向过境交通走廊有利条件，构筑疏港道路网络，建成疏港道路 14 条，总长 34.29 千米。靖江港口货物吞吐量呈现跨越式增长，已成为长江下游发展最快的新兴港口之一，货物也从低附加值的矿建材料向以高附加值的木材、粮食、油品、煤炭、钢铁为主转变。是年，港口货物吞吐量达 7052 万吨，为 2006 年 985 万吨吞吐量的 7.16 倍。其中，外贸货物吞吐量达 480 万吨，接卸外轮 981 艘次。

1970~2011 年靖江市（县）长江岸线利用码头泊位一览表

表 6-1-1

序号	港区	码头名称	利用岸线地段	投资建设单位	用途	结构形式	最大靠泊能力（吨级）	泊位数（个）	年通货能力（万吨/年）	竣工时间	占用岸线长度（米）	用地面积（公顷）
1	夹港作业区	高鑫龙码头	双龙港—青龙港	靖江市苏中高鑫龙码头有限公司	建材中转	重力式	2000	2	10	2006.6	160	3.22
2		黄普修船舾装码头	青龙港下口	靖江市黄普船舶修造厂	船舶修造	重力式	1000	0	—	2011	120	2.42
3		同康船舶修造码头	老夹港—新夹港	江苏同康船舶修理有限公司	船舶修理	重力式	1000	0	—	2007.1	180	3.52
4		夹港渡口	老夹港—新夹港	靖江市国资集团（原为靖江市交通局）	过江通道	斜坡式	2000	1	—	1983.9	650	7.80
5		夹港物资装卸码头	老夹港—新夹港	靖江市夹港物资中转有限公司	建材中转	重力式	2000	1	35	2005.12	40	1.62
6		夹港码头	老夹港—新夹港	靖江市欣欣燃料有限公司	建材中转	重力式	2000	1	—	2012.12	140	2.61
7		江苏亚星重件杂货码头	上四圩港—美人港	江苏亚星锚链股份有限公司	锚链中转	高桩梁板式	5000	1	106	2008.10	180	4.09
						板桩码头	1000	2	10	2008.2	0	—
8		军港码头	美人港—上五圩港	二十三基地勤务船大队	后勤保障	浮码头	5000	4	—	2010	496	6.40
9		文博码头	上五圩港—上六圩港	江苏三江港务有限公司	建材中转	重力式	2000	1	40	1996.8	80	4.82
10	八圩作业区	新扬子舾装码头	上六圩港—下头圩港	江苏新扬子造船有限公司	船舶制造	高桩梁板式	10 万吨	3	年造船 60 万吨	2007.10	1270	84.92
11		通舟海洋工程舾装码头	下头圩港—下二圩港	江苏通舟海洋工程装备有限公司	船舶制造	高桩梁板式	3 万（兼顾 5 万）	4	年造船 60 万吨	2008.8	740	60.63
12		新舟拆船码头	下头圩港—下二圩港	江苏新扬子造船有限公司（原为新舟公司）	船舶修拆	重力式	1000	2	—	2004.5	406	15.96
13		恒德通用码头	下二圩港—下三圩港	江苏新扬子造船有限公司（含华澄重工、大通国际）	钢铁制品中转	高桩梁板式	2 万（兼顾 5 万）	4	400	2008.7	764	25.00
14		长强钢铁码头	下三圩港—下四圩港	江苏长强钢铁有限公司	杂货散货中转	高桩梁板式	2 万、3.5 万	2	300	2005.9	440	11.23
15		长兴物资码头	下五圩港下游处	靖江市长兴物资公司	散货中转	岸壁式	1000	2	—	1994	40	3.75

续表 6-1-1

序号	港区	码头名称	利用岸线地段	投资建设单位	用途	结构形式	最大靠泊能力（吨级）	泊位数（个）	年通货能力（万吨/年）	竣工时间	占用岸线长度（米）	用地面积（公顷）
16	八圩作业区	永益物流中转码头	下五圩港—下六圩港	江苏永益物流有限公司	散货中转	重力式挡土墙	5000	4	280	2006.10	527	9.54
17		靖江马钢码头	下六圩港下游处	靖江马钢中转有限公司	煤炭中转	浮吊式	5000	1	—	2005	310	2.19
				靖江马钢销售有限公司			6000	1	—	2005	196	3.07
18		江东冶金炉料转运码头	七圩港—八圩港	靖江市马钢江东冶金炉料中转有限公司	煤炭中转	重力式挡土墙	5000	2	150	2005	506	1.49
19		新生港务码头	七圩港上游	靖江市新生港务公司	煤炭中转	重力式挡土墙	5000	2	250	1993.7	308	0.92
20		江苏中燃码头	七圩港—八圩港	江苏中燃油品储运有限公司	油品仓储	高桩梁板式	40000	1	100	2003.11	500	8.55
21		东方能源油品码头	七圩港港口	江苏东方能源有限公司	油品中转	高桩墩式	500	1	32	2008.2	80	0.09
22		长博多用途码头	七圩港—八圩港	江苏长博投资有限公司	舾装	浮式	3000	1	—	2008.7	580	1.85
					通用散货	高桩梁板式	2万、3万（兼顾4万）	2	206			
23		正龙港务码头	八圩港—九圩港	靖江市正龙港务有限公司	建材中转	重力式	3000	1	30	2006.10	113	0.63
24		八圩汽渡码头	八圩港—九圩港	江苏长博集团有限公司（原为江苏省交通厅）	过江通道	斜坡式	—	1	—	1970.5	214	1.20
25		九圩汽渡码头	九圩港下游	靖江市国资集团（原为靖江市交通局）	过江通道	斜坡式	—	1	—	1986.7	200	0.19
26		中泰钢结构码头	新十圩港—老十圩港	江苏中泰钢结构有限公司	钢结构	高桩梁板式	5000	2	—	2004	900	11.62
27		东方造船舾装码头	新十圩港—老十圩港	江苏东方造船有限公司	造船	高桩梁板式	5000	5	—	2005	720	19.14
28	生态岸线	十圩长盛港务码头	十圩港—天生港	靖江市水利局	煤炭建材中转	重力式	2000	1	10	2001	196	2.00
29		天港码头	天生港下游	靖江县交通局	散货物资转运	重力式	5000	3	100	1993.2	272	10.95
30		火车轮渡码头	雅桥港下游	新长铁路有限责任公司	火车轮渡	升降式	6000	1	990	2004	750	14.20

续表 6-1-1

序号	港区	码头名称	利用岸线地段	投资建设单位	用　途	结构形式	最大靠泊能力（吨级）	泊位数（个）	年通货能力（万吨/年）	竣工时间	占用岸线长度（米）	用地面积（公顷）
31	新港作业区	新港公用码头（一期）	新六助港下游侧	江苏扬子江港务有限公司	废钢、件杂货中转	高桩梁板式	1个3万、2个5万（兼顾7万）	3	413	2009.6	726	43.05
						高桩梁板式	6个千吨级泊位	6	80	2009.8	0	
32		新港公用码头（二期）	新六助港上游侧	靖江盈利港务有限公司	木材中转	高桩梁板式	1万1个、3万2个	3	280	2009.3	752	34.97
							6个千吨级泊位	6	80	2009.8	0	
33		新港公用码头（三期）	章春港上游侧	靖江新华港务有限公司	通用	高桩梁板式	2个5万、1个4万	3	345	2010	745	40.73
34		新港公用码头（六期）	万福港上游	靖江苏通港务有限公司	钢铁制品中转	高桩梁板式	5000（兼顾1万）	2	130	2011	293	17.80
35		新港港区拖轮靠泊码头	旺桥港下游	靖江港通船舶服务有限公司	配套设施	浮码头	—	1	—	—	192	—
36		中油液体化工码头	旺桥港—新六助港	江苏中油长江石化有限公司	液化气仓储	高桩梁板式	5万	1	180	2006.4	550	9.60
37		江苏国信电厂码头	新和尚港下游侧	江苏国信（靖江）发电有限公司	进口煤炭	高桩梁板式	5万	1	320	2008.8	1300	60.34
					重件中转		3000	1	—			
38		扬子江现代物流中心码头	章春港—安宁港	靖江龙威粮油港务有限公司	粮油中转加工	高桩梁板	35万、5万2个	3	840	2009	711	25.54
				扬子江粮食物流中心		板桩式	6个千吨级泊位	6	80	2008.6		19.97

续表 6-1-1

序号	港区	码头名称	利用岸线地段	投资建设单位	用途	结构形式	最大靠泊能力（吨级）	泊位数（个）	年通货能力（万吨/年）	竣工时间	占用岸线长度（米）	用地面积（公顷）
39	新港作业区	长荣钢铁码头	安宁港—夏仕港	江苏长荣钢铁有限公司	船舶修理	重力式	5000	2	50	1996	120	10.50
				江苏新荣船舶修理有限公司		高桩梁板式	17万吨修船泊位2个	2	—	2009.9	760	11.60
40		新世纪舾装码头	安宁港—夏仕港下游	江苏新世纪造船有限公司	船舶制造	高桩梁板式	1.5万（空载）	1	—	1997	2200	120.50
							5万（空载）	4	—	2003	—	
41		新时代造船舾装码头	丹华港—夏仕港	江苏新时代造船有限公司	造船	高桩梁板式	7万	3	—	2007.9	1120	115.00
42		靖江双江液体化工码头	丹华港—夏仕港	靖江双江港务有限公司	液体化工仓储	高桩梁板式	3万（兼顾5万）	2	370	2009	460	29.50
43		泰和拆船码头	永济港上游	靖江市泰和船舶有限公司	建材中转、拆船	重力式	—	0	—	—	100	5.40
44		渔轮修船码头	永济港上游	靖江市渔轮二厂	船舶修、造		—	0	—	—	100	7.60
45		新民拆船码头	下青龙港—永济港	靖江市新民拆船有限公司	修、拆船	重力式	5000	0	—	2000.12	240	13.20
46		江北物资转运码头	永济港—焦港	靖江市江北物资站	建材中转	重力式	1000	1	30	2004.12	100	3.50
47		三峰港务物流码头	焦港下游	三峰靖江港务有限公司	散货中转	高桩梁板式	7万、4万、2万	3	570	2011	684	31.60
					化肥中转		3个5000、2个3000	4	402	2011	525	28.67
48		华元金属件杂货码头	焦港下游	江苏华元金属加工有限公司	杂货中转		6个2000吨级	6	—	2011	—	28.67
合计								124	—	—	23756	983.36

第二节 开发区用地

一、江苏靖江经济开发区用地

1992 年 6 月，靖江县政府设立靖江经济技术开发区。该区北依靖江老城区，南濒长江黄金水道，区域优势明显。一期规划面积 454 公顷。规划范围：东至十圩港，西至七圩港，南至鼎和庄，北至南环路。分 3 个功能区：西部工业区（八圩港西侧至七圩港），面积 164 公顷；中部商贸服务区（八圩港东侧至九圩港西侧），面积 136 公顷；东部住宅区（九圩港东侧至十圩港西侧），面积 154 公顷。一期规划启动区面积 120 公顷。8 月，扬子江大酒店、靖江县投资公司（后改为靖江长江大酒店）、靖江家电家具中心（后改为易雅居休闲中心）等三产服务项目，以及扬子自动化仪表厂、宏达暖通器材厂等工业企业落户开发区。9 月，靖江经济技术开发区开工兴建南京路（后更名为人民南路）、扬州路（后更名为中洲路）、龙江路（后更名为兴业路），翌年 1 月建成通车，道路总长 3.38 千米。这些道路形成环形路网，连通开发区与环城南路，为启动区开发建设打开通道。

1993 年 4 月，县政府出台《关于鼓励国内外投资者到靖江经济技术开发区建设的特殊优惠政策》，对率先进入开发区的中外投资企业在用地价格等方面给予优惠。是年 11 月，靖江经济技术开发区被江苏省政府批准为省级开发区，更名为“江苏省靖江经济开发区”。此后，靖江经济开发区加快主次干道和区间道路配套建设，全方位多渠道开展招商引资活动。至 2002 年，开发区批准入区用地项目 270 个，完成热电站、变电所、污水处理厂等生产配套工程建设，一批发展前景好的机电与汽车配件、工程机械、商贸服务类企业入驻，地区生产总值、工业总产值分别由1993年的1803万元、4212万元增加至4亿元、15.56亿元，年均增长40%左右。其间，新增建设用地259.73公顷。

2003年起，靖江加快实施沿江开发战略。是年，靖江经济开发区进区项目由2002年60个（工业项目26个）增加至89个（工业项目59个），投资总额由9.4亿元（工业项目4.05亿元）增加至29.6亿元（工业项目22.52亿元）。重大投资项目实现零的突破，江苏格尔顿传动轴有限公司、江苏迅达特种钢机械制造有限公司、靖江华通机电设备制造有限公司、靖江苏源热电有限公司、城市污水处理厂、江苏巧丽针织有限公司6个超亿元或千万美元的项目入驻开发区，靖江经济开发区被江苏省政府确定为全省沿江地区重点发展的15个园区之一。是年，批准入区用地项目32个，新增建设用地面积75.36公顷。至年末，累计新建区内主次干道16.12千米，用地面积116.2公顷。

2004年，靖江经济开发区调整规划布局，分设城南、新港、城北3个园区。各园区在开发区管委会统一领导下，围绕各自目标定位，推进差异化发展，打造特色园区。城南园区依托开发区已有建设成果，重点发展机械电子、纺织服装、食品加工等轻型制造业；新港园区凭借优质长江岸线资源，重点发展船舶修造、冶金钢铁、能源石化等大型临江工业和区域性物流业；城北园区优化中小企业创业服务，大量建设标准化厂房，重点发展具有地方特色的中小型投资项目。是年，批准入园用地项目60个，新增建设用地194.21公顷。2005年，国家开展开发区清理整顿工作，靖江经济开发区经国家有关部门审核确定的规划面积为403.59公顷。规划东至九圩港，南至靖江市政府城南办事处鼎和庄，西至七圩港，北至南环城路。12月30日，靖江经济开发区由国家发改委第二批次公告确定为省级开发区。是年，靖江市经济开发区为规范进区项目用地管理，高效集约利用土地资源，提高进区项目质量，确保经济持续快速健康发展，根据国家和江苏省土地管理的有关法律、法规，结合各园区实际情况，制定出台《靖江经济开发区进区项目土地出让管理暂行办法》，内容包括进区项目供地基本要求、土地出让方式及土地出让金收支管理办法、公告地价及首期付款金额、奖励机制、用地控制性要求、土地价格调整适应范围等。在进区项目供地基本要求中规定：工业项目总投资必须达到3000万元人民币或200万美元以上，且注册资本不得低于500万元人民币或100万美元；工业项目投资强度必须达到2400万元/公顷或225万美元/公顷以上；开发利用500米深水岸线或1000米中深水岸线的内资或外资项目，其投资总额一般应在10亿元人民币或1亿美元以上，且生产性项目每米岸线投资强度不得低于100万元人民币或10万美元，仓储物流项目每米岸线投资强度不得低于50万元人民币或5万美元。凡符合上述基本条件的项目，可以单独供地；凡不符合上述条件的项目，不单独供地，但可采用租赁或购买标准化厂房的方式进区生产经营。城北园区的项目供地条件可酌情放宽。同年，靖江实施市镇联动集中开发，引导项目向园区集中，促进资源集约利用，产业集群发展，开发区经济实现跨越式增长。

2006年起，随着全省沿江开发战略快速推进，靖江经济开发区进区项目剧增，用地范围逐年扩大。全年批准入区用地项目107个，新增建设用地421.82公顷，均创历史新高。是年9月，国土资源部第29号公告公示靖江经济开发区"四至"范围和规划面积。2007年，市委、市政府实施"以港兴城，港城相依"主体战略，靖江经济开发区完成粮食、木材、金属材料、石化能源等区域性物流基地建设布点。是年，在江苏省123个省级以上开发区建设发展评价年度报告中，靖江经济开发区名列第27位，跨入全省开发区第一方阵，其中环境指标在112个省级开发区中排名第一。2008年，靖江经济开发区根据国家宏观调控"有保有压"原则，着力引进优质项目。市国土资源管理部门以此为载体，争取项目用地点供。全年共争取点供项目用地132.60公顷。2009年3月，靖江市政府在域内西部设立靖江经济开发区新桥园区，依托新桥镇原有产业优势，着力打造特种合金产业、电线电缆产业、新能源利用和新型环保装饰材料及核电装备产业，建设小微企业创业孵化基地。

至2011年，靖江经济开发区规划控制范围1.6万公顷，实际建成面积3500公顷，建成4个布局合理、特色明显、产业集中的工业园区（城南园区、城北园区、新港园区、新桥园区）。园区特色和产业集群日趋鲜明，先后被确定为国家微特电机及控制产业基地、江苏省船舶出口基地、首批现代服务业集聚区、重点物流基地、高新技术创业服务中心、国家级中小企业创业基地。一个充满生机与活力，集行政办公、商贸物流、休闲居住、生态旅游为一体的现代化临港新城初具规模。区内累计引进各类项目963个，批准用地项目888个，新增建设用地2370.68公顷（35560.2亩）。是年，实现地区生产总值345.95亿元（含江阴—靖江工业园区），财政收入62.02亿元，其中地方一般预算收入21.33亿元。

图 6-2-1　2011 年靖江经济开发区开发布局示意图

（一）城南园区用地

城南园区设立于2004年2月。该园区规划范围（由原靖江经济开发区拓展延伸）：北至横港、南至沿江高等级公路、东至十圩港、西至六圩港。面积由454公顷扩展为1170公顷。是年，靖江苏源科技工业园开发有限公司投资的首个标准化厂房建设项目在城南园区开工兴建，之后舒泰宝药业、金鼎电冶化设备制造、远望港口机械制造、茂昌实业、华伦汽车配件制造、天元轴承制造、瑞新食品等企业42个项目入驻城南园区，新增用地面积116.7公顷。

2005年起，城南园区在靖江经济开发区10余年建设的基础上快速发展。当年投资4000万元，兴建7.45千米道路、6座桥梁，新增绿化面积4.5万平方米。拆迁房屋面积约20万平方米。鼎和庄安置区二期、火炬安置区二期、前进安置区二期工程建成交付使用。赛德力制药机械、瑞尔姆电器、源源电力器材、亚泰钢结构制造、恒力汽车配件等23个项目开工建设，新增用地51.54公顷。全年完成地区生产总值15.22亿元、工业销售收入48.51亿元、财政收入1.28亿元。

2006年，兴建7.05千米道路、3座桥梁。拆迁692户房屋、面积24.82万平方米。建成安置房16万平方米，安置拆迁户300余户。江苏正祥石化设备、江苏金秋竹门业制造、江苏光芒科技发展有限公司燃气热水器技改、江苏诺派科技、华通机电设备、江苏凯靖管业扩产、华明实业、大金制衣、德生纺织印染、永益铸管扩产、双鱼食品、顺达保安器材、宝骊叉车等56个项目落户城南园区，新增用地143.28公顷。园区全年完成地区生产总值22.43亿元、工业销售收入53.05亿元、财政收入3.38亿元，比2005年分别增长47.4%、9.4%和73.11%；完成固定资产投资16.58亿元。

2007年，兴建3.3千米道路、2座桥梁。签订拆迁协议303户，拆迁面积9.8万平方米，建成安置房15万平方米。托普（江苏）工业有限公司合金炉管、江苏靖江叉车有限公司叉车、江苏中化纺科技发展有限公司特种差别化纤维、江苏中新钢结构、永信特钢、博林机械、华丽门窗、江苏首尔特种合金、三菱暖通机械、五一工程机械、广宇重机建设、耐斯数码彩喷材料、江苏金冶冶金设备有限公司特种钢铸造、卓然（靖江）设备制造有限公司石化设备、百富绅国际装饰家具广场二期工程等37个项目开工建设，新增用地88公顷。全年完成地区生产总值88.45亿元、销售收入80.87亿元，分别比上年增长46.05%、52.43%，完成三产增加值8亿元，财政收入4.07亿元。

2008年起，园区先后建成江澄苑、十圩、北六3个拆迁户安置区，昌盛密封材料、皓宇合金机械、恒泰机电设备、无畏警用器材、新程汽车配件扩产、华昊新能源科技、华阳纺织、恒义汽配、巨鼎冶矿设备制造、振达机械制造、上骐集团等一批企业先后入园。是年，园内“八横四纵”网络化道路建设全部完成，水电配套建设累计投入约1800万元，拆迁面积16万平方米，开工建设安置房17.6万平方米。至2011年，共批准用地项目78个，新增用地面积233.52公顷。年末，该园区初步形成以汽车冲压件、制动器总成、车轿部件等产品为主体的汽配制造业，以铸管、特种钢、铜材、合金炉管等产品为主体的新材料金属铸造业，以叉车、空调、起重机械、工业用门、石化设备等产品为主体的装备制造业，以家用微型电机、特种电机及控制等产品为主体的机电一体化产业，加上食品加工业和纺织服装业，构成城南园区发展高新技术和轻型制造业的主导产业。是年实现工业总产值290亿元，销售收入263亿元，利税21亿元，利润11亿元。其中，工业销售收入为2005年的5.42倍。

2004～2011年，城南园区累计批准用地项目236个，新增用地面积633.04公顷。

（二）城北园区用地

城北园区设立于2004年2月。该园区规划范围：东至十圩港、西至广靖高速公路、南至北环路、北至北环路向北2.5千米，面积1528公顷。城北园区为市镇联动先行区、新兴产业集聚地、民营企业创业园、国家级中小型企业创业基地，重点招引具有地方特色的中小型投资项目，同步推进教育、商贸、居住等项目开发。

2005年，城北园区拉开道路骨架建设，兴建8.58千米道路。开工建设居住集中区、工业集中区、配套功能区和十圩港景观带。年内，靖江市丰源纺织品有限公司、靖江市凯达机电设备有限公司、靖江市泰格锅炉配套设备制造有限公司等企业的9个项目落户园区，批准用地项目2个，新增用地面积1.78公顷。

2006年，按照园区产业定位，为全市实施市镇联动开发搭建平台，将标准化厂房建设作为招商引资的重要载体，采取企业、园区自建和市镇联动兴建等多种形式，加大标准化厂房建设力度，方便中小企业落户，逐步将多层标准化厂房占比提高至25%～30%，将建设容积率从1提高到1.2。年内由靖江市华信科技创业园有限公司投资1亿元、占地4.09公顷的标准化厂房项目获准用地。是年，城北园区迎来项目入园高峰，靖江市长新特钢制造有限公司、靖江市工搪化工设备有限公司、靖江市靖丰机械有限公司等企业的38个项目入园兴建，近20万平方米标准化厂房交付使用，新增用地面积45.69公顷。

2007年，江苏阿波罗空调净化设备制造有限公司、江苏大江轻纺科技有限公司、靖江市成功电子科技有限公司等企业的73个中小项目入驻，新增用地面积57.51公顷。新建标准化厂房18万平方米，其中建成汽车配件、标准件、纺织服装等专业标准化厂房面积12.5万平方米。10月，市科委在园区所建的“科技创业园”，被江苏省科学技术厅评定为省高新技术创业服务中心。年内，有25个孵化企业入驻该中心，其中软件开发企业1个、省级民营科技企业1个，拥有省级高新技术产品3个，获得专利17项，承担市级以上火炬计划项目12个、省级科技攻关项目1个。是年，城北园区为企业提供创业辅导、教育培训、信用担保、科研开发、生产流通等全面服务，有效促进中小企业科学发展，该园区于12月通过国家发改委评审，成为国家级中小企业创业基地。同年，城北园区依托孤山建设集生态、文化旅游、娱乐休闲为一体的孤山景观区，规划面积53公顷，当年完成一、二期11万平方米20个景点建设，申报省AAA级景区。全年园区完成工业生产销售收入35亿元、利税2.2亿元。

2008年，进一步加快完善基础配套设施建设，推进已入园企业生产项目建成投产。靖江市宇航建材有限公司、靖江市振兴钢结构制造有限公司、靖江市宝钢空调设备厂等企业的36个中小新、扩建项目入驻城北园区，新建标准化厂房12万平方米，其中3层以上的多层标准化厂房建设比例达50%，新增用地面积25.08公顷。2009年，城北教育中心、靖江华东城市建设有限公司、江苏希达中央空调有限公司、靖江市春意空调制冷设备有限公司等单位的37个中小新、扩建项目入驻园区，新增用地面积26.87公顷。其中，城北教育中心承接靖江市第一中学搬迁项目获准用地面积11.04公顷（含2010年批准6.3734公顷），靖江华东城市建设有限公司商住项目获准用地面积6.65公顷。2010年，靖江市金鼎电子科技有限公司、江苏恩博数码科技有限公司、靖江市东方建设机械制造有限公司等企业的24个中小新、扩建项目落户园区，新增用地面积11.97公顷。

2011年，江苏永安控制设备有限公司、靖江市永和高分子技术有限公司、江苏鑫舟船舶配件有限公司等企业的18个中小新、扩建项目入园，新增用地面积11.11公顷。全年实现工业总产值110亿元，销售收入101亿元，利税7.8亿元，利润4.1亿元。至2011年年末，城北园区初步形成汽车配件、船舶配件、精密模具、空气净化设备、紧固标准件等装备、设备制造产业聚群，新型建筑材料、水地源热泵等新材料、新能源产业及3G光纤内外机柜、基站天线、通讯专业测试仪器、宽带光纤数字配线系统等通讯产业集群。城北园区成为新兴产业的集聚地、民营企业的兴业园。

2004～2011年，城北园区累计批准用地项目241个，新增用地面积188.35公顷。

（三）新港园区用地

新港园区设立于2004年2月。该园区规划范围：东至永济港、西至罗家港、南临长江、北至江平公路，面积6987公顷，拥有长江优质岸线19.8千米。中心区规划范围：东至新时代大道、西至章春港路、南至沿江高等级公路、北至江平路北侧500米。中心区位于新港园区中心地带，夏仕港两侧，跨斜桥、西来两镇，面积958公顷。该园区依据长江岸线优势，坚持“以港兴区”，重点招引和建设大投资量、大用水量、大吞吐量的大型临江工业产业和区域性物流业，当年即签约江苏中油长江石化有限公司、江苏扬子港务有限公司、江苏新世纪造船有限公司等企业7个重大投资项目，批准用地项目5个，新增用地面积69.17公顷。

2005年，按照“拉大格局、构建框架”的要求，适度超前，加快推进基础设施建设，兴建6.88千米道路、2座桥梁，建成夏仕港220千伏输变电主体工程及110千伏新港变电所。实施拆迁项目10个，拆除1198户房屋、32.06万平方米，开工建设斜桥安置区和西来安置区三期工程，建成安置房15万平方米，安置拆迁户930户。启动船舶配件工业园建设，吸引4家船用金属加工件生产企业进园建设。年内引进项目27个，总投资117.4亿元；批准用地项目6个，新增用地面积6.39公顷。是年，园区完成工业总产值36.09亿元、销售收入33.17亿元，实现利税总额 1.3 亿元。

2006 年，进一步拉开园区道路骨架，兴建近 11 千米道路、7 座桥梁，绿化 11.3 万平方米。实施拆迁项目 15 个，动迁 432 户民房、面积 11.2 万平方米，采用统拆统建和自拆自建相结合的方式安置拆迁户，560 套公寓楼建成交付使用，724 幢自拆自建房建成入住。4 月，江苏新时代造船有限公司、江苏华星制革有限公司、江苏开源环保技术设备有限公司、江苏国信（靖江）发电有限公司入园开工建设。10 月，江苏扬子江现代粮食物流中心、江苏扬子江港务有限公司、江苏扬子江金属加工有限公司和江苏德桥仓储有限公司 4 个重大项目举行集中开工仪式。园区依托大型造船企业，打造船舶配件产业链，加快船舶配件工业园建设。是年，批准用地项目 13 个，新增用地面积 232.85 公顷；完成工业总产值 62.25 亿元、销售收入 58.63 亿元，比 2005 年分别增长 72%、76%；实现财政收入 1.9 亿元。

2007 年，园区兴建 7.87 千米道路、1 座桥梁，绿化近 9 万平方米，拆迁 639 户房屋、约 18 万平方米，建成安置房 14.5 万平方米。引进华凌船用电缆、大能舰船高新材料制造、丰禾船用油漆、大晟船舶配件、新时代船用模块及东华测试、华凌铜业、飞天紧固件制造、友谊金属制品、特种黏合剂、卓尔机械制造和格菱动力设备（中国）有限公司船用锅炉生产等项目 22 个，新增用地面积 32.41 公顷。是年，新港园区各项经济指标实现跨越式增长，完成工业总产值 122.18 亿元、销售收入 118.57 亿元、利税 10.39 亿元、利润 9.28 亿元，分别比 2006 年增长 96.26%、102.22%、145.14%、322.49%；实现财政收入 3.2 亿元，比 2006 年增长 68.4%。

2008 年，《新港城（新港园区中心区）控制性详细规划》通过专家评审，规划面积 958 公顷。是年，突出重大项目建设，加快产业布点，江苏国泰船用柴油机制造有限公司船用柴油机生产项目、江苏万林国际木业有限公司木材产业园项目、靖江龙威粮油港务有限公司粮油物流项目、盈利（靖江）开发建设有限公司码头工程项目以及靖江信达物流贸易有限公司、靖江互感器厂有限公司等一批重大项目入园兴建，全年新增用地面积 212.48 公顷。年内拆迁 1400 户、面积 35 万平方米。

2009 年，充分利用长江岸线优势，集聚一批符合园区产业定位的重大项目，南洋船舶制造、圣马气体、江苏安泰动力机械制造有限公司中低速船用柴油机生产、太和物流等项目入园建设，新华港务、双江港务码头工程动工兴建，承接华菱锡钢特钢有限公司炼钢项目、众达炭材有限公司焦化项目的产业转移，新增用地面积223.55公顷。2010年，新港园区加快已入园项目建设，同时引进华元金属加工、永太电梯配件、仲阳物流商贸、苏农物流等项目，新增用地面积172.8公顷。

2011年，在兴建三峰靖江港务物流、靖江苏通港务码头工程项目的同时，加快推进园区基础设施和配套工程建设，新增用地225.11公顷。至年末，园区造船及船舶配件产业已形成集群，成为园区主导产业，江苏省船舶出口基地在园区揭牌成立。同时，完成沿江其他主导产业布点，以江苏华菱锡钢特钢有限公司、江苏扬子江金属加工有限公司等为代表的特色冶金产业，以江苏国信（靖江）发电有限公司、江苏中油长江石化有限公司、江苏德桥仓储有限公司等为代表的能源石化产业，以靖江龙威粮油工业有限公司、江苏扬子江现代粮食物流中心等为代表的粮油加工产业，以江苏万林国际木业有限公司为代表的木材加工产业，以江苏扬子江港务有限公司、江苏太和物流有限公司、靖江新华港务有限公司、靖江盈利港务有限公司等为代表的现代物流业等沿江特色产业初具规模。江苏三江现代物流中心被江苏省发改委评定为首批江苏省现代服务业集聚区，被江苏省经贸委批准为江苏省重点物流基地。是年，新港园区实现工业总产值620亿元、销售收入562亿元、利税65亿元、利润56亿元。其中，工业总产值、销售收入和利税分别为2005年的17.18倍、16.94倍、50倍。

2004～2011年，新港园区累计批准用地项目102个，新增用地面积1174.76公顷。

（四）新桥园区用地

新桥园区设立于2009年3月。该园区规划范围分为东西2个片区，规划总面积1400公顷。东部片区为特种合金装备产业集聚区：东至老川心港，西至文东港（富江路），南临长江，北至公新公路，规划用地面积978公顷；西部片区为临江工业、仓储及现代物流区：东至联兴港，西至靖泰界河，南临长江，北至沿江高等级公路，规划用地面积422公顷。区内有长江深水岸线11千米，是靖江港西部建设的重点区域，也是靖江市“一体两翼”总体规划框架的一翼。新桥园区内原有工业基础较好，已形成特种合金材料、厨卫、泵阀、压力容器和制塑五大产业群体，主导产业特种合金材料制品及成套设备制造全国闻名，被称为“不锈钢之都”。新桥镇曾被江苏省政府确定为江苏省特种合金材料星火技术密集区、江苏省小企业创业示范基地、江苏省中小企业产业集聚示范区。是年起，新桥园区按照高起点、高档次、高速度和高效益的要求，以科技建园、科技兴园为总体发展思路，编制园区发展规划，利用得天独厚的长江深水岸线优势，打造临江产业。年内，加快园区主次干道和基础配套设施建设，着力营造进园项目良好发展环境和便利交通条件，着重引进新能源利用和新型环保装饰材料、核电装备等产业项目。

2010 年起，先后有江苏美德核能设备有限公司、靖江润新核能设备有限公司、江苏苏恒海洋工程装备有限公司、无锡电缆厂等企业 7 个项目入园兴建，新增用地面积 39.44 公顷。至 2011 年年末，新桥园区有企业 39 家，实现地区生产总值 25 亿元，工业生产总值 70 亿元，利税 1.1 亿元。

1993~2011 年靖江经济开发区主要经济指标一览表

表 6-2-1　　单位：万元

年份	地区生产总值	全部工业总产值(现行价)	工业企业产品销售收入	工业企业利税完成情况	全社会固定资产投资总额	技改财务发生数
1993	1803	4212	3580	352.8	2785	350
1994	2163	7929	6660	506.2	1000	420
1995	3490	12795	11260	810.7	1930	570
1996	5235	17079	15200	1124.8	1495	450
1997	7853	26529	23876	1695.2	2380	1430
1998	14005	40000	36442	2660	12500	7500
1999	18207	55971	48603	3499	18610	12090
2000	23669	97732	79661	5975	28450	17080
2001	30769	114610	100857	7766	35680	21410
2002	40000	155556	140000	10220	46880	32816
2003	60000	194000	175000	15750	71000	31050
2004	161594	686773	652700	58743	101660	40650

续表 6-2-1

年份	地区生产总值	全部工业总产值（现行价）	工业企业产品销售收入	工业企业利税完成情况	全社会固定资产投资总额	技改财务发生数
2005	358550	1220383	1107701	87401	509932	132544
2006	647006	2078585	1898552	144296	665280	242266
2007	973080	3538756	3343893	307850	719274	352710
2008	1468100	5869717	5269436	586990	900700	600812
2009	2035410	8644254	7957832	1061201	890603	799413
2010	2688555	10365153	9504634	1234610	1529000	1156575
2011	3459472	13171135	11990554	1733592	1653100	1433904
合计	11998961	46301169	42366441	5265042.7	7192259	4884040

二、江苏江阴—靖江工业园区用地

靖江与江阴同饮一江水，江阴大桥将两地紧密相连。20 世纪 90 年代末，江阴市沿江岸线利用殆尽，一定程度上制约了其沿江产业的发展，而靖江却拥有尚待开发的长江岸线和相对宽绰的土地资源。2001 年 12 月，靖江·江阴沿江开发促进会成立，按照“优势互补、共同发展、市场运作、各得其所”的原则，启动两岸沿江规划编制衔接工作，在江北沿岸规划出占地 1000 公顷“沿江新材料工业园”。翌年 8 月，江阴、靖江两市政府就园区选址、产业布局、运作模式进行协商，签署江阴经济开发区靖江园区联合开发备忘录。

图 6-2-2　2002 年 8 月，江阴·靖江沿江开发促进会第二次会议

此后，江阴企业陆续跨江投资开发。

2003 年 2 月，江阴、靖江两市政府签署《关于建立江阴经济开发区靖江园区的协议》。该园区规划范围为东至老十圩港，西至上六圩港，北至横港，南至长江北岸，规划面积 6000 公顷。后调整为东至十圩港，南临长江，西至七圩港，西南至六圩港，北至江防村、八圩村、沿江高等级公路北侧 500 米。园区按照“统一规划、分步实施、政策推动、市场运作、封闭运行、滚动开发”的原则建设。江阴、靖江按 9：1 比例出资，由江阴靖江园区投资有限公司具体负责操作，利益 5：5 分成。两市政府承诺 10 年内不从园区分取投资收益，投资收益含税收留成，全部留在开发区滚动开发。是年 6 月，由江阴华光集团、韩国兄弟机械公司和靖江巧丽针织品公司合资兴建的巧丽针织品有限公司在园区奠基开工，注册资金 1000 万美元，占地面积 1.33 公顷，此为首个跨江联动开发项目。同年 8 月 29 日，正式成立全国首个跨行政区的江苏省江阴经济开发区靖江园区，江苏省省长梁保华为园区成立揭牌。至年末，江苏八圩港口投资有限公司、江苏省扬子江投资发展有限公司、江苏长润钢结构有限公司、江苏长强钢铁有限公司等企业项目相继落户园区，新增用地面积 104.73 公顷。

2004 年 3 月，江阴、靖江两市政府签订《关于江阴经济开发区靖江园区投资管理合作协议》，明确园区内经济管理事务由江阴经济开发区负责，社会管理事务由靖江市政府委托江阴经济开发区靖江园区办事处负责，首期启动区面积 860 公顷。协议中并未约定合作期限，但时任江苏省委书记李源潮在当年的讲话中曾提及：“园区财政实行封闭运作，10 年后对半分成”。同年 7 月，中燃油品储运有限公司利用原八圩物资中转站 8.55 公顷土地，新扩建的 4 万吨级码头投入运行，首批 5000 吨柴油入库仓储，储运量达 5.8 万立方米，对缓解靖江及长江下游船舶燃料供应紧张状况起到重要作用。是年，江阴经济开发区靖江园区实施“以项目定土地（沿江或腹地）、以投入定面积（亩均投入 200 万 ~ 250 万元）、以产出定价格（亩均产出 400 万元）、以手续定开工”的引资战略，江苏格尔顿传动轴有限公司、靖江宇山万向传动轴制造有限公司、恒达服饰有限公司、金泰服饰有限公司等企业 9 个项目在园区开工奠基，新增用地面积 62.39 公顷。江苏格尔顿传动轴有限公司汽车防撞吸能转向传动装置为首个落户园区的台资企业工业项目。

图 6-2-3　江苏新扬子造船有限公司造船基地一角

（2011 年摄）

2005 年，江阴经济开发区靖江园区围绕实现“一二三”（开工 1 个超亿美元项目、20 个超千万美元项目，完成 30 亿元固定资产投入）发展目标，按照“优势互补，共同发展，市场运作，各得其所”工作思路，稳步推进园区开发建设。全年新批项目 23 个，总投资 10.5 亿美元，其中超千万美元项目 14 个、超亿美元项目 2 个。合同利用外资 3.63 亿美元，到账外资 6489 万美元。江苏新扬子造船有限公司、江阴中亚橡胶化工有限公司、江苏东方能源有限公司等企业项目入园兴建，新增用地面积 46.66 公顷。年内新开工建设安置房 20 万平方米，22 千米园区道路建成通车，2 座 3.5 万吨级兼靠 5 万吨级码头 4 个泊位建成投运。同年，江阴经济开发区靖江园区通过国家有关部门审核，审核确定规划面积为 485.68 公顷，并按国土资源部要求落实四至。翌年 9 月国土资源部以 29 号公告公示该园区规划面积。是年，该园区完成工业产值 30 亿元，财政收入突破 1 亿元。

2006 年 7 月 21 日，江阴经济开发区靖江园区被国家发改委核准为省级经济开发区，更名为江苏江阴—靖江工业园区。是年，园区突出项目产业层次和对社会的贡献度，推行“产业链捆绑招商”和“招商选资”战略。全年新批进区企业 65 家，其中外资企业 11 家。其间，否决无锡化工集团投资 20 亿元整体迁入和印度 2000 万美元印染项目等，否决污染项目投资额总计 40 亿元。年内，江苏恒德港口发展有限公司、江苏中舟远洋工程装备有限公司、南方重工有限公司、扬子江仓储有限公司、江苏通舟海洋工程装备有限公司、江苏润舟海洋船舶配套工程有限公司等 13 个项目入园兴建，新增用地面积 82.24 公顷。2007 年，园区实施船舶、钢结构沿江同业产业链招商。全年新批进区企业25 家，其中外商投资企业

8家。中建钢结构项目成为首批获江苏省“点供”土地项目。江苏长阳金属材料有限公司、新东方船舶配件有限公司等19个项目入驻园区新建、扩建，新增用地面积160.33公顷。2008年8月，江苏省委书记梁保华视察江阴—靖江工业园区，对江阴、靖江联动开发取得的成绩予以充分肯定。是年起，园区对入驻企业实施招引、巩固、完善等措施，加快推进入区项目建设。先后有江苏华澄重工有限公司、江苏奥海船舶配件有限公司、江苏国宇高科技通信技术有限公司等47个项目入园区新建、扩建，新增用地面积368.18公顷。

2011年，江苏江阴—靖江工业园区围绕打造“千亿园区”工作目标，加快已入园区项目建设。靖江天力燃气有限公司、江苏九易科技有限公司等5个项目入园新建、扩建，新增用地面积7.71公顷。至年末，江阴—靖江工业园区有规模企业15家，其中上市企业2家。是年，实现地区生产总值116亿元，占江阴市的4.5%、靖江市的19.2%，比2003年增加76倍，年均增长73%；财政收入23.97亿元，占江阴市的6%、靖江市的21%，比2003年增加158倍，年均增长89%；一般预算收入9.62亿元，占江阴市的6%、靖江市的20%，比2003年增加63倍，年均增长69%；园区居民人均收入1.37万元，是2003年的3倍。

2003～2011年，江苏江阴—靖江工业园区累计引进超亿美元或超10亿元人民币项目14个，实际到账外资4.75亿美元；批准设立各类企业524家；实现工业总产值1300亿元，完成财政总收入76.96亿元（其中上缴中央财政42.7亿元）；投资20亿元建设安置房88.85万平方米，安置被征地农民3070户、1.2万余人，解决劳动力就业8826个；完成基础设施及公共配套设施建设投资51亿

图6-2-4　靖江港中心港区内港池　（2011年摄）

元。其间，累计报批用地47个批次、105个项目，新增用地面积832.24公顷。其中，工业用地面积663.56公顷，占总用地面积的79.73%；商住用地面积50.95公顷，占总用地面积的6.12%；安置区用地71.35公顷，占总用地面积的8.57%；其他用地46.38公顷，占总用地面积的5.58%。利用长江岸线9.8千米，利用岸线企业25家。其中，江阴—靖江工业园区申报12家、占用岸线6.5千米，靖江市申报13家、占用岸线3.3千米。建有万吨级码头7座、泊位17个，用地面积261.97公顷。

1992~2011年靖江经济开发区、江阴—靖江工业园区新增建设用地一览表

表6-2-2

年份	靖江经济开发区										江阴—靖江工业园区	
	小计		城南园区		城北园区		新港园区		新桥园区			
	项目数（个）	面积（公顷）	项目数（个）	面积（公顷）	项目数（个）	面积（公顷）	项目数（个）	面积（公顷）	项目数（个）	面积（公顷）	项目数（个）	面积（公顷）
1992	21	12.04	—	—	—	—	—	—	—	—	—	—
1993	34	26.10	—	—	—	—	—	—	—	—	—	—
1994	62	39.89	—	—	—	—	—	—	—	—	—	—
1995	60	37.55	—	—	—	—	—	—	—	—	—	—
1996	7	4.33	—	—	—	—	—	—	—	—	—	—
1997	12	5.03	—	—	—	—	—	—	—	—	—	—
1998	25	84.64	—	—	—	—	—	—	—	—	—	—
1999	3	11.01	—	—	—	—	—	—	—	—	—	—
2000	9	7.37	—	—	—	—	—	—	—	—	—	—
2001	15	8.11	—	—	—	—	—	—	—	—	—	—
2002	22	23.66	—	—	—	—	—	—	—	—	—	—
2003	32	75.36	—	—	—	—	—	—	—	—	7	104.73
2004	60	194.21	42	116.70	13	8.34	5	69.17	—	—	9	62.39
2005	31	59.71	23	51.54	2	1.78	6	6.39	—	—	5	46.66
2006	107	421.82	56	143.28	38	45.69	13	232.85	—	—	13	82.24
2007	132	177.92	37	88.00	73	57.51	22	32.41	—	—	19	160.33
2008	61	382.57	12	145.01	36	25.08	13	212.48	—	—	11	70.85
2009	86	280.26	32	29.84	37	26.87	17	223.55	—	—	20	154.55

续表 6-2-2

年份	靖江经济开发区										江阴—靖江工业园区	
	小计		城南园区		城北园区		新港园区		新桥园区			
	项目数（个）	面积（公顷）	项目数（个）	面积（公顷）	项目数（个）	面积（公顷）	项目数（个）	面积（公顷）	项目数（个）	面积（公顷）	项目数（个）	面积（公顷）
2010	64	219.81	21	20.82	24	11.97	16	172.80	3	14.22	16	142.78
2011	45	299.29	13	37.85	18	11.11	10	225.11	4	25.22	5	7.71
小计	888	2370.68	236	633.04	241	188.35	102	1174.76	7	39.44	105	832.24

【专记】

靖江、江阴跨江联动开发

2001～2011 年，是靖江、江阴两市实施跨江联动，共同开发建设江苏江阴—靖江工业园区的 10 年，也是两市解放思想、敢于争先、通力合作，走出一条具有区域特征、时代特色、自身特点发展道路的 10 年。

靖江与江阴隔江相望。20 世纪 90 年代，江阴经济发展迅速，靖江经济发展相对滞后。至 90 年代末，江阴沿江岸线使用殆尽，可供开发的土地资源不多，而靖江则拥有尚待开发的长江岸线和相对宽绰的土地资源。靖江、江阴整合资源、优势互补、联动开发，已成为两市政府和人民的共同要求和期盼。1999 年 10 月 1 日，江阴长江公路大桥建成通车，为靖江、江阴两市联动开发提供了现实的交通条件。

靖江、江阴两市携手沿江开发发端于 2001 年。是年 12 月，在省委常委、无锡市委书记蒋定之和泰州市委书记陈宝田的倡议下，两市成立跨江合作机构靖江·江阴沿江开发促进会，按照“优势互补，共同发展，市场运作，各得其所”的原则，以项目为载体、资产为纽带、市场运作为手段，加强两市政府部门、乡镇、企业之间以及两市农业、工业、仓储运输、商贸服务、金融、科技、信息等

图 6-2-5　2003 年 8 月 29 日，江苏省省长梁保华为江阴经济开发区靖江园区成立揭牌

方面的合作和交流，共同研究沿江开发的规划布局和区域合作的运行机制。2002 年 4 月，两市签署《口岸开放合作协议》，把靖江口岸纳入江阴口岸管理范围，以充分利用江阴港口岸开放资源。8 月，两市就园区的选址规划、产业布局、开发形式等进行磋商，签署《江阴经济开发区靖江园区联合开发备忘录》。同年，江苏省委书记回良玉在情况汇报、省委办公厅快报、省督查专报等材料上批示："靖江、江阴长江口岸开放开发打破行政区划界限的做法很好，很值得研究，能否扩大到经济和社会发展的其他方面，这是开明人士的高明和精明之举，这本身就是一个重大创新。"此后，省委、省政府等调研组先后至靖江、江阴考察，对两市联动开发的举措给予充分肯定。

2003 年 2 月，两市本着"一切有利于园区发展"方针，签订合作开发江阴经济开发区靖江园区协议。该园区规划面积 6000 公顷，按照"统一规划、分步实施、政策推动、市场运作、封闭运行、滚动开发"的原则建设，经济事务由江阴经济开发区负责，社会事务由靖江市委托园区管理。协议商定：江阴市政府 10 年内不从园区分取投资收益，投资收益（含税收留成）全部留在园区滚动开发；靖江市政府 10 年内不向园区收取任何规费。根据省政府规划的"投资、管理以江阴为主，土地、劳动力和环境配套由靖江负责"的管理指导原则，园区建立健全权责对应的联动开发管理机制。园区部分经济管理权由省有关部门直接履行。是年，江苏省委、省政府启动以区域联动为重点，加快苏南经济向苏北辐射，实现区域经济共同发展的全省新一轮沿江开发战略。省政府批准设立全国首家跨行政区域的工业园区——江阴经济开发区靖江园区，将之确立为全省跨江联动开发的先导区和示范区。6月，由江阴华光集团、韩国兄弟机械公司和靖江巧丽针织品公司合资兴建的江苏巧丽针织品有限公司在园区奠基开工，注册资金1000万美元，占地面积1.33公顷，此为首个入园跨江联动开发项目。8月29日，省长梁保华为江阴经济开发区靖江园区揭牌，并在园区召开现场办公会，研究推动江阴经济开发区靖江园区实质性启动等事宜。会上，江阴的新长江工业园、扬子江船业、法尔胜特钢、长博港口物流、中燃储运、德浦环境6个项目同时签约，总投资超6亿美元，投产后可新增销售600亿元。同年，江苏长博投资有限公司相继成立靖江八圩汽渡有限公司、十圩码头有限公司、博泰船务工程有限公司，利用靖江长江岸线0.75千米；江苏裕纶纺织有限公司与江阴2家企业联手盘活靖江长江大酒店（闲置资产），总投资3030万元；江阴利港镇天泰种苗新技术推广中心与靖江八圩镇农技站合作建立大棚哈密瓜生产基地；江阴的青阳科发禽业有限公司、申港镇长江江鲜养殖公司分别与靖江万源生态农业科技园合作养殖扬州鹅和河豚、鳜鱼、石斑鱼；江阴的扬子江船厂、苏美达船舶工程有限公司将发展重心向靖江梯度转移。当年江阴企业投资靖江项目10个，投资额超10亿元。至年末，江阴经济开发区靖江园区共批准用地项目7个、面积104.73公顷。

2004年，江阴资本大量涌入靖江。4月，江阴精亚集团有限公司与靖江市政府达成协议，参与靖江老城区改造，成为江阴首个跨行业投资、经营靖江房地产业的开发企业。该企业先后以拍卖方式共获得解放南路旧城改造片区1～4号地块27.83公顷国有土地使用权，土地总价5922万元。10月，江阴的江苏阳光集团有限公司与靖江市政府签约，参与靖江旧村庄改造，联动开发滨江生态新城区，一期投入8亿元。这一政企联手跨行政区域开发建设新城区，在国内尚属首例。12月，由江阴申龙高科技股份有限公司控股，并按四星级标准设计改造的现代商务旅游涉外饭店靖江国际大酒店营业。酒店占地面积1.2公顷，建筑面积2.5万平方米，楼高76米，属靖江市标志性建筑。此为江阴首个跨江开发的服务业项目。年内，首个台资企业格尔顿传动轴有限公司工业项目在江阴靖江园区奠基开工，总投资1200万美元，主要生产高科技替代产品汽车防撞吸能转向传动装置。中燃储运有限公司油品储运项目4万吨级码头投运，该项目总投资9000万元，占地面积8.5公顷，储运量达5.8万立方米，对缓解靖江及长江下游船舶燃料供应紧张状况起到重要作用。年内，江阴经济开发区靖江园区批准用地项目9个、面积62.39公顷。年末，《香港商报》以《独特的发展模式、良好的发展平台》为题，专版报道园区招商引资情况。2005年，江阴经济开发区靖江园区签约项目23个，总投资10.5亿美元，其中超千万美元项目14个、超亿美元项目2个。年内，江阴的新扬子造船有限公司等项目入园兴建，新增用地46.66公顷。是年，通过国家有关部门审核，确定园区规划面积为485.68公顷，并按国土资源部要求落实四至。2006年，园区晋升为省级开发区，更名为“江苏江阴—靖江工业园区”。

2007年，江阴市政府在园区设立管委会，通过获得委托授权等形式，履行涉及江阴、靖江两地的管理权力，尤其是靖江的属地管理职能。管委会充分行使管理职责，建立“多头进入、一头管理”的联动开发管理体制，统一考核管理工商、国税、地税、规划、建设、环保等经济管理部门的园区分支机构。是年，江阴口岸查验机构入驻园区，以有效提升园区服务效能，营造一流的投资软环境。靖江市政府在园区设立办事处，全力承担园区开发过程中涉及的征地、拆迁以及其他社会事务管理，为加快园区建设提供重要支撑。2008年8月22日，江苏省委书记梁保华再次视察江阴—靖江工业园区，对江阴靖江联动开发取得的成绩予以肯定，认为园区的开发建设为江阴经济建设提供宝贵空间，为靖江的超越发展提供强大推力，为全省的沿江开发开放和南北共建作出有益探索，提供了成功经验。2008～2011年，江阴—靖江工业园区坚持“联动开发不动摇，科学发展建园区，创新思路求突破，又好又快见成效”的发展思路，以二次创业为契机，克服外部经济环境持续恶化的影响，面对风险积极主动把握机遇，经济保持高速稳健的增长态势，共批准建设用地项目52个，新增用地面积375.89公顷。2011年，江阴—靖江业园区在无锡15个省级开发区转型升级综合评价考核中排名第3位，被中共无锡市委、市政府授予无锡市先进开发区。

10年间，江阴为园区开发提供启动资金及融资所需的财政担保，并在项目信息、管理输出等方面给予大力支持。园区管委会完成基础设施、公共配套等各类投资51亿元。园区内企业完成各类投入逾180亿元，其中江阴企业累计投资超百亿元，江阴产业转移企业在园区的产出贡献率达到75%。靖江为园区发展提供大量的土地、岸线和劳动力资源。苏南的资本优势、人才优势和管理体制优势，与苏中的土地优势、劳动力优势得到高效整合。江阴不求所在但求所有，靖江不求所有但求所在，两市共同走出一条合作开发的双赢之路。

10年间，江阴—靖江工业园区在两市联动中全方位快速发展，园区建设卓有成效。一是经济总量明显增长。园区产业从无到有，经济总量不断做大。至2011年年末，累计引进超亿美元项目14个，实际到账外资4.75亿美元，批准设立各类企业500余家，实现工业总产值1300亿元，完成财政总收入76.96亿元，其中上缴中央财政42.7亿元。其间，园区地区生产总值增加76倍，年均增速73%；财政总收入增加158倍，年均增速89%；地方一般预算收入增加63倍，年均增速69%。二是产业项目明显集聚。园区成功打造出中国民营造船、国家重钢结构两大产业基地，形成“特色冶金—机电—汽车零部件—特色车辆”和“特色冶金—钢结构—船舶修造”两条产业链，特色产业和央企项目集聚的态势基本形成，创造出“五个国内第一”：最大的集装箱船、最高建筑的钢结构、最先进的高速铁路线缆、最大跨度的跨海大桥钢箱梁、最高强度的系泊链。三是园区功能日趋完善。建成“七纵两横”骨干路网30千米，新增各类绿化面积65万平方米，道路亮化率70%。污水处理厂投入运行，铺设污水管网19千米、雨水管网30千米，污水处理覆盖园区各项目。220千伏变电站于园区成立之初建成投入使用，电网分布更趋合理。通信网络全覆盖，有效满足入园企业和群众的生产生活需求。联检大楼、规划展示馆、边检营房、消防特勤站等一系列重点办公用房陆续建成并投入使用，总建筑面积3.26万平方米。四是民生福祉明显提升。园区在加快开发建设的同时注重民生改善，先后建设园区水利枢纽工程、垃圾中转站、幼儿园、小学、中学、便民服务中心、社区服务中心等一系列民生工程。投资20亿元，建造安置房88.85万平方米，累计安置被征地农民3070户、约1.2万人。解决园区8826名当地劳动力就业问题，实现户均2人就业安置目标，居民年均经济收入从2003年的0.45万元增加至2011年的1.37万元。园区居民城镇居住率50%以上。

10年间，江阴—靖江工业园区的联动示范效应日益放大，在推动南北经济融合中的作用日渐显现。作为全国首个跨区域联动开发的工业园区，其发展突破行政区划、考核体系、管理体制等界限，探索形成新型的跨区域的竞争合作关系，在全省、全国具有开创性意义。在跨江联动开发的带动下，江阴、靖江的经济发展实现全面融合。园区发展给靖江带来的不仅是物质财富，江阴在园区规划建设、招商引资、管理等方面的成功经验广为靖江所借鉴。同时，大量的苏南企业因在靖江投资发展取得成功，从而逐步将投资地域扩展延伸至如皋、兴化等苏中腹地。10 年来，跨江联动由当初的行政推动逐步转变为市场推动下的自觉行为，苏南、苏中、苏北的经济发展在联动开发中得到快速融合，国内多个省份竞相学习借鉴园区联动开发模式，园区的示范作用和品牌效应走出江苏，影响全国。

第三节　滨江新城用地

滨江新城，为靖江市政治文化中心、生态居住中心、商业休闲中心、特色旅游基地，位于新（沂）长（兴）铁路靖江段南端与十圩港之间，南濒长江，北至南环路，西临十圩港，东止林家港，规划总面积 1380 公顷。

滨江新城建设依据靖江城市发展总体规划，彰显靖江“临江襟海”的生态化、多元性特点，使中心城区成为真正意义上的滨江城市。2004 年，靖江策应沿江开发战略，加快城市南移步伐，推进城市化进程。5 月，靖江新城区规划方案由澳大利亚 ANZ GROUP 公司设计，拉开了滨江新城区建设的序幕。10 月，靖江市政府与江阴的江苏阳光集团有限公司签约，合作开发靖江滨江新城区，双方共同出资成立靖江市滨江新城投资开发有限公司。该项目前期基础设施总投资 49 亿元，阳光集团前三年投入 15 亿元，第一年至少投入 8 亿元，计划用 5 ~ 10 年时间建成 10 万 ~ 15 万人口居住的滨江生态区。这一跨行政区域政企合作开发建设城市的创新举措，在全国尚属首次。

2005 年 3 月，滨江新城建设项目正式启动，首期开工建设新城 320 公顷启动区“五横三纵”（“五横”：南环路、江阳路、中洲路、江州路、阳光大道；“三纵”：通江路、晨阳路、城东大道）道路。12 月，市政府设立滨江新区办事处，下辖 9 个村、2 个社区居委，面积 2060 公顷。其主要职能是按照城市建设总体规划和区域建设规划，做好滨江新城和生态园区的拆迁安置、城市管理、社会管理等工作。

图 6-3-1 美丽的滨江新城南环花苑 (2011 年摄)

2006 年 5 月 8 日起，靖江市行政中心、市公安局、市检察院、市法院大楼项目相继开工建设，用地面积 22.58 公顷。6 月 30 日，滨江新城区“滨水风光走廊”十圩港景观带市民休闲景观区建成并投入使用。景观带两侧建有亲水平台、停车场、建筑广场和陈列馆，中部植有雪松、银杏等名贵树木。景观带设计独具匠心，充分彰显了绿色、生态、亲水和自然主题，成为靖江市民又一休闲游憩的好场所。至 2006 年末，顺利完成滨江新城区二期拆迁安置，共拆迁居民 628 户，拆迁面积 17 万平方米（不含工厂企业面积）；建筑面积 20 万平方米的第一安置区（东环花苑）建成并交付使用，首批安置拆迁户 730 户；建筑面积 28 万平方米的第二安置区（南环花苑）正在建设中。2007 年 5 月，靖江迄今最大的住宅小区“泰和·御水湾”商品房项目开工建设。该项目用地 31.74 公顷，总建筑面积 70 万平方米，总投资 30 亿元。同年，滨江新区蓄水库建设工程开工，用地面积 43.64 公顷。至 2009 年，马洲公园三大建筑——容湖明珠、江鲜馆、颐园主体工程竣工。是年，建成面积 1.09 公顷的江阳农贸市场。

2010 年 4 月，滨江新城安置区中环花苑项目开工建设，规划建筑面积 17.46 万平方米，翌年顺利完成建设，如期安置新城第六期 505 户拆迁户；12 月，滨江新城重点建设项目体育中心、文化中心、滨江学校及消防特勤站四大工程开工建设，用地面积 43.49 公顷，预计投资总额逾 30 亿元。是年，在通江路、城东大道等道路两侧建设景观林，营造“马路公园”；在江阳河旁建成景观带等。累计种植园林绿化树木 248 万株，新增绿地面积 18 万平方米，绿化覆盖率增至 42%。至年末，基本完成区域内 8 期拆迁及 9 期、10 期拆迁许可、经费等准备工作，完成550公顷范围内的基础设施建设，市行政中心、市人民医院、公检法大楼、口岸联检大楼、国土资源局大楼建成启用，用地39.27公顷；区内“五横三纵”道路环线贯通；两条“滨水风光走廊”十圩港景观带、天生港景观带和“马路公园”展现宜居新城靓姿；四个高档住宅小区新天地·滨江花园、泰和·御水湾、阳光·国际花园和水岸华府初具规模，用地64.95公顷；金悦国际酒店建成并对外营业，用地4.93公顷；顶级地产品牌碧桂园正在建设之中，用地14.57公顷；集园林特色、城市品位为一体的马洲公园已成为靖江一张靓丽的城市名片。

图 6-3-2　滨江学校（始建于2010年）

2011年，滨江新城作为靖江市城乡一体化建设的闪光点和主阵地，以新洲路（新洲桥）、文化中心、体育中心和同盛花苑、同康花苑等一批民生重点工程项目为重心，同步做好道路、桥梁、绿化等基础设施配套建设；同时加快推进商业核心区、金融商务区、企业总部区、商务中心、民艺馆、教堂等工程的启动和建设；全力打造城市阳台沿江风光带，建设一个功能多样、感性丰富、具有活力、与自然有机融合的亲水社区，构筑一座长江下游城市群中的现代化滨江城市。

图 6-3-3　滨江新城一角　(2011年摄)

第七章

土地市场与地价

靖江市城镇基准地价更新成果听证会

二纺片区
利达地块
国有土地使用权拍卖会
签约席

新中国成立前，域内土地交易均由交易双方根据当时市场行情商定,投税印契时，官署按契载价值征税。新中国成立初期，农村尚有少量土地交易,城区私人宅基地可随房自由买卖、出租。1956年后，国家明令禁止土地买卖。此后，土地一律无偿划拨使用，实行“无偿、无期限、无流动”使用制度，形成30余年土地无价状况，只在国家征用或因建设使用集体土地时支付一定的补偿费用，地价概念渐渐淡化。1990年5月19日，国务院颁发《中华人民共和国城镇国有土地使用权出让和转让暂行条例》，实行城镇国有土地使用权出让、转让制度。自此，靖江土地使用制度改革迈出实质性步伐，逐步将土地所有权与使用权分离，土地使用权开始进入市场。1993年后，靖江逐步建立由政府垄断的土地一级市场，清理整顿土地二级市场，将土地交易行为纳入依法管理轨道。为适应土地使用制度改革的需要，1994年起，全市开展城镇土地分等定级估价工作，确定土地出让保护价，设立评估机构，制定评估规则，结合实际情况，进行地价评估，保证靖江的土地价格合理稳定。随着改革的深入，1998年，成立江苏省土地市场靖江交易所。2000年成立靖江市土地储备中心，2007年更名为靖江市土地储备交易中心。此后，靖江的地价体系逐步完善，土地交易更趋规范，土地市场日趋成熟。

第一节 土地市场

一、土地储备

2000年5月，靖江市土地储备中心成立。其主要职责是根据市土地利用总体规划和城市规划，编制市区土地储备规划和土地储备年度计划，受市政府委托依法储备土地；做好储备土地的前期可行性研究分析、规划、申请、地价测算等工作，拟定储备土地上市方案；办理储备土地用地手续，并组织储备土地征地、拆迁、补偿、安置、基础配套建设等前期工作；负责对被收储的土地和其他政府储备土地资产进行临时经营管理；组织国有土地使用权招标、拍卖、挂牌出让。同年6月25日，国营靖江水泥厂提交土地收购申请。该企业系高负债清算破产企业，为此市政府召开协调会议，研究该企业破产后分流安置职工、清欠职工工资、补缴劳动保险及该地块收储、开发等问题。根据会议精神，市土地储备中心对该厂地块进行勘查后，向市政府提出收储水泥厂南、北厂区及其周边区域进行整体开发的建议。是月底，收储水泥厂南厂区0.77公顷土地，支付土地补偿金296.45万元，用于安排职工生活。此为土地储备中心收购储备的首宗土地。12月，市政府出台《靖江市城市土地储备实施办法（试行)》，为城市土地储备工作提供重要依据。

2001年起，靖江逐步建立完善土地收购储备制度，进一步增强市政府调控和规范土地市场的力度。域内收储每宗地块，均由分管副市长或常务副市长主持召开市政府办公室、规划、国土、财政、国资、劳动、民政、经贸等部门联席会议，对被收储土地的企业，按清算（破产）企业、改制企业、“退二进三”企业

3 大类，分别确定不同的处置办法。清算破产企业重在解决职工分流安置，改制企业重在落实“三置换一保障①”改革方案，“退二进三”企业重在落实鼓励政策、确定补偿标准及操作方法等。由市政府办公室形成《会议纪要》，作为土地收储双方的实施依据。是年，收储国营靖江空调器械厂、靖江市化工建材厂等地块，面积 1.22 公顷，支付土地收储资金 278.13 万元。

2002 年 10 月 31 日，市政府召开关于市第二纺织厂（以下简称二纺）片区改造协调会议，将二纺片区列为靖江旧城改造的重点工程，建造靖江最大的现代购物中心。二纺片区土地收储以土地储备中心为运作主体，市发展计划局、市建设局及靖城镇等相关部门、单位协同配合。是年 12 月，土地储备中心对二纺用地进行收储洽谈，收储土地面积 5.55 公顷，支付土地补偿金 5162.78 万元，同时收回二纺片区周边其余地块。至年末，共收购、收回二纺片区国有土地面积 6.65 公顷。

2003 年，市政府贯彻落实省政府《关于深化土地使用制度改革，优化配置土地资源的意见》，严格坚持政府垄断土地一级市场的原则，在推行土地招标、拍卖和挂牌竞价出让的同时，依法做好土地收购储备工作。是年，市土地储备中心共收储老汽车站、江苏宝达制药厂、靖江市化工轻工总公司、靖江市双帆环保机械厂等企业 11 宗地块，面积 8.99 公顷。

2004 年，市土地储备中心根据市政府《关于供销社社员股金清退和金囤农化有限公司改革的有关问题的会议纪要》精神，收储市供销社所属靖城地区的清算企业金囤农化有限公司和改制企业天一轧花有限公司、益农农资有限公司、再生资源有限公司的土地 10.08 公顷，支付土地收储资金 6341.36 万元；并将收储的土地积极组织上市。市财政部门按规定返还土地出让金，以确保两年内清退市供销社 4457 万元社员股金和其他费用。

2005 年 4 月 27 日，市政府根据《江苏省国有土地储备办法》和《泰州市城市土地储备实施办法（试行）》，结合靖江实际，印发《靖江市国有土地储备实施办法》，进一步明确：市土地储备中心受市政府委托，依法将属于收购储备对象

①三置换一保障：即置换国有、集体产权或股权，置换国有、集体企业职工身份，置换国有土地使用权；实行社会保障。

的土地收回、收购；通过前期开发，有计划地盘活存量土地资产，有效配置土地资源，并明确土地储备范围。是年，市土地储备中心收储渔婆南路（江平路至南环路）延伸段两侧 10 宗地块，面积 15.75 公顷。

2007 年 10 月，靖江市土地储备中心更名为靖江市土地储备交易中心。至此，政府垄断的土地一级市场集土地收购、储备、出让三位于一体，功能更齐全，流程更规范。是年，启动虹桥片区改造项目。该改造项目位于江平路北侧、十圩港以东、原虹桥菜场以西，占地面积 30.26 公顷，为迄今规模最大的旧城改造项目。至 2009 年年底，与该片区内 305 户村居民签订拆迁协议，所有拆迁户均在片区内安置，与 26 家企业签订收储合同，收储 26 宗土地，整理后划分为 4 宗地块，面积 23.18 公顷。

2010 年，在继续完成渔婆南路、虹桥片区土地收储及前期开发的同时，加大对市内改制企业、“退二进三”企业土地收储力度。是年，收储工搪化工、三兔集团、华联毛纺、兴明机械等 5 家“退二进三”或改制、破产企业土地 9.34 公顷，支付土地补偿金 7422.52 万元。2011 年，收储江苏佳纺、明星纺机、绿洲商贸、新程轿配等 9 家改制、破产及“退二进三”企业土地 8.02 公顷，支付土地补偿金 10704.63 万元。

图 7-1-1　2010 年，原靖江市物资总公司国有土地收储通告

2000 ~ 2011 年，市土地储备交易中心共收储土地 79.96 公顷，收购平均价格 881.73 万元 / 公顷，补偿金额 7.05 亿元。

2000~2011 年靖江市土地储备一览表

表 7-1-1

年份	储备面积(公顷)	平均价格(元/平方米)	补偿金额(万元)
2000	1.17	298.68	349.46
2001	1.22	227.97	278.13
2002	11.70	665.80	7789.86
2003	7.81	750.00	5856.60
2004	7.26	750.20	5447.03
2005	2.73	675.86	1845.11
2006	10.90	1020.00	11118.51
2007	5.09	1216.00	6190.06
2008	12.27	899.67	11039.04
2009	2.45	1005.00	2462.25
2010	9.34	795.00	7422.52
2011	8.02	1334.74	10704.63
合计	79.96	—	70503.20

说明：1.市土地储备中心成立于 2000 年 5 月，故此前无统计数据。2.收购即上市的土地面积不在本表内统计。

二、土地经营

(一) 国有土地使用权协议出让

1993 年 3 月，县政府首例以协议方式出让柏木乡桃园村一宗地国有土地使用权，面积 0.13 公顷，作工业用地，出让年限 30 年，出让价格 16.36 万元，成交单价 122.82 元 / 平方米。是年，协议出让 17 宗地国有土地使用权，出让面积 6.67 公顷，出让金 1636.03 万元，平均地价 245.28 元 / 平方米。1994 年，市土地管理局按照市政府要求，对利用原划拨土地兴办的合资企业补办土地使用权出让手续。是年，协议出让 14 宗地国有土地使用权，面积 28.08 公顷，平均地价

163.26 元 / 平方米。1995 年，全市协议出让 32 宗地国有土地使用权，面积 37.6 公顷，平均地价 131.78 元 / 平方米，受让土地涉及的行业有商业、金融、娱乐、商品房开发等。1998 年后，工业用地仍采用协议出让方式供地。2001 年，市政府实行国有土地使用权出让市长联席会议制度，由市政府分管副市长组织召开由国土、规划、财政、审计、监察、法制等部门领导参加的国有土地使用权出让联席会议，重点讨论确定土地出让政策与方案。是年，共召开 5 次国有土地使用权出让联席会议，讨论出让 86 宗地国有土地使用权，办理协议出让 71 宗地国有土地使用权，面积 40.65 公顷。2002 年起，市国土资源局进一步规范土地交易管理制度，增强经营性用地出让行为透明度，做到经营性用地入市率、有偿供地率、出让金收缴率 3 个 100%。2008 年起，全市新增工业用地全部通过招标、拍卖、挂牌竞价出让方式供地，采用协议出让方式出让国有土地使用权明显减少。2008 ~ 2011 年，全市协议出让 245 宗地国有土地使用权，面积 401.44 公顷，出让金 155998.04 万元。年平均协议出让 61 宗，面积 100.36 公顷，平均地价 388.59 元 / 平方米。其中 2011 年平均地价 3338.39 元 / 平方米，创历年出让国有土地使用权平均地价最高纪录。2008 ~ 2011 年与 1993 ~ 2007 年的 15 年间国有土地使用权协议出让相比，年平均减少 27 宗，出让面积年平均减少 32.86 公顷，平均每平方米出让金高出 179.63 元。

1993 ~ 2011 年，全市协议出让国有土地使用权土地 1569 宗，面积 2399.79 公顷，出让总价 573575.27 万元，平均地价 239.01 元 / 平方米。其中：出让工业用地 1175 宗，出让面积 1981.68 公顷，出让金 392164.33 万元，平均地价 197.89 元 / 平方米；出让仓储用地 52 宗，出让面积 140.25 公顷，出让金 25709.04 万元，平均地价 183.31 元 / 平方米；出让住宅用地 147 宗，出让面积 94.86 公顷，出让金 74652.35 万元，平均地价 786.97 元 / 平方米；出让商服用地 184 宗，出让面积 66.90 公顷，出让金 58660.12 万元，平均地价 876.83 元 / 平方米；出让交通用地 8 宗，出让面积 115.54 公顷，出让金 21326.74 万元，平均地价 184.58 元 / 平方米；出让公共建筑用地 3 宗，出让面积 0.56 公顷，出让金 1062.69 万元，平均地价 1897.66 元 / 平方米。土地出让金皆高出省规定的国有土地使用权出让最低保护价。

1993~2011 年靖江市国有土地使用权协议出让一览表

表 7-1-2

年份	出让宗数（宗）	出让面积（公顷）	出让总价（万元）	其中：工业用地				仓储用地				住宅用地				商服用地				交通用地				公共建筑			
				宗数（宗）	面积（公顷）	地价（万元）	平均地价（元/平方米）	宗数（宗）	面积（公顷）	地价（万元）	平均地价（元/平方米）	宗数（宗）	面积（公顷）	地价（万元）	平均地价（元/平方米）	宗数（宗）	面积（公顷）	地价（万元）	平均地价（元/平方米）	宗数（宗）	面积（公顷）	地价（万元）	平均地价（元/平方米）	宗数（宗）	面积（公顷）	地价（万元）	平均地价（元/平方米）
1993	17	6.67	1636.03	1	0.13	16.36	122.82	—	—	—	—	15	6.40	1585.61	247.75	1	0.14	34.06	243.29	—	—	—	—	—	—	—	—
1994	14	28.08	4584.97	6	17.22	2370.16	137.64	—	—	—	—	4	7.57	1678.84	221.78	4	3.29	535.97	162.91	—	—	—	—	—	—	—	—
1995	32	37.60	6745.61	5	24.35	3638.62	149.43	—	—	—	—	14	6.56	1381.85	210.65	13	6.69	1725.14	257.87	—	—	—	—	—	—	—	—
1996	13	10.60	2331.71	7	6.57	1181.35	179.81	—	—	—	—	4	1.23	388.63	315.96	2	2.80	761.73	272.05	—	—	—	—	—	—	—	—
1997	74	27.65	5483.26	68	26.38	5094.76	193.13	—	—	—	—	4	0.77	258.01	335.08	2	0.50	130.49	260.98	—	—	—	—	—	—	—	—
1998	46	90.98	24620.03	37	87.92	23938.93	272.28	—	—	—	—	3	1.78	508.26	285.54	6	1.28	172.84	135.03	—	—	—	—	—	—	—	—
1999	13	11.49	3265.83	5	5.05	1349.97	267.32	—	—	—	—	8	6.44	1915.86	297.49	—	—	—	—	—	—	—	—	—	—	—	—
2000	43	23.63	5269.80	21	15.36	3032.68	197.44	—	—	—	—	13	4.99	1104.18	221.28	9	3.28	1132.94	345.41	—	—	—	—	—	—	—	—
2001	71	40.65	10585.54	31	25.41	5400.09	212.52	3	1.71	441.13	257.97	14	2.93	872.26	297.70	23	10.60	3872.06	365.29	—	—	—	—	—	—	—	—
2002	65	37.15	11585.22	27	17.65	3738.12	211.79	2	8.81	1177.25	133.63	10	3.77	1459.47	387.13	26	6.92	5210.38	752.95	—	—	—	—	—	—	—	—
2003	80	204.59	40176.05	58	168.49	30277.77	179.70	3	3.38	685.48	202.80	6	27.69	7140.86	257.89	13	5.03	2071.94	411.92	—	—	—	—	—	—	—	—
2004	174	249.75	45310.95	141	233.77	41388.24	177.05	9	14.18	2675.32	188.67	11	0.71	417.23	587.65	13	1.09	830.16	761.61	—	—	—	—	—	—	—	—
2005	141	189.88	48848.11	125	174.17	38363.56	220.27	3	2.80	528.74	188.84	6	12.06	9349.25	775.23	7	0.85	606.56	713.60	—	—	—	—	—	—	—	—
2006	228	643.15	119929.14	189	540.06	97948.82	181.37	9	52.45	8990.76	171.42	6	0.64	713.24	1114.44	19	6.17	4820.68	781.31	3	43.28	6395.87	147.78	2	0.55	1059.77	1926.85
2007	313	396.48	87204.98	264	357.52	73827.30	206.50	17	33.06	6193.66	187.35	10	3.26	4338.17	1330.73	21	2.63	2842.93	1080.96	—	—	—	—	1	0.01	2.92	292.00
2008	93	141.88	35193.62	71	98.62	22459.51	227.74	5	3.40	843.40	248.06	7	2.19	2546.28	1162.68	8	2.67	2204.70	825.73	2	35.00	7139.73	203.99	—	—	—	—
2009	54	204.79	42169.42	41	174.26	35724.45	205.01	1	20.46	4173.30	203.97	3	0.03	30.00	1000.00	8	0.33	260.67	789.91	1	9.71	1981.00	204.02	—	—	—	—
2010	82	33.47	7527.18	76	7.73	2157.00	279.04	—	—	—	—	3	0.18	105.62	586.78	2	0.02	54.42	2721.00	1	25.54	5210.14	204.00	—	—	—	—
2011	16	21.30	71107.82	2	1.02	256.64	251.61	—	—	—	—	6	5.66	38858.73	6865.50	7	12.61	31392.45	2489.49	1	2.01	600.00	298.51	—	—	—	—
合计	1569	2399.79	573575.27	1175	1981.68	392164.33	197.89	52	140.25	25709.04	183.31	147	94.86	74652.35	786.97	184	66.90	58660.12	876.83	8	115.54	21326.74	184.58	3	0.56	1062.69	1897.66

图 7-1-2　1998 年 12 月 28 日，靖江市首次国有土地使用权拍卖会现场

（二）国有土地使用权招标、拍卖、挂牌出让

1998 年 3 月 2 日，市政府印发《关于加强国有土地有偿使用管理的意见》。为推进土地使用制度改革，12 月 28 日，举行靖江市国有土地使用权拍卖会，首例以拍卖方式出让位于新桥镇的 18 宗地国有土地使用权，面积 0.08 公顷（820.8 平方米），作住宅用地，成交价 116.42 万元，平均成交价 1418.06 元 / 平方米，每平方米成交价远高于靖江市城区一类地基准地价（住宅用地基准地价 460 元 / 平方米）标准。自此，全市国有土地使用权出让方式改单一协议出让方式为协议、招标、拍卖、挂牌出让等多种方式，靖江土地使用制度改革逐步向纵深推进。

1999 年 3 月 25 日，市政府首次采用公开招标方式出让旧城改造启动区“08”号地块（骥江路南、新建路东）国有土地使用权。公开发布招标信息后，有 8 个单位参加竞标，在随后举行的国有土地使用权招标出让会上，市建安房地产开发公司以 868 万元净土地出让金中

图 7-1-3　1999 年 3 月，“08”号地块国有土地使用权投标现场

标，面积 1.18 公顷，成交单价 734.02 元 / 平方米，高出该地区基准地价的 50%。原经测算政府需投入 3000 万元左右财政资金的旧城改造项目不仅免于投入，而且获得一笔城市建设资金。2000 年起，对商业、住宅、金融等经营性用地全面实行招标、拍卖竞价出让。10 月，市政府上市拍卖市土地储备中心收储的原水泥厂南、北厂区及周边区域国有土地使用权，面积 3.28 公顷，成交总额 3722 万元。土地出让金主要发还到相关企业，用于安置职工生活。

2002 年，靖江贯彻国土资源部《招标拍卖挂牌出让国有土地使用权规定》，进一步完善土地一级市场。是年 10 月 10 日，市政府首次采用挂牌方式出让幸福南路 3 号地块国有土地使用权，面积 0.41 公顷，由村镇建设综合开发公司以 1500 万元竞得，成交单价 3658.54 元 / 平方米，用于商住项目建设，出让年限 50 年。从此，靖江土地使用权出让方式更趋灵活、便利和完善。12 月 25 日，市政府公开拍卖市土地储备中心收储的二纺片区 6.65 公顷国有土地使用权，由上海宝钢经营开发总公司和上海万峰房地产有限公司以 1.43 亿元中拍，用于商业、商住项目建设，出让年限 50 年，成交单价 2150.38 元 / 平方米。该项目总投资约 5 亿元，于 2005 年建成靖江城市地标工程上海城商业中心。是年，经市政府批准，将解放南路 1 ~ 6 号拆迁改造后的地块作商业、住宅用地公开上市拍卖，其中 1 ~ 4 号地块由靖江市长里房地产开发有限公司中拍，面积 1.86 公顷，成交价 5922 万元；5 ~ 6 号地块由江苏米兰实业投资集团有限公司以 1310 万元中拍，面积 0.45 公顷。两地块分别开发建成商业区“精亚·新天地”和住宅区“怡馨苑”。2003 年，靖江贯彻国务院《关于加强国有资产管理的通知》精神，按照“有偿、规范、统一”的原则，域内经营性用地全部以招标、拍卖、挂牌出让方式供地。是年，全市招标、拍卖、挂牌出让国有土地使用权共 21 宗地，面积 12.18 公顷，出让总价 8407.09 万元。

2005 年 12 月 19 日，市政府上市拍卖原汽车站 0.8 公顷国有土地使用权，由靖江市金泰房地产开发有限公司以 2690 万元中拍，土地出让金由市财政全额返还，作为市政府对新汽车站公益性项目的投资。是年，市政府采用挂牌出让方式出让城区国有土地使用权共 18 宗地，面积 26.06 公顷，成交价 16855.16 万元，成交单价 1310.5 元 / 平方米。

2006年，市政府新建渔婆南路，通过招标、拍卖、挂牌方式上市出让渔婆南路10宗地块国有土地使用权，面积15.75公顷，分别由靖江市华圣、城开、侨荣、东江和江苏宏龙房地产开发有限公司以及江阴市桑阳石油有限公司中标，成交价5.57亿元。2007年，全市开始对新增工业用地通过挂牌方式出让。9月28日，靖江首次以挂牌方式出让1宗工业用地，该宗地位于江阴—靖江工业园区的联康路西侧，面积28.63公顷，由江苏通舟海洋工程装备有限公司竞得，成交价5840万元，成交单价204元/平方米。是年12月，市政府印发《靖江市工业用地招标拍卖挂牌出让办法》，要求进一步规范土地交易程序，建立公开透明、规范高效的土地使用权出让制度。

2008年，全市通过挂牌方式出让14宗工业用地国有土地使用权，面积116.42公顷，成交价23733.27万元。2009年年底，市政府挂牌出让靖城虹桥片区23.18公顷国有土地使用权，其中康宁路北侧地块由靖江市东江房地产开发有限公司竞得，康宁路南侧地块由靖江市华圣房地产开发有限公司竞得，成交价6.21亿元。

2010年6月30日，靖江首宗工业用地使用权挂牌转拍卖竞价出让，该宗地位于马桥镇马桥村钱家组，出让面积0.61公顷。6家企业由挂牌竞价转入拍卖竞价程序，从182.38万元起价，经过多轮竞价，江苏绿野空调净化设备有限公司以440万元竞得，成交单价721.31元/平方米。

图7-1-4 2011年5月27日，靖江市工业用地使用权拍卖现场

2011年5月，根据国土资源部《关于进一步落实工业用地使用权出让制度的通知》精神，市政府出台《靖江市新增工业用地使用权出让办法（试行）》，明确规定：全市新

增工业用地使用权出让必须遵循“公平、公开、公正”原则，通过挂牌或拍卖方式交易。全市新增工业项目用地采用3种方式供地：点供及单独选址项目采取有条件挂牌出让方式供地；成长型（高产出）企业项目采取竞价方式取得用地指标后，再确定地块和面积的方式供地；中小型企业项目采取确定规划选址后公开竞价出让方式供地。同月，市政府出让位于城北园区常胜村的0.93公顷和城南园区北六村的2.02公顷工业用地使用权，有20家企业和个人参与竞拍。江苏鑫舟船舶配件有限公司从279.5万元底价起，经76轮竞价后以950万元竞得常胜村工业用地土地使用权，超出底价670.5万元；江苏恒义汽配制造有限公司从756.94万元底价起，经55轮竞价后，以1720万元竞得北六村工业用地土地使用权，超出底价963.06万元。此为靖江首次以直接拍卖竞价方式出让工业项目用地使用权，实现工业用地使用权出让收益最大化。同年12月，靖江在全省率先尝试工业用地指标竞价出让，首次推出工业项目用地指标11.31公顷，分别由江苏光芒集团有限公司等11家企业竞价获得国有土地使用权指标0.5公顷~1.34公顷。此举，优化了工业用地格局，提高了土地资源要素分配效率。

1998~2011年，靖江通过土地招标、拍卖、挂牌出让544宗地国有土地使用权、面积1378.23公顷，成交总价937040.16万元，平均地价679.89元/平方米。其中：出让工业用地173宗，出让面积667.53公顷，出让总价151010.65万元，平均地价226.22元/平方米；出让仓储用地12宗，出让面积229.85公顷，出让金48006.48万元，平均地价208.86元/平方米；出让商服用地159宗，出让面积117.90公顷，出让金113519.27万元，平均地价962.84元/平方米；出让住宅用地200宗，出让面积362.95公顷，出让金624503.76万元，平均地价1720.63元/平方米。

1998~2011年靖江市国有土地使用权招标、拍卖、挂牌出让一览表

表 7-1-3

年份	出让宗数(宗)	出让面积(公顷)	出让总价(万元)	其中															
				工业用地				仓储用地				商服用地				住宅用地			
				宗数(宗)	面积(公顷)	地价(万元)	平均地价(元/平方米)	宗数(宗)	面积(公顷)	地价(万元)	平均地价(元/平方米)	宗数(宗)	面积(公顷)	地价(万元)	平均地价(元/平方米)	宗数(宗)	面积(公顷)	地价(万元)	平均地价(元/平方米)
1998	18	0.08	116.42	—	—	—	—	—	—	—	—	18	0.08	116.42	1418.06	—	—	—	—
1999	9	6.52	1274.61	—	—	—	—	—	—	—	—	6	0.52	374.61	720.40	3	6.00	900.00	150.00
2000	1	0.05	118.70	—	—	—	—	—	—	—	—	—	—	—	—	1	0.05	118.70	2374.00
2001	17	11.15	6691.96	—	—	—	—	—	—	—	—	5	0.32	508.30	1588.44	12	10.83	6183.66	570.98
2002	21	4.96	5325.55	—	—	—	—	—	—	—	—	13	2.03	4051.35	1995.74	8	2.93	1274.20	434.88
2003	21	12.18	8407.09	—	—	—	—	—	—	—	—	12	9.47	6324.84	667.88	9	2.71	2082.25	768.36
2004	29	66.91	46308.66	—	—	—	—	—	—	—	—	16	23.40	18054.84	771.57	13	43.51	28253.82	649.36
2005	18	26.06	16855.16	—	—	—	—	—	—	—	—	5	19.07	7345.31	385.18	13	6.99	9509.85	1360.49
2006	33	39.55	59254.53	—	—	—	—	—	—	—	—	11	4.16	6743.03	1620.92	22	35.39	52511.50	1483.79
2007	28	106.66	117978.61	6	43.91	8958.42	204.02	—	—	—	—	6	2.00	5311.00	2655.50	16	60.75	103709.19	1707.15
2008	51	256.64	151660.87	14	116.42	23733.27	203.86	3	68.69	14068.10	204.81	11	4.10	7623.50	1859.39	23	67.43	106236.00	1575.50
2009	137	237.29	135898.68	83	131.85	32642.46	247.57	2	41.03	9106.22	221.94	22	21.73	19328.00	889.46	30	42.68	74822.00	1753.09
2010	66	311.35	209604.47	9	212.85	44155.43	207.45	3	14.86	3356.08	225.85	26	27.44	31668.07	1154.08	28	56.20	130424.89	2320.73
2011	95	298.83	177544.85	61	162.50	41521.07	255.51	4	105.27	21476.08	204.01	8	3.58	6070.00	1695.53	22	27.48	108477.70	3947.51
合计	544	1378.23	937040.16	173	667.53	151010.65	226.22	12	229.85	48006.48	208.86	159	117.90	113519.27	962.84	200	362.95	624503.76	1720.63

（三）国有土地使用权转让

1993 年 9 月 9 日，根据《中华人民共和国城镇国有土地使用权出让和转让暂行条例》，靖江县政府印发《靖江县国有土地使用权出让和转让暂行规定》，明确规定以出让方式取得土地使用权的土地使用者，其土地使用权在使用年限内可以依法转让（包括出售、赠与、交换等），其合法权益受国家法律保护；通过行政划拨取得土地使用权的，必须按规定补办出让手续，补交国有土地使用权出让金后，方可转让。土地使用权转让时，其地上附着物的所有权随之转让。

1996 年 12 月，靖江商城（汽车城）将位于长里乡友仁村顶东村民小组的 3.19 公顷国有土地使用权转让给市公安交通警察大队，转让价款 615 万元，此为靖江首例国有土地使用权转让。此后由于大量的增量土地通过一级市场运转，二级市场的存量流通不畅，致使土地隐形市场相对活跃。1999 年起，全市开展清理非法转让土地工作，进一步规范土地交易市场。2002 年起，全市国有土地使用权转让逐步走向正常。2008 年，全市转让 87 宗地国有土地使用权，转让面积 127.82 公顷，为其间全市转让国有土地使用权面积最高年份。2010 年为全市国有土地使用权转让宗地数最多年份，达 196 宗。至 2011 年年末，全市转让 672 宗地国有土地使用权，面积 347.53 公顷，转让价款 100634.4 万元。

图 7-1-5　签订国有土地使用权转让合同　（2011 年摄）

1996~2011 年靖江市国有土地使用权转让一览表

表 7-1-4

年份	小计			工业用地			仓储用地			商服用地			住宅用地		
	宗地数（宗）	面积（公顷）	转让价款（万元）	宗地数（宗）	面积（公顷）	转让价款（万元）	宗地数（宗）	面积（公顷）	转让价款（万元）	宗地数（宗）	面积（公顷）	转让价款（万元）	宗地数（宗）	面积（公顷）	转让价款（万元）
1996	1	3.19	615.00	1	3.19	615.00	—	—	—	—	—	—	—	—	—
1997	—	—	—	—	—	—	—	—	—	—	—	—	—	—	—
1998	—	—	—	—	—	—	—	—	—	—	—	—	—	—	—
1999	3	1.00	226.00	3	1.00	226.00	—	—	—	—	—	—	—	—	—
2000	—	—	—	—	—	—	—	—	—	—	—	—	—	—	—
2001	—	—	—	—	—	—	—	—	—	—	—	—	—	—	—
2002	9	1.36	599.14	4	0.81	175.68	—	—	—	3	0.53	416.61	2	0.02	6.85
2003	16	33.41	7095.13	4	0.39	83.46	—	—	—	9	0.44	352.63	3	32.58	6659.04
2004	24	1.63	801.63	5	1.00	282.34	—	—	—	15	0.32	325.26	4	0.31	194.03
2005	3	6.05	1195.58	1	5.18	927.17	—	—	—	1	0.03	29.94	1	0.84	238.47
2006	16	8.25	1808.01	3	7.19	1434.59	1	0.84	176.22	6	0.10	105.81	6	0.12	91.39
2007	35	25.68	7192.11	10	14.13	2915.35	1	0.08	23.81	13	11.29	4158.99	11	0.18	93.96
2008	87	127.82	30994.30	16	126.85	30442.07	2	0.26	60.96	15	0.38	287.84	54	0.33	203.43
2009	109	50.69	18246.90	17	46.89	12598.53	—	—	—	17	0.58	2038.55	75	3.22	3609.82
2010	196	54.86	16019.87	20	50.77	10158.55	—	—	—	31	0.63	1390.83	145	3.46	4470.49
2011	173	33.59	15840.73	16	31.19	7704.78	—	—	—	23	0.38	2290.92	134	2.02	5845.03
合计	672	347.53	100634.40	100	288.59	67563.52	4	1.18	260.99	133	14.68	11397.38	435	43.08	21412.51

（四）国有土地使用权出租

1993 年 9 月，靖江县政府印发《靖江县国有土地使用权出让和转让暂行规定》。1998 年，靖江开始实施国有建设用地租赁。土地租赁市场采取以证管理模式，建立土地证书年检制度。7 月，靖江市远望干燥设备制造有限公司租赁东环路 8 号 0.3 公顷国有土地作工业用途使用，年租金 24218.64 元，期限为 10 年。此为靖江首例国有土地使用权出租。

2000 年 12 月，市政府印发《关于对租赁和出租及改变用途的国有划拨土地收取年租金的实施办法》，规定国有划拨土地使用者经批准将土地使用权或土地使用权连带地上建筑物、附着物出租给承租人使用，出租人按年将承租人支付的租金中所含土地收益部分上缴国家。靖江市区内土地出租，主要是房产（厂房、库房）出租，地租一般隐含在房产租金中。土地年租金收取标准根据不同用途、不同等级的实际地价水平由市国土行政主管部门拟定，报市政府批准后公布执行。1998 ~ 2011 年，全市办理出租 99 宗地国有土地使用权、面积 99.76 公顷，收取年租金 570.87 万元。

1998~2011 年靖江市国有土地使用权租赁一览表

表 7-1-5

年份	小计			工业(仓储)用地			商服用地		
	宗数(宗)	面积(公顷)	年租金(万元)	宗数(宗)	面积(公顷)	年租金(万元)	宗数(宗)	面积(公顷)	年租金(万元)
1998	5	2.51	18.70	5	2.51	18.70	—	—	—
1999	—	—	—	—	—	—	—	—	—
2000	3	1.54	11.95	3	1.54	11.95	—	—	—
2001	9	10.85	55.03	8	10.79	53.94	1	0.06	1.09
2002	15	39.68	206.16	13	39.16	195.81	2	0.52	10.35
2003	26	22.15	104.62	26	22.15	104.62	—	—	—
2004	10	5.52	25.39	10	5.52	25.39	—	—	—
2005	11	7.26	64.57	11	7.26	64.57	—	—	—
2006	5	1.43	8.56	5	1.43	8.56	—	—	—
2007	3	1.62	23.70	2	1.44	20.13	1	0.18	3.57
2008	3	3.93	41.47	3	3.93	41.47	—	—	—

续表 7-1-5

年份	小计			工业(仓储)用地			商服用地		
	宗数(宗)	面积(公顷)	年租金(万元)	宗数(宗)	面积(公顷)	年租金(万元)	宗数(宗)	面积(公顷)	年租金(万元)
2009	1	0.51	5.14	1	0.51	5.14	—	—	—
2010	8	2.76	5.58	8	2.76	5.58	—	—	—
2011	—	—	—	—	—	—	—	—	—
合计	99	99.76	570.87	95	99.00	555.86	4	0.76	15.01

(五) 国有土地使用权抵押

1993 年 9 月，靖江县政府颁发《靖江县国有土地使用权出让和转让暂行规定》，规定经出让或转让取得的土地使用权可以作向银行或其他金融机构的贷款抵押以及其他债务的抵押。土地使用权抵押年限不得超过出让或转让合同的年限。土地使用权抵押率不得大于 80%。土地使用权抵押凭国有土地使用证或土地出让合同设定抵押权，如涉及地上建筑物、附着物抵押时，须同时出具房屋产权和其他有效证明，方能设定抵押权。土地使用权抵押时，抵押人必须向市土地管理局提出书面申请，并办理抵押登记手续，抵押合同自登记之日起生效。

1995 年，市土地管理局开始受理国有土地使用权抵押登记。1998 年，办理抵押登记 7 宗，面积 3.46 公顷。2001 年起，随着市内经济的迅速发展，抵押贷款作为一种融资手段，日渐增加。2005 年，办理抵押登记逾百家，计 338 宗，面积 245 公顷，超过前 10 年办理抵押宗数的总和。由于土地具有固有的不动产特性，故以土地作为抵押物贷款成为各企业的首选。2010 年，全市抵押登记突破千宗。2011 年，抵押登记达 1096 宗，面积 863.64 公顷。至 2011 年年末，全市共办理 5466 宗国有土地使用权抵押登记，面积 5370.35 公顷，抵押价值 2229551.36 万元。

1995~2011 年靖江市国有土地使用权抵押登记一览表

表 7-1-6

年份	抵押宗数(宗)	抵押面积(公顷)	抵押价值(万元)
1995	1	0.39	150.47
1997	1	0.39	150.47
1998	7	3.46	507.30

续表 7-1-6

年份	抵押宗数(宗)	抵押面积(公顷)	抵押价值(万元)
1999	21	24.00	2822.00
2000	9	8.00	1085.00
2001	58	9.79	2615.20
2002	40	104.20	19300.00
2003	54	201.67	75788.69
2004	98	184.00	70060.00
2005	338	245.00	41911.00
2006	416	488.39	214947.23
2007	596	786.00	220914.00
2008	700	940.00	376400.00
2009	940	727.42	224000.00
2010	1091	784.00	453300.00
2011	1096	863.64	525600.00
合计	5466	5370.35	2229551.36

三、土地自发交易市场清理

1982年，域内始对土地自发交易进行清理。1986年4月，中共中央、国务院下达《关于加强土地管理，制止乱占耕地的通知》，明确对仍然自发交易土地者从严处理，并立即废除租约。做到能退地还耕的坚决退地还耕；确因建设需要，建了永久性建筑物，则对租用单位按租用面积处以年产值两倍即每公顷7800元的罚款，并没收被租用单位当年租金，然后按土地审批权限补办征（使）用土地审批手续。1987年5月，县政府下发《关于非农业用地清理中有关问题的处理意见》，县土地管理局根据文件精神，对全县非农业建设用地进行全面清理。截至1988年年底，全县共清理补办488宗用地手续、面积191.35公顷。

1995年贯彻实施《城市房地产管理法》，加强土地市场管理。8月，针对一些事业单位和企业非法转让、出租、抵押行政划拨土地使用权，或擅自改变土地用途，利用原单位内土地或新征的生产建设用地搞房地产开发、新建干部职工宿舍，甚至未经批准，非法占用土地从事房地产开发经营，严重干扰土地市场正常秩序，造成国有、集体土地资产流失及土地资源浪费等状况，市政府印发《关于严禁擅自改变土地用途从事房地产开发等非生产性建设的通知》，要求已发生擅自改变土地用途，改建商品房或从事其他非生产性建设；擅自调整布局结构，新建、扩建、改建、翻建建筑物；破墙开店用于经营或出租等违法使用土地行为的土地使用单位和个人，必须在通知之日起一个月内，持有关证明材料到市土地管理局重新申报登记，办理合法用地手续。逾期不办的，市土地管理局按照有关法律、法规，予以严肃查处。是年，市土地管理局立案查处 3 起非法转让土地案件，面积 0.6 公顷；查处 28 起擅自改变土地用途案件，面积 5.6 公顷。至 1996 年 10 月底，对查出的非法转让、出租、抵押土地使用权行为全部依法进行处理。

1999 年年初，为进一步规范土地使用权流转，加强土地市场管理，市土地监察大队在靖城镇靖南村进行土地自发交易市场清理试点。至 7 月底，基本摸清靖江土地自发交易市场的情况。8 月 9 日，市政府印发《关于加强土地市场管理的若干规定》，明确城乡土地市场管理和土地市场清理的有关政策。8 月 14 日，市政府召开全市土地市场清理工作会议。9 月 23 日，市政府成立清理非法转让土地工作领导小组，发布清理非法转让土地通告，以市国土管理局和各乡镇的土地管理人员为骨干，组成 160 人清理非法转让土地工作队伍，经宣传发动、人员培训、拟订方案、组织实施等阶段，至 11 月基本完成全市非法转让、出租土地使用权的清查工作。全市依法查处利用国有划拨土地使用权，擅自改变土地用途 150 宗，面积 28.74 公顷；直接转让 26 宗，面积 3.84 公顷；联营联建 2 宗，面积 0.37 公顷；出租 995 宗，面积 10.16 公顷。利用集体土地擅自改变土地用途 10 宗，面积 2.02 公顷；集体经济组织自行开发 16 宗，面积 1.73 公顷；集体土地由开发商开发 4 宗，面积 0.65 公顷；联营联建 3 宗，面积 1.23 公顷；直接转让 8 宗，面积 2.14 公顷；出租 515 宗，面积 12.66 公顷。11 月 23 日，市政府办公室转发市国土管理局《关于清理非法转让、炒卖土地工作中有关问题处理意见》，肯定了市国土管理局按照“尊重历史、面对现实、申报从宽、检查从严、分类分段、依法处理”的原则，对每一件案件都作了严肃认真的处理，有力地整顿了土地市场秩序。

2000 年 7 月 19 日，市政府召开房地产开发用地清理动员会议，部署房地产开发用地非法转让清理工作。是月起，市国土管理局从使用土地审批手续、审批面积、使用现状等方面，对市内 17 家房地产开发公司开发的地块逐一进行摸底、排查，共清理出房地产开发公司非法转让土地 33 宗、面积 8.86 公顷，依法补办土地出让审批手续，追缴土地出让金 1428.37 万元，并处罚金 153.4 万元。

2001 年 6 月，市委成立土地批租专项治理工作领导小组，下设办公室。7 月，市委、市政府召开全市土地批租专项治理工作会议，部署土地批租治理工作。会后，市专项治理办公室举办全市各镇、各部门土地批租专项治理工作业务培训班 3 期；召开专题会议研究部署土地批租专项治理督查工作 2 次。经过自查申报、抽样复查，清理出以买卖房屋等形式非法转让 1473 宗土地、面积 12.79 公顷；工业企业改变土地用途 13 宗，面积 2.52 公顷；商服用地未批先用 5 宗，面积 1.18 公顷；其他建设项目非法占地 5 宗，面积 1.42 公顷。根据土地批租专项治理的要求进行整顿，对非法转让的 1473 宗土地依法补办出让供地手续，补收土地出让金 741.57 万元。对改变用途的 13 宗工业企业用地，依法补办出让供地手续，追缴土地出让金 661.04 万元。对未批先用的 5 宗商服用地，依法补办 3 宗出让供地手续、面积 0.26 公顷，追缴土地出让金 45.18 万元；收回 2 宗土地，面积 0.92 公顷。对未批先用的 5 宗其他项目用地补办有偿划拨供地手续。同年 11 月 15 日，靖江土地批租专项治理工作通过泰州市土地批租专项治理领导小组验收。

2002 年，根据国务院进一步治理整顿土地秩序电视电话会议精神和省、市工作部署，市国土资源局高标准、严要求开展全市土地市场秩序整顿工作。年内查处侨荣房地产有限公司擅自占用 0.35 公顷国有土地建商品房一案。

2003 年，市国土资源局在市内 20 个居委和城郊结合部开展非法转让土地清查工作。在 20 个居委清理出历史遗留的各种形式非法转让土地 487 宗，追缴土地出让金 96.4 万元；在城郊结合部清理出非法转让土地 234 宗、面积 2.46 公顷，依法补办出让供地手续，补收土地出让金 99.15 万元。

2004 年，根据中共中央办公厅、国务院办公厅《关于加大工作力度进一步治理整顿土地市场秩序的紧急通知》精神，市国土资源局依法查处靖江市三江房地产开发公司、靖江市银河房地产公司违法用地 2 宗，面积 1.66 公顷。

2006 年 10 月，市政府印发《关于土地登记若干问题的处理意见》，规定凡划拨使用土地上的房屋买卖，必须按规定补办土地出让手续后，才能进行交易。2007 年起，域内划拨使用土地上的房屋买卖，先补办土地出让手续，再进行房产交易已成为正常工作。

2007～2011 年，全市因房产交易补办土地出让手续 4235 宗、面积41.12 公顷，补收土地出让金 4901.26 万元。

2007~2011 年靖江市划拨土地（因房产交易）补办土地出让手续一览表

表 7-1-7

年份	宗数(宗)	面积(公顷)	出让金额(万元)
2007	658	8.02	816.40
2008	897	9.36	932.10
2009	1168	10.57	1206.27
2010	1021	8.88	1182.32
2011	491	4.29	764.17
合计	4235	41.12	4901.26

第二节　土地分等定级

土地分等定级是在特定的目的下，对土地的自然和经济属性进行综合鉴定，是地籍管理的重要组成部分。古代土地分等定级主要用于制定田赋等级标准和作为确定地租的依据。当今土地分等定级成果有着更多的用途，除了为土地利用规划、布局、开发、整理提供参考外，还广泛应用于土地税收，土地征用补偿，土地承包、出让、转让，土地估价等方面。

明朝田赋制度，按土质轻重，田分五等。清初定平田、沙田、滩田三等，加上芦洲的密芦、稀芦、草地共六等。康熙二年（1663 年）又将芦洲分为熟田、密芦、稀芦、滩田、草地、水滩六等。

民国年间，根据土地清丈成果资料，以土地类型为依据，田分三等九则（即一等上、中、下三则，二等上、中、下三则，三等上、中、下三则）。

新中国成立后，土地分等定级由单一为计征赋税服务，逐步转向为利用资源、开发资源等多方面服务。1952 年，进行查田定产，复查土地面积、土地等级，全县田地依据常年亩产 150 千克～250 千克，按照 10 千克 1 级差标准，划分为 15 级～25 级。1982～1984 年，第二次土壤普查时，根据地块的地势、土壤状况、生产条件、生产性能等因素，在评级表上划定相应的指数，用指数和的方法将域内耕地分为二至五级 4 个等级。1990 年 5 月 19 日，国务院颁发《中华人民共和国城镇国有土地使用权出让和转让暂行条例》，实行城镇国有土地使用权出让和转让制度，土地依法进入市场。根据省、市的部署，靖江于 1994 年开始开展城区和乡镇集镇土地定级估价工作，逐步建立从基准地价到宗地价的地价体系和地价修正体系。

一、城区土地分等定级

为适应经济体制改革的需要，进一步培育、完善土地价格管理体系，1992 年，国家土地管理局颁行《城镇土地定级规程（暂行）》和《城镇土地估价规程（试行）》，要求各地认真组织实施。1993 年，省土地管理局下发《关于加快城镇土地定级估价工作的意见》。随后，扬州市下达相应文件。1994 年 6～12 月，靖江根据上级文件精神，在全市开展城镇土地定级估价工作。市政府成立由分管副市长任主任，市政府办公室副主任和市土地管理局局长任副主任，计委、经委、体改委、财政局、税务局、靖城镇等单位主要负责人为成员的靖江市土地定级估价委员会，负责领导全市城镇土地定级估价工作。市土地定级估价委员会下设土地定级估价调查组和土地定级估价技术组。调查组以市土地管理局成员为主体，负责现场调查、土地定级估价资料整理、成果验收和资料归档等工作。技术组由江苏省金陵土地资产评估高新技术公司和靖江市土地管理局有关技术人员组成，负责土地定级估价的数据处理，图件编绘，信息系统的设计、建立、调试，以及土地定级估价报告的编写与成果分析、运用等工作。

土地定级估价的实施范围，以1993年靖江城市总体规划的建成区为主，东至东环路外侧100米，西至西环路外侧100米，南至开发区扬州路（即今中洲路），北至北环路外侧100米，总面积15.13平方千米。土地分等定级依据国家土地管理局《城镇土地定级规程（试行）》《城镇土地估价规程（试行）》，以及江苏省《城镇土地定级估价补充规定》，结合靖江城区的实际情况，秉持综合分析、级差收益、地域差异等原则。调查组制订详细工作方案，编制工作底图和土地定级估价因素、因子层次结构图，开展对土地定级因素、因子的数量调查和外业调查工作。在商贸服务业、交通条件、基础设施、环境状况、土地估价资料5个调查小组的共同努力下，共搜集土地定级估价所必需的资料样本10148份，其中商服企业1976份、工业企业208份、房屋出租出售1148份、征地拆迁27份、土地出让9份、农郊地7份、商品房屋买卖9份。此外还搜集学校、医院、邮局、银行、菜场，给水、排水、供电、电讯、交通设施，以及宽6米以上道路等资料，完成11幅调查样点图件。在此基础上，运用地理空间信息系统技术，建立土地定级信息系统，采用多因素、多因子综合评价的方法，按“作用分值总分频率曲线”和“等值线”划分土地级别。采用级差收益测算验证、市场交易资料验证和专家评议等多种方法相互验证、相互补充，确定土地级别，形成土地分等定级估价成果，编写城区土地定级估价报告，经市土地定级估价委员会论证后，由省土地管理局组织专家进行验收。靖江城区土地划分为4个级别，并确定各级别土地面积和分布。

2002年，随着沿江开发的推进，城市建成区面积不断扩大。是年，市国土资源局首次进行土地定级与基准地价更新。城区土地仍划分为4个土地级别，划分范围扩大至18.17平方千米。

2008年，根据市内土地市场不断规范和城市建设快速发展的特点，土地定级工作由“先定级后估价”综合定级改为分用途“以价定级”划分土地级别。通过调查收集土地和房地产典型交易样点资料，建立与更新调查区样点地价数据库，测算与修正样点地价，编制样点地价分布图与地价等值线图，科学合理划分地价区段。全市划分商业用地地价区段 70 个（其中城区 35 个，工业园区、建制镇 35 个），住宅用地地价区段 40 个（其中城区 19 个，工业园区、建制镇 21 个），工业用地地价区段 35 个（其中城区 13 个，工业园区、建制镇 22 个）。在此基础上，充分利用地价区段基准地价评估结果，按分用途“以价定级”的技术思路，运用数理统计方法，重新划分土地级别；采用专家评议和实地调查方法最终确定土地级别界线，形成土地定级成果。是年，城区土地划分范围内面积由 2002 年的 18.17 平方千米扩大至 50.73 平方千米（含江阴—靖江工业园区、新港工业园区、原越江乡、柏木乡所辖区域内的建成区和近期规划区）。商业用地划分 5 个级别、住宅用地划分 4 个级别、工业用地划分 3 个级别，并确定各用途级别土地面积和分布范围。

2010 年，利用 2008 年建立的各用途用地地价区段数据库成果，充分考虑地价区段所在区位及地价区段内影响地价的因素，局部调整 2 个商业用地地价区段土地级别。通过土地市场交易资料测算法验证和实地勘查等方法，最终确定土地各用途级别、面积和分布范围，仍沿用 2008 年土地级别划分成果。

2011 年，根据城区商业用地、住宅用地和工业用地地价区段基准地价的确定结果，删除 3 个工业用地地价区段，最终确定各用途地价区段 142 个。其中商业用地地价区段 70 个，住宅用地地价区段 40 个，工业用地地价区段 32 个。局部调整 3 个商业用地地价区段、4 个工业用地地价区段土地级别。全市土地级别划分及分布未作变更。

1994 年靖江市城区土地级别面积统计一览表

表 7-2-1　　　　单位：公顷

土地级别	面　积	占总面积百分比(%)
一级	45.30	3.0
二级	108.86	7.2
三级	472.19	31.2
四级	886.57	58.6
合计	1512.92	100

1994年靖江市城区各级别土地区位分布一览表

表 7-2-2

土地级别	分布范围
一级	东至幸福路东100米，江平路迎春桥东侧，人民南路东侧100米；西至新建路西125米，从西河沿向东沿胜利街、车站路西侧20米；南至车站路停车场、第二纺织厂北侧，南园宾馆南侧；北至人民公园北界，新建路由骥江路向北200米。
二级	东至东兴街，沿骥江路北100米向东，至江平路，沿江平路向西南，经水泥厂西侧，至人民南路东侧100米；西至渔婆路，从富江大厦向东南，经针织总厂西侧、食品厂北侧，于人民南路西100米；南至横港南侧250米；北至城北小学门前一线，人民北路段至科委、螺帽厂南侧。
三级	东至十圩港，沿江平路段延伸至虹桥向东430米，人民南路东100米；西至展四港、龙江路；南至扬州路；北至江山路北100米防火设备厂北侧、骥江路拆迁安置区南侧，其人民路段延伸至城北桥。
四级	三级地以外、土地定级估价范围以内地区。

2010年靖江市城区土地级别面积一览表

表 7-2-3　　单位：公顷

级　别	商业用地		住宅用地		工业用地	
	面积	占总面积(%)	面积	占总面积(%)	面积	占总面积(%)
一级地	29.26	10.22	116.10	4.35	78.17	3.69
二级地	57.99	20.26	790.70	29.60	607.41	28.70
三级地	82.43	28.80	616.62	23.09	1430.49	67.61
四级地	60.41	21.10	1147.65	42.96	—	—
五级地	56.18	19.62	—	—	—	—
总面积	286.27	100	2671.07	100	2116.07	100

2010年靖江市城区商业用地各级别土地分布一览表

表 7-2-4

土地级别	地块编号	分布范围
一	1-1	骥江西路东段、上海城、人民中路、骥江东路
	1-2	精亚新天地
二	2-1	渔婆南路、渔婆北路、骥江西路西段
	2-2	新建路、车站路—姜八路、三江路、双港路、人民南路
三	3-1	江平路西段、江平东路、西环路西侧江平路
	3-2	安宁路、康宁路、江华路、人民北路
	3-3	工农路西段、南环西路—南环东路西段

续表 7-2-4

土地级别	地块编号	分布范围
四	4-1	玉带路
	4-2	西环北路南段—西环南路北段、兴业路、江阳路
	4-3	人民中路—中洲路—骥阳路
	4-4	东环北路南段—东环南路—南环东路西段
	4-5	公所桥街
五	5-1	真武河北路
	5-2	江安路、江山路、东兴街—团结路
	5-3	展泗港路
	5-4	百富绅

2010 年靖江市城区住宅用地各级别土地分布一览表

表 7-2-5

土地级别	地块编号	分布范围
一	1-1	东至江华路，南至横港，西至新建路—车站路，北至安宁路—康宁路
二	2-1	东至十圩港—横港—东环南路，南至南环路，西至渔婆路，北至江安路—江山路(除 1-1 号区域)
	2-2	东至十圩港，南至阳光大道，西至姜八公路，北至江阳路
三	3-1	东至渔婆路—南环路，南至姜八公路—江阳路，西至西环北路—西环南路—广靖高速公路，北至靖广公路—真武河北路
	3-2	东至东环北路，南至横港，西至十圩港，北至江山路
	3-3	东至晨阳路，南至阳光大道，西至十圩港，北至江阳东路
四	4-1	东至西环路，南至横港，西至估价范围界线，北至估价范围界线
	4-2	东至估价范围界线，南至横港，西至真武河北路—江山路—东环路，北至估价范围界线
	4-3	东至城东大道，南至长江，西至晨阳路—十圩港，北至南环东路—横港
	4-4	东至十圩港，南至中圩东路—中圩西路，西至七圩港西路—兴业路—姜八公路，北至新八路—阳光大道

2010 年靖江市城区工业用地各级别土地分布一览表

表 7-2-6

土地级别	地块编号	分布范围
一	1-1	东至十圩港，南至横港，西至渔婆路，北至真武河北路
二	2-1	东至东环路—十圩港，南至阳光大道，西至西环路—广靖高速公路，北至北环路(除 1-1 号区域)
三	3-1	估价范围内工业用地除一级地、二级地以外的其他区域

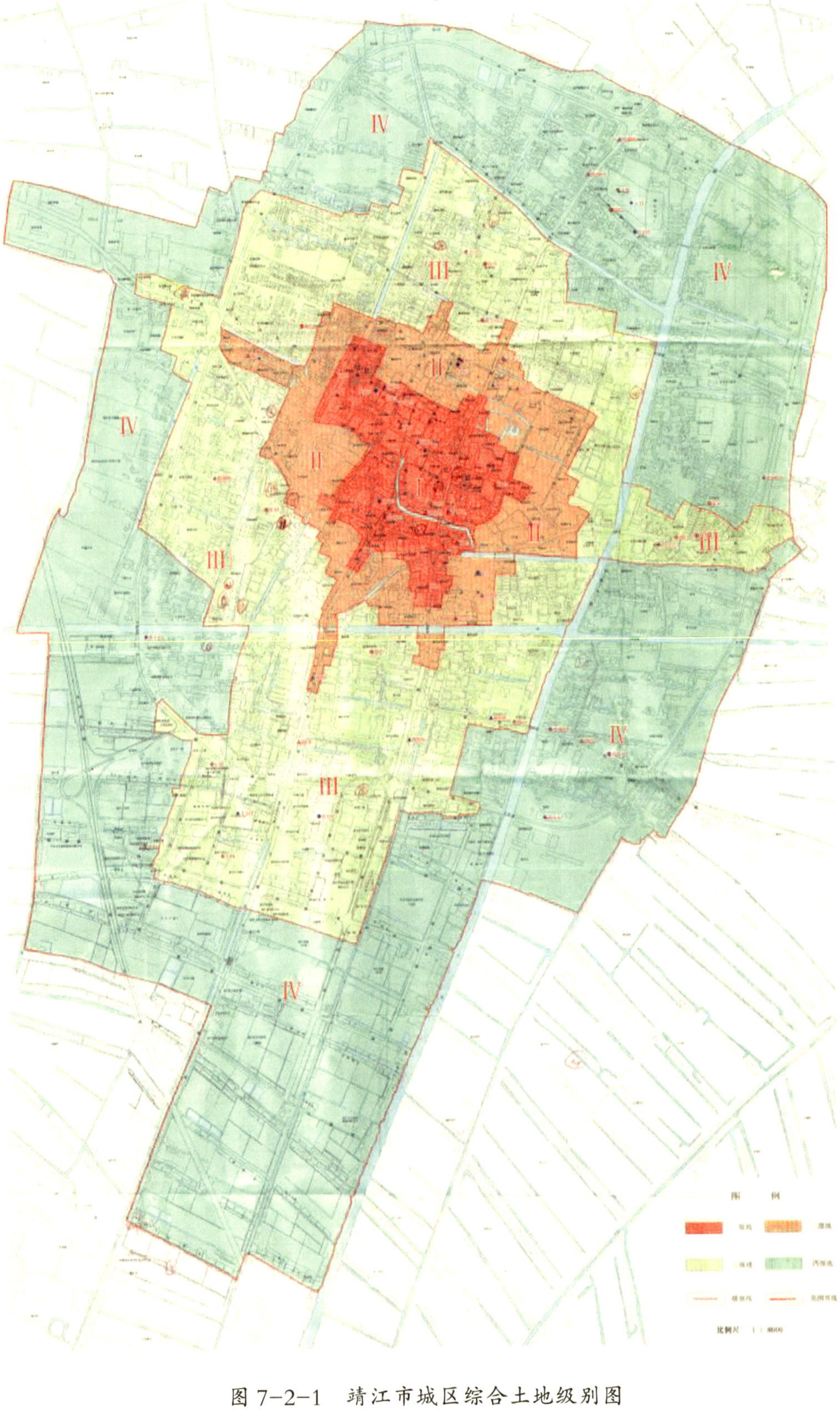

图 7-2-1 靖江市城区综合土地级别图

二、乡镇集镇土地分等定级

1998年，靖江开始乡集镇、建制镇土地分等定级估价工作。是年，由市国土管理局与江苏省金陵土地资产评估高新技术有限公司合作，先在新桥、柏木2个乡镇试点，完成86份土地评估报告，确认率100%，为全市开展乡集镇、建制镇土地分等定级估价工作打下基础。经前期准备、实地勘查，至1999年6月30日，完成全市乡集镇、建制镇土地分等定级估价外业调查工作，通过分等定级估价资料的收集、统计、测算和分析验证，确定乡集镇、建制镇的土地级别。

2008年起，全市土地定级工作由“先定级后估价”综合定级技术思路改为“以价定级”分用途定级技术思路划定土地级别。此后域内各建制镇同一种土地利用类型地价内部差异不大，划分的地价区段较少，商业用地地价区段划分一般不超过2个，住宅和工业用地地价区段一般划分1个，地价区段数量不足以进行归类划分土地级别；且各用途地价区段基本涵盖镇区，完全可以满足地价管理要求以及宗地地价评估需要，至2011年域内未再划分各建制镇的土地级别。

1999年靖江市乡集镇、建制镇土地级别一览表

表7-2-7

土地级别	乡集镇、建制镇名称	数量(个)
一级	季市镇、斜桥镇、新桥镇、孤山镇、生祠镇、八圩镇	6
二级	西来镇、越江集镇、太和镇、城南集镇、东兴镇、柏木集镇、马桥镇、土桥集镇	8
三级	大觉集镇、敦义集镇、红光集镇、惠丰集镇、新丰集镇、长安集镇、团结集镇、侯河集镇	8

第三节　地　价

新中国成立之初，土地属私人所有。农村土地可自由买卖，城区私人宅基地可随房屋自由买卖、出租。1956年以后，城乡土地实行公有制，严禁土地买卖、出租，土地流转方式是无偿划拨，不存在地价。1990年以后，随着土地使用制度的改革，土地作为特殊商品进入流通领域，从而出现作为现阶段土地使用权经济补偿的土地价格。1993年9月，靖江县政府颁发《关于划定靖江县国有土地基准地价、标定地价、出让底价的暂行规定》，为逐步建立科学的地价体系和地价管理制度提供了政策依据。

一、地价体系

（一）基准地价

1994年6月起，靖江在土地分等定级的基础上进行土地评估工作。其方法是根据调查资料，采用契约租金剥离法、级差收益测算法、房地产价格分摊法、市场比较分析法等估价方法，依据最佳收益原则和边际换算法原理，对4种方法测算的结果进行详细分析，测算出靖江各级别土地上的基准地价，划分各级别土地的分布范围。各级别商业用地基准地价，根据商业用地级差收益测算出的商业用地级别样点平均地价而确定。住宅用地基准地价，主要依据各土地级别范围内房地出租资料、商品房开发资料和土地使用权出让转让资料进行测算的结果，并参照其他城市的经济状况和地价水平确定。工业用地基准地价，由于市场交易量小，难以用市场交易资料进行测算，故其基准地价以工业用地征地成本作为主要依据，再结合靖江市城区的经济情况确定。

在确定各类用地级别基准地价的基础上，根据附设在特定街道上的地价样点，参照级差收益法和土地市场样点地价的测算，求得特定街道平均进深、平均宗地宽度的平均地价后计算出商业用地路线价。城区路段繁华状况和土地交易情况不同，商业用地路线价也各不相同。据此，1994年靖江市区划出10个路线价区段，通过测算，得出不同商业用地街道的路线地价。

1994年靖江市城区各级别土地基准地价一览表

表7-3-1　　　　单位：元/平方米

类	型	一级地	二级地	三级地	四级地
商业	平均	1470	970	650	415
	变幅	1200~1740	700~1240	500~800	205~535
住宅	平均	460	385	335	285
	变幅	240~500	340~440	300~380	250~320
工业	平均	450	430	310	235
	变幅	350~520	330~510	270~350	170~285

说明：商业用地包括商业、服务业、金融业、旅游业、娱乐业等第三产业用地。

1994年靖江市商业用地路线价计算结果一览表

表7-3-2

路线名称	调查点数（个）	参算样点数（个）	平均地价（元/平方米）	起点	止点	平均深度（米）	平均宽度（米）
骥江路西段	26	12	2018.18	一级地西界	人民路	8.5	5.7
骥江路东段	28	14	1647.34	人民路	中行	7.0	9.5
江平路西段	15	11	1901.40	一级地西界	人民路	8.0	3.9
江平路东段	11	2	1472.98	人民路	一级地东界	10.0	3.0
人民北路	15	11	1786.14	一级地北界	人民公园南	6.7	4.1
人民南路北段	8	4	2167.58	骥江路	江平路	4.2	2.8
新建路	26	9	1561.98	一级地南界	一级地北界	5.2	3.1
车站路	47	19	1775.62	靖江布厂北	停车场南	6.8	4.8
人民南路南段	19	7	1440.16	江平路	一级地南界	6.6	6.5
新建南路	56	20	1415.66	江平路	一级地南界	7.2	7.8

由于路线价区段内的用地存在不同程度的差异，还需对其价值进行修正。修正地价的因素有用地的深度、宽度和街角用地等。深度差异分 4 米 ~ 6 米、6 米 ~ 8 米、8 米 ~ 10 米 3 种类型；宽度差异分 3 米 ~ 7 米、7 米 ~ 10 米 2 种类型；街角用地为两面临街，其土地使用价值则高于非街角用地。

1994 年平均深度在 4 米~6 米的路线价修正系数一览表

表 7-3-3　　单位：米

临街深度	<2	2~4	4~6	6~8	8~10	>10
修正系数	1.22	1.11	1.00	0.92	0.85	0.81

1994 年平均深度在 6 米~8 米的路线价修正系数一览表

表 7-3-4　　单位：米

临街深度	<2	2~4	4~6	6~8	8~10	10~12	>12
修正系数	1.28	1.16	1.06	1.00	0.95	0.89	0.83

1994 年平均深度在 8 米~10 米的路线价修正系数一览表

表 7-3-5　　单位：米

临街深度	<2	2~4	4~6	6~8	8~10	10~12	12~14	14~16	16~18	>18
修正系数	1.36	1.21	1.13	1.05	1.00	0.96	0.90	0.86	0.82	0.79

1994 年平均宽度在 3 米~7 米的路线价修正系数一览表

表 7-3-6　　单位：米

临街宽度	<2	2~4	4~6	6~8	8~10	>10
修正系数	0.87	0.93	1.00	1.06	1.10	1.18

1994 年平均宽度在 7 米~10 米的路线价修正系数一览表

表 7-3-7　　单位：米

临街宽度	<3	3~5	5~7	7~10	10~12	12~14	14~16	>16
修正系数	0.86	0.91	0.96	1.00	1.08	1.18	1.29	1.30

1994 年街角用地修正系数一览表

表 7-3-8

繁华程度	十字路口	丁字路口
繁华街道	1.32	1.28
一般街道	1.28	1.24

根据样点调查资料，对区位条件相近、交通情况相似、用地类型一致、规划为住宅区的土地，划分为一个住宅区片。1994 年，靖江城区划出花园新村、渔婆新村、银厦新村、靖西新村 4 个区片，通过测算，得出住宅各区片平均地价。在此基础上，确定各住宅区片价的均值和变幅。

1994 年 12 月 11 日，靖江市城区土地定级估价成果通过江苏省土地管理局验收，技术鉴定为“达到国内先进水平”。1995 年，市政府下发《关于批准执行靖江市市区土地定级计价标准的批复》。此后，靖江城区土地定级估价成果应用于域内股份制企业、股份合作企业、合资企业和国有企业清产核资土地的评估。

1994 年靖江市城区住宅用地区片价一览表

表 7-3-9　　　　单位：元/平方米

序号	区片名称	区片范围	区片价		土地级别
			均值	变幅	
1	花园新村	东至渔婆路，南至工艺厂北，西至正南新村西，北至靖江布厂袜厂	340	310~370	3
2	渔婆新村	东至渔婆路，南至骥江路北 750 米，西至渔婆新村西侧，北至住宅区片	350	310~380	3
3	银厦新村	东至银厦新村东侧，南至银厦新村南，西至银厦新村西侧，北至环城路	320	310~330	3
4	新西新村	东至新建路和一级地西界，南至骥江路，西至渔婆东路，北至农贸市场	400	360~440	2

1994 年靖江市城区住宅区片样点资料整理和计算结果一览表

表 7-3-10　　　　单位：元/平方米

序号	区片名称	区片范围	地价测算情况			土地级别	平均地价
			出租资料	商品房开发资料	出让转让材料		
1	花园新村	东至渔婆路，南至工艺厂北，西至正南新村西和长里中学，北至靖江市袜厂	—	346.48	332.23	3	339.36
2	渔婆新村	北至住宅区片，东至渔婆路，南至骥江路北 750 米，西至渔婆新村西侧	352.93	—	—	3	352.93
3	银厦新村	东至银厦新村东，南至厚新村南，西至银厦新村西，北至环城路	362.66	—	282.40	3	322.53
4	新西新村	东至新建路和一级地西界，南至骥江路，西至渔婆路，北至农贸市场	400.89	—	—	2	400.89

1997年5月，根据国家土地管理局“基准地价更新周期一般不宜超过两年”的规定和上级统一部署，市土地管理局开展靖江城镇土地基准地价修订工作，对靖江城区土地市场进行针对性调查，共调查60个样点。首次依据土地市场变化影响土地价格的各种因素变化情况，对1994年确定的商业、工业用地基准地价作适当下调，住宅用地基准地价不变。调整后的1~4级土地的基准地价报江苏省国土管理局批准后实施。靖江市城镇地价基准日为1997年6月30日。

1997年靖江市调整后的基准地价一览表

表7-3-11　　单位：元/平方米

类	型	一级地	二级地	三级地	四级地
商业	平均	1200	800	500	300
	变幅	1440~940	950~600	640~380	400~250
住宅	平均	460	385	335	285
	变幅	500~420	440~340	380~300	320~250
工业	平均	450	330	270	206
	变幅	520~350	390~270	300~220	246~166

1999年6月30日，全市乡集镇、建制镇土地分等定级估价外业调查工作完成，根据调查资料，按影响土地质量的因素、因子及作用强度评定出商业用地、住宅用地、工业用地平均地价和变幅，测算出定级估价区各级别土地的商业、住宅、工业用地的级别基准地价。此次调查成果，经报泰州市国土管理局和江苏省国土管理局批准后，于2000年7月13日施行。

1999年靖江市一等集镇镇区商业用地级别基准地价一览表

表7-3-12　　单位：元/平方米

集镇名称	一级地		二级地	
	平均地价	变幅	平均地价	变幅
季市镇	890	740~1140	600	450~750
斜桥镇	850	700~1000	550	400~700

1999年靖江市部分一等集镇镇区商业用地基准地价一览表

表7-3-13　　　　　　　　　　　　　　　　　　　　　单位：元/平方米

集镇名称	平均地价	变幅
新桥镇	760	610~910
孤山镇	750	600~900
生祠镇	740	590~890
八圩集镇	700	550~850

1999年靖江市一等集镇镇区基准地价一览表

表7-3-14　　　　　　　　　　　　　　　　　　　　　单位：元/平方米

集镇名称	住宅用地		工业用地	
	平均地价	变幅	平均地价	变幅
季市镇	370	300~440	270	210~330
斜桥镇	360	290~430	260	200~320
新桥镇	350	280~420	250	190~310
孤山镇	350	280~420	250	190~310
生祠镇	350	280~420	240	180~300
八圩集镇	330	260~400	230	170~290

1999年靖江市二等集镇镇区基准地价一览表

表7-3-15　　　　　　　　　　　　　　　　　　　　　单位：元/平方米

集镇名称	商业用地		住宅用地		工业用地	
	平均地价	变幅	平均地价	变幅	平均地价	变幅
西来镇	590	490~690	300	240~360	220	170~270
越江集镇	580	480~680	290	230~350	210	160~260
太和集镇	570	470~670	290	230~350	210	160~260
城南集镇	560	460~660	280	220~340	200	150~250
东兴镇	570	470~670	280	220~340	200	150~250
柏木集镇	520	420~620	270	210~330	190	140~240
马桥镇	510	410~610	270	210~330	190	140~240
土桥集镇	500	400~600	260	200~320	190	140~240

1999 年靖江市三等集镇镇区基准地价一览表

表 7-3-16　　　　单位：元/平方米

集镇名称	商业用地		住宅用地		工业用地	
	平均地价	变幅	平均地价	变幅	平均地价	变幅
大觉集镇	390	320~460	250	200~300	170	130~210
敦义集镇	390	320~460	240	190~290	170	130~210
红光集镇	380	310~450	240	190~290	160	120~200
惠丰集镇	360	290~430	230	180~280	150	110~190
新丰集镇	350	280~420	230	180~280	150	110~190
长安集镇	330	260~400	220	170~270	140	100~180
团结集镇	310	240~380	220	170~270	140	100~180
侯河集镇	310	240~380	210	160~260	140	100~180

2002 年，随着城市建成区面积不断扩大，靖江市国土资源局对土地级别与基准地价进行更新，在靖江市城区 18.17 平方千米的工作范围内划分 4 个土地级别。以土地定级成果为基础，利用市场交易样点资料测算各类用地级别基准地价和 19 条商业用地路线价、9 个住宅用地区片价、3 个工业用地区片价，并重新建立级别基准地价评估宗地地价的修正体系。在基准地价更新的基础上，首次在靖江市城区建立地价动态监测体系。由单一的级别基准地价发展为以级别基准地价为核心，路线价、区片价为补充的地价体系。

2009 年 8 月至 2010 年 5 月，市国土资源局根据《江苏省城镇地价动态监测与基准地价更新技术规范》的要求，与江苏金宁达不动产评估咨询有限公司合作，划分城镇商业、住宅、工业用地地价区段，测算区段基准地价，划分土地级别，评估级别基准地价，建立由区段基准地价到宗地地价的修正体系，完成靖江市城镇基准地价更新工作，并更新市区地价动态监测体系，建立各镇地价动态监测体系。

此体系以《城镇土地分等定级规程》《城镇土地估价规程》《城市地价动态监测技术规程》等为标准，以《江苏省城镇地价动态监测与基准地价更新技术规范》为依据，进行靖江市城镇基准地价更新。通过典型调查收集近 3 年靖江市城镇土地与房地产市场交易样点地价资料和其他地价资料，运用城市地价信息系统，建立与更新靖江市城镇基准地价数据库，测算与修正样点地价，编制样点地价分布图，科学合理划分地价区段，更新商业、住宅、工业用地地价动态监测体系，评估地价动态监测点宗地地价，在此基础上测算地价指数和地价区段基准地价，建立地价区段基准地价评估宗地地价的修正体系。利用地价区段基准地价评估成果，运用数理统计方法，初步划分土地级别，采用专家评议和实地调查相结合的方法最终确定土地级别界线，更新靖江市市区土地级别体系，测算并确定级别基准地价，更新市区级别基准地价成果。

此项工作范围包括靖江市市区建成区和近期规划区，以及工业园区、建制镇镇区。其中，靖江市市区建成区范围为东至新长铁路西侧，南至沿江高等级公路—滨江公路一线，西至陆三港—六圩港，北至新一路北侧700米，市区工作范围面积约50.73平方千米。市区工作范围还包括江阴—靖江工业园区、新港工业园区、原越江乡、原柏木乡所辖区域内的建成区和近期规划区；建制镇包括新桥镇、东兴镇、斜桥镇、西来镇、季市镇、孤山镇、生祠镇、马桥镇8个建制镇所辖区域内的建成区和近期规划区。

2010年靖江市城区商业用地级别基准地价一览表

表7-3-17　　单位：元/平方米

土地级别	基准地价	变　幅	设定开发程度	设定容积率
一	8000	6080～10060	六通一平	1.2
二	5050	3550～6750	六通一平	1.0
三	2800	1920～4200	六通一平	0.9
四	1840	1450～2560	六通一平	0.9
五	1350	970～1810	六通一平	0.8

2010年靖江市城区住宅用地级别基准地价一览表

表7-3-18　　单位：元/平方米

土地级别	基准地价	变　幅	设定开发程度	设定容积率
一	2510	2010～2970	六通一平	1.5
二	2110	1630～2540	六通一平	1.5
三	1540	1220～1860	六通一平	1.4
四	1230	990～1500	六通一平	1.3

2010年靖江市城区工业用地级别基准地价一览表

表7-3-19　　单位：元/平方米

土地级别	基准地价	变　幅	设定开发程度	设定容积率
一	460	435～485	六通一平	0.9
二	370	325～410	六通一平	0.8
三	285	255～325	六通一平	0.7

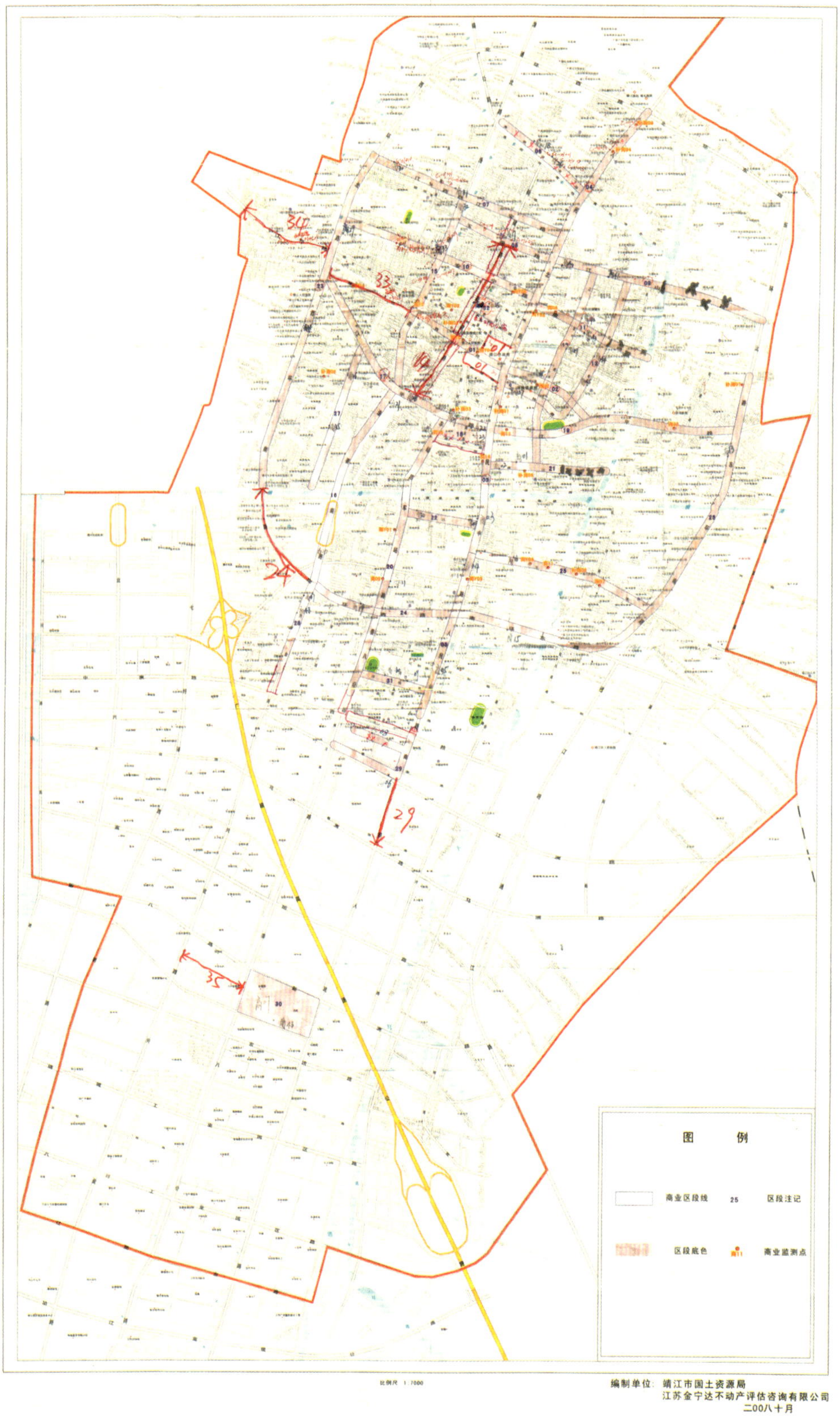

图 7-3-1 靖江市城区商业地价区段基准地价图

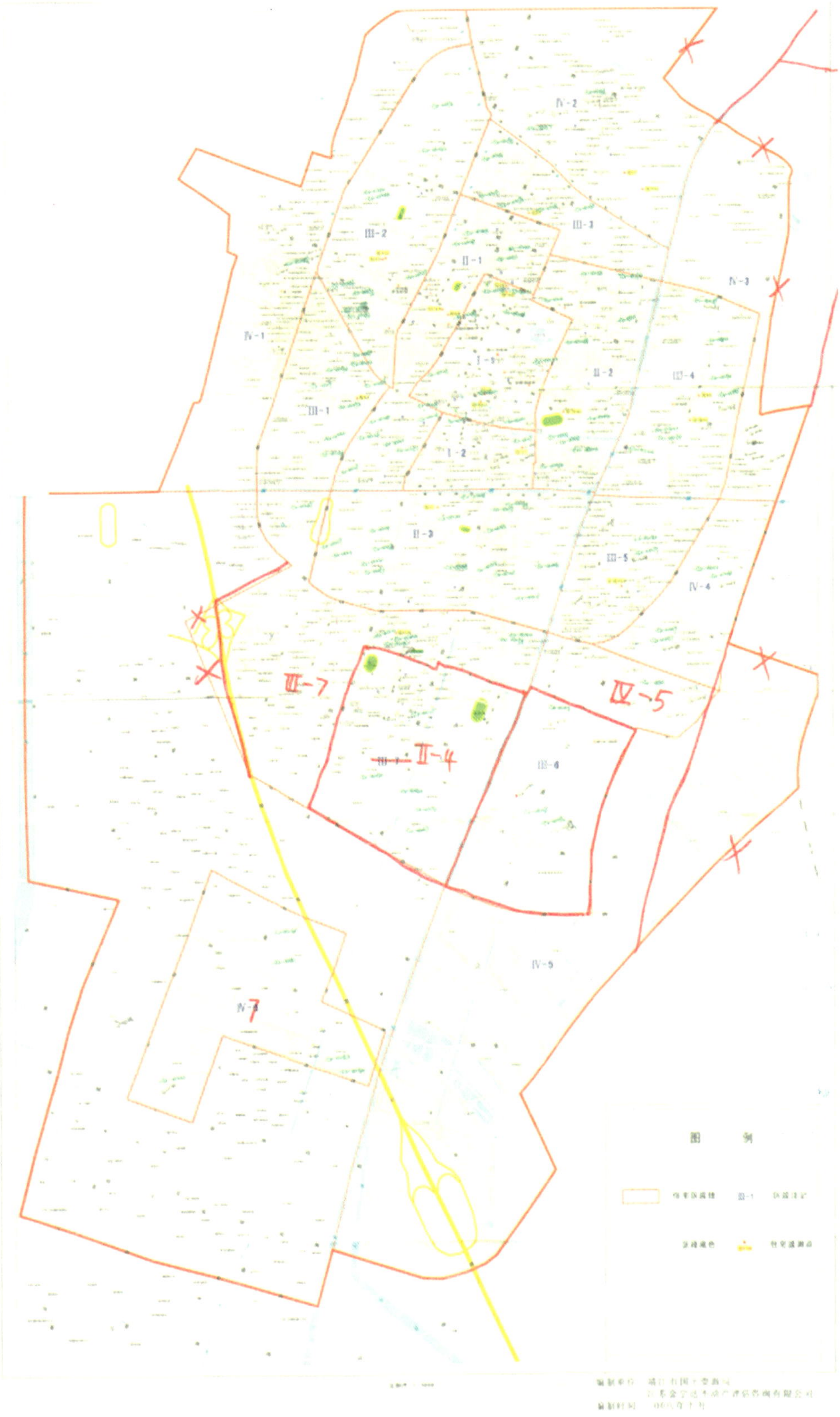

图 7-3-2　靖江市城区住宅地价区段基准地价图

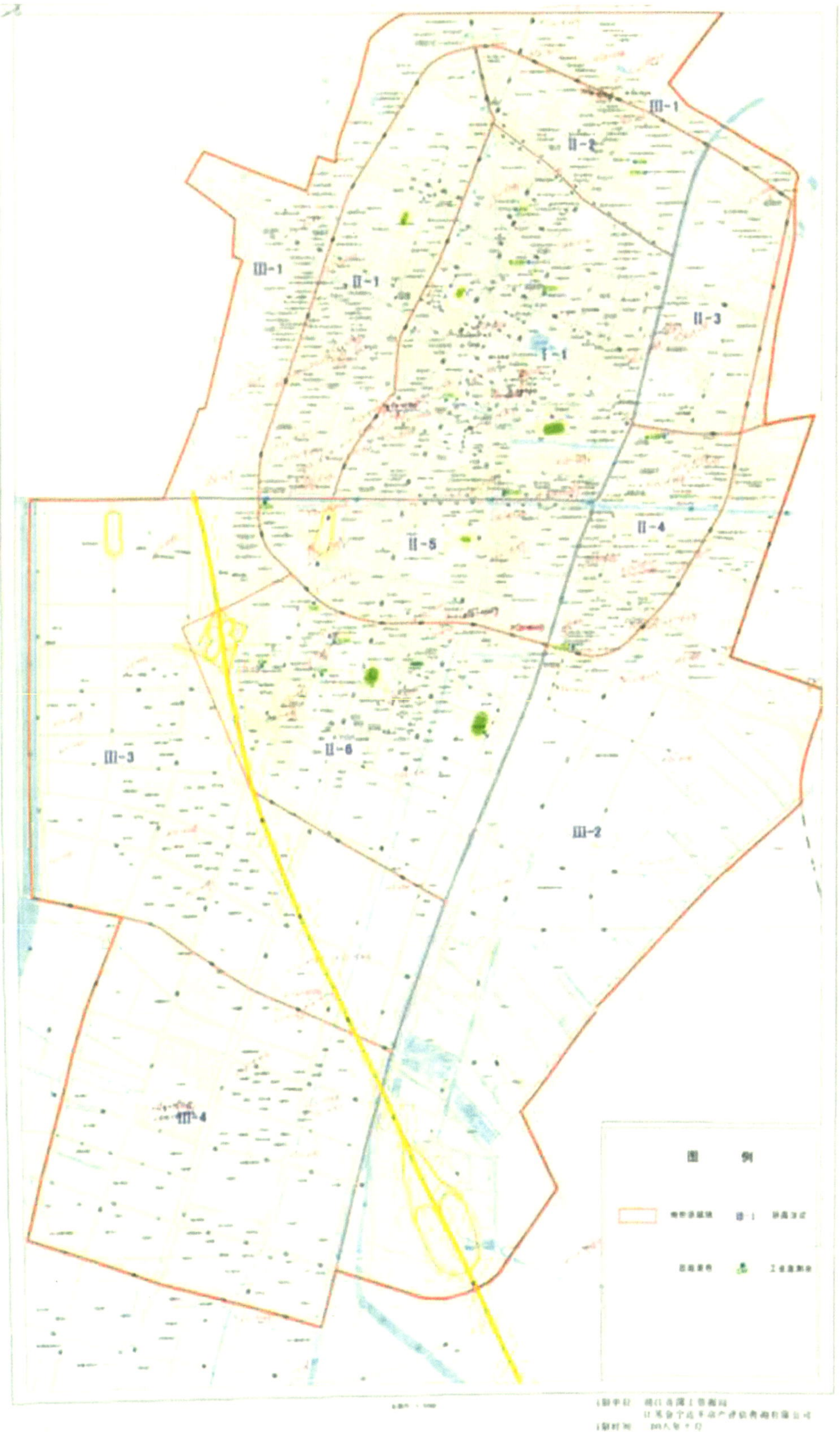

图 7-3-3　靖江市城区工业地价区段基准地价图

2010 年靖江市城区商业用地级别与区段基准地价一览表

表 7-3-20

<table>
<tr><th>区段编号</th><th>区段名称</th><th>面积（公顷）</th><th>起点</th><th>止点</th><th>临街宽度（米）</th><th>临街深度（米）</th><th>设定容积率</th><th>设定开发程度</th><th>基准地价（元/平方米）</th><th>底层楼面基准地价（元/平方米）</th><th colspan="2">二层/三层楼面基准地价（元/平方米）</th><th>土地级别</th><th>级别基准地价（元/平方米）</th></tr>
<tr><td>01001S</td><td>骥江西路东段</td><td>8.38</td><td>人民北路</td><td>渔婆路</td><td>8</td><td>7</td><td>1.3</td><td>六通一平</td><td>8750</td><td>8920</td><td>4010</td><td>2050</td><td rowspan="5">1</td><td rowspan="5">8000</td></tr>
<tr><td>01018S</td><td>上海城</td><td>3.51</td><td>人民路—江丰路</td><td>车站路—.江平路</td><td>10</td><td>8</td><td>1.3</td><td>六通一平</td><td>8330</td><td>8490</td><td>3820</td><td>1950</td></tr>
<tr><td>01003S</td><td>人民中路</td><td>11.08</td><td>工农路</td><td>康宁路</td><td>8</td><td>6</td><td>1.2</td><td>六通一平</td><td>7800</td><td>7960</td><td colspan="2">3580</td></tr>
<tr><td>01002S</td><td>骥江东路</td><td>4.05</td><td>江平路</td><td>人民路</td><td>12</td><td>8</td><td>1</td><td>六通一平</td><td>7190</td><td>7610</td><td colspan="2">3430</td></tr>
<tr><td>01032S</td><td>精亚新天地</td><td>2.23</td><td>布市里—解放南路</td><td>新建路—解放北路</td><td>4</td><td>10</td><td>1.2</td><td>六通一平</td><td>7150</td><td>7300</td><td colspan="2">3290</td></tr>
<tr><td>01020S</td><td>车站路—姜八路</td><td>12.57</td><td>中洲西路</td><td>江平路</td><td>4</td><td>7</td><td>1</td><td>六通一平</td><td>5870</td><td>6600</td><td colspan="2">2970</td><td rowspan="8">2</td><td rowspan="8">5050</td></tr>
<tr><td>01016S</td><td>渔婆南路</td><td>10.30</td><td>南环路</td><td>江平路</td><td>10</td><td>8</td><td>1</td><td>六通一平</td><td>5540</td><td>6220</td><td colspan="2">2800</td></tr>
<tr><td>01015S</td><td>渔婆北路</td><td>8.57</td><td>江平路</td><td>江安西路</td><td>10</td><td>6</td><td>0.9</td><td>六通一平</td><td>5070</td><td>6000</td><td colspan="2">2700</td></tr>
<tr><td>01014S</td><td>新建路</td><td>7.15</td><td>江平路</td><td>玉带路</td><td>8</td><td>7</td><td>0.9</td><td>六通一平</td><td>4900</td><td>5800</td><td colspan="2">2610</td></tr>
<tr><td>01033S</td><td>骥江西路西段</td><td>3.96</td><td>渔婆路</td><td>西环路</td><td>8</td><td>7</td><td>0.9</td><td>六通一平</td><td>4710</td><td>5570</td><td colspan="2">2510</td></tr>
<tr><td>01022S</td><td>三江路</td><td>2.98</td><td>人民中路</td><td>车站路</td><td>4</td><td>7</td><td>0.8</td><td>六通一平</td><td>4300</td><td>5380</td><td colspan="2">—</td></tr>
<tr><td>01021S</td><td>双港路</td><td>4.21</td><td>人民中路</td><td>十圩港</td><td>6</td><td>10</td><td>0.9</td><td>六通一平</td><td>4230</td><td>5010</td><td colspan="2">2250</td></tr>
<tr><td>01005S</td><td>人民南路</td><td>8.25</td><td>中洲路</td><td>工农路</td><td>8</td><td>8</td><td>1.2</td><td>六通一平</td><td>4180</td><td>4270</td><td colspan="2">1920</td></tr>
<tr><td>01017S</td><td>江平路西段</td><td>10.32</td><td>人民路</td><td>西环路</td><td>12</td><td>10</td><td>1.2</td><td>六通一平</td><td>3650</td><td>3690</td><td colspan="2">1730</td><td rowspan="3">3</td><td rowspan="3">2800</td></tr>
<tr><td>01004S</td><td>人民北路</td><td>9.71</td><td>康宁路</td><td>北环路</td><td>4</td><td>7</td><td>0.9</td><td>六通一平</td><td>3020</td><td>3570</td><td colspan="2">1610</td></tr>
<tr><td>01034S</td><td>西环路西侧江平路</td><td>4.54</td><td>西环路</td><td>曾家港</td><td>8</td><td>9</td><td>0.8</td><td>六通一平</td><td>2780</td><td>3480</td><td colspan="2">—</td></tr>
</table>

续表 7-3-20

区段编号	区段名称	面积（公顷）	起点	止点	临街宽度（米）	临街深度（米）	设定容积率	设定开发程度	基准地价（元/平方米）	底层楼面基准地价（元/平方米）	二层/三层楼面基准地价（元/平方米）	土地级别	级别基准地价（元/平方米）
01019S	江平东路	10.71	东环北路	人民路	8	6	1	六通一平	2780	3070	1630	3	2800
01024S	南环西路—南环东路西段	17.73	十圩港	横港南路	6	10	1	六通一平	2710	3020	1450		
01025S	工农路西段	7.95	东环南路	人民路	7	5	0.9	六通一平	2700	3200	1440		
01012S	江华路	7.23	双江路	江山路	4	6	0.8	六通一平	2500	3130	—		
01010S	安宁路	9.07	人民北路	西环北路	4	5	0.9	六通一平	2420	2820	1660		
01011S	康宁路	5.17	东兴街	人民北路	7	6	0.8	六通一平	2260	2830	—		
01028S	兴业路	3.63	中洲路	南环西路	8	6	1	六通一平	2230	2480	1240	4	1840
01029S	人民中路—中洲路—骥阳路	10.44	人民中路—江洲路	姜八公路—骥阳路	9	6	1	六通一平	2100	2260	1470		
01008S	玉带路	4.23	人民北路	渔婆路	4	6	0.8	六通一平	1900	2380	—		
01031S	江阳路	2.79	人民南路	姜八路	8	11	0.8	六通一平	1850	2310	—		
01026S	东环北路南端—东环南路—南环东路西段	18.94	十圩港	靖江市二中	4	6	0.9	六通一平	1760	2040	1290		
01035S	公所桥街	2.81	姜八路	兴业路	6	7	0.8	六通一平	1720	2150	—		
01023S	西环北路南端—西环南路北段	17.59	横港	西环路	10	6	0.9	六通一平	1710	1990	1190		
01030S	百富绅	18.60	人民南路—恰诺国际中心	姜八路—新洲路	11	15	1.1	六通一平	1570	1650	830	5	1350

续表 7-3-20

区段编号	区段名称	面积（公顷）	起点	止点	临街宽度（米）	临街深度（米）	设定容积率	设定开发程度	基准地价（元/平方米）	底层楼面基准地价（元/平方米）	二层/三层楼面基准地价（元/平方米）	土地级别	级别基准地价（元/平方米）
01027S	展泗港路	5.35	横港	江平路	4	5	0.8	六通一平	1360	1700	—	5	1350
01013S	东兴街—团结路	9.34	江山路	人民中路	4	6	0.8	六通一平	1280	1600	—		
01007S	江安路	8.94	人民北路	西环北路	4	6	0.8	六通一平	1220	1530	—		
01009S	江山路	9.37	东环北路	人民北路	4	6	0.8	六通一平	1180	1480	—		
01006S	真武河北路	4.58	人民北路	渔婆路	4	9	0.8	六通一平	1140	1420	—		

2010 年靖江市城区住宅用地级别与区段基准地价一览表

表 7-3-21

区段编号	区段名称	面积（公顷）	四至	设定容积率	设定开发程度	基准地价（元/平方米）	平均楼面地价（元/平方米）	土地级别	级别基准地价（元/平方米）
01001J	精亚新天地—光明小区	75.61	东至江华路，南至江平路，西至新建路，北至安宁路—康宁路	1.5	六通一平	2580	1720	1	2510
01002J	景馨花园—江丰公寓	40.49	东至双江路，南至横港，西至车站路，北至江平路	1.4	六通一平	2370	1690		
01006J	春江花城—中天城市花园	180.51	东至十圩港，南至马洲路，西至姜八公路，北至江阳路	1.4	六通一平	2210	1580	2	2110
01005J	盛世花园—新江海花园	163.57	东至十圩港，南至南环路，西至渔婆南路，北至横港	1.5	六通一平	2160	1440		

续表 7-3-21

区段编号	区段名称	面积（公顷）	四至	设定容积率	设定开发程度	基准地价（元/平方米）	平均楼面地价（元/平方米）	土地级别	级别基准地价（元/平方米）
01007J	新天地·滨江花园—泰和·御水湾	156.27	东至晨阳路，南至马洲路，西至十圩港，北至江阳东路	1.4	六通一平	2130	1520	2	2110
01012J	虹兴公寓—扬子小区	79.88	东至东环南路，南至南环东路，西至十圩港，北至横港	1.5	六通一平	2090	1390		
01004J	锦江花园—虹桥明珠	107.55	东至十圩港，南至横港，西至人民北路—江华路—双江路，北至江山路	1.5	六通一平	2030	1350		
01003J	丁香公寓—巧丽公寓	102.91	东至新建路—车站路，南至横港，西至渔婆路，北至江安路	1.4	六通一平	1920	1370		
01009J	康宁新村—渔婆新村	147.48	东至渔婆路，南至江平路，西至西环北路，北至渔婆港	1.4	六通一平	1620	1160	3	1540
01013J	碧水华庭—华侨新村	198.72	东至十圩港—江阳路—姜八公路，南至马洲路，西至西环南路—广靖高速公路，北至横港	1.3	六通一平	1590	1220		
01010J	靖安苑—尚城一品	64.20	东至十圩港，南至江安路-江山路，西至渔婆路，北至真武河	1.4	六通一平	1530	1090		
01008J	天伦居—锦绣龙城	86.41	东至渔婆南路，南至横港，西至西环南路，北至江平路	1.3	六通一平	1480	1140		
01011J	江山小区—天使花苑	119.81	东至东环路，南至横港，西至十圩港，北至江山路	1.3	六通一平	1430	1100		
01018J	南环花苑—长江玫瑰园	252.74	东至城东大道，南至长江，西至晨阳路—十圩港，北至南环东路	1.4	六通一平	1300	930	4	1230

续表 7-3-21

区段编号	区段名称	面积（公顷）	四至	设定容积率	设定开发程度	基准地价（元/平方米）	平均楼面地价（元/平方米）	土地级别	级别基准地价（元/平方米）
01017J	东环花苑	76.60	东至城东大道，南至南环东路，西至东环南路，北至横港	1.4	六通一平	1260	900	4	1230
01014J	西郊公寓—地中海花园	236.05	东至西环路，南至横港，西至估价范围界线，北至估价范围界线	1.3	六通一平	1250	960		
01016J	扬子花苑—教工二村	195.41	东至城东大道以北，南至横港，西至十圩港—江山路—东环北路，北至估价范围界线	1.4	六通一平	1200	860		
01015J	唯高公寓—齐心公寓	249.76	东至十圩港，南至真武河，西至渔婆港，北至北二环	1.3	六通一平	1180	910		
01019J	顶和庄—莲沁苑	137.10	东至十圩港，南至中圩东路-中圩西路，西至七圩港西路—兴业路—姜八公路，北至新八路—阳光大道	1.4	六通一平	1160	830		

2010 年靖江市城区工业用地级别与区段基准地价一览表

表 7-3-22

区段编号	区段名称	面积（公顷）	四至	设定容积率	设定开发程度	基准地价（元/平方米）	土地级别	级别基准地价（元/平方米）
01001G	市中心区	78.17	东至十圩港，南至横港，西至渔婆路，北至真武河	0.9	六通一平	460	1	460
01007G	靖江经济开发区	286.27	东至十圩港，南至马洲路，西至广靖高速公路，北至南环路	0.9	六通一平	390	2	370

续表 7-3-22

区段编号	区段名称	面积（公顷）	四至	设定容积率	设定开发程度	基准地价（元/平方米）	土地级别	级别基准地价（元/平方米）
01006G	徐工集团靖江叉车制造有限公司	73.66	东至十圩港，南至南环路，西至西环南路，北至横港	0.8	六通一平	380	2	370
01002G	西环路东侧区域	93.06	东至渔婆路，南至横港，西至西环北路，北至渔婆港	0.8	六通一平	370		
01005G	虹兴区片	51.37	东至东环路，南至南环东路，西至十圩港，北至江平路	0.8	六通一平	360		
01003G	江苏裕纶纺织集团有限公司	46.47	东至东环路，南至真武河，西至渔婆港，北至北环路	0.8	六通一平	350		
01004G	江苏江山制药有限公司	56.59	东至东环路，南至江平路，西至十圩港，北至北环东路	0.8	六通一平	340		
01008G	西环路西侧区域	88.53	东至西环路，南至横港，西至估价范围界线，北至估价范围界线	0.7	六通一平	310	3	285
01013G	城南工业园北区	303.61	东至广靖高速—十圩港， 南至新八路，西至估价范围界线，北至横港	0.8	六通一平	300		
01009G	城北工业园区	196.23	东至十圩港，南至北环路，西至渔婆港，北至估价范围界限	0.7	六通一平	290		
01010G	东环路东侧区域	52.26	东至城东大道，南至横港，西至十圩港、北环路、东环路，北至估价范围界线	0.7	六通一平	280		
01012G	城南工业园南区	418.30	东至十圩港， 南至沿江高等级公路，西至估价范围界线，北至新八路	0.7	六通一平	280		
01011G	滨江新城	371.58	东至城东大道，南至长江，西至十圩港，北至南环东路、东环南路、横港	0.7	六通一平	270		

2010 年靖江市镇区商业用地区段基准地价一览表

表 7-3-23

区域	区段编号	区段名称	面积（公顷）	起点	止点	临街宽度（米）	临街深度（米）	设定容积率	设定开发程度	基准地价(元/平方米)	底层楼面基准地价（元/平方米）	二层楼面基准地价（元/平方米）
江阴–靖江工业园区	01036S	八圩路—姜八公路	4.52	九圩港、八圩路以南 100 米	姜八公路、八圩路以北 150 米	3.5	7	0.8	五通一平	680	850	—
	01037S	高九公路	4.35	九圩港	姜八公路	3.5	7	0.8	五通一平	480	600	—
原越江乡	01038S	工农路中段	4.32	新长铁路以西 120 米	西环城路	3.5	7	0.8	五通一平	1100	1380	—
	01039S	工农路东段	2.58	越江初级中学西南 100 米	新长铁路以东 80 米	4	10	0.8	五通一平	920	1150	—
原柏木乡	01040S	老江平路	5.64	市制药机械厂	柏木小学	3	5	0.9	五通一平	600	700	390
新桥镇	02001S	新桥中路西段—府前街	4.66	向阳路、新桥中路以南 60 米	青龙港、环镇北路	3.5	7	1	五通一平	1310	1450	730
	02002S	富民路—南环路—振兴路	3.54	南环路、富民路	新桥中路、振兴路	3.5	7	0.8	五通一平	970	1210	—
	02003S	新桥中路东段—新兴路	4.12	交管所、新桥中路以南 70 米	向阳路、新桥中路	3.5	7	0.8	五通一平	900	1130	—
	02004S	(太和)新夹公路—新街	9.76	小桥以北 50 米处、新夹公路	华裕铸件厂以南 100 米村道、幼儿园东南 75 米	3	5	0.8	五通一平	580	730	—

续表 7-3-23

区域	区段编号	区段名称	面积（公顷）	起点	止点	临街宽度（米）	临街深度（米）	设定容积率	设定开发程度	基准地价（元/平方米）	底层楼面基准地价（元/平方米）	二层楼面基准地价（元/平方米）
东兴镇	03001S	东兴路—农贸街	5.78	农贸街、小路	振兴减速机厂南面小河、东兴路	3.5	7	0.8	五通一平	700	880	—
	03002S	振兴西路	1.87	东兴路	靖江市地方税务局第五税务分局	3.5	7	0.9	五通一平	690	810	450
	03003S	（惠丰）通江路—惠民路	1.81	医院以南 30 米处、影剧院西北 75 米处	公新公路	3.5	7	0.8	五通一平	380	480	—
斜桥镇	04001S	江平路	11.21	夏仕港	环扒头河	3.5	7	0.9	五通一平	1210	1420	710
	04002S	江安路 A 段—东阜路	5.39	斜桥医院以东道路、江安路	江平路、高家埭西南	3	5	0.8	五通一平	1000	1250	—
	04003S	江安路 B 段	3.07	村道	斜桥小学以南 70 米	4	10	0.8	五通一平	860	1080	—
	04004S	（大觉）大觉街	3.02	竖心港	幼儿园	3.5	7	0.8	五通一平	380	470	—
西来镇	05001S	华新街—江平路—兴隆街	8.41	江平路、三江路	向阳河、如清界河	3.5	7	0.8	五通一平	840	1050	—
	05002S	江平路南段	3.91	小河	永济港	3.5	7	0.8	五通一平	780	980	—
	05003S	（土桥）江平路—敦土路	9.67	南横港、土桥幼儿园以东 80 米处	小河、芦泾港	3.5	7	0.8	五通一平	620	770	—
	05004S	（敦义）敦义街	5.68	敦义路	横港	3.5	7	0.8	五通一平	520	650	—

续表 7-3-23

区域	区段编号	区段名称	面积（公顷）	起点	止点	临街宽度（米）	临街深度（米）	设定容积率	设定开发程度	基准地价(元/平方米)	底层楼面基准地价（元/平方米）	二层楼面基准地价（元/平方米）
季市镇	06001S	季市西路—季市中路—姜八公路	13.56	季市中路、姜八公路	敬老院以东 50 米、如靖界河、季市中学	4	10	0.8	五通一平	1080	1350	—
	06002S	府前路	7.17	芦场港	如靖界河	3.5	7	0.8	五通一平	970	1210	—
	06003S	(长安)斜长路	4.07	小河	文卫路以北 100 米	3.5	7	0.8	五通一平	410	510	—
孤山镇	07001S	园山街	2.05	姜八公路	镇政府以西 100 米	3.5	7	0.8	五通一平	800	1000	—
	07002S	姜八公路	17.81	南煤矿路	北煤矿路	3.5	7	0.9	五通一平	960	1125	610
	07003S	(团结)靖广路	2.30	团结镇以北 50 米处	纸箱厂东南 180 米处	3.5	7	0.8	五通一平	350	440	—
生祠镇	08001S	东街—生东路	4.18	生东路、永安桥	马路港、江平路	3.5	7	0.8	五通一平	760	950	—
	08002S	育才路—思岳路	2.44	思岳路、西街	小河、老江平路	3.5	7	0.8	五通一平	710	890	—
	08003S	老江平路	2.68	大靖港	大进村委	3.5	7	0.8	五通一平	680	850	—
	08004S	(红光)红南街—宏泰路	3.72	善人桥	新江平路、红北街	3.5	7	0.8	五通一平	360	450	—
	08005S	(新丰)新夹公路	3.36	泵阀厂附近小河	新跃村委以南小桥	3.5	7	0.8	五通一平	610	760	—
	08006S	(新丰)江平路	2.50	天骄汽配	建筑机械厂东南 60 米处	3.5	7	0.8	五通一平	580	720	—
马桥镇	09001S	江平路西段	2.36	马桥	农贸市场以东 50 米	3.5	7	0.8	五通一平	650	810	—
	09002S	江平路东段	4.72	水洞港桥以西 120 米	马桥	3.5	7	0.8	五通一平	600	750	—
	09003S	(侯河）侯爱路—靖侯公路	2.91	靖侯公路、侯爱路以南 250 米	村道	3.5	7	0.8	五通一平	420	530	—

2010年靖江市镇区住宅用地区段基准地价一览表

表 7-3-24

区域	区段编号	区段名称	面积（公顷）	四至	设定容积率	设定开发程度	基准地价（元/平方米）	平均楼面地价（元/平方米）
江阴—靖江工业园区	01020J	江阴—靖江工业园区	177.65	东至十圩港，南至长江，西至八圩港，北至沿江高等级公路—中圩西路—江防东路	1.2	五通一平	710	590
原越江乡	01021J	越江集镇区	38.58	东至木金市港以东200米，南至越江建设工程有限公司以南80米，西至西环城路，北至村道	1.1	五通一平	720	650
原柏木乡	01022J	柏木集镇区	64.20	东至机电设备厂路—小河，南至光明村—市先锋建材有限公司，西至村道，北至新江平路	1.1	五通一平	430	390
新桥镇	02001J	新桥镇区	79.41	东至合兴港，南至南环路以南100米，西至三兴村委，北至环镇北路以北200米—环镇北路一线	1.2	五通一平	860	720
	02002J	太和集镇区	57.89	东至夹港，南至高山桥，西至上九圩港以东100米一线，北至礼士桥	1.1	五通一平	440	400
东兴镇	03001J	东兴镇区	164.52	东至六圩港，南至小河，西至西环镇路以西90米—东兴变电所—环镇路一线，北至小河—公新公路一线	1.1	五通一平	520	470
	03002J	惠丰集镇区	30.85	东至瑞圣小圩以西20米一线，南至惠丰粮管所以南110米处道路，西至化纤纸管厂—封头坝—惠圣村委会以西一线，北至苗兴圩	1.1	五通一平	350	320
斜桥镇	04001J	斜桥镇区	122.08	东至金轮机械制造公司以西200米，南至扒头河—九节埭以西道路，西至庄帜埭以西30米，北至夏仕港	1.2	五通一平	840	700
	04002J	大觉集镇区	91.93	东至竖心港，南至小河，西至西马路埭以东一线，北至北朱家埭以南230米处道路	1.1	五通一平	340	310

续表 7-3-24

区域	区段编号	区段名称	面积（公顷）	四至	设定容积率	设定开发程度	基准地价(元/平方米)	平均楼面地价(元/平方米)
西来镇	05001J	西来镇区	154.33	东至建国港，南至加油站，西至向阳河，北至如靖界河	1.1	五通一平	650	590
	05002J	土桥集镇区	78.95	东至朱家墩子—烂泥桥—苗圩埭—小河一线，南至骆驼子桥埭—友仁港附近，西至芦泾港，北至小河	1.1	五通一平	470	430
	05003J	敦义集镇区	53.71	东至东风港，南至丹华港，西至工程机械冲缸厂以东160米处一线，北至小河	1.1	五通一平	400	360
季市镇	06001J	季市镇区	379.50	东至新长铁路—如靖界河—芦场港，南至海门圩以南道路，西至季黄河，北至市县界线、东王锡附近	1.2	五通一平	830	690
	06002J	长安集镇区	47.41	东至长安市埭—十王殿埭以西一线，南至，西至竖心港—杜家埭以东180米处一线，北至土长路	1.1	五通一平	360	330
孤山镇	07001J	孤山镇区	110.45	东至十圩港，南至南煤矿路，西至小河，北至北煤矿路	1.1	五通一平	670	610
	07002J	团结集镇区	37.72	东至贝特思服装公司以东50米—夹弄埭—小周家埭以西一线，南至杜家埭附近小河，西至仁玉埭—仁玉埭以东一线，北至东三圩附近	1.1	五通一平	330	300
生祠镇	08001J	生祠镇区	266.00	东至三圩港，南至种子公司，西至陆家港，北至薛家板桥埭附近	1.1	五通一平	580	530
	08002J	红光集镇区	47.22	东至老江平路，南至东方树脂厂，西至机电仪表设备厂—长江泵阀制造公司—宏泰化工公司一线，北至老江平路与丁家庄中渠交叉处	1.1	五通一平	330	300
	08003J	新丰集镇区	32.63	东至陈湾港，南至团河，西至新丰农贸市场附近，北至陈湾港	1.1	五通一平	360	330

续表 7-3-24

区域	区段编号	区段名称	面积（公顷）	四至	设定容积率	设定开发程度	基准地价（元/平方米）	平均楼面地价（元/平方米）
马桥镇	09001J	马桥镇区	89.16	东至水洞港，南至倪家场—张家埭—长埭附近村道，西至火花港，北至天鹅口琴总厂以北 90 米处	1.1	五通一平	500	450
	09002J	侯河集镇区	43.39	东至侯河村委—市东以西一线—水洞港，南至侯河中学以南 50 米附近，西至潘家埭以东 300 米附近一线，北至小河	1.1	五通一平	390	350

2010 年靖江市镇区工业用地区段基准地价一览表

表 7-3-25

区域	区段编号	区段名称	面积（公顷）	四至	设定容积率	设定开发程度	基准地价（元/平方米）
江阴-靖江工业园区	01014G	江阴—靖江工业园区	1598.13	东至十圩港，南至长江，西至上六圩港，北至沿江高等级公路	0.7	五通一平	290
新港工业园区	01015G	新港工业园区	2547.73	东至土敦路，南至长江，西至万福桥港，北至沿江高等级公路—新华村—东倪家埭—创新村一线	0.7	五通一平	280
原越江乡	01016G	越江集镇区	38.58	东至木金市港以东 200 米，南至越江建设工程有限公司以南 80 米，西至西环城路，北至村道	0.7	五通一平	225
原柏木乡	01017G	柏木集镇区	64.20	东至机电设备厂路—小河，南至光明村—市先锋建材有限公司，西至村道，北至新江平路	0.7	五通一平	225

续表 7-3-25

区域	区段编号	区段名称	面积（公顷）	四至	设定容积率	设定开发程度	基准地价（元/平方米）
新桥镇	02001G	新桥镇区	130.66	东至九圩港，南至南环路以南 100 米—江河南路—新桥东路以南 120 米一线，西至三兴村委，北至环镇北路以北 200 米—环镇北路—合兴港—新桥东路以北 380 米一线	0.8	五通一平	260
	02002G	太和集镇区	57.89	东至夹港，南至高山桥，西至上九圩港以东 100 米一线，北至礼士桥	0.7	五通一平	230
东兴镇	03001G	东兴镇区	164.52	东至六圩港，南至小河，西至西环镇路以西 90 米—东兴变电所—环镇路一线，北至小河—公新公路一线	0.8	五通一平	245
	03002G	惠丰集镇区	30.85	东至瑞圣小圩以西 20 米一线，南至惠丰粮管所以南 110 米处道路，西至化纤纸管厂—封头坝—惠圣村委会以西一线，北至苗兴圩	0.7	五通一平	215
斜桥镇	04001G	斜桥镇区	463.22	东至斜桥镇镇区外围，南至光明小学—六节埭—八节埭—扒头河，西至小河，北至夏仕港	0.8	五通一平	270
	04002G	大觉集镇区	180.65	东至塌港，南至小河，西至西马路埭以东一线，北至北朱家埭—马家埭—刘家埭以南道路一线	0.7	五通一平	215
西来镇	05001G	西来镇区	154.32	东至建国港，南至加油站，西至向阳河，北至如靖界河	0.8	五通一平	245
	05002G	土桥集镇区	78.95	东至朱家墩子—烂泥桥—苗圩埭—小河一线，南至骆驼子桥埭—友仁港附近，西至芦泾港，北至小河	0.7	五通一平	230
	05003G	敦义集镇区	68.18	东至江洋船舶制造有限公司以东道路，南至丹华港，西至工程机械冲缸厂以东 160 米处一线，北至小河	0.7	五通一平	220

续表 7-3-25

区域	区段编号	区段名称	面积（公顷）	四至	设定容积率	设定开发程度	基准地价（元/平方米）
季市镇	06001G	季市镇区	379.50	东至新长铁路–如靖界河–芦场港，南至海门圩以南道路，西至季黄河，北至市县界线、东王锡附近	0.8	五通一平	250
	06002G	长安集镇区	47.41	东至长安市埭—十王殿埭以西一线，南至，西至竖心港—杜家埭以东180米处一线，北至土长路	0.7	五通一平	220
孤山镇	07001G	孤山镇区	110.45	东至十圩港，南至南煤矿路，西至小河，北至北煤矿路	0.8	五通一平	250
	07002G	团结集镇区	37.72	东至贝特思服装公司以东50米—夹弄埭—小周家埭以西一线，南至杜家埭附近小河，西至仁玉埭—仁玉埭以东一线，北至东三圩附近	0.7	五通一平	210
生祠镇	08001G	生祠镇区	266.00	东至三圩港，南至种子公司，西至陆家港，北至薛家板桥埭附近	0.8	五通一平	245
	08002G	红光集镇区	89.34	东至老江平路以东150米处一线，南至润泾港，西至红光小学—红光初中—润隆港路一线，北至工贸实业公司—华光照明器材公司—工艺设备厂附近	0.7	五通一平	210
	08003G	新丰集镇区	46.14	东至陈湾港，南至团河，西至农业站附近，北至陈湾港	0.7	五通一平	215
马桥镇	09001G	马桥镇区	89.16	东至水洞港，南至倪家场—张家埭—长埭附近村道，西至火花港，北至天鹅口琴总厂以北90米处	0.8	五通一平	240
	09002G	侯河集镇区	43.39	东至侯河村委—市东以西一线—水洞港，南至侯河中学以南50米附近，西至潘家埭以东300米附近一线，北至小河	0.7	五通一平	220

（二）标定地价

标定地价是在不同土地级别或区段内，按照土地的条件、用途等选定的宗地所评估的单位面积使用权价格。标定地价是确定土地出让价格的依据，也是企业清产核资和股份制企业中土地资产作价的基准，亦可作为划拨土地使用权转移时补交出让金的基准。

具体地块的标定地价是以基准地价为基础，根据土地使用年限、地块大小、位置、容积率、形状、微观区位以及市场行情等因素通过系数修订评估而得。一般情况下，标定地价采用微观区位因素系数修正法评定。在土地市场波动较大时，也可按市场供求状况、土地收益、规划限制及相关政策等情况，对基准地价进行上下浮动，从而确定标定地价。

1994 年起，靖江在确定各类用地级别基准地价的基础上，选定典型地块开始标定地价评估工作。靖江市标定地价的评估，主要有以下 9 个步骤：

1.经综合评估，确定基准地价。

2.确定商业、工业、住宅 3 类用地的不同规模区域。

3.确定各类区域内优、较优、一般、较劣 4 类地块，并将各样点资料按上述区域分类，从而求出各类地块的实际地价。

4.计算 4 类地价低于或高于基准地价的幅度，并换算成 4 类地块地价与基准地价高低的百分比。

5.确定影响各类土地价格的因素和各因素影响土地价格的权重。

6.按影响因素的权重分摊各类地域地价高于或低于基准地价的百分比，从而得出初步的修正系数表。

7.抽取样本，验证修正系数表，并不断调整，尽量使修正系数表符合各样本的实际情况。靖江的地价样本资料主要有以下几种：（1）收益资料；（2）房屋出租资料；（3）联营、联建资料；（4）场地出租、转让资料；（5）批租地块资料。

8.经过上述调整，最终得出确定的修正系数表。

9.量化指标，即对因素修正系数表中的优、较优、一般、较劣加以量化说明。

2002 年后标定地价评估地块的选定与地价监测点的选定同步。

2009年靖江市城区标定地价（部分）一览表

表 7-3-26 单位：元/平方米

单　　位	土地位置	用途	基准地价	评估价	标定地价
靖江巴黎春天	骥江西路367号	商业	8750	8116.50	8755.22
靖江君好运茶叶店	人民中路177号	商业	7800	6581.30	7802.08
李顺信超市	江山路36号	商业	1180	1049.87	1180.96
宏运房产	渔婆新村邮电大楼底楼	商业	2420	2303.52	2420.66
阳澄湖清水大闸蟹	康宁路43号	商业	2260	2197.99	2264.15
阿朵化妆品	新建路西侧	商业	4900	4507.52	4900.94
友谊超市	渔婆路16号	商业	5070	4540.62	5073.53
亚细亚水暖	江平路314号	商业	3650	3423.10	3651.40
丰彩漆店	姜八公路	商业	5870	5400.55	5870.89
亚星钢管、圆钢、铁板经营部	西环路4号	商业	1710	1504.56	1703.68
九妹菜馆	南环路100号	商业	2710	2431.44	2710.76
合金炉料	东环南路18号	商业	1760	1657.37	1757.16
天津麦穗园蒸包	城北村西薛组(北环路)	商业	3020	2670.44	3020.62
望泉装饰有限公司	中洲路88号	商业	2100	2057.65	2099.57
好运来汽车装潢部	江阳路197号	商业	1850	1957.88	1849.78
南企物资企业	兴业路18号	商业	2230	2214.36	2229.90
光明小区	骥江路349号	住宅	2580	2162.13	2581.42
景馨花园	双江路20号	住宅	2370	2371.60	2376.62
江丰公寓	车站路	住宅	2370	2293.10	2374.06
巧丽公寓东区	渔婆南路60号	住宅	1920	2677.94	1926.91
虹桥明珠	江平路100号	住宅	2030	2327.01	2032.60
同心公寓	横港南路	住宅	2030	1955.74	2036.41
新江海花园	南环路北侧	住宅	2160	2081.08	2164.30
中洲华庭	中洲路北侧	住宅	2210	2559.64	2223.02
春江花城	江洲路北侧	住宅	2210	2192.11	2206.90
泰和御水湾	通江路西侧	住宅	2130	2455.72	2133.85
尚城一品	人民北路东侧	住宅	1530	1819.67	1530.67
江山小区	江山路	住宅	1430	1480.63	1432.91

续表 7-3-26

单　　位	土地位置	用途	基准地价	评估价	标定地价
天使花苑	东环路西侧	住宅	1430	1429.99	1433.88
地中海花园	西环路西侧	住宅	1250	1007.37	1255.14
齐心公寓	北环路南侧	住宅	1180	1223.42	1178.15
顶和庄	姜八公路东侧	住宅	1160	1154.34	1158.19
靖江市东方建设机械制造有限公司	人民路 97 号	工业	460	458.61	462.30
靖江市双鱼食品有限公司	车站路 46 号	工业	460	455.75	460.81
凌云燃化实用有限责任公司	正南村二组	工业	370	366.96	372.24
江苏裕纶纺织集团有限公司	人民北路 180 号	工业	350	346.56	351.54
江苏江山制药有限公司	江山路 61 号	工业	340	335.52	342.83
金钟缝制有限公司	东环南路 109 号	工业	360	352.22	358.53
徐工集团靖江叉车有限公司	车站路 77 号	工业	380	380.46	380.46
江苏小天鹅三江电器制造有限公司	江洲路东侧	工业	390	383.06	388.57
靖江亚神建机制造有限公司	江平路 396 号	工业	310	298.94	309.48
江苏欣盛空调有限公司	城北园区新二路 21 号	工业	290	285.83	289.94
靖江圆圆空调风机厂	东环北路	工业	280	275.61	279.58
江苏佳纺服装有限公司	工农路南侧	工业	270	265.99	271.79
江苏光芒科技发展有限公司	纬二路 2 号	工业	280	279.63	281.88
江苏舒泰宝药业有限公司	苏源热电东路南侧	工业	280	278.01	282.01
江苏耐斯数码彩喷材料有限公司	兴业路 12 号	工业	300	296.72	298.27
江苏宝骊集团有限公司	城南园区公新公路 8 号	工业	300	295.71	299.97

2009 年靖江市集镇标定地价（部分）一览表

表 7-3-27　　　　　　　　　　　　　　　　单位：元/平方米

单位(个人)	土地位置	用途	基准地价	评估价	标定地价
王玉萍	新桥镇新桥中路 129-101 号	商业	1310	1199.36	1307.94
郭纪龙	新桥镇新桥中路 22 号	商业	900	816.90	901.16
卢新中	新桥镇新桥中路北面	住宅	860	854.15	862.84
顾朝武	新桥镇农贸市场附近小路北	住宅	860	846.91	860.52
江苏靖冶机械制造有限公司	新桥镇新桥村北五组	工业	260	258.94	259.59

续表7-3-27

单位(个人)	土地位置	用途	基准地价	评估价	标定地价
江苏飞翔泵业制造有限公司	新桥村北十组新桥中路35号	工业	260	261.95	262.60
石厚芝	东兴镇东兴北路西面	商业	700	618.09	700.06
陶巧平	东兴镇振兴路北面	商业	690	678.89	690.91
王纪明	东兴镇东兴路西面	住宅	520	511.28	520.40
朱纪贵	东兴镇育才路北面	住宅	520	517.93	522.56
江苏旭光塑胶有限公司	东兴镇成德村3组	工业	245	240.92	245.23
江苏皓月汽车锁股份有限公司	东兴镇北合1组	工业	245	230.38	245.59
陈学荣	斜桥镇江平路东侧	商业	1210	1176.31	1210.57
周敏	斜桥镇江安路西南侧	商业	1000	908.33	1000.39
翟明刚	斜桥镇安置区B幢107号	商业	860	885.09	858.59
顾小军	斜桥镇斜长路东侧	住宅	840	836.54	841.38
刘钢	斜桥镇东阜新村C3	住宅	840	837.37	840.08
江苏大润机械制造有限公司	斜桥镇江平路6号	工业	270	265.61	269.43
真彩化妆品专卖	西来镇新华街南侧	商业	840	825.95	840.57
芦中	西来镇江平路东侧	商业	780	759.53	781.65
孙建平	西来镇江平路西侧	住宅	650	646.06	650.45
陈国平	西来镇西长路西南侧	住宅	650	647.44	649.54
靖江飞达暖通设备制造有限公司	西来镇江苑路南侧	工业	245	244.66	244.66
江苏靖江互感器厂有限公司	西来镇江平路23号	工业	245	245.55	245.55
肖石华	季市镇季市西路南侧	商业	1080	1026.27	1082.79
张伟	季市镇府前路南侧	商业	970	920.15	970.83
袁文彬	季市镇姜八公路西侧	住宅	830	827.01	831.79
刘网洪	季市镇桥南新村	住宅	830	826.18	831.80
靖江市鸿飞制衣有限公司	季市镇季市北路68号	工业	250	249.64	250.29
江苏航天动力机电有限公司	季市镇季市西路39号	工业	250	249.89	250.54
刘树祥	孤山镇园山街南侧	商业	800	631.75	800.60
山东村村集体	孤山镇姜八公路东侧	商业	960	607.08	960.61
印汉坤	孤山镇姜八公路西侧	住宅	670	661.03	670.56
刘付宗	孤山镇园山街北侧	住宅	670	671.66	669.78
江苏凯通船用阀门有限公司	东至孤山中路、北至望江路南侧	工业	250	248.67	249.29
孤山镇政府	孤山镇园山街北侧	商业	800	708.00	798.69

续表7-3-27

单位(个人)	土地位置	用途	基准地价	评估价	标定地价
张炳兴	生祠镇生东路 5 号	商业	760	692.43	760.81
陈学林	生祠镇思岳路西侧	商业	710	474.46	709.47
廖正南	生祠镇博文路南侧	住宅	580	574.79	581.41
靖江市房屋销售中心	生祠镇老江平路东北侧	住宅	580	629.32	579.59
靖江市胜达环保设备厂	生祠镇新江平路北侧	工业	245	242.54	246.03
靖江恒安劳动保护设备制造有限公司	生祠镇老江平路南侧	工业	245	243.62	246.33
钱海彬	马桥镇江平路南侧	商业	650	638.71	651.44
史培灿	马桥镇江平路北侧史东埭 3 号	商业	600	550.05	599.85
史福同	马桥镇史东埭 5 号	住宅	500	502.55	500.16
朱明正	马桥镇半田场埭 36 号	住宅	500	491.30	501.00
江苏苏中开关厂	马桥镇马桥村 3 组	工业	240	239.36	241.29
靖江海贝纺织有限公司	马桥镇江平路南侧	工业	240	238.89	240.61

(三) 出让底价

1994 年，靖江市土地管理局按照县政府 1993 年 9 月 9 日下发的《关于划定靖江县国有土地基准地价、标定地价、出让底价的暂行办法》规定，依据评估地价、地理区位、土地市场供求情况等确定出让底价，拟定出让底价方案后报市政府批准执行。是年，工业用地出让底价 100 元 / 平方米左右，商业、住宅用地出让底价在 150 元 ~ 260 元 / 平方米之间。2001 年起，为加强土地市场运行的公开、公正、公平性，增加土地出让价格的透明度，防止暗箱操作，市政府建立国有土地使用权出让工作政府联席会议制度，确定具体地块出让底价等事宜。2002 年，靖江基准地价调整和省调整土地最低保护价后，出让底价也随之变化，工业用地出让底价 180 元 / 平方米左右，商业、住宅用地中集镇出让底价 500 元 / 平方米左右，城区出让底价最高为 3000 元 / 平方米、最低为 760 元 / 平方米。2006 年，国土资源部明确土地出让最低保护价后，靖江工业用地出让底价 220 元 / 平方米左右，商业、住宅用地中各镇出让底价 560 元 / 平方米左右，城区出让底价最高为 3600 元 / 平方米、最低为 760 元 / 平方米。2011 年，靖江工业用地出让底价 260 元 / 平方米左右，商业、住宅用地出让底价最低为 890 元 / 平方米，最高为 3800 元 / 平方米。

（四）宗地成交价

1993年，靖江首例以协议方式出让位于长里乡城西村七组一宗地国有土地使用权作个人建房用地，出让面积1350平方米，出让价34万元，成交单价251.86元/平方米。至1998年，靖江协议出让国有土地使用权共196宗地，平均地价225.23元/平方米。其中协议出让124宗工业用地土地使用权，平均地价222.92元/平方米；协议出让44宗住宅用地土地使用权，平均地价238.63元/平方米；协议出让28宗其他经营性用地国有土地使用权，平均地价228.59元/平方米。

1998年起，国有土地使用权出让从单一的协议出让向招标、拍卖、挂牌等形式转变，经营性用地开始进入市场化运作。1999年，靖江出让6宗商服用地国有土地使用权，平均地价720.4元/平方米。2002年，靖江贯彻执行国土资源部发布的《招标、拍卖、挂牌出让国有土地使用权规定》和国土资源部、监察部《关于严格实行经营性土地使用权招标拍卖挂牌出让的通知》，积极实施土地招标、拍卖和挂牌交易，进一步完善土地市场。1999~2006年，靖江共招、拍、挂出让68宗商服用地国有土地使用权，平均地价861.73元/平方米，最高的宗地（靖江新汽车站地块）地价6297元/平方米。

为进一步加强对工业用地的调控和管理，促进土地节约集约利用，2007年12月29日，市政府印发《靖江市工业用地招标拍卖挂牌出让办法》，规定工业用地必须采用招标、拍卖、挂牌方式出让，其出让底价和成交价均不得低于所在地的土地等别相应最低标准。2008年起，靖江工业用地进入市场化运作，并进行“价高者得”的尝试，“要土地找市场”的格局初步形成。2007~2011年，招、拍、挂出让173宗工业用地国有土地使用权，平均地价226.22元/平方米，最高为2011年江苏新南洋植保科技有限公司受让的18761平方米国有土地使用权，地价1495.12元/平方米。招、拍、挂出让192宗经营性用地国有土地使用权，平均地价1894.35元/平方米。其中：平均地价超万元的有原靖江市叉车厂南侧地块（2011年出让），面积62486平方米，地价12210.73元/平方米；靖城镇骥江路1号地块（2011年出让），面积68.1平方米，地价139647.58元/平方米；宗地地价最高为靖城镇南环路60号地块（2011年出让），面积50.9平方米，地价146169元/平方米。

2006~2011 年靖江市部分经营性用地土地使用权出让成交一览表

表 7-3-28

年份	出让地块	受让单位	面积（平方米）	用途	出让方式	出让年限（年）	起始价（万元）	成交总价（万元）	成交单价（元/平方米）
2006	原县金属制品总厂地块	市虹泰、新城房地产有限公司	18782.40	住宅	挂牌	70	2000	3010	1602.6
	渔婆南路 03 号地块	江苏兴元房地产开发有限公司	22369.00	商住	拍卖	40、70	3800	4010	1792.7
	城区 9 号地块	南通德城房地产有限公司	43426.70	商住	挂牌	40、70	26056	26156	6023.0
2007	原巧丽公司东南角地块	江阴市光华房地产开发有限公司	3145.10	住宅	挂牌	70	566	581	1847.3
	渔婆南路 7-A#、7-B#、9-A#、9-B#	靖江市城开房地产发展有限公司	7707.20	商住	挂牌	40、70	3976	4760	6176.0
	渔婆南路 12 号地块	靖江市东江房地产开发有限公司	5336.60	商业	挂牌	40、70	1600	1750	3279.2
2008	滨江新城 G05-04-01 地块	江阴利昌房地产开发有限公司	106231.00	商住	挂牌	40、70	15900	15900	1496.7
	原泰州市电大靖江分校地块	江苏亚太房地产有限公司	6517.50	商住	挂牌	40、70	1180	1190	1825.9
	原靖江市利达化工厂地块	靖江市虹泰房地产有限公司	8048.60	商住	挂牌	40、70	4000	4100	5094.1
2009	市人民医院二门诊地块	盛正雷、刘柱兵、白兰芳、盛强	906.80	商业	挂牌	40	842	882	9726.5
	飞羚运业有限公司地块	靖江荣盛房地产开发有限公司	6394.00	商住	挂牌	40、70	1500	2230	3487.6
	大众油脂厂地块	靖江市华圣房地产开发有限公司	28414.00	住宅	挂牌	70	6390	10100	3554.6
	阳光大道南侧地块	苏州中天房地产开发有限公司	140220.40	住宅	挂牌	70	15800	26600	1897.0
	原靖江市金都娱乐总汇东侧地块	靖江市长里房地产开发有限公司	12551.20	商住	挂牌	40、70	4380	7550	6015.4
	旧城改造虹桥片区 C 地块	靖江市华圣房地产开发有限公司	129221.90	商住	挂牌	40、70	29100	44300	3428.2
2010	沿江高等级公路南 H2-2 地块	江苏龙启房建置业有限公司	120666.00	商住	挂牌	40、70	13580	24100	1997.2
	原市茂昌实业公司地块	靖江市百富绅置业有限公司	67424.70	商业	挂牌	40	9600	27800	4123.1
	滨江新城 09-08 地块	江苏景瑞置业有限公司	107907.00	商住	挂牌	40、70	38000	60700	5625.2

续表 7-3-28

年份	出让地块	受让单位	面积（平方米）	用途	出让方式	出让年限（年）	起始价（万元）	成交总价（万元）	成交单价（元/平方米）
2011	原靖江市叉车厂南侧地块	靖江市泰和房地产开发有限公司	62486.00	商住	挂牌	40、70	33000	76300	12210.7
	原靖江市蔬菜公司地块	唐卫红	667.00	商业	挂牌	40	400	650	9745.1
	原华轮汽配地块	靖江市南园宾馆	14170.00	商业	挂牌	40	3180	3190	2251.2
	原住建局地块	靖江市中远置业有限公司	9444.00	商住	挂牌	40、70	2560	3570	3780.2
合计			922037.10	—	—	—	217410	349429	—

2011 年靖江市工业用地招标、拍卖、挂牌出让成交一览表
（单价 300 元/平方米以上）

表 7-3-29

序号	挂牌编号	摘牌单位(个人)	用地位置	用途	出让面积（平方米）	成交单价（元/平方米）	成交总价（万元）	成交日期	批次
1	靖工-2010-68	夏金虎	江阴园区江防村 15 组	工业	764.7	395.70	30.26	1.12	存量
2	靖工-2010-70	江苏华能冶化设备有限公司	生祠镇新丰村一组)	工业	40328	448.81	1810.00	1.12	存量
3	靖工-2011-007	靖江市鑫海设备安装工程有限公司	城南园区前进村人民南路东侧	工业	3265	444.10	145.00	5.5	2010-9
4	靖工-2011-014	靖江森源电气有限公司	城北园区新二路南侧	工业	6661	795.68	530.00	5.5	2010-9
5	靖工-2011-016	靖江市赢球物资有限公司	西来镇西来村 2 组)	工业	3424	350.47	120.00	5.5	2010-9
6	靖工-2011-022	靖江市嘴香园食品厂	生祠镇老江平路北侧	工业	1938	954.59	185.00	5.5	2010-15
7	靖工-2011-002	江苏鑫舟船舶配件有限公司	城北园区常胜村新建北路西侧块	工业	9316	1019.75	950.00	5.27	2010-15

续表 7-3-29

序号	挂牌编号	摘牌单位(个人)	用地位置	用途	出让面积(平方米)	成交单价(元/平方米)	成交总价(万元)	成交日期	批次
8	靖工-2011-003	江苏恒义汽配制造有限公司	城南园区北六村永益路南侧	工业	20185	852.12	1720.00	5.27	2010-9
9	靖工-2011-035	江苏金豆食品有限公司	靖江市人民南路东侧	工业	9107	375.00	341.51	11.30	2011-2
10	靖工-2011-040	靖江市三欣机械制造厂	城南园区永益路南侧	工业	6153	450.00	276.89	11.30	2011-1
11	靖工-2011-046	靖江市荣泰门业有限公司	生祠镇新跃村	工业	6699	450.00	301.46	11.30	2011-1
12	靖工-2011-048	靖江市华宏机械有限公司	城南园区七圩港西侧	工业	9309	375.00	349.09	11.30	2011-2
13	靖工-2011-049	江苏柯林警用装备制造有限公司	城北园区新二路南侧	工业	7658	375.01	287.18	11.30	2011-2
14	靖工-2011-050	靖江泰普科技有限公司	城北园区东兴北路东侧	工业	3226	375.02	120.98	11.30	2011-2
15	靖工-2011-051	靖江市喜盈门制造有限公司	城北园区新一路南侧	工业	6770	375.00	253.88	11.30	2011-2
16	靖工-2011-052	江苏江豪机械科技有限公司	城北园区新建路西侧	工业	10005	375.00	375.19	11.30	2011-2
17	靖工-2011-053	江苏圣久门业有限公司	城北园区新二路南侧	工业	5293	375.00	198.49	11.30	2011-2
18	靖工-2011-054	靖江市常久服饰有限公司	城北园区姜八公路东侧	工业	3585	375.00	134.44	11.30	2011-2
19	靖工-2011-055	江苏新南洋植保科技有限公司	新港园区敦土路东侧	工业	18761	1495.12	2805.00	11.30	2011-2
20	靖工-2011-056	靖江市富源电工设备制造有限公司	新港园区江平路南侧	工业	13333	1087.53	1450.00	11.30	2011-2
21	靖工-2011-058	靖江市米兰药用包装材料科技有限公司	生祠镇新丰村陆家巷西侧	工业	2168	375.00	81.30	11.30	2011-2
22	靖工-2011-060	江苏奇美乐器有限公司	城南园区兴业路西侧	工业	228	375.00	8.55	11.30	2011-2
23	靖工-2011-061	江苏长润钢结构有限公司	江阴园区沿江高等级公路南侧	工业	22457	375.00	842.14	11.30	2011-2
24	靖工-2011-074	靖江康爱特环境工程有限公司	马桥镇正北村	工业	8385	375.00	314.44	11.30	存量

续表 7-3-29

序号	挂牌编号	摘牌单位(个人)	用地位置	用途	出让面积(平方米)	成交单价(元/平方米)	成交总价(万元)	成交日期	批次
25	靖工-2011-075	江苏元泰防腐工程有限公司	马桥镇正北村	工业	19100	375.00	716.25	11.30	存量
26	靖工-2011-076	江苏和诚制药设备制造有限公司	马桥镇正北村	工业	14302	375.00	536.33	11.30	存量
27	靖工-2011-043	靖江市金大中空调设备有限公司	季市镇裕福村裕西组	工业	3537	449.99	159.16	12.31	2011-1
28	靖工-2011-057	江苏永茂普隆汽车配件制造有限公司	西来镇见龙村 8、9 组	工业	13333	375.01	500.00	12.31	2011-2
29	靖工-2011-059	靖江市天禾农机专业服务合作社	东兴镇旺稼村北 12 组	工业	3340	375.00	125.25	12.31	2011-2
30	靖工-2011-062	江苏凯特尔工业炉有限公司	新桥镇新桥村 1 组	工业	3854	374.99	144.52	12.31	2011-2
31	靖工-2011-063	江苏联兴成套设备制造有限公司	新桥镇三兴村 19 组	工业	9466	374.99	354.97	12.31	2011-2
32	靖工-2011-078	江苏鑫特尔冶金机械制造有限公司	新桥镇新合村	工业	7895.7	379.30	299.48	12.31	存量
33	靖工-2011-081	江苏中亚实业有限公司	孤山镇孤山中路 65 号	工业	11210	375.00	420.38	12.31	存量
34	靖工-2011-082	江苏鸿星锅炉压力容器制造有限公司	孤山镇孤山北路 151 号	工业	20515	375.00	769.31	12.31	存量
35	靖工-2011-083	启东申通快递有限公司	马桥镇白衣村五圩港西侧	工业	3024.2	375.01	113.41	12.31	存量
合计					328595.6	—	17769.86	—	—

二、土地出让保护价

1993年5月5日，江苏省政府批转省物价局、省土地管理局《关于全省国有土地使用权出让保护价格的意见》。是年起，靖江以不低于省土地出让保护价确定出让底价。

2002年3月25日，江苏省政府批转省国土资源厅、省物价局《关于公布全省协议出让国有土地使用权最低价的请示》，本着有利于促进地方经济发展的原则，根据各地已有的基准地价和土地市场交易资料，统一测算，综合平衡，确定全省协议出让国有土地使用权最低价。靖江市协议出让最低价为靖城镇150元/平方米，其他镇115元~130元/平方米，市经济开发区140元/平方米。

2006年12月23日，国土资源部发出《关于发布实施〈全国工业用地出让最低价标准〉的通知》，规定工业用地必须采用招标、拍卖、挂牌方式出让，其出让底价和成交价格均不得低于所在地土地等别相应的最低标准。靖江市土地等别为9等，地价标准为204元/平方米。

2009年6月26日，省国土资源厅、省发改委联合印发《关于调整工业用地出让最低价标准实施政策的通知》，靖江根据此通知精神，明确政策调整对象与认定条件：(1)属于优先发展产业且用地集约的。(2)属于以农、林、牧、渔业产品初加工为主的。政策调整的目标与减价标准：按照调高调优调强的要求，围绕努力形成现代产业体系的目标，对工业用地出让最低价标准实施政策进行调整。对符合上述规定对象、条件的工业用地，在确定土地出让底价时可按不低于所在土地等别相对应《全国工业用地出让最低价标准》的70%执行。如拟定的出让底价低于该项目实际土地取得成本、土地前期开发成本和按规定应收取的相关费用之和的，应按不低于实际各项成本费用之和的原则确定出让底价以及政策调整的申报、认定程序和政策调整的落实与监管等。同年7月，又对工业用地出让最低价标准对象和条件作出补充规定：(1)优先发展产业的认定，必须是江苏省政府《关于加快推进工业结构调整和优化升级的实施意见》中所确定的全省提升工业发展水平的重点产业链认定目录中的相关产业。(2)属于省发展和改革委员会《关于加快推进特色产业基地建设的通知》中认定的优先发展产业。在省首批特色产业基地名单目录中，靖江市被列入江苏省船舶及配套特色产业基地。至2011年，靖江市土地出让保护价未变。

三、地价评估

(一)评估机构

1993年6月9日，建立靖江县土地评估作价事务所。1995年1月15日，根据国家土地管理局《土地估价机构管理暂行规定》，经国家土地管理局核准，江苏省土地管理局在《新华日报》发布公告，批准靖江市土地评估作价事务所为B级土地估价资格，准予在其规定的辖区范围内从事土地估价业务。

2000年10月13日，江苏省国土资源厅发出《关于认真做好土地估价机构脱钩改制工作的通知》，根据国土资源部的要求，按照《事业单位登记管理条例》规定设立的事业性土地估价机构，不再承担市场性土地评估的中介业务。其他经营性的土地估价机构，必须按照国务院办公厅关于脱钩改制的精神实行脱钩改制，改制后的中介性评估机构，为合伙制公司或有限责任公司。是年年底，靖江市土地评估作价事务所不再承担市场性土地评估业务，只负责土地基准地价监测、修订、修正系数调整工作。

2006年5月，靖江撤销土地评估作价事务所，将其并入靖江市地籍测绘管理所，原土地评估作价事务所监管职能由靖江市国土资源局地籍测绘管理所负责。市场性土地估价业务由评估中介机构办理。

(二)评估活动

1993年6月起，依据国家有关规定，靖江县土地评估作价事务所为域内各单位土地使用权出让、转让、出租、抵押、参股等提供土地评估服务，开展土地分等定级、地价评估、土地资产评估等业务活动，并为委托评估单位出具土地估价报告书等。7月28日，靖江县土地管理局召开乡镇土地管理所所长会议，部署开展股份制企业土地资产评估工作，并对与会人员进行土地评估的业务知识培训，强调评估工作应遵循的程序及注意事项。9月9日，县政府下发《关于股份制企业土地资产评估工作的意见》，地价评估工作在靖江正式开始。年内，全市开展股份制、股份合作制试点企业的土地资产入股评估作价和房地产交易中土地的评估作价工作。至年末，全市共评估土地21宗，面积16.95公顷，土地资产总额649.85万元。

1994年3月8日，市政府召开企业改制工作会议，市土地管理局对股份制和股份合作制企业土地资产评估业务进行辅导，提出土地资产评估的原则、要求和实施办法，进一步规范土地资产评估工作。是年6月，为加快全市土地使用制度改革步伐和土地资产管理，市政府决定在城区开展土地定级估价工作，由市土地管理局具体组织实施，并聘请南京师范大学有关教授、专家担任顾问和进行指导，于12月完成靖江市城区土地定级估价工作。

靖江土地估价工作从多角度出发，采用多种方法，抓住主线，兼顾辅线，协调并进，最后，通过多种方法的相互参照，求得较合理地价。至1994年年底，共评估股份合作制企业、中外合资企业313宗土地，面积236.5公顷，土地资产总值35186.38万元。

1995年，靖江市政府下达《关于批准执行靖江市市区土地定级计价标准的批复》，该土地定级估价成果开始用于股份制企业、股份合作制企业、合资企业和国有企业清产核资土地的评估。全年共评估248宗土地、面积100.59公顷，土地资产总额23432.38万元。

1996年，市土地管理局根据市政府关于企业改制清产核资统一部署，在全市开展土地资产评估工作。具体分为土地清查估价和数据统计汇总两步进行。遵照“科学、合理、客观评估”的原则，客观地反映企业、单位的土地价值量，所评估的每宗地均形成申请审批表、宗地情况调查表、计算表、权源证明及宗地图等完整资料，并根据评估结果，建立土地资产台账。全年共评估7宗土地、面积14.84公顷，土地资产总额4234.79万元。

1997年6月，根据省、市主管部门部署和市政府要求，完成城区基准地价修订调整工作。按调整后的基准地价，完成8个宗地、面积10.17公顷的土地资产评估，土地资产总额达2414.5万元，为土地市场运作、规范交易程序打下基础。

1999年12月，完成乡集镇、建制镇土地分等定级估价工作，该成果经泰州市国土管理局审定，报省国土管理局批准执行。是年，全市评估国有土地使用权出让、转让10个单位、14宗土地，面积11.67公顷，土地资产总额4347.02万元；首批国有土地使用权抵押评估23宗、面积24.19公顷，土地资产总额4501.88万元；破产清算评估2宗、面积2.41公顷，总评估价417.96万元。

2000年后，随着沿江开发战略的实施，国有土地使用权出让、转让等土地评估项目逐步增多，靖江市土地评估工作由相应资质的评估单位承担。2002年，再次进行土地定级与基准地价更新，并首次在靖江市区建立地价动态监测体系。2008年，采用“以价定级”的技术路线进行地价动态监测和基准地价更新工作。2011年，进行地价动态监测并对原成果进行基准地价更新，确定域内地价区段数为142个，其中商业用地地价区段70个、住宅用地地价区段40个、工业用地地价区段32个。2000~2011年，全市共评估8487宗地，面积6230.95公顷，总评估价3307614.37万元。

2000~2011年靖江市各类建设用地地价评估一览表

表7-3-30

年份	用地类型						面积（公顷）	评估总价（万元）
	小计（宗）	工业（宗）	住宅（宗）	商业（宗）	商住（宗）	综合（宗）		
2000	139	62	34	31	12	0	11.26	27265.61
2001	170	93	30	26	14	7	188.97	34348.95
2002	192	127	19	30	9	7	213.68	63691.23
2003	320	197	34	65	18	6	415.70	104313.80
2004	330	210	61	55	4	0	377.59	105886.70
2005	625	331	167	84	43	0	613.65	332389.30
2006	734	421	220	67	26	0	930.32	251202.50
2007	1175	469	502	152	52	0	1087.14	407265.68
2008	1023	322	484	135	82	0	903.54	360076.90
2009	1445	218	1025	125	77	0	507.03	336150.40
2010	1315	141	956	104	114	0	370.40	316558.10
2011	1019	170	584	103	162	0	611.67	968465.20
合计	8487	2761	4116	977	613	20	6230.95	3307614.37

第八章

地质矿产资源管理

靖江市孤山崩塌地质灾害治理工程设计

靖江位于下扬子三角洲苏北平原地带，主要地质构造为隆起区。域内矿产资源贫乏，矿种较为单一，主要有煤、黏土、地下水、地热、石膏等。由于砖瓦窑业工艺简单，投资较少，民国初年域内已有多家私营小团子窑、小土窑，其时黏土采用量不多。20世纪50年代后期，国家地质部和江苏省勘探部门开始在靖江进行煤和石油勘查。为扭转北煤南运局面，1970年6月，江苏省革委会批准组建扬州孤山煤矿。该矿于1982年投产出煤。后因资金不足、开采价值不大，1986年关停。改革开放后，砖瓦窑业发展较快。1988年，砖瓦窑达616座，黏土用量也随之增加。砖瓦窑业为城乡建设曾发挥积极作用，但也造成资源浪费、耕地受损、污染增加、生态环境被破坏等负面影响。地下水开采始于20世纪70年代，主要作为工业用水和生活饮用水，未得到充分开发利用。2000年后，靖江对矿产资源开发利用实施规范化管理，淘汰落后产能。2002年，市国土资源局认真履行各项地质环境管理职责，做好地质灾害评估和预防工作。2003年起，建立矿产资源开采管理制度，加强矿业权管理，治理整顿矿产企业，实行采矿权有偿使用，推动砖瓦生产企业转型升级。2011年，进一步规范地质矿产行政管理行为，提高依法管理矿产资源水平。

第一节 地 质

一、地 层

靖江地层分区属华南型扬子地层区下扬子地层分区江南地层小区。域内由于受燕山运动、印支运动及喜山运动的影响，地层升降频繁，因而发育不齐全，沉积厚度较薄。第四纪以前的地层自老至新有泥盆系、石炭系、二迭系、三迭系、第三系。

靖江最老地层为元古界张八岭群，并在以此作为基底的坳陷带上，相继不整合地沉积了一套从元古界晚期震旦系至中生界三迭系的海、陆相交替沉积的扬子准地台型的主要地层。古生界以海相沉积为主，其中二迭系为整个华南的含煤地层，中生界三迭系为海相沉积，地层中含有石膏质。

古生界泥盆系 上统五通组,主要岩性特征为棕色厚层至中层的长石石英砂岩，上部为棕灰白色黏土，含鳞木、亚鳞木等植物化石。基岩出露仅见于孤山地区，出露面积约为 0.2 平方千米，和江阴的黄山一脉相承。由于出露不详，且系孤立，故厚度不详。

古生界石炭系 下统金陵组，主要岩性为灰黑色厚层灰岩，高丽山组岩性为紫红色页岩、杂色页岩、夹灰岩透镜体，和州组为灰色薄层灰岩、泥灰岩，老虎洞组为深灰色厚层灰质白云岩；中统黄龙组为肉红色中厚层灰岩夹白云岩；上统船山组为灰至灰白色中薄层灰岩。该系地层主要分布于孤山穹窿倾伏背斜两翼和靖江隆起构造的翼部。这是一个主要的造煤时代，故名。

古生界二迭系 下统栖霞组岩性为灰色中厚层灰岩、含蜓类化石，孤峰组岩性为灰色及棕色硅质页岩；上统龙潭组下部为棕色长石砂岩、泥岩、煤层、生物泥灰岩，中部为杂色页岩、砂质灰岩，上部分为棕灰色砂质页岩、灰岩，局部地区含可采煤层，大隆组为杂色页岩、硅质页岩，偶有夹灰岩透镜体。该系地层主要分布于靖江隆起的两侧翼部的边缘地带。

中生界三迭系 下统下青龙组为棕黄色钙质泥岩、灰色薄层灰岩，上青龙组为灰色及肉红色薄层灰岩。该系（下统）地层主要分布于孤山穹窿和靖江隆起构造的外围地带。

该区由于受燕山、印支运动的强大影响，致使下三迭统呈区域性的大幅度上升，导致下三迭统（白垩系、侏罗系）层面以上部分的地层在该区未能接受沉积而缺失。

新生界第三系 岩层多为陆相湖积物，局部为残破积物、红色碎屑岩层和玄武岩，一般在210米以下。

新生界第四系 该区第四系沉积地层分布广泛，且所属地组段发育齐全。下更新统下草湾组，中、上更新统下蜀组，全新统近代冲积层等在域内均有沉积。

二、构 造

靖江位于下扬子三角洲苏北平原地带，构造上属四级构造单元的下扬子台褶带的次一级构造单元——江阴、常熟穹断褶束的一部分。

域内自上古生代至下中生代的地质时期中，经受地质史上的各期地壳运动，尤其是在燕山运动时期受到强烈影响，导致域内的强烈褶皱并隆起。至喜山运动时期受到的强烈断裂影响，形成现代的穹断褶束构造的最终形态特征。

燕山运动后，长江大断裂在镇江、泰兴之间发生北西——南东向的大正斜断层，使断层以东的地块向南东位移48千米，同时相对下沉200米~500米，因而使本来相连的长江大断裂以南的地块，分成宁镇穹断褶束和江阴常熟穹断褶束两个大地构造单元。后者由于长江大断裂带被挠折成北东——南西方向，致使域内地层亦呈北东——南西走向；且因长江大断裂带的位移和其所产生的强大阻力影响，导致靠近长江大断裂的靖江地层被挤压成穹窿和隆起构造，并产生高角度的倾斜，倾角一般在 22° 左右。由于江阴、常熟穹断褶束地块的下降幅度很大，因而在新生代时期靖江地区沉积下厚度很大的第四系地层，形成以泥盆系五通组石英砂岩为轴部，以石炭系、三迭系地层为翼部的北东陡、南西缓的孤山倾伏背斜。

由于新构造运动，域内属长江三角洲持续沉降区，沿江平原和江中沙洲全为三角洲冲积亚黏土。孤山周围广阔平原所覆盖的第四系沉积层厚度为 153.3 米 ~ 337.6 米，一般为 200 米以上。

第二节　矿产资源勘查与利用

一、矿产资源勘查

（一）煤

1957 年，地质部华东石油普查大队在苏北平原进行万分之一的重力普查工作时，将靖江地质主要构造初步确定为隆起区。

1959 年 4 月，省煤炭局物探队电法二队进行电法勘探，较详细探明了靖江地质构造及煤系地层的大致分布情况，于 1960 年 6 月提交电法勘探资料，推测靖江应有二迭系上统龙潭组煤系存在。

1959 年 6 月 ~ 1962 年 3 月，省地质局第三综合普查大队和省煤炭工业局 170 勘探队，分别在孤山东、西部进行煤田普查勘探工作。因孤山煤田为隐伏煤田，普查主要手段为机械岩心钻探。先后钻孔 24 个，工程量 11669.85 米，有 7 个钻孔见煤，探明有 2 组煤存在，并提交靖江勘探区普查资料。

1969 年 1 月 ~ 1972 年 12 月，省煤炭勘探团五营、六营在孤山背斜中段（一井田）进行井田勘探，钻孔 65 个，工程量 31844.49 米，探明煤炭储量 534.06 万吨，计算深度 -700 米。于 1972 年年底提交勘查报告。1970 年 3 月 ~ 1971 年 12 月，省煤炭勘探团五营在孤山背斜北翼中段（四井田）进行井田勘探，钻孔 25 个，工程量12246.28 米，探明煤炭储量 250.60 万吨，计算深度 -700 米，查明煤种属主焦煤、焦瘦煤。于 1972 年 2 月提交勘查报告。1972 ~ 1973 年，省煤炭勘探团六营在孤山背斜西端、背斜北翼（四井田）、背斜南翼（一井田）进行找煤勘探，钻孔 40 个，工程量 18033 米（其中两个孔位于矿区内，工程量 1236 米）。此次勘探，对矿区外围煤系地层展布、煤层赋存情况及构造形态作了进一步了解，为扩大找煤勘探提供了一定的依据。

1973 年 4 月，省革委会对靖江孤山一井田详查地质报告审查纪要作了批复，要求矿区继续做好井田西部边界的控制，提高高级储量所占比例，特别是上组煤以及有关水文工作，同意再钻孔 10 个，工程量 5500 米，列入 1974 年计划，勘探结束后提交补充资料或最终报告作为设计依据。据此，1974 年 1 ~ 10 月，省煤炭勘探团五营对一井田进行补勘工作。施工钻孔 14 个，工程量 6807.40 米，探明煤炭储量 816.89 万吨，计算深度 -700 米，于 1974 年年底提交详查补充报告。1975 年年初，省革委会批复确认：通过此次勘探，井田煤层赋存条件基本查明，煤层对比已有较可靠的依据，井田基本构造形态已经查明，并发现有较大的地质储量；了解了井田煤层的煤质情况，查明煤种属肥焦煤。但由于受技术条件制约，原详查地质勘探工程质量较差，部分钻孔难以利用，或仅能作地质参考点利用。因此对井田内部构造控制尚不够严密，对原Ⅲ线以西中组煤的赋存条件及含煤性缺乏了解，东部缺乏水文钻孔，对第四系底部含水层岩性分布规律了解不够，以及原勘探深度 -700 米和最低可采煤厚度定为 0.3 米都不尽合理，尚未达到详终要求，有必要继续进行勘探。1975 年，省煤田勘探公司五队进行详终勘探，施工 2 个孔，工程量 1049.37 米。经抽水检测，工程质量可靠。后因参加丰沛会战而暂停。1978 年 2 月 ~ 1979 年 12 月，省煤田勘探公司一、三队在矿区深部进行普查找煤勘探，钻孔 14 个，工程量 12025.98 米，探明储量 329.93 万吨，计算深度 -700 米 ~ -1000 米，工程质量可靠。经省煤田勘探公司发文批准确认储量。

至1979年年底，孤山煤田先后完工钻孔184个，工程量93676.37米，探明储量1326.67万吨。其中，外围钻孔21个，工程量8811米；四井田（北矿区）完工钻孔50个，工程量24817.12米，探明-700米以上储量250.6万吨，煤层计算厚度由0.3米调整为0.5米；一井田（南矿区）完工钻孔113个，工程量60048.25米，探明-700米以上煤炭储量816.89万吨、深部-700米至-1000米煤炭储量329.93万吨，煤层计算厚度扣除0.3米以上因煤层底板等高线的变化所增减的储量，一井田实际探明煤炭储量1076.07万吨。

1981年，省物探队电法二队对靖江——南通井田进行电法普查勘探，于1987年3月提交勘查报告。

1984年1月～1988年12月，根据省煤炭工业总公司要求，省煤田勘探第五队对孤山煤田一井田进行详终勘探，钻孔37个，工程量23397.97米，确定深度-700米以上储量681.5万吨、深度-700米至-1000米远景储量239.79万吨。煤层计算厚度由0.3米调整为0.5米，一井田实际储量921.29万吨。

（二）黏土

域内黏土主要用于烧制砖瓦。2006年前辖区内黏土资源储量未做勘查。2007年，市政府根据江苏省国土资源厅、泰州市国土资源局的统一部署，对域内可利用黏土矿产资源储量进行实地勘查。全市可利用黏土资源分布区278个，资源储量863.04万立方米。其中，河道疏浚722.77万立方米，占83.75%；鱼塘改造97.26万立方米，占11.27%；生产河改造19.43万立方米，占2.25%；高田降土

2007年靖江市黏土资源储量分布一览表

表8-2-1

序号	单区储量(万立方米)	区数(个)	储量(万立方米)	占比(%)
1	<2	150	337.43	39.10
2	2~3	46	112.31	13.01
3	3~4	29	102.80	11.91
4	4~5	15	70.44	8.16
5	5~6	13	71.04	8.23
6	6~7	16	102.25	11.85
7	7~8	9	66.77	7.74

19.03 万立方米，占 2.2%；其他类型的储量为 4.55 万立方米，占 0.53%。按照年用黏土 54 万立方米的标准计算，域内黏土资源利用只能维持 16 年。

（三）地下水

20 世纪 70 年代，靖江普查煤田时发现，域内地下水储量丰富。后经专业勘查，探明靖江沿江地区为全省四大远景地下水源地之首，级别大于 l0 万吨 / 日。富水层——第三承压含水层厚 20 米 ~ 50 米，每小时涌水量达 80 吨 ~ 100 吨。20 世纪七八十年代，打工业用地下水井虽深浅不一，但涌水情况很好。1987 年 4 月，省煤田地质勘探第五队在江安制药有限公司生活区钻成深 303.03 米的生活饮用水井 1 眼（深井 1 号）。同年 9 月，在八圩镇钻成深 200.3 米水井 1 眼。1989 年 5 月，经江苏省地质矿产局和省科委评审鉴定，确认八圩镇地下水井地质、水文条件清楚，水质中的锶、偏硅酸成分含量达国家饮用天然矿泉水标准，且水量丰富，易于开采。省地矿局据此批准开采。1994 年上半年，经国家地矿部南京岩矿测试研究所与省卫生防疫站对江安制药有限公司生活饮用井水取样检测，确认符合饮用天然矿泉水的水质标准。1995 年 9 月，该井地下水开采亦通过省矿产储量委员会批准。

（四）地热

据 2005 年卫星地质矿产勘探资料显示，靖江市南部沿江地带，总面积 200 平方千米的地下蕴藏有地热资源。2006 年 1 月，市政府委托江苏省地质调查研究院，对沿江生态园区进行地热地质普查；2 月，省地质调查研究院地热勘查项目组采用浅层地温测量、放射性氡气测量、可控源音频大地电磁测深及微动测深等多种国内先进的地球物理勘查方法，分析调查区地热地质条件，编制靖江市沿江生态园区地热钻井选址调查报告，确定靖江地热钻探 1 号井位，6 月 12 日通过专家评审；9 月 28 日，安徽煤田地质局第三勘探队在市沿江生态园区（原越江乡宜稼村）开钻地热 1 号钻探井，2007 年 9 月竣工，终孔深度为 2100.58 米。此次地热勘查主要实物工作量：1∶25000 地热地质调查 200 平方千米，浅表地温测量 591 个点，放射性测量 591 个点，重磁资料数据处理及地质解释 200 平方千米，可控音频大地电磁深测剖面 15.1 千米，微动测深 3 千米，水文地质钻探 2100.58

图 8-2-1　2007 年 9 月，地热钻探 1 号井竣工出水

米，测井 2100.58 米，抽水试验 50.5 小时（3 次降深），水样 2 份。此次勘查为沿江生态园区地热资源的合理开发利用提供了依据。勘查资料显示，区内地下热水主要储存于深埋藏的灰岩裂隙溶洞中，系正常增温作用形成，埋藏深度有限（终孔时，仍未钻穿石膏矿层，-737 米至 -2100.58 米均为石膏矿层，取水井深为 -708 米至 -727 米处），盖层控温条件较差，井底层水温达 57℃，出水层水温为 26℃，水温偏低，属低温地热资源。地下热水中含有一定的矿物盐，较适宜于洗浴、养殖等开发利用。通过 3 次降深稳定流抽水试验，最大出水量 765.6 立方米 / 日，最小出水量 295.9 立方米 / 日，初步提出该井（KJJI 井）允许开采水量 762 立方米 / 日，单井地热资源开采保护区面积为 4.348 平方千米，合理井距为 2.36 千米。开采保护范围内地热水年可采量 27.81 万立方米；年可采热量 1.285×10^{13} 焦耳，折合标煤 4.38×10^{2} 吨。

2008 年 5 月 18 日，靖江马洲岛长江地热 1 号井在江心洲开钻，9 月 2 日终孔深度达到 2004.67 米，井底温度为 50℃。经专家现场测试，降深 5.7 米时，涌水量为 1378 立方米 / 日，井口出水温度为 41℃。经国土资源部地下水、矿泉水及环境监测中心检测显示：该井水质无色、无味、无杂质、无有害元素，属含有偏硅酸和多种微量元素的富锶型温泉水（锶含量达国际标准 20 倍）。2008 年 11 月 27 日，马洲岛长江地热 1 号井竣工，通过市政府组织的专家验收。

（五）石膏

2007 年，勘查地热资源时发现靖江地下有丰富的石膏矿物资源，主要分布在靖江沿江生态园区。地热 1 号井深 737 米处见石膏矿，至 2100 米深度仍以石膏层为主。经检测硫酸钙含量 80%～96%，如此巨厚且质优的石膏资源为国内罕见，预测储量 10 亿吨以上。具体储量、分布尚待进一步专业勘查。

二、矿产资源利用

域内地热资源仅作初步勘查，对其开发利用有待进一步评估研究；石膏仅在地热勘查时发现，未进行详细的勘查评价工作，为储备和保护有限的矿产资源，暂未开采利用。域内开采利用的矿产资源主要是煤、地下水和黏土。

煤 1970 年 6 月，为改变北煤南运的状况，经省革委会批准，扬州专区革委会组建扬州孤山煤矿。同月，南通煤炭指挥部根据“三边”（边勘探、边设计、边施工）要求，经省煤炭指挥部批准在孤山北坡始建斜井，用以开发孤山（一井田）煤炭资源。计划建斜井 1 对，主斜井长 219.06 米、副斜井长 223.10 米，井筒用石料砌成。因副斜井掘进中遇到落差 21 米以上正断层，破碎带宽达 8 米，当时井筒涌水量达每小时 100～200 立方米，1971 年 12 月 26 日、1972 年 1 月 29 日先后发生淹井和冒顶事故。加之其水质经南通煤炭指挥部抽样对比与地表水水质相似，疑此水与地面河水相通，对井巷威胁很大，经请示，省委决定于 1972 年 2 月 4 日停建一井田。1972 年 10 月，扬州煤炭指挥部根据省煤炭指挥部指示，在孤山背斜北翼新建 1 对竖井（四井田），原设计井型年产煤 10 万吨，70 年代末经省煤炭局批准修改为年产煤 5 万吨。1978 年 6 月，扬州煤炭指挥部按照省煤炭局指示，在孤

图 8-2-2　1982 年孤山煤矿投产出煤

山背斜南翼新建竖井1对（即孤山南井），12月开工兴建。设计井型年产煤15万吨，后据省煤炭公司《关于扬州市孤山南井开采价值可行性论证报告》，将井型改为年产煤9万吨。同时确定一个采区两个工作面，–275米至–450米为第一水平，–450米至–600米为第二水平。1980年9月四井田主井、副井井底车场施工结束，并分别掘进运输大巷290余米和160余米。1982年开始投产出煤。1985年年底孤山南井主井已达第一水平–450米，主井深475米，副井深284米（–275米水平），井底车场开拓120米（接交44米管子道6米、–450米大巷“单轨”25米、–450米大巷“双轨”14米、泵房9米、变电所10米、防火门12米），总回风巷346米。1986年3月，扬州市政府向省政府提交《关于孤山南井停建转产的请示报告》。经省煤炭总公司现场调查后，1986年5月16日，扬州市政府发文决定：孤山南井虽经过充分技术经济论证，于1984年10月1日恢复建设，至1985年年末已投资542万元，加恢复前投资898万元，累计完成投资1440万元，井上下主体工程已基本建成，而且煤炭资源可靠，应继续建设为宜，但鉴于扬州市财政困难，主井井筒已被水淹没，实际已停工等情况，同意孤山南井停缓建。至1986年10月，北矿井（四井田）共产煤7万吨。因资金不足及开采价值不大等原因，当月停止开采。是月21日，扬州市政府决定将扬州市孤山煤矿移交靖江。1987年3月13日，靖江县政府将孤山煤矿和煤矿机修厂划归靖江县化学建材工业公司。

图8-2-3　孤山煤矿开采现场　（1985年摄）

地下水　1964年，县人委决定在靖城镇新建以地下井水为水源、日产1200吨的自来水厂1座。1965年，由上海勘察设计室在城区中心掘井取水，经定点水质分析，化验结果表明符合国家饮用水标准。1966年10月1日，靖江城区第一座水厂建成，市民第一次用上以地下深井水为水源的自来水。供水 1 年后，因水源水质含铁量上升，改为地表水源。20 世纪 80 年代后，域内地下水主要用于工业方面。由于地下水井止水技艺不高，导致一、二层咸水下渗，污染第三层淡水，加之缺乏统一管理，地下水资源没有得到科学合理利用。1987 年 9 月，八圩镇钻地下水井 1 眼，所采天然矿泉水，经检测鉴定达到国家天然矿泉水饮用标准。1989 年，该镇组建靖江矿泉水厂。由于受品牌、市场、资金等多种因素制约，加之从 1996 年起，靖江根据江苏省政府的部署，加强地下水资源管理，严格控制地下水开采，至 2000 年，该井所采天然矿泉水仅作居民生活饮用水，未能充分开发利用。2001 年 3 月，由宁波石源投资有限公司、香港顺然实业投资有限公司、江苏金秋竹门业有限公司、靖江矿泉水厂共同投资组建靖江石源矿泉水有限公司，开发利用八圩饮用天然矿泉水。核定允许开采量为每日 800 立方米。因市场拓展等因素，至 2011 年实际开采量不足每日 500 立方米。同时，江安制药有限公司深井 1 号饮用天然矿泉水，虽经评审批准，但未开发利用，亦仅作生活饮用水水源。是年年末，因控制地下水开采，全市工业用地下水井全部封井。

黏土 由于砖瓦窑业生产投资少，工艺简单，设备简陋，民国初期靖江就有多家私营小团子窑、小土窑。年产青砖 100 万块、小瓦 50 万片，年使用黏土量 2745 立方米。新中国成立初，靖江有土窑 7 座。1956 年，建靖江县新建砖瓦厂，是年生产青砖 150.6 万块、瓦 124.95 万片，年使用黏土量 6878 立方米。1958 年，越江公社建砖瓦石灰厂，有土窑 2 座，年生产青砖 399.6 万块、瓦 360.9 万片。是年，全县使用黏土 11436 立方米。翌年全县有土窑 10 余座，职工 501 人，年生产青砖 1500 余万块、瓦 300 余万片，年使用黏土量 2.88 万立方米。1960 年，县新建砖瓦厂建 16 门轮窑 1 座，改人工制坯为机器制坯，年产砖能力达 1200 万块。是年，全县使用黏土量 5.04 万立方米。1961 年，越江砖瓦石灰厂购买制砖机、电动机，基本实现制砖机械化，当年生产砖 650 余万块、瓦 100 余万片。是年，全县使用黏土量 6.16 万立方米。1963 年，越江砖瓦石灰厂更名为靖江县越江建材厂。1966 年 7 月，越江建材厂生产的砖瓦在华东地区质量评比中名列第二，是年起产品销上海、无锡、常州及苏北各地。1968～1971 年，因缺乏土源，该厂和新建砖瓦厂相继转产。70 年代初，全县砖瓦窑所剩无几，年产砖仅 1500 万块，年使用黏土量 2.75 万立方米。1975 年起，砖瓦生产开始回

图 8-2-4 1975 年春，长里砖瓦厂晒坯场

升。特别是改革开放后，随着乡镇经济的发展，靖江的砖瓦窑业也进入快速发展期。至 1980 年，县内 50%的公社相继建砖瓦厂。1981 年，全县产砖 17777 万块、瓦 883 万片，年使用黏土量增至 33.59 万立方米。此后，砖瓦需求量大增，至 1987 年，全县砖瓦厂（含石灰厂）发展到 58 家，共有轮窑 384 孔，职工 6064 人。其中乡办厂 14 家，职工 2855 人；村办厂 39 家，职工 3105 人；组办厂 5 家，职工 74 人。年产红砖 87852 万块、瓦 4247 万片。年使用黏土量 147.36 万立方米，其中使用域内黏土占 60%，外地购进黏土占 40%，黏土使用量为历年之最。1988 年，靖江砖瓦窑厂遍地开花，根据县土地管理局调查，全县有窑 616 座。其中，轮窑 53 座、立窑 122 座、土窑 441 座。土窑虽占全县砖瓦窑厂的 71.6%，而其产量仅占全县实际总产量的 25%左右。

1989 年起，受域内黏土资源量限制和黏土质量不高影响，砖瓦生产企业所需黏土 80%从外地购进，导致生产成本大幅上升，亏损额加大，亏损企业面扩大，少数企业处于停产、半停产状态，土地利用效益大为降低。是年，县土地管理局根据上级文件精神，对全县砖瓦窑业进行清理整顿，调整砖瓦窑业布局，对不符合布局要求的砖瓦窑，视黏土资源情况逐步拆除，对黏土资源不足致使农田遭到破坏的小土窑、小立窑坚决拆除。至 1995 年，全市尚有砖瓦窑 291 座，占地面积 179.34 公顷。其中，轮窑 52 座，占地面积 116.67 公顷；立窑 112 座，占地面积 38 公顷；土窑 127 座，占地面积 24.67 公顷。年使用黏土量 80 万 ~ 90 万立方米左右。1997 年，靖江市委、市政府结合“三土”（土窑、土坟、土地庙）治理，加大对砖瓦窑业整顿力度。年末，全市有砖瓦窑 195 座，其中轮窑 52 座，小立窑、土窑 143 座，年使用黏土量 70.8 万立方米。2002 年，地质矿产管理职能划归靖江市国土资源局后，该局对全市矿产资源开发利用实施规范化管理。至 2003 年，全市尚有管理规范、能源消耗较低、技术比较先进的砖瓦生产企业 28 家，有窑基门数 584 门，年产标准砖 35304 万块，年产值 10283 万元，年使用黏土量 64.67 万立方米。至 2011 年，全市砖瓦生产企业由 28 家减少为 23 家，有窑基门数 488 门，年产标准砖 29517 万块，年产值 10052 万元，年使用黏土量 54.07 万立方米。

2003 年靖江市砖瓦生产企业黏土用量一览表

表 8-2-2

序号	单位名称	窑基门数（门）	年使用黏土量（万立方米）	年产量（万块）	年产值（万元）
1	靖江市新型装饰材料厂	18	2.00	1092	304
2	靖江市西来宏发建材厂	20	2.20	1201	361
3	靖江市五四建材厂	20	2.20	1201	321
4	靖江市建筑装潢材料厂	20	2.20	1201	302
5	靖江市西来砖瓦厂	20	2.20	1201	338
6	靖江市越江宜稼建材厂	20	2.20	1201	316
7	靖江市越江建筑材料厂	20	2.20	1201	301
8	靖江市马桥扶贫建材厂	22	2.42	1321	423
9	靖江市白衣建材厂	18	2.00	1092	349
10	靖江市幸福砖瓦厂	18	2.00	1092	336
11	靖江市冬青建材厂	24	2.70	1474	451
12	靖江市东兴建材厂	18	2.00	1092	330
13	靖江市城南砖瓦厂	18	2.00	1092	318
14	靖江市城南扶贫建材厂	18	2.00	1092	306
15	靖江市八圩镇五圩建材厂	24	2.70	1474	441
16	靖江市意达空调风机厂	18	2.00	1092	298
17	靖江市季市百花建筑材料厂	32	3.53	1925	548
18	靖江市永新建筑装潢材料厂	20	2.20	1201	384
19	靖江市季市砖瓦厂	22	2.42	1321	401

续表 8-2-2

序号	单位名称	窑基门数（门）	年使用黏土量（万立方米）	年产量（万块）	年产值（万元）
20	靖江市长安扶贫窑厂	18	2.00	1092	330
21	靖江市生祠砖瓦厂	18	2.00	1092	310
22	靖江市生祠砖瓦二厂	18	2.00	1092	302
23	靖江市生祠大进砖瓦厂	18	2.00	1092	315
24	靖江市太和许春夫建材厂	24	2.70	1474	443
25	靖江市砖瓦厂	18	2.00	1092	317
26	靖江市罗家桥建材厂	36	4.00	2184	640
27	靖江市东南建材厂	22	2.40	1310	391
28	靖江市隆丰砖瓦厂	22	2.40	1310	407
合计		584	64.67	35304	10283

2011 年靖江市砖瓦生产企业黏土用量一览表

表 8-2-3

序号	位置	单位名称	窑基门数（门）	年使用黏土量（万立方米）	年产量（万块）	年产值（万元）
1	西来镇丰产村	靖江市友星建筑装饰材料厂	18	2.00	1092	362
2	西来镇龙飞村	靖江市伟益建材厂	20	2.20	1201	378
3	西来镇五四村	靖江市五四建材厂	20	2.20	1201	395
4	西来镇东来村	靖江市西来砖瓦厂	20	2.20	1201	408
5	马桥镇正北村	靖江市马桥扶贫建材厂	22	2.42	1321	432
6	马桥镇白衣村	靖江市白衣建材厂	18	2.00	1092	380
7	马桥镇幸福村	靖江市幸福砖瓦厂	18	2.00	1092	371
8	生祠镇地藏村	靖江市兴元新型建材厂	18	2.00	1092	389
9	生祠镇金星村	靖江市冬青建材厂	24	2.70	1474	510
10	东兴镇安圣村	靖江市东兴建材厂	18	2.00	1092	367
11	八圩镇鼎新村	靖江市鼎兴建材有限公司	18	2.00	1092	373
12	八圩镇五圩村	靖江市八圩镇五圩建材厂	24	2.70	1474	510

续表 8-2-3

序号	位　　置	单位名称	窑基门数（门）	年使用黏土量（万立方米）	年产量（万块）	年产值（万元）
13	季市镇关桥村	靖江市季市百花建筑材料厂	32	3.53	1925	655
14	季市镇石榴村	靖江市永新建筑装潢材料厂	20	2.20	1201	408
15	季市镇大桥西首 8 号	靖江市季市砖瓦厂	22	2.42	1321	449
16	季市镇文武村	靖江市长安扶贫窑厂	18	2.00	1092	393
17	生祠镇金星村	靖江市生祠砖瓦厂	18	2.00	1092	369
18	生祠镇大进村	靖江市生祠大进砖瓦厂	18	2.00	1092	384
19	新桥镇礼士村	靖江市太和许春夫建材厂	24	2.70	1474	521
20	斜桥镇安宁村	靖江市砖瓦厂	18	2.00	1092	389
21	靖城镇罗家村	靖江市罗家桥建材厂	36	4.00	2184	743
22	靖城镇东南村	靖江市东南建材厂	22	2.40	1310	421
23	孤山镇联东村	靖江市隆丰砖瓦厂	22	2.40	1310	445
合　　计			488	54.07	29517	10052

第三节　矿产资源开发管理

一、管理机构

20 世纪 50 ~ 70 年代，域内砖瓦厂由靖江县手工业局（后改称轻工业局）管理。80 年代改由县化工建材工业局管理。1986 年 9 月，县政府成立靖江县矿产资源管理站（简称县矿管站），归县计划委员会管理。域内始有专职的矿产资源管理机构。1997年8月，市矿管站更名为靖江市地质矿产管理办公室（简称市地矿办）。2002年5月，市地矿办划归靖江市国土资源局，行使地质矿产资源管理职能。

二、规划编制

2001年，为有效利用和保护黏土及其他矿产资源，市地矿办参与《泰州市矿产资源总体规划（2001～2010年）靖江部分》的编制。该规划划定黏土开采范围，控制开采量，拟定关停无土源、设备老化、能耗高及经济效益差的矿产企业指标，同时明确新矿产资源勘查任务（地热资源），建立矿产资源市场配置新机制，建立健全地质灾害防治、监测等制度。

2007年11月，根据国土资源部《关于开展第二轮矿产资源规划编制工作的通知》精神和泰州市政府的要求，靖江市国土资源局组织力量参与泰州市国土资源局《泰州市矿产资源总体规划（2008～2015年）靖江市部分》的编制。其中，全市砖瓦黏土开发利用规划以镇为单位，依据《靖江市土地利用总体规划》，应用各基层国土分局实地调查成果，客观翔实反映全市砖瓦用黏土资源分布的地理位置、规模、勘查程度、质量、可采区面积、取土速度以及可利用黏土资源储量。按照“有序有偿、供需平衡、结构优化、集约高效”的要求，设置新一轮黏土采区范围，严格控制黏土年开采量、开采深度、开采时间。规定以土地整理的黏土、河道疏浚淤泥为黏土重点开采资源，全面禁止在基本农田开采黏土，合理设定砖瓦生产企业布局，限定企业数量。同时进一步规范完善采矿权市场建设，鼓励发展地热供暖、洗浴、保健、养殖等综合利用模式。限制地下水开采，加强地质灾害预防。

新编修的矿产资源规划通过省国土资源厅、省发改委等相关职能部门及南京大学、南京地质矿产研究所等院校专家预审，并通过泰州市人民政府组织的听证。该规划做到合理开发与高效保护相统一，使矿产资源开发和环境保护的矛盾得到缓解。

三、监督管理

（一）规章制度制订

1986年9月，县矿管站成立后，为加强黏土资源管理，及时掌握砖瓦生产企业使用黏土资源情况，建立砖瓦生产企业生产、经营、资源来源申报制度。1987年，为加强地下水资源管理，县政府颁布《靖江县城镇供水管理办法》，明文规定：城镇地下水资源由城建部门统一管理，严禁任意开采。确需开凿深井的单位，需提交书面申请，经城建部门查勘和审核后，发给凿井批准书。凿井批准书列明井位、井深、口径、取水层、日开采量与施工质量要求。原有自备深井的单位，必须至县城建部门办理登记手续，提出用水量申请，经核定批准并装置流量计，取得用水许可证后，方可按规定数量取用地下水。

1990年起，鉴于砖瓦生产企业增加，企业生产经营管理混乱，市场竞争无序等情况，经县政府批准组建砖瓦生产企业行业协会，建立行业管理制度，加强对砖瓦企业和砖瓦市场的调控管理。

2000年，根据《中华人民共和国矿产资源法》《中华人民共和国矿山企业安全生产管理法》和《中华人民共和国劳动法》等法律，市地矿办制订非煤矿山安全生产监督检查制度。2002年5月，地质矿产管理职能划归市国土资源局后，该局进一步完善非煤矿山安全生产监督检查制度；协同市安全生产监管部门对非煤矿山企业实行生产安全监督“三查一报告[①]”制度。2003年，为强化矿产资源的管理，靖江市根据省、市主管部门的要求，建立矿产资源开采管理制度，对矿产企业实行“二证一照一书[②]”管理，建立预交土地复垦保证金制度；对饮用天然矿泉水开采企业实施水资源储量、水质动态监测报告制度。2004年，为应对地质

①三查一报告：指安全生产月度例查，季度巡查，重大事项、重要时点、重大节日特别检查和安全生产零报告。

②二证一照一书：指土地使用权证、矿业权采矿许可证，工商营业执照，土地复垦合同书。

灾害的防治，靖江市建立汛期地质灾害易发区巡查及值班制度。

2011年，市国土资源局制订《靖江市国土资源系统在矿产资源和地质灾害防治中过错责任追究办法》，进一步规范地质矿产行政管理行为，强化按法规、政策、制度和工作程序办事的意识，提高依法行政水平。

（二）矿业权管理

1989年，根据《中华人民共和国矿产资源法》，靖江规定凡在域内从事砖瓦生产的集体和个体企业，都必须重新办理登记手续，领取采矿许可证，取得合法采矿权后方可生产。工商、税务部门凭矿管部门核发的由省政府统一印制的采矿许可证，重新审核换发营业执照和办理税务登记手续。确需凿井开采地下水的单位，经主管部门审核，由县矿管站批准并发放凿井许可证后方可施工。至翌年4月，全县共有32家砖瓦生产企业获得采矿许可证，1家饮用天然矿泉水开采企业获得凿井许可证，其余企业因审查未通过或未申报而未发许可证。1994年，全市有26家企业申请换发和登记采矿许可证。2001年，全市仅有19家企业申请换发和登记采矿许可证。

2002年起，市国土资源局加大对黏土开采和外购检查密度，有效推进矿业权采矿许可证制度的实施。是年起，凡使用矿产资源的生产企业均自觉逐年申请换发和登记采矿许可证。当年33家砖瓦生产企业提出申请，经审核，30家企业获采矿许可证。2003年，开始实行黏土资源采矿权有偿出让制度，通过挂牌竞价出让方式，公平、公正使用矿产资源，进一步完善矿业权采矿许可证制度。是年，有28家砖瓦生产企业申请换领和登记采矿许可证。2007年，因布局调整，新增砖瓦生产企业1家。是年11月，全市对有采矿权证的砖瓦生产企业进行执法检查，重点检查取土范围、场地以及取土区

中华人民共和国
采矿许可证
（正本）
证号：C3212822008077230000441
采矿权人：靖江市太和许春夫建材厂
地　址：靖江市礼士桥北街1号
矿山名称：靖江市太和许春夫建材厂
经济类型：私营企业
有效期限：壹年 自 2011年7月4日 至 2012年7月4日
开采矿种：砖瓦用黏土
开采方式：露天开采
生产规模：1.80万立方米/年
矿区面积：0.0009平方公里
矿区范围：（见副本）
发证机关
（采矿登记专用章）
二〇一一年七月四日
中华人民共和国国土资源部印制

图8-3-1　2011年靖江市太和许春夫建材厂砖瓦用黏土采矿许可证

土地复垦等情况。检查结果显示：29家砖瓦生产企业均能按照黏土采矿权出让协议条款执行。2009年3~7月，根据省国土资源厅开展矿业权实地核查工作的统一部署，市国土资源局委托江苏省地质调查研究院，按照全省矿业权实地核查“规程”和“标准”，全面开展全市矿业权实地核查工作。经过4个月实地核查，准确测定矿业权人的采矿权实际范围，摸清采矿权分布规律，及时纠正在核查中发现的问题，更新采矿权登记数据库，完成实地核查成果汇总、图件报告编制和数据库建设，并通过省国土资源厅检查验收。是年，根据规划要求，关停砖瓦生产企业1家。2011年关停5家。是年年末，全市有砖瓦生产企业23家，饮用天然矿泉水开采企业1家。

（三）资源管理

1989年，县政府印发《关于进一步加强矿产资源管理工作的通知》，全县开展砖瓦生产企业清理整顿工作，加强黏土资源开采和砖瓦窑场用地管理。至1995年，先后拆除砖瓦窑325座，其中轮窑1座、小立窑10座、土窑314座。全市砖瓦窑由616座减至291座，占地面积由原来的486.67公顷减至179.34公顷。1996年3月，按照国务院关于整顿矿业秩序，维护国家矿产资源所有权的要求，全市开始征收矿产资源补偿费，从经济上体现矿产资源国家所有。是年，征收矿产资源补偿费1.25万元。同年10月，市政府印发《关于对砖瓦窑业用地进行清理整顿的通知》，市土地管理局、各乡镇贯彻“关、停、并、转”的砖瓦生产企业整顿方针，对辖区内窑业生产用地、黏土资源开采情况进行全面检查，制订切实可行的清理整顿方案，严格控制新建砖瓦生产企业。

1997年，靖江市委、市政府根据泰州市政府《关于对全市“三土”进行专项治理的通知》精神，成立由副市长任组长，由市国土、农业、工商、税务、监察、水利、交通等部门负责人组成的领导小组，在全市范围内开展以清理整顿砖瓦窑用地为重点的“三土”专项治理工作。年内，全市拆除各类土窑、小立窑96座，恢复耕地45.13公顷。通过专项治理，明确砖瓦生产企业的取土范围，为全市保护和合理开发黏土资源奠定基础。是年，市国土资源局受到泰州市国土资源局表彰，获1997年度泰州市“三土”专项治理二等奖。2002年起，市国土资源局协同相关镇，对尚未拆除的143座小立窑、小土窑和24座无采矿许可证的轮窑进行清理，责令拆除，复垦还耕。自觉拆除的，市政府视情况给予适当奖励；拒绝拆除的，市国土资源局给予一定的处罚。至 2003 年 10 月，除 28 家有采矿许可证砖瓦生产企业外，全市关闭拆除 143 座小立窑、小土窑，且复垦到位，市政府从土地复垦资金中安排 165 万元给予奖励。另有 24 座无证轮窑窑体全部拆除，所用土地转为其他项目建设用地。是年，靖江根据省国土资源厅部署，在全市范围内开展矿产资源管理秩序整顿，依法查处生祠镇金星村非法建窑行为，对相关责任人作出行政记过处分，有效遏制非法建窑行为。

2006 年，市国土资源局根据省、市有关规定，改革矿产资源补偿费征收方式，由按销量征收改为按黏土资源开采储量核定征收。年末，全市共征缴矿产资源补偿费 16.85 万元。2011 年，根据省、市主管部门规定，调整矿产资源补偿费（砖瓦用黏土资源）征收标准，把市场平均价格基数由 16 元／立方米调整为 22 元／立方米，全年全市征收矿产资源补偿费 17.67 万元。是年，根据省经济和信息化委员会《关于加快我省墙体材料产业转型升级工作的意见》，靖江进一步淘汰落后产能，促进砖瓦生产企业向先进的节能、节地、节约资源利用的方式转变。

（四）采矿权市场管理

2003 年，根据《江苏省采矿权招标拍卖挂牌出让暂行规定》，市国土资源局开始采矿权市场规范化建设，首次以挂牌出让形式出让砖瓦用黏土采矿权。年内，全市有 28 家企业通过挂牌出让形式获得砖瓦用黏土采矿权。是年，全市收取净出让金 40 万元。2007 年，市国土资源局继续实行挂牌出让黏土资源采矿权制度，29 家砖瓦生产企业通过挂牌获得黏土资源采矿权，采矿权批准登记面积 315 公顷。是年，全市收取净出让金 55.46 万元。

图 8-3-2　2007 年 7 月，靖江市黏土资源采矿权挂牌出让现场

2011 年，根据市内黏土资源储量与市场需求，经泰州市采矿权出让价款底价确认领导小组同

意，黏土资源采矿权出让底价由 1.5 元 / 立方米调整为 2.4 元 / 立方米。是年，全市有 23 家砖瓦生产企业获黏土资源采矿权，共收取净出让金 66.72 万元。

第四节　地质灾害评估与预防

一、地质灾害评估

2004 年起，市国土资源局全面履行建设用地地质灾害危险性评估备案职责，严格审查评估单位的资质和地质灾害评估级别核准意见，规范地质灾害危险性评估的备案程序，及时向社会公开发布地质灾害信息，为建设项目用地单位及时、准确提供地质灾害防治信息资料。至 2011 年，共完成地质灾害评估报告核准、备案 863 宗，建设用地地质灾害评估率达 100%，评估报告备案率达 100%。

2004~2011 年靖江市地质灾害危险性评估备案一览表

表 8-4-1

年份	用地性质	评估级别及宗数		评估单位及资质	备案情况
		级别	宗数		
2004	建设用地	三级	63	江苏省地质调查研究院甲级资质	资料齐全，资质、程序符合规定。
2005	建设用地	三级	125	江苏省地质调查研究院甲级资质	资料齐全，资质、程序符合规定。
2006	建设用地	三级	200	江苏省地质调查研究院甲级资质	资料齐全，资质、程序符合规定。
2007	建设用地	三级	119	江苏省地质调查研究院甲级资质	资料齐全，资质、程序符合规定。
2008	建设用地	三级	80	江苏省地质调查研究院甲级资质	资料齐全，资质、程序符合规定。

续表 8-4-1

年份	用地性质	评估级别及宗数		评估单位及资质	备案情况
		级别	宗数		
2009	建设用地	三级	80	江苏省地质调查研究院甲级资质	资料齐全,资质、程序符合规定。
2010	建设用地	三级	114	江苏省地质调查研究院甲级资质	资料齐全,资质、程序符合规定。
2011	建设用地	三级	82	江苏省地质调查研究院甲级资质	资料齐全,资质、程序符合规定。
合计			863	—	—

二、地质灾害预防

2004年起，根据省地质灾害易发区划分报告确认，靖江地质灾害主要有滑坡崩塌（孤山）、地面沉降（全市范围内）、汛期地质灾害（长江靖江段江岸坍塌）等，市国土资源局按照国家《地质灾害防治条例》等法律法规文件和上级要求，履行各项地质环境管理职责。每年年初编制《靖江市年度地质灾害防治方案》，提高突发性地质灾害应急和防治能力。入汛前及时下发通知，要求有关单位做好汛期地质灾害防治工作，做到地质防灾工作责任到人、任务到人、措施到人，加强汛期地质灾害隐患的排查和易发区巡查，实行汛期台风季节值班制度，确保通讯畅通、信息传递准确及时。至2011年，全市未发生重大地质灾害。

（一）孤山滑坡崩塌预防

孤山形成初，东北陡崭，南部延缓。东北角于明弘治十四年（1501年）、嘉靖三十九年（1560年）、万历四十一年（1613年）3次崩塌。“前山的黄泥做叫鸡，后山的红泥好充饥”。旧时遇自然灾害闹饥荒，饥民取山土（俗称“观音粉”）掺和杂粮、野菜充饥。由于山土黏度大，当地百姓在孤山脚取土制作“泥狗子”（一种儿童玩具，能吹出清脆悦耳之音），利用香期聚众和清明祭扫活动之机，设摊销售，以致东山脚被挖陷。2000年后，靖江对孤山进行保护，治塌防崩。在山脚修筑护坡，设置护栏和安全警示牌，禁取山土，并将地质灾害预防与营造山区风景相结合，恢复古迹，植物造景，栽花营林，修河建湖，新建特色园林。至2008年，完成孤山风景区建设二期工程，孤山地质灾害得到有效预防。至2011年，孤山未发生严重滑坡崩塌现象。

（二）地面沉降监测

1987年起，为加强域内地下水动态和地面沉降监测，靖江先后选择14个地下水监测网点，每周定时记录水位、水质监测情况，每月及时、准确上报地下水监测数据报表，及时掌握地下水动态变化和地面沉降情况。至2011年，靖江未发生地面沉降灾害。

2011年靖江市水文地质、环境地质监测点一览表

表8-4-2

序号	点位名称	点位级别	用水类型	地面沉降情况
1	江苏中毅建设工程有限公司	Ⅰ	工业	无异常
2	江苏三达化工有限公司	Ⅱ	工业	无异常
3	靖江王子橡胶有限公司	Ⅰ	工业	无异常
4	江苏德生纺织印染有限公司	Ⅰ	工业	无异常
5	江苏绿涛食品有限公司	Ⅰ	工业	无异常
6	江苏裕纶纺织集团有限公司	Ⅰ	工业	无异常
7	江苏裕纶纺织集团有限公司	Ⅰ	工业	无异常
8	江苏裕纶纺织集团有限公司	Ⅰ	工业	无异常
9	江苏裕纶纺织集团有限公司	Ⅰ	工业	无异常
10	靖江宝德纺织实业有限公司	Ⅱ	工业	无异常
11	江苏天伦染织实业有限公司	Ⅰ	工业	无异常
12	江苏天伦染织实业有限公司	Ⅰ	工业	无异常
13	江苏天伦染织实业有限公司	Ⅰ	工业	无异常
14	靖江英华申被有限公司	Ⅰ	工业	无异常

（三）江岸坍塌预防

图 8-4-1　江岸坍塌预防检查　（2009 年摄）

明清至民国时期，靖江最大的地质灾害为长江江岸坍塌。民国 10 年（1921 年），雷雨、秋潮、台风致使沿江堤岸决口多处，淹没农田 10 万余亩，毁坏房屋 1000 间，死亡 50 人，灾民 3 万余人，损失 120 万元。新中国成立后，靖江江岸虽未发生大面积坍塌，但局部坍塌时有发生。1949～1987 年，国家累计投入 1000 余万元兴修护岸止坍工程。此后，靖江不断对江岸培修加固。1997 年 8 月至 2003 年 10 月，又投入 4.5 亿元，建成长江堤防达标工程。此后，长江靖江段江岸经受住历年洪水考验，无一处决口。

2011 年靖江市重要地质灾害隐患点、危险点分布一览表

表 8-4-3

编号	灾害类型	灾害详细位置	坐标		灾害特征和危害程度
			经度	纬度	
1	江岸坍塌	西界河至大掘港 1.4 千米塌段	114°01′56.43″E	31°58′30.64″N	该段河床水下地形变化加剧，-15 米深塘迅速扩大，贯通全线，并大幅度内逼，最大逼近 240 米左右，最近点距堤脚只有 60 米。
			114°01′13.52″E	31°58′50.12″N	
2	江岸坍塌	长江农场焦港至 4 号港段 2.6 千米塌段	114°29′12.90″E	32°04′34.34″N	该段-20 米深塘约 9000 平方米，最深点达-20.6 米，并有继续扩大刷深的趋势。
			114°30′51.40″E	32°04′28.51″N	
3	江岸坍塌	灯杆港至丹华港 10 千米塌段	114°20′55.76″E	32°00′15.39″N	本段即夏仕港上口-20 米深塘，面积 12 万平方米（1000 米×120 米），内逼 20 米左右。
			114°26′27.94″E	32°04′28.51″N	
4	山体滑坡	孤山镇孤山	114:18:06.974871	32:04:02.105592	该山山体在自然的、人类工程活动的影响下，西坡、西北坡、东北坡已出现不同程度的山体滑坡隐患，狭小的山顶建有未进行过地质灾害危险性评估的，且具一定规模的寺庙建筑群。
			114:18:09.575073	32:03:55.864666	
			114:18:02.46008	32:03:53.425931	
			114:18:05.203055	32:03:58.108452	

第九章

国土资源税费

全面取消农业税

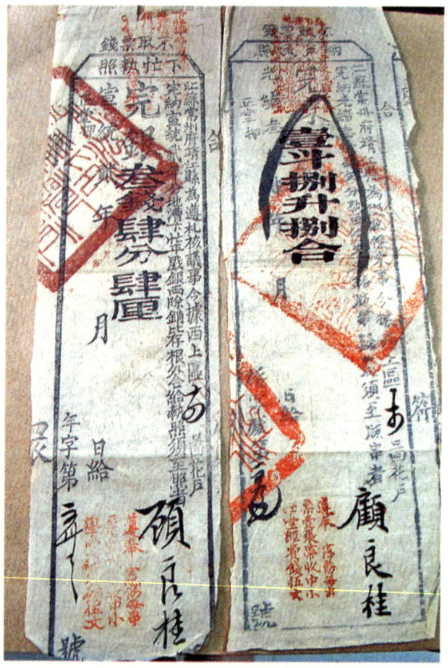

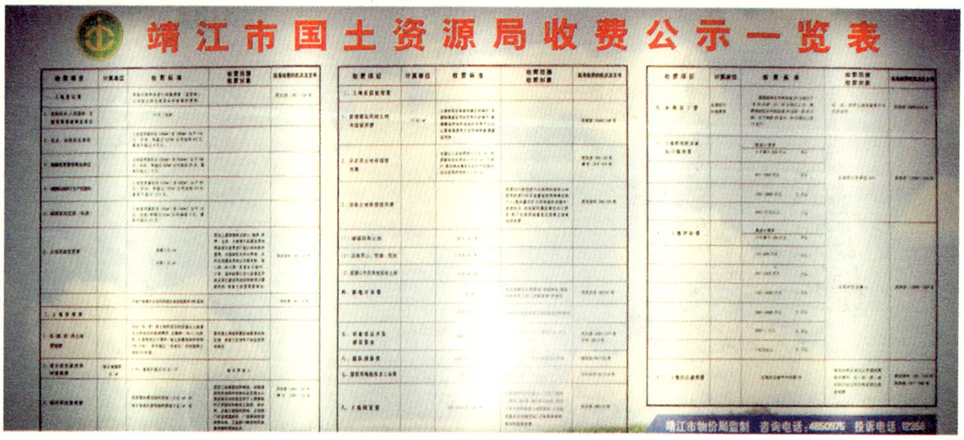
靖江市国土资源局收费公示一览表

在封建土地私有制度下，大量土地集中在地主手里，广大农民少地或无地，被迫向土地占有者租田耕种。租额一般为总产量的 40%~50%，佃户扣除生产成本，所剩无几。遇有灾年，所收不够缴租，正是“丰年终岁苦，歉年无所补”。同时，土地所有者必须向官府缴纳田赋。明初实行“轻徭薄赋”政策，永乐以后税额增加。嘉靖十七年（1538 年），废除不合理的税额和官、民田之分。万历实行“一条鞭”法，将赋役并入田赋征收。万历以后，又先后加征“三饷”（辽饷、剿饷、练饷）。清袭明制，雍正六年（1728 年）实行“摊丁入亩，地丁合一”制度，田赋成为靖江财政的主要收入。民国初期，沿用清制，但改征银米为银元。民国 17 年（1928 年），忙银、漕米合并改称地价税。新中国成立初，废除田赋，改征公粮。1950 年改征农业税，贯彻依率计征，依法减免、稳定负担、鼓励增产的政策。城市征收房地产税。中共十一届三中全会后，靖江开始用经济手段管理土地，开征耕地占用税、土地增值税等保护耕地、节约土地的税费，解决用地矛盾，促进工农业同步协调发展。

1989 年起，靖江先后依法收取土地荒芜费、农业重点开发建设资金、耕地开垦费、新增建设用地有偿使用费等规费，此举既增加财政收入，又有效促进了合理用地和节约用地。

随着域内经济的发展，农业税占财政收入比重逐年下降。2001 年执行税率为 7%，2004 年税率下调为 5%，无固定收入的土地农业税税率由 4%调整为 2%。从 2005 年起，江苏省全面免征农业税。

第一节　地　租

在封建社会和半封建半殖民地的中国，靖江和其他各地一样，地主凭借土地占有权，对租种其土地的农民进行残酷的地租剥削。靖江地租形式主要有实物地租、劳役地租（给地主种地，以劳代租）和货币地租，其中实物地租是地主剥削农民的主要手段。这种生产关系一直延续至土地改革。

一、实物地租

农民向地主租种土地，按夏秋两季（夏六秋四）交纳租粮，夏季交麦，秋季交稻。平田每亩8斗，沙田每亩1石2斗。是时每亩租田年产粮食三四百斤，地主收租量占总产量的一半乃至更多，正常年景，农民交去租粮，所剩无几。也有寄脚的，即先付押金，平田4元~5元，沙田7元。如遇灾年，无力交租，地主则插签收田，或挂账作债，利上滚利。据《靖江县志》载，新中国成立前，东兴区成德乡农民沈竹泉，全家7人，种租田7亩。夏熟交租粮麦子2石8斗，秋熟交稻谷8石4斗，交租去本后，所剩粮食每人仅百余斤，只能以瓜菜维持半饱。

二、劳役地租

佃户除受地租剥削外，受地主的额外劳力剥削也较严重。地主家建造房屋、婚丧喜庆、忙年过节，佃户则随喊随到，为地主做工抵交地租。其方式有长工、短工之分。长工是指贫苦农民常年在地主家劳动；短工（又称忙月）是在夏秋两季农忙时到地主家劳动。劳役地租以“带租田”为主，即租种地主几亩田，必须带种地主相等数量的田，形似五五分租，实际必须以种好地主的田为主，先完成地主田里的农活，然后才能抽空料理自己的租田，十分辛苦。

三、货币地租

即农民种地主的租田，不交粮食，而是按当时粮价交纳一定的货币。在物价暴涨时，地主收实物地租；在物价稳定时，则收货币地租。佃户如交不起或不能按时交纳，则受高利贷的剥削。

地主剥削农民的另一手段是高利盘剥。地主为吞并农民土地，常乘人之急，高利放贷。佃农因地租重、产量低，不得不借债度荒。有田户凭“中人”以田单抵押给地主，借债月息 2 分、3 分不等；无田户则需“中人”担保，月息高达 10 分。新中国成立前，侯河区迎祥乡自耕农常桂庭，因建房借地主 40 元债，秋熟登场后即主动还债。但地主故意屡次拖账，3 年后滚成 601 元。常还债不起，被迫以 13 亩自家田抵债。还有佃农为度饥荒，借贷“青苗款”，春借一斗粮，秋还一斗三，或春借一斗麦，秋还一斗米。地主借粮用小斗、收粮用大斗,借粮时“潮的出”、收粮时“干的进”，故有“农民常吃苦，一石只有九斗五”之说。

对于地主以地租严重盘剥贫苦农民，国民政府曾施政予以改革。民国 15 年（1926 年），国民政府在广州中央联席会议上作出“减轻佃农佃租百分之二十五”的规定。但未见执行结果。

1942 年起，抗日民主政权实行“二五减租，分半减息”，照原租额减租 25%，重订新租约，废除预租、劳役地租，改为定租，禁止增加押租，并规定减租后实交租额不得超过正产收获量的 37.5%，低于 37.5%的亦不得提高。佃户由此获得实惠。

第二节 土地赋税

一、田 赋

（一）田赋征收

田赋系官府以土地为对象所征收的赋税。靖江成陆后，由于涨坍频繁，故田赋（旧指田地税）也随之增减。明成化七年（1471年），靖江按黄册起征地赋、户役、芦课。其中所征地赋、户役又分为夏税、秋粮、力役等类目。成化八年，全县征税官田、民田，山田、滩田共289758.16亩。官田每亩征收4斗余，民田每亩征收1.7斗余。然坍涨无常，田界不定，轻重悬殊，弊端很多。嘉靖十七年（1538年），知县周继学告于上司，巡抚委人勘丈核实后予以纠正，赋税则均平如一，通融相等。官田、民田每亩均征米1.8斗，积荒沙田每亩征米1.2斗，飞沙荒田每亩征米0.5斗，新升报滩田每亩征米0.4斗。万历九年（1581年）后，改行"一条鞭法"，将赋与役编合为一，役随田办，一并征收，废除不合理税额和官田、民田之分，同时改征实物为货币，除官府需要征一定数量米外，徭役土贡等折征银两。

明万历以后，由于"赋入则日损，支费则日加"，官府财政紧张，先后加征"三饷"。万历四十六年（1618年），骤增辽饷，亩加3.5厘，次年复加3.5厘，第三年又加2厘，3年亩增9厘为定额。至明末崇祯三年（1630年），又于"9厘"外每亩复征3厘；崇祯八年，在民粮中每两加征一钱，名曰助饷；崇祯十年因厘输饷，亩计米6合，石折银8钱，又亩加征14.9厘；崇祯十二年亩加练饷银 1 分。

清代田赋征收循明制，并陆续将各项杂征并入田赋。清初，正赋从平田、沙田、滩田、芦课等中征收，额编丁银在田亩中摊征。顺治元年（1644 年）设芦政司，靖江始征芦税，分密芦、稀芦、滩田、草地四等，按亩收税。顺治九年，定《赋役全书》，靖江平田每亩征收平米①9.2 升、沙田每亩征平米 6.2 升、滩田每亩征收平米 3.3 升，全县平田、沙田、滩田共 662353.3 亩，实征平米 53601.75 石。康熙二年（1663 年）续订《赋役全书》，按顺治十五年平沙二等亩数征粮。全县平沙田 562415.53 亩，其中平田 480046.03 亩，每亩征平米一斗有零，实征平米 48030.56 石；沙田 82369.5 亩，每亩征平米 6.7 升，实征平米 5571.19 石。以上田赋正项，共征米 53601.75 石。此外，附征兵饷银每亩 5.9 分，计银 32118.9 两；本色②麦每亩 6.3 勺，计麦 339.36 石；本色米每亩 2.4 升，实征米 13231.9 石；田亩银每亩 1.05 分，计征银 5632.76 两；又征徭里银每亩 6.9 厘，计征银 3632.81 两。以上五项附加计本色米 13231.9 石，本色麦 339.36 石，银 41384.47 两。康熙五十一年，全县以康熙五十年所征丁银为准，实行“盛世滋丁，永不加赋”。雍正六年（1728 年）起，实行“摊丁入亩，地丁合一”。丁银随田征收税制，减轻徭役，削弱了封建的人身隶属关系。从此田赋成为县署主要财政收入，占总收入的 98%以上。乾隆以后，除正赋外，另征耗羡③银、养廉银等附加及杂税。乾隆三年（1738 年），考订原编续编靖江平、沙田亩数，共征平米 54266.73 石、本色米麦 13951.44 石，折色④银 42383.22 两。乾隆四十九年（1784 年），实行“田不转则，赋不加增”，然附税加重。道光十年（1830 年），全县折实一等平田 475972.44 亩，征平米 48278.75 石。每折实平田 1 亩，征本色米麦 2.5 升（遇闰年加米 4.4 抄）；征折色银 7.79 分（内征徭里银 7.1 厘），地亩银 1.7 分(遇闰年加银 2 毫)；又征人丁银 1.3 厘。全县共征银 635.83 两（遇闰年加摊银 5.1 丝）。此

---

①平米：明中叶以后征收田赋的计税单位，即正米加上耗米称平米。

②④本色、折色：中国历代封建政府赋税中原定征收的实物，如以米麦交纳，称为本色；改征其他实物或货币，如用钱钞绢帛交纳，称为折色。

③耗羡：清赋税所征加耗在抵补实际损耗后的盈余。地丁漕粮及其他杂税，都以折耗为名征收附加税。征粮时，借口雀鼠损耗，征收耗米；征粮改征银两后，除借口银两熔化，须增收火耗外，原征耗米亦仍折银征收，并不因无耗而停征。州县所收田赋加耗抵补实际损耗后余额，规定以一部分归州县官吏所有，名“养廉”，其余解交上级，名“羡余”。

外每亩征杂办[①]银 4.4 丝，共征银 19.43 两。道光十六年，靖江有芦洲 99853.43 亩，其中熟田 95348.4 亩，每亩征银 8 分，共征税银 7920.58 两；埂铲田 2117.87 亩，每亩征银 2 分；密芦 224.36 亩，每亩征银 6 分；稀芦 198.16 亩，每亩征银 4 分；滩田 77.66 亩，每亩征银 3 分；草地 1552.12 亩，每亩征银 1.5 分；水滩田 334.86 亩，每亩征银 1 分。由于以前刘闻沙田亩升科换熟沙田单时，只有段名，不载圩丘。咸丰七年（1857 年）清厘勘丈并编造圩丘清册。田分三等缴价，上等正田每亩银 3.6 两；中等挂田，每亩 2.4 两；下等塌田及担底田，每亩 1.2 两。咸丰九年（1859 年），靖江谷仓坍塌，加上军事纷繁，于是督抚奏准所征漕粮[②]始改折色解运。同治四年（1865 年），重订《赋役全书》，编载全县平田、沙田折实一等平田 547902.42 亩，共征漕银 46563.49 两，米 12678.16 石。其中平田每亩减定科征本色南恤并麦改米 2.3 升，总计 12678.16 石；每亩原科编征折色银 7.81 分，总计 41795.14 两，随征 7 分耗羡银计 2995.66 两。另每亩原科摊征人丁银、耗羡银、杂办银等，每亩分别为 1.1 厘、7 分、4.4 丝，计 704.14 两。光绪五年（1880 年），靖江芦洲分为熟芦、密芦、稀芦、滩田、埂田、草滩、水滩七等征税，每亩分别征银 8.56 分、6.42 分、4.28 分、3.21 分、2.14 分、1.61 分、1.7 分。是年，全县芦洲 62605.88 亩，共征银 5202.69 两。清末，田赋加征名目繁多，税率逐渐提高。

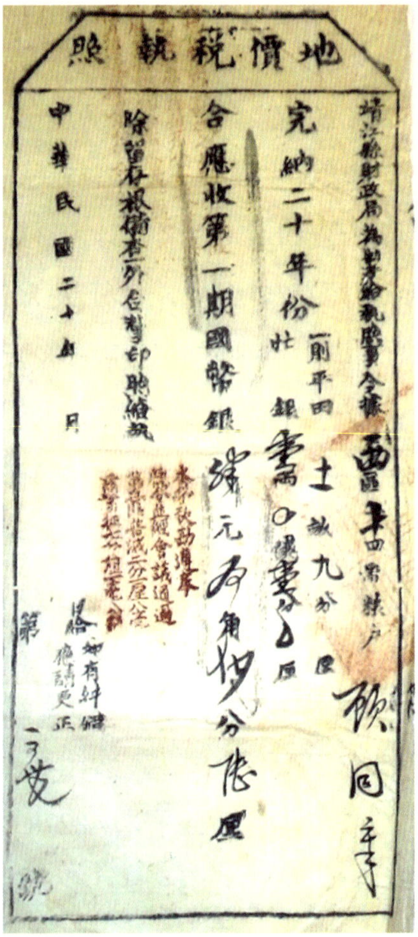
地價稅執照
完納二十年份
合應收第一期國幣銀
中華民國二十年 月 日

图 9-2-1　民国 20 年（1931 年）地价税执照

①杂办：中国古代封建朝廷以田赋、丁银为正税。正税以外，封建朝廷还根据皇室生活需要，要各地方官府按时上交一定数量的丝绸、布匹、颜料、茶、果、药材、箭枝、野味之类，地方官府便将这些实物折价，作为附加税，向农民征收，由于是为帝王办物，品种又多，所以称为“杂办”。

②漕粮：是历代王朝所征地丁粮内派收的本色(即实物)，由水路运往京都或指定的地点，以供官、军用的粮食。

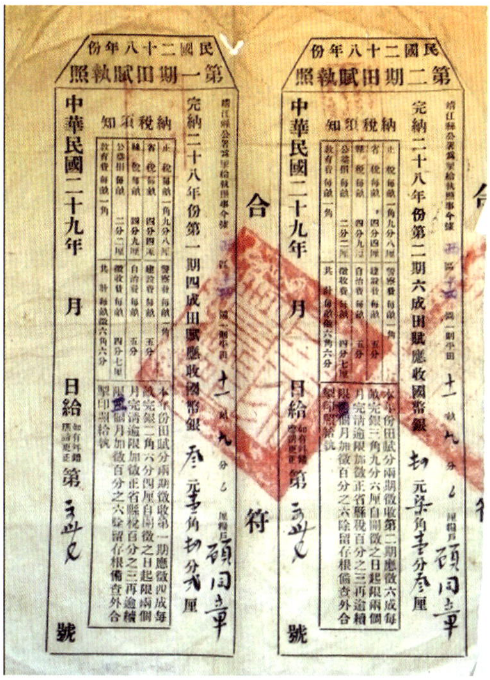

民國二十八年份 第一期田賦執照

民國二十八年份 第二期田賦執照

中華民國二十九年 月 日給 第 號

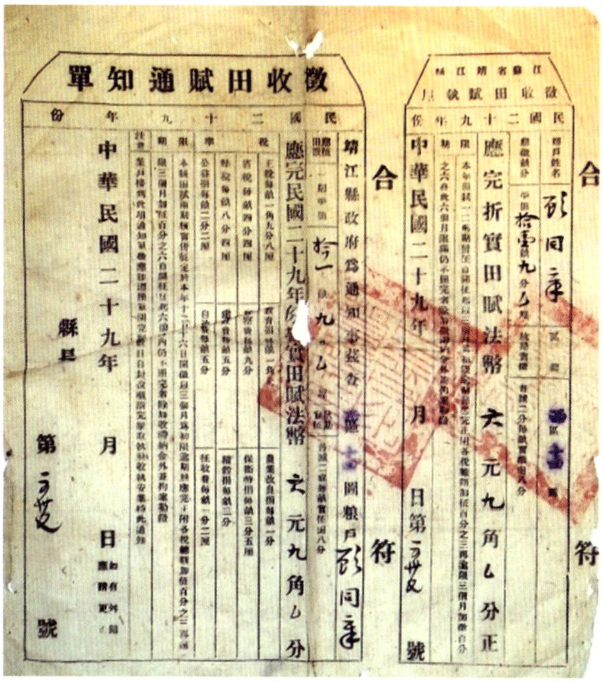

民國二十九年份 徵收田賦通知單

中華民國二十九年 月 日

應完民國二十九年份實田賦法幣

图 9-2-2　民国 28 年（1939 年）征收田赋执照　　图 9-2-3　民国 29 年（1940 年）征收田赋通知单

民国初年，地丁①、漕粮等统称田赋，后地丁改为忙银（丁粮摊入地粮合并征收之谓）及漕米（即漕粮）。税率仍沿清制。民国 8 年（1919 年），全县芦洲七等先后坍去五等，仅存两等，计有滩田 62605.88 亩，额征芦税银 5202.69 两。民国 17 年，将忙银、漕米合并改为地价税。其后，赋额、税率屡经变化。民国 20 年，靖江土地分为平田、芦田两种。全县平田原额 548846.33 亩，实征熟田 52.69 万亩，每亩征省、县正税 2.13 角，附税 5.46 角，共征银 44713 两，米 12192.53 石。芦田原额 62624.72 亩，实征熟田 5.89 万亩，每亩征省、县正、附税各 4.77 角，共征银 4881.05 两。是年按 8 折征收，民国 21 年起按各税全额征收。为解决地方财力不足，加征田赋附税。附税名目繁多，县级田赋附加有公益、普教、公安、自治、筑路、水利等亩捐及农业改良捐、清丈费、征收费等。翌年，县附税中公益亩捐征银 13122 元，教育亩捐征银 55633 元，普教亩捐征银 13908 元，公安亩捐征银 50070 元，自治亩捐征银 26345 元，筑路亩捐征银 29288 元，水利亩捐征银 1555 元，农业改良亩捐征银 11127 元，清丈费征银 58577 元，征收费征

①地丁：清“摊丁入亩”后田赋和丁银的合称。地，即以田亩为标准完赋税；丁，即以人口为比例服徭役，后并丁于地，免徭役，称为地丁。

银 6734 元。民国 23 年，江苏省颁布《各县地价税征收章程(草案)》，将田赋下忙银、漕米、芦屯、杂办等归并于地价税，废除忙银按两、漕米按石征税方式，实行“银米改元”，即各类田地等则税率统一折算成“三等九则”，以银元为单位，按亩计税。全年靖江各税共征 33.83 万元，其中田赋县税 32 万元。民国 24 年，全县田亩分平田、沙田、课田、溢田 4 种。平田、沙田额征数为 50.91 万亩，课田、溢田额征数分别为 5.43 万亩和 0.52 万亩。每年平田、溢田每亩征上下 2 期忙银和 1 期糟米，课田每亩征银 1 期。民国 34 年，国民政府为庆祝抗日战争胜利，豁免田赋 1 年。民国 37 年，全县田赋征收总额 42.67 亿元（法币）。

（二）田赋蠲免

靖江（马驮沙）自明宣德四年（1429 年）后，凡遇水旱风虫等自然灾害，地方勘报灾歉（规定报灾截止期为每年的 9 月底），官府酌免钱粮，即所谓“秋勘灾蠲”。是年，旱灾，免田赋；宣德九年，水灾，免田赋。景泰六年（1455 年），旱灾，豁免秋赋。天顺四年（1460 年），水灾，豁免一半田赋；天顺八年，水灾，按不同程度豁免田租。成化七年（1471 年），水灾，减征田赋；成化十八年，秋旱，减征田赋；成化二十一年，旱灾，减征田赋。弘治十六年（1503 年），夏旱、秋潮、冬雪之灾，下诏减征。正德元年（1506 年），旱灾，减征田赋；正德五年，水灾，豁免当年正额并各项钱粮；正德九年，因夏旱、秋潮之灾，诏令免征田赋。嘉靖元年（1522 年），水灾，免田赋；嘉靖二十五年，旱灾，免征田赋及二十三年未完钱粮。隆庆三年（1569 年），水灾，免征米 39553 石。万历十一年(1583 年)，因十年水灾，免征米 19080 石；万历十五年，水灾，停征折色银 28525 两；万历十七年，因民饥荒又逢大疫，免征本色米 5640 石，折色银 3383 两，又停征银 480 两；万历二十三年，水灾，免征银 8008 两；万历二十四年，水灾，免征银 186 两；万历二十六年，水灾，免征银 154 两；万历二十九年，水灾，免征银 178 两；万历三十六年，水灾，免米 31171 石，银 54514 两。崇祯六年（1633 年），水灾，分等豁免。

清朝顺治元年（1644 年），免当年税粮十分之七，兵饷十分之四，把明末的苛捐杂税尽行革除；顺治十一年，水灾，免当年秋粮三分之一。康熙四年(1665 年)，免顺治十八年以前旧欠钱粮；康熙六年，免元、二、三年以前地丁钱粮；康熙十年，免六年以前地丁钱粮；康熙二十四年，漕粮豁免三分之一；康熙二十六年，免江苏所属各郡县二十七年地丁并二十六年未完钱粮；康熙二十七年，免十七年以前未完漕项银米；康熙二十八年，免积年地丁、屯粮、芦课、米麦杂税；康熙三十年，轮免江苏漕米一半；康熙四十五年奉旨：康熙四十三年以前未完地丁银米俱令豁免，其旧欠已完在官，而本年钱粮未足者，准予扣抵；康熙五十一年奉旨：江南全省除漕项外，康熙五十一年应征地亩人丁银，俱令查明全免，其历年旧欠一并免征。雍正六年（1728 年），免康熙十一年至五十年未完地丁等银。雍正十三年，清高宗接位，推恩下诏各省民欠钱粮，属于十年以上者，户部查明具奏豁免；又奉旨：雍正十二年以前，各省钱粮，实为民欠者则一并宽免；又清查积欠钱粮内，有官侵吏蚀，也照民欠例子宽免；又批准副都御史陈世倌奏请，凡属豁免钱粮耗羡银也连同豁免；又奉旨：批准果亲王奏请，江南等省漕项、芦课及学租、杂税等银，俱令豁免。乾隆三十二年（1767 年），轮免江苏漕米；乾隆三十六年，轮免江苏钱粮；乾隆四十三年，轮免江苏钱粮；乾隆四十六年，轮免江苏省常州府漕银；乾隆五十五年奉旨：本年各省应征钱粮，按年轮豁，从乾隆五十六年开始，分三次每年免三分之一；乾隆五十九年奉旨：乾隆六十年各省应征钱粮，令再加恩分年轮免（从乾隆六十年开始第三年免江苏），又豁免各省积年正耗民欠，因灾缓征带征银。乾隆六十年奉旨：丙辰元旦仁宗接位，即将嘉庆元年（1796 年）各省应征地丁钱粮，按年轮免，从嘉庆元年开始，分三次按年轮免，每年完三分之一。嘉庆四年奉旨：乾隆六十年以前，各省积欠缓征地丁、耗羡及民欠籽种、口粮、漕粮银两，并积欠缓征民借米谷草束等项，现在应征者，并行豁免；嘉庆十四年奉旨：从前各省部分地区因灾所有借给贫民籽种、口粮、牛具等项，命予豁免；嘉庆二十四年，免二十二年以前积欠银米。道光三年（1823 年），水灾，免当年银米十分之二；道光十一年，水灾，免当年银米十分之三；道光十五年，免十年以前银米；道光二十年，水灾，免当年银米十分之二；道光二十二年，因英舰过境，免当年银米十分之三；道光二十五年，免二十年以前递缓银米；道光二十八年，水灾，免当年银米十分之二；道光二十九年，水灾，免当年银米十分之三。咸丰元年(1851 年)，免道光三十年以前积欠银米；咸丰三年，给事中雷维翰，因江南被兵奏请，奉上谕，清理漕米，禁止官吏浮收勒索，靖江银米免十分之三；

咸丰四年，免当年银米十分之一；咸丰五年，两江总督怡良复奏免本年银米十分之一；咸丰六年，因兵警，免当年银米十分之三，剩七成，因旱灾，又分别情况豁免或缓征；咸丰七年，因风潮歉收，免当年银米十分之一；咸丰八、九两年，俱减免银米一成；咸丰十年，普减银米三成；咸丰十一年，普减银米二成。同治元年（1862年），普减银米三成；同治二、三两年，均普减银米二成；同治四年，因风雨伤禾稼，普减银米一成；同治五年，因淫雨为灾，普减银米一成半；同治六年，因风潮歉收，普减银米半成；同治八年，部分因风潮全荒地区，豁免下忙钱粮、漕米。光绪二年（1876年），各受潮、受旱地区，应征银米全部豁免。

二、农业税

民国38年（1949年）2月，解放区取消田赋，改征公粮。靖江新区（未土改的地区）、老区（已土改的地区）农业税（公粮）的征收分别实行累进税制和比例税制。累进税制按家庭人口平均田亩（平均年产量300斤）4分至9.01亩数，划分14等户，全年征收小麦、稻谷共20斤～166斤。每户人均田亩4分以下、人均产量少于120斤者免征。征收方法为夏三秋七。夏征小麦、秋征稻谷。如纳黄豆、粟子等，按比例折成麦、稻征收。比例税制根据正税不超过各等田亩常年平均产量15.2%、附加税不超过正税15%的原则，将田地划分为甲、乙、丙、丁4等，每年每亩征小麦、稻77斤~28斤。是年起，按规定对因自然灾害或其他原因造成农作物减产而致生活困难的农民，实行农业税灾歉减免或社会减免。县内执行情况：1949～1951年按规定对收成在8成以上者不予减免，3成以下者全免；3成以上至8成以下者，按2、3、5、7、8折征收。此后，县内灾歉减免执行“轻灾少减，重灾多减，特轻不减，特重全免”的原则，按有关规定，以纳税人经营的全部土地实际产量占常年产量的比例，综合计算灾情减免。对烈军属和残疾军人等按规定标准减免。

1950年，改公粮制为农业税，以户为单位，按农业人口每人全年平均农业收入，照全额累进税制分等级计征。1951 年 6 月 21 日，中央人民政府政务院《关于 1951 年农业税收工作的指示》中规定，农业税附加不得超过正税的 20%，随同农业税一起征收。1950 ~ 1952 年附加税占正税 15%，之后占 5% ~ 4%。中央人民政府对《农业税暂行条例》作了修改，推行“种多少地，应产多少粮食，依率计征，依法减免，增产不增税”的公平合理、鼓励增产的税收政策，实行差额较少的全额累进税制，并决定在此后 3 年内，农业税的征收指标稳定在 1952 年的实际征收水平上，不再增加。是年秋季，开展查田定产工作，全县田地据常年产量每公顷产 2250 千克 ~ 3750 千克（亩产 300 斤 ~ 500 斤），按 20 斤 1 级差标准，划分为 15 级 ~ 25 级。有固定收入的鱼塘和桑、竹园等，按面积参照粮田产量定产计征。全县有计税耕地面积 43886.67 公顷（65.83 万亩），其中非耕地有收益面积 1666.67 公顷（2.5 万亩）。计税产量 13350 万千克（2.67 亿斤），分 4 个区核定。沿江新桥、太和、东兴、惠丰、八圩、越江 6 乡，平均每公顷产 3562.5 千克（平均亩产 475 斤），税率 15.7%；柏木、斜桥、新港、敦义、西来、土桥、长安 7 乡，平均每公顷产 3352.5 千克（平均亩产 447 斤），税率 13.3%；季市、靖城、团结 3 乡，平均每公顷产 3105 千克（平均亩产 414 斤），税率 12.7%；侯河、长里、马桥、生祠、新丰、涨公 6 乡，平均每公顷产 2940 千克（平均亩产 392 斤），税率 11%。沿江地区定产量最高的为 25 级，每公顷定产 3750 千克（每亩定产 500 斤）。老岸高沙田定产最低的为 16 级，每公顷定产 2400 千克（每亩定产 320 斤）。1956 年，农业合作化以后，原有的以农户为单位交纳农业税的办法已不适宜，实行以高级社为单位、按社平均税率计征、由社交纳的办法。1958 年 6 月，《中华人民共和国农业税条例》正式颁行，全国实行农业税税制改革，以生产大队为纳税单位，重新定产、定率，实行比例税制。常年产量确定后 5 年不变，增产不增税，依率计征，依法减免，社员自留地免税。靖江常年产量调至 13791.5 万千克（27583 万斤），税率调至 14.48%。常年产量比 1957 年增加 15%，税率下降 1.26%，全县依率计征税额增加 6.21%，增加税额 118.3 万千克（公粮）。同月，实行地区差额比例税制，以农业生产集体为纳税单位，按核定的常年亩产量与规定的税率征收。是年起，农业税实行“货币计算，实物抵交”的办法，夏季征收小麦，秋季征收稻谷。1961 年，贯彻支农方针，再次调整农业税，全国平均税率调减为 11%。自此农民税负基本稳定。1962年起，人民公社以生产队为核算单位，农业税亦改由生产队交纳。是年，全县常年产量由1960年的12874.2万千克降至11798万千克。为减轻农民负担，贯彻支农方针，再次调整农业税，税率由1960年的14.45%降至10.55%，税额由1960年的334.6万元降至257万元，农民税负日臻合理。1963年起，全县有被征农业税单位3769个。此后，征收方法、税率及计税面积等虽有变化，但基本与以前相同。

1980年，靖江农业税征收实行起征点方法，凡人均收入50元以下免征，一定3年不变。全县有免税单位446个，免征税额35.7万元。1983年年底，靖江停止执行起征点免税的规定。为适应农村推行家庭联产承包经营责任制，是年起，农业税的征收实行以组计征，任务到户，户缴组结或户缴户结，并改季节性单渠道征收为常年多渠道征收。1985年起，根据国务院和江苏省政府规定，取消粮食统购统销，实行合同收购，其收购价由基数价改为“倒三七”比例价，即三成按原统购价、七成按超购价。计算农业税收同时改征收粮食为按粮“倒三七”比例价折征代金，完成由实物税向货币税转变，并统一执行在原征收单价的基础上上调35%，即由原单价的0.1196元，调至0.1615元。1987年，国家调整部分粮食比例价格，靖江农业税征收价格由原每千克0.32292元调至0.34778元，全县农业税税额由1986年446.9万元增至480.2万元。此后，随着农业生产的发展，农民税负不断减轻。1949～1987年，全县灾歉减免、社会减免共1359.3万元。

由于市场粮价提高，1992年国家调增农业税主粮价格19.7%。1994年国家调增农业税主粮价格63.1%。1995年，市委办、市政府办印发《关于推进现代农业、加快发展的工作要点》，出台《靖江市现代化农业项目考核奖励办法》，极大地调动农民的积极性，粮食产量逐年递增，农业税税收每年平均在一千万元以上，最高为2003年，达1775万元。2001年3月8日，中共江苏省委、江苏省人民政府颁布《关于农村税费改革工作的实施意见》，调整农业税政策，农业税按照计税面积、农作物常年产量，规定税率和计税价格，依法征收。计税面积以农民二轮承包面积为依据确定；计税常年产量按1998年前5年平均产量据实核定，以乡镇或村为单位计算，就低不就高，防止高估。全省执行农业税税率为7%。农业税的计税价格，全省统一按每千克原粮1.1元执行。改革后的农村税费征收，按上级审批后的税改方案计算到户，填发农民负担监督卡，农民按卡缴纳税费。从2001年起3年内不变。农业税附加，按农业税的20%执行，随同农业税一并征收。2004年3月10日，江苏省政府办公厅发出《关于调整农业税税率的通知》，从2004年起，全省统一调整农业税税率，税率由7%统一调整为5%；无固定收入的土地的农业税税率由4%调整为2%；农业税附加仍按农业税的20%执行。

2005年2月17日，江苏省人民政府印发《关于全面免征农业税的通知》。从2005起，江苏省全面免征农业税，并取消农业税附加。是年12月29日，第十届全国人大常委会第十九次会议决定，第一届全国人大常委会第九十六次会议于1958年6月3日通过的《中华人民共和国农业税条例》自2006年1月1日起废止，标志着中国存在2600余年的农业税成为历史。

1950~2004年靖江市（县）农业税征收一览表

表9-2-1　　单位：万元

年份	农业税征收额	年份	农业税征收额	年份	农业税征收额	年份	农业税征收额	年份	农业税征收额
1950	268.3	1961	294.9	1972	301.7	1983	333.9	1994	707.2
1951	341.7	1962	257.0	1973	301.6	1984	331.4	1995	1149.2
1952	353.2	1963	257.6	1974	301.1	1985	447.2	1996	1250.0
1953	318.6	1964	269.4	1975	300.1	1986	446.9	1997	1216.0
1954	318.3	1965	279.4	1976	299.0	1987	480.2	1998	1177.0
1955	316.2	1966	302.7	1977	298.4	1988	516.9	1999	1134.0
1956	343.9	1967	302.6	1978	297.8	1989	517.4	2000	1176.0
1957	338.5	1968	302.4	1979	336.8	1990	516.9	2001	1653.0
1958	357.2	1969	302.4	1980	336.9	1991	516.6	2002	1750.0
1959	329.1	1970	302.4	1981	336.2	1992	618.2	2003	1775.0
1960	334.6	1971	301.8	1982	336.1	1993	615.9	2004	1002.0
合计									29568.8

说明：附加税未统计在内。

三、耕地占用税

1987年4月1日，国务院颁发《中华人民共和国耕地占用税暂行条例》，决定对非农业建设占用耕地征收耕地占用税。征收范围包括占用国家所有和集体所有的耕地。同年7月，《江苏省〈耕地占用税暂行条例〉实施办法》颁布施行。靖江根据上述两个法规作出规定：1987年7月1日起，按纳税人实际占用耕地面积每平方米7.5元的税额一次性计征。农村居民在规定额度内占用耕地新建住宅，按规定税额减半征收，但农户或联户占用耕地从事其他非农业生产经营的则全额征收。纳税人必须在土地管理部门批准占用耕地之日起30日内缴纳耕地占用税，逾期按日加收应纳税款5‰的滞纳金。纳税人按有关规定至土地管理部门办理退还耕地手续的，已纳税款不予退还。单位和个人获准征用或者占用耕地超过2年不使用的，按规定税额加征2倍耕地占用税。

1988年，财政部、国家土地管理局下发《关于确保对非农业建设用地征收耕地占用税的联合通知》。同年6月，江苏省财政厅下发的《关于公路建设占用耕地征收耕地占用税问题的通知》中规定，对公路建设（包括新建、改建、扩建）占用耕地，全省一律按每平方米2元的税额计征耕地占用税。1989年1月1日起，耕地占用税税收中央和地方的分成比例，由原来的对半分成调整为“倒三七”比例分成，即中央30%，地方70%。是年8月14日，为进一步做好耕地占用税的征收管理工作，江苏省财政厅、江苏省土地管理局联合发出通知，决定建立耕地占用税征收工作联合办公制度。

1990年3月，江苏省财政厅《关于建立耕地占用税减免分级审批制度（试行）的通知》规定，国家、集体非农业建设占用耕地0.2公顷以下（含0.2公顷）的减免税由县财政局审批，同时抄报省财政厅备案；占用菜地0.2公顷以下，耕地0.2公顷以上、1公顷以下的，减免税须经省辖市财政局审批，同时抄报省财政厅备案；占用菜地0.2公顷以上、耕地1公顷以上的减免税由省辖市报省财政厅审批；占用纳税的非耕地在0.67公顷以下的减免税由县财政局审批，报省辖市财政局备案。同年，省政府规定征收的耕地占用税调整为上缴中央30%，70%留给地方（省、市比例不变）。

2008年1月1日起，新修订的《中华人民共和国耕地占用税暂行条例》施行。靖江据此对耕地占用税征收税额作出调整：占用耕地税额为每平方米30元；占用林地税额为占用耕地的80%；占用其他农用地税额为占用耕地的50%；农村居民建住宅占用耕地的减半征收；铁路线路、公路线路、港口占用耕地，按每平方米2元的税额征收；军工设施、学校、养老院、殡仪馆免征。占用基本农田的在适用税额的基础上提高50%。至2011年，全市共征收耕地占用税28695万元。

四、城镇土地使用税

为了合理利用城镇土地，调节土地级差收入，提高土地使用效益，加强土地管理，1988年9月27日，国务院颁布施行《中华人民共和国城镇土地使用税暂行条例》。1989年1月1日，《江苏省〈城镇土地使用税暂行条例〉施行细则》颁布施行。靖江按上述法规开征城镇土地使用税，规定凡在县城、建制镇、工矿区范围内使用土地的单位和个人，均为城镇土地使用税纳税人，都应当依照《中华人民共和国城镇土地使用税暂行条例》和《江苏省〈城镇土地使用税暂行条例〉施行细则》的规定，缴纳城镇土地使用税。土地使用税以纳税人实际占用的土地面积为计税依据，由土地所在地的税务机关依照规定税额计征。征用耕地的，自批准征用之日起满1年时，开始缴纳土地使用税。征用非耕地的，自批准征用次月起缴纳土地使用税。根据1989年扬州市划分的城镇土地使用税分类标准，将县内土地划分为两个等级，确定单位税额。县城每平方米0.30元，其他建制镇均为每平方米0.20元。逾期不缴的，按日加收5‰的滞纳金。是年，靖江征收城镇土地使用税33.9万元。2006年12月31日，国务院修订的《中华人民共和国城镇土地使用税暂行条例》颁布后，江苏省政府对城镇土地使用税额标准重新作了调整。靖江市根据国务院和省政府的规定，将城镇土地使用税额调整为：

靖江城区、开发区、江阴—靖江工业园区税额每平方米5元，建制镇每平方米4元。至2011年，全市征收城镇土地使用税46863万元。

五、土地增值税

土地增值税是国家针对土地在转让中增值而设的税种，按国有土地使用权在转让时价格增加的数额征税。1993年11月26日，国务院第十二次常务会议通过《中华人民共和国土地增值税暂行条例》，于1994年1月1日起施行。靖江按《中华人民共和国土地增值税暂行条例》及财政部的实施细则，于1994年1月起开征土地增值税。规定凡转让国有土地使用权、地上建筑物及其附着物并取得收入的单位和个人，为土地增值税的纳税人，均应按章缴纳土地增值税。土地增值税以纳税人转让房地产所取得的增值额为计税依据，实行四级超额累进税率。增值额未超过扣除项目金额50%的部分，税率为30%；增值额超过扣除项目金额50%、未超过扣除项目金额100%的部分，税率为40%；增值额超过扣除项目金额100%、未超过扣除项目金额200%的部分，税率为50%；增值额超过扣除项目金额200%的部分，税率为60%。

纳税人建造普通标准住房出售，增值额未超过扣除项目金额的20%的，免征土地增值税；因国家建设需要依法征用、收回的房地产，也免征土地增值税。土地增值税由税务机关征收。纳税人应自转让房地产合同签订之日起7日内向房地产所在地主管税务机关办理纳税申报，并在税务机关核定的期限内缴纳土地增值税。土地管理部门、房地产管理部门应向税务机关提供有关资料，并协助税务机关依法征收土地增值税。纳税人未按章缴纳土地增值税的，土地管理部门、房地产管理部门不得办理有关权属变更手续。

1997年前，全市每年土地增值税税收为1万元~5万元。1998~2002年，全市每年土地增值税税收在100万元以内。2003年超过百万元，达135万元；2005年逾千万，达1606万元；最高的是2011年，达17955万元。至2011年年末，全市共征收土地增值税49007万元。

六、契 税

契税又称田房税。田宅买卖、典当时，新业主持“白契”向官府按价款纳税并加盖官印，称为税契。经税契后，用官发契纸，“白契”即成“红契”。与契税相关的，还有契纸和验契费。靖江建县前，契税由所隶府、县征收。明成化七年(1471 年) 置县后，靖江始征契税。契税分卖契和典契两种。清顺治四年(1647 年) 规定置卖田地房屋，增用契尾①价银每两纳税 3 分。典契，其时 10 年以内的一概不纳税。雍正七年(1729 年)，靖江按清政府规定，契税于额征外，每两加征 1 分，以为科场经费。雍正十三年，恢复旧例不另加征收。同治五年 (1866 年)，以清粮为目的进行验契，各业主自行报认，注册承粮，换取单串，但实际上掌握立契的权力大都在区书手中，未能切实验契。光绪二十八年 (1902 年)，为筹集辛丑条约赔款，每契另捐银 1 两谓之契屋捐。宣统元年 (1909 年)，清廷颁布《契税试行章程》，其第 21 条规定，土地、房产买卖契税率为 9%，典当契税率为 6%，不再加征附捐、耗银。“卖 9 典 6”之制，由此而生。

民国元年 (1912 年)，契税率按卖契银百元，征税 5 元。民国 2 年，开征验契费及注册费，每份契纸征验契费 5.5 元，注册费 2.75 元。民国 6 年，财政部契税条例规定，实行“卖 6 典 3”税率，附加税不得超过正税三分之一。民国 17 年以前，契税属于国税范围，正税收入全部上交中央金库。从民国 18 年起，契税划为省级地方税。江苏省政府规定卖契税率为 9%，典契税率为 6%。民国 22 年，靖江征收的卖、典税率为：卖契价征税 9%，附征教育捐 2 银元，建设捐 1 银元；典契价征税 6%，附征教育捐 1 银元。民国 23 年起，契税税率改为“卖 6 典 3”。即卖契税率由 9%减至 6%，典契税率由 6%减至 3%。实行 3 个月，仍复“卖 9 典 6”。民国 25 年，经省政府批准，不再恢复原税率，永远定为“卖 6 典 3”税率。

①契尾：民间土地（田）房产买卖交易，将成交时所立契约（据），送县盖印发照，谓“契尾”。

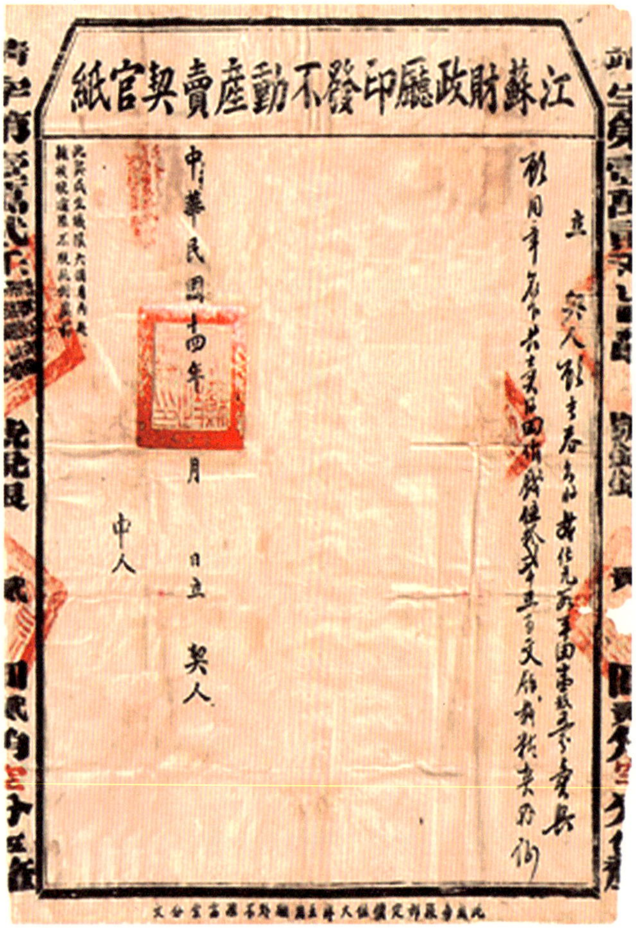
江蘇財政廳印發不動產賣契官紙

中華民國十四年　月　日立　契人

中人

图 9-2-4　民国 14 年（1925 年）不动产卖契官纸

同时规定，各地征收的县（市）附税不得超过正税之半。民国 31 年 2 月，靖江按华中抗日根据地《财政经济政策草案》的规定征收契税，即卖契税由承卖（买）人负担，典契税由承典人负担。税率标准为，卖契照其买价抽 6%～10%，典契按卖契税减半征收。民国 32 年元旦，苏中三分区通令，进行精兵简政，靖江县粮食局、税务局、财政科合并成立财政经济局。为征收契税，专设契税处。民国 33 年，靖江征收契税 6954395.72 元（抗币），占全年总收入的 11.3%。民国 34 年 5 月，华中一分区颁布《征收契税办法》，靖江亦照此办理。税率规定为：卖契从卖价征收 6%，贸易契、典契估价征收 3%，逾期未满 1 个月者加收滞纳金 5%，逾期未满 2 个月者加收滞纳金 10%，逾期未满 3 个月者加收滞纳金 25%。民国 35 年，苏皖边区第一行政区颁发的《征收契税暂行办法》第 19 条规定：凡本行政区境内之不动产产权转移，均须依照本办法投契纳税，方取得合法之保障。官契纸分典契与卖契两种：一是卖契，凡杜绝、找绝、赠与及地面权之转让、贸换等契约，以及敌逆产之放领，司法机关发给之转移证书等均属之；二是典契，凡活卖、典押等契约均属之。其税率规定为：卖契从价征收 6%，贸换契估价征收 3%；典契从价征收 3%。投契纳税的时间规定为：民国 35 年 1 月以前成立之契约，限于民国 35 年 5 月以前投税。民国 35 年 1 月以后成立之契约，自立契之日起 6 个月内投税。如逾期未投税者按逾期时间加收 5%～25%的滞纳金。

新中国成立后，契税继续征收。1950 年 4 月 3 日，中央人民政府政务院颁布施行的《契税暂行条例》，对旧中国的契税进行调整，将契税税率定为“卖6典3”。同年12月，苏北人民行政公署公布《苏北区契税暂行条例细则》，规定：凡房地产的买卖、典当、赠与或交换等行为，经当事人双方订立契约，由承受人交纳契税。卖契税按卖价征收6%；典契税按典价征收3%；赠与契税按现价征收6%；交换的土地房屋，双方价值相等的免征契税，不相等的其超过部分按卖契税率6%征税。1951年10月7日，苏北人民行政公署颁布《苏北区契税暂行条例施行细则》，是年共征契税1473.18元。1954年，按照上级有关政策，靖江县停止对机关、党派、团体、部队、学校、国营企业事业单位以及合作社契税的征收。1955年5月7日，国务院下发《关于农村土地的转移及契税工作的通知》，规定此后农村土地买卖、典当及转移，均应首先报请乡人民委员会审核，转报上一级人民委员会批准，始得办理契税手续。1962年9月27日，中共中央《农村人民公社工作条例（修正草案）》第21条规定：“生产队范围内的土地，都归生产队所有。生产队所有的土地，包括社员的自留地、自留山、宅基地等，一律不准出租和买卖”。同年10月，财政部规定：“因宅基地为生产队集体所有，不准出租和买卖，因此，不能征收契税”。1970年10月21日，财政部《关于契税若干问题的函复》中规定：农村耕地、荒地、人民公社社员自留地、宅基地，根据《农村人民公社工作条例（修正草案）》第21条规定归生产队集体所有，一律不准出租和买卖；对私人房屋，经房管部门批准可以发生买卖、典当、赠与和交换，并根据《契税暂行条例》征收契税，税率仍为“卖6典3”，契税收入归市（县）地方财政。

1997年4月23日，国务院第55次常务会议通过《中华人民共和国契税暂行条例》，自1997年10月1日起施行，同时废止1950年4月3日由中央人民政府政务院颁布的《契税暂行条例》。是年，江苏省政府制定《江苏省实施〈中华人民共和国契税暂行条例〉办法》，规定：本行政区域内转移土地、房屋权属，承受的单位和个人为契税的纳税人，应当依照《中华人民共和国契税暂行条例》实施办法规定缴纳契税，契税税率为4%。纳税人应当自纳税义务发生之日起10日内，向土地房屋所在地的契税征收机关办理纳税申报，并在契税征收机关核定的期限内缴纳契税。契税由土地、房屋所在地的财税部门负责征收。1997年前，靖江每年征收契税都在百万元以内，1998年全市征收契税超过百万元，达105万元。此后逐年增加，到2003年超过千万元，达2331万元；2007年超亿元，达11155万元；2011年为18159万元。

1987~2011年靖江市（县）土地税征收一览表

表9-2-2　　单位：万元

年份	契税	耕地占用税	城镇土地使用税	土地增值税
1987	—	66.3	—	—
1988	—	149.0	—	—
1989	—	61.6	33.9	—
1990	—	102.4	47.3	—
1991	0.7	82.7	42.8	—
1992	7.0	164.0	44.0	—
1993	11.0	356.0	40.0	—
1994	17.0	610.0	77.0	—
1995	52.0	460.0	100.0	1.0
1996	81.0	631.0	93.0	5.0
1997	60.0	394.0	92.0	3.0
1998	105.0	126.0	86.0	11.0
1999	171.0	181.0	95.0	14.0
2000	385.0	176.0	128.0	36.0
2001	561.0	119.0	269.0	47.0
2002	618.0	237.0	340.0	94.0
2003	2331.0	511.0	370.0	135.0
2004	3931.0	2230.0	329.0	804.0
2005	6406.0	1313.0	468.0	1606.0
2006	8585.0	1684.0	718.0	1938.0
2007	11155.0	445.0	4363.0	2685.0
2008	11877.0	3271.0	7401.0	4269.0
2009	12823.0	5678.0	8170.0	6605.0
2010	18763.0	5504.0	9648.0	12799.0
2011	18159.0	4143.0	13908.0	17955.0
合计	96098.7	28695.0	46863.0	49007.0

第三节　土地规费

一、规费种类与标准

（一）行政类规费

1.撤组预备费

为做好撤组转居后的群众生活安排，落实转办定量供应发生的粮油差价款，1988 年，县政府印发《关于国家建设征用土地收取“撤组预备费”的通知》，规定从 6 月 24 日起，凡国家建设征用土地时，每公顷收取 45000 元（每亩 3000 元）撤组预备费，由县土地管理局收取，专户储存，专款专用。2008 年后停收撤组预备费。1988～2008 年，全市共征收撤组预备费 3349.94 万元。

2.土地荒芜费

为促使用地单位征（使）用的土地按期建设和承包土（耕）地者管理好土（耕）地，防止土（耕）地荒芜，1989 年 7 月 31 日，靖江县政府印发《关于全民、集体单位建设用地的管理意见》，明确经批准的用地单位必须向县土地管理局交纳每公顷 15000 元土地荒芜保证金，接批文 1 年内及时施工者（不含备料和砌围墙），可退回其土地荒芜保证金，逾 1 年未动工造成土地荒芜者，没收其土地荒芜保证金。建设工程竣工后，土地管理部门会同有关部门对建设用地的使用情况进行共同验收，符合批准用地规定的，退回土地荒芜保证金。1992 年 6 月 29 日，省物价局、省土地管理局《关于加强土地系统收费管理的通知》规定，土地荒芜费收费标准为每公顷 9000 元～30000 元。1993 年 12 月，省财政厅、省物价局、省土地管理局下发《关于公布土地管理系统行政事业性收费项目及标准的通知》规定，对征地后抛荒的单位和个人及责任田抛荒户每公顷收取30000元。1997年，靖江市政府批转市物价局、市土地管理局《关于土地管理行政事业性收费有关问题的意见》，规定凡通过征（拨、使）用或出让获得土地使用权的单位和个人，自批准之日起超过6个月不按工程施工要求或不按原设计进行工程建设的用地，以及农村土地承包户放松管理造成土地荒芜而应缴纳的费用，由土地管理部门在办理用地手续时预征，标准为每公顷30000元。对超过规定2年以上的，除收取荒芜费外，并无偿收回土地使用权。2005年后停收土地荒芜费。至2004年年末，全市共收取土地荒芜费3515.42万元。

3.非农业建设用地有偿使用费

1990年2月，靖江根据省土地管理局、省物价局、省财政厅《江苏省农村非农业建设用地有偿使用收费管理试行办法》有关规定，非农业建设用地有偿使用费按每年每平方米0.1元收取，自批准之日起连续1年不使用的，按每年每平方米0.2元收取。未经批准或超过批准数量的违法用地，在退耕前，每年每平方米加收0.5元。1994年10月，省财政厅、省物价局、省土地管理局《关于收取土地有偿使用费有关问题的通知》规定，经国家和省批准收取城镇土地使用税范围以外的各类非农业生产经营及其他用地的单位和个人，向国家和集体逐年交纳非农用地土地有偿使用费。征收标准为每平方米0.15元~0.5元。1997年6月，市政府在批转市物价局、市土地管理局《关于土地管理行政事业性收费有关问题的意见》中规定，非农用地有偿使用费的收费标准为：乡镇以上企事业单位用地每年每平方米0.5元；村组集体企业用地每年每平方米0.4元；个体户、联合体从事非农业生产经营合法批准的用地每年每平方米0.5元；临时用地参照上述标准执行。外商投资企业使用行政划拨土地，用于产品出口和高新技术项目，靖城规划区内的用地每年每平方米3元，乡镇的用地每年每平方米2元；用于一般性工业产品项目，靖城规划区内的用地每年每平方米5元，乡镇的用地每年每平方米4元；用于商业服务业经营性项目，靖城规划区内的用地每年每平方米10元，乡镇的用地每年每平方米8元；使用经依法出让的土地，按出让合同规定收取。对产品出口和先进技术企业的免缓范围仍按有关文件规定执行。党政机关、村民委员会、学校、幼儿园、医院及由财政拨款的行政事业单位用地，铁路、公路、水利用地，军事设施用地（含测量标志用地），农民宅基地（经营性用地除外）等免缴非农业建设用地有偿使用费。从事农、林、牧、渔开发，兴办交通、能源基础设施、教育、文化、科学技术、卫生和其他不以营利为目的的社会公益事业的外商投资项目用地，免缴非农业建设用地有偿使用费。

4.国有土地有偿划拨（使用）费

1991年1月，省物价局、省财政厅《关于审查核定省建委等九个系统行政事业性收费项目的通知》规定，国有土地有偿划拨费为每平方米15元~45元。1994年10月，省财政厅、省物价局、省土地管理局《关于收取土地有偿使用费有关问题的通知》规定，通过行政划拨的国有土地使用权进行非农业建设（包括新建、改建和扩建）的用地单位和个人，一次性交纳国有土地有偿使用费（原拆原建不扩大面积的除外）。收费标准为：城镇国有土地每平方米30元；国有荒山、荒滩、荒地每平方米7.5元；城镇以外的其他国有土地每平方米15元；党、政、军机关，非经营性的事业单位办公房、职工住房用地，暂免交国有土地有偿使用费。划拨使用撤销村组建制后剩余的国有土地，除按征地程序办理手续、缴纳有关税费外，亦应按照每平方米15元的标准缴纳国有土地有偿使用费。2009年9月1日，根据省政府《关于进一步取消和停止部分行政事业性中介经营服务性收费项目的通知》，靖江取消收取国有土地有偿使用费。

5.农业重点开发建设资金

为保证“八五”期间农业重点基础设施建设和大中型骨干工程建设资金，增强农业抗御自然灾害的能力，实现农业上新台阶的目标，根据国家有关土地管理法律、法规和省委、省政府有关文件精神，1992年3月6日，靖江县政府印发《关于筹集农业重点开发建设资金的暂行规定》，要求本着“合理调节土地级差收入”“取之于土，用之于农”和“适当集中资金，保障重点建设”的原则，筹集江苏省农业重点开发建设资金（简称农业建设资金）。资金来源及筹集范围：(1) 国家、集体、个人（含乡镇企业、个体工商户和城乡建房用地）非农业建设新征（拨、使）用土地（含耕地和非耕地，原地拆建不扩大面积者除外）征收土地开发资金，征收标准为每公顷15000元（每亩1000元）。由土地管理部门在审批用地时收取，并按规定上交。此项资金，除省级特大工程，需报省政府批准减免外，其余一律不减免。(2) 凡城区、建制镇工矿区范围内，使用土地的单位和个人（城镇土地使用税纳税义务人）均须按征收城镇国有土地使用税的标准增收10%的土地开发资金。由税务部门在征收城镇土地使用税时一并收取，全额解交省税务局。（3）各负责筹集资金的部门按实际筹集资金总额的2%提取业务手续费。1995年7月1日起，根据《省政府办公厅转发省计经委等部门关于提交农业重点开发建设资金征收标准有关问题的请示的通知》要求，农业重点开发建设资金征收标准调整为每公顷30000元，由市土地管理局代收，并按规定逐年全额上交省财政厅。征收的农业建设资金，省、市、县分成比例由省80%、市5%、县15%调整为省60%、市10%、县30%，用于当地水利和农业建设项目。至2011年，全市共收取省农业重点开发建设资金4152.03万元。

6.新增建设用地有偿使用费

从1999年1月1日起，市政府依据新修订的《中华人民共和国土地管理法》和财政部、国土资源部《新增建设用地有偿使用费收缴使用管理办法》规定，对新增建设用地有偿使用费收缴使用作出规定：新增建设用地有偿使用费，专项用于耕地开发、基本农田保护和土地整理等，不得挪用，不得用于平衡预算。征收标准为每平方米17元。2007年1月1日起，调整为每平方米34元。该费用上缴中央财政30%，上缴省、市财政各10%，50%留市（县）财政，各级财政部门从收取的总额中提取2%作为业务手续费。至2011年，全市共收取新增建设用地有偿使用费43417.38万元。

7.耕地开垦费

1999年1月1日起，靖江按照省政府《关于贯彻实施〈土地管理法〉有关问题的通知》规定，凡非农业建设经批准占用耕地的，按照“占多少、垦多少”的原则，由占用耕地的单位负责开垦与占用耕地数量和质量相当的耕地。没有条件开垦或者开垦耕地不符合要求的，必须在办理农用地转用审批手续时先按规定缴纳耕地开垦费。耕地开垦费专项用于基本农田保护、土地复垦开发，征收标准为每平方米7元。2006年5月1日起，靖江市耕地开垦费收取标准从原来每平方米7元调整到每平方米11元。2011年9月1日起，耕地开垦费调整到每平方米17元，对占用基本农田的加收40%耕地开垦费。至2011年，全市共收取耕地开垦费25206.61万元。

（二）事业类规费

1.征（拨、使）用土地管理费

1984年，江苏省政府《关于印发〈江苏省国家建设征用土地费用包干实施办法〉的通知》规定，凡依法办理征用、划拨、使用土地的单位和个人，必须向土地主管部门缴纳一定的管理费。1987年11月，省土地管理局《关于征地管理费收取和使用问题的通知》规定：因建设需要新占土地的单位和个人，在依法办理征用、划拨和使用土地手续，领取用地批文前，向征（拨、使）用土地主管部门缴纳征（拨、使）用土地管理费。土地管理费由市、县土地主管部门负责收取，县征收的管理费30%上缴省、市主管部门，其余列入地方财政预算外资金，专款专用。1991年12月10日，省土地管理局转发省物价局、省财政厅《关于审定全省土地管理系统行政事业性收费项目的通知》规定，征（拨、使）用土地管理费按各种费用总额的2%～3%收取。1997年，靖江市政府批转市物价局、市土管局《关于土地管理行政事业性收费有关问题的意见》，明确征（拨、使）用土地管理费按各种费用总额的3%收取（在基数难以确定时可按土地最低保护价计收）。2001年，按国家计委、财政部降低征地管理费标准执行：按征（拨、使）用土地所发生的经省以上批准及法律规定的各种费用总额的1.4%～2.1%收取（在基数难以计算时，按土地最低保护价的70%计收）。2008年，根据省、市有关规定，停止收取征（拨、使）用土地管理费。1987～2008年，全市共收取征（拨、使）用土地管理费5963.94万元。

2.城乡居民建房用地管理费

1989年5月，县政府《关于城镇居民翻、扩建住房使用国有土地收取有关费用的通知》规定，城镇居民翻建、扩建、出宅建房使用国有土地，须交纳有关费用。用地管理费收费标准：翻建住房按每平方米0.5元计算（面积不足80平方米以80平方米计算）；扩建住房以扩建面积每平方米1.5元计算。1991年12月，省土地管理局转发省物价局、省财政厅《关于审定全省土地管理系统行政事业性收费项目的通知》规定，城乡居民用地管理费按占地面积计算，每平方米0.4元，最高不超过55元。1997年，靖江市政府规定，城乡居民建房用地管理费仍按占地面积计算，标准为：占用耕地建房的每平方米1.5元，占用非耕地建房的每平方米0.6元。农村“五保户”建房用地，免缴管理费。2001年，靖江市物价局、市财政局转发国家计委、财政部《关于全面整顿涉房建设收费，取消部分收费项目的通知》，降低城乡居民建房用地管理费收取标准，按占地面积每平方米0.4元收取，每户最多不超过55元。2005年，根据省财政厅、省物价局、省农林厅转发财政部、国家发改委、农业部关于公布农民建房收费等有关问题的通知，取消该收费项目。至2004年年末，全市共收取城乡居民建房用地管理费35.1万元。

3.土地出让业务费

1991年，靖江依据省财政厅《关于审查核定省建委九个系统行政事业性收费项目的通知》精神，土地出让业务费在出让金中提取2%。1992年6月29日，省物价局、省土地管理局《关于加强土地管理系统收费管理的通知》规定，土地出让业务费标准是在收取土地出让金总数中提取2%~5%，征地后即行出让的不收征（拨、使）用土地管理费。1994年8月，扬州市土地管理局《关于土地管理行政事业性收费项目和标准的说明》规定，在出让金总额中提取2%作为土地出让业务费。1997年，市政府批转市物价局、市土地管理局《关于土地管理行政事业性收费有关问题的意见》规定，土地出让业务费在出让金总额中提取2%。2007年，省财政厅、省国土资源厅、中国人民银行南京分行转发财政部、国土资源部、中国人民银行《关于国有土地使用权出让收支管理办法的通知》，将土地出让业务费计提比例调整为1.5%。至2011年，全市共收取土地出让业务费16388.01万元。

4.土地权属、用途变更费

1991年12月，省土地管理局转发省物价局、省财政厅《关于审查全省土地管理系统行政事业性收费项目的通知》规定，土地权属、用途变更费，县城（含县城）以上每平方米1元~2元，乡镇以下每平方米0.5元~1元。1993年12月，江苏省财政厅、省土地管理局《关于公布土地管理系统行政事业性收费项目的标准的通知》规定，土地权属、用途变更费，县城（含县城）以上每平方米2元，乡镇以下每平方米1元。2008年，按省、市有关规定停止收取。至2008年，全市共收取土地权属、用途变更费3343.95万元。

5.土地登记费

土地登记费是指对用地进行地籍调查（含验线）、登记和注册发证时收取的费用，包括土地注册登记及证书费、土地权属调查费和地籍测绘费。1991 年 12 月，根据江苏省土地管理局转发《省物价局、省财政厅关于审定全省土地管理系统行政事业性收费项目的通知》规定，域内企事业单位土地登记证书费每证 10 元，城镇居民每证 5 元；农村居民每证 3 元；“三资”企业及需要用国家特殊证书的单位每证 20 元。同时规定，企业、自收自支事业单位，土地使用面积在 1000 平方米以下（含 1000 平方米），每宗地收取 50 元，每超 500 平方米及以内加收 20 元，最高不超过 2 万元；差额预算事业单位，土地使用面积 2500 平方米以内（含 2500 平方米），每宗地收取 75 元，每超 500 平方米及以内加收 10 元，最高不超过 0.5 万元。城镇居民私房用于生产经营的，其使用面积在 500 平方米（含 500 平方米）以内的每宗地收取 40 元；城镇居民住房（私房）每宗地面积 100 平方米及以下的收取 6.5 元，每超 50 平方米及以内的加收 2.5 元，最高不超过 20 元；农村居民生活用地，面积在 200 平方米（含 200 平方米）以内的，每宗地收取 3.5 元，200 平方米以上每宗地收取 7 元。党政机关、人民团体、全额预算的事业单位免收土地权属调查费。1997 年 6 月 24 日，靖江市政府批转的市物价局、市土地管理局《关于土地管理行政事业性收费有关问题的意见》规定，土地注册登记及证书收费标准和土地权属调查费标准，按照 1991 年收费标准执行。1999 年 4 月，根据省物价局、省财政厅《关于规范土地登记费收费标准的通知》，靖江将土地注册登记及证书费、土地权属调查费、地籍测绘费 3 个项目合并为土地登记费，

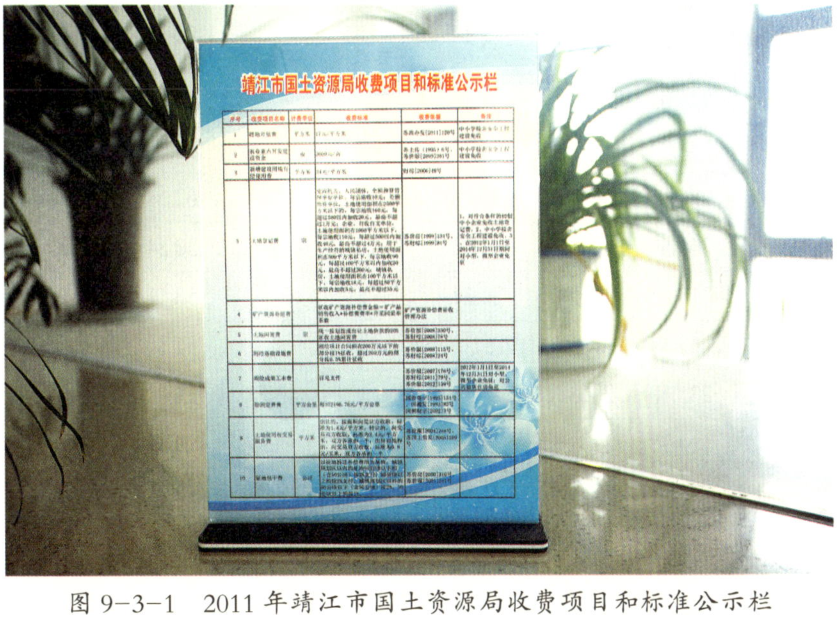

图 9-3-1　2011 年靖江市国土资源局收费项目和标准公示栏

收费标准为：党政机关、人民团体、全额预算管理事业单位每宗地收费10元；企业、自收自支单位土地使用面积在1000平方米以下的每宗地收110元，每超500平方米及以内加收40元，最高不超过4万元；差额预算管理事业单位土地使用面积在2500平方米以下的，每宗地收160元，每超过500平方米及以内加收20元，最高不超过1万元；城镇私房用于生产经营的土地使用面积在500平方米以下的每宗地收90元，每超100平方米及以内加收20元，最高不超过200元；城镇居民住房（私房）土地使用面积在100平方米及以下的每宗地收18元，每超过50平方米及以内加收5元，最高不超过35元。至2011年，全市共收取土地登记费993.64万元。

1987~2011年靖江市（县）土地管理行政事业性收费一览表

表9-3-1　　　　单位：万元

年份	撤组预备费	土地荒芜费	省农业重点开发建设资金	新增建设用地有偿使用费	耕地开垦费	征(拨)使用土地管理费	土地出让业务费	城乡居民建房用地管理费	土地权属、用途变更费	土地登记费
1987	—	—	—	—	—	2.96	—	—	—	—
1988	37.16	—	—	—	—	4.27	—	—	—	—
1989	81.30	—	—	—	—	8.71	—	—	—	—
1990	93.37	—	—	—	—	9.55	—	1.19	—	—
1991	136.20	—	—	—	—	14.50	—	0.75	0.70	—
1992	232.66	112.68	22.21	—	—	40.94	—	5.35	55.19	20.14
1993	173.02	195.21	24.81	—	—	43.15	—	4.22	65.12	20.14
1994	247.24	257.54	5.74	—	—	59.87	—	4.05	19.69	1.10
1995	288.05	298.14	20.18	—	—	62.61	—	6.75	34.29	29.97
1996	266.59	304.83	44.03	—	—	20.84	5.31	0.18	30.76	16.18
1997	218.65	289.00	24.77	—	—	56.11	9.90	0.34	2.49	8.90
1998	52.34	290.04	209.28	—	—	81.34	0.58	0.20	117.01	12.92
1999	235.10	286.00	225.31	—	48.54	15.63	6.68	0.41	13.57	1.35
2000	14.75	293.05	82.19	95.34	15.59	0.87	—	0.36	44.95	2.45
2001	56.99	297.79	31.13	65.36	17.08	78.47	—	—	65.82	0.54
2002	62.42	297.40	5.85	975.89	178.94	107.33	66.49	—	91.37	9.80
2003	228.53	297.17	4.62	1454.84	363.52	258.39	139.77	11.30	386.81	14.24

续表 9-3-1

年份	撤组预备费	土地荒芜费	省农业重点开发建设资金	新增建设用地有偿使用费	耕地开垦费	征(拨)使用土地管理费	土地出让业务费	城乡居民建房用地管理费	土地权属、用途变更费	土地登记费
2004	173.98	296.57	1893.02	5643.14	2861.81	1525.05	746.01	0	118.58	31.38
2005	185.08	—	5.39	4021.10	10.09	191.03	1030.23	—	191.03	55.06
2006	0	—	83.61	346.07	1541.60	412.65	0	—	412.65	119.64
2007	0	—	268.97	2321.50	2168.78	502.38	3320.29	—	502.38	117.13
2008	192.66	—	403.57	3783.26	2910.74	558.91	2618.30	—	237.32	144.01
2009	185.45	—	12.49	8529.55	3602.20	584.84	1100.00	—	281.75	142.07
2010	188.40	—	426.79	9728.21	5053.37	655.38	4744.45	—	332.40	121.85
2011	—	—	358.07	6453.12	6434.35	668.16	2600.00	—	340.07	124.77
合计	3349.94	3515.42	4152.03	43417.38	25206.61	5963.94	16388.01	35.10	3343.95	993.64

说明：2008~2011 年，撤组预备费、征（拨）使用土地管理费、土地权属用途变更费为补缴数。

二、收取办法与管理使用

（一）收取办法

1987 年起，根据财政部、国土资源部、江苏省政府和省财政、省物价部门的有关规定，由市(县）土地管理部门在办理各类建设用地和地政地籍、土地交易等各项业务审批时分级收取土地管理费，省、市、县三级按 3%、27%、70%的比例分成，统一退补结算。其中城乡居民建房用地和部分临时用地管理费，由乡镇土地管理所负责收取，省、市、县不参与分成，全部留给乡镇。市（县）土地管理局建立后，逐步建立健全财务管理机构，配齐财会人员，明确土地收费专职人员，建立各项收费管理制度，统一办理“二证一据①”，严格按照规定的规费项

①二证一据：二证即《江苏省收费许可证》和《收费员证》；一据，即盖有部、省“财政票据监制章”的收费收据。

目、标准，亮证、规范收费。并不断完善建设用地、土地登记、土地出让等项业务工作与土地收费工作的衔接，上报的用地审批资料须经财会人员审核各项费用，并加盖财务审核专用章。对省规定的收费项目和标准，不擅自更改或拖欠不缴。对违反土地收费规定的单位和个人，由物价检查部门依据《中华人民共和国价格管理条例》和《江苏省价格监督管理条例》予以查处。

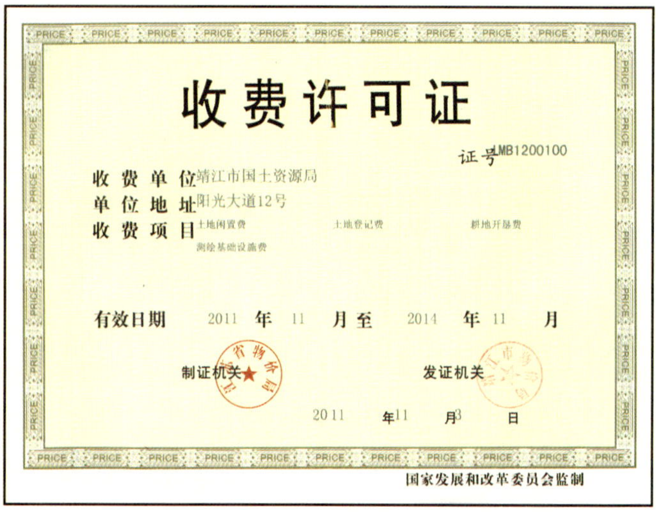
收费许可证

证号MB1200100

收费单位 靖江市国土资源局

单位地址 阳光大道12号

收费项目 土地闲置费 土地登记费 耕地开垦费 测绘基础设施费

有效日期 2011 年 11 月至 2014 年 11 月

制证机关 发证机关

2011 年11 月3 日

国家发展和改革委员会监制

图 9-3-2 2011 年靖江市国土资源局收费许可证

（二）管理使用

1987 年起，靖江执行江苏省政府《关于印发〈江苏省国家建设征用土地费用包干实施办法〉的通知》规定，行政类规费一般属于专项资金，专款专用，取之于土，用之于地。如省农业重点开发建设资金、新增用地有偿使用费、耕地开垦费等，在用地报批时，上缴省土地管理局或国库后，再按照一定的比例返还市县。这类资金主要用于农业投入和土地整理、复垦等，由市（县）财政局具体管理。使用时，由市国土、市农业或市水利部门编制项目预算，经市（县）政府审批同意后，市（县）财政局按照项目专项资金予以拨付。事业类规费一般作为事业经费，保障事业发展。如征（使）用土地管理费，土地权属、用途变更费，土地出让业务费，土地登记费等，列入部门年度收支预算，主要用于国土资源管理部门事业人员的工资、福利、办公、会务、差旅以及业务培训、宣传教育、档案管理、信息化建设等发展国土资源管理事业所必需的费用，按照预算进行开支。所有经费开支，均接受上级局和市（县）财政、审计部门的检查、监督、审计与管理。

第十章

法治建设

依法管地

靖江市“12·4”全国法制宣传日法律咨询
苏宁年终回馈

HYUNDAI

保障科学发展　保护耕地红线
江苏省文化厅送文化到基层靖江行文艺演出
主办单位：江苏省文化厅
承办单位：靖江市国土资源局
共青团靖江市委员会

在封建土地所有制的旧中国，无土地监察可言。民国19年(1930年)国民政府虽颁布《中华民国土地法》，但因政令不畅未能很好施行。

新中国成立后，1953年12月，中央人民政府政务院颁布《国家建设征用土地办法》，1982年5月，国务院又颁布《国家建设征用土地条例》，县内均按该《办法》《条例》执行。20世纪60年代开始，特别是改革开放后，随着靖江经济建设的快速发展，土地供需矛盾突出，违规用地情况时有发生，强化土地执法监察势在必行。靖江县政府在贯彻执行上级有关法律法规的同时，相继制定部分土地管理方面的规范性文件。1986年6月25日，《中华人民共和国土地管理法》颁布后，县内广泛开展土地管理法的宣传教育，并逐步加强土地监察工作，建立县、乡(镇)、村三级监察网络。1991年后，根据“以防为主，防查结合”的方针，在全县开展以无违法批地、无违法用地、无违法管地为内容的土地管理“三无”乡(镇)创建活动。1992年1月起，贯彻江苏省土地管理局制定的《江苏省土地监察规定》，土地监察工作进一步制度化、规范化。1995年，靖江成立土地行政执法监察领导小组，全市土地监察工作逐步走上依法管理的轨道。1998年4月，市国土管理局成立土地监察大队，具体负责全市土地执法监察工作。2001年，市国土资源局成立依法行政工作领导小组，将依法行政纳入年度工作目标。是年，靖江被摘除“土地信访重点市”帽子。2009年起，全市开展以“土地执法模范市”“土地管理模范镇”和“基本农田保护模范村”为内容的“三模”联创活动，实行群众性的自我约束、互相监督，预防违法案件的发生，形成专业执法监察与群众依法监督相结合的法制管理模式。2010年，靖江市国土资源局被表彰为全国国土资源执法监察工作先进集体。至2011年，靖江连续5年被江苏省国土资源厅评为土地执法模范市。

第一节　土地法规建设

一、规范性文件制定

20世纪60年代以来，靖江在贯彻执行国家有关法律法规的过程中，结合域内实际情况，制定一系列国土资源管理规范性文件，为国土资源的法治管理提供有力保障。1964～2011年，县人委、县革委会、市（县）委、市（县）政府、市（县）委办公室、市（县）政府办公室、市国土资源局、市法院等先后制定下发土地管理规范性文件95个，其中建设用地管理文件21个、地政地籍管理文件8个、土地管理机构与队伍建设文件2个、征地补偿与失地农民安置工作文件7个、土地使用制度改革与土地市场管理文件16个、保护耕地与节约集约用地工作文件12个、土地执法监察工作文件19个、其他涉土规范性文件10个。

1964~2011年靖江市（县）土地管理规范性文件一览表

表10-1-1

序号	发文单位	发文时间	文　件　标　题	文件号
1	县人委	1964年9月28日	靖江县基本建设工作管理暂行办法	靖计字第266号
2	县人委	1964年10月12日	关于社员建房基地安排问题的通知	靖农字第284号
3	县革委会	1973年8月1日	关于加强城镇土地房屋管理,征收土地使用费的通知	靖革发〔1973〕字第139号
4	县革委会	1974年10月21日	关于加强城镇土地管理,征收土地使用费的通知	靖革发〔1974〕字第179号
5	县革委会	1974年10月30日	关于重申严格控制使用土地和私人建房的通知	靖革发〔1974〕字第196号
6	县革委会	1978年5月23日	关于加强基本建设和土地使用管理的通知	靖革发〔1978〕138号
7	县政府	1981年11月24日	关于节约土地和控制农村建房用地的暂行办法	靖政发〔1981〕272号

续表 10-1-1

序号	发文单位	发文时间	文件标题	文件号
8	县政府	1983年7月6日	关于搞好村镇规划，坚决刹住乱占耕地歪风的通知	靖政发〔1983〕249号
9	县委	1985年1月10日	关于农村违章占地建房的处理意见	靖委发〔1985〕7号
10	县政府	1987年3月23日	批转县农村土地管理办公室《关于当前农村土地管理工作的意见》的通知	靖政发〔1987〕103号
11	县政府	1987年5月28日	关于非农业用地清理中有关问题的处理意见	靖政发〔1987〕179号
12	县政府	1988年1月20日	批转县计划委员会等部门《关于加强城乡建设用地管理若干问题的意见》的通知	靖政发〔1988〕24号
13	县政府	1988年7月9日	关于撤销生产队建制有关问题的暂行规定	靖政发〔1988〕198号
14	县政府	1988年7月19日	靖江县测绘管理暂行规定	靖政发〔1988〕201号
15	县政府	1988年7月26日	关于砖瓦窑及水泥构件预制场用地的管理意见	靖政发〔1988〕204号
16	县政府	1988年7月30日	转发县编委、县人事局、县土地管理局《关于配备乡镇土地管理人员的意见》的通知	靖政发〔1988〕209号
17	县政府	1988年9月1日	靖江县城镇居民建房管理暂行规定	靖政发〔1988〕213号
18	县委、县政府	1988年9月13日	关于保护耕地、科学用地的意见	靖委发〔1988〕47号
19	县委、县政府	1988年9月15日	关于完善土地承包制的意见	靖委发〔1988〕45号
20	县政府	1989年2月22日	关于开展城镇国有土地使用权申报登记的通知	靖政发〔1989〕36号
21	县政府	1989年5月10日	转发县编委、县人事局、县土地管理局《关于建立乡镇土地管理所的意见》的通知	靖政发〔1989〕118号
22	县政府	1989年6月21日	关于1983年底以前因农田水利建设等原因调整耕地后的权属处理意见	靖政发〔1989〕167号
23	县政府	1989年7月31日	关于全民、集体单位建设用地的管理意见	靖政发〔1989〕189号
24	县政府	1989年7月31日	关于农村居民宅基地的管理意见	靖政发〔1989〕190号
25	县政府	1989年12月29日	关于进一步加强矿产资源管理工作的通知	靖政发〔1989〕291号
26	县政府	1989年12月30日	关于批转县建设局《靖江县村民建房审批办法》的通知	靖政发〔1989〕290号
27	县政府	1990年3月22日	批转县土地管理局《关于开展农村宅基地有偿使用试点的请示》的通知	靖政发〔1990〕53号
28	县委、县政府	1990年5月8日	关于对在靖城地区建购私房中存在的问题的处理意见	靖委发〔1990〕21号
29	县政府	1990年5月18日	关于进一步明确国有土地使用审批程序的通知	靖政发〔1990〕112号
30	县政府	1991年3月25日	关于开展创建“土地管理无案乡镇、村、组”活动的通知	靖政发〔1991〕78号

续表 10-1-1

序号	发文单位	发文时间	文 件 标 题	文件号
31	县政府	1991 年 4 月 10 日	关于印发《靖江县土地复垦整治试行办法》的通知	靖政发〔1991〕86 号
32	县政府	1991 年 4 月 10 日	关于编制全县乡镇土地利用规划及划定农田保护区工作的意见	靖政发〔1991〕87 号
33	县委、县政府	1991 年 10 月 25 日	关于进一步加强靖城规划区建房管理的意见	靖委发〔1991〕72 号
34	县政府	1992 年 2 月 20 日	靖江县农村宅基地有偿使用暂行办法	靖政发〔1992〕27 号
35	县政府	1992 年 7 月 21 日	关于进一步明确处理土地使用权争议职责的通知	靖政发〔1992〕178 号
36	县政府办	1992 年 7 月 30 日	关于调整征地补偿费用标准的通知	靖政办发〔1992〕76 号
37	县政府	1992 年 11 月 9 日	靖江县乡镇村企事业单位建设用地有偿使用暂行办法	靖政发〔1992〕280 号
38	县政府	1992 年 12 月 31 日	关于加强土地权属变更管理工作的意见	靖政发〔1992〕319 号
39	县政府	1993 年 4 月 2 日	关于开展土地使用权确权发证工作意见	靖政发〔1993〕74 号
40	县政府	1993 年 4 月 15 日	批转县土地管理局《关于确定土地权属问题的补充意见》的通知	靖政发〔1993〕96 号
41	县政府	1993 年 9 月 9 日	靖江县国有土地使用权出让和转让暂行规定	靖政发〔1993〕234 号
42	县政府	1993 年 9 月 9 日	关于划定靖江县国有土地基准地价、标定地价、出让底价的暂行规定	靖政发〔1993〕235 号
43	县政府	1993 年 9 月 9 日	关于股份制企业土地资产评估工作的意见	靖政发〔1993〕233 号
44	县政府	1993 年 9 月 9 日	关于坚决制止农田抛荒的意见	靖政发〔1993〕239 号
45	市政府	1993 年 10 月 15 日	批转市土地管理局《关于土地使用权确权具体问题的处理意见》的通知	靖政发〔1993〕26 号
46	市政府	1994 年 1 月 25 日	批转市土地管理局《关于城镇居民国有土地使用权确权具体问题的处理意见》的通知	靖政发〔1994〕16 号
47	市政府	1994 年 5 月 16 日	关于进一步加快靖江经济技术开发区建设若干问题的意见	靖政发〔1994〕137 号
48	市政府	1995 年 6 月 30 日	关于批准执行靖江市市区土地定级计价标准的批复	靖政发〔1995〕143 号
49	市政府	1995 年 8 月 25 日	关于严禁非法取土毁坏耕地的通告	靖政发〔1995〕182 号
50	市政府	1995 年 8 月 25 日	关于严禁擅自改变土地用途从事房地产开发等非生产性建设的通知	靖政发〔1995〕173 号
51	市政府	1995 年 10 月 12 日	关于加强基本农田保护管理的意见	靖政发〔1995〕200 号
52	市政府	1996 年 10 月 9 日	关于对砖瓦窑业用地进行清理整顿的通知	靖政发〔1996〕210 号
53	市政府	1997 年 6 月 24 日	批转市物价局、市土地管理局《关于土地管理行政事业性收费有关问题的意见》的通知	靖政发〔1997〕141 号
54	市政府	1997 年 9 月 2 日	关于进一步稳定和完善农村土地承包关系的意见	靖政发〔1997〕212 号
55	市政府	1998 年 3 月 20 日	关于征地劳动力安置的实施意见(试行)	靖政发〔1998〕52 号

续表 10-1-1

序号	发文单位	发文时间	文 件 标 题	文件号
56	市政府	1998 年 9 月 14 日	关于开展农村居民集体土地使用权登记发证工作的意见	靖政发〔1998〕180 号
57	市政府	1998 年 12 月 10 日	关于在全市范围内开展国有土地使用权变更登记申报和《国有土地使用证》证书查验工作的意见	靖政发〔1998〕248 号
58	市政府	1999 年 3 月 2 日	关于加强国有土地有偿使用管理的意见	靖政发〔1999〕41 号
59	市政府	1999 年 8 月 9 日	关于加强土地市场管理的若干规定	靖政发〔1999〕183 号
60	市政府	1999 年 9 月 2 日	关于清理非法转让土地的通告	靖政发〔1999〕198 号
61	市政府办	1999 年 11 月 23 日	转发市国土管理局《关于清理非法转让、炒卖土地工作中有关问题处理意见》的通知	靖政办发〔1999〕116 号
62	市政府	2000 年 7 月 29 日	关于城乡居民建房用地有关问题的批复	靖政发〔2000〕115 号
63	市委、市政府	2000 年 9 月 12 日	关于完善农村承包土地流转机制的意见	靖发〔2000〕61 号
64	市政府	2000 年 12 月 30 日	关于印发加强城市土地资产管理实施办法等 3 个政策性文件的通知	靖政发〔2000〕194 号
			关于加强城市土地资产管理的实施办法	
			靖江市城市土地储备实施办法(试行)	
			关于对租赁和出租及改变用途的国有划拨土地收取年租金的实施办法	
65	市政府办	2002 年 4 月 1 日	转发市劳动和社会保障局等 3 部门关于市属企业三置换一保障方面的 3 个政策性文件的通知	靖政办发〔2002〕15 号
			关于深化企业改革中置换职工身份若干问题的处理意见(靖江市劳动和社会保障局)	
			关于深化企业改革中置换土地使用权若干问题的处理意见(靖江市国土资源局)	
			关于深化企业改革中置换公有产权若干问题的处理意见(靖江市财政局)	
66	市政府办	2003 年 5 月 30 日	转发市建设局、市国土资源局《关于加强对城区村(居)民建房审批管理的意见》的通知	靖政办发〔2003〕37 号
67	市委、市政府	2004 年 5 月 8 日	关于加快推进市镇联动促进土地集约利用的意见	靖发〔2004〕21 号
68	市政府办	2004 年 8 月 9 日	关于进一步规范企业改制中土地使用权置换和处置的意见	靖政办发〔2004〕57 号
69	市政府	2004 年 9 月 3 日	靖江市征地补偿和被征地农民基本生活保障实施细则	靖政发〔2004〕107 号

续表 10-1-1

序号	发文单位	发文时间	文件标题	文件号
70	市政府办	2004年11月15日	关于征地补偿和被征地农民基本生活保障中农村集体经济组织成员界定的若干意见	靖政办发〔2004〕87号
71	市政府办	2005年4月20日	转发市劳动和社会保障局、市国土资源局、市财政局、市公安局《关于靖江市被征地农民基本生活保障工作操作流程》的通知	靖政办发〔2005〕31号
72	市政府	2005年4月27日	靖江市国有土地储备实施办法	靖政发〔2005〕60号
73	市国土资源局	2005年10月28日	关于严格土地违法案件查处程序的意见	靖国土资〔2005〕53号
74	市政府	2005年11月10日	靖江市城镇村(居)民建房管理办法	靖政发〔2005〕157号
75	市政府	2006年5月18日	关于加强建设项目用地管理推进土地集约利用的通知	靖政发〔2006〕67号
76	市政府办	2006年9月28日	靖江市征地补偿和被征地农民基本生活保障实施细则补充规定	靖政办发〔2006〕45号
77	市政府办	2006年9月28日	关于被征地农民基本生活保障中农村集体经济组织成员界定的意见	靖政办发〔2006〕46号
78	市政府	2006年10月8日	关于加强城市经营性建设用地容积率管理的意见	靖政发〔2006〕157号
79	市政府	2006年10月10日	关于土地登记若干问题的处理意见	靖政发〔2006〕176号
80	市法院	2007年4月19日	靖江市人民法院受理行政机关申请对行政命令行为进行强制执行的实施办法(试行)	靖法发〔2007〕18号
81	市政府	2007年12月29日	靖江市工业用地招标拍卖挂牌出让办法	靖政发〔2007〕189号
82	市委、市政府	2008年4月8日	关于在全市开展“双保双促”活动的意见	靖发〔2008〕13号
83	市政府	2008年8月21日	关于进一步健全土地执法监管长效机制的意见	靖政发〔2008〕112号
84	市国土资源局	2009年1月16日	靖江市国土资源局规范行政处罚自由裁量权实施办法(试行)	靖国土资〔2009〕06号
85	市政府	2009年3月10日	关于开展土地执法模范市土地管理模范镇基本农田保护模范村创建活动的意见	靖政发〔2009〕38号
86	市委、市政府	2009年4月16日	关于加快推进农民集中居住试点的实施意见	靖发〔2009〕14号
87	市委办、市政府办	2009年4月16日	靖江市新农村集中居住点建房管理办法(试行)	靖委办发〔2009〕30号
88	市委、市政府	2010年5月16日	关于加快推进城乡一体化的实施意见	靖发〔2010〕24号
89	市政府	2010年6月30日	靖江市土地节约集约利用实施意见	靖政发〔2010〕83号

续表 10-1-1

序号	发文单位	发文时间	文　件　标　题	文件号
90	市政府	2010 年 11 月 12 日	靖江市预防和查处土地违法行为部门联动及责任追究暂行办法	靖政发〔2010〕134 号
91	市委、市政府	2011 年 1 月 14 日	关于推进城乡建设用地增减挂钩和万顷良田建设工程加快城乡一体化进程的意见	靖发〔2011〕3 号
92	市政府	2011 年 1 月 15 日	靖江市城乡建设用地增减挂钩工作实施细则(试行)	靖政发〔2011〕18 号
93	市政府	2011 年 3 月 17 日	靖江市新增工业用地使用权出让办法(试行)	靖政规〔2011〕5 号
94	市政府	2011 年 12 月 8 日	关于靖江市闲置及低效利用土地的处置意见	靖政规〔2011〕9 号
95	市政府	2011 年 12 月 8 日	靖江市国有建设用地改变用途处置办法	靖政规〔2011〕10 号

二、土地法规培训

1987 年，靖江县土地管理局为加强土地管理队伍建设，举办学习土地管理法等各类培训班 73 期，每期人数 50～80 人。1988 年，县土地管理局与县法院、县司法局联合举办分管副乡（镇）长、土管助理、司法助理、法庭人员参加的专业研讨会和培训班 6 期，每期学员 100 人左右，培训内容为学习土地管理法和对涉土案例进行分析。此举既加深了土管人员对土地管理法律法规知识的理解，又为乡镇宣传、贯彻土地管理法培训了骨干。1989 年，县土地管理局在选配充实土地管理人员的同时，选送人员参加省、市土地管理部门举办的岗位培训，并举办各乡镇专、兼职土地管理人员法律、法规培训班 5 期，每期学员 150 人左右。培训内容为土地登记、地籍调查、建设用地管理、法规监察、资料统计等土地管理基本知识。是年 4 月 4 日，第七届全国人民代表大会第二次会议通过《中华人民共和国行政诉讼法》。翌年 3 月 27 日，县土地管理局与县人民法院在新桥镇联合举办首期行政诉讼法培训班，24 个乡镇的土管所所长、副所长及部分土管人员共 31 人参加培训。1992 年，为开展“三无”乡镇创建活动，以及编制乡镇土地利用总体规划和划定基本农田保护区工作，县政府举办土地管理局在职人员和各乡镇专、兼职土地管理人员法规培训班 8 期，培训 480 人次。

1994年后，房地产开发悄然兴起，房地产开发公司逐年增加。是年，市土地管理局举办房地产开发公司经理培训班，培训内容为土地管理法、江苏省实施土地管理法办法、城市房地产管理法等法律法规和房地产开发用地管理知识。同年，市委农工部在市农业干部学校举办由村经联社主任参加的培训班，市土地管理局派员作土地法规和土地市场知识讲座。至1996年，市土地管理局先后举办由街道、居委会和各乡镇涉土工作人员参加的地籍调查、土地隐形市场清理整顿等专项培训班45期，培训615人次。1997年4月，中共中央、国务院发出《关于进一步加强土地管理切实保护耕地的通知》。5月，市国土管理局举办全市乡（镇）、村土地管理人员业务知识培训班，内容为保护耕地、规范村（居）民建房用地和集体建设用地管理，参训人员450人。翌年，修订的《中华人民共和国土地管理法》颁布后，先后派出30人次，参加省和泰州市举办的5期新法培训班。11月中旬，市国土管理局又举办为期3天的全系统新法培训班。1998年，为提高土地监察人员依法行政水平，市国土管理局对其进行法规培训。此后，市土地监察大队人员先后参加省厅培训中心、泰州市以及靖江市司法部门举办的培训班。2000年10月17日，《江苏省土地管理条例》颁布后，市国土管理局举办全系统培训班2期，组织学习新土地管理法和省土地管理条例，培训130人次。2004～2007年，市国土资源局健全学习培训考核机制和奖惩机制，组织开展法律法规宣传教育，有针对性地培训全系统管理人员，共举办各类土地管理培训班13期，培训800余人次。

2008年，市国土资源局举办国土资源法律知识培训班14期，培训镇、村干部2000余人次。是年，市国土资源局土地监察一中队定期对所聘土地监察信息员进行国土监察业务培训，提出跑到、看

图10-1-1　2008年3月，举办全市国土资源法律知识宣传教育培训班

到、报到的“三到”要求，强化早发现、早制止、早上报的“三早”意识，年内发生的12宗违法用地行为均在初始阶段和萌芽状态被制止。翌年，市国土资源局继续加大国土资源法律知识培训力度，共举办法律法规培训班10期，培训镇、村干部600人次。2010年，市国土资源局举办以创建国土资源节约集约模范市和“三模”联创为主要内容的培训班9期，培训镇、村干部600人次，培训期间先后组织受训人员到如皋、江阴、浙江嘉善等县市学习、取经。2011年，为强化政策宣传和法制工作，举办国土资源法律知识培训班16期，培训镇、村干部1000余人次。

三、土地法规宣传

1986年，《中华人民共和国土地管理法》颁布后，县农村土地管理办公室立即组织学习、宣传土地管理法和江苏省实施土地管理法办法。翌年，全县张贴土地管理法宣传标语19777张，利用各种会议宣传土地管理法163次。1988年，县土地管理局印发《关于认真开展〈中华人民共和国土地管理法〉学习宣传活动的通知》，在全县再次掀起学习、宣传土地管理法的热潮。是年，县土地管理局先后8次与县人民法院、县司法局等单位联合召开由各乡镇分管土地工作的副乡（镇）长及土地管理助理、司法助理参加的专题研讨会，学习与领会土地管理法精神，对照县内土地管理状况，研究解决存在的有关问题。举办农村党支部书记学习班，学习土地管理法和土地管理基本知识，提高其土地法治观念。全年共举办各类培训班、学习班76期，书写宣传标语1256条，印发宣传材料2万余份，全县成人受教育面达85%左右。

1989年，全县开展全民国土观念教育宣传月活动。9月，县政府印发《关于开展全民国土观念教育宣传月活动的通知》。10月7日，分管副县长发表国土观念教育电视讲话。10月19日，县土地管理局与县人民法院、县司法局联合举办“土地管理政策法规咨询”活动。为加强中小学生国土观念教育，县土地管理局专门编印《中小学国土观念教育宣传提纲》。10月31日，县土地管理局与团县委、县文教局联合举办“爱祖国、爱国土、爱家乡”演讲竞赛，全县16所中学22名学生代表参赛，共决出一等奖3名、二等奖4名、三等奖10名。《江苏法制报》《江苏土地管理》杂志社和江苏人民广播电台对此次活动分别予以报道。在宣传月中，全县共制作大型固定宣传牌96块，书写永久性标语1744条，布置画廊、宣传栏228个，举办广播专题节目136次，发表、播出以土地管理为内容的稿件63篇，组织专题报告会44场、团队活动89次、政策咨询会13次，受教育者6万人次。为配合土地管理法的宣传，县土地管理局编发《靖江土地管理》简报16期，公布查处土地违法典型案例32起。通过以上活动，全县成人受教育面达89%。

1990年，在全县开展形式多样的土地法规宣传教育活动。对中小学生的宣传教育增加趣味性、科学性和爱国主义内容，形式由课堂讲授、演讲、征文发展到讲故事、组织看土地题材教育片、请老村长讲土地情、实地参观违法占地和拆除违法违章建筑现场等，在中小学生心中埋下爱惜土地、惜土如金的种子。对各级干部进行保护耕地与经济建设相互依存关系的宣传教育；对广大群众重点进行土地公有制、依法有偿用地的观念教育。通过宣传教育，全县成人受教育面提高到92%。1991年起，全国开展第二个五年普法教育（简称“二五”普法）。是年，全县继续加大土地管理法规的宣传力度。为纪念土地管理法实施5周年，1月5日，分管副县长发表题为《认真贯彻基本国策，坚决依法保护耕地》的电视讲话，各地开展声势浩大的宣传教育活动。县政府在八圩镇和裕纶纺织厂进行以土地管理法为内容的普法试点。县纺织工业公司等单位召开土地管理法实施5周年纪念会。县土地管理局派人到各系统和乡镇巡回辅导授课16次。

1992年起，县土地管理局借助“二五”普法教育之机，把推进土地使用制度改革与“二五”普法结合起来，组织宣讲人员到各乡镇、各系统巡回宣讲，使全社会对土地使用制度改革形成共识。年末，全县成人知法率达97%，中、小学生知法率达85%。是年，扬州市第5次法制宣传教育工作会议介绍了靖江的做法。1995年后，市政府将国土观念教育与开展“三无”乡镇创建活动相结合。是年冬，市土地管理局印发《土地管理基本国策教育学习材料》，作为乡、村干部冬训班教材，并派员至冬训班进行宣讲。1997年，市国土管理局根据泰州市政府的部署和靖江市委、市政府的要求，将“争创先进科室、先进土管所和土地卫士”

活动与国土观念宣传教育相结合，在全市开展“土地卫士杯”活动，将国土观念宣传教育推向更高层次。

1998年，市国土管理局与市委宣传部联合下发《关于认真开展学习宣传修订后的〈土地管理法〉活动的通知》，把新法宣传与“三五”普法结合起来，印发宣传计划、提纲、口号3000余份；征订《中国土地报》“土地日”特刊3000余份、《经济早报》土地法规政策特刊1000份，张贴、设立宣传挂图和塑料标语牌7000余张（块）；在城镇主干道悬挂横幅150余条；并与靖江电视台、靖江广播电台联办土地法规专题节目，在《靖江日报》开设土地法规宣传专版。其间，团结、季市等乡镇把宣传学习新修订的土地管理法和“三五”普法列入乡镇政府工作的议事日程，收到很好效果。2000年后，在开展“四五”普法的同时进行国土观念宣传教育，重点编印土地法律法规材料6000册，由各镇土地管理人员送法上门。

2003年起，市政府贯彻中共十六大、十六届三中全会和中央人口资源环境工作座谈会精神，不定期召开各镇负责人参加的土地管理工作汇报会、座谈会，联系全市土地管理现状，对基层一线领导进行法制宣传教育，为破解土地市场治理整顿难题奠定思想基础。2008年后，市国土资源局把开展国土观念宣传教育作为创建省级文明行业（单位）的重要内容，全面启动新一轮基层站所作风建设，积极开展争创“四好科室”“人民满意国土资源分局”和“创文明行业、建文明窗口”等活动。2011年，市国土资源局强化政策宣传和法制教育，把国土观念教育、国土资源法律法规教育与“六五”普法宣传教育工作结合起来，建立普法宣传教育责任制，健全普法工作网络，制定宣传教育方案，开展送法下乡等活动。

四、“全国土地日”宣传活动

1991年5月，国务院第83次常务会议确定每年的6月25日即《中华人民共和国土地管理法》颁布之日，为“全国土地日”。是年6月25日是第1个全国土地日，也是《中华人民共和国土地管理法》颁布5周年纪念日，为此，县政府决定集中1周时间在全县城乡开展宣传纪念活动。县政府成立由分管副县长任组长的领导小组，印发《关于开展〈中华人民共和国土地管理法〉颁布5周年纪念宣传周活动的通知》，县法制教育领导小组将土地管理法列为普及专业法的重点。县土地管理局抓住这一时机，在全县范围内开展土地国情、国策和土地管理法宣传，在县《科技与信息》报专版刊载以土地与国情为题材的宣传报道，举办中小学生“爱祖国、爱国土、爱家乡”演讲比赛25场，组织中小学生开展专题团队活动73次，参加人员43200人次。活动中，全县张挂宣传横幅165条；制作大型永久性宣传牌48块；更新墙头标语1600余条；宣传车在全县24个乡镇巡回宣传；制作专题广播节目12次，播出稿件75篇，其中被省、市电台、报刊采用21篇；开展政策法规咨询活动3次，接待咨询群众1200余人。

图 10-1-2　国土观念教育进学校　(1991 年摄)

1992年，为适应深化改革的新形势，全国土地日的宣传主题为“土地与改革”。6月15日，县委宣传部、县司法局、县土地管理局、县“二五”普法领导小组办公室联合下发《关于加强土地使用制度改革宣传工作的通知》，对宣传的内容和方法提出要求。全县共张挂宣传横幅64条（次），县《科技与信息》报出专刊1期，县广播电台举办专题广播4次、播出稿件34篇，召开专题座谈会、讨论会78次。靖江广播电台、靖江电视台、《科技与信息》报对活动跟踪采访，进行系列宣传报道。

1993年，全国土地日宣传工作的重点放在坚定不移地贯彻落实“十分珍惜和合理利用每寸土地，切实保护耕地”的基本国策方面，宣传土地管理法规、政策和土地使用制度改革的意义及土地管理工作取得的成效等。印发《1993年全国土地日宣传提纲》。1994年，根据中共江苏省委宣传部、省司法厅、省土地管理局、省法制宣传教育领导小组办公室《关于组织开展第四个全国土地日宣传活动的通知》精神，靖江市委、市政府召开各部门负责人会议，统一部署全国土地日宣传活动。市土地管理局组织召开“6·25”全国土地日纪念大会，在全市中、小学生中开展土地管理知识书法竞赛。《靖江日报》、靖江广播电台、靖江电视台刊播土地管理新闻，宣传建立土地市场以及土地使用制度改革的意义与成就；在市内各主要街道、高层建筑上悬挂横幅、条幅标语，各大商店门前设立站牌；各村（居）委布置专栏，张贴标语，在主要道路设立永久性标语牌，营造浓厚的“土地日”活动氛围。1995 年，第 5 个全国土地日宣传活动，围绕法制建设新增 3 项内容。一是由司法部门通过市电视台宣讲相关的法律法规，举办由各村村长参加的法律知识讲座；二是市政府召开表彰会，为获评“三无”乡镇的八圩等 11 个乡镇授予铜牌和颁发奖金；三是市土地管理局编印《土地管理法规政策汇编》，内含《中华人民共和国土地管理法》等 15 个法律、法规文件，发至各乡镇、行政村。7～9 月，江苏省、扬州市、靖江市三级人大代表视察靖江土地管理工作，对靖江土地日宣传给予充分肯定。

1996 年的第 6 个全国土地日活动期间，市委、市政府专门举办由各乡镇党委书记、乡镇长参加的土地管理法规知识讲座，市委书记就学习、宣传、贯彻执行土地管理法，深入开展纪念“6·25”全国土地日活动发表讲话。市土地管理局编印《中小学国土观念教育提纲》5000 册，发至各中、小学，并在靖城中学举行赠书仪式。1997 年，市政府召开社会各界人士恳谈会，宣传耕地保护和土地管理法制化、土地利用科学化等内容。市国土管理局与市电视台联合举办“党委书记话土管”专栏节目，有 6 位乡镇党委书记分别对土地管理和耕地保护的重要性进行讲解。1998 年，围绕“6·25”宣传主题，市国土管理局印发《土地管理工作宣传提纲》，在《靖江日报》连续进行宣传报道，

图 10-1-3　1999 年，“全国土地日”宣传车在全市巡回宣传

与靖江电视台、靖江广播电台联合举办《集约用地，造福后代》专栏节目，在城区、集镇主要商业街道竖立宣传标志牌。1999年，全市围绕“依法行政，合理用地”宣传主题，开展多项宣传活动：一是市领导在《靖江日报》发表题为《依法行政、合理用地，促进全市经济社会的可持续发展》的署名文章。二是拍摄《开拓奋进的靖江土地管理事业》和《市委书记话国土》专题片，在靖江电视台《马洲大观》栏目中播出。三是6月25日，市国土局与靖江人民广播电台在靖江大厦广场联合举办“第9个‘6·25’全国土地日现场直播暨土地管理法律法规咨询”活动，市领导在直播现场接受靖江电视台、靖江广播电台记者采访，市国土管理局领导、业务科室人员现场解答群众咨询近千人次。四是市国土管理局与市电视台联合举办“国土杯”新闻竞赛活动；与《靖江日报》联合举办“金土地杯”新闻竞赛活动。其间，市电视台播出新闻报道8篇，《靖江日报》刊发稿件5篇。五是在市中心画廊制作国土知识橱窗、市国土管理局办公大楼门前制作灯箱广告，进行新法基本内容宣传。六是宣传车在全市各地巡回宣传4天。七是各基层国土管理所根据乡镇统一部署，在乡镇宣传科、生建科等部门密切配合下，开展形式多样、群众喜闻乐见的宣传活动。八是市政府牵头召开贯彻实施新《中华人民共和国土地管理法》座谈会，并对各乡镇“6·25”宣传活动进行检查。2000年年初，市国土管理局印发《关于组织开展第10个全国土地日宣传活动的通知》，对第10个全国土地日宣传活动提出要求，明确宣传重点。6月，市国土管理局与市教委联合举办“国土杯”中、小学生征文活动，与市文联联合举办“民族魂、国土情”书画大赛，组织参加泰州市局举办的关于“6·25”土地宣传日论文研讨会。

2001～2002年，全国土地日宣传活动主要是发挥媒体作用，宣传“规划用地，利国利民”“规范土地市场，促进经济发展”等主题，《靖江日报》、靖江电视台、靖江广播电台等开设专版、专栏进行宣传。2003年起，每年“6·25”全国土地日宣传活动均有创新，除增加新的宣传形式，扩大宣传效果，还在《泰州日报》开辟版面进行宣传；市国土资源局与市文化局联合创作编排“这一片热土”大型文艺节目，在靖城地区首演后，又深入各乡镇巡回演出15场，观众逾万人次。该活动获江苏省国土资源厅“6·25”宣传好项目奖。

2006年，市国土资源局根据江苏省国土资源厅要求，围绕“依法合理用地，

图 10-1-4 2008 年 6 月 25 日，市国土资源局在国润广场开展全国土地日宣传咨询活动

促进科学发展”宣传主题，努力创新形式，与市文联再次联手，举办“科学发展在靖江”纪念全国土地日大型文艺晚会，获省国土资源厅表彰。2007 年、2008 年全国土地日，市国土资源局相继举办“国土杯”国土资源知识竞赛、专题报道等宣传教育活动；一分局、四分局分别举行广场咨询和“一学三讲村村行”活动。

2009～2011 年，市国土资源局总结以往全国土地日宣传经验，在“6·25”全国土地日宣传活动中，做到四个结合：结合土地执法检查和执法模范市创建，宣传国家土地调控政策；结合万顷良田工程建设，宣传贯彻最严格的耕地保护制度的重要性；结合“五五普法”教育，进一步广泛宣传国土资源国情、国策和相关法律法规；结合节约集约用地、被征地农民生活保障、土地整理复垦开发等工作，宣传国土资源管理工作成果和先进典型，在全社会营造节约集约用地的良好氛围。重点开展国土法规电影社区行、全市闲置土地大清查、工业用地“价高者得”试点、“三模”联创工作座谈、拉网式土地执法巡查、全系统业务技能比赛、土地法律法规宣传咨询等 9 个方面活动。

第二节 土地执法监察

一、监察网络

1987年，靖江县土地管理局明确1名副局长分管土地监察工作，各乡镇明确土地管理员，负责土地执法监察。1988~1989年，县土地管理局增设土地管理法规监察股，专职从事土地监察工作；全县24个乡镇设立土地管理机构，由土地管理助理（所长）、土地管理人员兼任土地执法监察员，统一颁发“中华人民共和国土地监察证”，规范行政执法。各村也明确专人负责土地管理工作，形成县、乡（镇）、村三级土地监察网络。

1994年7月，根据国家土地管理局《关于进一步加强土地监察工作的通知》，靖江强化土地监察机构建设，充实土地监察队伍。1995年4月，市政府成立靖江市土地行政执法监察领导小组，由分管副市长任组长，市纪律检查委员会副书记和市土地管理局局长任副组长，下设办公室。是年年末，全市共有土地执法监察人员442人，其中专职人员30人，兼职人员412人。1998年4月，市国土管理局成立靖江市土地监察大队。翌年1月28日，市国土管理局成立行政执法责任制领导小组。同时，根据乡（镇）、村换届选举的实际情况，及时调整乡（镇）、村土地监察信息员，健全全市土地监察网络。2001年，为进一步提高全市国土资源管理水平和土地监察执法人员依法行政能力，市国土管理局在全市12个国土管理所和江苏省靖江经济开发区建立土地监察中队。2004年，江苏省政府下发《关于省级以下国土资源管理体制改革的实施意见》。翌年5月，为推进国土资源执法监察体制改革，靖江市编委调整国土资源局下属机构，在全市按区域设立5

图 10-2-1　2009 年 11 月，靖江市保护国土资源青年志愿者行动服务队成立

个土地监察中队，配备专职监察人员 42 人。土地监察机构组织设置更趋规范化、网络化。2007 年，市国土资源局为进一步健全执法监察网络，畅通信息渠道，消灭土地巡查盲区，聘请 74 名邮递员为土地监察信息员，形成全天候、全方位、全覆盖的土地执法监察信息网络。2008 年，市政府出台《关于进一步健全土地执法监管长效机制的意见》，建立由市法院、检察院、公安、监察、规划、国土、城管等部门共同参与的土地执法监管联席会议制度，形成土地执法监察合力。2009 年 11 月 11 日，市国土资源局和团市委联合发文，成立靖江市保护国土资源青年志愿者行动服务队，在全市招募 46 名大学生村官、共青团员为保护国土资源青年志愿者，充实土地法规宣传和土地执法监察力量，更好地保护耕地，制止违法用地。2010 年，借助各镇、街道、办事处成立规划监察中队的契机，建立健全全市土地监察机构和监察网络。至 2011 年，全市建立起市、镇、村、组四级土地监察体系，以及以 206 名土地管理协管员和 74 名邮递员为主体的土地监察信息员队伍，为强化全市国土资源执法监察工作打下坚实基础。

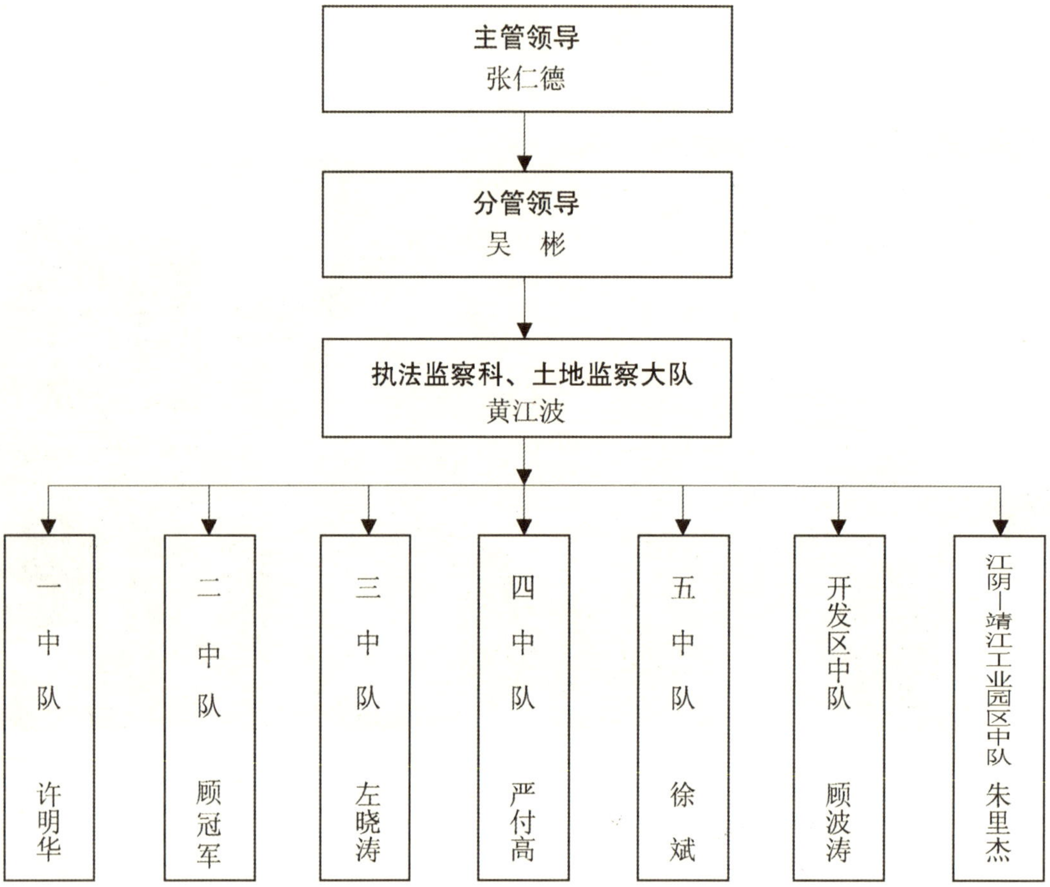

图 10-2-2 2011 年靖江市国土资源系统执法监察机构网络图

二、监督检查

新中国成立后，根据《国家建设征用土地办法》等法规精神，县内多次对所征用的土地使用情况进行监督检查。1958 年“大跃进”时期，由于县内盲目办工业、学校，用地剧增，出现多征少用、征而不用的浪费土地资源现象。1962 年，县人委在转发《国务院对广西处理征用土地中有关问题的批复的通知》中指出：“凡征用土地的单位，对征用土地认真地进行一次检查。一切征而不用、多征少用、早征迟用的土地，都要迅速退还给原生产队耕种。”并规定今后凡国家建设征用土地，都要严格执行《国家建设征用土地办法》。在随后开展的全县土地清查工作中，共退还耕地 6.73 公顷。“文化大革命”期间，放松对土地的执法监察，浪费土地和违法用地的情况时有发生。

1988 年，根据县政府部署，县土地管理局多次召开各乡镇土地管理员会议，部署对违法占用土地的查处工作。至年末，全县发现各类违法用地 167 宗、面积 5.14 公顷，其中立案查处土地违法案件 23 起，退还耕地 5.14 公顷，拆除非法占地违章建筑 1944 平方米。1989 年 11 月 2 日，江苏省土地管理局转发国家土地管理局《土地违法案件处理暂行办法》，扬州市土地管理局制定有奖举报非法占用土地案件暂行办法，县土地管理局向社会公布举报电话，及时查处违法占地案件。年内，全县共发现各类违法用地 109 宗、面积 38.46 公顷，其中补办用地手续 30 宗、面积 37.63 公顷；立案查处土地违法案件 25 起，退还耕地 0.83 公顷，拆除非法占地违章建筑 1942 平方米。1990 年，全县发现各类违法用地 28 宗、面积 15.9 公顷，其中补办用地手续 8 宗、面积 15.45 公顷；立案查处土地违法案件 20 起，拆除违章建筑 1850 平方米，退还耕地 0.45 公顷。1991 年，全县共发现各类违法用地 26 宗、面积 14.7 公顷，其中立案查处 18 起，拆除非法占地违章建筑 1790 平方米，退还耕地 0.03 公顷。1992 年，在土地日常动态巡回检查中发现违法用地 9 宗、面积 0.19 公顷，其中立案查处 5 起，拆除非法占地违章建筑 800 平方米，退还耕地 0.19 公顷。

1993 年 3 月，县土地管理局贯彻省政府《关于进一步加强土地管理，依法保护耕地的通知》，加大对违法用地的查处力度。至 1994 年，全市共发现违法用地 18 宗、面积 0.3 公顷，均按政策查处到位。其中，制止违法用地 5 宗，立案查处 13 起，拆除违章建筑 1870 平方米。1995 年，国家土地管理局下发《土地监察暂行规定》和《土地违法案件查处办法》。市土地管理局依据以上文件精神，与市法院、公安、监察、信访等部门配合，对重大土地违法案件及时制止、迅速处理。1996 ~ 1999 年，全市共发现违法用地 76 宗、面积 1.84 公顷，拆除非法占地违章建筑 5960 平方米，退还耕地 1.74 公顷。

2001 年起，市国土管理局在各基层国土管理所推行土地违法案件“天天查、月月报”制度，加大土地巡回监察力度。市局监察大队除经常对城区、城郊结合部巡查外，每月还在全市范围内巡查 1 次。靖城国土管理所将每周一、三、五定为土地巡回监察日。年内，全市通过监察网络发现违法用地 71 宗、面积

30.04公顷。其中，巡查中被制止在初始阶段的有69宗、面积30公顷；立案查处2起，配合市法院强制执行拆除违章建筑400平方米，退还耕地0.04公顷。2002年，市国土资源局在土地监察中坚持预防为主、查防结合的方针。在全系统推行孤山国土资源所“三定”（定人、定位、定责任）、“三包”（包巡查、包处理、包结案）责任制，实行土地动态巡查制度。通过卫星遥感技术加强土地动态监测管理，掌握土地监察的主动权。翌年，根据国务院进一步治理整顿土地市场秩序电视电话会议精神和省、市工作要求，市国土资源局高标准、严要求开展全市土地市场秩序整顿工作，严肃查处靖江侨荣房地产开发有限公司擅自占用国有土地3526平方米建商品房一案。2003年，全市发现违法用地68宗，制止违法用地66宗，立案查处2起，强制拆除违法建筑140平方米，退还耕地0.42公顷。

2004年，贯彻中共中央办公厅、国务院办公厅《关于深入开展土地市场治理整顿，严格土地管理的紧急通知》，市国土资源局坚持“旗帜鲜明执法，全力以赴服务”原则，加强对土地市场秩序的执法监察。全年共发现违法用地65宗、面积48.33公顷。其中，制止违法用地61宗，立案查处4起，强制拆除违法建筑2030平方米，退还耕地0.2公顷。2005年，市国土资源局强化执法监察，实行分片管理。从全市抽调25名政治素质强、业务水平高、坚持原则的工作人员至执法监察一线，投资近100万元为各监察中队配备执法监察车和调查取证设备。是年，全市共发现违法用地186宗、面积79.15公顷。其中，经制止停工185宗，立案查处1起，拆除违法建筑128.6平方米，退还耕地0.13公顷。2006年，市国土资源局编印《依法行政手册》，规范执法监察工作流程。是年，把基本农田监管作为土地巡回监察的重要内容，将公路沿线、城乡结合部作为重点巡查区域。做好巡回检查记录，公布举报电话，层层设防，层层把关。建立社会化监督网络，及时制止、纠正和坚决查处突破基本农田“红线”的违法用地行为。是年，通过动态巡查和群众举报，全市共发现违法用地188宗、面积82公顷。其中，经宣传教育及时制止在初始阶段的有176宗；立案查处12起，罚款14.29万元，拆除违章建筑2556.5平方米，退还耕地1.65公顷。

2007年后，市国土资源局健全土地执法监察责任制，建立动态巡查、内部协同、上下联动工作机制，实行土地巡回监察“天天报、月月考”制度，加强土地执法监察专项考核。同年9月，国土资源部决定集中100天时间，开展查处“以租代征”为重点的全国土地执法百日行动。市国土资源局根据上级部署，印发《土地执法百日行动方案》，在全市开展执法百日行动。至年末，全市共发现违法用地17宗、非法占用土地6.73公顷，其中立案查处、申请市人民法院强制执行8起，罚款27.48万元，拆除违章建筑9280平方米。2008年，市国土资源局健全土地执法监管长效机制，狠抓执法监察队伍建设，组织全系统执法监察员进行封闭式军训和操作实务培训；完善《靖江市国土资源局执法监察专项考核意见》，健全土地动态巡查和“零报告”制度。实行天天查、日日报，强化土地执法监察考核，严格追究责任。明确土地巡查“多层次、无假日、全天候、不间断”的工作目标要求。培育兼职土地监察信息员队伍，继续聘请邮递员为土地监察信息员，及时掌握和收集土地违法信息。健全土地执法联动机制，与市法院、规划局、公安局等部门以及各镇政府开展联合执法。全年共发现违法用地13宗、面积2.85公顷。其中，立案查处违法用地案件9起，拆除违法建筑540平方米，罚款15.49万元，退还耕地2.85公顷。同时完善土地执法问责机制，认真贯彻落实国土资源部《违反土地管理规定行为处分办法》，争取纪检监察部门支持，对违反土地管理法律法规、扰乱土地管理秩序的党员干部，做到既处理事，又处理人。2009年，全市发现违法用地20宗、面积6.4公顷。其中，立案查处6起，建议市监察局追究违法责任人6人，收取罚款39.74万元。

图10-2-3　2008年7月，市国土资源局和市法院在生祠镇联合执法

2010年，根据上级关于开展土地卫片执法检查[①]工作的部署，靖江开展土地

①土地卫片执法检查：指对卫星遥感影像图片所反映的土地利用情况变化的地块进行逐一核查，从而掌握新增建设用地情况，发现和查处违法用地案件。

卫片执法核查工作。市国土资源局建立土地卫片执法检查工作班子，制定整改标准，专题开展 2009 年度土地卫片执法检查宣传、图斑核查、违法用地整改处置等工作。是年，市政府与各镇（园区、办事处）签订国土资源管理目标责任状，建立考核奖惩机制，对土地管理规范、无违法用地行为的镇、街道、园区、办事处，在安排农转用指标时优先考虑，并加大宣传力度，营造依法用地和节约集约用地的氛围。全年共发现违法用地 22 宗，全部处罚到位，罚款 343.65 万元，追究责任人 22 人。2011 年，市政府成立靖江市卫片执法检查工作领导小组，市政府办公室印发《关于全市 2010 年度土地卫片执法检查工作方案》，要求各部门继续巩固 2009 年度土地卫片执法检查成果，对全市违法用地一个不漏地彻查处理。同时，严格按照国土资源部《违反土地管理规定行为处分办法》和《江苏省党政领导干部违反土地管理规定行为责任追究暂行办法》，对违法用地问题严重的镇、街道、园区、办事处主要负责人实施问责。全市 24 件土地违法案件全部处罚到位、整改纠正到位，罚款 86.86 万元，追究责任人 24 人，违法用地占比控制在 5%以内。

图 10-2-4　2011 年靖江市土地执法卫星遥感影像图斑

1987~2011 年靖江市（县）违法用地查处一览表

表 10-2-1

年　份	违法用地宗数（宗）	违法用地面积（公顷）	退还耕地（公顷）	违法用地案件查处情况			
				处罚数（起）	拆除违章建筑（平方米）	罚款（万元）	追究责任人（人）
1987	5	0.05	0.05	5	517.07	0	0
1988	167	5.14	5.14	23	1944.00	0	0
1989	109	38.46	0.83	25	1942.00	0	0
1990	28	15.90	0.45	20	1850.00	0	0
1991	26	14.70	0.03	18	1790.00	0	0
1992	9	0.19	0.19	5	800.00	0	0
1993	10	0.22	0.03	7	1020.00	0	0
1994	8	0.08	0.08	6	850.00	0	0
1995	6	0.10	0.10	4	350.00	0	0
1996	15	0.29	0.29	15	1650.00	0	0
1997	17	0.30	0.20	13	1320.00	2.00	0
1998	31	1.05	1.05	26	2010.00	0	0
1999	13	0.20	0.20	7	980.00	0	0
2000	8	0.10	0.10	6	1031.00	12.00	0
2001	71	30.04	0.04	2	400.00	0	0
2002	47	4.48	0.07	4	276.00	0	0
2003	68	5.11	0.42	2	140.00	18.50	0
2004	65	48.33	0.20	4	2030.00	0	0
2005	186	79.15	0.13	1	128.60	0	0
2006	188	82.00	1.65	12	2556.50	14.29	0
2007	17	6.73	6.73	8	9280.00	27.48	0
2008	13	2.85	2.85	9	540.00	15.49	0
2009	20	6.40	6.40	6	0	39.74	6
2010	22	98.30	0	22	0	343.65	22
2011	24	19.91	0	24	9775.00	86.86	24
合计	1173	460.08	27.23	274	43180.17	560.01	52

三、非农业建设用地清理

1986年，根据中共中央、国务院《关于加强土地管理、制止乱占耕地的通知》精神，靖江开展非农业用地清查工作。县农村土地管理办公室集中80%的人力，至生祠镇开展非农业用地清查试点工作，历时3个月。在随后召开的试点工作总结会上，扬州市土地管理局充分肯定靖江试点工作的做法和成效，并把靖江的试点列为扬州市非农业用地清理工作试点之一。同年12月20日，《江苏省关于非农业用地清查处理的办法》出台。1987年5月，县政府据此印发《关于非农业用地清理中有关问题的处理意见》。8月，非农业用地清理工作在全县展开，至1988年6月结束。全县共发现违规违法用地521宗、面积196.12公顷，依法补办批准用地手续488宗、面积191.35公顷；立案查处33起，拆除违章建筑140间、面积5600平方米，收回耕地4.77公顷。1992年下半年，贯彻执行中共中央、国务院《关于严格制止乱占、滥用耕地的紧急通知》精神，县土地管理局对全县非农业用地进行二次清理，查出1992年以前违法用地85宗、面积48.3公顷，于1993年上半年全部处理结束。

1994年起，非农业建设违法用地仍有增加趋势。1995年，省监察厅、省土地管理局联合发出通知，对全省土地行政执法和非农业建设用地情况开展专项执法监察。同年4月，市政府成立由分管副市长任组长的市土地行政执法监察领导小组，组织市土地管理局、市监察局等职能部门，对全市非农业建设用地情况进行第三次清理，于8月22日结束。清理检查结果显示：1993年以来，全市有22个乡镇存在不同程度的违法用地现象，占乡镇总数的90%以上。其中违法用地面积超过13.33公顷的为长里乡；违法用地面积超过6.67公顷的为斜桥镇、土桥镇；违法用地面积超过3.33公顷的为孤山镇、城南乡、侯河乡、柏木乡。两年多时间内，全市共发现违法用地128宗、面积64.8公顷。在违法用地中，全民、大集体单位77个、面积29.47公顷；乡（镇）、村、组办企业单位及个体户51个、面积35.33公顷。违法用地的类型也有所变化：一是未批先用，共84宗，占违法用地总数65.62%；面积50公顷，占整个违法用地面积77.16%。二是少批多用，共8宗，占违法用地总数6.25%；面积1.6公顷，占违法用地面积2.47%。三是批而未用，造成土地荒芜，共5宗，占违法用地总数3.91%；面积7公顷，占违法用地面积10.80%。四是非法转让，共3宗，占违法用地总数2.34%；面积0.6公顷，占违法用地面积0.93%。五是擅自改变土地用途，共28宗，占违法用地总数21.88%；面积5.6公顷，占违法用地面积8.64%。对此，土地管理部门从实际出发，经市政府和上级主管部门批准，确定采取补办手续的方式，使土地使用者取得合法的土地使用权。1995年12月8日，市政府召开全市土地管理工作会议，通报市土地管理局、市监察局清查结果，并从市计委、市城建局、市监察局、市财政局、市土管局抽调人员，组成专门工作班子，成立清理补办办公室，实行一条龙服务，提高补办效率。规定对顶风作案或拖延不办者，实行严厉处罚。市监察局实行效能监察，对单位负责人及分管领导追究纪律责任。市土地管理局依据土地管理法规定，作出拆除或没收的行政处罚决定，由市人民法院按规定期限强制执行。至年末，全市有85宗、面积43.6公顷违法用地补办合法用地手续。其余43宗、面积21.2公顷违法用地，于1996年10月处理结束，均补办合法用地手续。

1997年，中共中央、国务院印发《关于进一步加强土地管理，切实保护耕地的通知》，决定“冻结”非农业建设用地占用耕地审批1年。7月4日，靖江市政府根据国家土地管理局《关于认真贯彻中发〔1997〕11号文件精神，全面开展非农业建设用地清查工作的通知》，成立由副市长任组长的第四次非农业建设用地清查领导小组。全市抽调3000多人参加“拉网式”清查摸底工作，每个村都组织10~15人的清丈队伍，有的乡镇清丈人员达300多人，有的乡镇人员不足，组织放假回乡的大、中专学生参加清丈调查工作。靖江市国土管理局建立由局长、业务骨干组成的6个清查工作督办指导小组，分片包干、巡回检查指导，及时解决清查工作中遇到的问题。经调查核实，查明自1991年以后，全市各类非农业建设用地9575宗、面积1346.51公顷（占用耕地1201.37公顷）。其中，经依法批准用地8647宗、面积825.5公顷（占用耕地825.5公顷）；违法用地928宗、面积521.01公顷（占用耕地375.87公顷），分别占非农业建设用地总宗数和总面积9.69%和38.69%。在违法用地中，国家建设用地83宗、面积

142.59公顷，乡镇集体建设用地200宗、面积118.01公顷。全市非农业建设用地清查结果表明，违法用地类型主要是未批先用，其中又以国家和乡镇集体建设用地居多。违法用地中各类房地产开发比较突出，未批先用18宗、面积4.73公顷（其中耕地3.82公顷）；改变用途57宗、面积16.95公顷。对此，市政府先后多次召开常务会议和非农建设用地清查工作领导小组成员会议，讨论研究对全市违法用地的处理意见，明确政策界限，落实领导责任，做到干部不说情，政策不另设，违法用地一律不放过。为加强违法用地清理力度，由市人大常委会主任带队，组织由市人大代表组成的执法检查组至各乡镇、各单位进行执法检查。至1998年7月15日，全市对各类违法用地批准补办用地手续441宗、面积357.33公顷，分别占违法用地宗数47.52%、面积68.58%。市人大执法检查后，立案查处违法用地案件7起，拆除违法占地建筑1520平方米，收回土地使用权0.9公顷，收取罚款2万元，责成复垦9宗、面积20.94公顷。此后，市国土管理局对清查中未达到清理标准的地方和单位，重新补课，逐乡、逐村、逐单位、逐地块、逐类逐项复查和补办手续。9月21日，市政府又专题召开非农业建设用地"过堂会"，听取违法用地多、补办进度慢的11个乡镇的党委书记或乡镇长汇报，责成其亲自过问。至年底，全市对清理出的非农业建设违法用地共补办批准用地手续727宗、面积458.36公顷，分别占应补办的78.34%、87.98%。1999年1月对清理出的非农业建设违法用地又继续补办批准用地手续185宗、面积40.81公顷。至1999年1月底，全市对清理出的非农业建设违法用地共补办批准用地手续912宗，面积499.17公顷。

1987～1999年，全市（县）共清查非农业建设违法用地1662宗、违法用地面积830.23公顷。其中，依法补办用地批准手续1613宗，面积803.62公顷；立案查处40起，拆除违法占地建筑7120平方米；罚款2万元，收回土地5.67公顷；责成复垦9宗、面积20.94公顷。

2000年后，全市先后开展房地产开发用地清理、土地批租专项治理、治理整顿土地市场秩序等非农业建设用地清理工作，对清理出的违法用地，均依法予以处理。（详见第七章第一节第三目）

1987~1999 年靖江市（县）非农业建设用地清理一览表

表 10-2-2

年　份	违法用地宗数（宗）	违法占地面积（公顷）	处理情况						
			补办手续		立案查处				
			宗数（宗）	面积（公顷）	案件数（起）	拆除违法建筑（平方米）	收回土地（公顷）	罚款（万元）	责成复垦（公顷）
1987	521	196.12	131	37.85	33	5600	4.77	—	—
1988	—	—	357	153.50	—	—	—	—	—
1992	85	48.30	85	48.30	—	—	—	—	—
1995	128	64.80	85	43.60	—	—	—	—	—
1996	—	—	43	21.20	—	—	—	—	—
1997	928	521.01	—	—	—	—	—	—	—
1998	—	—	727	458.36	7	1520	0.90	2	20.94
1999	—	—	185	40.81	—	—	—	—	—
合计	1662	830.23	1613	803.62	40	7120	5.67	2	20.94

说明：自行纠正违法用地行为的未列入“处理情况”一栏统计。

四、依法行政

1987 年，越江乡虹兴村十一组凌某违章建房，县城乡建设环境保护局和越江乡人民政府依法作出行政处罚决定。凌某不服，向县人民法院提起行政诉讼。因凌某违章属实，县人民法院作出“处罚无不当，应予维持”的裁定。此为靖江首例行政诉讼案件，也是靖江首例土地行政诉讼案件。1990 年 10 月 1 日，《中华人民共和国行政诉讼法》实施后，靖江土地执法部门按照“严格执法，依法行政”要求，依法处理土地违法、土地侵权及土地权属争议案件。同年 11 月 26 日，县土地管理局根据《中华人民共和国行政诉讼法》第 37 条规定，成立县土地管理局土地案件行政复议小组。是年，组织 3 起土地案件行政复议，复议维持率 66.67%。

1991 年起，靖江县土地管理局贯彻国务院《中华人民共和国行政复议条例》，认真做好土地行政案件的复议工作。1991~1995年，市（县）土地管理局以换发新行政执法证为契机，加强各乡镇土管所执法队伍建设。经过培训和严格考核，为合格者换发新证，对不合格者一律收回老证不发新证。5年间，全市依法作出土地行政处罚决定40起，其中市（县）土地管理局作出5起，乡镇人民政府作出35起。因土地行政处罚引起土地行政诉讼3起，其中季市镇政府败诉1起，为全市首例土地行政诉讼败诉案件。

1996年10月1日，靖江开始贯彻实施《中华人民共和国行政处罚法》。1997年，市政府办公室印发《关于对〈行政处罚法〉等法律规范实施情况进行检查的通知》，市土地管理局成立检查小组，对《中华人民共和国行政诉讼法》《中华人民共和国行政复议条例》《中华人民共和国国家赔偿法》等法律法规实施后的土地行政执法情况进行全面检查，共清理部门规范性文件28份，废止其中4份。通过审查，未发现单位内设机构以个人名义实施行政处罚或委托其他事业组织实施行政处罚的情况。1996~1997年，全市依法作出土地行政处罚决定28起、行政处理决定12起。1998年，市国土管理局完善国土管理工作社会监督机制和行政执法、错案责任追究等内部监督机制。是年，全市依法作出行政处罚决定26起。

图 10-2-5　亮证执法　　(2001年摄)

2001年，市国土管理局根据国土资源部、江苏省人民政府和江苏省国土资源厅文件精神成立依法行政工作领导小组，并建立相应的工作班子，年初制定依法行政工作计划，年中进行检查，年终进行考核。是年起，市国土管理局将依法行政工作纳入年度工作目标，与国土管理各项业务工作、精神文明建设同部署、同落实、同考核，保证依法行政工作顺利开展。是年，市国土资源局作出土地行政处罚决定2起，行政处罚准确率100%。2003年，市国土资源局围绕建立国土资源管理现代化行政程序，组织清理各类规章、规范性文件，进一步规范各类行政措施的制定、审核、报批工作，建立行政执法评议考核制度。是年，市国土资源局作出土地行政处罚2起，无诉讼案件。

2004 年是《中华人民共和国行政许可法》颁布实施的第一年，市国土资源局根据国土资源部行政为民十项措施和工作人员五条禁令，制订《2004 年度机关各科室行政工作和党风廉政建设百分考核实施细则》《2004 年度国土资源所百分考核实施细则》，推行工作人员挂牌上岗制度，自觉接受群众和服务对象的监督和评议。同时深化干部人事制度改革，各国土资源所所长进行异地交流，为依法行政创造条件。是年，市国土资源局依法作出土地行政处罚决定 4 起，引起土地行政诉讼 1 起。因认定事实和适用法律错误，市人民法院判决撤销市国土资源局相关行政处罚决定书，这是市国土资源局迄今唯一因认定事实和适用法律错误败诉的行政案件。

2005 年后，市国土资源局贯彻落实国土资源部《关于全面推进依法行政工作的意见》，制订和印发《靖江市国土资源局依法行政手册》。执法人员持证上岗，亮证执法。行政行为实行流水线作业，规范化运作。推行行政执法责任制和决策责任追究制，依法界定执法职责，健全评议考核机制，强化责任追究。结合撤所建分局机构调整，开展依法行政示范基地创建工作。至 2006 年年末，市国土资源局共依法作出土地行政处罚决定 13 起，依法组织听证 10 起。

2007 年起，市国土资源局认真贯彻《政府信息公开条例》，全面推行政务公开，编制行政职权目录和行政权力运行流程图，将执法依据、程序、权限及时向社会公开，做到行政权力阳光运行。更新维护局门户网站，及时发布政务信息。至 2008 年，全市共发生土地行政诉讼案件 9 起、行政复议案件 3 起。2009 年，市国土资源局再次对规范性文件和行政许可事项进行清理，并把依法行政列为《党风廉政建设和反腐倡廉工作意见》中重要内容，明确具体要求与职责。至 2010 年，全市共发生土地行政诉讼案件 4 起。

图 10-2-6　土地规划调整听证公告（2011 年摄）

2011 年，市国土资源局修订完善《依法行政手册》，把合法行政、合理行政、程序正当、高效便民、诚实守信、权责统一等基本要求落实到国土资源管理日常工作中；绘制行政审批事项运行流程图，形成既相互协调又相互制约的权力架构；严格规范行政执法自由裁量权，细化、量化具体业务工作的自由裁量幅度，在依法行政的基础上努力实现合理行政。是年4月15日，根据《国土资源听证规定》，市国土资源局举行靖江市土地利用总体规划（2006～2020年）及所辖8个镇、1个街道土地利用总体规划（2006～2020年）修编成果听证会。经充分认证，与会代表一致认为市国土资源局举行的土地规划修编听证会是依法行政的表现，土地利用总体规划及修编成果科学合理，基本满足经济发展需求。

违法用地查处案例选录

案例一　1989年1月，孤山镇城北村某村民小组以改善村民饮用水、筹集自来水安装费为名，将位于真武河北侧、靖广公路南首809.4平方米集体土地，分别卖给该集体经济组织以外的王某、朱某等9人建住宅，非法所得29096元。1990年1月，县土地管理局在执法检查中发现后，劝阻王某、朱某等9户停止施工，要求该村、组立即纠正违法行为，协助做好9户停建及拆除违章建筑工作。但因违法户多，社会影响严重，处理阻力大，遂将案件向县政府作出汇报。县四套班子对此案十分重视，7月12日，研究确定依法严处。县政府分管领导亲自召开相关部门负责人会议，讨论案件具体处理方案。会议认为，该案违反了《中华人民共和国土地管理法》《中华人民共和国城市规划法》《中华人民共和国水利法》《中华人民共和国村镇建设管理条例》和《中华人民共和国公路管理条例》，违法事实清楚，证据确凿，应予以处罚。确定由县土地管理局作出收回土地、没收违法所得的处罚决定，由县城建局作出拆除9户违章建筑处罚决定。1990年10月，在县人民法院执行庭主持下，强制拆除违章建筑1072平方米，违法所得予以没收，上缴县财政。

案例二　1992年11月30日，侯河乡某村村民侯某，请帮工和拖拉机手擅自在自己承包的责任田内，以挖鱼塘为名，取土填宅基地。村委会发现后2次到现场制止无效，即向乡政府汇报。12月3日，侯河乡土地管理所接报后，派人随同该村村委会主任再度到现场制止，拖拉机手见此情况停止操作。侯某从家中赶到责任田内，从拖拉机手中夺过拖拉机摇柄，欲发动机器，继续拉泥。乡土地管理人员上前劝阻，侯某将其摔倒在地，继而用两膝盖夹其头部，打其数记耳光，致该土管人员右侧面部等处受伤，执行公务中断。同年12月5日，侯某因妨碍公务罪被刑事拘留。12月15日，经县人民检察院批准，侯某被依法逮捕。翌年2月26日，县人民法院对此案作出判决：判处侯某有期徒刑6个月，并赔偿被害人医疗费等经济损失，且将该宗地恢复原状。

案例三　斜桥镇某村村民刘某多次申请出宅建房，村委会根据该组居住零乱、刘某及多户符合出宅建房条件等情况，多次到该组召开群众会议征求意见，确定在马桥闸东侧沿港边规划安排农户出宅建房，报市政府批准后，又组织符合条件出宅户以抽签方式确定各户建房顺序。1998年5月25日，村委会按刘某抽签位置填写“村民建房用地审批表”，报斜桥镇人民政府批准。但刘某以独生子女等理由不服从安排，于1999年2月13日擅自占用埭前大路南侧基本农田开工建房，且不听劝阻，强行施工建平房3间，建筑占地面积85.05平方米。1999年7月17日，市国土管理局依照《中华人民共和国土地管理法》作出拆除刘某在非法占用土地上新建的建筑物、退还非法占用的土地之处罚决定。

刘某不服市国土管理局处罚决定，在规定时限内向靖江市人民政府申请行政复议，市政府受理此案后，经市行政复议委员会复议，于1999年10月26日以靖政行复决〔1999〕3号《行政复议决定书》，作出维持靖江市国土管理局靖国土监字〔1999〕36号《土地违法案件行政处罚决定书》。刘某接复议决定书后不服，又向泰州市国土管理局申请复议，因不符合复议规定不予受理。刘某于1999年11月向靖江市人民法院提起行政诉讼，但在法院审理期间撤诉。法院于1999年12月30日作出（1999）靖行初字第12号行政裁定书，准许原告撤回起诉。靖江市国土管理局接到法院裁定书后，于2000年1月21日申请法院强制执行。法院在张贴强制执行公告时，刘某妻子撕毁公告，被法院刑事拘留。其间，刘某自行拆除违章建筑，运出建筑材料，退还非法占用的土地。

案例四　2009年4月15日，市国土资源局监察一中队在土地日常动态巡回检查时，发现靖城街道办某村14组的基本农田内正在建联排住宅。该中队立即予以制止，并调查取证。经查，该村委会为筹集硬质化道路建设资金，在未经任何部门审批、许可的情况下，擅自占用基本农田1270平方米，建房23间对外出售，已收取10户购房款132.1万元。这起违法占地建房案引起相关部门的重视。

市国土资源局、规划局、城市管理局和靖城街道办依法决定，由该村村委会于4月底前自行拆除违法占用基本农田新建的建筑物和其他设施，恢复土地原状；同时对相关人员进行从严教育和处理。该村村委会随即组织自拆。5月初，经查验，该村违法用地现场的建筑痕迹已全部处理完毕，并恢复耕种。

1987~2011年靖江市（县）涉土依法行政工作一览表

表10-2-3　　单位：件

年份	行政处罚	行政处理	行政诉讼	行政复议
1987	5	1	1	0
1988	23	31	1	0
1989	25	16	0	1
1990	20	10	1	3
1991	18	13	0	2
1992	5	6	1	1
1993	7	12	2	3
1994	6	7	0	2
1995	4	3	0	1
1996	15	9	0	1
1997	13	3	1	3
1998	26	2	1	0
1999	7	1	1	1
2000	6	1	0	2
2001	2	0	0	1
2002	4	0	0	1
2003	2	0	0	0
2004	4	0	1	0
2005	1	1	1	0
2006	12	0	0	1
2007	8	0	3	3
2008	9	0	6	0
2009	6	0	2	0
2010	22	0	2	0
2011	24	0	5	0
合计	274	116	29	26

第三节　土地信访

一、信访制度

1987 年起，靖江土地管理部门将土地信访工作作为联系群众、接受群众监督和管好土地的重要途径。1989 年 12 月 27 日，国家土地管理局发布《土地管理信访暂行办法》后，县土地管理局先后制订土地信访登记制度、土地信访反馈制度、土地信访档案制度。

1997 年 5 月 1 日，国家土地管理局颁布的《土地信访规定》实施后，市国土管理局增加领导接待日制度、领导包案制度、土地信访考核制度。2000 年后，人民来信来访数量总体呈下降趋势。2001 年 5 月 1 日起，市国土管理局建立领导接待日制度，局党组成员每周一轮流至监察科接待群众上访，帮助解答和处理疑难问题。2009 年，市政府在全市推行涉土信访工作保证金制度。各镇、街道、园区、办事处党委书记、镇长（主任）、分管负责人每年分别缴纳涉土信访保证金 15000 元、10000 元、8000 元。市政府按各镇、街道、园区、办事处涉土信访总量、工作开展和矛盾化解情况进行考核。各镇、街道、园区、办事处每年每发生 1 起到省涉土上访案件，分别扣责任人保证金 1800 元、1200 元和 1000 元；每年每发生 1 起进京涉土上访案件，扣保证金 50%；未发生赴省、进京涉土上访案件的各镇、街道、园区、办事处相关人员的年度信访保证金全额返还，并给予等额奖励。市国土资源局为提高土地信访工作效率、质量，也同时推出信访工作保证金制度。自土地信访工作制度施行以后，全市涉土信访工作得到加强。

二、信访受理

1987年，为发挥基层调解作用，对可由乡、镇人民政府处理的信访案件，交乡、镇处理，县土地管理局定期催办、督办；对县土地管理局的自办案件，则由县土地管理局派员赴现场踏勘、绘图，找当事人了解情况，做好笔录，查看有关手续，提出处理意见，作出调查和处理报告。对涉及违法用地信访案件的处理，坚持依法查处，做到事实清楚、证据确凿、程序合法、材料齐全、适用法律准确、处理结果恰当。对重大信访案件的处理，请县法院、检察院、公安局、监察局、纪检等部门协同办案，加大查处力度，公布有关典型案例。是年，共受理、接待群众来信来访126件（起），1988年上升至205件（起），1989年又上升至416件（起）。1990年信访案件有所下降。1991年，域内经济建设速度加快，土地供需矛盾突出，信访案件又有上升。经查处，1992年又有所下降。全县信访案件呈1年为周期的曲线变化。1987～1995年，市（县）土地管理局共受理、接待群众来信来访2431件（起），每年结案率90%以上。

1996年起，因人民群众涉土法律意识增强等原因，土地信访量呈上升趋势。针对这一现状，市土地管理局采取相关对策，使一些多年积案和信访难案得到妥善处理。1996年共接待群众来访161起，结案率100%；受理人民来信280件，结案率98%。1997年5月，国家土地管理局颁布《土地信访规定》。6月，省政府办公厅下发《江苏省实行逐级上访和分级管理制度暂行规定》，为土地信访工作提供法规依据和工作规程。是年，靖江市土地管理局在泰州市率先推行人民群众逐级上访制度，各级基层组织自觉履行职责，认真为民排忧解难，把信访人员稳定在当地，把问题解决在基层。是年，共接待群众来访142起、209人次，受理人民来信299件，结案率96%。翌年，接访量增加，全年共接待群众来访204起、309人次，结案200起，结案率98%；受理人民来信373件，办结357件，结案率96%。1999年，市国土管理局认真抓好人民群众来信来访登记、批办、交办、转办、会办、催办和查办各个环节工作，严格执行信访规范报结制度。全年共接待群众来访271起、459人次，办结260起，结案率96%；受理人民来信428件，办结409件，结案率96%。2000年5月1日起，市国土管理局党组成员每周轮流到信访室现场办公，来信来访有所减少。全年共接待群众来访199起、296人次，办结172起，结案率86%；受理人民来信284件，办结233件，结案率82%。

2001年，全市群众来访、来信总量呈下降趋势，到省、市上访量大幅度减少，靖江被省国土资源厅执法监察局摘除“土地信访重点市”的帽子。靖江市国土管理局监察科信访接待室被市信访工作领导小组评为信访文明接待室。是年，共接待群众来访125起、180人次，办结124起，结案率99%；受理人民来信200件，办结196件，结案率98%。2002年，接访量又有下降。全年共接待群众来访42起、82人次，办结41起，结案率98%；受理人民来信123件，办结118件，结案率96%。2003年后，市国土资源局贯彻国土资源部《关于妥善处理国土资源信访问题，维护社会稳定的紧急通知》精神，加强土地信访工作的领导，进一步完善局领导接待日制度，自查自改，强化职责。全年共接待群众来访44起，结案率97%；受理人民来信79件，结案率96%。2004~2007年，来信来访呈下降趋势，共受理人民来信320件，办结318件，结案率99%；接待群众来访88起、298人次，结案率100%。

2008年起，市国土资源局贯彻国土资源部《国土资源信访规定》，坚持领导信访接待日和重大信访会办制度，规范信访行为，畅通信访渠道，将信访工作重心从事后调处转移到事前排查上来，通过“行风热线”“新靖江在线”等媒体栏目，主动接受群众举报投诉，变上访为下访，维护社会稳定。全年共受理群众来信、来电104件（次），接待群众来访34起、56人次，结案率均为100%。2009年，为落实土地信访工作职责，强化各镇、街道、园区、办事处党政主要负责人的土地信访工作责任，市政府专题召开由

图10-3-1 信访接待 （2009年摄）

各镇、街道、园区、办事处党政主要负责人、分管负责人参加的国土资源信访工作会议，并与各镇、街道、园区、办事处签订信访工作责任状，严格执行信访保证金制度，确保涉土矛盾早发现、早钝化，把矛盾化解在萌芽状态。是年，市国土资源局共受理人民来信91件、人民来电63件，接待来访55起、173人次，结案率均为100%。2010年，自实施信访保证金制度后，市国土资源局加大对积案、积访联合办理力度，降低越级信访总量，加快信访案件办理速度，做到件件有着落，事事有回音。全年共受理各类人民来信80件、人民来电97件，接待来访40起、232人次，结案率均为100%。2011年，进一步完善涉土信访工作机制，继续实施信访保证金制度，强化初信初访接待，加快涉土信访处理和反馈速度，做到“小访不出镇、大访不出市”，越级上访明显减少。是年，市国土资源局共受理人民来信124件、人民来电78件，接待来访45起、151人次，结案率均为100%。

1987~2011年靖江市（县）土地信访一览表

表10-3-1

年份	人民来信、人民来电		结案率%	人民来访		结案率%
	来信(件)	来电(件)		来访数(起)	来访人次	
1987	125	0	91	1	1	100
1988	205	0	92	0	0	0
1989	360	0	95	56	68	95
1990	129	0	94	118	208	93
1991	194	0	93	305	383	92
1992	64	0	96	202	290	93
1993	82	0	97	178	247	95
1994	111	0	95	30	45	91
1995	222	0	97	49	76	95
1996	280	0	98	161	335	100
1997	299	0	96	142	209	96
1998	373	0	96	204	309	98
1999	428	0	96	271	459	96
2000	284	0	82	199	296	86
2001	200	0	98	125	180	99
2002	123	0	96	42	82	98

续表 10-3-1

年份	人民来信、人民来电		结案率%	人民来访		结案率%
	来信(件)	来电(件)		来访数(起)	来访人次	
2003	79	0	96	44	134	97
2004	104	62	99	45	179	100
2005	77	51	99	14	38	100
2006	73	10	99	10	43	100
2007	66	30	99	19	38	100
2008	46	58	100	34	56	100
2009	91	63	100	55	173	100
2010	80	97	100	40	232	100
2011	124	78	100	45	151	100
合计	4219	449	—	2389	4232	—

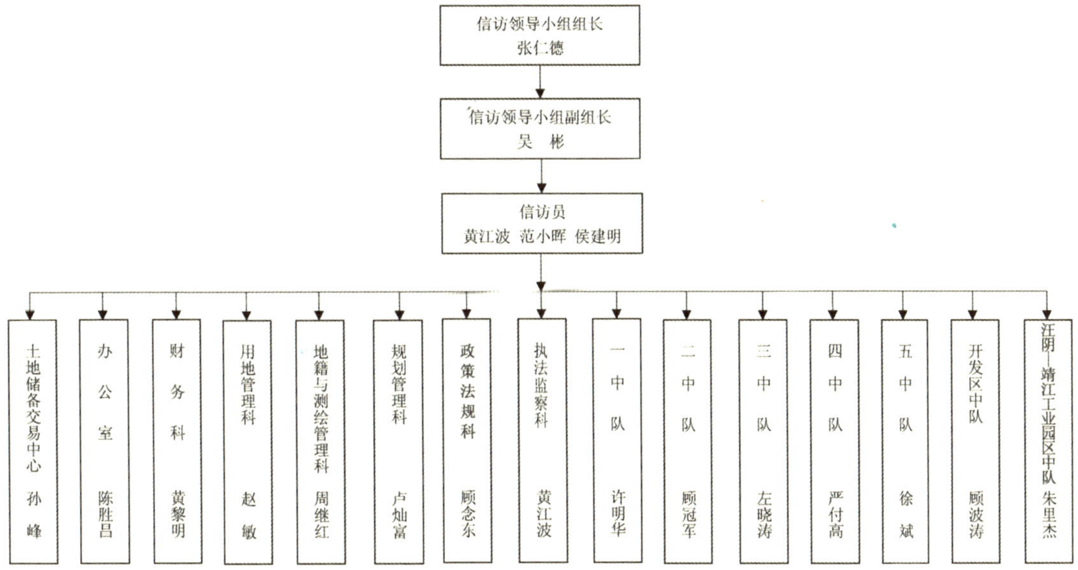

图 10-3-2 2011 年靖江市国土资源局信访网络图

信访调处案例选录

案例一 1986 年 12 月至 1987 年 7 月，季市镇某村村民侯某多次上访，并给靖江县政府、扬州市政府、江苏省农林厅和省土地管理局，以及国家土地管理局写信，反映该村干部滥用职权，带领群众抢占耕地，突击建房。县土地管理局接访后，派员会同城乡建设环境保护局及季市镇政府有关人员，赴该村察看现场。经了解，1982年落实村镇建设规划时，该村从当时情况出发，曾规划将该队符合出宅条件的建房户安排在自然村庄后面建房，但随着农村联产承包责任制的推行，各户的承包田大多在自然村庄的前面，原规划不利于群众生产，而且用地也不合理。据此，该村民小组群众要求村、组改变原规划，得到季市镇政府批准。侯某担心新规划实施后会影响其住宅通风和采光，于是多次阻挠规划实施，并与建房户发生殴打，甚至带菜刀到村主任家威吓。与此同时，又向上级机关写信，对镇、村、组干部施加压力。而事实上新建房屋与侯某住房相距30多米，无碍其通风采光。经说服教育，侯某认识到自己的错误，表示支持新规划的实施。

案例二　2000年5月14日，接群众电话举报：西来镇某村1、2、3组在基本农田保护区挖土，毁坏耕地。市土地监察大队接报后立即派员到现场调查制止。经了解，西来镇某村1、2、3组以筑路、疏浚三级河道、解决群众吃水等问题需筹集资金，群众同意挖田卖土，并请示过村支部、村委会等为理由，先后于3月中旬、4月上旬开始挖田取土，分别卖给西来、如皋等地3个砖瓦厂制坯烧砖。市土地监察大队到现场制止时，3个组共挖毁农田0.82公顷，收取卖土费7.5万元。其中，1组挖毁农田0.31公顷，收取卖土费3万元；2组挖毁农田0.3公顷，收取卖土费2万元；3组挖毁农田0.21公顷，收取卖土费2.5万元。市土地监察大队当即责成挖土人员将拖土车辆撤离现场。在控制住现场后，立即找村支书、村委会主任及1、2、3组组长谈话，向他们宣传土地管理法和基本农田保护条例，对他们的违法行为进行严肃批评，责令其立即停止违法行为。

市国土管理局听取案情汇报后，即与西来镇党委、政府会商，并提出3点处理建议：(1) 收取卖土费7.5万元，由西来镇国土管理所代为保管，用于复垦；(2) 水稻收割秋种结束后，利用三级河道疏浚之土源复垦，当年必须复垦结束；(3) 西来镇党委、政府按《江苏省土地管理违法行为行政处分暂行规定》，给予该村党支部书记、村委会主任记大过处分。西来镇党委、政府根据市国土管理局建议，及时监督该村按时完成复垦工作，并分别给予村支书、村委会主任党内警告处分。

第四节　土地执法创建活动

一、土地管理“无案”乡（镇）、村、组创建活动

1991年3月，县政府在全县部署开展土地管理“无案”乡（镇）、村、组创建活动。“无案”乡（镇）标准：（1）无越权批地；（2）无未经批准非法占用土地；（3）无骗取批准或超过批准数量用地；（4）无非法转让、买卖土地；（5）无征而不用造成土地抛荒或破坏土地资源；（6）无临时用地期满不归还；（7）无土地管理人员执法不公，以权谋私。县土地管理局负责创建活动的组织指导及检查验收。创建分3个阶段：（1）宣传发动，组织实施。各乡（镇）召开村、组负责人参加的动员会，认真学习宣传土地管理法律法规；明确创建活动由乡（镇）土地管理所负主责，各村、组密切配合。在此基础上，加强土地执法监察，及时发现土地违法行为，把土地违法行为制止在萌芽状态，处理在基层。（2）检查验收。土地管理“无案”乡（镇）、村由县土地管理局负责检查验收；土地管理“无案”组由各乡（镇）人民政府组织检查验收。（3）命名表彰。符合土地管理“无案”标准的乡（镇）、村，由县土地管理局上报县政府审核后，县政府予以命名表彰。是年，八圩镇、东兴乡被县政府命名为土地管理“无案”乡（镇），各获奖牌1块、奖金2000元；有72个村被县政府命名为土地管理“无案”村。

二、土地管理“三无”乡（镇）创建活动

1991年8月29日，江苏省土地管理局下发《关于开展创建土地管理“三无”乡（镇）竞赛活动的通知》。1992年年初，扬州市政府作出在全市开展创建土地管理“三无”乡（镇）竞赛活动的决定；3月3日，靖江县政府召开创建土地管理“三无”乡（镇）竞赛活动动员大会，明确创建活动的指导思想、内容、要求、方法步骤和实施措施；4月，江苏省土地管理局公布《江苏省土地管理“三无”乡（镇）达标考评办法（试行）》，对无违法批地行为①、无违法管地行为②、无违法用地行为③的“三无”乡（镇）的创建标准，作出更为详细的规定。为使创建活动有序、有效开展，县政府作出4项规定：（1）各乡（镇）成立由乡（镇）长任组长、分管副乡（镇）长任副组长的创建土地管理“三无”乡（镇）活动领导小组，由乡镇纪委、派出所、土地管理所、建设管理办公室等部门负责人组成创建工作班子，统一组织和协调创建活动，对创建工作做到有部署、有检查、有考评。（2）在全县范围内广泛宣传发动，使创建工作的目的、意义、内容和要求家喻户晓、人人皆知。（3）县政府与各乡（镇）政府、乡（镇）政府与各村、各基层单位层层签订土地管理目标责任书，明确职责、任务指标和奖惩办法。（4）制定创建“三无”乡（镇）活动的措施和检查验收办法，年终按照验收标

---

①无违法批地行为：指乡（镇）、村企事业单位建设用地、社会公共事业建设用地和居民建房用地，全部按规定审核报批，无越权审批和越过土地管理部门批地的行为，无弄虚作假、骗取批准的行为，无非法批准转让、出租和抵押土地的行为，无非法批准土地联营、入股用于非农业建设的行为，无非法批准改变土地用途的行为。

②无违法管地行为：指审核报批建设用地无索贿受贿的行为，建设用地管理中无以地谋私、弄虚作假的行为，在土地管理活动中无乱收费、乱罚款和失职、渎职的行为。

③无违法用地行为：指无未经批准擅自占地的行为，无弄虚作假、骗取批准用地的行为，无少批多占地的行为，无非法买卖土地或者无以其他方式非法转让土地的行为，无未经批准擅自改变地类和土地用途的行为，无非法破坏耕地种植条件的行为，无侵犯土地权属的行为。

准，实行土地管理工作“一票否决”制度。创建活动中，八圩镇率先启动，不仅成立八圩镇创建土地管理“三无”乡镇活动领导小组，与各村、各单位层层签订土地管理目标责任书，还按照创建土地管理“三无”乡镇竞赛活动内容、要求和标准，拟定创建土地管理“无案”村、组的活动意见下发全镇各村，在全镇范围内开展创建土地管理“无案”村、组竞赛活动。县土地管理局及时在全县推广八圩镇的创新举措。是年年末，县政府组织对全县“三无”乡（镇）创建活动进行验收，八圩、西来、东兴、太和、新桥 5 个镇被评为土地管理“三无”乡（镇），各获奖牌 1 块、奖金 1000 元。与此同时，各乡镇组织对土地管理“无案”村、组创建活动进行评选验收。

1993 年 10 月，为鼓励先进，促进全市土地管理再上新水平，市政府召开全市创建土地管理“三无”乡（镇）经验交流会议，八圩等乡（镇）在会上介绍创建土地管理“三无”乡镇的做法和经验。全市各乡（镇）普遍增强创建土地管理“三无”乡（镇）的信心与决心。创建活动中，各乡（镇）坚持“防查结合，预防为主”的方针，健全依法管地的社会监督机制，加强基层土地管理工作。是年，八圩、东兴、西来、太和、新桥、生祠、城南、敦义、斜桥、惠丰 10 个乡（镇）获评“三无”乡（镇），各获奖牌 1 块、奖金 600 元。其中八圩镇被江苏省政府命名为土地管理“三无”先进乡（镇）。全市“无案”村达 124 个。

图 10-4-1　市政府所授 1993 年度土地管理“三无”乡镇奖牌

1994 年起，全市创建土地管理“三无”乡（镇）活动步入正常运行轨道。年初，市领导在全市土地管理工作会议上进行宣传发动，将此项工作纳入市政府对乡（镇）年度综合考核内容。市政府与各乡（镇）政府、市土地管理局与各乡（镇）土地管理所、各乡（镇）政府与各村委会及有关企业先后签订目标责任书，层层落实责任制。每半年全市召开一次创建土地管理“三无”乡（镇）工作经验交流会。每年年底和翌年年初，市政府开展全市检查、评比、表彰活动。是年，全市获评“三无”乡镇的有八圩、东兴、西来、太和、新桥、生祠、城南、敦义、斜桥、惠丰、孤山11个乡（镇）。1995年，全市获评“三无”乡镇的有八圩、东兴、新桥、城南、孤山、敦义、生祠、西来、太和、惠丰、大觉11个乡（镇）。截至1998年年底，“三无”乡镇由1992年的5个增加至15个，达标率由1992年的20.8%提高到62.56%。1998年，全市土地违法案件仅有26起，结案率100%。

三、土地执法模范乡（镇）创建活动

1999年，江苏省国土管理局印发《关于开展创建土地执法模范乡（镇）活动的通知》，要求在创建土地管理“三无”乡（镇）活动的基础上，开展创建“土地执法模范乡（镇）”活动。土地执法模范乡（镇）的达标要求和评分标准为：(1)领导重视和支持土地管理工作，模范执行土地法律、法规（20分）。(2)土地执法基础建设达到较高程度（20分）。(3)土地执法形势稳定，执法基础较好（10分）。(4)土地执法成效显著（50分）。考评验收办法是：开展创建“土地执法模范乡（镇）”活动，必须规范运作，注重实效。创建活动的考核验收，严格掌握标准，确保质量，在每年年底进行，由镇自查、市国土管理局考评验收并认定(泰州市抽查不少于上报总数的20%)。为使创建活动不断深入，市国土管理局先在创建土地管理“三无”乡（镇）活动的先进乡镇八圩镇进行试点，然后再在全市推开。在随后召开的全市创建“土地执法模范乡（镇）”动员会上，总结推广八圩镇的试点经验，并对全市创建“土地执法模范乡（镇）”活动进行具体部署，明确标准、措施和检查验收办法。活动中，为了抓好落实，抓出成效，市国土管理局对全市创建工作进行多次督促检查，促进创建质量不断提高。由于前期“三无”乡（镇）创建活动基础较好，所以开展创建“土地执法模范乡(镇)”活动较为顺利。至2000年，全市创建“土地执法模范乡（镇）”达标率已达

75%。

2001年，市国土管理局印发《关于在全市继续开展创建土地执法模范乡(镇)活动的通知》，要求各镇继续深入开展创建“土地执法模范乡(镇)”活动。2002年起，市国土资源局加大土地执法监察力度，以开展创建“土地执法模范乡(镇)”活动为核心，以摘除“土地执法监察重点市”帽子为目标，全方位、多层次地开展土地执法监察活动，达到预期效果。2003年，江苏省国土资源厅执法监察局摘除靖江“土地执法监察重点市”的帽子。

四、土地执法模范市创建活动

图10-4-2 2007年，市国土资源局聘任土地监察信息员

2007年年初，江苏省国土资源厅印发《关于在全省深入开展创建“土地执法模范县(市、区)”活动的通知》，在全省部署开展创建“土地执法模范县(市、区)”活动。4月16日，市国土资源局印发《关于开展“双保双促[①]”活动的实施意见》，成立“双保双促”活动领导小组，下设办公室。全市以“双保双促”活动为抓手，深入开展土地执法模范市创建活动。4月23日，市政府在“双保双促”试点镇斜桥镇召开全市国土资源管理“双保双促”动员会，与各镇签订2007年

①双保双促：指保护资源、保障发展，促进规范、促进发展。

度国土资源管理目标责任书和“双保双促”责任承诺书。会后，各镇相继出台《关于开展“双保双促”活动的考核实施意见》，并与所辖各村签订“双保双促”工作责任书。全市各村根据“双保双促”工作责任书要求，聘请191名土地监察信息员，使全市基本形成“横向到边，纵向到底”的土地监察网络。5月，市政府传达贯彻国务院《关于加强土地调控有关问题的通知》，该通知规定地方各级人民政府主要负责人对所辖行政区域内的耕地保有量和基本农田保护面积、土地利用总体规划和年度计划执行情况总负责。自此，土地管理和耕地保护责任由部门负责转变为地方政府负责，土地执法由部门行为变为政府行为。全市利用各种宣传工具，多渠道、多形式宣传创建土地执法模范市的意义，形成齐抓土地管理的良好局面。6月，市国土资源局先后出台《关于开展“双保双促”活动的考核意见》《关于实行挂钩联系工作制度的通知》，进一步加大土地违法案件查处力度，实行每日巡查、月度抽查和季度互查相结合的动态巡查制度，确保动态巡查不留盲区、不留死角，切实把问题处理在萌芽状态。与此同时，市国土资源局推行“全员执法、全面覆盖、全程监管”执法监察模式，实行系统人员“轮村制”，165名国土工作人员挂钩联系全市198个行政村。驻村人员全面掌握挂钩村单位用地、村居民建房、土地复垦整理、被征地农民补偿情况，及时发现、制止各类违法用地苗头性问题，有效降低违法用地发案率。9月至年底，集中100天时间，开展查处以“以租代征”为重点的全国土地执法百日行动，重点整治2005年1月1日以来“以租代征”、违反土地利用总体规划扩大工业用地规模、未批先用等土地违法违规行为，查处“以租代征”违法用地6宗、占地3.52公顷，未批先用2宗、涉土面积1.43公顷。是年，全市共发现土地违法行为17件、面积6.73公顷，其中申请人民法院强制执行8起、收缴罚款27.48万元，拆除违章建筑9280平方米。靖江首次获江苏省土地执法模范市称号。翌年1月，市国土资源局被国土资源部表彰为全国土地执法百日行动长效管理先进单位。

2008年4月8日，市委、市政府下发《关于在全市开展“双保双促”活动的意见》，从市级层面继续推动该项活动的深入开展。是年，全市发现各类土地违法行为13件、违法占地面积2.85公顷，分别比上年下降24%、58%。是年，靖江市再次获江苏省土地执法模范市称号。

2009年年初，市国土资源局创新工作思路，在全市开展以创建“土地执法模范市”“土地管理模范镇”和“基本农田保护模范村”为主要内容的“三模”联创活动。3月9日，市政府印发《关于开展土地执法模范市土地管理模范镇基本农田保护模范村创建活动的意见》，市政府办公室印发《靖江市土地管理模范镇、基本农田保护模范村创建活动考核细则》。市政府成立“三模”联创工作领导小组，由市长任组长、政府分管副市长任副组长，市国土、规划、财政、环保、公安、监察、城管、发改委等部门负责人为成员。3月11日，市政府召开全市“三模”联创工作动员会议，对“三模”联创工作进行具体部署。是月起，市国土资源局以“三模”联创活动为抓手，完善土地违法行为早发现、早报告、早制止的“三早”机制，加强巡查密度，加大违法用地查处力度，落实奖惩措施；各镇围绕推进土地复垦，强化土地执法，抓整治求长效；各行政村紧扣基本农田保护，抓管理措施、抓责任落实、抓创建效果。“三模”联创活动在全市有序扎实开展。年末，市委、市政府考核组对全市“三模”联创活动进行专项考核，靖城街道办、西来镇、马桥镇、季市镇被评为土地管理模范镇，每镇获奖金8万元；东南村、井兴村、九一村、郁家村、永胜村、季新村、孤山村、宜和村、成德村、五圩村、新义村、法喜村、中桥村、五星村、红旗村15个村被评为基本农田保护模范村，每村获奖金2万元。同年年底，经省国土资源厅严格考核、综合评审，靖江市被授予江苏省土地执法模范市称号，连续第3年获此殊荣。“三模”联创活动，既保障了建设项目用地需求，又坚守了耕地红线，维护了国土资源管理秩序，尤其对推进土地执法长效管理起到决定性作用。此举，受到国土资源部、江苏省国土资源厅、泰州市国土资源局的充分肯定。

2010年，市政府进一步修订完善“三模”联创工作意见，把创建活动开展情况列入市政府综合考核“一票否决”内容。围绕创建工作要求，市、镇、村三级召开动员会、推进会，细化工作目标，层层分解责任，推动创建工作重心下移。第四季度，市政府专题召开创建基本农田保护模范村工作座谈会，对村一级创建工作提出更高要求，把住宅用地管理、增减挂钩、土地节约集约利用等纳入创建内容，将基本农田保护面积、防止违章建房数、集中居住点容积率作为考核指标。全市保持土地执法高压态势，进一步强化土地执法“三早”机制和联合执法机制，为全市经济社会发展创造良好的用地环境。全年发现并及时制止各类违法用地22宗，立案查处22件。年末，经严格考核、综合评审，生祠镇、马桥镇、

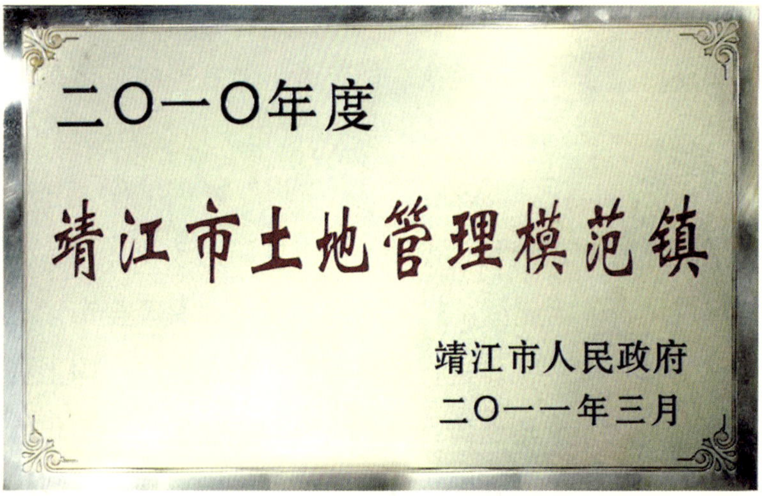

图 10-4-3　2010 年度靖江市土地管理模范镇奖牌

靖城街道办、孤山镇（城北园区）被评为土地管理模范镇，各获奖金 8 万元；进步村、光明村、桐村村、永胜村、筱山村、新庄村、宁界村、七一村、正北村、五星村、北三村、惠丰村、宜和村、鼎新村、四圩村 15 个村被评为基本农田保护模范村，各获奖金 2 万元。是年，靖江市连续第 4 年被授予江苏省土地执法模范市荣誉称号，并被国土资源部表彰为全国国土资源执法监管工作先进集体。

2011 年，市委、市政府把“三模”联创活动与全国国土资源节约集约模范市创建活动有机结合。市国土资源局继续完善土地执法动态巡查、联合执法等土地监察制度，进一步提升创建工作质态。5 月，市委、市政府召开全市创建模范市工作会议，进一步对创建活动作出部署。市政府与各镇、街道、园区、办事处签订目标责任书，加大考核奖惩力度。7 月，按照《土地监察考核办法》，与市邮政局联合表彰 10 名优秀土地监察信息员，另对全市 22 个邮政分局、12 个投递组 74 名相关人员发放土地监察信息报酬。全年与各部门联合执法立案查处违法用地 24 起，拆除违章建筑 9775 平方米。年末，经严格考评，马桥镇、西来镇、生祠镇、季市镇被评为土地管理模范镇，各获奖金 8 万元；井兴村、五星村、生祠村、新丰村、侯河村、横港村、惠丰村、联东村、石榴村、勤盛村、丰宁村、赵家村、龙华村、昆圣村、宜和村、迎江村 16 个村被评为基本农田保护模范村，各获奖金 2 万元。是年，靖江被省国土资源厅确定为江苏省土地执法模范县（市、区）创建免检单位，并获全国国土资源节约集约模范市荣誉称号。2007～2011 年，靖江市共获奖励农用地转用指标 100 公顷。

第十一章

科技与档案

6.25全国土地日

土地科技工作是国土资源管理事业发展的重要条件。1987年县土地管理局成立后，将土地科技管理列入重要工作日程，加大科研投入，引进与培养人才，建立土地科研与信息化管理制度，应用先进的信息技术开发完成多种适用于基层国土资源管理的信息系统。1991年，《江苏省土地管理科技成果管理办法（暂行）》实施后，市（县）国土资源管理部门组织开展专题调研、学术交流、科技攻关等活动，取得一批具有实用价值的科研成果，土地科技与国土资源管理事业得到同步发展。1991~2011年，全市土地科研项目共获省级以上奖8项。

土地档案，特别是地籍档案是国土资源管理部门的重要资料。新中国成立前的土地档案，历经战乱，散失甚多。新中国成立后的30余年间，未设土地管理专门机构，土地档案分散在各有关部门，难以集中管理。1987年起，县土地管理局建综合档案室。1991年，开始加强土地档案达标升级目标管理。1994年起，逐步建立全市土地档案管理网络体系。1996年，市土地管理局档案管理工作达到扬州市机关档案管理三级标准。1997年，市国土管理局档案管理工作达江苏省档案管理二级标准；1998年，市国土管理局档案管理工作达江苏省档案管理一级标准。2011年，按照档案工作规范省四星级测评要求，打造现代化档案库房，建设档案管理信息系统，土地档案管理规范化、信息化水平得到提升。

第一节 土地科技

一、科技管理

1987年起，县土地管理局按照国家和省、市有关土地科技成果管理的规定和要求，将土地科技的管理纳入工作日程，明确土地科技管理的任务和工作范围，制订科研工作奖励制度，营造学科技、用科技的良好氛围，鼓励引导局内工作人员积极参与土地科研工作。1989年6月，县土地管理局印发《关于认真开展政策调研，加强信息报道工作的意见》，对各股室和乡镇土地管理所下达调研课题，订立奖励制度。制度规定：⑴凡如期完成局下达政策调研课题者，经评议具有一定价值的调研成果，如论文、调查报告、专题研究、政策建议等，可进行奖励。凡经县以上人大、政府批准或应用的，根据产生的积极作用，奖励50元~150元。⑵凡属土地科研理论成果，在市以上报刊、杂志发表，并在实际工作中产生积极作用的，奖励50元~150元。⑶凡在省级以上报刊发表、电台播出的典型经验和科研动态等文章，根据影响大小，每篇奖励20元~100元；在市级报刊发表、电台播出的，每篇奖励10元~50元；在县内报刊发表、电台播出的，每篇奖励5元~10元。⑷凡在《扬州土地管理》《靖江土地管理》等内部刊物上发表的文章，每篇发稿酬5元~10元。⑸对组织稿件有成绩的股、所和投稿积极且有一定质量的个人，年终给以单项奖励，奖金30元~100元。同时创造条件，鼓励工作人员参加国家及省市土地学会组织及活动。1991年贯彻实施《江苏省土地管理科技成果管理办法(暂行)》，县土地管理局积极开展科研活动，左洪寿等18人集体加入江苏省土地学会。1993年11月，推荐刘金国参加中国土地学会举办的青年土地科技奖评选。是年起，市（县）国土资源管理部门着力加强科技队伍建设，选送干部到南京农业大学土地管理学院学习，选派技术骨干参加省、市土地管理部门举办的各类业务培训班学习，并结合即将开展的业务工作，自办培训班，加强对土地科技人才的培养。1994年11月，刘明初通过国家土地管理局组织的估价师资格考试，被评聘为土地估价师。1999年，市国土管理局举办全市集镇区土地分等定级估价业务培训班，特邀南京师范大学邱群教授讲课。2000年，经省国土管理局培训中心与南京农业大学土地管理学院协商，省教育厅批准，在靖江设立土地管理专业证书班教学点。2002年，靖江被列为江苏省建设用地报批信息化试点县（市），市国土资源局专题举办全系统信息化培训班。2008年，市国土资源局通过电化教育方式，有计划、有重点地组织学习教育，开展信息化和业务知识专题培训。是年，还利用江苏省国土资源厅领导到靖江检查指导工作之机，请省国土资源厅厅长夏鸣作万顷良田建设工程专题辅导报告，提高全体人员的政策水平。2009年起，市国土资源局每年组织一次技能比赛，以赛代训，提高土地管理人员的科技水平。2011年，市国土资源局通过人才招聘，面向全社会公开引进信息专业技术人才。是年，经市编委批准，成立市国土资源局信息中心。年末，成立靖江市土地学会，推动土地科学基础理论和应用技术的研究，不断提高全市土地科学技术的管理水平。

图 11-1-1　2000年南京农业大学在靖江开设土地管理专业证书班

为发展土地科技事业，市（县）国土资源管理部门根据土地管理业务需要，将土地科技管理与土地日常管理相结合，使土地科技在土地管理实践中早出成果，快出效益。1991年，在严格执法的同时，努力探索防范土地案件发生的有效手段，在全县组织开展创建“土地管理无案乡镇、村、组”活动。这项活动，调动了广大土地管理人员做好土地案件防范工作的主动性和积极性，增强了乡镇、村、组依法管理的自觉性，使土地违法案件大幅度减少。1992年起，县土地管理局鼓励局内工作人员参与扬州市及周边市、县开展的土地科研项目。1994年，市土地管理局组织局内技术人员与南京金陵土地资产评估高新技术公司的专业人员一起攻关，运用地理空间信息系统技术，共同完成靖江城区土地定级估价和全市建制镇土地分等定级估价两项科研课题，建立了由路线价和级别基准地价评估宗地地价修正体系，为全市开展土地使用制度改革，建立健全土地市场，科学合理地管理和利用土地打下基础。1999年5月，市国土管理局在全市开展土地利用现状更新调查中，严格按照《全国土地利用现状技术规程》和省厅部署，进行外业调绘和内业量算、数据统计等工作，确保数据全面、真实、准确，技术成果质量经省国土管理局确认，获省科技进步二等奖。2004年起，市国土资源局启动“数字国土”计划。至2011年，局内技术人员攻坚克难，基本完成“金土工程”一期建设，研究开发了全市城乡一体化基础地理信息系统。

在土地科技攻关活动中，市（县）国土资源管理部门注重加强与高等院校及科研单位的合作，引进、推广新技术，促进土地管理事业的发展。1989年，开展地籍变更调查时，县土地管理局聘请南京国图信息工程有限责任公司专家予以指导，提供技术支持，进行联合攻关。1992年，县土地管理局特邀省土地管理局总工程师张沛、工程师毛云翔，指导乡镇土地利用总体规划的编制及地籍管理工作。1996年，在建立全市城镇地籍平面控制测量网点时，市土地管理局与江苏省测绘局第二测绘院合作，将该项目委托其具体实施，既节省了时间，又确保了质量。1997年、2002年土地变更调查和2008年第二次全国土地详查，市国土管理部门聘请南京凯图科技有限公司专家进行指导。2010年，市国土资源局与专业公司合作，建成市土地交易市场大楼智能化系统。2011年，市国土资源局与江苏博源土地规划设计咨询公司合力攻关，完成市万顷良田建设工程规划方案编制工作。

二、专题调研

1986年，县农村土地管理办公室贯彻中共中央、国务院《关于加强土地管理，制止乱占耕地的通知》精神，组织人员深入镇村实地调查，撰写出翔实的调研材料，向县政府汇报。翌年3月，县政府批转《关于当前农村土地管理工作的意见》，并在全县开展非农业用地清理工作。1988年，县土地管理局针对少数地方盲目建窑、办预制场，少数企业擅自改变土地用途和征而未用、闲置浪费土地等状况，组成2个调查小组，走访调查大小砖瓦窑616座、水泥构件预制场287个，在广泛听取群众意见的基础上，形成书面材料，会同县计划委员会向县政府提出《关于加强城乡建设用地管理若干问题的意见》《关于砖瓦窑及水泥构件预制场用地的管理意见》。县政府批转、印发以上2个“意见”，在全县开展砖瓦窑业及水泥构件预制场清理整顿工作。1991年起，县土地管理局组织技术人员对交通、工业、水利等6个方面的城乡建设用地进行专题调研，开展人口预测分析和土地利用现状及潜力分析，经过两年的努力，完成土地利用预测分析等重要课题，编制出符合靖江实际的土地利用总体规划。1995~1999年，市国土（土地）管理局组成调研组，走访邻近市、县，了解外地开展砖瓦窑业的清理整顿以及企业改制过程中土地资产处置的做法与经验，并深入市内基层调研，结合靖江用地实际，向市政府提出建设性意见。市政府及其办公室据此批转、印发《关于对砖瓦窑业用地进行清理整顿的通知》《关于清理非法转让、炒卖土地工作中有关问题的处理意见》《关于改制企业土地权属及土地资产的处置意见》《关于企业改革中土地资产处置的意见》4个政策性文件。2003年，市国土资源局会同有关部门在市内选择征地数量、用途不同的镇村，对征地补偿和农民基本生活保障情况进行调研，结合省、市相关政策，写出翔实的调研报告，并承担市政府《关于靖江市征地补偿和被征地农民基本生活保障实施细则》的起草工作。翌年，该“细则”经市委、市政府审核后印发实施。

2004年，针对各镇纷纷“圈地”建镇工业园等问题，市国土资源局组织人员赴各镇调研，了解到镇级工业园规模小、配套设施分散、低水平重复建设，造成资源浪费等情况。据此，市国土资源局向市委、市政府提出市、镇联动开发设想。市委、市政府对此十分重视，5月8日印发《关于加快推进市镇联动促进土地集约利用的意见》，要求全市进一步解放思想，打破行政区划界限，加强开发园区和乡镇的联动与合作，确保市镇联动开发的顺利实施。2006年1月起，靖江市国土资源局组织对全市土地利用情况进行调研。至2008年，获得《靖江市耕地与基本农田专题研究》《靖江市土地集约和节约利用研究》《靖江市优化城乡用地结构与布局研究》《靖江市统筹区域土地利用研究》《靖江市土地利用与生态环境研究》《靖江市土地利用规划实施保障措施与制度创新研究》《靖江市沿江开发土地利用专题研究》和《靖江市建设用地需求专题研究》8项土地利用专题研究成果，为新一轮土地利用总体规划修编奠定基础。2008年，为提高土地执法水平，市国土资源局从用地管理科、执法监察科抽调有关人员组成两个调研组，进行专题调研，草拟出《靖江市国土资源管理工作考核细则》《关于进一步健全土地执法监管长效机制的意见》，得到市委、市政府认可并印发全市执行。2010年，国土资源部提出在全国开展国土资源节约集约用地考评后，市国土资源局即进行全方位调查，多层次座谈，多批次研讨，围绕节约集约用地服务经济发展总目标，拿出加强组织领导、建立监督考核机制，强化规划管理，控制总量、盘活存量、管住增量，以及项目跟踪管理等建议，为市政府出台《关于进一步加强土地节约集约利用的实施意见》提供重要参考意见。

至2011年，市（县）国土资源管理部门通过调查研究，共形成调研材料255篇。其中，134篇获省、市嘉奖或在省、市级报刊发表，65篇得到市委、市政府认可，并在此基础上，出台有关涉土政策性、规范性文件。

三、科技活动与成果

（一）科技活动

1978年，靖江与江苏省测绘局合作，运用航空摄影技术进行土地资源调查，获县域航测图件等资料。此为新中国成立后，靖江首次运用现代技术进行土地调查。1982年1月，靖江根据国务院和江苏省政府有关文件精神，开展土壤普查工作，历时3年，于1984年结束。形成统计资料340册，各种图件3226幅。1985年编纂完成《江苏省靖江县土壤志》，此为靖江成陆后第一本土壤专志。同年，根据全县第一次土地详查资料，编写出版《江苏省靖江县土地资源调查成果集》。此后，根据中央领导“要广泛应用先进技术特别是信息技术，不断提高国土资源工作的信息化水平”的指示，以及国家、省市国土资源部门关于科技成果管理要求，靖江土地管理部门将土地科研摆上重要日程，十分重视对土地管理应用技术的研究。1991 年起，靖江贯彻《江苏省土地管理科技成果管理办法（暂行)》，土地科研工作取得可喜成果。1993 年，江苏省土地管理局公布 1992 年度全省土地管理科技成果奖评审结果，靖江县土地管理局获省以上科技成果奖 5 项。其中，《江苏省靖江县乡镇土地利用总体规划与划定基本农田保护区相结合编制办法和实施管理技术》获国家土地管理局土地利用优秀成果一等奖；《靖江县乡（镇）土地利用总体规划编制办法和实施管理技术》获江苏省土地管理局科技优秀成果一等奖。后者以 1984 年土地详查资料为基础，进行补充调查，采用定性、定量、定位相结合的方法进行科学预测，将编制农田保护规划和合理安排建设用地规划相结合，使规划方案更科学合理、规划成果更具先进性和可行性。

图 11-1-2　1992 年县土管局科技成果获国家土地管理局一等奖

1994～1999 年，市土地管理局与南京金陵土地资产评估高新技术公司合作，共同完成靖江城区土地分等定级估价和全市建制镇土地分等定级估价两项研究课题。局内专业人员借助高新技术单位的设备和技术，在南京师范大学教授专家指导下，通过实地调查和计算机处理方法，全面完成土地分等定级估价工作。这一成果在实际应用中取得明显的社会和经济效益。2000 年起，全市利用土地定级估价研究成果，评估各类建设用地 8487 宗，面积 6230.95 公顷，评估总价 3307614.37 万元。

2003 年后，市国土资源局与时俱进，加快土地管理信息化建设步伐。2004 年，市国土资源局组织科研人员攻关，进行大比例尺城乡一体化土地调查综合技术研究，实施“数字国土”工程。整个工程包括航空摄影、硬件设备配置、数据库建设和地籍信息系统建设等。至 2011 年，已完成航空摄影测量、基础控制测量，建立靖江国土资源数据中心及土地供应数据库、土地开发整理项目数据库等 7 类国土资源数据库，不仅建成信息资源完整、管理科学规范、具有现代先进科技发展水平的城乡一体化地籍管理体系，同时还建成城乡一体化地理信息系统。

（二）科技论文

县土地管理局成立以后，工作人员在加强土地科研的同时，不断对土地管理中的存在问题进行探索与思考，写出一批具有针对性和实用性的科研论文。1992 年起，县土地管理局积极参与扬州市及周边县、市开展的土地科研项目和学术交流活动。是年，由顾森林参与完成的《通过开展会审互查活动强化土地财务管理的研究》《土地统计工作体系的建立和土地统计科学在决策管理中的作用、地位的探讨研究》，分别获江苏省土地管理优秀成果一、二等奖；由羊文华参与完成的《土地管理队伍教育培训的途径和模式研究》，获江苏省土地管理优秀成果二等奖；陈德俊撰写的《土地隐形市场的现状及对策刍议》，在扬州市土地使用制度改革研讨会上交流。1993 年，顾森林参与撰写的《扬州市建立高效优化的内部财务运行机制》，获江苏省土地管理局 1993 年度科技优秀成果一等奖。1995 年，顾森林撰写的《加强土地财务管理，保障土管事业发展》，发表于《土地纵横》。1995 年 6 月，羊文华撰写的《对培育规范土地二级市场的几点思考》，在扬州市“土地资产管理与社会经济发展”研讨会上交流，并获研讨会优秀论文奖。同月，刘银发撰写的《稳定面积，提高质量，积极探索基本农田保护区制度建设的新途径》，获扬州市“土地资源资产管理与社会经济发展”研讨会论文奖。

2000 年，周祝建撰写的论文《信访工作路在何方》，发表在泰州市土地学会刊物上，获研讨会论文评选一等奖。同年，孙永东撰写的《适应新形势发展，建立土地整理开发机制》《齐抓共管保平衡》《贯彻基本国策，发展靖江经济》分别入编《中国当代改革者》文集、《中国世纪发展文论大系》及《中国现代管理科学研究文库》。1992 ~ 2000 年，靖江市（县）土地管理部门共获地市级以上土地科技成果 17 项。

1992~2000 年靖江市（县）土地科技成果一览表

表 11-1-1

项目名称	主要完成单位与个人	发表、评审时间及获奖等级	发表的刊物、颁奖单位或研讨会
江苏省靖江县乡镇土地利用总体规划与划定基本农田保护区相结合编制办法和实施管理技术	王旦红、姚正国、刘明初、陈关华、卢佩民、左洪寿、褚士平、刘金国、刘银发、潘慎铭、丁　华、丁凤江、顾森林、陈　俊、范钦玉	1992 年土地利用优秀成果一等奖	国家土地管理局
靖江县乡(镇)土地利用总体规划编制办法和实施管理技术	王旦红、姚正国、刘明初、陈关华、卢佩民、左洪寿、褚士平、刘金国、刘银发、潘慎铭、丁　华、丁凤江、顾森林、陈　俊、范钦玉	1992 年科技优秀成果一等奖	江苏省土地管理局
通过开展会审互查活动，强化土地财务管理的研究	顾森林及扬州市土地管理系统有关人员	1992 年科技优秀成果一等奖	江苏省土地管理局
土地统计工作体系的建立和土地统计科学在决策管理中的作用、地位的探讨研究	顾森林及扬州市土地管理系统有关人员	1992 年科技优秀成果二等奖	江苏省土地管理局
土地管理队伍教育培训的途径和模式研究	羊文华及扬州市土地管理系统有关人员	1992 年江苏省土地管理优秀成果二等奖	江苏省土地管理局
砖瓦窑业生产用地现状问题对策研究调查	靖江县土地管理局及扬州市土地管理系统有关科局	1992 年科技优秀成果三等奖	江苏省土地管理局
土地隐形市场的现状及对策刍议	陈德俊	1992 年研讨会优秀论文奖	扬州市“土地使用制度改革”研讨会
县级土地利用总体规划的目的任务与方法	顾森林　徐桂卿	1992 年发表	江苏省地理学会《地理与经济建设》
扬州市建立高效优化的内部财务运行机制	顾森林及扬州市土地管理系统有关人员	1993 年科技优秀成果一等奖	江苏省土地管理局
加强土地财务管理，保障土管事业发展	顾森林	1995 年优秀论文奖	《土地纵横》
对培育规范土地二级市场的几点思考	羊文华	1995 年优秀论文奖	扬州市“土地资产管理与社会经济发展”研讨会
稳定面积，提高质量，积极探索基本农田保护区制度建设的新途径	刘银发	1995 年研讨会优秀论文奖	扬州市“土地资源资产管理与社会经济发展”研讨会

续表 11-1-1

项目名称	主要完成单位与个人	发表、评审时间及获奖等级	发表的刊物、颁奖单位或研讨会
靖江市土地利用现状更新调查与研究成果	靖江市国土管理局	1999 年科技进步二等奖	江苏省国土管理局
信访工作路在何方	周祝建	2000 年研讨会优秀论文一等奖	泰州市国土管理局 泰州市土地学会研讨会
适应新形势发展，建立土地整理开发机制	孙永东	2000 年优秀论文	《中国当代改革者》文集第三部第二集
齐抓共管保平衡	孙永东	2000 年优秀论文	《中国世纪发展文论大系》
贯彻基本国策，发展靖江经济	孙永东	2000 年优秀论文	《中国现代管理科学研究文库》

第二节　信息化建设

一、局域网建设

2002 年，市国土资源局初步建成靖江市国土资源局局域网以及门户网站（网址：http://www.jjgtj.gov.cn)，是年 9 月正式上线，对外发布信息。网站页面设机构设置、国土动态、政务公开、政策法规、公告信息、服务指南、咨询答复等栏目，该网站成为靖江市国土资源局宣传国土资源管理有关政策、强化社会服务、促进政务公开的重要窗口。2008 年，江苏省国土资源系统开通省—市—县三级公文协同办理系统，实现网上公文流转。2009 年，市国土资源局以“三模”联创为契机，高标准、高起点完成信息化硬件系统建设，为信息化建设提供可靠的硬件

图 11-2-1　2011 年市国土资源局门户网站首页

保障。2010 年，市国土资源局对局域网络进行重新规划与建设，初步建成纵向上连泰州市国土资源局，下接各分局，横向为政务内网（内部局域网）和政务外网（外部局域网）隔离的网络体系。政务内网接入江苏省国土资源信息网，政务外网通过具有逻辑隔离功能（网络防火墙）的门户网站与互联网连接。市国土资源局信息中心派专人负责网站内容更新和咨询反馈工作，做到内容周周有更新，咨询天天有答复，使群众及时了解国土资源管理的政策和动态，以消除心中的困惑。2011 年，市国土资源局依托省国土资源主干网，构建省、市视频会议系统，并安装调试到位，投入试运行，实现部、省、市、县四级会议系统的互联互通。至年末，市国土资源网站点击率超 10 万人次。

二、信息化系统开发

2002 年，市国土资源局以省建设用地报批信息化试点为契机，加快信息化系统建设。在征地补偿安置、耕地占补平衡、节约集约合理用地等方面，提出明确的程序操作要求，逐步规范建设用地审查报批的工作流程，提高了工作效率。2003～2004 年，市国土资源局累计投入 673 万元，全面启动地籍管理信息化建设。其间，市国土资源局委托北京新天地信息科技有限公司进行 1∶5000 航空摄影测量，制作完成全市辖区 1∶5000 大比例尺数字化地形图、地籍图和地籍管理信息系统数据库。

2006年，根据省国土资源厅要求，市国土资源局启用省国土资源建设用地远程申报系统。该系统不仅改变了国土资源部门建设用地报件审查（审批）纸质审批模式，增加了流程审批功能，实现省、市、县三级建设用地报件远程审查报批，而且利用基础数据库，实现建设用地审查报批图文无缝集成，提高了审查精确度。2007年，市国土资源局适应国土资源基础数据的更新、交换、共享、分发等统一管理需要，整合基础数据库，实行数据集中统一管理，资源共享。是年，市国土资源局建立土地资源动态信息的统计、监测与快速更新机制，建成全市农村土地利用现状数据库和城镇地籍管理数据库，实现城乡土地调查信息的互联共享。

2009年，市国土资源局启用国土资源部土地整理复垦开发项目信息备案系统。该系统对项目备案所包括的项目基本情况、规模、位置坐标、资金、工程量、成效分析和相关信息等7方面56项内容提出备案的具体要求。备案信息负责人需要及时对项目信息进行备案，保证信息来源真实、有效，并接受江苏省国

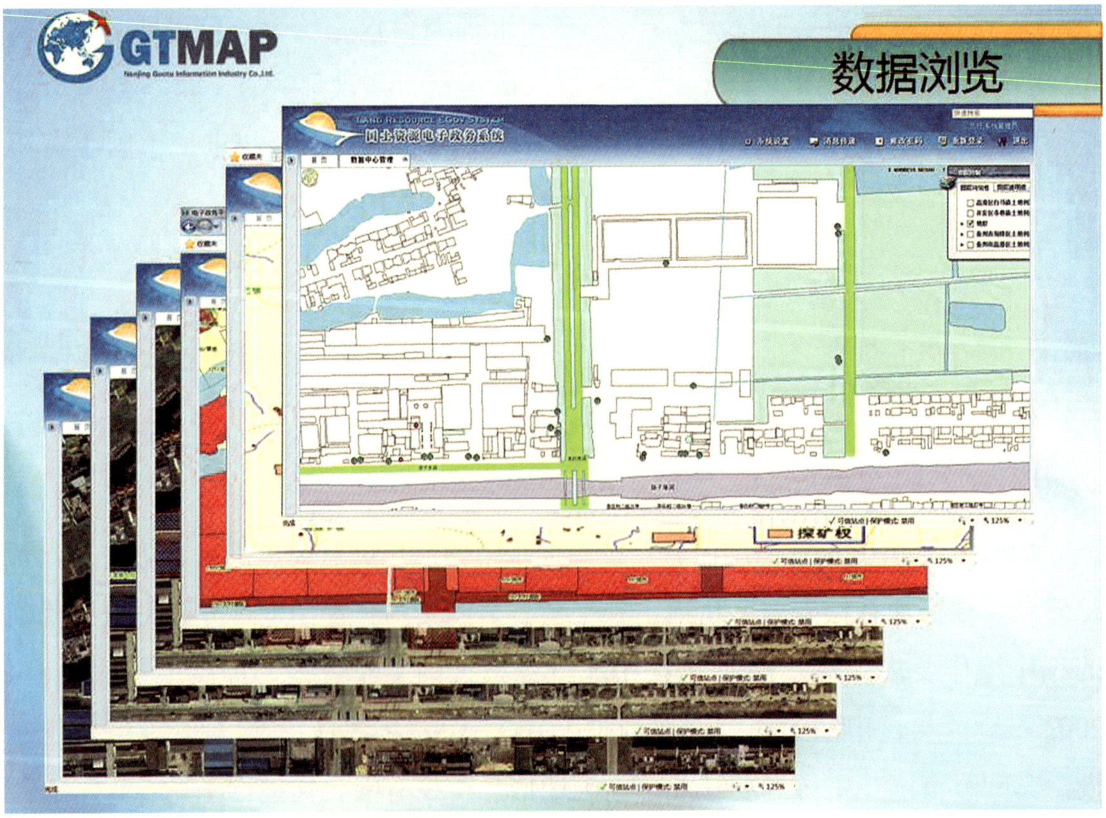

图11-2-2 靖江市国土资源局“一张图”系统数据中心

土资源厅的审核和监督检查。2010年，市国土资源局使用省建设用地全程跟踪管理系统，进行土地利用管理数据的采集、上报与统计分析，实现省、市、县三级建设用地全程跟踪管理的联网协同作业。同年3月，市土地交易市场大楼智能化系统通过省信息中心、泰州市国土资源局、南京农业大学江苏环网信息安全研究院、南京大学江苏南大尚城高科技实业有限公司等单位评审。是年，市国土资源局以“二调”数据库为基础，与南京凯图科技有限公司合作开发靖江城乡一体化地籍管理系统。该系统的应用，不仅改变了传统的登记发证模式，提高发证效率，而且可以对土地利用现状数据库进行有效的管理和更新维护，保障数据的时效性和准确性。2011年，市国土资源局根据国土资源部要求，启用农村土地整治监测监管系统，替代土地整理复垦开发项目信息报备系统。该系统要求对农村土地整治项目及时备案，信息备案做到全面、真实、准确，实行“谁报备、谁负责”制度。

三、信息化系统管理

2006年，靖江市国土资源局域网制订内、外网物理隔离等14项信息系统管理制度，其中包括任何部门和个人不得内网外接，不得擅自安装、拆卸或改变网络设备；信息公开前必须经部门负责人审核，交办公室备案后方能向外发布；服务器必须保持日志记录功能，历史记录保持时间不得低于6个月等。翌年，开展基础数据库整合工作，实行数据集中统一管理，资源共享；加强网络安全管理，及时更新维护局门户网站，并围绕国土资源管理中心工作，在网上发布相关信息，做好新闻报道和政务信息公开，为国土资源管理改革与发展营造良好的外部环境。2009年，市国土资源局进一步健全完善计算机及信息管理制度，明确奖惩措施。至2011年，市国土资源局已建成办公自动化系统、土地登记发证系统、城乡一体化地籍管理系统，使用部、省下发的信访管理系统等软件，实现部分业务办公信息化，改变传统机关办公方式，形成基于网络的新型办公方式。

第三节　土地档案

一、档案管理

靖江自明成化七年（1471 年）建县，至民国年间，逐渐形成一定数量的地籍档案资料，作为政府征收田赋的依据，但由于历经战乱，保存下来的土地档案不多，由县档案馆收藏。1949 年至 1986 年的 30 余年中，有关土地管理和利用的档案资料，分别收存于县档案馆和城建档案馆及民政、财政、水利、农委、发改委、房地产公司等单位档案室。由于各部门分散管理时间较长，这部分土地档案的具体数量已难以统计，也无法集中保管。

1987 年起，县土地管理局将土地档案工作列入议事日程，抓好档案工作规范化、标准化、制度化建设，提高土地档案科学管理水平。是年，建立隶属于综合股（办公室）的局综合档案室，配置专职档案员，对农村土地管理办公室建立后形成的土地档案资料加以收集、整理。1988 年，县土地管理局贯彻实施《中华人民共和国档案法》及其实施细则，开展系列学习宣传活动，把档案工作列入各科室的岗位责任制考核内容，做到年度有计划，年终有总结。1989 年，局内各科室、各乡镇土地管理所建立立卷归档制度。是年，江苏省土地档案管理工作会议在靖江召开，推广靖江县土地管理局档案管理工作经验。1990 年，靖江县土地管理局被中共靖江县委、县政府评为机关档案工作先进单位。1991 年起，县土地管理局执行《扬州市机关档案管理达标升级试行标准》，加强土地档案的软硬件建设，添置保管设备，建立分管领导和专、兼职档案人员岗位职责制。并按《土地管理档案案卷构成的一般要求》，对档案材料进行整理。1993 年 3 月，县土地管理局被江苏省土地管理局评为土地管理档案工作先进单位。同年被扬州市土地管理局评为土地档案目标管理先进单位。1994年，为扩大土地管理信息，加强土地档案的集中统一管理，市土地管理局建立由局长亲自负责，以市局综合科为主、各科室和乡镇土地管理所负责人及专兼职档案员为辅构成机关档案管理网络。是年，各科室、乡镇土管所均明确兼职档案员，负责档案资料的收集、整理、组卷工作。此后，全市土地管理所相继建立地籍档案室。随着土地管理事业发展，市、乡（镇）两级档案管理网络体系逐步健全完善。1995年年初，在总结建局8年来档案工作基础上，围绕达标升级目标，制定档案工作计划，完善各项管理制度，健全档案管理制度体系，加强档案业务基础建设，从文件材料的归档率、完整率、发文规范、公文书写要求等方面入手，狠抓归档文件材料质量，立卷归档工作逐步实现科学化、标准化、规范化。是年，市土地管理局档案室被江苏省国土管理局、江苏省档案局评为土地管理档案工作先进单位。1996年，市土地管理局档案管理工作达扬州市机关档案管理三级标准。1997年，市土地管理局执行《泰州市机关档案工作目标管理考核评分标准（试行）》，强化档案工作目标管理。是年，经省国土管理局、省档案局联合验收，档案管理工作达省二级标准。1996～1998年，以《中华人民共和国档案法》颁布10周年及《江苏省档案管理条例》颁布为契机，在国土系统开展档案法规宣传活动。市国土管理局被泰州市国土管理局评为1997年度土地档案管理工作先进单位。

1998年，市国土管理局组建由分管副局长挂帅、相关职能部门负责人组成的档案工作目标管理升级领导小组和专门班子，制订档案达标升级工作计划，明确工作任务，分工负责，职责到人。局档案室配备2名专职档案员，各科、室、所、队均明确1名兼职档案员，做到工作有计划、有要求、有检查、有考核。并按规定建立档案借阅登记簿、档案利用效果登记簿、档案管理职责履行情况记录簿、档案管理制度执行情况记录簿、档案管理考核奖惩情况记录簿、档案库房温度记录簿等6个登记簿及档案数量统计台账、档案收进和移出登记表等，做到台账清晰，借阅、调阅利用规范。同年12月24日，经过江苏省国土管理局、江苏省档案局考评验收，市国土管理局档案管理工作以97.2分达到省一级标准，全市24个乡镇国土管理所全部达到省级合格以上标准。是年，靖江市国土管理局被江苏省国土管理局、江苏省档案局评为土地管理档案工作先进单位。2000年2月，

图 11-3-1 1998 年市国土管理局土地档案管理达省一级标准

靖江市国土管理局被中共泰州市委办公室、泰州市人民政府办公室、泰州市史志档案办公室评为 1997 ~ 1999 年史志档案管理工作先进集体。2004 年起，市国土资源局执行《江苏省档案工作等级（星级）评定试行办法》，建立健全档案管理制度，重新制定完善文件材料整理归档、档案保管、库房管理、鉴定销毁、保密、借阅利用、档案人员岗位责任制、电子文件归档管理制度等，档案管理工作做到有章可循。2011 年年初，市国土资源局出台《靖江市国土资源档案管理办法（试行）》，将档案工作规范达省四星级标准列入年度工作的总体目标，作为责任科室重要考核内容，多次召开全系统档案创建工作会议，分解档案创建工作任务，与相关科室立“军令状”，树立目标必成意识，强化档案工作规范化管理。9 月，搬迁至新办公大楼后，市国土资源局又将档案数字化作为工作的重中之重，投入 80 余万元，聘请专业公司设计国土系统档案管理软件，并集中力量，将全部室藏档案进行数字化扫描处理。至年末，室藏档案数字化工作基本完成。

二、档案业务建设

（一）收集与整理

新中国成立后，因兼管土地业务机构分合变化，所以土地档案材料收集、整理、归档等制度不够健全。1987 年，县土地管理局成立后，整理县农村土地管理办公室所存1986年至1987年8月的全县非农业用地清查资料和国家、集体建设用地及农户建房用地审批资料，开始建立土地档案。1988年，为确保局机关文书档案和单位建设用地及个人建房用地、信访处理、违法用地案件查处等立卷归档文件资料的系统完整和连贯，县土地管理局按照国家档案局《机关文件材料归档范围和文书档案保管期限规定》及国家土地管理局、国家档案局《土地管理档案工作暂行规定》，印制《文件材料归档范围》《档案保管期限表》等，明确土地档案收集工作的有关职责，要求档案室采取平时收集和年终集中收集相结合的方法，对在土地管理各项活动中形成的有保存价值的文件、图纸、表册、簿卡、声像及其他资料，及时跟踪收集或定期收集。凡归档的文件材料必须是印鉴齐全、字迹工整、图样清晰的原件；凡打印文件的正稿后必须附有草稿，确保土地档案收集完整、准确、系统。随着土地管理工作的全面展开，各业务职能科室形成的档案类别及数量逐渐增多。县土地管理局档案室从各种途径收集有关土地档案。各科室、乡镇土地管理所移交的档案材料一般都有移交清单，档案室进行登记，应交而未交的，由档案室负责催交。

1989年，县土地管理局档案室依据《中华人民共和国档案法》及上级关于土地管理档案工作有关规定，结合靖江实际，制定《立卷归档制度》《文件处理制度》等，要求各科室、下属单位将日常工作中形成的文件材料及时收集齐全，整理立卷，于每年3~4月由兼职档案员填好清单移交局档案室，由局档案室进行整理编目，装盒排架，编制检索工具，提供利用。局机关文书、基建档案、特殊载体档案由局档案室直接收集整理立卷。1991年起，局档案室根据《县级土地管理档案分类方案（试行）》《土地管理档案案卷构成的一般要求》，按不同性质、内容、特点、问题特征为主题，对每年需要归档的文件、资料进行分类，确定各类合理组卷单位和保存期限。凡具有重要凭证和长久查考、利用的作为永久保存；凡具有30年查考价值的作为长期保存；凡10年内具有查考、利用、凭证作用的为短期保存。不属于以上保存要求的资料经分管副局长鉴别和批准，定期予以销毁。1993年3月，外聘5名档案专业人员，在县档案馆指导下，历时6个月，对1987~1991年形成的不符合规定分类及构成要求的档案进行重新整理，做到科学分类、合理组卷、装订结实、排列有序。1999年后，新修订的《中华人民共和国土地管理法》实施，建设用地审批制度调整，报送材料与以前完全不同。随着职能变化和国土资源管理业务的不断拓展，局档案室及时研究设计新的固定卷内目录，方便科室立卷，使档案工作与国土资源管理业务工作同步开展。2001年起，根据土地管理档案的成套性、动态性特点，局档案室将文书档案及部分业务类档案(如村（居）民建房用地）由组卷整理改为单件整理。2011年10月，外聘20位有整理经验的档案人员，在市档案馆退休人员带领下，对历年土地档案重新进行整理，建成室藏档案目录数据库、全文数据库。

（二）开发与编研

1995年起，市土地管理局档案室注重对档案的开发，不断完善服务功能，建立和完善档案检索体系，编制案卷目录、索引、归档文件目录、全引目录、文件目录、专题目录、文号目录、库房档案存放示意图索引等，检索工具共148册，其中各类案卷目录57册、文件目录61册。在分析研究室藏档案内容的基础上，结合国土工作实际和社会各界查询需要，先后编写和续编《全宗指南》《组织机构沿革》《大事记汇编》《基础数字汇编》《各年度发文汇编》《国土管理政策法规汇编》《地籍管理文件汇编》《土地利用规划文件汇编》《非农业建设用地清理文件汇编》《靖江市国土资源执法监察长效管理制度汇编》《靖江市创建全国国土资源节约集约模范市文件汇编》《1995～1998年专题新闻—靖江土地管理事业在改革中前进》《2009年靖江市国土资源长效管理纪实》《2011年双赢—靖江市创建全国国土资源节约集约模范市纪实》《档案利用效果汇编》等汇编资料。

土地管理档案面广量大，变更频繁，依靠手工操作管理难以满足实际需要。1998年使用计算机管理后，局档案室开始建立机读目录数据库和原文数据库，逐步形成案卷级目录37584条，文件级目录19093条。根据档案管理的延续性，局档案室每年对数据库进行补充完善。至2011年，靖江市国土资源局档案室室藏各类档案资料109890卷、8723件，其中永久件105127卷、4520件，长期（30年）件1713卷、1563件，短期（10年）件3050卷、2640件。档案分一级类目10大类，二级类目45个。自此，查档可从计算机上直接调阅，需要原文的，从计算机上直接打印，减少对档案原件的损伤，延长室藏档案的使用寿命。

靖江市国土资源局档案室10大类档案数量、主要内容与成分如下：

文书类：965 卷、5468 件。主要有 1987 年以来的国土资源管理法律、法规、政策性文件和领导讲话，国土资源管理、党群、行政工作规划、计划、报告、总结、请示、批复、纪要、记录和会议材料，以及土地管理综合统计年报，机构设置、人事任免、奖惩，述职述廉报告，表彰奖励、调研论文等档案资料。

建设用地类：6926 卷、3058 件。主要有 1987 年以来的村（居）民建房用地、单位建设征、使用土地审批材料，1993 年以来的土地出让、转让、租赁供地材料，1998 年以来招、拍、挂用地材料，1999 年以来的报省批次审批及单独选址、“点供”农用地征、转用审批材料，2005 年以来土地收购、储备等档案材料。

规划管理类：1409 卷。主要有1992 年以来的市（县）、乡镇土地利用总体规划、基本农田保护规划及图件、建设项目用地预审材料、基本农田保护的相关材料。

土地整理类：508 卷。主要有 1989 年以来土地复垦、开发项目立项、审批、检查、验收相关材料，2005 年以来建设用地增减挂钩立项、审批、检查、验收的相关材料，2008 年以来万顷良田立项、审批、检查等相关材料。

地籍管理类：96981 卷，占 10 大类档案总量的 88.25%。主要有 1989 年以来城镇地籍调查成果，土地详查资料、土地面积及分类统计表，城、镇村（居）民、各机关、企事业单位用地初始登记、分割登记、变更登记、抵押登记、注销登记及发证材料，集体土地所有权登记及发证材料、土地估价材料，土地变更、收回审批材料等。

执法监察类：679 卷。主要有 1988 年以来违法用地案件查处，群众来信来访登记、处理等材料。

地质矿产类：68 卷。主要有 2002 年以来地质灾害危险性评估报告，砖瓦生产企业用黏土相关情况调查资料，黏土采矿权延续申请、上报审批材料，地下水、地热勘采相关材料。

基建类：134 卷。主要有 1988 年以来建设工程项目设计、招投标施工等文件资料及图件，公有房屋出售等材料。

财务类：2220 卷。主要有 1987 年以来单位月、季、年度财务报表及决算分析、会计账册、会计凭证等。

特殊载体类：197 件。主要有反映 1987 年土地管理局成立以来各项活动的音像资料，获得上级表彰的证书、证件资料。专用软件、数据备份及应归档的电子文件等。

2011 年靖江市国土资源局档案室档案数量一览表

表 11-3-1

类别	小计		永久		长期(30 年)		短期(10 年)	
	卷数	件数	卷数	件数	卷数	件数	卷数	件数
文书类	965	5468	532	1265	145	1563	288	2640
建设用地类	6926	3058	6794	3058	132	0	0	0
规划管理类	1409	0	0	0	901	0	508	0
土地整理类	508	0	508	0	0	0	0	0
地籍管理类	96981	0	96981	0	0	0	0	0
执法监察类	679	0	152	0	527	0	0	0
地质矿产类	68	0	2	0	8	0	58	0
基建类	134	0	134	0	0	0	0	0
财务类	2220	0	24	0	0	0	2196	0
特殊载体类	0	197	0	197	0	0	0	0
合计	109890	8723	105127	4520	1713	1563	3050	2640

(三) 保管与利用

1987 年，县土地管理局贯彻国家档案局《机关档案工作业务建设规范》等 3 个文件精神，克服办公用房紧张等困难，局综合档案室做到办公与库房分开。1993 年，县土地管理局迁入新办公大楼后，档案保管条件得到改善，有档案库房、阅档用房 42 平方米，密集架 6 列，铁制档案柜、橱 10 套 40 节，图件橱 4 套，铁制检索工作橱 1 顶、空调 1 台，添置了去湿机、温湿度计、避光窗帘和必需的档案用品。库房管理达到“七防”（防火、防盗、防鼠、防光、防潮、防尘、防蛀），“三专”（专人、专室、专柜）和“三分开”（办公、库房、阅档分开）的要求，形成立体化档案管理模式。2011 年 9 月，市国土资源局新办公大楼落成后，档案保管条件进一步改善，局档案室用房面积300 平方米，有 3 个库房，68 列密集架 420 立方米，拥有最先进的干冰灭火系统，配备去湿机 4 台、空气消毒机 2 台、电子温湿度记录仪 1 台，配置电子驱虫器、电子驱鼠器、红外线报警器、电子监控等一系列现代化档案设备，实现24小时自动温湿度记录和报警。另配置复印机、扫描仪、服务器、数码照相机、阅档电脑、刻录机、吸尘器等档案专用设备。库房达到“八防”（防光、防火、防尘、防蛀、防潮、防鼠、防盗、防高温）和“四分开”（库房、办公、阅览、陈列分开）的要求，硬件设施达到省内一流水平。

图 11-3-2 市国土资源局建成现代化档案库房

市国土资源局注重档案利用效果，不断开发档案的综合利用价值。至2011年，不仅库存档案实现数字化，还建立了档案利用综合管理信息系统。该系统实现全市土地管理档案收集、整理、编目、统计、鉴定、借阅利用和原文管理等功能，可及时接收各科室、部门的电子档案信息，对各种文件数据集中统一管理，并逐步实现档案数据资源共享。在严格的管理权限控制下，通过网络传输或电脑阅档室查阅等方法，向全局及各分局、行政服务窗口等提供档案使用服务。

1996~2011年，市国土资源局档案室共接待查档1.6万人次，提供档案资料8万余卷（件）。土地档案为保护和管理国土资源、资产提供重要的凭证，为领导决策、招商引资、政法部门执法、市镇建设、企业改制提供大量依据，为国土系统编史修志、土地定级估价提供大量有利用价值的资料，也为单位、个人办理产权登记及资产抵押、解决权属争议、化解矛盾、稳定社会等发挥了重要作用。

附：土地档案利用典型事例

1996年，市政府要求提供全市砖瓦窑业用地及分布情况，为砖瓦窑业清理整顿工作做好准备。市土地管理局查阅窑业用地档案，比照实地，摸清实情，拿出砖瓦窑业清理和整顿建议，为市政府出台有关政策性文件提供依据。

1997年，土地更新调查时，需查清周边市属界线接边。为此，靖江、泰兴两市查阅市国土管理局档案室保存的航拍图和1992年补充调查的墨底图。经图件与实地比对，达成一致意见，为做好靖江、泰兴2市界河沿线乡镇市属界线接边提供了依据。

1998年，根据市政府要求，市国土管理局对改制企业的用地及土地资产状况进行摸底排查，通过调阅71家改制企业的用地材料，摸清了土地权属情况，为企业改制提供了土地权属证明，也为政府出台相关政策提供了依据。是年，市人民法院在受理靖江市宏昌实业公司倒闭破产案件时，准备处置该公司位于靖南村12组一宗1700平方米的开发用地，当地群众对此意见很大。市法院到市国土管理局档案室查阅该宗地的使用材料，发现该公司挂靠靖江市银河开发公司搞房地产开发，该宗地原为市银河开发公司征用，宏昌公司使用该宗地时并未办理转让审批手续和开发登记手续，村组土地补偿费用尚未付清。市法院据此提出公正处置方案。

2001年，市水利局为全市二、三级河道清理工作做准备，至市国土管理局档案室查阅并复制了靖江市土地利用现状图等档案资料，利用这些档案资料编制了河道清理规划，节省了重新测绘时间，避免了重复投入。

2003年，靖江市新世纪造船厂扩建征地因补偿事宜引起斜桥镇新港村村民群访。市政府通过调阅市国土资源局提供的档案资料，摸清情况，依法保障了群众利益。

2006年，全市新一轮土地利用规划编修时，市国土资源局档案室先后提供各镇基本农田保护区划定资料、历次规划编制及修编材料、全市土地详查数据、土地利用现状墨底图及相关建设用地情况，为土地利用规划的前期调研、大纲编制和土地利用规划的论证修改完善提供大量翔实资料。

2011年，市国土资源局重新启动《靖江市国土资源志》编纂工作。局档案室为此提供了机构沿革、干部任免、科室职能、建设用地、地籍管理、土地复垦开发、土地市场、土地使用制度改革、土地违法案件处理、土地纠纷调解、国土资源管理规范性文件等400余卷档案资料，为顺利完成修志工作提供素材依据。

第十二章

机构 队伍

优质服务

“国土资源管理”专题讲座

靖江市国土资源局基层国土资源管理干部培训班

靖江市国土资源局“两整治一改革”专项行动动员部署会

明清时期，域内举凡丈量土地、征收田赋、兴修水利、奖励开垦、处理重大土地权属纠纷等，一般由知县直接管理，户房、工房具体承办。民国时期，域内土地管理先后由主计课、实业科、建设局、民政科、财政科、生产建设科等机构负责。新中国成立后，土地管理大体可分为两个阶段：《中华人民共和国土地管理法》颁布以前，为分散多头管理阶段，土地管理没有专职机构，先后由民政科、建设科、财政科（局）、县基本建设委员会、县革委会生产指挥组、计划委员会及城建、农业、水利等多个部门兼管。1986 年 6 月 25 日《中华人民共和国土地管理法》颁布后，为集中统一管理阶段。翌年 8 月，县政府将靖江县农村土地管理办公室更名为靖江县土地管理局，负责全县地政和城乡土地管理工作。1988 年 3 月，成立中共靖江县土地管理局机关支部委员会。1989 年 5 月，为适应土地管理事业的发展,各乡镇设立土地管理所，各村设兼职土地管理员，形成县、乡（镇）、村三级土地管理体系，局内设机构、直属事业单位逐步建立健全。随着改革的深入，土地管理机构名称和管理体制也随之变化。1997 年 8 月，市土地管理局更名为市国土管理局；9 月，各乡（镇）土地管理所更名为乡（镇）国土管理所。1998 年 7 月，成立中共靖江市国土管理局党组；9 月，建立中共靖江市纪律检查委员会驻靖江市国土管理局纪律检查组。2002 年 4 月，在市国土管理局基础上，组建成市国土资源局。各镇国土管理所更名为镇国土资源所。2006 年 9 月，成立中共靖江市国土资源局委员会、中共靖江市国土资源局纪律检查委员会。至 2011 年，先后成立市国土资源局工会、共青团支部、妇女委员会及市土地学会。随着机构的逐步完善，国土资源管理队伍也不断发展壮大。

第一节　机构设置

一、市（县）管理机构

（一）机构沿革

明清时期，靖江未设土地专管机构，地政地籍由县令直接掌管，具体事务由县衙“三班六房①”中的户房、工房具体承办。民国年间，沿袭清制，未设土地专管机构。民国元年（1912年），田赋、地籍由主计课主管，劝业课负责建设用地事宜。民国2年，县知事公署改课为科，设财政科管地籍、田赋，实业科管理建设用地，此后逐步加强对公有房地产的管理。民国6年设沙田局，专管水滩、草滩及沙田官产事宜。民国13年，设地方款产处，后改为公款公产管理处，掌管公地、公产。民国15年，设实业局；翌年，改称建设局，管理建设用地。民国16年，置民国县政府，设民政科主管地政工作。民国27年起，设伪款产处，管理公有房地产。民国29年后，土地管理由民政科、财政科、生产建设科等负责。

新中国成立后，靖江土地管理机构经历较多变化。解放初期，由县财政科（局）管理农业税收，并设公产管理股，管理公房、公地；县民政科管理地政户籍，办理用地审批手续；县建设科负责建设用地事宜。1959年，成立房地产管理所，接管财政局公产管理股工作，管理城区公房、公地；县农林科（局）负责土壤普查及农用地作物布局规划。1960年起，建设用地管理先后由基本建设委员会、城市建设委员会、市政建设委员会负责。1964年，由财政局所属房地产公司统一管理城镇、农村的公房及地产。“文化大革命”中，土地管理由县革命委员

①三班六房，即皂、快、壮三班，吏、户、礼、兵、刑、工六房。

会生产指挥组负责。1976年，土地征（拨、使）用由县计划委员会管理；沿江芦滩等公有地产仍由财政局管理。1979年起，建设用地管理由县基本建设局负责。1984年，土地的征（拨、使）用管理工作由县计划委员会移交至县城乡建设环境保护局；县财政局所属江滩办事处负责滩涂地综合利用和开发；县农业局（农业区划办公室）、县水利局负责土地资源、水资源、土壤等详查工作及农用土地区划划定调整工作。1986年1月8日，县政府批准成立县农村土地管理办公室，负责全县农村土地管理工作，归县农业局管辖。编制5人，其中行政编制3人，财供事业编制2人，设主任1人，副主任1人。靖城镇及城镇规划区土地，仍由县城乡建设环境保护局管理。

1987年8月10日，靖江县农村土地管理办公室更名为靖江县土地管理局，二级局建制，直属县政府；增加事业编制5人，定编10人；设局长1人，副局长3人；统一负责全县城乡土地管理工作。同时，县城乡建设环境保护局等单位的有关土地管理审批业务即行终止。自此结束长期分散、多头管理土地的局面，土地管理逐步走上依法、统一、全面、科学管理的轨道。

1988年9月29日，靖江县土地管理局升格为一级局建制，列县政府工作部门序列，为统一管理全县城乡土地的国家行政机关。1993年10月，靖江撤县建市，县土地管理局更名为市土地管理局。

1997年8月11日，靖江市土地管理局更名为靖江市国土管理局。设局长1人，副局长3人。行政编制由原来的3人增至18人，行政附属编制2人。

2001年11月29日，市政府确定在市国土管理局的基础上，组建市国土资源局，正科级建制，为市政府组成部门，主管全市国土资源工作。同时，市计划委员会地质矿产管理、市建设局测绘管理职能划归市国土资源局。设局长1人，副局长3人。行政编制由18人精简为16人，行政附属编制2人。翌年4月，市国土资源局成立。2004年10月，靖江市国土资源局归江苏省、泰州市国土资源系统垂直管理，市政府协助管理。副科级以上人员划归泰州市国土资源局党委管理，靖江市委协助管理。

至2011年年末，市国土资源局内设行政科室8个，直属全民事业单位6个，下属单位12个（含归口管理单位），派出单位2个，全系统共有编制167人。其中，行政编制16人，全民事业编制151人。

1986~2011 年靖江市（县）国土资源管理机构领导人员一览表

表 12-1-1

机构名称	职　务	姓　名	任职时间
县农村土地管理办公室	主　任	左洪寿	1986.3~1987.10
	副主任	陈　俊	1986.3~1987.10
县土地管理局(二级局)	局　长	左洪寿	1987.10~1988.9
	副局长	陈　俊	1987.10~1988.9
		范钦玉	1987.10~1988.9
		姚正国	1987.10~1988.9
市(县)土地管理局(一级局)	局　长	左洪寿	1988.9~1996.4
		孙永东(女)	1996.4~1997.8
	副局长	褚士平	1989.3~1997.8
		陆建平	1989.10~1997.8
		张邦良	1991.8~1997.8
		鞠智敏	1993.11~1997.8
市国土管理局	局　长	孙永东(女)	1997.8~1999.11
		朱昕明	1999.11~2002.4
	副局长	鞠智敏	1997.8~2001.3
		褚士平	1997.8~1999.12
		陆建平	1997.8~2002.4
		张邦良	1997.8~1997.12
		顾森林	2000.12~2002.4
		闻耀彬	2001.3~2002.4
市国土资源局	局　长	朱昕明	2002.4~2003.3
		常国兴	2003.3~2008.8 (2006.5~2008.8 副处级)
		张仁德	2008.8~ (2011.9~　副处级)
	副局长	闻耀彬	2002.4~2003.3
		陆建平	2002.4~2006.9
		顾森林	2002.4~2006.9
		张仁德	2002.9~2008.8 (2004.3~2008.8 正科级) (2008.5~2008.8 主持工作)
		姚小成	2003.3~2005.6
		沙旭东	2005.6~
		刘金国	2006.9~2008.8
		吴　彬	2010.3~
		鞠晔红	2011.5~
	局长助理	吴　彬	2008.12~2010.3

说明：人员任职时间以上级任免文件日期为准，下同。

1996~2011 年靖江市国土资源管理机构巡视员及主任、副主任科员和副科级人员一览表

表 12-1-2

职　务	姓　名	任职时间
巡视员	左洪寿	1996.4~1997.10(正科级)
	何月华	1997.1~1997.10(副科级)
主任科员	左洪寿	1997.10~1999.8
	杜锡余	1998.10~2001.12
	孙永东(女)	1999.12~2001.12
	褚士平	1999.12~2006.3
	陆兴培	2000.8~2001.6
	鞠智敏	2001.3~2006.9
	朱昕明	2003.3~2009.12
	闻耀彬	2003.3~2009.12
	姚小成	2005.6~2011.10
	陆建平	2006.9~
	顾森林	2006.9~
副主任科员	何月华	1997.10~1999.8
	张邦良	1997.12~2001.3
	范钦玉	1998.9~2006.3
	王旦红(女)	1998.9~2006.3
	陈关荣	2001.5~
	陈德俊	2008.12~
	卢灿富	2011.3~
副科级	陈胜昌	2011.3~
	张正荣	2011.3~
	丁广奉	2011.3~

(二) 局内设科室

1986 年 1 月至 1987 年 8 月，靖江县农村土地管理办公室建立期间未置内设科室。1987 年 8 月，靖江县土地管理局建立后，内设综合股、建设用地管理股。

1988 年 8 月，增设土地法规监察股。1995 年 5 月，内设股改为科。增设土

1987~2002年靖江市（县）国土（土地）管理局科（股）室负责人一览表

表12-1-3

机构名称	科(股)室名称	职务	姓名	任职时间
县土地管理局（二级局）	综合股	副股长	顾森林	1987.10~1988.9(主持工作)
	建设用地管理股	股长	刘明初	1987.10~1988.9
市(县)土地管理局(一级局)	综合科(股)	科(股)长	顾森林	1992.10~1998.9
		副科(股)长	顾森林	1988.9~1992.10(主持工作)
			羊文华	1995.10~1997.12
			张晓明	1996.2~1998.9
	建设用地管理科(股)	科(股)长	刘明初	1988.9~1989.5
			陈俊	1989.5~1998.9
		副科(股)长	陈德俊	1989.5~1998.9
			赵剑秋	1992.10~1998.9
	法规监察科(股)	科(股)长	范钦玉	1989.5~1998.9
		副科(股)长	刘建邦	1992.10~1993.7
			卢灿富	1995.10~1998.9
	土地规划利用管理科	科长	刘明初	1996.12~1998.9
		副科长	刘银发	1995.10~1996.12
	地籍管理科	科长	王旦红(女)	1995.5~1998.9
		副科长	刘金国	1995.10~1998.9
市国土管理局	办公室	主任	张仁德	1998.12~2002.8
		副主任	周继红	2000.12~2002.8
		秘书	周继红	1998.9~2000.12
			孙小平	1998.9~2002.8
	财计科	副科长	张晓明	1998.9~2002.8(主持工作)
	地政地籍管理科(挂"土地市场管理办公室"牌子)	科长	王旦红(女)	1998.9~2002.8
		副科长	刘金国	1998.9~2002.8
	建设用地管理科	科长	赵剑秋	1998.9~2002.8
		副科长	陈德俊	1998.9~1998.12
	土地利用规划管理科	副科长	沙旭东	1998.9~2002.8(主持工作)
	法规监察科	科长	卢灿富	1998.9~2002.8
	人事科	副科长	柏坤宝	1998.12~2002.8(主持工作)
	监察室	副主任	柏坤宝(兼)	1998.12~2002.8(主持工作)

地规划利用管理科，地政地籍管理所（1989 年 1 月成立，事业单位）更名为地籍管理科，土地法规监察股更名为法规监察科。

1998 年 9 月，撤销综合科，改设办公室、人事科、财计科，增设监察室。至 2002 年 4 月，市国土管理局设有办公室、财计科、地政地籍管理科、建设用地管理科、土地利用规划科、法规监察科、人事科、监察室。

2002 年 4 月，局机关内设科室调整为办公室、政策法规科、规划管理科、计财科、建设用地管理科、地籍管理科、执法监察科、监察室。

2010 年 12 月至 2011 年年末，市国土资源局设办公室（党委办公室）、政策法规科、规划管理科（耕地保护科）、用地管理科、地籍与测绘管理科（行政服务科）、执法监察科、财务科、监察室。

2002~2011 年靖江市国土资源局科室负责人一览表

表 12-1-4

科室名称	职　务	姓　名	任职时间
办公室(党委办公室)	主　任	沙旭东	2002.8~2006.10
		吴　彬	2006.10~2009.2
		鞠晔红	2009.2~2011.5
		陈胜昌	2011.5~　　（副科级）
	副主任	周继红	2002.8~2005.3
		唐留保	2004.4~2006.10
		吴　彬	2005.3~2006.10
		黄黎明	2007.3~2011.5 (2009.2~2011.5　正股级)
		黄江波(兼)	2009.2~2011.5
		顾念东(兼)	2011.5~
		缪莲珠(女,兼)	2011.5~
		凌　凯	2011.5~
财务科(计财科)	科　长	张晓明	2002.8~2008.5
		缪莲珠(女)	2009.2~2011.5
		黄黎明	2011.5~
	副科长	缪莲珠(女)	2006.10~2009.2 (2008.5~2009.2　主持工作)
		李剑飞	2009.2~2011.11

续表 12-1-4

科室名称	职　务	姓　名	任职时间
政策法规科	科　长	陈胜昌	2002.8~2006.10
		黄江波	2006.10~2011.5
		顾念东	2011.5~
执法监察科	科　长	黄江波	2002.8~2006.10
		陈胜昌	2006.10~2011.5 (2011.3~2011.5 副科级)
		黄江波	2011.5~
	副科长	陈　焱	2009.2~2011.5(正股级)
		范小晖(女)	2011.5~
规划管理科（耕地保护科）	科　长	赵剑秋	2002.8~2005.3
		周继红	2005.3~2006.10
		卢灿富	2006.10~ (2011.3~　副主任科员)
	副科长	缪莲珠(女)	2002.8~2006.10 (2004.8~2005.3　主持工作)
		周祝建	2009.2~2011.5
		刘红军	2011.5~
		张　靖(女)	2011.5~
用地管理科（建设用地管理科）	科　长	卢灿富	2002.8~2006.10
		陈德俊	2006.10~2009.2
		袁建明	2009.2~2011.5 (2011.3~2011.5　副科级)
		赵　敏(女)	2011.5~　(副科级)
	副科长	吴　彬	2002.8~2005.3
		王　崧(女)	2006.10~2011.5(正股级)
		黄卫东	2009.2~ (2011.5~　正股级)
		顾　勇	2011.5~　(正股级)
地籍与测绘管理科（地籍管理科）	科　长	刘金国	2002.8~2006.10
		周继红	2006.10~ (2011.3~　副科级)
	副科长	王　崧(女)	2004.4~2006.10 (2011.5~　正股级)
		孙小平	2006.10~
		王建宇(女)	2009.2~2011.5
		严江苏(女)	2011.5~　(正股级)

续表 12-1-4

科室名称	职　务	姓　名	任职时间
监察室	主　任	陈德俊	2003.5~2006.10
		柏坤宝	2006.10~2011.5
		缪莲珠(女)	2011.5~
	副主任	柏坤宝	2002.8~2006.10 (2002.12~2006.10　正股级)
		陆剑萍(女)	2009.2~ (2011.5~　正股级)
行政服务科	科　长	周继红(兼)	2008.8~
	副科长	严江苏(女)	2009.2~
市行政服务中心国土资源窗口	主　任	王建宇(女)	2006.10~2009.2
		周继红(兼)	2009.2~
	副主任	范朝晖(女)	2006.10~2009.2
		严江苏(女)	2009.3~

1998~2011 年靖江市国土资源（管理）局股级科员一览表

表 12-1-5

级　别	姓　名	科　室	任职时间
正股级	陈德俊	地籍科	2002.9~2003.5
副股级	徐明高	办公室	1998.9~2004.7
副股级	张　靖(女)	规划科	2008.3~2011.5
副股级	严江苏(女)	地籍科	2008.3~2009.2
副股级	凌　凯	办公室	2009.2~2011.5
副股级	申晓云(女)	用地科	2009.2~2011.5
副股级	马范宏	办公室	2011.5~
副股级	刘金玉(女)	地籍科	2011.5~
副股级	杨志华	地籍科	2011.5~
副股级	周建萍(女)	行政服务科	2011.5~

（三）局直属单位

靖江市地质矿产办公室　1986 年 9 月，成立靖江县矿产资源管理站，为县计划委员会下属全民事业单位。1997 年 8 月，更名为靖江市地质矿产办公室,性质不变。2002 年 5 月，由市计委划入市国土资源局，股级建制，财供事业编制 5

人，行使地质矿产资源的管理职能。

靖江市地政地籍管理所 1989年1月成立。全民事业单位，股级建制，编制5人。行使地政地籍方面的行政管理职能。1995年5月，更名为地政地籍管理科（局内设行政机构）。

靖江市土地整理中心 1993年6月，成立靖江县地产公司，全民事业单位，企业化管理，股级建制，定编5人。1998年8月，更名为靖江市土地管理事务所，全民事业单位，股级建制，定编5人。2006年5月，更名为靖江市土地整理中心，全民事业单位，股级建制，定编5人。2011年1月，升格为副科级建制，增加编制3人，定编8人。

靖江市土地评估作价事务所 1993年6月成立，全民事业单位，股级建制，定编5人。2006年5月撤销，其职能并入市地籍测绘管理所。

靖江市国土管理局直属分局 1998年4月成立，全民事业单位，二级局建制，定编6人。2002年4月撤销。

靖江市土地监察大队 1998年4月成立，全民事业单位，股级建制，参照公务员管理，定编6人。2001年5月，经市编委同意，增加编制10人，定编16人。

靖江市土地测量事务所 1998年8月成立，全民事业单位，股级建制，定编8人。2006年5月撤销，其职能并入市地籍测绘管理所。

江苏省土地市场靖江交易所 1998年12月建立。未安排专职人员，其工作职能由局建设用地管理科代理。2002年9月明确为全民事业单位，股级建制，定编5人。2006年5月撤销，其职能并入市土地储备中心。

靖江市土地储备交易中心 2000年5月，成立靖江市土地储备中心，全民事业单位，股级建制，定编5人。2005年3月，市土地储备中心调整为市政府直属事业机构，归市国土资源局管理。2006年5月，江苏省土地市场靖江交易所的职能、定编员额并入，编制人员扩至10人。2008年3月，更名为市土地储备交易中心。

靖江市地籍测绘管理所 2006年5月，由靖江市土地评估作价事务所、靖江市土地测量事务所归并组建而成，全民事业单位，股级建制，定编13人。2011年1月核减编制7人，定编6人。

靖江市国土资源局信息中心 2011 年 1 月成立，全民事业单位，相当股级，定编 4 人。

至 2011 年年末，市国土资源局直属事业单位（含归口管理单位）有市土地储备交易中心、市土地整理中心、市地质矿产办公室、市土地监察大队、市地籍测绘管理所、市国土资源局信息中心 6 个。

1989~2011 年靖江市（县）国土（土地）资源（管理）局直属单位负责人一览表（一）

表 12-1-6

机构名称		职　务	姓　名	任职时间
市国土管理局直属分局		局　长	陆建平(兼)	1998.9~2002.7
		副局长	陈德俊	1998.12~2002.7
			陈关荣	2000.3~2002.7
	综合股	副股长	陈学华	1999.10~2002.7
			蔡亚兰(女)	1999.10~2002.7
	业务股	股　长	朱良根(兼)	1999.10~2002.7
	业务股	副股长	鞠红平(兼)	1999.10~2002.7
市土地储备中心		主　任	陈德俊(兼)	2000.7~2002.8
			缪建南	2002.8~2005.3
		副主任	鞠晔红	2002.8~2006.5
市土地储备交易中心(副科级)		主　任	常国兴(兼)	2005.3~2008.12
			张仁德(兼)	2009.2~
		主任助理	苏仰兴	2006.10~2009.2
			孙　峰	2009.2~
	综合科	科　长	苏仰兴	2006.10~2009.2
			纪震宇	2009.2~2011.5
			耿昌才	2011.5~ （正股级）
		副科长	纪震宇	2006.10~2009.2
	市场交易科	科　长	耿昌才	2006.10~2011.5
			纪震宇	2011.5~ （正股级）
		副科长	沙　玮(女)	2011.5~
	前期开发整理科	科　长	陈爱东	2006.10~
		副科长	邵剑波	2011.5~
市(县)地产公司		经　理	羊文华	1993.6~1995.10
			张仁德	1995.10~1998.12

续表 12-1-6

机构名称		职务	姓名	任职时间
市土地管理事务所		所长	缪建南	2000.4~2002.8
			袁建明	2002.8~2006.5
		副所长	王建宇(女)	1998.9~2005.3
			缪建南	1999.7~2000.4
			吉 敏(女)	2002.8~2006.5
市土地整理中心	股级	主任	顾念东	2006.10~2009.2
			周祝建	2009.2~2011.5
		副主任	顾 勇	2006.7~2011.5
			张 鹏	2006.7~2009.2
	副科级	副主任(正股级)	刘红军	2011.5~
			丁 俊	2011.5~
			凌 骏	2011.5~

1989~2011年靖江市（县）国土（土地）资源（管理）局直属单位负责人一览表（二）

表 12-1-7

机构名称	职务	姓名	任职时间
市地质矿产办公室	主任	顾念东	2005.3~2006.10
		陈 焱	2006.10~2009.2
		顾念东	2009.2~2011.5
		袁建明	2011.5~ （副科级）
	副主任	顾念东	2000.10~2005.3(主持工作)
		陈爱东	2000.10~2006.10
		陈 焱	2000.10~2006.10
		卢 锋	2009.2~ (2011.5~ 正股级)
市(县)地政地籍管理所	主任	姚正国	1989.5~1993.12
		王旦红(女)	1994.5~1995.5
	副主任	王旦红(女)	1989.5~1994.5
		刘明初	1989.5~1994.5
市土地监察大队	大队长	李松传	1998.9~2006.5
		程 跃	2006.5~2009.2
		陈胜昌(兼)	2009.2~2011.5
		黄江波(兼)	2011.5~

续表 12-1-7

机构名称	职　务	姓　名	任职时间
市土地监察大队	副大队长	程　跃	1998.9~2006.5
		左晓涛	2000.12~2002.9
		杨小军(女)	2002.8~2005.3
		凌　骏	2006.5~2011.5
		陈　焱	2009.2~2011.5
		范小晖(女)	2011.5~　(正股级)
市土地评估作价事务所	所　长	刘明初	1994.5~1998.9
		刘金国	1998.9~2005.3
		王建宇(女)	2005.3~2006.10
	副所长	王建宇(女)	2002.8~2005.3
市土地测量事务所	所　长	苏仰兴	2002.12~2006.7
	副所长	苏仰兴	1999.7~2002.12(主持工作)
市地籍测绘管理所	所　长	苏仰兴	2006.7~2006.10
		周祝建	2006.10~2009.2
		王建宇(女)	2009.2~2011.5
		王　崧(女)	2011.5~
	副所长	周建波	2006.7~ (2009.2~　正股级)
		朱里杰	2006.7~2009.2
		张　鹏	2009.2~
市国土资源局信息中心	主　任	凌　凯	2011.5~
	副主任	马范宏	2011.12~
		邓　晟	2011.5~

2009~2011 年靖江市国土资源局事业单位股级科员一览表

表 12-1-8

级　别	姓　名	科　　室	任职时间
正股级	陈学华	市土地管理事务所	2002.12~2008.3
副股级	左晓涛	市土地管理事务所	2002.9~2006.5
副股级	沙　玮(女)	市土地储备交易中心市场科	2009.2~2011.5
副股级	邵建波	市土地储备交易中心前期开发科	2009.2~2011.5
副股级	陈新南	市土地监察大队	2011.5~
副股级	侯建明	市土地监察大队	2011.5~
副股级	刘　锋	市土地整理中心	2011.5~

二、乡（镇）管理机构

（一）乡（镇）土地管理所（分局）

1983年以前，公社（镇）土地管理无专设机构和专业人员，一般由一名公社（镇）副职领导兼管此项工作。是年农村管理体制改革，乡镇设生产建设科（村镇建设办公室），为乡镇政府管理村镇建设规划和农民建房用地的职能机构，业务上受县基本建设局指导。

1986年1月，靖江县农村土地管理办公室成立后，各乡镇土地管理仍由生产建设科（村镇建设办公室）负责，其业务改由县农村土地管理办公室指导。1987年6月8日，县政府明确各乡（镇）土地管理员；村土地管理员由村民委员会主任兼任。1988年7月30日，各乡（镇）配备专职土地管理助理，列入乡（镇）政府序列；各村仍明确一名土地管理员，协助乡（镇）土地管理助理做好有关土地管理工作。

1989年5月，全县24个乡（镇）建立土地管理所，为乡（镇）事业机构，隶属乡（镇）政府领导，业务由县土地管理局指导。

1997年4月16日，为深化土地管理体制改革，市政府明确从5月1日起，对各乡(镇)土地管理所实施局、乡（镇）双重管理，其业务、人事、财务统一由市土地管理局管理，日常行政管理由乡（镇）人民政府负责，实行土地管理新体制。乡（镇）土地管理所为全民事业单位，编制102人。经考核首批入编48人。同年9月，各乡（镇）土地管理所更名为乡（镇）国土管理所。1998年1月经考核入编10人。

2000年6月，因全市行政区划调整，24个乡（镇）国土管理所随之撤并为12个镇国土管理所，分别为靖城、西来、斜桥、季市、孤山、团结、马桥、生祠、红光、新桥、东兴、八圩国土管理所。

2002年4月，国土管理所更名为国土资源所，由市国土资源局垂直管理。同月，撤销市局直属分局，建立江苏省靖江经济开发区国土资源所，全民事业单位，股级建制，定编8人（原直属分局6人，开发区划入2人）。

2003年12月，为更好的服务跨江联动，保障园区用地管理，靖江市国土资源局组建派驻江阴经济开发区靖江园区国土资源分局，人员由机关各科室抽调。

2004年4月，撤销八圩国土资源所，管理职能并入靖江经济开发区国土资源所。

2005年1月，撤销江苏省靖江经济开发区国土资源所，建立靖江市国土资源局开发区分局，副科级建制。下设综合一股、二股，业务一股、二股。翌年5月，该分局调整内设科室，设综合股、用地股、地籍股。

2005年3月，撤销派驻江阴经济开发区靖江园区国土资源分局，组建靖江市国土资源局派驻江阴—靖江工业园区办事处。撤销团结国土资源所，管理职能并入孤山国土资源所。

2006年5月，靖江市国土资源局调整下设机构，撤销靖城、西来、斜桥、季市、孤山、新桥、东兴、马桥、生祠、红光国土资源所，建立靖江市国土资源局一分局、二分局、三分局、四分局、五分局，全民事业单位，股级建制。撤销靖江市国土资源局江阴—靖江工业园区办事处，保留靖江市国土资源局开发区分局，副科级建制。各分局管理（辖）区域：一分局负责靖城，二分局负责西来、斜桥，三分局负责孤山、季市，四分局负责新桥、东兴，五分局负责生祠、红光、马桥，开发区分局负责城南、江阴—靖江工业园区。

2007年7月6日，增设靖江市国土资源局江阴—靖江工业园区分局，股级建制，全民事业单位。9月10日，根据市政府《关于成立靖江市现代农业示范区管委会的通知》精神，建立靖江市国土资源局驻现代农业示范园区办事处。2009年2月撤销该办事处，相关管理职能并入开发区分局。

2009年9月，靖江市国土资源局一分局、二分局、三分局、四分局、五分局和江阴—靖江工业园区分局由股级调整为相当副科级；靖江市国土资源局开发区分局、靖江市国土资源局江阴—靖江工业园区分局调整为市局派出机构。

2011年5月，靖江市国土资源局开发区分局与二分局相互更名，即二分局更名为靖江市国土资源局开发区分局，靖江市国土资源局开发区分局更名为二分局。

（二）土地监察中队

2001年12月，市国土管理局建立各国土管理所土地监察中队，国土管理所所长兼任中队长，各所明确1名专职土地监察人员，专司执法监察工作。

2005年3月，为强化土地执法监察工作，市国土资源局在全省率先打破行政区域界限，组建辖区基层专职土地执法监督、巡查队伍，即靖江市土地监察一中队、二中队、三中队、四中队、五中队，全民事业单位，股级建制。业务上接受市土地监察大队指导。2006年5月设开发区监察中队。2007年3月，建立江阴—靖江工业园区监察中队。土地监察中队编制30人（由国土资源分局和土地监察大队人员编制中划出）。

2011年5月，靖江市国土资源局监察二中队与靖江市国土资源局监察开发区中队相互更名，即靖江市国土资源局监察二中队更名为靖江市国土资源局监察开发区中队，靖江市国土资源局监察开发区中队更名为靖江市国土资源局监察二中队。

1987~1998年靖江市（县）乡镇土地管理负责人一览表

表12-1-9

乡镇名称	土地管理员(1987.6~1988.7)	土地管理助理(所长)(1988.7~1998.8)	
		助理(所长)	副助理(副所长)
东兴镇	陈启先	陈启先	陈礼彬
惠丰乡	王德礼	王德礼　唐学书	袁金荣
新桥镇	宦正武	宦正武	张正荣
太和镇	朱玉林	凌伯仁	耿昌林　唐晓祥
八圩镇	陶纪林	陶纪林　唐留保	张惠余　刘　清　唐留保
越江乡	吴汉余	吴汉余　陶林章	陶林章　陈　斌
斜桥镇	项灿根	项灿根　李少红	曹　兴
敦义乡	李玉贞(女,1987.6~1988.3) 陈明芳(1988.3~1988.7)	朱宏益	马美荣(女)　刘炳三
土桥镇	顾广基	刘志仁	姚清堂
西来镇	黄胜波(1987.6~1988.3) 祁明才(1988.3~1988.7)	祁明才　刘仲南	—
团结乡	赵余根	赵余根	高玉华

续表 12-1-9

乡镇名称	土地管理员(1987.6~1988.7)	土地管理助理(所长)(1988.7~1998.8)	
		助理(所长)	副助理(副所长)
长安乡	江金成	倪汉朝	邹红江　陆为明
季市镇	张曾基(1987.6~1988.3) 林春堂(1988.3~1988.7)	张曾基　刘网宏　丁广奉	丁金龙　袁国政　丁广奉
孤山镇	丁士明	李松传	李松传　许明华
马桥乡	羊争鸣	羊争鸣　任福荣	任福荣
侯河乡	何建国	何建国　吴金城	陈爱英(女)
红光乡	叶国俊	丁志章	叶国俊
生祠镇	缪汉勋	张连成	张连成　徐正芳
新丰乡	薛　铭(女,1987.6~1988.3)	—	周玉奇
柏木乡	闻兴祥	闻兴祥	刘志豪
长里乡	刘　仁	刘　仁	丁旭华
城南乡	吴荣章	吴荣章	倪祥坤
大觉乡	陆根银	陆根银	陈汉如　姚灿培
靖城镇	徐锦文	钱金华　马纪怀	—

1998~2000 年靖江市国土管理所正副所长一览表

表 12-1-10

机构名称	职　务	姓　名	任职时间
靖城国土管理所	所　长	朱良根	1998.8~2000.6
	副所长	鞠红平	1998.8~2000.6
越江国土管理所	所　长	陶林章	1998.8~2000.6
	副所长	陈　斌	1998.8~2000.6
柏木国土管理所	副所长	袁建明	1998.8~2000.6
长里国土管理所	副所长	丁旭华	1998.8~2000.6
西来国土管理所	所　长	刘仲南	1998.8~2000.6
敦义国土管理所	所　长	朱宏益	1998.8~2000.6
	副所长	刘炳三	1998.8~2000.6
土桥国土管理所	所　长	姚清堂	1998.8~2000.6
斜桥国土管理所	所　长	殷银灿	1998.8~2000.6
	副所长	曹　兴	1998.8~2000.6
大觉国土管理所	所　长	陆根银	1998.8~2000.6
	副所长	姚灿培	1998.8~2000.6
季市国土管理所	所　长	丁广奉	1998.8~2000.6

续表 12-1-10

机构名称	职　务	姓　名	任职时间
长安国土管理所	所　长	倪汉朝	1998.8~2000.6
	副所长	陆为明	1998.8~2000.6
孤山国土管理所	所　长	李松传	1998.8~1998.9
	副所长	许明华	1998.8~2000.6
团结国土管理所	所　长	高玉华	1998.8~2000.6
马桥国土管理所	所　长	任福荣	1998.8~1999.9
侯河国土管理所	所　长	吴金城	1998.8~2000.6
	副所长	顾冠军	1999.7~2000.6
生祠国土管理所	所　长	徐正芳	1998.8~2000.6
	副所长	羊金涛	2000.1~2000.6
红光国土管理所	所　长	丁志章	1998.8~2000.6
新丰国土管理所	副所长	周玉奇	1998.8~2000.6
新桥国土管理所	所　长	宦正武	1998.8~2000.6
	副所长	张正荣	1998.8~2000.6
太和国土管理所	副所长	唐晓祥	1998.8~2000.6
		耿昌林	1998.8~2000.6
东兴国土管理所	所　长	陈礼彬	1998.8~2000.6
惠丰国土管理所	副所长	刘　南	1998.8~2000.6
八圩国土管理所	所　长	唐留保	1998.8~2000.6
	副所长	刘　清	1998.8~2000.6
城南国土管理所	所　长	吴荣章	1998.8~2000.6

2000~2006 年靖江市国土资源（管理）所正副所长一览表

表 12-1-11

机构名称	职　务	姓　名	任职时间
靖城国土所	所　长	朱良根	2000.6~2004.4
		张正荣	2004.4~2006.5
	副所长	袁建明	2000.6~2002.4
		刘　清	2000.6~2006.10
		孙　峰	2000.6~2005.3
		鞠红平	2000.6~2002.7
西来国土所	所　长	刘仲南	2000.6~2004.4
		曹　兴	2005.3~2006.5
	副所长	姚清堂	2000.6~2006.5
		朱桂清	2000.6~2004.4
		曹　兴	2004.4~2005.3

续表 12-1-11

机构名称	职　务	姓　名	任职时间
斜桥国土所	所　长	殷银灿	2000.6~2004.4
		顾冠军	2004.4~2006.10
	副所长	曹　兴	2000.6~2004.4
		朱桂清	2004.4~2006.10
季市国土所	所　长	丁广奉	2000.6~2004.4
		许明华	2004.4~2006.10
	副所长	陆为明	2000.6~2006.10
孤山国土所	所　长	许明华	2000.6~2004.4
		丁广奉	2004.4~2006.10
	副所长	丁旭华	2000.6~2004.4
		高玉华	2004.4~2006.10
团结国土所	所　长	高玉华	2000.6~2004.4
	副所长	丁旭华	2004.4~2005.3(主持工作)
马桥国土所	所　长	陶林章	2000.6~2002.7
		殷银灿	2004.4~2006.10
	副所长	鞠红平	2002.7~2004.4(主持工作)
		丁栋明	2000.6~2002.9 2004.4~2005.3
生祠国土所	所　长	徐正芳	2000.6~2004.4
		陈礼彬	2004.4~2006.10
	副所长	羊金涛	2000.6~2006.10
		丁栋明	2002.9~2004.4
红光国土所	所　长	顾冠军	2000.6~2004.4
		徐正芳	2004.4~2006.10
新桥国土所	所　长	张正荣	2000.6~2004.4
		陶林章	2004.4~2006.5
	副所长	唐晓祥	2000.6~2006.5
		严付高	2000.6~2005.3
东兴国土所	所　长	陈礼彬	2000.6~2004.4
		刘　南	2005.3~2006.10
	副所长	鞠红平	2004.4~2005.3(主持工作)
		刘　南	2000.6~2005.3
八圩国土所	所　长	唐留保	2000.6~2004.4
	副所长	赵　敏(女)	2000.6~2004.4
江苏省靖江经济开发区国土所	所　长	陶林章	2002.7~2004.4
		朱良根	2004.4~2005.3
	副所长	王　崧(女)	2002.7~2004.4
		赵　敏(女)	2004.4~2005.3

2005~2009年靖江市国土资源局派驻办事处负责人一览表

表12-1-12

机构名称	职　务	姓　名	任职时间
江阴—靖江工业园区办事处	主　任	张晓明	2005.3~2007.3
现代农业示范区办事处	副主任	鞠红平	2007.9~2009.2

2005~2011年靖江市经济开发区分局（二级局）负责人一览表

表12-1-13

股室名称	职　务	姓　名	任职时间
	局　长	常国兴(兼)	2005.1~2008.12
		张仁德(兼)	2009.2~2011.5
	副局长	张晓明(兼)	2005.3~2008.8
		周祝建	2006.10~2009.2
		赵　敏(女)	2009.2~2011.5
		左晓涛	2009.2~2011.5
综合一股	股　长	杨小军(女)	2005.3~2006.5
业务一股	股　长	周祝建	2005.3~2006.5
	副股长	范朝晖(女)	2005.3~2006.5
综合二股	股　长	赵　敏(女)	2005.3~2006.5
	副股长	陆剑萍(女)	2005.3~2006.10
业务二股	股　长	朱良根	2005.3~2006.10
	副股长	刘红军	2005.3~2006.5
规划综合股	股　长	杨小军(女)	2006.5~2009.2
		毛小虎	2009.2~2011.5
	副股长	卢　锋	2006.5~2009.2
用地股	股　长	吉　敏(女)	2006.5~2009.2
		杨小军(女)	2009.2~2011.5
	副股长	刘红军	2006.5~2007.3
地籍股	股　长	周祝建	2006.5~2006.10
		毛小虎	2006.10~2009.2
		丁　俊	2009.2~2011.5
	副股长	丁　俊	2006.5~2009.2

2006~2011 年靖江市国土资源局分局（股级）正副局长一览表

表 12-1-14

机构名称	职务	姓　名	任职时间
一分局	局　长	张正荣	2006.5~2011.5
	副局长	黄黎明	2006.5~2007.3
		李剑飞	2006.5~2009.2
		黄卫东	2008.3~2009.2
		许明华	2009.2~2011.5
		陈亚军	2009.2~2011.5
		范朝晖(女)	2009.2~2011.5
二分局	局　长	曹　兴	2006.5~2011.5
	副局长	于　水	2006.5~2011.5
		徐　斌	2009.2~2011.5
三分局	局　长	鞠晔红	2006.5~2007.3
		丁广奉	2007.3~2011.5
	副局长	朱国洪	2006.5~2011.5
		朱里杰	2009.2~2011.5
		鞠红平	2009.2~2011.5
四分局	局　长	赵　敏(女)	2006.5~2009.2
		程　跃	2009.2~2011.5
	副局长	唐晓祥	2006.5~2011.5
		严付高	2009.2~2011.5
五分局	局　长	袁建明	2006.5~2009.2
		苏仰兴	2009.2~2011.5
	副局长	陈亚军	2006.5~2009.2
		丁栋明	2009.2~2011.5
		陆剑萍	2009.2~2011.5
		徐正芳	2009.2~2011.5(正股级)
江阴-靖江工业园区分局	局　长	鞠晔红	2007.3~2009.2
		吉　敏(女)	2009.2~2011.5
	副局长	刘红军	2007.3~2011.5 (2009.2~2011.5 正股级)
		顾冠军	2009.2~2011.5

2011 年靖江市国土资源局各分局局长（副科级）一览表

表 12-1-15

职　务	姓　名	任职时间
一分局局长	周继红	2011.3~2011.5
二分局局长	曹　兴	2011.3~2011.5
三分局局长	袁建明	2011.3~2011.5
四分局局长	程　跃	2011.3~2011.5
开发区分局局长	赵　敏(女)	2011.3~2011.5
江阴—靖江工业园区分局局长	吉　敏(女)	2011.3~2011.5

说明：表中任职时间为泰州市国土资源局任命时间。

2011 年 5 月~12 月靖江市国土资源局分局（副科级）负责人一览表

表 12-1-16

机构名称	科股名称	职务	姓　名	任职时间
开发区分局		局　长	曹　兴	2011.5~
		副局长	于　水	2011.5~
			毛小虎	2011.5~
	规划股	股　长	于　水(兼)	2011.5~
	用地股	股　长	毛小虎(兼)	2011.5~
一分局		局　长	吉　敏(女)	2011.5~
		副局长	许明华	2011.5~
			陈亚军	2011.5~
			申晓云(女)	2011.5~
	规划股	股　长	陈亚军(兼)	2011.5~
	用地股	股　长	申晓云(女,兼)	2011.5~
二分局		局　长	刘金国(正股级)	2011.12~
		副局长	刘金国	2011.8~2011.12(主持工作)
			顾冠军	2011.5~
			杨小军(女)	2011.5~
			王建宇(女)	2011.5~
	规划股	股　长	杨小军(女,兼)	2011.5~
	用地股	股　长	王建宇(女,兼)	2011.5~
三分局		局　长	陈　焱(正股级)	2011.5~
		副局长	左晓涛	2011.5~
			朱国洪	2011.5~
			陈　斌	2011.5~
	规划股	股　长	朱国洪(兼)	2011.5~
	用地股	股　长	陈　斌(兼)	2011.5~

续表 12-1-16

机构名称	科股名称	职务	姓　名	任职时间
四分局		局　长	程　跃	2011.5~
		副局长	严付高	2011.5~
			唐晓祥	2011.5~
	规划股	股　长	唐晓祥(兼)	2011.5~
	用地股	股　长	鞠红平	2011.5~(正股级)
五分局		局　长	周祝建(正股级)	2011.5~
		副局长	丁栋明	2011.5~
			徐　斌	2011.5~
			徐正芳	2011.5~
	规划股	股　长	丁栋明(兼)	2011.5~
	用地股	股　长	丁小卫	2011.5~
江阴—靖江工业园区分局		局　长	苏仰兴(正股级)	2011.5~
		副局长	朱里杰	2011.5~
			朱　琪	2011.12~
	规划股	股　长	叶　鑫	2011.5~

2005~2011 年靖江市国土资源局土地监察中队负责人一览表

表 12-1-17

机构名称	职　务	姓　名	任职时间
一中队	中队长	程　跃	2005.3~2006.5
		孙　峰	2006.5~2009.2
		许明华	2009.2~
	副中队长	耿昌才	2005.3~2006.10
		范小晖(女)	2006.5~2009.2
		曾海波	2009.2~
二中队	中队长	严付高	2005.3~2006.5
		许明华	2006.10~2009.2
		徐　斌	2009.2~2011.5
		顾冠军	2011.5~
	副中队长	顾波涛	2006.5~2011.5
		范朝晖(女)	2011.5~
三中队	中队长	孙　峰	2005.3~2006.5
		徐正芳	2006.10~2009.2
		朱里杰	2009.2~2011.5
		左晓涛	2011.5~
	副中队长	徐　斌	2006.5~2008.3
		陈　斌	2009.2~2011.5

续表 12-1-17

机构名称	职　务	姓　名	任职时间
四中队	中队长	李松传	2005.3~2006.5
		严付高	2006.5~
	副中队长	孔令才	2006.5~
五中队	中队长	丁栋明	2005.3~2008.3
		徐　斌	2008.3~2009.2
		陆剑萍	2009.2~2011.5
		徐　斌	2011.5~
	副中队长	徐　萍(女)	2006.5~2007.3
		陆剑萍	2007.4~2007.11
开发区中队	中队长	左晓涛	2007.4~2011.5
		顾波涛	2011.5~
	副中队长	左晓涛	2006.5~2007.4
		陆剑萍	2007.11~2009.2
		范小晖(女)	2009.2~2011.5
江阴-靖江工业园区中队	中队长	顾冠军	2007.3~2011.5
		朱里杰	2011.5~
	副中队长	徐　萍(女)	2007.3~

2009~2011 年靖江市国土资源局分局、监察中队股级科员一览表

表 12-1-18

级　别	姓　名	所属单位	任职时间
正股级	陶林章	五分局	2009.2~
副股级	陶雪枫	开发区分局	2011.5~
	张书正	开发区分局	2011.5~
	朱晓君(女)	二分局	2011.5~
	褚天舒	二分局	2011.5~
	赵益群	监察二中队	2011.5~
	高玲玲(女)	四分局	2011.5~
	李江新	五分局	2011.5~
	赵再兴	五分局	2011.5~

第二节　党群社团组织

一、中共靖江市国土资源局组织

（一）党组织机构

1.中共靖江市国土资源局机关支部委员会

1988年3月12日，建立中共靖江县土地管理局机关支部委员会，左洪寿任支部书记。时有党员4人，其中正式党员3人，预备党员1人。支部隶属中共靖江县县直机关委员会。1994年2月，局机关支部改选，左洪寿任书记，顾森林为组织委员、陆建平为宣传委员，有党员13人，其中正式党员12人，预备党员1人。1996年5月，孙永东任书记。时有委员3人，党员17人。1998年11月，局机关支部改选，孙永东任书记，顾森林任副书记，陈德俊、柏坤宝、刘胜荣为支部委员，有党员26人。2001年6月，局机关支部改选，顾森林任书记，张仁德任副书记，柏坤宝、李松传、陆红娟为支部委员，有党员31人，其中正式党员30人，预备党员1人。2006年9月，中共靖江市国土资源局委员会成立后，局机关支部改隶中共靖江市国土资源局委员会。至2006年9月，局机关支部党员由1988年的4人增加到51人，其中发展新党员11人。

1988~2006 年中共靖江市国土资源局机关支部委员会负责人一览表

表 12-2-1

职　务	姓　名	任职时间
书　记	左洪寿	1988.3~1996.5
	孙永东(女)	1996.5~1999.12
	顾森林	2001.6~2006.10
副书记	顾森林	1998.11~2001.6 (1999.12~2001.6 主持工作)
	张仁德	2001.6~2006.10

2.中共靖江市国土资源局党组

1998 年 7 月，中共靖江市委员会批准成立中共靖江市国土管理局党组。至 2006 年 9 月，孙永东、朱昕明、闻耀彬、常国兴先后任党组书记。

1998~2006 年中共靖江市国土资源（管理）局党组成员一览表

表 12-2-2

职　务	姓　名	任职时间
书　记	孙永东(女)	1998.7~1999.12
	朱昕明	1999.12~2001.3
	闻耀彬	2001.3~2003.3
	常国兴	2003.3~2006.9
副书记	朱昕明	2001.3~2003.3
	张小虎	2002.10~2006.9
成　员	鞠智敏	1998.7~2002.4
	褚士平	1998.7~1999.12
	陆建平	1998.7~2006.9
	顾森林	1998.9~2006.9
	张仁德	2001.1~2006.9
	姚小成	2003.3~2005.6
	沙旭东	2005.6~2006.9

3.中共靖江市国土资源局委员会

2006 年 7 月，经中共靖江市委员会批准，撤销中共靖江市国土资源局党组，建立中共靖江市国土资源局委员会。9 月，成立中共靖江市国土资源局委员会，常国兴任党委书记，张小虎任党委副书记，张仁德、沙旭东、刘金国为局党委委员。

下设靖江市国土资源局一分局党支部、二分局党支部、三分局党支部、四分局党支部、五分局党支部、开发区分局党支部和局机关党支部，有党员101人。

2008年8月4日，张仁德任靖江市国土资源局党委书记，张小虎任党委副书记，沙旭东为党委委员；12月增补吴彬为党委委员。2011年5月增补鞠晔红为党委委员。

至2011年年末，靖江市国土资源局有中共党员119人，其中女党员19人。党员年龄结构：30岁以下4人，占3.36%，31~40岁38人，占31.93%，41~50岁30人，占25.21%，51~60岁22人，占18.49%，60岁以上25人，占21.01%，最年轻的25岁，最年长的76岁。党员文化结构：本科及以上36人，占30.25%，大专47人，占39.50%，高中24人，占21.17%，中专5人，占4.20%，初中及以下7人，占5.88%。入党时间情况：1970年前5人，占4.20%，1971~1980年24人，占20.17%，1981~1990年15人，占12.60%，1991~2000年29人，占24.37%，2001~2011年46人，占38.66%，入党时间最早的为1960年。

2006~2011年中共靖江市国土资源局委员会成员一览表

表12-2-3

职　务	姓　名	任职时间
书　记	常国兴	2006.9~2008.8
	张仁德	2008.8~
副书记	张小虎	2006.9~
委　员	张仁德	2006.9~
	沙旭东	2006.9~
	刘金国	2006.9~2008.8
	吴　彬	2008.12~
	鞠晔红	2011.5~

2006~2011年中共靖江市国土资源局委员会所属支部委员会负责人一览表

表12-2-4

支部名称	职　务	姓　名	任职时间
机关支部	书　记	李松传	2006.10~2008.3
		陈学华	2008.3~
	副书记	陈学华	2006.10~2008.3
		唐留保	2006.10~2008.3
		羊金涛	2009.2~

续表 12-2-4

支部名称	职务	姓名	任职时间
开发区分局支部	书记	朱良根	2006.10~2008.3
		丁栋明	2008.3~2009.2
		陈礼彬	2009.2~2011.5
		朱桂清	2011.5~
	副书记	陆剑萍(女)	2006.10~2009.2
		陆为明	2011.5~
一分局支部	书记	殷银灿	2006.10~2011.5
		许明华	2011.5~
	副书记	刘清	2006.10~2009.10
二分局支部	书记	顾冠军	2006.10~2007.3
		曹兴	2007.3~2011.5
		陈礼彬	2011.5~
	副书记	陆为明	2006.10~2011.5
		朱桂清	2006.10~2011.5
三分局支部	书记	丁广奉	2006.10~
	副书记	高玉华	2006.10~2008.3
四分局支部	书记	刘南	2006.10~2011.5
		程跃	2011.5~
	副书记	鞠红平	2006.10~2007.9
五分局支部	书记	陈礼彬	2006.10~2009.2
		丁栋明	2009.2~
	副书记	丁旭华	2006.10~
		羊金涛	2006.10~2009.2

4.中共靖江市国土资源局纪检组织

1998年9月，中共靖江市委决定：建立中共靖江市纪律检查委员会驻中共靖江市国土管理局纪检组。至2006年9月，先后由顾森林、张仁德、张小虎任纪律检查组组长。2006年7月，经中共靖江市委批准，建立中共靖江市国土资源局纪律检查委员会；9月，成立中共靖江市国土资源局纪律检查委员会，张小虎任中共靖江市国土资源局纪委书记。2008年8月，经中共泰州市国土资源局委员会研究决定，张小虎任中共靖江市国土资源局纪委书记。

1998~2011年中共靖江市国土资源（管理）局纪检组、纪律检查委员会成员一览表

表 12-2-5

职务	姓名	任职时间
纪检组长	顾森林	1998.9~2001.1
	张仁德	2001.1~2002.9
	张小虎	2002.10~2006.9
纪委书记	张小虎	2006.9~

（二）党组织建设

1988年起，局党组织充分发挥领导班子在国土资源管理事业中的核心作用，以及共产党员在各自岗位上的先锋模范作用，坚持抓学习、强素质、求共识、做表率、树形象，增强党组织凝聚力、战斗力，推动国土资源管理事业的稳步发展。是年，局机关支部把百分考核与年终总结相结合，对党员进行年终考核。1989年，根据县委统一部署，开展民主评议党员活动。7名党员通过评议，评出优秀党员1人，合格党员6人。1990年，组织党员学习中共十三届五中、六中全会文件精神和江泽民总书记在党建理论班上的讲话，引导党员回顾历史，畅谈密切联系群众的重大意义，并结合实际，制订加强同群众联系的措施。1991～1992年，组织党员学习中共十三届七中全会、中共十四大文件精神和新党章。1992年，局机关支部被县直机关工委评为党建工作先进单位。1993～1994年，组织党员学习中共十四届三中全会公报以及关于建立社会主义市场经济体制的决定、《邓小平文选》第三卷和江泽民《学习、学习、再学习》重要讲话。同时在党员中开展纪律作风整顿，通过批评和自我批评，找出存在问题，制订加强作风建设的措施。1994年，局机关支部被市直机关工委评为党建工作先进单位。1995～1996年，组织党员学习中共十四届五中、六中全会文件，学习《中共中央关于加强党的建设几个重大问题的决定》和江泽民在五中全会上的讲话精神。同时开展“学习孔繁森，争做好党员”活动。党支部发动全体党员讨论修订“创争规划”，继续坚持“三会一课”（支部党员大会、支部委员会、党小组会，党课）制度。1995年、1996年，局机关支部被市直机关工委评为先进党组织。1997～1998年，先后组织全体党员上党课12次，组织党员学习江泽民总书记《努力建设一支高素质的干部队伍》重要讲话、《中国共产党纪律处分条例（试行)》等。

1999年，局党组指导支部开展争创“四好党支部”活动，组织党员学习党的基层组织工作条例和党章，重温入党志愿书和入党誓言。2000年7月上旬至9月上旬，根据中共中央、江苏省委在党政领导班子、领导干部中开展“讲学习、讲政治、讲正气”（以下简称“三讲”）集中教育的要求和中共靖江市委的统一部署，市国土管理局党组在领导班子、领导干部中开展以“三讲”为主要内容的党性党风教育。其间，局党组多次召开会议，研究部署“三讲”工作，组建“三讲”工作班子，制订“三讲”教育实施意见。在“三讲”教育中，局党组把“三讲”教育与学习理论、武装头脑、整顿思想、改进作风结合起来，同“致富思源、富而思进”的“双思”教育结合起来，和“知我靖江、爱我靖江、兴我靖江”的主人翁教育结合起来，收到较好成效。2001年，局党组、机关支部组织党员深入开展“三个代表”重要思想学习教育活动、“软环境”建设集中整治活动和文明机关、文明窗口创建活动。2002~2003年，局党组、局机关支部认真执行党要管党和从严治党的方针，围绕建设高标准的基层党组织、高素质的机关党员干部队伍和建立高效率的机关党建运行机制，大力加强机关党的思想、组织、作风建设。2001~2003年，局机关支部连续3年被市直机关工委授予四好党支部称号，3名党员被评为优秀党员。2004年，按照局党组的要求，局机关支部发挥战斗堡垒作用，结合国土资源管理工作，开展丰富多彩的教育活动。是年，顾森林被市直机关工委评为2004年度优秀党务工作者。2005年，根据市委关于开展保持共产党员先进性教育活动的总体部署，局党组、局机关支部围绕依法行政和提高服务质量等主题，有计划、有目标、分阶段在全体党员中开展保持共产党员先进性教育活动。在查找差距阶段，开通热线电话，设置意见箱，发放征求意见表，召开座谈会，广泛征求意见，共征得25条意见和36条建议。在此基础上，制订整改方案，明确整改责任人和整改时限。

2006~2007年，局党委组织党员学习《中国共产党组织建设条例》和胡锦涛总书记在中纪委六次全会上的重要讲话，联系实际，开展做合格党员活动。2008年，组织党员学习中共十七大精神、学习新党章，开展“靖江发展缺什么，我为靖江做什么”大讨论。2009年，根据市委统一部署，局党委在全系统深入开展学习实践科学发展观活动，全面贯彻落实科学发展观，坚持保护耕地红线，保障经济发展，旗帜鲜明执法，全力以赴服务，扎实做好国土资源管理工作。为确保学习实践效果，局党委开展“继续解放思想，推进二次跨越，争当学习实践科学发展观先行者”大讨论。2010年，继续深入贯彻落实科学发展观，组织党员学习中共十七届三中、四中、五中全会精神，在党员中开展“创先争优”活动。2011年，局党委紧紧围绕中央提出的“提高党员素质，加强基层组织，服务人民群众，促进各项工作”的总目标，在全系统党员中开展“强素质、树形象”作风建设活动，着力在提高素质、解决问题、发挥作用、促进工作上下工夫。通过座谈、评议，照镜子、找差距、订措施，边学习边整改，健全完善《党建工作责任制》《党委议事规则》《岗位责任制》《工作目标考核办法》等各项制度。年末，市国土资源局被市委、市政府评为市级机关综合考评先进单位。市国土资源局执法监察科、土地监察大队被中共靖江市委组织部授予党员先锋岗称号。

（三）纪检监察

1998年9月局纪律检查组建立，各项监察制度逐步建立健全。1999年，加强内部运行效能监督，对土地使用报批、土地登记发证、土地信访案件查处等工作进行效能跟踪，保证社会服务承诺制度的执行，压缩用地报批时限，加快土地发证进度，及时处理涉土信访事宜。

2001年，配合市纪检、市监察局对全市贯彻执行《中华人民共和国土地管理法》情况进行检查，监督土地市场违法用地清理、土地批租专项治理等工作的开展，督促查纠非法转让土地91宗，整改70宗，追缴土地出让金198.9万元。2003年7月，组织开展整治和规范土地市场执法检查，清理历史遗留的非法转让土地234宗、面积2.46公顷，追缴土地出让金99.15万元。自此，经营性用地全部上市交易，土地交易市场纪检监督制度逐步完善。2004年，开展土地市场清理整治工作调研，对土地市场清理补办工作进行专项督查，进一步完善清理补办工作程序，纠正勘查不到位等行为。2005年，针对砖瓦窑业乱占耕地现象，配合市纪检、市监察部门对砖瓦窑业整治进行督查，拆除土立窑54座。2006年，对全市土地复垦工程进行专项跟踪督查，及时通报各镇土地复垦工程进度和质量情况，保证按时通过省级验收，确保建设用地占补平衡指标落实。2007年，开展创建江苏省土地执法模范市工作，局纪检监察室进行专项督查，确保“双保双促”工作举措落实。2008年，对土地登记发证、虹桥片区拆迁改造等工作开展专项督查，转变有令不行、有禁不止、行政不作为、行政乱作为等不良作风，保障政令通畅，推进各项工作正常开展。2009年，在经营性土地上市和土地复垦工作中，邀请市纪委、市检察院等部门介入，加大纪检监察力度，对群众反响大、工作业绩差的科室或站所负责人实行诫勉谈话。2011年，聘请8位行风监督员，切实加强社会监督。通过设立举报箱、公开举报电话，加大对机关建设的监督力度，对出现的一些违纪苗头及时予以制止。

（四）廉政建设

1987年建局起，局党组织不断建立健全各项工作制度和监督约束机制，公开办事程序，实行阳光操作，将土地审批及有关政策、用地须知公布上墙，并设监督举报电话，接受社会监督，推进廉政建设。1989年，专门制订土地管理系统加强廉政建设的十条规定：即坚持秉公执法，坚持政务公开，坚持清正廉洁，当好“土地卫士”，提高办事效率，严密组织纪律，加强内部监管，强化外部监督，坚持警钟长鸣，实行廉政建设层层负责制。1993年年初，县土地管理局针对“热点”环节，实行科室间交叉分工管理，分解审批权力，完善内部监督约束机制。

1998年，中共靖江市国土管理局党组成立后，制订党组议事规则和重大事项集体决策制度、民主生活会制度、个人重大事项报告制度和述职述廉制度，大力推进权力内控机制建设。2000年3月，贯彻中共中央、国务院《关于实行党风廉政建设责任制的规定》，制定党风廉政责任制，局长与副局长及各科室、事业单位、各国土管理所负责人签订《靖江市国土管理系统党风廉政建设责任状》，将廉政建设责任分解到基层各部门，层层落实责任。2004年，贯彻落实国土资源部制定的工作人员“五条禁令”和《行政为民十项规定》，市国土资源局联系靖江市实际，修订完善相应制度，落实监督检查措施。推行全市国土资源所所长异地交流，对相关科室重点岗位、重点人员适时轮岗调整。2005年，在全市开展治理商业贿赂专项活动中，市国土资源局认真组织自查自纠，全面清理整改土地出让、土地登记发证、土地评估等方面的问题，完善经营性用地底价政府联席会议制度，增强国土资源系统工作人员自觉抵制商业贿赂和廉洁自律的能力。

2006年起，靖江市国土资源局党委、纪委开展“八荣八耻”教育活动，组织全系统人员观看反腐倡廉录像和预防职务犯罪展览，开展廉政责任制执行情况总结汇报和机关中层干部述职述廉活动，营造“以廉为荣、以贪为耻”的良好氛围。2009年后，局党委、纪委按照市委、市纪委及泰州国土资源局党委、纪委部署，结合局内实际情况，坚持“标本兼治、综合治理、惩防并重、注重预防”的方针，以完善惩治和预防腐败体系建设为重点，不断完善预防腐败制度和内控机制，努力提高预防职务犯罪和廉洁自律工作效果。局党委与各分局、中队、机关科室、事业单位负责人签订“一岗双责”责任书，进一步增强国土管理系统各个层面的责任意识。局纪委从全系统党风廉政建设的实际出发，细化分解党风廉政建设年度目标责任，实施效能监察。围绕“廉洁国土”总体目标，积极构筑单位、家庭、社会“三位一体”廉政共建模式，强化项目和资金管理，加强干部选任等制度建设，实施决策、执行、监督相分离的制约机制。2010～2011年，局党委、纪委突出抓好预防职务犯罪工作，先后开展预防职务犯罪讲座、反腐倡廉警示教育、廉政风险排查等活动。

二、群团　社团

（一）靖江市国土资源（管理）局工会委员会

1998年12月，建立靖江市国土管理局工会委员会。26日，召开靖江市国土管理系统工会第一次代表大会，选举产生靖江市国土管理局第一届工会委员会，选举王旦红、刘金国、朱宏益、孙峰、赵建秋、唐留保、鞠智敏为工会委员，鞠智敏任工会主席，时有工会会员102人。局工会成立后，组织职工学习《中华人民共和国工会法》《中国工会章程》及有关法律法规，增强工会会员的法制观念，依法维护职工的合法权益。1999年，开展“主人翁”形象大讨论活动。是年起，每月组织退休职工及退居二线人员开展交流活动。2000年，配合局党组开展“致富思源，富而思进”教育活动。2001年，参加省“十五计划纲要知识竞赛”，开展“知我靖江，爱我靖江，兴我靖江”主题教育活动。是年起，每年举办国土资源系统新春茶话会或联欢会，组织职工健康体检、外出参观学习考察等。

2002年11月，召开靖江市国土资源局工会委员会第二次代表大会，选举产生靖江市国土资源局第二届工会委员会，选举孙峰、刘金国、陈关荣、张正荣、杨小军、周继红、赵建秋、赵敏、顾念东为工会委员，陈关荣任工会主席，时有工会会员138人。2003年，组织会员开展“弘扬创业精神，推进沿江开发”大讨论活动。2006年，配合局党委开展社会主义荣辱观学习教育活动。2007年，落实《江苏省总工会实施职工素质提升规划》，开展职工读书活动，及学习型工会组织创建活动。2008年，开展支援汶川抗震救灾捐款活动，共捐款6.15万元。

2009年9月18日，召开靖江市国土资源局工会委员会第三次代表大会，选举产生靖江市国土资源局第三届工会委员会，选举陈德俊、周继红、缪莲珠、黄黎明、张正荣、程跃、赵敏为工会委员，陈德俊任工会主席，时有工会会员152人。2010年，配合局党委开展创先争优活动，明确提出“六争优”目标：即带头加强政治理论学习，在深度和广度上争优；以群众利益为重，在服务上争优；自觉提高工作技能，在务实上争优；顾全大局，令行禁止，在守纪上争优；坚持民主集中制，在维护团结上争优；讲操守，重品行，在生活情趣上争优。2011年，配合局党委开展“强素质，树形象”作风建设活动。此外，局工会还鼓励动员职工参加义务献血75人次，共献血141单位、28200毫升；多次为系统内困难、重病职工举行捐款活动，累计捐款20.49万元。

（二）共青团靖江市国土资源（管理）局支部委员会

2000年11月，建立共青团靖江市国土管理局机关支部委员会。17日，召开国土管理局第一次团员大会，选举产生共青团靖江市国土管理局机关支部委员会，选举周祝建、张鹏为委员，周祝建任团支部书记。时有团员24人。

2001年起，局团支部围绕局党组、党委中心工作和上级团委要求，不断健全团支部工作制度，强化共青团组织“推优入党、推优荐才”工作，组织开展各类适合青年特点的活动。2002年被泰州市团委授予五四红旗团支部称号。2004年被团中央授予五四红旗团支部称号。2006年9月，中共靖江市国土资源局委员会建立后，共青团工作由局党委办公室负责。2009年赵敏被靖江市委宣传部、团市委、市青年联合会授予靖江市第二届十大优秀青年称号。2000~2011年，先后有5名团员加入中国共产党。

（三）靖江市国土资源（管理）局妇女委员会

2000年11月，建立靖江市国土管理局妇女委员会。20日，市国土管理局第一次妇女大会召开，选举产生靖江市国土管理局妇女委员会，朱晓君、杨小军、赵敏、钱俊美、蔡亚兰为委员，杨小军任妇委会主任。时有女职工36人。至2011年，先后有杨小军、赵敏、缪莲珠任局妇委会主任。

2001年起，局妇委会在女职工中开展一系列活动。2003年，组织开展“家家学、家家美、家家富、家家康、家家乐”特色家庭创建活动。2006年、2007

年在全市开展的“巾帼建功”创建活动中，市行政服务中心国土窗口和国土四分局先后被靖江市城镇妇女“巾帼建功”活动领导小组命名为靖江市“巾帼文明岗”，王建宇被授予靖江市“巾帼建功”标兵。2007年，组织女职工参加中国儿童少年基金会和恒源祥集团在全国发起的“恒爱行动——寻找爱心父母为孤残儿童编织爱心毛衣”公益活动，捐赠爱心毛衣16件，王秀凤获“爱心妈妈”称号。是年，局妇委会被市妇联评为先进妇女组织，杨小军被表彰为优秀妇女工作者。2008年，参加全市“讲勤廉、颂改革、迎奥运”歌咏比赛，31位女职工参加国土方队，演唱《良心》《四渡赤水出奇兵》等歌曲。2010年，开展“节能减排·巾帼行动”活动，杨小军被市妇联、市环保局评为先进个人。2011年，开展为民服务创先争优活动，女职工服务意识明显增强，服务效能明显提高。同时开展“慈善一日捐”活动，弘扬扶贫济困，乐善好施美德，共捐款12150元。

（四）靖江市土地学会

2011年12月31日，靖江市土地学会举行成立大会，与会代表听取了学会筹备工作报告，审议通过《靖江市土地学会章程》《靖江市土地学会会议制度暂行办法》《靖江市土地学会会费收取标准和财务管理暂行办法》，选举产生第一届理事会，并推举产生理事长1人，常务副理事长4人，名誉理事长1人，名誉副理事长3人，秘书长、副秘书长各1人。

2011年靖江市土地学会理事会成员一览表

表12-2-6

职　务	姓　名
理事长	张仁德
常务副理事长	张小虎
副理事长	沙旭东、吴　彬、鞠晔红
秘书长	陈胜昌
副秘书长	缪莲珠(女)
名誉理事长	朱昕明
名誉副理事长	左洪寿、孙永东(女)、闻耀彬
理　事	张仁德、张小虎、沙旭东、吴　彬、鞠晔红、陈胜昌、顾念东、缪莲珠(女)、卢灿富、黄黎明、赵　敏(女)、周继红、黄江波、王　崧(女)、刘红军、袁建明、孙　峰、凌　凯、陈学华、曹　兴、吉　敏(女)、刘金国、陈　焱、程　跃、周祝建、苏仰兴、谢　涛、顾建东、朱顶华、叶苏明、羊　武、冯　健、侯锡坤

第三节　管理队伍

一、队伍构成

1986～2011年，靖江市（县）国土资源管理队伍不断壮大，市、镇、村三级国土资源管理网络逐步建立健全。1986年，成立靖江县农村土地管理办公室，在编人员5人。1987年成立靖江县土地管理局，在编人员10人。此后，土地管理网络进一步健全，管理队伍不断加强。至1995年，局机关在编人员37人，其中国家行政干部25人，招聘干部1人。37名在编人员中，有硕士学位的1人，本科生6人，专科生16人，中专生4人，高中生5人，初中生5人。全市24个乡镇共有土地管理人员54人，其中在编人员44人，已参加省统一考试待聘进编人员10人。44名在编人员中，国家行政干部10人，招聘事业人员34人。54名乡镇土地管理人员中，有大专生11人，中专生8人，高中生27人，初中生8人。这部分人员大多来自农业管理和农技部门，对土地管理业务有一定基础，后经专业培训，成为全市土地管理的骨干力量。随着土地管理体制改革的深入，土地管理人员不断增加。至2011年年末，市国土资源局有工作人员206人，其中公务员18人，全民事业人员138人（参照公务员管理118人），劳务派遣50人。在职人员中，有研究生2人、本科生69人、大专生80人、中专生9人、高中生32人、初中生14人，大专及以上学历人数占全局在职在岗总人数的73%。另有退休人员27人。

二、队伍建设

（一）岗位专业培训

为造就一支能执法、善管理、懂业务、重科技、会服务的土地管理专业队伍，市（县）土地管理局十分重视人员培训，在选送土地管理干部参加大专院校或省、市专业培训的同时，鼓励全体人员自学土地管理业务，并结合各个时期土地管理的工作重点，开设专题讲座及开展专题调研。1988年，县土地管理局选送土地管理人员分批参加扬州市土地管理局举办的培训学习。1989年选送22人到省、市参加专业培训，均获得国家土地管理局颁发的专业合格证书。1993年，选送15人到南京农业大学土地管理学院专业证书班学习，均获专业证书。1997年，按照江苏省人事局、江苏省国土管理局《关于做好乡镇土管所定员考核工作的通知》精神，对符合报考条件的10名乡镇土地管理所人员进行招聘考试培训，10人均通过考试，应聘上岗。2000年，省国土管理局联系南京农业大学在靖江设立土地管理专业证书班教学点，学制2年。市国土管理局选派46人参加学习，均取得土地管理专业证书。进入21世纪后，局内中层干部及基层管理人员积极参加省和泰州市举办的岗位培训和经验交流，努力提高业务水平。2008年，全市国土资源系统进行计算机操作技能培训，50岁以下在职人员全部达到初级以上水平。2009年起，每年组织岗位技能比赛1次，以赛代练，促进自学。鼓励参加电大、党校函授及自学考试等学历教育，凡取得毕业证书人员的学习费用由局报销50%。至2011年年末，市国土资源局先后举办非农用地清理、土地详查、地籍测绘、土地监察、土地法律知识等各类培训班25期，参训人员2450人次。鼓励管理人员参加各类学历教育，取得研究生学历2人、本科学历8人、大专学历16人，本科在读6人。

（二）竞争上岗

1999年，靖江市国土管理局对国土管理所领导职位实施竞争上岗。是年，有

5名普通工作人员竞聘走上副所长岗位。2002年，率先在全市推行局机关中层干部竞争上岗，并拿出4个职位面向全市公开招聘，变“关门点将”为“开门选将”。是年，4名镇公务员进入局机关中层岗位。2006年，市国土资源局抓住下属机构调整（撤所建分局、中队）之机，实行中层以下全员竞岗，竞聘中层干部职位及工作人员岗位，有6名普通工作人员走上中层岗位。

图 12-3-1　2006年4月20日，市国土资源局召开全员竞岗动员大会

2011年，泰州市国土资源局在靖江市国土资源局组织1个副局长职位竞岗，有5名中层干部参加竞岗，1人走上领导岗位。推行中层干部竞争上岗和全员竞岗选拔干部，激发了干部和职工队伍的活力。

（三）文明行业创建

1991年起，市（县）土地管理局以争当“土地卫士”为抓手，开展创建文明行业、文明单位活动，把“让人民满意”作为创建活动的主题，推进行业文明建设。是年，张正荣获扬州市土地管理局“土地卫士”称号。1994年，根据市委、市政府部署，在全局干部职工中开展“公仆杯”竞赛活动，公仆意识明显增强。1997年，按照省国土管理局部署，市局在全系统开展“争创先进科室、先进土管所，争当土地卫士”的“双争”活动。是年，唐留保被省国土管理局评为优秀土管员。1998年，在全系统开展“争创文明机关、争当优秀公务员”活动，办事效率得到提高。2000年，按照国家土地管理局提出的“政令畅通、执法严格、服务优质、廉政勤政”要求，开展“三优三满意”（优质服务、优良作风、优美环境，群众满意、基层满意、组织满意）主题活动，推动全系统精神文明建设。2003年，围绕“服务沿江开发、优化发展环境”主题，坚持标本兼治、纠建并举，强化干部队伍的作风建设。是年，新桥、八圩国土资源所被泰州市国土资源局评为先进国土资源所。2005年，市国土资源局开展“完善体制、提高素质”活动，进一步理顺管理体制，健全运行机制，提高人员素质，全面提升队伍形象。是年，靖城、孤山国土资源所被泰州市国土资源局评为先进国土资源所。市国土资源局三分局被中共泰州市纪委、监察局评为基层站所作风建设先进单位。2006年，按照省国土资源部门的要求，开展争创“四好科室①”、人民满意国土资源所活动。是年，靖江市国土资源局一分局被江苏省国土资源厅评为江苏省优秀国土资源（分局）所，市国土资源局三分局被泰州市国土资源局评为先进国土资源分局。翌年，市国土资源局三分局被泰州市国土资源局评为人民群众基本满意站所。2008年，开展“内强素质、外树形象”主题活动，以优化服务举措，提升整体服务水平。是年，市国土资源局被江苏省精神文明建设指导委员会表彰为2005～2006年度江苏省创建文明行业工作先进行业；市国土资源局四分局被省国土资源厅表彰为2007年优秀国土资源所。2009年，市国土资源局二分局被省国土资源厅表彰为2008年度全省优秀国土资源所。2010年，开展“创新思路，树新形象”主题活动，着力提升全系统人员服务水平。是年，市国土资源局二分局再次被省国土资源厅表彰为2009年度全省优秀国土资源所；市国土资源局三分局被省国土资源厅表彰为2010年度全省优秀国土资源所，被中共泰州市委、市政府表彰为泰州市百佳基层站所。至2011年年末，有4个分局受省国土资源厅表彰并保持人民满意国土资源所荣誉，3个分局获泰州市百佳基层站所称号，2个分局被泰州市评为文明单位创建工作先进单位；行政服务中心国土窗口连续7年被靖江市政府评为“红旗窗口”。

（四）考核评比

国土资源工作考核 1988年起，市（县）土地管理系统按照保护资源、保障发展、维护权益、服务社会的总要求，实行国土资源工作百分考核制度。1989年，

①四好科室：即学习好、服务好、管理好、廉政好科室。

县政府印发分管土地管理的副乡（镇）长岗位责任制百分考核办法。主要考核内容为土地管理法律法规宣传、土地管理等相关业务工作。此后考核内容调整为文明基层站所创争、内部管理、法规宣传、土地管理等业务工作。每年考核情况通报各乡镇党委、政府。1998 年起又对考核内容作了补充完善。国土资源分局（国土管理所）考核的主要内容为宣传教育、政务公开、作风建设、党风廉政建设、基层站所创建及内部管理、土地规划和耕地保护、土地复垦、土地利用、执法监察、地籍管理、地质矿产管理等。局机关各科室考核内容为党风廉政建设、作风建设、内部管理和业务工作等。每年年终依据考评结果进行评定，对成绩显著的先进单位和个人给予奖励。2011 年，市国土资源局考核评定，先进集体 9 个，先进个人 37 人。

工作人员考核 市国土资源局从 1986 年起每年都对工作人员进行年度工作考核。考核评比坚持“客观公正、民主公开、注重实绩”的原则，实行领导考核与群众评议相结合，平时考核与年终考核相结合。考核内容为德、能、勤、绩、廉五方面，重点考核履行岗位职责情况和工作实绩。考核程序为个人总结、自我评鉴、民主测评。考评材料存入个人档案。2011 年，市国土资源局参加考核 157 人，其中优秀等次 23 人，称职等次 106 人，合格等次 24 人，不定等次 4 人。

第四节　机关管理

一、日常管理

（一）建章立制

县土地管理局成立后，逐步加强局机关的制度建设，保障国土资源管理职能落实和机关高效运转。1988 年，制订局机关学习制度、工作纪律制度、财务管理制度、用地审批会审制度和土管人员岗位责任制度。1989年，制订信访处理报结制度、档案管理制度。1996年，为加强国土管理系统精神文明建设，实施文明管地、文明用地，建设一支高素质文明管理队伍，市局制定了“忠于职守、通晓业务、秉公执法、热情服务”职业道德行为规范和文明办公守则等文明行为规定。1999年，市国土管理局制订社会服务承诺制度、内部监督会审制度。2000年，制订行政执法评议考核制度、土地执法巡查责任制度和案件处理会办制度。2006年，市国土资源局印发《靖江市国土资源局依法行政手册》，制订执法监察专项考核制度。2009年，市国土资源局进一步推行“两公开一监督”制度，制订政务公开制度，行政效能责任追究制度，行政执法过错责任追究制度，车辆管理制度，固定资产采购、使用、管理制度和计算机及信息管理制度；编制国土资源管理工作流程图，实施行政行为流水作业，促使内部管理逐步走上规范化运行轨道。2011年，市国土资源局为进一步规范系统人员言行举止，打造高素质队伍，健全完善《靖江市国土资源系统文明行为规范》，加强对热点岗位和重点环节的日常监管，做到赋权正确、用权规范、制权有效。坚持公开办事程序、办事制度、办事政策，接受社会监督；坚持会办制度，对用地审批、土地信访、案件处理，由集体讨论确定；坚持相关职能科室共同参与调查、论证，增加工作透明度；坚持职能科室各司其职、相互监督；坚持内部监督机构复查审核制度，加强各职能科室的相互协调，充分发挥内部监督制约机制的整体功能。

（二）后勤保障

1986年1月，靖江县农村土地管理办公室成立之初，只有办公室1间，面积不足20平方米，且与县农业区划办公室合署办公。1987年5月，迁至县政府车库楼上，有办公室2间，面积不足30平方米。由省、市主管部门资助，购进公务用车1辆。1989年2月，县土地管理局迁入县政府前幢综合楼，有办公室4间，面积100平方米左右，购进铁皮文件柜，及四通文字处理机。1993年6月，县土地管理局购建江平路170号（原县公路管理站大楼）办公用房。主楼面积1560平方米，附楼面积210平方米，有档案库房、阅档室、计算机房。此后逐步添置计算机、打印机、复印机、传真机、绘图仪、测量仪等办公设备。添置公务用车、土地执法车辆。2011年9月，市国土资源局迁至阳光大道12号新办公大楼，主楼面积13300平方

图 12-4-1　2011 年 9 月靖江市国土资源局迁址阳光大道 12 号

米，附楼 3330 平方米。拥有较现代化的档案库房，土地交易市场拍卖大厅，大小会议室、多功能视频会议室，有信息中心处理机房、职工文体活动室及职工食堂，基本实现办公自动化。

各国土资源分局（国土管理所、国土资源所）办公条件亦不断改善。2000 年，新桥国土管理所办公大楼落成。其后孤山、西来国土管理所相继建造办公楼。马桥、生祠、斜桥国土管理所先后购置办公用房。2005 年，市国土资源局五分局重新购置办公楼。各分局、监察中队配置公务用车、土地执法车辆。2010 年投资 1200 万元用于各分局办公场所整修和信息化建设，改善办公环境，提升自动化办公条件。2011 年，除市国土资源局二分局与市局合署办公、市国土资源局江阴—靖江工业园区分局在园区办公大楼办公外，其余 5 个分局均有办公楼。7 个分局均达到泰州市国土资源局提出的“条件优越、功能齐全、设备完善”的规范化国土资源所标准。

二、财务管理

（一）管理机构

1987 年 10 月，县土地管理局正式建账。财务管理由综合股具体负责，配有 2 名兼职财会人员。1993 年 6 月，财会人员增至 3 人，其中 1 名兼职、2 名专职。1997 年 5 月，市国土管理局对各镇国土管理所的人、财、物实行统一管理。各国土管理所单独建账，独立核算，实行报账制管理，各所有1名报账员。是年，市国土管理局会同各乡镇政府与市审计部门对1997年5月前国土管理所的旧账进行清理、审计和处理。原账户上结余的资金（除农户建房用地保证金需退农户外）大部门留给镇政府，少量划交市国土管理局国土管理所账户。随着国家规定的国土管理收费项目增加，财务管理的业务量增大。1998年9月，市国土管理局设立财计科，有3名专职财会人员。2000年5月，土地储备中心成立，增加会计人员1名。2002年4月，财计科更名为计财科。2010年12月，计财科更名为财务科。其间，财会人员虽有轮岗调动，但财会岗位始终保持4人。财务管理体制实行“统一领导，归口管理”。由局长分管，有关财务重大事项由局党组、局党委会集体研究决定。

（二）内务管理

市国土资源局财务管理按照会计法、预算法、预算外资金管理的各项规定及省国土资源厅、泰州市国土资源局的有关会计制度规范运作。账务科目设置、会计财务核算，严格按照财政部门及上级主管部门的规定执行。1996年，按国家有关要求，加强对行政事业单位预算外资金的管理。1997年，根据市政府要求，市国土管理局按照相关规定实施收支两条线管理。1998年，市财政实行机关、事业单位财务独立核算，报账制集中管理，市国土资源局按照市财政要求，凡行政、事业财务收支活动全部纳入市财政会计核算中心管理。凡属政府采购范围内的购置，按程序办理政府采购手续。财务收支审核由财计科科长（1998年9月以前由综合科科长）负责，报批由分管财务的局领导负责，实行“一支笔”的审批制度。局机关的行政经费按市财政部门批复的预算执行。行政事业性收费项目和标准按财政、物价部门批准的收费许可文件执行。代收的相关款项按有关文件、批复执行。经营性收入坚持依法收取，照章纳税。严格依据收费许可项目收费，自觉接受物价、税务部门检查，办理收费许可年检。1999年4月，财政部颁发《政府采购管理暂行办法》，省、市政府出台相应政策，至2011年，市国土资源系统严格实行政府集中采购制度。

机关内部财务管理实行内部控制制度。1987年10月，县土地管理局单独建账后，财务人员岗位按照机构分设、职务分离、钱账物分管的原则设置，每一项业务的经办人员相互牵制、相互制约，出纳、审批、记账、财物保管人员互不兼任。报账、稽核、内审相互分离。重大经济业务事项的决策人员与执行人员岗位相互分离。任何一项经济业务的办理，必须由两个或两个以上的部门或人员分工办理。根据收费项目多、往来单位多、使用票据多、票据来源多的实际状况和票据管理规定，严格实行财务扎口、票据专管员专管制度。至2011年，市国土资源局始终实行严格的财务管理内部控制制度。

（三）专项资金管理

专项资金主要指土地整理、土地复垦、耕地保护建设3项资金。专项资金征收筹集按照省、市政府及财政部门规定执行，其主要来源：1992年开征的江苏省农业重点开发建设资金，靖江留成部分40%用于土地整理复垦，60%用于高标准农田建设。1999年元月起征收的耕地开垦费，靖江全部用于土地复垦、开发，购买土地占补平衡复垦指标。2004年10月22日，省政府办公厅转发《省财政厅、省国土资源厅关于将部分土地出让金用于农业土地开发的意见的通知》中明确，土地出让金不低于平均收益15%（靖江按每平方米7.05元计提），用于农业土地开发资金；农业土地开发资金市（县）留成80%，其中40%用于土地整理复垦，30%用于耕地质量建设，30%用于农田水利建设。2004年12月24日，省财政厅、省国土资源厅《关于进一步加强新增建设用地土地有偿使用费征收使用管理的通知》，明确新增建设用地土地有偿使用费60%留给市、县（区）。靖江留成比例为50%。留成部分70%用于土地整理复垦，30%用于高标准农田建设。

域内专项资金主要用于建设用地增减挂钩项目，万顷良田建设，闲置土地、零星废弃地、村庄废弃地复垦项目，挖压废土地、未利用土地的开发项目，耕地保护、高标准农田建设项目等。

专项资金使用实行收支预算管理、项目化管理、审计监督管理。首先，市（县）土地管理部门加强收支预算管理，按照以收定支、量入为出原则确定项目，会同财政部门编制项目预算，报市政府批准实施。其次，市（县）土地管理部门对土地管理实施项目化管理，根据项目预算、项目工程进度、复垦耕地面积及质量，市（县）土地管理部门和财政局负责审核，报政府批准，具体项目资金管理由市局和财政局制定；项目检查验收以净增耕地（农地）为前提，同时检查耕地质量和水利等相关配套设施建设情况。再次，建立审计监督制度，市财政、审计、国土资源局对项目的组织实施、预算执行和专项资金使用情况进行监督检查，实行奖惩并举，对利用专项资金整理土地取得成绩的给予奖励，对违规者进行严肃处理。

（四）基建资金管理

1988 年 1 月 ~ 1989 年 3 月，县土地管理局自建职工公寓 12 套，建筑面积 922 平方米。1993 年，购置江平路 170 号原公路管理站办公楼，自建职工公寓 16 套，建筑面积 1870 平方米。以上项目均按规定办理基建项目立项审批，基建资金经市财政批准后使用，项目竣工后经市审计局审计。2008 年 12 月 18 日，市国土资源局新大楼开工，基建项目执行国家招投标管理办法，按照国家标准编制投资计划、工程预算、工程标底价，实施阳光操作，公开招投标，签订施工合同。施工过程中加强监督管理，专门邀请市检察院派员进点监督，严格控制建设成本，减少资金损失和浪费。价款结算方式，按照工程要求和合同规定的时间，分期付款。工程竣工后由审计部门审计，支付款项时须经办人审查，监理工程师签字，单位领导核准签字后，方予付款。

（五）资产管理

1987 年建局起，局内制订固定资产及财产清查管理制度。规定一般设备价值在500 元以上，专用设备价值在 800 元以上列为固定资产；设备单位价值虽未达到规定价值，但使用期在一年以上的资产按固定资产进行登记管理，人员变动时列入移交项目。各科室因工作需要，确需购置固定资产及专用设备，先申请说明添置理由，经分管领导审查后，报局长审批。对于国家专控的、列入政府采购目录的物资和基本建设项目等，则一律经政府采购添置或按规定程序办理。固定资产报废的，经批准后予以登记报废；并报国有资产监督管理办公室，履行审批手续。

1995 年，市土地管理局进行资产清查登记，全局固定资产总额为 364.48 万元。其中房屋建筑 294.65 万元（办公用房面积 1770 平方米、120 万元，住宅用房面积 3482 平方米、174.65 万元、），交通工具 59.78 万元（公务汽车 3 辆），通用及专用设备 10.05 万元。1997 年 5 月起，国土管理所实行以块管理为主的垂直管理后，其固定资产的管理统归市国土管理局管理。1998 年，根据市政府房改政策，将职工住房全部出售给局内职工。

2011 年，市国土资源局对局机关及各分局固定资产进行清查核实。通过清查，摸清家底，核实报废固定资产，做到账实相符。1987 ~ 2011 年，经批准报废交通工具156.65 万元（公务、执法汽车 7 辆，摩托车 4 辆）。是年，经市审计局审计并报市国有资产管理办公室批准核销报废 1987 ~ 2011 年账面留存，而实际无法使用的通用及专用设备、办公用品 296.71 万元。年末，市国土资源局固定资产账面总额为 944.01 万元。其中房屋建筑物 365.69 万元（含市政府调配给城管局环卫处使用的江平路170 号原办公用房，资产额 120 万元），交通工具 262.72 万元，通用及专用设备156.98 万元，办公设备 118.81 万元，办公家具 39.81 万元。新办公楼占地面积 19985 平方米，建筑面积 16630 平方米，建筑合同价款 8796 万元，绿化、景观环境及道路建设合同价款 920 万元，因竣工审计尚未完成，未列入固定资产账户。

（六）资金审计

自 1987 年独立建账起，自觉接受审计部门的审计监督。1988 ~ 1998 年，每年接受 1 次财务收支状况审计。1999 年起，主动配合审计部门（财政状况审计）对市国土资源局的延伸审计。2001 年 6 月，靖江市审计局根据江苏省审计厅《关于全省国土管理系统资金专项审计清理工作方案》要求，对靖江市国土管理局自 1988 年至 2000 年年末国土资金（包括地方性收费项目）的征收、缴拨、分配、使用和管理情况，以及财务收支情况进行全面审计。2011 年 5 月，靖江市审计局对市国土资源局 2000~2011 年 1 月出让的全部经营性土地及收益情况进行专项审计。2000~2011 年 1 月共出让经营性土地 325 宗，应收土地出让金 97.69 亿元，实收 93.79 亿元，欠收 3.9 亿元。已完成清算的 267 宗土地，出让金收取 56.36 亿元，支出各类成本 45.76 亿元，其中支出收购返还性成本 40.69 亿元（主要指返还用于原用地企业解决职工社会保障或支持企业发展建设的资金），收益 10.6 亿元。未完成清查的 58 宗土地，应收出让金 41.33 亿元，已收取出让金 37.43 亿元，已支收购储备成本及返还性成本 33.80 亿元，账面暂存 3.63 亿元。

靖江市国土资源局财务管理工作得到靖江市(县）政府及财政、审计、物价部门和省、市主管部门肯定。1990 年、1995 年获扬州市土地管理局财务管理三等奖。1993年、1994年获扬州市土地管理局财务管理一等奖。1993年至1999年6次被江苏省国土管理局评为财务管理先进单位，连续7年被江苏省国土管理局评为省农业重点建设资金征收先进单位。其中1998年被泰州市国土管理局评为财务管理先进单位。

第五节 荣誉录

一、集体荣誉

1987~2011年，靖江国土资源管理及其党群工作，先后获靖江市（县）委、市（县）政府以上集体奖184项。其中获国家级奖项5项，获江苏省厅级奖项47项，获扬州市、泰州市级及直属部门奖项74项，获靖江市（县）级奖项58项。

1999~2010年靖江市国土资源系统受部级表彰的先进集体一览表

表12-5-1

获奖单位	获奖时间	荣誉称号	授奖单位
靖江市国土管理局	1999.9	1999年度“读报用报”先进单位	国土资源部、中国国土资源报报社
靖江市国土管理局	2002.3	2002年度中国国土资源报发行先进单位	国土资源部、中国国土资源报报社
共青团靖江市国土资源局支部委员会	2004.12	“五四”红旗团支部	共青团中央委员会
靖江市国土资源局	2008.1	土地执法“百日行动”长效管理先进单位	国土资源部
靖江市国土资源局	2010.2	全国国土资源执法监察工作先进集体	国土资源部

1993~2011年靖江市（县）政府及国土资源系统受省直属部门表彰的先进集体一览表

表 12-5-2

获奖单位	获奖时间	荣誉称号	授奖单位
靖江县土地管理局	1993.3	乡级土地利用总体规划编制先进单位	江苏省土地管理局
靖江县土地管理局	1993.3	土地管理档案工作先进单位	江苏省土地管理局
靖江县土地管理局	1993.5	土地管理综合统计工作先进单位	江苏省土地管理局
靖江市土地管理局	1994.5	1993年度征收农业重点开发建设基金先进单位	江苏省土地管理局
靖江市土地管理局	1994.5	1993年度土地财务管理先进单位	江苏省土地管理局
城南乡土地管理所	1994.5	1993年度土地财务管理先进单位	江苏省土地管理局
靖江市八圩镇	1994.10	土地管理“三无”乡镇	江苏省土地管理局
靖江市土地管理局	1994.11	土地报刊通联发行工作先进单位	江苏省土地管理局
靖江市土地管理局	1995.6	1994年度征收农业重点开发建设基金先进单位	江苏省国土管理局
新桥镇土地管理所	1995.6	土地财务管理先进单位	江苏省国土管理局
靖江市土地管理局综合档案室	1995.12	土地管理档案工作先进单位	江苏省国土管理局、江苏省档案局
靖江市土地管理局	1996.8	1995年度征收农业重点开发建设基金先进单位	江苏省国土管理局
靖江市国土管理局	1997.8	1996年度征收农业重点开发建设基金先进单位	江苏省国土管理局
靖江市国土管理局	1998.2	1997年度土地管理档案工作先进单位	江苏省国土管理局、江苏省档案局
靖江市国土管理局	1998.7	1997年度征收农业重点开发建设基金先进单位	江苏省国土管理局
靖江市国土管理局	1998.7	1997年度土地财务管理先进单位	江苏省国土管理局
西来镇国土管理所	1998.7	1997年度土地财务管理先进单位	江苏省国土管理局
靖江市国土管理局	1999.4	1998年度土地管理档案工作先进单位	江苏省国土管理局、江苏省档案局
靖江市国土管理局	1999.6	1998年度征收农业重点开发建设基金先进单位	江苏省国土管理局
靖江市国土管理局	2000.4	1999年度全省土地管理系统政务信息工作先进单位	江苏省国土资源厅
靖江市国土管理局	2000.4	1999年度土地利用规划和土地复垦开发工作先进单位	江苏省国土资源厅

续表 12-5-2

获奖单位	获奖时间	荣誉称号	授奖单位
靖江市国土管理局	2000.7	1999 年度征收农业重点开发建设基金先进单位	江苏省国土资源厅
新桥镇国土管理所	2000.7	1999 年度土地财务管理先进单位	江苏省国土资源厅
靖江市国土管理局	2000.9	2000 年度报刊发行工作先进单位	江苏省国土资源厅
靖江市国土资源局	2004.2	2003 年度地籍管理“双强[1]单位”	江苏省国土资源厅
靖江市国土资源局	2004.8	2004 年“全国土地日”宣传好项目奖	江苏省国土资源厅
靖江市国土资源局	2005.1	2004 年地籍管理省级免检单位	江苏省国土资源厅
靖江市国土资源局	2006.2	2005 年度《江苏国土资源》发行先进单位	《江苏国土资源》编委会、杂志社
靖江市国十资源局	2006.8	2006 年“全国土地日”宣传好项目奖	江苏省国土资源厅
靖江市国土资源局用地管理科	2006.12	建设用地全程跟踪管理先进集体	江苏省国土资源厅
靖江市国土资源局	2007.1	全省开发区清理整顿先进集体	江苏省国土资源厅
靖江市国土资源局	2007.3	2006 年度地籍管理“双强单位”	江苏省国土资源厅
靖江市国土资源局	2007.11	全省第十七个全国“土地日”宣传好项目荣誉奖	江苏省国土资源厅
靖江市国土资源局	2008.1	2005~2006 年江苏省创建文明行业工作先进行业	江苏省精神文明建设指导委员会
靖江市人民政府	2008.1	2007 年度江苏省土地执法模范市	江苏省国土资源厅
靖江市国土资源局	2008.3	2006~2007 年度全省国土资源政务信息和宣传工作先进集体	江苏省国土资源厅
靖江市国土资源局四分局	2008.3	2007 年度全省优秀国土资源所	江苏省国土资源厅
靖江市国土资源局	2008.4	2007 年度地籍管理“双强单位”	江苏省国土资源厅
靖江市人民政府	2008.12	2008 年度江苏省土地执法模范市	江苏省国土资源厅
靖江市国土资源局二分局	2009.4	2008 年度全省优秀国土资源所	江苏省国土资源厅
靖江市国土资源局二分局	2010.1	2009 年度全省优秀国土资源所	江苏省国土资源厅
靖江市国土资源局三分局	2010.12	2010 年度全省优秀国土资源所	江苏省国土资源厅
靖江市国土资源局	2010.10	依法行政工作先进单位	江苏省国土资源厅
靖江市人民政府	2010.1	2009 年度江苏省土地执法模范市	江苏省国土资源厅
靖江市国土资源局监察大队	2011.1	全省国土资源系统土地监察工作先进集体	江苏省人力资源和社会保障厅、江苏省国土资源厅

①双强：指在“对内以图管地，对外以证管地”两项工作中力度大，措施得力，成效明显。

续表 12-5-2

获奖单位	获奖时间	荣誉称号	授奖单位
靖江市人民政府	2011.1	2010 年度江苏省土地执法模范市	江苏省国土资源厅
靖江市国土资源局	2011.5	全省测绘依法行政先进单位	江苏省测绘局

1989~2011 年靖江市（县）国土资源系统受扬州、泰州市及市直属部门表彰的先进集体一览表

表 12-5-3

获奖单位	获奖时间	荣誉称号	授奖单位
靖江县土地管理局	1989.1	1988 年度目标管理百分赛考评目标完成奖	扬州市土地管理局
靖江县土地管理局	1990.2	1989 年度土地管理工作目标管理百分考评一等奖	扬州市土地管理局
靖江县土地管理局	1991.2	1990 年土地统计二等奖	扬州市土地管理局
靖江县土地管理局	1991.2	1990 年财务管理三等奖	扬州市土地管理局
靖江市土地管理局	1991.3	1990 年管理目标考评目标完成奖	扬州市土地管理局
八圩镇土地管理所	1991.6	先进土地管理所	扬州市土地管理局
靖江县土地管理局	1992.3	编制乡级土地利用总体规划一等奖	扬州市土地管理局
靖江县土地管理局	1993.3	土地档案目标管理先进单位	扬州市土地管理局
靖江县土地管理局	1993.3	乡级土地利用总体规划编制先进单位	扬州市土地管理局
靖江县土地管理局	1993.3	队伍建设和基础工作一等奖	扬州市土地管理局
靖江市土地管理局	1994.3	土地使用制度改革二等奖	扬州市土地管理局
靖江市土地管理局	1994.3	1993 年度土地执法检查一等奖	扬州市土地管理局
靖江市土地管理局	1994.3	1993 年度规划编制一等奖	扬州市土地管理局
靖江市土地管理局	1994.3	城镇国有土地确权发证二等奖	扬州市土地管理局
靖江市土地管理局	1994.3	1993 年度财务管理一等奖	扬州市土地管理局
靖江市人民政府	1994.3	1993 年度土地管理工作综合成绩先进市	扬州市人民政府
靖江市土地管理局	1995.3	1994 年度规划编制及基本农田工作一等奖	扬州市土地管理局
靖江市土地管理局	1995.3	1994 年度地籍管理一等奖	扬州市土地管理局
靖江市土地管理局	1995.3	1994 年度财务管理一等奖	扬州市土地管理局
靖江市土地管理局	1995.3	1994 年度土地使用制度改革二等奖	扬州市土地管理局
靖江市土地管理局	1995.3	1994 年度重点工程用地服务二等奖	扬州市土地管理局
靖江市人民政府	1995.3	1994 年度土地管理工作综合成绩先进市	扬州市人民政府
靖江市土地管理局	1996.4	1995 年度基本农田保护区划定与实施一等奖	扬州市土地管理局
靖江市土地管理局	1996.4	1995 年度地籍管理二等奖	扬州市土地管理局
靖江市土地管理局	1996.4	1995 年度财务管理三等奖	扬州市土地管理局

续表 12-5-3

获奖单位	获奖时间	荣誉称号	授奖单位
靖江市国土管理局	1997.10	泰州市《爱我中华、珍惜土地》征文书竞赛组织奖	中共泰州市国土管理局委员会
靖江市国土管理局	1998.2	1997 年度“三土”专项治理二等奖	泰州市国土管理局
靖江市国土管理局	1998.2	非农业建设用地清查工作先进单位	泰州市国土管理局
靖江市国土管理局	1998.2	1997 年度地政地籍管理工作先进单位	泰州市国土管理局
靖江市国土管理局	1998.2	1997 年度土地档案管理工作先进单位	泰州市国土管理局
靖江市国土管理局	1998.2	1997 年度土地使用制度改革工作先进单位	泰州市国土管理局
靖江市国土管理局	1999.1	1998 年度财务管理先进单位	泰州市国土管理局
靖江市国土管理局	1999.1	1998 年度土地管理工作综合成绩二等奖	泰州市国土管理局
靖江市国土管理局	1999.1	1998 年度土地档案管理工作先进单位	泰州市国土管理局
靖江市国土管理局	2000.2	1997~1999 年史志档案管理工作先进集体	中共泰州市委办公室、泰州市人民政府办公室、泰州市史志档案办公室
靖江市国土管理局	2000.3	1999 年度土地管理工作二等奖	泰州市国土管理局
靖江市国土管理局	2000.8	第三期“6·25”土地管理理论研讨征文活动组织奖	泰州市国土管理局
靖江市国土管理局	2001.3	2000 年度土地管理工作二等奖	泰州市国土管理局
靖江市国土管理局	2002.3	2001 年度土地管理工作二等奖	泰州市国土资源局
靖江市国土资源局	2002.3	社会治安综合治理先进集体	中共泰州市委员会、泰州市人民政府
共青团靖江市国土资源局支部委员会	2002.5	泰州市五四红旗团支部	共青团泰州市委员会
新桥国土资源所	2003.2	先进国土资源所	泰州市国土资源局
八圩国土资源所	2003.2	先进国土资源所	泰州市国土资源局
靖江市国土资源局	2003.2	2002 年度国土资源管理工作综合二等奖	泰州市国土资源局
靖江市国土资源局	2003.2	2002 年度土地使用制度改革先进单位	泰州市国土资源局
靖江市国土资源局	2004.2	2003 年度全市矿产资源管理先进单位	泰州市国土资源局
靖江市国土资源局	2004.2	2003 年度国土资源管理先进单位	泰州市国土资源局
靖江市国土资源局	2004.2	2003 年度全市国土资源管理综合二等奖	泰州市国土资源局
靖江市国土资源局	2004.2	2003 年度城市土地经营先进单位	泰州市国土资源局
靖江市国土资源局	2005.2	2004 年度地籍管理先进单位	泰州市国土资源局
靖江市国土资源局	2005.2	2004 年度土地复垦开发整理工作先进单位	泰州市国土资源局
靖江市国土资源局	2006.2	2005 年度国土资源管理先进单位	中共泰州市委员会、泰州市人民政府

续表 12-5-3

获奖单位	获奖时间	荣誉称号	授奖单位
靖江市国土资源局	2006.2	2005 年度土地节约集约利用先进单位	中共泰州市国土资源局委员会、泰州市国土资源局
靖江市国土资源局	2006.2	2005 年度地籍管理工作先进单位	中共泰州市国土资源局委员会、泰州市国土资源局
靖城国土资源所	2006.2	2005 年度国土资源管理先进集体	中共泰州市国土资源局委员会、泰州市国土资源局
孤山国土资源所	2006.2	2005 年度国土资源管理先进单位	中共泰州市国土资源局委员会、泰州市国土资源局
靖江市国土资源局地籍管理科	2006.2	2005 年度地籍管理先进集体	中共泰州市国土资源局委员会、泰州市国土资源局
靖江市国土资源局	2006.3	2005 年度土地集约节约利用先进单位	中共泰州市委员会、泰州市人民政府
靖江市国土资源局三分局	2006.6	2005 年度基层站所作风建设先进单位	中共泰州市纪律检查委员会、泰州市监察局
靖江市国土资源局三分局	2007	2006 年度先进国土资源所(分局)	泰州市国土资源局
靖江市国土资源局四分局	2007	2006 年度先进国土资源所(分局)	泰州市国土资源局
靖江市国土资源局三分局	2007	泰州市人民群众基本满意站所	泰州市国土资源局
靖江市国土资源局	2007.9	2005~2006 年度泰州市文明行业	中共泰州市委员会、泰州市人民政府
靖江市国土资源局	2007.9	2005~2006 年度泰州市文明单位	中共泰州市委员会、泰州市人民政府
靖江市国土资源局	2008.2	2007 年度执法监察工作先进单位	中共泰州市国土资源局委员会
靖江市国土资源局	2008.2	2007 年度全市国土资源管理工作综合一等奖	中共泰州市国土资源局委员会
靖江市国土资源局	2009.1	2008 年度服务经济发展先进单位	泰州市国土资源局
靖江市国土资源局	2009.2	2008 年地矿管理工作质量竞赛二等奖	泰州市国土资源局

续表 12-5-3

获奖单位	获奖时间	荣誉称号	授奖单位
靖江市国土资源局三分局	2010	泰州市百佳基层站所	中共泰州市委员会、泰州市人民政府
靖江市国土资源局	2010.3	2009 年地矿管理工作质量竞赛一等奖	泰州市国土资源局
靖江市国土资源局地质矿产办公室	2010.3	整顿规范矿产资源开发秩序先进集体	泰州市国土资源局
靖江市国土资源局	2010.4	2009 年全市国土资源系统综合一等奖	中共泰州市国土资源局委员会
靖江市国土资源局	2011.2	2010 年度国土资源管理先进单位	泰州市国土资源局
靖江市国土资源局	2011.3	2010 年度地矿行政管理一等奖	泰州市国土资源局

1989~2011 年靖江市（县）国土资源系统受靖江市（县）表彰的先进集体一览表

表 12-5-4

获奖单位	获奖时间	荣誉称号	授奖单位
靖江县土地管理局	1989.2	双文明建设先进集体	中共靖江县委员会、靖江县人民政府
靖江县土地管理局	1990.9	机关档案工作先进单位	中共靖江县委员会、靖江县人民政府
靖江县土地管理局	1991.1	城市建设、城市管理先进单位	中共靖江县委员会、靖江县人民政府
靖江市土地管理局	1993.10	迎建市作贡献先进单位	中共靖江市委员会
靖江市土地管理局	1994.9	骥江西路拓建拆迁安置工作先进单位	靖江市人民政府
靖江市土地管理局	1995.1	1994 年度信访工作先进单位	中共靖江市委员会、靖江市人民政府
靖江市土地管理局	1995.6	1995 年度信访工作先进单位	中共靖江市委办公室、靖江市人民政府办公室
靖江市土地管理局	1996.2	姜八公路靖江段拓宽改造工程优质服务单位	中共靖江市委员会、靖江市人民政府
靖江市土地管理局	1996.4	1995 年度农业经济工作先进单位	中共靖江市委员会、靖江市人民政府
靖江市土地管理局	1997.4	1996 年度土地管理工作目标完成和单项考评先进单位	靖江市人民政府

续表 12-5-4

获奖单位	获奖时间	荣誉称号	授奖单位
靖江市土地管理局	1997.3	1996 年帮扶集体经济薄弱乡村工作先进集体	中共靖江市委员会、靖江市人民政府
靖江市土地管理局	1997.3	1996 年度农村经济工作优胜单位	中共靖江市委员会、靖江市人民政府
靖江市国土管理局	1998.1	1997 年扶贫工作先进集体	中共靖江市委员会、靖江市人民政府
靖江市国土管理局	2001.6	第三轮帮扶集体经济薄弱村第一年度工作先进单位	中共靖江市委员会、靖江市人民政府
靖江市国土资源局	2002.5	2001 年度信访工作先进单位	中共靖江市委办公室、靖江市人民政府办公室
靖江市国土资源局	2002.7	第三轮帮扶集体经济薄弱村特等奖	中共靖江市委员会、靖江市人民政府
靖江市国土资源局	2003.3	2002 年度市属企业“三置换一保障”改革工作先进单位	中共靖江市委员会、靖江市人民政府
靖江市国土资源局孤山国土资源所	2004	国土资源所管理文明单位	中共靖江市委员会、靖江市人民政府
靖江市国土资源局	2004.2	2003 年度社会治安工作安全单位	中共靖江市委员会、靖江市人民政府
靖江市国土资源局	2005.11	靖江市 23 届文艺节“激情靖江”优秀演出奖	中共靖江市委办公室、靖江市人民政府办公室
靖江市国土资源局	2005.11	靖江 23 届文艺节组织奖	中共靖江市委办公室、靖江市人民政府办公室
靖江市国土资源局	2006.2	2005 年度市级机关综合考评“十佳单位”	靖江市人民政府
靖江市国土资源局行政服务窗口	2006.2	2005 年度全市行政服务工作红旗窗口	中共靖江市委员会、靖江市人民政府
靖江市国土资源局	2006.3	2005 年度社会治安工作安全单位	中共靖江市委员会、靖江市人民政府
靖江市国土资源局靖城国土资源所	2006.3	“二十佳基层站所”作风建设先进组织奖	中共靖江市委员会、靖江市人民政府
靖江市国土资源局孤山国土资源所	2006.3	“二十佳基层站所”作风建设先进组织奖	中共靖江市委员会、靖江市人民政府

续表 12-5-4

获奖单位	获奖时间	荣誉称号	授奖单位
靖江市国土资源局四分局	2006.3	“二十佳基层站所”作风建设先进组织奖	中共靖江市委员会、靖江市人民政府
靖江市国土资源局	2006.12	2001~2006 年度靖江市年鉴工作先进集体	中共靖江市委办公室、靖江市人民政府办公室
靖江市国土资源局	2006.12	靖江市“四五”普法先进集体	中共靖江市委员会、靖江市人民政府
靖江市国土资源局	2007.2	2006 年度市级机关先进单位	中共靖江市委员会、靖江市人民政府
靖江市国土资源局行政服务窗口	2007.2	2006 年度全市行政服务工作红旗窗口	中共靖江市委员会、靖江市人民政府
靖江市国土资源局	2007.3	2006 年度信访工作先进单位	中共靖江市委办公室、靖江市人民政府办公室
靖江市国土资源局	2007.3	2005~2006 年度文明行业	中共靖江市委员会、靖江市人民政府
靖江市国土资源局	2007.3	2005~2006 年度文明单位	中共靖江市委员会、靖江市人民政府
靖江市国土资源局二分局	2007.3	2005~2006 年度文明单位	中共靖江市委员会、靖江市人民政府
靖江市国土资源局三分局	2007.3	2005~2006 年度文明单位	中共靖江市委员会、靖江市人民政府
靖江市国土资源局四分局	2007.3	2005~2006 年度文明单位	中共靖江市委员会、靖江市人民政府
靖江市国土资源局五分局	2007.3	2005~2006 年度文明单位	中共靖江市委员会、靖江市人民政府
靖江市国土资源局开发区分局	2007.3	2005~2006 年度文明单位	中共靖江市委员会、靖江市人民政府
靖江市国土资源局	2007.9	靖江市 25 届文艺节优秀组织奖	中共靖江市委办公室、靖江市人民政府办公室
靖江市国土资源局	2007.9	靖江市 25 届文艺节优秀演出奖	中共靖江市委办公室、靖江市人民政府办公室
靖江市国土资源局三分局	2008	国土资源管理先进基层站所	中共靖江市委员会

续表 12-5-4

获奖单位	获奖时间	荣誉称号	授奖单位
靖江市国土资源局	2008.2	2007 年度重点工作目标责任考核优秀单位	中共靖江市委员会、靖江市人民政府
靖江市国土资源局	2008.2	2007 年度市级机关综合考评十佳单位	中共靖江市委员会、靖江市人民政府
靖江市国土资源局	2008.2	2007 年度行政服务工作优质服务红旗窗口	中共靖江市委员会
靖江市国土资源局	2008.3	2007 年度人口和计划生育工作二等奖	中共靖江市委员会、靖江市人民政府
靖江市国土资源局行政服务窗口	2009.1	2008 年度全市行政服务工作红旗窗口	中共靖江市委员会、靖江市人民政府
靖江市国土资源局	2010.2	2009 年度年度市级机关综合考评先进单位	中共靖江市委员会、靖江市人民政府
靖江市国土资源局行政服务窗口	2010.2	2009 年度全市行政服务工作红旗窗口	中共靖江市委员会、靖江市人民政府
靖江市国土资源局行政服务窗口	2011.1	2010 年度全市行政服务工作红旗窗口	中共靖江市委员会、靖江市人民政府
靖江市国土资源局	2011.2	2010 年度年度市级机关综合考评先进单位	中共靖江市委员会、靖江市人民政府
靖江市国土资源局	2011.3	社会治安安全单位	中共靖江市委员会、靖江市人民政府
中共靖江市国土资源局三分局支部委员会	2011.6	2000 年度先进基层党组织	中共靖江市委员会
靖江市国土资源局四分局	2011.6	2010 年度靖江市优秀基层站所	中共靖江市委办公室、靖江市人民政府办公室
靖江市国土资源局三分局	2011.6	2010 年度泰州市人民满意站所、百佳基层站所	中共靖江市委办公室、靖江市人民政府办公室
靖江市国土资源局二分局	2011.12	2009~2010 年度文明单位	中共靖江市委员会、靖江市人民政府
靖江市国土资源局三分局	2011.12	2009~2010 年度文明单位	中共靖江市委员会、靖江市人民政府
靖江市国土资源局五分局	2011.12	2009~2010 年度文明单位	中共靖江市委员会、靖江市人民政府

二、先进个人

1987～2011 年，靖江市（县）国土资源管理队伍中先后有 76 人次获得省、市和靖江市（县）及直属部门表彰。其中 41 人次获江苏省直属部门奖项 38 项，16 人次获扬州、泰州市及直属部门奖项 11 项，19 人次获靖江市(县）级奖项 11 项。

1993~2011 年靖江市（县）国土资源系统受省及省直属部门表彰的先进个人一览表

表 12-5-5

获奖人	获奖时间	荣誉称号	授奖单位
顾森林	1993.3	土地复垦开发先进工作者	江苏省土地管理局
顾森林	1993.5	1992 年度省土地系统财务工作先进工作者	江苏省土地管理局
顾森林	1994.5	1993 年度省土地管理系统财务管理先进个人	江苏省土地管理局
顾森林	1995.6	1994 年度土地管理财务先进个人	江苏省土地管理局
顾森林	1995.6	1994 年度土地管理、综合统计先进工作者	江苏省土地管理局
顾森林	1996.8	1995 年度土地管理综合统计先进工作者	江苏省国土管理局
张晓明	1997.8	1996 年度财务工作先进工作者	江苏省国土管理局
王建宇	1998.2	1997 年度档案工作先进工作者	江苏省国土管理局、江苏省档案局
鞠智敏	1998.3	江苏省土地复垦开发先进个人	江苏省国土管理局、江苏省财政厅
顾森林	1998.3	江苏省土地复垦开发先进个人	江苏省国土管理局、江苏省财政厅
唐留保	1998.3	1997 年度江苏省优秀土管员	江苏省国土管理局
杨小军	1998.7	1997 年度土地管理综合统计先进工作者	江苏省国土管理局
王建宇	1999.4	1998 年度土地管理档案工作先进工作者	江苏省国土管理局、江苏省档案局
张书正	1999.6	1998 年度土地管理财务先进工作者	江苏省国土管理局
张正荣	1999	1996-1998 年度建设用地管理工作先进个人	江苏省国土管理局

续表 12-5-5

获奖人	获奖时间	荣誉称号	授奖单位
刘金国	2000.4	1999 年度地籍管理先进工作者	江苏省国土管理局
吉　敏	2000.4	1999 年度地籍管理先进工作者	江苏省国土管理局
朱昕明	2000.9	2000 年度国土资源报刊发行先进个人	江苏省国土资源厅
顾森林	2001.1	国土资源管理“三五”普法先进个人	江苏省国土资源厅
卢灿富	2001.4	1998~1999 土地监察工作先进个人	江苏省国土资源厅
顾森林	2003.3	全省土地批租专项治理工作先进个人	江苏省人民政府
顾森林	2004.3	江苏省地质灾害防治工作先进个人	江苏省国土资源厅
卢灿富	2004.7	全省土地利用管理先进个人	江苏省国土资源厅
张正荣	2004.12	全省国土资源系统精神文明建设先进个人	江苏省国土资源厅
常国兴	2005.11	全省国土资源系统先进工作者	江苏省人事厅、江苏省国土资源厅
常国兴	2006.6	2001~2005 全省法制宣传教育先进个人	江苏省委宣传部依法治省领导小组、省司法厅
常国兴	2006.12	“四五”普法先进个人	江苏省国土资源厅
苏仰兴	2007.1	全省开发区清理整顿工作先进个人	江苏省国土资源厅
沙旭东	2007.3	2006 年度全省地籍管理双优个人	江苏省国土资源厅
周继红	2007.3	2006 年度全省地籍管理双优个人	江苏省国土资源厅
周祝建	2008.4	2007 年度江苏省地籍管理“双优个人”	江苏省国土资源厅
卢灿富	2008.6	全省基本农田保护“争先达标”活动先进个人	江苏省国土资源厅
黄江波	2008.10	依法行政先进个人	江苏省国土资源厅
丁广奉	2008.10	测量标志管护工作优秀测量标志管护员	江苏省测绘局
周祝建	2008.10	江苏省永久性测量标志维护工作先进个人	江苏省测绘局
陈胜昌	2009.2	全省国土资源系统信访工作先进个人	江苏省国土资源厅
王建宇	2010.6	全省整顿和规范地理信息市场秩序先进个人	江苏省地理信息市场专项整治工作领导小组
黄江波	2010.10	全省国土资源系统“五五”普法工作先进个人	江苏省国土资源厅
杨志华	2010.10	2010 年度地籍管理工作先进个人	江苏省国土资源厅
缪莲珠	2011.4	2010 年全省国土资源财务管理先进个人	江苏省国土资源厅
王建宇	2011.5	全省测绘五五普法工作先进个人	江苏省测绘局

1991~2010 年靖江市（县）国土资源系统受扬州、泰州市及市直属部门表彰的先进个人一览表

表 12-5-6

获奖人	获奖时间	荣誉称号	授奖单位
张正荣	1991	土地卫士	扬州市人民政府
顾森林	1992.12	1987~1992 年度土地管理开创阶段通讯工作优秀通讯员	扬州市土地管理局
柏坤宝	1999.2	1998 年度优秀党员	中共泰州市国土管理局委员会
卢灿富	1999.9	泰州市信访工作先进工作者	中共泰州市委员会、泰州市人民政府
张正荣	2001	先进管理工作者	泰州市人事局、泰州市国土管理局
李松传	2001.3	国土管理系统先进工作者	泰州市人事局、泰州市国土管理局
卢灿富	2002.8	泰州市信访工作先进工作者	中共泰州市委员会、靖江市人民政府
李松传	2004.3	2003 年度治理整顿土地市场秩序专项工作先进个人	泰州市人民政府
张正荣	2006.2	全市国土资源系统先进工作者	中共泰州市委员会、泰州市人民政府
丁广奉	2006.2	全市国土资源系统先进工作者	中共泰州市委员会、泰州市人民政府
张晓明	2006.2	全市国土资源系统先进工作者	中共泰州市委员会、泰州市人民政府
黄黎明	2006.2	全市国土资源系统先进工作者	中共泰州市委员会、泰州市人民政府
陈　焱	2009.2	2008 年度全市国土资源地矿管理先进工作者	泰州市国土资源局
陆为明	2009.2	2008 年度全市国土资源地矿管理先进工作者	泰州市国土资源局
朱国洪	2010.3	整顿规范矿产资源开发工作先进工作者	泰州市国土资源局
卢　锋	2010.3	整顿规范矿产资源开发工作先进工作者	泰州市国土资源局

1990~2011年靖江市（县）国土资源系统受靖江市（县）表彰的先进个人一览表

表12-5-7

获奖人	获奖时间	荣誉称号	授奖单位
卢灿富	1990.3	1989年度两个文明建设先进个人	中共靖江县委员会、靖江县人民政府
祁明才	1990.3	1989年度两个文明建设先进个人	中共靖江县委员会、靖江县人民政府
周继红	2004.4	2003年度优秀共产党员	中共靖江市委员会、中共靖江市委市级机关工作委员会
张正荣	2005	2004年度优秀党员	中共靖江市委员会
常国兴	2006.8	2005年度双拥模范	中共靖江市委员会、靖江市人民政府
赵　敏	2007.6	2006年度市优秀共产党员	中共靖江市委员会、靖江市人民政府
常国兴	2007.7	2006年度国土资源局工作三等功	靖江市人民政府
马范宏	2008.1	2007年度档案工作先进个人	中共靖江市委员会
吴　彬	2008.5	2007年度嘉奖奖励	中共靖江市委员会、靖江市人民政府
张正荣	2008.5	2007年度嘉奖奖励	中共靖江市委员会、靖江市人民政府
丁广奉	2008.5	2007年度嘉奖奖励	中共靖江市委员会、靖江市人民政府
赵　敏	2008.5	2007年度嘉奖奖励	中共靖江市委员会、靖江市人民政府
黄黎明	2008.5	2007年度嘉奖奖励	中共靖江市委员会、靖江市人民政府
程　跃	2008.5	2007年度嘉奖奖励	中共靖江市委员会、靖江市人民政府
严江苏	2009.1	2008年度行政服务工作优质服务标兵	中共靖江市委员会、靖江市人民政府
邵　相	2010.1	2009年度行政服务工作优质服务标兵	中共靖江市委员会、靖江市人民政府
严江苏	2011.1	2010年度行政服务工作优质服务标兵	中共靖江市委员会、靖江市人民政府
吴飞虎	2011.5	2010年度嘉奖奖励	中共靖江市委员会
周继红	2011.6	2010年度市优秀共产党员	中共靖江市委员会

附　录

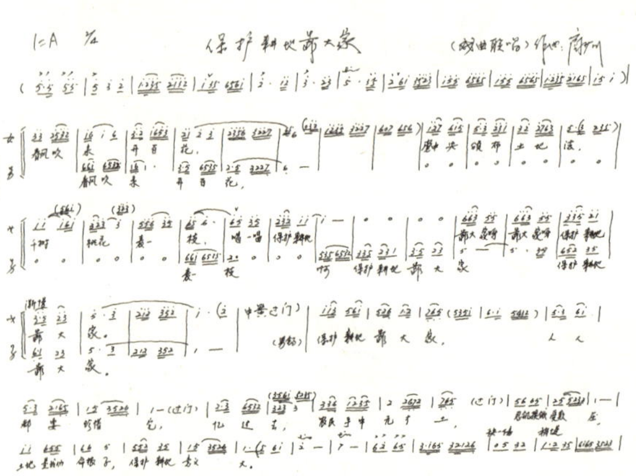

靖江集约开发沿江催生新理念

长江岸线以“米强度”论英雄

新观察 靖江经济

本报讯 （记者周俊 特约记者顾梓娇 实习生叶文婕）昨日，记者前往新港园区丹华港的江苏德桥仓储有限公司工地，了解项目建设情况。令记者惊叹的不是工程进展情况，而是得知这一总投资15.8亿元的重大项目，竟然仅占用长江岸线460米。如此算来，这里每米的长江岸线投资强度高达343.5万元！

“米强度”这样的新鲜词现在频频从靖江沿江的招商人员、项目负责人口中蹦出。靖江经济开发区管委会副主任、招商局局长李建新说，在符合环保、产业政策的前提下，现在我们坐下来谈沿江项目，谈得最多的就是项目投资强度，我们现在的岸线是以每一米论投资强度。

在德桥仓储项目所在地，原来有两个小规模的船厂，对长江岸线的利用率较低。当“米强度”高的德桥仓储项目进驻时，我市坚决给“投资英雄”让路，协调两个船厂搬迁。最近几年，我市整合、取缔、搬迁占用长江岸线的分散小码头、小企业有十多个。

我市在2004年就明确规定，投资超亿美元或10亿元人民币以上的工业项目、年物流量超过100万吨的物流项目才能使用长江岸线，低于标准的向腹地布局。现在沿江12个在建重大项目无一不达标。即使这样，总投资25亿元的安泰动力机械有限公司、实际投资超亿美元的格菱动力项目都没有能够占用一米长江岸线，全部落户沿江腹地。理由很简单：这些企业可以不需要长江岸线。

李建新在桌上画了个矩形，形象地告诉记者，占用长江岸线的项目这样布局：宽是项目占用的岸线，长是项目向腹地延伸的部分。就是说做到项目占用长江岸线要尽可能少，提高岸线利用率。记者翻开沿江重大项目情况介绍表发现，在建的扬子江港务、盈利国际等许多项目中，投资超亿美元的项目最多占用长江岸线也仅700米左右，算下来，每米的岸线投资强度都在100万元以上。

记者在江苏中油长江石化公司看到，这里有一个3万吨级的油管道码头通往长江，厂区设在长江大堤内侧，仅有码头占用了岸线。企业正准备投资9820万美元进行二期工程，但用地还是在一期的基础上向北侧腹地发展，没有增加一米长江岸线。

对于“立规矩”前就占用长江岸线的企业，靖江通过增加投入，促进利用岸线“达标”。上世纪90年代初的外商投资企业江苏长荣钢铁公司，占用了较长的长江岸线却大部分长期闲置。我市积极促使企业增加投入、利用好岸线，投资方香港辉雄实业有限公司正投资10亿元建设新荣船舶修理有限公司，充分利用曾经闲置的760米岸线发展船舶修造业。南洋船舶公司上马二期工程时，我市促进企业与世界级航运公司新加坡PCL合作，提高已有岸线投资强度和产出效益。

一、靖江市（县）国土资源管理规范性文件选编

（一）

批转县农村土地管理办公室
“关于当前农村土地管理工作的意见”的通知

（1987 年 3 月 23 日靖江县人民政府靖政发〔1987〕103 号）

各乡镇人民政府：

县政府原则同意县农村土地管理办公室“关于当前农村土地管理工作的意见”，现转发给你们，请各地认真研究，贯彻执行。

十分珍惜和合理利用每寸土地，切实保护耕地，是我国必须长期坚持的一项基本国策。我县人多地少，土地资源十分珍贵，加强土地管理尤为重要。

目前，在江苏省关于《中华人民共和国土地管理法》实施办法未正式颁布前，各地在土管工作中，仍按省、市县人民政府有关文件规定办理。其中，凡与《中华人民共和国土地管理法》相违背的，均按《中华人民共和国土地管理法》执行。

农户建房，必须坚持节约用地的原则，尽量做到原地翻建；确需出宅的要利用零星废地、闲置宅基地，严格审批手续。对去年年底有关乡镇突击审批的出宅建房户，要逐户重新审核，确实符合政策规定的，方能实施。否则，按违章处理，并逐级追查责任。

关于当前农村土地管理工作的意见

最近我办组织有关人员深入乡村，对全县农村土地管理工作情况做了一些调查。根据各乡村反映的情况来看，由于各级党委和政府的重视，情况基本是好的。

《中华人民共和国土地管理法》（以下简称《土地管理法》）颁发后，各乡镇认真组织学习、贯彻，领导亲自宣讲。有的乡镇还将《土地管理法》的内容利用黑板报、张贴标语和有线广播进行广泛深入宣传。使广大干群懂得土地管理已有了“法”管理、用地都要按法办事，乡镇企事业单位“不批就用，自己说了算”的状况已基本上得到扭转。农村乱占、滥用耕地建房之风已基本刹住。农村非农业建设用地清理工作除个别地方以外，均已完成了内查外量、资料汇总统计，目前即进入处理和补办手续阶段。农户宅基地使用证发放工作绝大部分乡镇已展开，生祠、新丰、越江等乡镇已基本结束。

但对照中央、省市的要求，我县农村土地管理还存在一些问题，乱占、滥用耕地的现象在有些乡镇还比较严重。特别是去年《土地管理法》见报以后，部分干群错误认为“政策要变了”“宅基地难安排了”等等，因此少数乡镇突击批准农户出宅建房。据三个乡镇的统计八六年十一、十二两个月就批了两千零一户。有一个镇的一个村就批了 246 户，其中有一个队批了 49 户，因而造成宅基地纠纷急剧增加。近期来，我办收到有关乡镇处理违章建房的决定七件，人民来信三十三件，接待近二百五十人次的群众来访，影响了生产和安定团结。部分乡村办企业，自批自用的情况依然存在，少数村队不顾土源条件，不经有权部门批准，擅自动工兴建砖窑。

为了进一步加强我县土地管理工作，严格执行《土地管理法》，在江苏省实施办法未下达前这段时间内，使农村土地管理工作走上健康的轨道，现提出如下意见：

1.继续深入开展《土地管理法》的宣传、学习。各乡镇要认真办好村队干部骨干培训班。采取多种形式，广泛宣传。使土地管理法的条文、内容家喻户晓，人人皆知。教育广大干群正确处理好个人与集体、非农业建设用地和农业生产用地、眼前利益与长远利益的关系，树立起人人珍惜土地，节约用地，保护耕地的良好社会风气，把依法管地、合理用地变为广大群众的自觉行动。

2.依法管好土地。在《土地管理法》江苏省实施办法下达前，具体问题仍按江苏省人民政府[1982]204号、[1983]126号文件的有关规定执行，其中凡与《土地管理法》不相一致的，以《土地管理法》为准，坚决做到有法可依、严格审批手续、按章办理。

3.农户建房用地必须坚持“节约用地”原则，尽量做到原地翻建，确需出宅的，要充分利用半高地、闲置宅基地，能不用耕地的，坚决不用；坚持分户建房标准，禁止变相分户或过早立户；坚持按规定程序，严格控制用地面积，逐个办理审批手续，严禁弄虚作假、营私舞弊；坚持“一支笔”，严格把好审批关。农户建房不论原地翻建还是出宅新建，目前仍由乡镇政府审核批准。出宅新建的，须报一份县土地管理部门备查。

对八六年底突击审批的出宅建房户，如条件不成熟、基地不落实、四址不明确、且纠纷较大的，请乡镇政府重新审核，做好工作。

4.乡村企事业建设用地，各乡镇无权批准，一定要凭县有权机关签发的基建项目文件，经县以上土管部门批准后，方可使用土地。一定要从严控制砖窑的建设，特别是对土源紧张的村队不准新建轮窑和耗能高、产量低的小砖窑。对布局合理、土源丰富、确需通过取土平整土地，具备办窑条件的地方，必须按照规定，严格履行申报审批手续，经县以上土管部门批准后方可用地。严禁未批先用，租赁、买卖、非法转让土地。

5.继续认真按照有关规定，做好非农业建设用地清理、农户宅基地使用证发放工作。

以上意见，如无不当，请批转各乡镇，参照执行。

靖江县农村土地管理办公室

一九八七年三月十九日

（二）

关于全民、集体单位建设用地的管理意见

（1989年7月31日靖江县人民政府靖政发〔1989〕189号）

各乡镇人民政府，县各委、办、局，县各直属单位，县人武部：

我县人多地少，土地资源十分宝贵。随着经济建设的发展，非农业用地逐年增加。本着“一要吃饭、二要建设”的原则，根据《中华人民共和国土地管理法》、《江苏省〈土地管理法〉实施办法》及《江苏省〈土地管理法〉实施办法扬州市补充规定》。结合我县具体情况，对各类单位集体（含全民、县属集体、乡村企事业单位）建设用地提出如下管理意见：

一、建设用地必须实行计划管理

集体建设需要占用耕地，必须实行计划管理。在每年的十二月上旬，由各乡镇、各系统编制用地计划，经县土地管理局审核后报县人民政府批准下达，经过批准的建设用地计划属指令性计划，只能节余，不得突破。

二、办理征、使用土地的程序

1.用地单位根据建设需要，先向县有关部门申请。获得基建（技改）项目批准书，基本建设项目报县计委批准、技术改造项目报县经委批准。

2.用地单位凭项目批准书，根据建设规模，向县土管局提出用地申请报告。

3.县土管局对用地单位的申请报告进行审议并与有关部门会商后，向被用地单位所在乡镇人民政府发出用地洽谈介绍信。

4.县土管、建设等部门会同用地单位和被用地单位所在的乡镇、村、队进行现场勘查，选址定点，并由县建设局规划办公室出具《定位审批表》及用地红线图。

5.由县土管部门主持用地、被用地单位签订用地协议。

6.建设项目如有环境污染的，还须报环保部门审定，并填写《环境影响报告书》。重大建设项目应同时附有工程初步设计或实施方案的批准文件，并出具验

资证明。

7.县土管部门填写《国家、乡镇村建设用地申报表》，并按审批权限报县级以上人民政府批准。

8.用地申请获准后，用地单位必须按规定先行缴纳各项用地费用，然后由县土管局发出批文。用地单位凭用地批文至县地政地籍管理所办理土地使用权申报手续，划拨土地。

9.用地单位施工前，由县土管、建设等部门派员实地放线，确定用地四址和建筑红线。竣工后，仍由县土管部门会同有关部门对土地使用情况进行验收，合格者发给土地使用证件，退还用地保证金。

三、建设用地审批权限。

所有全民、集体单位征、使用土地，都必须报经县以上人民政府批准，乡镇人民政府不得自批自用。分级批准的权限是：征、使用耕地三亩以下或其他土地十亩以下的，报县政府批准（带劳力指标的还需报市政府批准）；征、使用耕地三亩以上、十五亩以下，蔬菜地三亩以下，其他土地十亩以上、二十亩以下的，报市政府批准；征、使用耕地十五亩以上，蔬菜地三亩以上的，其他土地二十亩以上的，报省政府批准。已经批准的建设用地，不得改变项目用途更不得非法买卖、转让，也不得更改四址任意扩大用地面积。如因特殊情况确需变动的，必须经原批准机关同意后方可进行。

四、征、使用土地应严格执行江苏省《实施办法》第二十二条规定，不得擅自提高补偿标准或在规定以外另定附加条件。根据扬州市的《补充规定》和我县实际情况，确定本县区域内征、使用土地支付的各项费用标准是：

1.土地补偿费及安置补助费。

土地补偿费：凡征用耕地、蔬菜地的，按该块土地征用前三年平均年产值（下同）的六倍计算；征用鱼塘、藕塘、养殖场、果园、竹园、林地等土地的，按该土地年产值的五倍计算；征用滩地、水塘、苇塘或其他有收益的非耕地，按该土地年产值的三倍计算；征用宅基地的，按邻近耕地的补偿标准计算。征地范围内的房屋已由用地单位另行征地迁建的，原宅基地不再给予补偿。征用无收益的非耕地，一般不予补偿。

安置补助费：征用土地应支付的安置补助费，按江苏省《实施办法》规定的“人地比”，先计算出被征土地年产值的倍数，然后确定应支付的安置补助费。需要安置剩余劳动力进大集体以上单位的，每个劳力的安置补助费不得少于三千元。

乡镇企业用地的土地补偿费，根据各乡镇的经济条件和负担能力，使用耕地的，按征用前三年年平均产值三至五倍计算；使用其他土地的，可略低于征用相应土地的补偿标准。安置补助费参照前列安置补助标准实行。

为便于对土地补偿费和安置补助费的计算，根据扬州市《补充规定》，对我县各主要种植类型土地的前三年平均产值作出了统一规定（见附表一）。

2.青苗和附着物补偿费。

青苗补偿费：一般按在田作物一季产值计算，能收获的不予补偿。补偿标准是：三麦、油菜每亩二百元；水稻每亩二百三十元；棉花每亩二百五十元；蔬菜及其他经济作物每亩五百元。

征、使用土地上的成树或苗木，能移植的应尽量进行移植，用地单位适当负担迁移费；无法移植的，由用地单位付给补偿费。（补偿标准见附表二）。

征、使用土地上的建筑物和构筑物拆迁，按房屋结构与新旧程度等实际情况给予合理补偿（补偿标准见附表三、四）。

对违章建筑及已开始协商征、使用土地后突击抢栽、抢建的树木和建筑物，一律不予补偿。

3.粮、油、煤差价补贴统筹金（简称统筹金）及保养金。

凡国家建设征地符合带劳动力指标的，其“农转非”后的粮、油、煤供应差价。按靖政发〔1988〕24号文的规定，每亩收取统筹金三千元；保养金按靖政办〔1987〕85号文规定统筹。

4.撤队预备费。

为安排好撤队转居后的群众生活，落实“农转非”后的粮、油、煤差价款，凡属国家建设征用土地的，按靖政发〔1988〕183号文的规定，每亩收取“撤队预备费”三千元。

5.新菜地开发基金。

凡因国家建设需要征用县计划内菜田的，必须交纳新菜地开发基金及开发新菜田的粮、煤差价统筹金。具体标准按靖政办〔1987〕137号文和靖委发〔1988〕

56 号文规定执行。

6.城镇建设配套费。

为使我县城镇建设逐步走上“统一规划、合理布局、综合开发、配套建设”的轨道，所有国家建设用地，均须缴纳城镇建设配套费其标准按靖政发〔1987〕368 号文规定执行。

7.耕地占用税。

单位集体建设征、使用耕地，除靖政发〔1987〕271 号文规定的以外，其余均须交纳耕地占用税。

8.征、使用土地管理费。

所有全民、集体单位征、使用土地时，均需向县土管部门交纳征、使用土地总费用的百分之三管理费，用作土地管理事业费的补充。

9.粮区村队因征用土地后形成的“比例价”粮差，本着谁用地、谁负担的原则，按本文附件一的年平均产值十年时间计算。由用地单位一次性付给被征地单位。

10.用地保证金。

经批准的各项建设用地，用地单位必须向县土管部门交纳每亩一千元的用地保证金。建设项目竣工后，应及时报县地政地籍管理所会同有关单位共同验收土地使用情况，并申报土地使用权。符合批准用地规定的，退还用地保证金，核发土地使用证件，否则，没收其保证金并依法处理。

11.土地荒芜保证金。

经批准的用地单位必须向县土管部门交纳每亩一千元的土地荒芜保证金。接批文一年内及时施工者（不含备料和砌围墙），可退回其保证金。逾一年未动工造成土地荒芜者，没收其保证金；逾二年者依法收回其土地使用权。

12.复垦保证金。

申请临时用地或取土用地的，用地单位除应交纳用地保证金外还必须向县土管部门交纳每亩一千元的复垦保证金。经批准的临时用地或取土用地期满后，应及时做好复垦工作，如期达到复垦要求的，可退回其保证金；到期不复垦又不办理延续用地手续者，没收其保证金，并按国务院颁发的《土地复垦规定》予以处置。

五、剩余劳动力的安置。

因国家建设征用土地造成的剩余劳动力，根据扬州市《补充规定》，征地前人均耕地在零点五亩以上的，由被征地单位通过发展农副业生产，兴办企业和服务性行业等途径自行安置；征地前人均耕地在零点五亩以下的（含零点五亩），按征地前的土劳比计算出的人数（每亩最高不超过二人），由劳动部门将符合条件的人员，安置到有劳动力计划指标的用地单位或其他全民、城镇集体所有制企业就业。经半年试用期满合格后，其农业户口可以转为非农业户口，并将安置补助费相应转拨给吸收劳动力的单位。

征用非耕地，国家不予安置劳动力。

六、因国家建设征地后，农业人口人均耕地不足零点一亩的生产队，按撤队计划，经所在乡镇人民政府申请，由县人民政府上报市人民政府审核，转报省人民政府批准后，其原有的农业户口人员可以转为非农业户口，同时撤销生产队建制。具体办法按靖政发〔1988〕198号文执行。

七、临时用地的审批。

临时用地系指工程施工前需要的材料堆场、运输通道和其他临时设施以及工商营业亭点、个体户的摊点、木行、水泥制品场地砖瓦窑的堆场、晒场、取土区等临时性建筑设施。

临时用地的审批程序是：由单位或个人提出用地数量和期限书面申请，县土管部门会同有关部门及被用地乡镇土地管理所至现场勘测、绘制临时用地红线图和平面布置图，并与被用地单位签订临时用地协议书，按该土地年产值给予补偿。手续齐备后，由县土管部门下达批准书，收纳百分之三的管理费和每亩五百元至一千元的复耕保证金。砖瓦窑制砖取土区办理临时用地时，还必须在领得取土证后方可取土，并应按有关规定及时复垦，工商部门核发营业执照时，必须验查土地使用批准文件，否则不予发放执照。临时用地的使用期限一般不能超过二年，并不得搞永久性的建筑物、构筑物，不得任意挖塘取土。使用期满后，应及时复垦还耕。确需继续使用的，应重新报批。

八、国有土地的使用。

国有土地统一由县土管局管理，需使用国有土地的单位，必须持县计委、经委等有权部门批准的建设项目批准书，向县土管部门申请，并由城建规划部门定位审核后，按审批权限由县以上土管部门实行有偿划拨。

九、本《意见》自一九八九年八月一日起施行。

附表一　　　　靖江县各主要种植类型的土地前三年年平均产值标准

土地类型	前三年年平均产值（元）	说　明
麦稻（棉）轮作田	450～500	
旱作物农田	400～450	
常年蔬菜田（一）	750～800	
季节性蔬菜田（二）	450～500	
精养鱼池	700～900	
一般养鱼池塘	320～400	1.常年蔬菜田指城镇近邻计划内菜田。 2.常年种植水生蔬菜的水田指经人工整治后种植的藕、芹、茨菇等。
常年种植水生蔬菜的水田	750～800	
自然藕、菱塘	320～400	
苗圃、果园	500～600	
一般林地	300～400	
滩池	200～300	
竹园	200～300	

附表二　　　　树木和花木补偿标准

类　别		说　明	规　格	单位	标准（元）
一般树木	移植补偿	凡树木未成才可移植的，不分品种，从1.3米高处直径计算，付移植费用。	3公分以下	株	0.1～0.2
			5公分以下	株	0.3～0.5
			10公分以下	株	1.0～2.0
	砍伐补偿	凡树木可作成材使用，不分品种，从1.3米高处直径计算，付砍伐费用，树木归树权者所有。	15公分以下	株	2～3
			15～20公分	株	3～5
			20～25公分	株	5～10
			25公分以上	株	按实际定价

续表

类别		说明	规格	单位	标准（元）
经济树木	湖桑	—	1等5年生以上	株	3～5
			2等3～5年生	株	2～3
			3等3年以下	株	1～2
	竹林	—	—	平方米	1.5～2.5
	杞柳	—	—	亩	200-400
花木苗圃迁移	1.生产性花木，按花木价格的10～15%计算迁移费。 2.庭院观赏地栽花木，参照移植费用补偿。 3.盆栽花木，不予补偿。				

说明：1.凡未成材又不能移植的树木、花木，按当时绿化、园林部门的价格收购，砍伐后树木如仍交原所有者，应扣除剩余价值。

2.果树按实补偿。

附表三　　房屋拆迁补偿标准

类别	等级	结构情况	补偿金额（元/平方米）	备注
楼房	甲	三年内新建房屋，门窗齐全，结构完好，有水电	100	1.水泥砂浆砌筑、增外粉刷的房屋酌情加5%～15%。 2.新房基需增高者，费用另按实际计算或由建设单位平整。 3.拆迁费中，包括室内水电拆迁费用，外线不在内。 4.拆迁补贴三材（水泥、木材、钢材）和砖瓦价格，按计划和当地政府规定的价格。实际价格超过部分，由建设单位补足。 5.单位面积平方米，指建筑面积。
	乙	一般房屋、结构、墙身基本完好	75～85	
	丙	旧房屋质量不好	60～70	
瓦房	甲	三年新建屋，门窗齐全，屋面完好，水泥地坪，有水电	70～75	
	乙	旧房屋，结构基本完好	60～70	
	丙	砖墙，门窗齐全，有电	50～60	
草房	甲	砖墙，门窗齐全，有电	45～50	
	乙	半砖半墙身，门窗齐全，素土地坪	35～40	
	丙	土坯墙，门窗尚全，房屋破旧	20～30	
披房	甲	砖墙、瓦屋面	25～30	
	乙	乱砖墙，草屋面	15～20	
	丙	简易结构	8～10	

附表四　　　　**附属物补偿标准**

名　称	规　格	单位	补偿标准（元）
喷　灌	—	亩	400～500
沼气池	—	只	150～200
炉　灶	砖砌单眼	只	10
	砖砌双眼		15
	砖砌三眼		20
水　井	小土井	只	20
	砖　砌		60～150
	水泥管		60～80
猪、牛、羊舍	—	平方米	5～10
粪　坑	土　坑	只	2～3
	缸　式	只	2～3
	砖　砌	平方米	10～25
迁　坟	单　棺		30
	双　棺		40
	拾　骨		15
院　墙	土　壁	平方米	3
	乱　砖		5～10
	整　砖		15～20
厕　所	砖砌私所	平方米	35
	砖砌公厕		60～70
打谷场	土　面	平方米	0.5～0.6
	砖　面		2～4

（三）

关于农村居民宅基地的管理意见

（1989 年 7 月 31 日靖江县人民政府靖政发〔1989〕190 号）

各乡镇人民政府，县各委、办、局，县各直属单位，县人武部：

为了加强我县农村居民建房用地的管理，努力做到节约用地，合理用地，切实保护耕地，根据《中华人民共和国土地管理法》、《江苏省 < 土地管理法 > 实施办法》及《江苏省 < 土地管理法 > 实施办法扬州市补充规定》，现对我县农村居民宅基地的管理问题提出如下意见：

一、总要求

宅基地系指居住用房、辅助用房的建筑用地以及庭院、家前屋后的少量绿化地。宅基地的面积必须严格控制，合理安排。总的要求必须做到六坚持六禁止：一是坚持节约用地禁止新辟耕地安排宅基，尽量做到原地翻建，充分利用村内空闲地或其他非耕地，提倡少占地建楼房；二是坚持按计划审批。禁止大拆大迁；三是坚持按规定标准用地，禁止笔下按标准实际超标准的不良现象出现；四是坚持分户标准，禁止变相立户、过早立户，尤其禁止一代单传立户，严格把好建房用地审批关；五是坚持按规划建房，禁止占用大田开辟新村；六是坚持把好埭前一条线和空中一条线，小屋建在大屋后面，反对互相攀比，禁止任意扩大建房面积和建房高度。

二、农户建房用地必须实行计划管理

每年四季度，由乡镇人民政府根据村、队调查摸底情况，编报下年度农户宅基地用地方案报县核实，由县土管部门下达用地计划，再由乡镇分解到村，由村安排到户，并放榜公布。用地指标属指令性计划，只准节余不准突破。

三、申请宅基地的条件

符合下列条件之一的农户，方可向户口所在生产队申请宅基地

1.因拆迁或因统一规划建设的居民新村（或居民点）需要重新安排宅基地的；

2.原宅基面积低于规定标准，居住拥挤，确属无法安排建房的；

3.子女年满二十周岁，已达到分户年龄但居住困难，且原宅基无法安排建房的；

4.经批准回乡定居的离、退休国家工作人员、职工、军人、华侨、侨眷等因无住房，需安排宅基地的；

5.符合分户条件的已婚子女建房，应根据婚嫁情况，只能由男女一方申请和安排宅基地。婚进者，由男方申请宅基地；招婿者由女方申请宅基地，并同时要做到：男方户口已迁至女方户口所在地，男方原享受的宅基地必须交给集体。

6.原居住农村，现户口已转入城镇定量户口的不得回乡重新安排宅基地。原房屋无人居住已拆除的，原宅基地应交给集体。

申请宅基地必须实事求是，不得弄虚作假。有下列情形之一的不予批准：

1.将现有房屋出租又申请宅基地的；

2.新、老宅基面积总和超过规定标准的；

3.变相分户或未达分户年龄过早立户的；

4.影响公路交通，宅基边缘线距省级公路边沟不足十五米、县级公路不足十米、乡级公路不足五米的，影响堤防、河港、航道安全和通行有关规定的；

5.不符合村镇建设规划的；

6.超计划生育的；

7.空挂户及外来户原籍宅基未作处理的；

8.资金不落实，建筑材料不齐备要求预留宅基地的；

9.人口的计算必须以居住地户口为准，以照顾为由或通过其他非法手段增加的人口不予安排宅基地；兄弟数人已分家立户的，其父母按实际居住情况，由兄弟之一计算家庭人口，不得重复计算；

10.出卖房屋时，应将宅基地退还集体，注销宅基地使用证书；申请购房的农户，必须符合安排宅基地的条件，否则不予批准购房定居。

四、宅基地的标准

我县人多地少，宅基地的安排必须从紧掌握。根据《江苏省<土地管理法>实施办法》的规定，结合我县情况，农户宅基地的标准具体确定为：

出宅安排：四人及四人以下户，宅基占地面积不得超过一百二十平方米；四人以上户，每增加一人，宅基地增加二十平方米，建有三结合沼气池的，宅基另增加八至十平方米。

原地翻建：在老宅基可能的情况下，四人及四人以下户，宅基占地面积限一百六十平方米以内；四人以上户，每增加一人，增加二十平方米。多余部分应服从村、队统一调整，暂不需使用的，可由原使用者临时承包。老宅基面积低于一百六十平方米，但达到或接近一百二十平方米的，不予增补或出宅，应就地安排。老宅基地面积虽低于一百二十平方米，但另有竹园或林地的，应充分加以利用，不予安排出宅建房。

农夹居户中的城镇定量户口人员，如长期居住农村且在城镇无住房的，可参照上述标准适当安排。

新、老宅基范围内的住房和附着建筑物占地面积，不得超过宅基总面积的百分之七十。自留地和饲料地不得擅自移作宅基地使用。

建房的进身、开间和高度，各乡镇应根据当地实际情况加以规定。

五、申请宅基地的程序

1.建房户向户口所在生产队申请；

2.生产队根据申请人居住情况，对照有关政策提出初步意见；

3.村民委员会调查核实并初步定点；

4.乡镇土地管理所根据有关规定和规划审核后，提交分管副乡镇长审核签署意见后，按审批权限进行审批；

5.经有权部门审批后，申请人按规定交纳有关费用，由乡镇土地管理所向村民委员会及申请人发送建房用地批准通知书；

6.原地翻建的，由村土管员于建房户破土动工前会同有关人员至现场放线；动用耕地建房的，须由乡镇土管所派员会同村土管员至现场放线，确定宅基地的四址；

7.房屋竣工后，乡镇土管所派员至现场验收宅基地使用情况，合格者发给宅基使用证书，退还用地保证金；

8.出宅建房的农户，必须将原宅基上的房屋、树竹及其他一切附属物清理完毕，并将原有宅基地交还集体后方可动工新建；

9.批准建房户必须在接到批准通知书后六个月内建成。逾期不建的，原批准书无效，土地收回集体。仍确需建房的，须重新履行申报、审批手续。

六、宅基地的审批权限

在老宅基翻建或利用空闲地及其他非耕地（如：平整前的废沟塘、荒废地、土堆，调整后的闲置宅基地等）建房的，由乡镇人民政府审批；凡动用耕地建房的，必须经乡镇人民政府审核后，报县土地管理局批准。

七、使用宅基地应交纳的费用

1.管理费。农户申请使用宅基地，应按用地面积交纳相应的管理费：原地翻建每平方米二角；出宅每平方米五角。

2.用地保证金。按用地面积计算，原地翻建每平方米交纳二元；出宅新建每平方米交纳五元。

3.复垦保证金或调剂保证金。出宅建房户应按批复规定将原宅基地及时复垦还耕或服从村队统一调整，并交纳每平方米四元五角的复垦保证金或调剂保证金。

4.耕地占用税。凡动用耕地建房的，应交纳每平方米三元七角五分的耕地占用税。

管理费、用地保证金、复垦保证金或调剂保证金，一律由乡镇土地管理所在发送建房通知书前收取。管理费的百分之三十上交县土地管理局，百分之七十留作乡镇补充土管经费。用地保证金、复垦保证金或调剂保证金在乡镇对宅基地使用情况验收合格后退还本人。耕地占用税由乡镇财政所收取，并按有关规定额上交县财政。

八、关于对违章违法占地建房的处置

1.对不符合出宅条件，又未经批准或采取欺骗手段获准，非法占地建房的农户，由乡镇人民政府责令限期拆除或没收其非法所建房屋，复垦还耕。如当事人不服，乡镇人民政府可诉诸人民法院裁定强制执行。

2.对虽符合出宅条件，但没有履行报批手续，或未经批准在老宅基上翻建房屋的农户，如其建房占地不超过标准，经乡镇人民政府或县土管部门教育后能认识错误作出检查，并按占地面积纳以每平方米八元至十元的罚款后，可准予补办用地申报批准手续。

3.对建房用地超过批复规定的农户，由乡镇人民政府或县土地管理部门按下列原则处理：超过十五平方米以上的，限期拆除超规定部分的建筑物；超过十五平方米以下的，且又不影响规划的，每平方米处三十元至五十元的罚款。

4.农户经县土管部门批准出宅建房使用的耕地（自留田、承包田），各农户应服从村队统一调整，否则按《土地管理法》第十三条处理。

5.对公路沿线、江堤、河港、航道两旁违反水利、交通、航运有关规定建房的，分别由水利、交通部门按有关规定作出处理。

九、本《意见》自一九八九年八月一日起实施

（四）

靖江县国有土地使用权出让和转让暂行规定

（1993 年 9 月 9 日靖江县人民政府靖政发〔1993〕234 号）

第一章　总则

第一条　为了改革国有土地使用制度，合理开发、利用、经营土地、加强土地管理，根据《中华人民共和国土地管理法》《中华人民共和国城镇国有土地使用权出让和转让暂行条例》和《扬州市城镇国有土地使用权出让和转让暂行办法》，结合我县实际，制定本规定。

第二条　按照国有土地所有权和使用权分离的原则，对全县城镇国有土地使用权实行出让、转让制度。但地下资源、埋藏物和市政公用设施除外。

第三条　国内外的公司、企业、其他组织和个人，除法律另有规定者外，均可依照本规定取得土地使用权，进行土地开发、利用、经营。

第四条　依照本规定取得土地使用权的土地使用者，其使用权在使用年限内可以转让、出租、抵押或者用于其他经济活动，合法权益受国家法律保护。土地使用者，超过两年将土地闲置不用，县人民政府将按《中华人民共和国土地管理法》规定收回土地使用权，并按《扬州市城镇国有土地使用权出让和转让暂行办法》的有关规定执行，即在回收前，土地使用者应缴纳土地闲置金每月每亩1000 元～3000 元。

第五条　土地使用者开发、利用、经营土地的活动，应当遵守国家法律、法规的规定，并不得损害社会公共利益。

第六条　国有土地使用权出让实行政府垄断，由县土管局统一办理出让、转让、出租、抵押、终止的各项事宜，并依法进行监督检查。

第二章　土地使用权出让

第七条　土地使用权出让是指县人民政府以土地所有者的身份将国有土地使

用权在一定年限内让与土地使用者，并由土地使用者向县人民政府支付土地使用权出让金的行为。

第八条　本县各类商业、金融、旅游、娱乐、服务业、商品房等经营性用地和外商独资、合资企业用地全面实施土地使用权出让供地。其他用地（包括党政机关办公用房、福利性住宅、公共公益事业和暂不具备出让条件的工业用地、群众建房等）积极创造条件向出让供地过渡。

第九条　土地使用权出让的地块、用途、年限和其他条件由县土管局会同规划、建设、房产管理等部门共同拟订方案，按照审批权限报经批准后实施。

第十条　土地使用权出让合同应体现公开、公平、公正的原则，由县土管局代表县人民政府与土地使用者签订《国有土地使用权出让合同》。

出让的地价实行先评估、后定价的制度，由县土管、物价部门评估作价，事务所根据土地分等定级和不同用途评估确定，评估时必须认真执行土地保护价。

第十一条　土地使用权出让最高年限，由县土管局在下列范围内核定：

（一）居住用地70年；

（二）工业用地50年；

（三）教育、科技、文化、卫生、体育用地50年；

（四）商业、旅游、娱乐用地40年；

（五）综合或其他用地50年。

第十二条　土地使用权出让可采用协议、招标、拍卖三种方式。尽量采用招标、拍卖方式，减少协议出让。其具体程序和步骤由县土管局根据不同方式向有意使用土地的单位或个人提供。

第十三条　土地使用权出让金是土地使用者在签订土地使用权出让合同后六十日内一次性支付的费用。出让金包括土地开发费用和使用期内的土地使用费。出让金标准由县土管、物价等部门根据出让地块的土地征地费用、开发成本、地块位置、用途、使用年限、市场需求等因素进行评估后确定。

第十四条　签订土地使用权出让合同时，必须缴纳出让金的20%作为定金。在规定期限内未付清全部出让金的，出让方有权解除合同，已付出的定金不返还，并可请求违约赔偿。

在正式签订合同前，签订意向书的，应按基准地价的10%缴纳定金。正式签订出让合同的，定金抵算出让金；预约用地者违背意向书条款而未能办理出让手续的，定金不返还。

第十五条　土地使用者在支付全部土地使用权出让金后，应当依照规定办理登记，领取土地使用证，取得土地使用权。

第十六条　土地使用者应当严格按照土地使用权出让合同的规定和城市规划的要求开发、利用、经营土地。需要改变合同规定用途的，应征得出让方同意，依照有关规定重新签订土地使用权出让合同，调整土地使用权出让金，并办理登记。

第三章　土地使用权转让

第十七条　土地使用权转让是指土地使用者将土地使用权再转移的行为，包括出售、交换和赠与。

第十八条　土地使用权的转让必须具备以下条件：

（一）具有国有土地使用权出让合同。

（二）持有《国有土地使用证》。

（三）具有合法的地上建筑物、其他附着物产权证明。

（四）已交清土地出让金和有关税费。

（五）已按土地使用权出让合同规定的期限和条件投资开发利用的土地，且已投入的开发建设资金（不含出让金）占总投资 25%以上。

（六）房地产开发企业必须按城市规划要求完成必要的基础设施建设。

（七）通过行政划拨取得土地使用权的，必须按本规定办理出让手续，补交出让金后，方可转让、出租、抵押土地使用权。

第十九条　土地使用权转让应当由转让人与受让人签订转让合同，并依法办理权属变更登记。土地使用权转让时，出让合同和登记文件中所载明的权利和义务随之转移。

第二十条　通过转让方式取得的土地使用权，其使用年限为出让合同规定的使用年限减去原土地使用者已使用年限后的剩余年限。

第二十一条　土地使用权转让时，其地上建筑物、其他附着物的所有权随之转让。地上建筑物、其他附着物转让时，其范围内的土地使用权同时转让（动产除外）。

第二十二条　土地使用权转让人应在作出决定后，向县土管局提出转让申请，经审查同意后方可转让。

土地使用权转让合同签订后，转让双方在合同签订之日起十五日内，持土地使用权出让合同书和转让合同到土管、房管部门办理土地使用权变更登记。换领《国有土地使用证》、《房屋所有权证》，按规定标准缴纳变更登记费。未办理登记的，转让合同无效。

第二十三条　土地使用权转让人应当向县土管局缴纳土地使用权转让增值费。

增值费标准按增值幅度大小确定收取比例，增值在一倍以下（含一倍）的，收取增值部分的30%；增值在一倍至两倍（含两倍）的收取40%；两倍以上的收取50%。

土地使用权转让价格明显低于市场价格的，县政府有优先购买权。土地使用权转让价格不合理上涨时，县政府可采取必要的措施进行调节。

第二十四条　土地使用权转让后，需要改变土地使用权合同规定用途和规划要求的，依照本规定第十六条办理。

第四章　土地使用权出租

第二十五条　土地使用权出租是指土地使用者作为出租人将土地使用权同地上建筑物、其他附着物租赁给承租人使用，由承租人向出租人支付租金的行为。

第二十六条　土地使用权出租需具备以下条件：

（一）具有土地使用权出让合同；

（二）应按土地使用权出让合同规定的期限和条件投资、开发、利用的土地；

（三）出租的土地必须按出让合同规定的用途使用。

第二十七条　土地使用权出租，出租人应向土地管理部门提出书面申请，经审查同意后方可出租。

第二十八条　土地使用权出租，出租人与承租人应当签订租赁合同。

租赁合同自签订之日起十五日内，租赁双方应持土地使用权出让合同和租赁合同到土地、房产管理部门办理登记。未办理登记的租赁合同无效。

第二十九条　土地使用权出租，该地块发生增值的，出租人应按土地使用权年租金的20%～40%向县土管部门缴纳土地增值费。

第三十条　土地使用权出租后，出租人必须履行土地使用权出让合同，需要改变用途的，按本规定第十六条办理。

第三十一条　土地使用权出租期满后，十日内租赁双方应到县土管部门办理注销登记。

第五章　土地使用权抵押

第三十二条　土地使用权抵押，是指土地使用者提供可供抵押的土地使用权，作为按期清偿债务的担保行为。

第三十三条　土地使用权抵押需具备以下条件：

（一）具有国有土地使用权出让合同；

（二）持有《国有土地使用证》；

（三）具有合法的地上建筑物、其他附着物产权证明。

第三十四条　以土地使用权抵押时，其地上建筑物、其他附着物随之抵押。以地上建筑物、其他附着物抵押时，其使用范围内的土地使用权随之抵押。土地使用权抵押只能抵押土地使用权出让合同规定使用年限余期使用权。

第三十五条　抵押人在作出抵押决定后，应向土地管理部门提出书面申请，经审查同意后方可进行抵押。抵押人与抵押权人要签订抵押合同，所签订的合同必须符合国家法律和法规的规定，不能违背土地使用权出让合同或转让合同的规定。

第三十六条　抵押合同自签订起十日内，抵押双方持土地使用证、土地使用权出让合同、抵押合同，到土地、房产管理部门办理抵押登记，缴纳抵押登记费。未办理登记的抵押合同无效。

第三十七条　抵押人到期不履行债务或抵押人在抵押合同期间宣告解散破产的，抵押权人有权依照国家法律、法规和抵押合同的规定处理抵押财产。因处理抵押财产而取得土地使用权的，在取得土地使用权之日起十日内持土地使用证、土地使用出让合同、抵押合同书，到土地、房产管理部门办理土地使用权，房屋产权变更登记，按规定标准缴纳变更登记费。未办理登记的土地使用权、建筑物所有权不受法律保护。

第三十八条　抵押权因债务清偿或其他原因消失的，抵押双方应到土地管理部门办理注销抵押登记。

第六章　土地使用权终止

第三十九条　土地使用权因出让合同规定的使用年限届满、提前收回及土地灭失等原因终止。

第四十条　土地使用权期限届满，土地使用权及其地上建筑物、其他附着物所有权由国家无偿取得。合同规定允许另行处理的除外。土地使用者应在土地使用权终止十五日内交回土地使用证，并办理注销登记。

第四十一条　土地使用权期满，土地使用者如需继续使用，必须在期满前六个月向土地管理部门提出书面申请，经批准，重新签订合同，支付出让金，并办理登记。土地使用者未经办理续用手续，土地使用权和地上建筑物及其他附着物所有权由国家无偿取得，土地使用者应当交还国有土地使用证，并办理注销登记。

第四十二条　依法取得的土地使用权受法律保护，在合同规定的使用期限内不得任意收回使用权。在特殊情况下，根据社会公共利益的需要，可以依照法定程序提前收回土地使用权，并给予相应的补偿。

第七章　划拨土地使用权

第四十三条　划拨土地使用权是指土地使用者通过除出让土地使用权以外的其他方式依法取得的土地使用权。土地使用者应当依照《中华人民共和国城镇土地使用税暂行条例》的规定缴纳土地使用税。

本规定颁布之日起使用国有土地未按出让办理的，全面实施有偿划拨。划拨费的标准，按省有关规定每平方米 15 元 ~ 45 元的标准执行。

第四十四条　划拨土地使用权的土地使用者必须符合下列所有条件，经县土地、房产管理部门批准，其划拨土地使用权和地上建筑物、其他附着物所有权可以转让、出租、抵押：

（一）土地使用者为公司、企业、其他经济组织和个人；

（二）领有国有土地使用证，或具备合法的划拨土地使用权批准文件的；

（三）具有地上建筑物、其他附着物等合法的产权证明；

（四）依照本规定第二章的规定，经申请批准，签订土地使用权出让合同，补交土地使用权出让金或者以转让、出租、抵押所获收益抵交土地使用权出让金的。

前款规定通过划拨获得土地使用权的土地转让、出租、抵押，必须分别依照本办法第三章、第四章和第五章的规定办理。

第四十五条　划拨土地使用权的土地使用者，因迁移、解散、撤销、破产或者其他原因而停止使用土地的，县人民政府将无偿收回其土地使用权，并可依照本规定予以出让。

第四十六条　对划拨的土地使用权，县人民政府可以视经济建设需要无偿收回，并可依照本规定予以出让。

无偿收回划拨土地使用权时，对其地上建筑物、其他附着物，县人民政府根据实际情况给予适当补偿。

第四十七条　划拨土地使用权补办出让手续，其出让期限由县土管局根据城市总体规划，在与土地使用者签订土地使用权出让合同时商定，但最高年限必须符合本办法第十一条的规定。

第四十八条　鼓励原行政划拨取得土地使用权的中方企业、公司和其他经济组织以国有土地使用权作为投资、合作条件与外商合办企业，其国有土地使用权投资入股获得收益，40%上交政府，其余60%作为企业中方收益或作为中方扩股股金。

第八章　附则

第四十九条　土地使用者应当依照国家税法的规定纳税。

第五十条　土地管理部门负责统一收取国有土地使用权出让金、转让增值费、出租受益金、土地使用费以及不予退还的定金等，除提留3%作为业务费及按有关文件规定上交国家、省、市外，其余定期上缴县财政用于城市基础设施建设和土地复垦开发的专项基金。

第五十一条　按扬州市政府有关文件规定，未经批准擅自转让、出租、抵押土地使用权的单位和个人，县土地管理部门有权没收其非法收入，并可以根据情节处以每平方米15元以下的罚款。

土地使用者未按合同规定的期限和条件开发、利用土地的，土地管理部门有权责令其纠正，并根据情节可以给予警告或每平方米15元以下的罚款处理。在限期内拒不改正的，出让方有权解除合同，提前收回土地使用权，没收地上建筑物及其他附属物。

土地使用者未按期缴纳相关费用的，县土地管理部门除限期追缴外，自滞缴之日起每日按应缴纳费额的5‰加收滞纳金。

第五十二条　按扬州市人民政府有关文件规定，对瞒报、谎报转让、出租、抵押所获收益，逃漏土地使用权出让金的按下列规定处理：

（一）当事人申报的转让成交总额明显低于市场转让价格的，县人民政府可按申报价格优先购买；

（二）当事人瞒报、谎报租金数额的，县土地管理部门应责令其补交逃漏的土地使用权出让金，并可处以逃漏金额五倍以下的罚款。

第五十三条　县土地管理部门未按合同规定提供土地使用权的，土地使用者有权解除合同，并可以请求违约赔偿。

第五十四条　一九九〇年五月十九日《中华人民共和国城镇国有土地使用权出让和转让暂行条例》颁布施行后至本规定施行前转让、出租、抵押土地使用权的，以土地使用权入股投资的，应在收到县土管局要求办理申报手续通知单之日起六十日内到县土地管理部门如实申报登记。逾期不申报登记，本办法施行后又继续转让、出租、抵押土地使用权的按本办法第五十一条规定从重处罚。

第五十五条　当事人对县土地管理部门行政处罚不服的，可按《行政复议条例》和《行政诉讼法》的有关规定申请复议和起诉，不起诉又不履行的，由县土地管理部门申请县人民法院强制执行。

第五十六条　本规定自一九九三年九月一日起施行。过去有关规定与本规定不一致的，按本规定执行。

第五十七条　本规定由县土地管理局负责解释。

（五）

关于加强基本农田保护管理的意见

（1995 年 10 月 12 日靖江市人民政府靖政发〔1995〕200 号）

根据《江苏省基本农田保护条例》和《江苏省划定基本农田保护区技术规程》（试行），我市自下而上开展了划定基本农田的工作，制定了 1994-2030 年的基本农田保护规划，并分别报经乡镇人大、市人大审议通过。为落实基本农田保护规划，现就加强我市基本农田保护管理工作提出如下意见：

一、坚决贯彻执行国务院《基本农田保护条例》和《江苏省基本农田保护条例》的各项规定。

二、我市已划定的基本农田保护区范围内的基本农田，任何单位和个人不得擅自改变或者占用。国家能源、交通、水利等重点建设项目选址，确实无法避开基本农田保护区，需要占用基本农田的，必须报经省人民政府批准。经批准同意进行建设的，方可按照建设用地审批权限和程序办理用地审批手续。

凡占用基本农田的必须按“占一补一”的原则，组织再造。用地单位除按国家和有关规定缴纳有关税费外，政府增收征地费用总额的 2 至 3 倍的造地补偿费。

三、建立基本农田建设保护基金。基本农田建设保护基金主要由造地补偿费、荒芜、耕地占用税地方留成部分构成。

基本农田建设保护基金由市各有关职能部门负责收取，上缴市地方财政部门管理，专项用于基本农田的再造、规划、建设和管理，确保基本农田面积的相对稳定和质量的逐步提高。

四、依据《江苏省基本农田保护区条例》规定，市、乡镇、村逐级签订基本农田保护责任书。基本农田保护责任人的主要职责是：

1.监督并保护其管理范围内的基本农田不受破坏，坚决与破坏基本农田的行为作斗争，确保在基本农田保护的范围内做到：

（1）未经省人民政府批准，不准单位和个人建房或建砖瓦窑；

（2）不准弃耕、抛荒；

（3）不准毁田取土或开挖鱼塘；

（4）不准葬坟；

（5）不准破坏农田水利、交通等基础设施，及向农田排放有害农业生产的污染物；

（6）不准损坏基本农田保护标志牌。

2.带领并组织农业生产承包户增加对基本农田的建设投入，运用先进的农业科学技术，努力提高基本农田的产出率，把基本农田建设成为高产稳产的“吨粮田”。

3.参加基本农田保护的评比活动，协助各级政府处理破坏基本农田保护的案件。

五、各乡镇、村、组应在国家法律法规和政策的基础上制定保护基本农田的村规民约，落实基本农田保护措施和建设高产稳产基本农田的计划。

六、严格建设用地管理制度。非农业建设应安排在建设预留区和阶段性保护区（二级农田保护区）内进行。建设用地审批时必须严格执行土地利用总体规划，贯彻实施土地利用总体规划“一表、一图”的审批制度。

七、基本农田被占用、再造或再补及其他原因发生变更的，须重核定范围的，由市人民政府对土地管理部门制定调整方案并报原批准机关审核。

八、大型建设项目施工，因材料堆放、运输和其他临时需要，确需占用基本农田的，用地单位必须向市土地管理局提出临时用地申请（临时用地不得超过二年），经批准后方可使用。临时用地申请中须制订恢复耕种的具体措施和对基本农田基础设施的保护措施，并缴纳复垦保证金。

九、对破坏或者擅自改变基本农田保护区的保护标志的，由市土地管理部门责令恢复原状，并处500元以下罚款。

对未经批准擅自占用基本农田进行建设，严重毁坏种植条件的，依照《中华人民共和国土地管理法》的规定责令限期治理，并处被毁坏耕地每平方米16元以下的罚款。

十、对人为造成基本农田抛荒的应限期耕种，在恢复耕种前，每年收取荒茺费。

十一、对基本农田建设、保护和管理作出显著贡献的单位和个人，市人民政府给予奖励和表彰。

十二、一切单位和个人都有保护基本农田的义务，履行基本农田保护的乡规民约的责任，对侵占、破坏基本农田以及其他不法行为有检举、控告的权利。

（六）

市政府关于加强国有土地有偿使用管理的意见

（1999年3月2日靖江市人民政府靖政发〔1999〕41号）

各乡镇人民政府，各市委、办、局（公司），市各直属单位：

为进一步加强土地资产管理，规范国有土地使用权流转秩序，优化土地资源配置，确保土地资产保值增值，促进社会经济的可持续发展，根据《中华人民共和国土地管理法》《中华人民共和国土地管理法实施条例》《中华人民共和国城市房地产管理法》及省、市有关土地管理的法规、政策，结合我市实际情况，对全市土地资产管理提出如下意见：

一、试行土地资产统一管理，高度垄断土地一级市场

土地既是不可再生的资源，更是重要的资产。加强土地资产管理，有利于强化政府对土地的宏观调控和对土地一级市场的垄断，有利于推进土地供给引导、制约需求新机制的形成，有利于集聚资金、为城市基础设施建设提供稳定的资金来源。为实现政府对土地一级市场的高度垄断，市政府决定成立靖江市土地资产管理委员会，负责土地资产的宏观管理工作，成员由计委、经委、建委、国土、物价、财政、工商、监察、乡企局、开发区等部门的主要负责人组成，协调解决土地资产营运工作中的有关问题。全市土地资产的营运工作由市国土局具体负责。

加强土地利用计划管理，实行建设用地总量控制。对非农建设用地实行严格的计划管理。各用地单位必须在每年年底前向市计委、国土局提出下年度用地计划申请。市计委和国土局根据省、市切块安排的建设用地计划和由市土地资产管理委员会组织有关部门集体研究确定的供地计划（上年底未申报用地计划的原则上不安排供地计划），依据土地利用总体规划和城市总体规划确定的年度建设区，并由市建委会同有关部门根据建设区内用地单位的实际情况研究制定切实可行、详细的功能分区规划，分别下达用地计划。未确定为年度建设区的，任何部门都无权批准用地。

实行土地用途管制，充分发挥土地利用总体规划的宏观调控作用。所有建设用地都必须按照土地用途管制的要求进行规划审查，符合土地利用总体规划方可批准用地，对不符合土地利用总体规划、基本农田保护规划以及没有“占一补一”造地方案的建设项目用地一律不予审批。

加强土地市场管理，规范土地市场秩序。凡实行国有土地使用权有偿出让的单位和个人，土地使用权可依法转让、出租、抵押；对通过行政划拨方式取得土地使用权的单位和个人，必须在补办出让手续和补缴出让金后，依法进行流通。对各类土地自发交易行为，进行全面清理，凡有转让、出租划拨土地使用权及其改变土地用途的单位和个人，都必须主动到市国土局申报土地交易情况，补办出让手续，补缴出让金，办理土地登记手续，杜绝土地擅自交易行为，逐步建立公开、公平、公正的市场管理秩序，规范土地市场的管理。

加强土地价格管理，加快建立城乡地价体系，及时修订基准地价，建立基准地价和标定地价评估的公布制度。凡出让、转让、出租、抵押土地使用权，都必须经具有资质的土地估价机构进行地价评估，评估结果报市国土局和物价局确认。

二、切实加强土地资产管理，依法规范土地有偿使用制度

（一）在本市范围内，除法律法规规定可以继续以行政划拨方式取得土地使用权外，其他一切单位和个人均应实行土地有偿、有限期使用。如在本《意见》实施之前已通过行政划拨方式获得土地使用权的，可补办出让手续，一次性支付出让金，也可采取租赁方式按年支付租金。

房地产开发一律实行公开招标、竞价出让供地。改制企业根据不同的改制方式采取出让、租赁、作价出资或入股方式处置，对改制企业租赁土地使用权，由市国土局代表市政府与土地使用者签订租赁合同，按年收取租金，按规定解缴市财政。对破产企业进行土地资产处置，应先由市国土局办理收回土地使用权手续，再组织出让，土地出让收益在按规定缴纳有关税费后，上缴财政10%，其余90%用于破产企业的职工安置。

行政事业单位通过行政划拨获得的土地使用权，现已出售、出租、转让（包括联建）的，必须依法办理土地有偿使用手续，补交出让金或年租金。

凡通过行政划拨方式获得国有土地使用权，一年以上未动工建设的，按规定缴纳土地闲置费；连续二年未使用的，经原批准机关批准，由市人民政府无偿收回用地单位的土地使用权，由市国土局统一管理，进行有偿处置。

对于企业改变原批准用途或部分改变用途的以及各类经营性用地均应依法办理有偿使用手续。

以国有土地使用权为条件进行联建、联营、入股等，应依法完善土地有偿使用手续，签订土地出让合同，交纳出让金。任何单位都不得以任何形式擅自将行政划拨的土地转让、出租。

集体土地不得进入市场流通。过去利用集体土地从事各类土地开发活动的单位和个人必须依法补办征地和土地出让手续。

（二）自本《意见》实施后，各类新增建设用地（法律、法规规定的除外），由市国土局按照市土地资产管理委员会确定的年度建设用地计划实行统一征用后，再出让给建设用地单位。

凡用地单位需新征土地，计委、经委、建委、国土、乡企局、开发区等部门要对该单位原使用的土地按行业用地标准进行核查，尽可能地盘活原有存量土地。老城区的企业“退二进三”必须符合土地利用总体规划和城市建设总体规划的要求，依法办理土地出让手续，补交土地出让金。

加强土地使用权出让金、年租金的征收和管理。凡征用城区的土地（含国有、市属企业存量土地）用于商品房开发等用途，进行竞价出让的，其出让金按规定交纳有关税费后，10%用于土地开发，40%由市政府统筹使用，50%由市财政经市政府批准用于城市建设。乡镇集镇建设实行有偿供给的土地，其出让金按规定缴纳有关税费后，10%由市统筹使用，10%用于土地开发，80%作为市政府投入集镇基础设施建设资金。

（三）建立土地收购储备机制。凡行政划拨给单位、个人使用而没有实行有偿使用的土地，城市建成区规划建设的各类土地，征而未用超过两年的土地，建成区外因基础设施等建设需收购储备的土地，由市政府授权市国土局依据城市发展规划，安排收购储备，有计划地投放市场。收购储备的土地，待再行出让后，按征地时的政策规定支付原用地单位的征用费用（无偿收回的土地除外）。

（四）建立健全土地登记制度。依法登记的土地受法律保护，单位和个人依法登记的土地，要按规定进行年检，土地使用权转让、房屋买卖连同土地使用权转移、土地使用权抵押、出租的，均须到市国土局办理土地变更登记手续，不办理土地变更登记手续的按违法用地处理。

三、严格土地执法监督，确保土地管理有序进行

为维护国有土地资产营运安全和土地市场的正常秩序，加强我市土地资产管理，维护土地资产管理秩序，建立起符合我市市情和适应社会主义市场经济体制要求的现代土地资产管理和地政监督体系，必须严格土地执法监督，制止各类违法用地行为，坚决打击扰乱土地市场，导致土地资产流失的土地投机行为。

建立健全土地监察网络，进一步强化土地执法监察。建设、国土部门要充分发挥各自的职能作用，做到定期巡回监察。全市各类建设用地由市国土局依法与村组签订征地包干用地协议，实行统一征用，杜绝用地单位擅自与村组签订协议。凡以出让方式取得的国有土地使用权，未按法律法规规定的期限和条件开发、利用的，其土地使用权不得转让；非法转让的，对其依法处理，没收其非法所得，直至终止其土地使用权。

市计委、经委、建委、国土局、财政局、物价局、工商局、公安局、乡企局、开发区、体改办等职能部门必须在市土地资产管理委员会的统一协调下，通力协作，步调一致，形成合力。市计委、建委、国土等部门要加强联系和协调，加大对各类违法用地、违法（章）建设的查处，凡未经批准的，有一例查处一例，绝不姑息迁就，情节严重的要追究单位负责任和当事人的责任；市计委要会同市建委、经委、国土局、乡企局、开发区做好用地项目前期论证，对项目用地进行土地利用规划和年度用地计划审查；工商部门应配合国土管理部门加强对经营单位经营场地合法性的检查；建设部门在办理房屋所有权登记发证时，必须有房屋所有者提交的依法登记的土地使用证，方可发放房屋所有权证；监察、财政、公安等部门要加强与计划、国土、建委等部门的协作，联合打击违法用地行为；宣传、司法、新闻等部门要积极配合国土管理部门继续广泛深入地宣传土地国情、国策和法律、法规，宣传土地有偿使用的重大意义；监察部门要加强对各职能部门的效能监督与检查，确保各职能部门通力协作，严格履行各自职责，促进全市国有土地资产良好运行。

（七）

关于完善农村承包土地流转机制的意见

（2000年9月12日中共靖江市委员会、靖江市人民政府（靖发〔2000〕61号）

各乡镇党委、人民政府，市委各部门，市各委、办、局（公司），市各直属单位：

为进一步落实农村土地承包政策，切实解决土地抛荒问题、搞好农业产业化经营，促进农业结构调整，根据上级有关文件精神，结合我市实际，现就完善土地使用权流转机制提出如下意见：

一、指导思想

第一条　加强农村集体农用土地的流转管理，要以建立社会主义市场经济体制和解放、发展农村生产力为目的，从明确所有权、稳定承包权、搞活使用权入手，建立和规范农村集体农用土地使用权的流转制度。

二、基本原则

第二条　农村承包土地的流转，应以国家的法律、法规、政策为依据，以坚持家庭承包经营制度不变、坚持自愿互利、有偿使用为前提。

第三条　不得以任何形式改变农村土地集体所有的权属关系。农村集体土地依法属于村民集体所有，由农村集体经济组织经营管理，在尚未建立村集体经济组织的地方，可暂由村民委员会代行经营、管理权。

第四条　依法保护土地资源，坚持基本农田保护制度，合理使用土地，不得擅自改变耕地用途进行非农建设。对地多人少的村组，在基本农田保护区内经批准可以从事林果、蚕桑、水产生产。

第五条　集体土地使用权流转期限不得超过原承包合同约定期限中的剩余

期限。

第六条　土地承包经营权流转，必须充分尊重群众意愿，因势引导，循序渐进。严禁不顾群众意愿，借用行政手段搞强迫命令，搞“一刀切”。

三、流转形式

第七条　转包。原承包方将承包土地的部分或全部转包给第三者，必须签订转包合同，并在转包合同中明确双方权利和义务。转包期内，原土地承包合同仍然有效，原发包方、承包方必须继续承担原土地承包合同规定的权利和义务。

第八条　转让。原承包方将承包土地的全部权利、义务转让给第三者，必须签订转让合同。土地承包经营权转让后，原土地承包合同规定的权利、义务全部由第三者承担，原发包方、承包方确定的权利、义务关系终止。

第九条　租赁。原承包方将承包土地经营权出租的，当事人双方必须依法签订租赁合同。原土地承包合同规定的权利、义务仍由出租方履行，如转由承租方承担的，要在租赁合同中作出明确规定。

第十条　互换。因村镇建设规划以及农业结构调整等原因，需要在集体土地承包者之间、不同集体经济组织之间进行土地置换的，均可交换不同方位、等级、类型的地块，并依法签订合同。互换双方若是集体经济组织，互换后涉及土地权属变更的，需经多数村（组）民同意并报镇政府批准后进行互换。农户互换承包土地，原土地承包合同规定的权利、义务由原承包户承担。经发包方同意，原承包合同规定的权利、义务也可随土地承包经营权互换而转移。

第十一条　入股。在有条件的地方，允许集体经济组织及其成员将拥有土地承包经营权折价入股于股份制或股份合作制农业企业。以土地经营权入股必须及时取得入股企业的股权证明。土地承包经营权入股期间，承包土地的经营权归企业，土地承包权仍归承包者，承包合同规定的权利、义务仍由原承包者承担。入股企业经营期满或其他原因退股的，应及时按规定办理注销手续，承包土地经营权即归原承包者。

第十二条　在搞好承包土地流转的同时，可在有条件的地方探索土地适度规模经营，但必须要充分尊重群众意愿。对城郊结合部，可以组为单位，统一规划，集中投入，分户承包、建立高标准的设施农业基地。

四、流转程序

第十三条　要求进行土地流转的农户，事前应向村经联社或村民委员会提出申请，村经联社或村民委员会应在接到申请后的15日内作出准予或不予流转的答复。对规模经营户需要使用土地的，村经联社或村民委员会接到申请后，应主动做好土地流转的协调工作。

第十四条　在村经联社或村民委员会同意流转的基础上，转出与转入双方应在平等互利的基础上，认真协商，签订相应的流转合同。流转合同的主要条款为：双方的权利、义务、承包金上交、违约责任及需说明的其他事项。

第十五条　农村集体土地使用权流转合同的签订必须严格按规定程序进行，坚决维护流转合同的严肃性。在流转合同规定的期限内，不得以任何借口提前终止流转合同。

第十六条　各镇经管站要统一土地流转文本，规范操作程序，完善各项手续，确保土地流转规范、合法。承包土地经营权流转合同，由各镇经管站负责审核鉴证。如合同条款缺项，文字不严谨、手续不完备等，一律要完善后重新签订，依法需要公证的，应到公证机关依法办理公证手续。

五、有偿使用

第十七条　承包土地经营权流转，一律实行有偿使用。在明确流转双方权利、义务时，不仅要坚持互惠互利的原则，还要兼顾到国家、集体、个人三者利益的关系。

第十八条　承包土地经营权有偿使用费标准，应由发包方及转出、转入三方协商确定。

六、强化服务

第十九条　农村集体土地使用权的流转工作，政策性强，涉及面广，事关农村经济发展与社会稳定的大局，各镇党委、政府必须高度重视，切实加强对这项工作的领导。

第二十条　市各有关职能部门要转变职能，顾全大局，密切配合，通力协作，共同抓好这项工作，推动我市农村经济的持续、稳定、健康发展。

（八）

靖江市国有土地储备实施办法

（2005年4月27日靖江市人民政府靖政发〔2005〕60号）

第一章　总　则

第一条　为加强国有土地资产管理，优化土地资源配置，合理利用土地，根据《中华人民共和国土地管理法》、《江苏省国有土地储备办法》、《泰州市城市土地储备实施办法（试行）》（泰政发〔2000〕119号）的规定，结合我市实际，制定本办法。

第二条　市行政区域范围内的国有土地储备事宜，适用本办法。

第三条　本办法所称土地储备，是指市土地储备中心受市政府委托，依据本办法的规定，将依法取得的国有土地予以储存，通过前期开发利用等形式，有计划地盘活存量土地资产，有效配置土地资源的行为。

第四条　市土地储备中心受市政府的委托，具体负责土地收购、储备、前期开发利用和土地市场交易的有关工作。

市发改委、国土、规划、建设、财政、监察、审计、物价等部门应按各自职责，做好土地储备的相关工作。

第二章　土地储备范围及要求

第五条　下列国有土地可以通过依法无偿收回或者依法补偿收回后纳入储备：

（一）土地出让等有偿使用合同约定的使用期限届满，土地使用者未申请续期或者申请续期未获批准的土地；

（二）因单位撤销、迁移等原因停止使用原划拨的国有土地；

（三）经核准报废的公路、铁路、矿场等用地；

（四）依法收回的闲置土地；

（五）土地违法行为被查处后依法收回的土地；

（六）为公共利益需要使用的土地；

（七）为实施城市规划进行旧城区改建，需要调整使用的土地；

（八）其他依法收回的土地。

第六条　下列国有土地可以通过收购、征收征购纳入储备：

（一）土地使用权转让申报价比标定地价低20%以上，由政府优先购买的土地；

（二）以出让方式取得土地使用权后，在法定期限内未按照出让合同约定开发的土地；

（三）土地使用权人申请政府收购的土地；

（四）政府为实施城市规划指令征收征购的土地；

（五）企业改制后工业用地改为经营性用地的土地；

（六）其他依法收购的土地。

第七条　不予收购储备的范围：

（一）权属不清的土地；

（二）抵押、查封未解除的土地；

（三）其他不符合收购条件的土地。

第八条　土地储备实行预报制度。凡符合本办法储备条件的国有土地，原用地单位或其主管部门应提前报告市土地储备中心，列入土地储备计划。

第九条　市土地储备中心应根据土地利用总体规划和城市建设规划以及城市规划区内的土地实际情况，制定土地储备计划。

第十条　集体所有土地需要储备的，必须依法办理土地征用手续征归国有。

第十一条　土地收回、收购储备应当办理土地权属变更登记手续。

第十二条　土地使用权被收回、征收征购的单位或个人，必须按合同约定的期限交付土地，并配合做好土地储备的相关工作。

第三章　土地使用权收回、征收征购储备

第十三条　凡政府征收征购的土地和依法收回的土地，直接由市土地储备中心进行储备。

第十四条　土地征收征购的一般程序：

（一）申请收购。土地使用权人应持有关资料申请市土地储备中心进行收购。

（二）权属核查。市土地储备中心依法对申请人提供的土地和地上物权属、土地面积、地上附着物、四至范围、土地用途等情况进行实地勘查和审核。

申请人已将收购四至范围内的土地或地上建构筑物抵押给第三者的，必须由申请人办理解除抵押权手续后方可申请收购储备。

（三）规划确定。市土地储备中心根据申请人提出的申请和实际调查的情况，由规划部门确定规划用途。

（四）费用测算。市土地储备中心根据调查和征询意见结果，在地价评估的基础上，会同市财政等部门进行土地收购补偿费的测算；实行土地置换的，进行相应的土地费用测算。

（五）方案报批。市土地储备中心根据土地权属、规划用途、收购费用测算结果，提出土地收购的具体方案，经市土地行政主管部门审核后报市政府审批。

（六）签订合同。收购方案批准后，由市土地储备中心与原土地使用权人签订《国有土地使用权收购补偿合同》。

（七）收购补偿。市土地储备中心根据《国有土地使用权收购补偿合同》约定的金额、期限和方式，向原土地使用权人支付土地收购补偿费用；实行土地置换的，进行土地置换的差价结算。

（八）权属变更。市土地储备中心根据《国有土地使用权收购补偿合同》约定，原土地使用权人与市土地储备中心共同向土易地行政主管部门申请办理权属变更登记手续；涉及地上建筑物的，依法办理房屋权属变更登记手续。

（九）交付土地。根据《国有土地使用权收购补偿合同》约定的期限和方式，原土地使用权人向市土地储备中心交付被收回、收购的土地和地上附着物；被收回、收购的土地使用权一经交付，即纳入土地储备。

第十五条　国有土地使用权人申请土地收回、收购应当提供下列资料：

（一）土地使用权收购申请书；

（二）申请人身份证明。申请人是法人的，应提供法人资格证明和法定代表人的身份证明；

（三）授权委托书；

（四）营业执照；

（五）土地使用权证；

（六）有地上建筑物的，须提供房屋所有权证；

（七）被收购土地的 1∶500 平面图；

（八）主管部门意见；

（九）其他需要提交的资料。

第十六条 《国有土地使用权收购补偿合同》应包括以下内容：

（一）收购土地的位置、面积、用途及权属依据；

（二）土地收购补偿费用及其支付方式和期限；

（三）交付土地的期限和方式；

（四）双方约定的其他权利义务；

（五）违约责任；

（六）争议解决方式。

第十七条 《国有土地使用权收购补偿合同》一经签订，即产生法律效力，双方当事人必须全面履行合同约定的各项义务。

第十八条 土地收购补偿费的确定依据及程序

（一）收购划拨土地的补偿费：按原用途和新规划用途评估价的中间价确定（其中退让红线面积部分按原用途评估确定），公式（原用途评估价 + 新规划用途评估价）÷ 2= 收购价。

（二）收购以出让方式获得土地使用权的土地，其收购补偿费的确定：先将土地使用权人实际支付的土地出让金扣除其实际使用土地期间应支付的出让金后的剩余部分补偿给土地使用权人，再按第一项进行评估补偿。

（三）新征储备的国有土地按征收征购实际发生的土地补偿费、安置补助费、青苗费、拆迁安置补偿费、省、市规费、出让业务费等费用确定。

（四）收购土地上的建、构筑物与附着物的补偿费参照评估价确定。

（五）确定土地收购补偿费的程序：

土地价格由具有土地评估资质的评估机构评估，地上建、构筑物与附着物由具有房屋评估资质的评估机构评估。市土地储备中心参照评估结果拟订收购补偿预案，经财政、审计、国土、监察等部门集体讨论，形成正式收购补偿方案后报市政府审批，市土地储备中心按审批意见予以实施。

第十九条　实施收购的土地如原使用人是以出让方式取得土地使用权的，原《国有土地使用权出让合同》自《国有土地使用权收购补偿合同》生效之日起自行终止，并由土地行政主管部门办理注销登记。

第四章　储备土地的前期开发利用

第二十条　市土地储备中心可以对收回储备的土地通过以下方式进行土地前期开发利用：

（一）前期开发。市土地储备中心在储备土地上市交易前，依照法律、法规完成地上建、构筑物及附属物的拆迁和“七通一平”等前期开发工作。

（二）土地利用。在收购储备的土地使用权上市交易前，市土地储备中心经依法批准后可将储备土地使用权单独或连同地上建、构筑物及附属物出租、抵押、临时改变用途。

第二十一条　储备土地开发利用中涉及土地使用权单独或连同地上建筑物出租、抵押、临时改变用途及地上建筑物及附属物拆迁的，市土地储备中心持有关用地批准文件及《国有土地使用权收购补偿合同》，依法到有关部门办理审批或登记手续。

第二十二条　储备土地使用权，其地上建筑物及附着物需实施拆迁或前期开发的，市有关部门应根据市土地储备中心的申请，办理立项、规划审批等手续。

第二十三条　市土地储备中心应将储备土地的信息定期向社会公布。

第二十四条　市土地储备中心应对收购储备土地进行收购、前期开发成本的测算，拟定储备土地的出让方案。

第二十五条　在储备土地出让前，市土地储备中心根据城市建设规划的要求和土地出让年度计划，确定出让地块的坐落、四至范围、出让面积及用途，并按相关规定向社会公开发布土地出让信息。

第二十六条　市土地储备中心储备的土地，用于房地产开发或经营性项目建设的，一律通过招标、拍卖、挂牌出让国有土地使用权的方式确定受让方。储备土地用于工业企业或公益设施建设的可通过招标、拍卖、挂牌出让国有土地使用权的方式确定受让方，经市政府批准也可通过协议出让国有土地使用权的方式约定受让方。

第五章　土地储备资金运作管理

第二十七条　市土地储备中心的资金实行独立核算，封闭运作。储备土地上市取得的出让金全部上缴市财政土地出让金专户，财政部门将土地出让金中的土地成本、营运经费和20%的储备土地净收益及时核拨给市土地储备中心。

第二十八条　土地储备资金可以通过财政拨款、银行贷款、储备土地收益或其他方式筹措。储备土地出让后的净收益主要用于城市基础设施建设和土地开发整理。

第二十九条　土地收购储备资金运作受财政行政主管部门的指导和监督。土地收购储备资金管理办法另行制订。

第六章　法律责任

第三十条　土地使用权符合收回条件，土地使用权人未申请进行土地储备而擅自转让土地使用权及其地上附着物的，有关部门不得为其办理审批和登记手续，并依照《中华人民共和国土地管理法》和《中华人民共和国土地管理实施条例》有关规定处罚。

第三十一条　市土地储备中心未按本办法规定支付土地收购补偿费的，原土地使用权人有权解除收购补偿合同，并可要求市土地储备中心赔偿相应的经济损失。

第三十二条　原土地使用权人未按办法规定交付土地及地上附着物的，或者在交付土地的同时，擅自处理其地上附着物的，市土地储备中心有权要求原土地使用权人改正并继续履行合同，并可要求原土地使用权人赔偿相应的经济损失。

第三十三条　有关土地收回、收购储备、前期开发利用、出让中的其他纠纷，争议双方可在合同（或协议）中约定向仲裁机构申请仲裁，或者向人民法院提起诉讼。

第三十四条　市土地储备中心的工作人员玩忽职守、滥用职权，给国家、集体造成重大损失的，根据情节轻重，依法给予相应的行政处分，构成犯罪的，依法追究刑事责任。

第七章　附　则

第三十五条　本办法自发布之日起施行。原《靖江市城市土地储备实施办法》（试行）同时废止。

（九）

关于进一步健全土地执法监管长效机制的意见

（2008年8月21日靖江市人民政府靖政发〔2008〕112号）

各镇人民政府（办事处），开发区管委会，市各委、办、局，市各直属单位：

为严格土地管理，认真落实党中央、国务院关于加强土地调控、严格国土资源管理的各项政策措施，积极预防、及时查处各类土地违法行为，提高土地执法水平，把最严格的土地管理制度落到实处，进一步规范全市国土资源管理秩序，健全各项土地执法长效管理措施，推进“土地执法模范市”创建工作，为经济社会可持续发展提供可靠的资源保障，特制定如下意见：

一、完善耕地保护共同责任机制，严格保护耕地和基本农田

对全市耕地保有量、基本农田保护面积、土地利用总体规划和年度计划执行情况、土地违法违规行为制止和查处工作，量化管理指标，明确具体责任，实行目标考核（耕地保护工作考核按靖政办发〔2008〕34号文件执行）。对耕地保有量和基本农田保护面积未完成目标任务的镇（园区、办事处），年终考核实行“一票否决”。

落实耕地保护行政首长负责制，镇人民政府（园区、办事处）主要负责人应对本行政区域内耕地保有量、基本农田保护面积、土地利用总体规划执行情况及土地违法违规行为制止和查处工作总负责。镇、村两级应根据上级部门下达的耕地保有量、基本农田保护面积指标，制定具体的保护方案和措施，实现耕地和基本农田在规划期内“面积不减少，质量不降低”。

严格执行土地利用总体规划和年度计划。未经批准不得擅自修改和调整土地利用总体规划。市政府根据全市项目情况统筹安排农用地转用计划指标。各类非农业建设经批准占用耕地的，必须先补后占，补充数量、质量相当的耕地，实现耕地占补平衡。

二、完善违法用地行为预防机制，确保土地违法行为早发现、早控制

各镇人民政府（园区、办事处）要根据《国务院关于加强土地调控有关问题的通知》（国发〔2006〕31号）规定，切实履行制止和组织查处土地违法违规行为的职责。要强化对各行政村土地违法违规行为发现、报告工作的考核，对辖区内发生的土地违法违规行为，要迅速组织力量予以制止，拆除违法违章建筑，恢复土地原状。对制止不住的，要及时向市政府报告。

市监察、发改、规划、住建、农业、工商、金融、供电、供水等部门和单位要根据《国务院办公厅关于严格执行有关农村集体建设用地法律和政策的通知》（国办发〔2007〕71号）的要求，在各自的职责范围内，切实加强监管，会同市国土资源局，制止土地违法行为。依靠司法强制力，进一步加大行政命令行为强制执行的力度，将违法用地行为制止在萌芽状态和初始阶段，加大对涉嫌土地犯罪行为的制止和打击力度，依法追究涉嫌土地犯罪人员的刑事法律责任。

市国土资源局作为国土资源管理、保护和节约集约利用的主管部门，要全面履行职责，积极预防违法违规用地行为的发生。要进一步完善土地执法动态巡查、土地监察信息员以及土地违法行为汇报、通报等制度，健全市、镇、村、组四级巡查网络，严格土地执法监管，确保土地违法行为发现得早、控制得住。

三、完善土地执法部门联动机制，严肃查处各类土地违法案件

建立健全市纪委、法院、检察院、发改委、公安局、监察局、法制办、国土局、规划局、住建局、城管局共同参与的联合执法机制，加强协调配合，形成土地执法合力。

为强化土地执法部门联动机制的有效实施，建立土地执法监管联席会议制度。联席会议由上述土地执法联动部门组成，其主要负责人为联席会议成员。联席会议着重研究、部署土地执法部门联动的相关事宜和重大土地违法案件的处理，根据需要随时召开。要充分发挥联席会议在查处、纠正土地违法违规行为中的作用，尽快探索建立公安派驻国土工作制度，通过严肃查处各类土地违法违规案件，逐步达到全市范围内土地“零违法”的工作目标。

联席会议各成员单位要在各自的职责范围内做好土地执法工作。全市范围内

“私搭乱建”等违法建设行为由市规划、城管部门及时组织处理；侵占耕地和基本农田的土地违法行为由市国土资源部门组织查处；对妨碍土地执法的，由市公安局依法依规处理；对发生的重大土地违法案件，涉嫌犯罪的，由市公安、检察机关依法处理；对需要强制执行的案件，及时申请市人民法院执行；对违法当事人需要追究行政责任的，由市监察局负责按章处理，真正做到既查事，又查人；对需追究党纪责任的，报请市纪委处理；需要市有关部门和镇级政府列席联席会议或配合查处的，相关单位应密切配合，共同做好土地执法工作。

四、完善土地执法问责奖惩机制，从严追究单位及相关责任人的责任

根据《违反土地管理规定行为处分办法》（监察部、人力资源和社会保障部、国土资源部 15 号令）的相关规定，进一步完善土地执法问责机制，对不履行或不正确履行土地管理职责的行为，将依法依规进行问责。

土地管理行政领导问责根据行政机关首长负责制的工作规则，坚持实事求是、权责统一、客观公正、有错必纠的原则，做到追究过错与责任相对应、行政问责与改进工作相结合、教育与惩戒相结合，在追究土地管理行政过错责任的同时，行政领导应当主动纠正错误，积极采取补救措施，尽量避免或者减少不良后果的发生。

凡不履行或不正确履行土地管理职责，致使辖区内发生严重的土地违法违规案件、耕地保护目标年度考核不合格等情形，或者发生严重损害土地所有权、使用权人合法权益的行为，必须依法依规追究行政领导责任。具体问责规定由市监察局、人事局、国土资源局制定。

（十）

关于开展土地执法模范市土地管理模范镇基本农田保护模范村创建活动的意见

（2009 年 3 月 9 日靖江市人民政府靖政发〔2009〕38 号）

为进一步巩固土地执法模范市创建成果，严格土地管理，建立健全土地执法监管长效机制，规范全市国土资源管理秩序，为实现我市第二个“五年大跨越”

提供强有力的资源保障，经研究决定，在全市开展“土地执法模范市”“土地管理模范镇”和“基本农田保护模范村”（简称“三模”联创）创建活动。现制定如下意见：

一、深刻认识开展“三模”联创活动的重要意义

开展“三模”联创活动，是新形势下加强土地管理，强化土地执法工作，切实保护耕地和基本农田，促进依法行政的重要举措。对于提高各级政府对土地管理工作重要性的认识，增强各级领导土地法制观念，依法合理利用土地，强化监督检查，规范土地市场行为，建立良好的土地管理秩序，有着积极推动作用。各镇、园区、办事处要从落实科学发展观，构建和谐社会的高度，进一步统一思想，充分认识开展“三模”联创活动的重要意义，要从“保增长、保稳定、促发展”的大局出发，凝聚各方合力，高度重视，积极开展“三模”联创活动，继续保持我市良好的土地管理秩序。

二、开展“三模”联创活动的主要目标和工作重点

开展“三模”联创活动的主要目标是：国土资源执法监察工作全面加强，土地管理责任制全面落实，全市土地管理秩序明显规范；被征地农民合法权益保障工作到位，实现“即征、即补、即保”；全市违法用地明显下降，无重大土地违法案件，违法用地宗数占新增建设用地总宗数比不超过5%，违法用地占用耕地面积占新增建设用地占用耕地总面积比例不超过3%，土地违法案件的结案率达到100%；土地信访工作规范，无越级上访和赴省进京上访；我市创建为省“土地执法模范县（市）”。

创建土地执法模范市的工作重点是：加强和改善土地执法监察工作，健全土地执法部门联动机制，推进土地节约集约利用，规范土地市场秩序，完善土地执法监管长效机制。主要举措是：落实耕地保护行政首长负责制，完善土地违法问责机制，建立落实土地管理责任制情况与干部提拔任用挂钩制度；对土地管理和执法工作量化管理指标，实行目标考核，对耕地保有量和基本农田保护面积未达标单位，年度考核实行“一票否决”；完善土地执法监管联席会议制度，形成土地执法合力。

创建土地管理模范镇的重点是：强化耕地保护，加大土地复垦整理力度，建立土地违法案件“早发现、早制止、早查处”机制，保障被征地农民合法权益，及时、就地化解各类土地信访矛盾，坚决杜绝赴省进京上访。主要措施是：积极开展村（居委）组干部国土资源法律法规培训；建立村（居委）组土地监察信息员队伍，组织开展土地联合执法，将违法用地行为消除在萌芽状态；严格执行征地补偿和被征地农民基本生活保障规定；坚持土地信访属地管理，依法、及时、就地处理各类土地信访矛盾。

创建基本农田保护模范村的重点是：根据《基本农田保护条例》等法规、规章规定，落实各项保护措施，坚守耕地红线，杜绝违法违规用地。主要措施是：严格执行基本农田“五不准”制度，基本农田保护责任落实到户；建立村（居委）、组土地监察信息员队伍，及时上报、制止各类违法用地行为；返还村（居委）、组征地补偿款在规定时间内发放到位，及时处理各类土地矛盾。

三、开展“三模”联创活动的方法步骤

开展“三模”联创活动的主体是市、镇两级政府和各行政村（居委）。各镇、园区、办事处要根据实际情况和自身特点，对照相应的工作要求和考核标准，明确工作重点，拟订工作方案，组织落实和实施。

具体实施步骤如下：

（一）宣传发动。各镇、园区、办事处要专题研究部署开展“三模”联创活动，运用多种平台，采取多种形式，广泛深入地宣传开展“二模”联创活动的重要意义、主要内容等，激发全社会参与“三模”联创活动的热情，营造良好的创建氛围。

（二）组织实施。各镇、园区、办事处制订“土地管理模范镇”创建工作方案和组织开展“基本农田保护模范村”创建实施方案，对照工作要求，具体组织实施，创建活动要富有特色，体现亮点。

（三）查纠整改。各镇人民政府、园区、办事处需在9月底前组织开展“基本农田保护模范村”创建考核验收，对发现的问题和不足，要制定针对性的措施，限期整改落实到位。

（三）考核评比。各镇、园区、办事处须于10月上旬向市政府报送申请创建达标验收报告，同时推荐3个“基本农田保护模范村”。市政府对各镇、园区、办事处创建活动进行综合考核验收，评选出2个“土地管理模范镇”、15个“基本农田保护模范村”，给予表彰和奖励。

四、加强领导，严格奖惩，确保“三模”联创活动各项任务落到实处

为推动“三模”联创活动的深入开展，市政府决定成立靖江市创建“土地执法模范市”活动领导小组，领导小组下设办公室，办公室设在市国土资源局内。各镇、园区、办事处也要相应成立领导小组和办公室，加强对创建工作的组织领导。市国土资源局要加强对创建工作的指导，帮助各镇、园区、办事处协调解决创建活动中出现的问题，提高创建活动的质量和水平，确保创建工作落到实处。市各有关部门要积极支持，主动参与，形成工作合力。

（一）结合实际，制订方案。开展“三模”联创活动重在改善和加强土地执法监察工作，推进依法行政。各镇、园区、办事处要认真研究制定切实可行的创建活动实施方案，做到“三个结合”，即与普法教育相结合，与日常土地管理工作相结合，与日常土地执法工作相结合。各镇、园区、办事处创建领导小组和工作方案在3月底前报市创建办公室。

（二）严格标准，注重实效。开展“三模”联创活动是全面加强土地管理工作的一种有效形式。只有在提高质量上下工夫，才能体现出好的效果。各镇、园区、办事处要根据《靖江市土地管理模范镇、基本农田保护模范村创建活动考核细则》的要求，逐条对照，逐项完善，确保台账资料齐全，用地行为规范，土地执法有序。在查纠整改阶段，要严格掌握标准，坚决防止走过场，确保创建工作的质量。

（三）表彰先进，树立典型。为鼓励先进，树立典型，更好地发挥先进的导向、示范作用，市政府将严格对照《靖江市土地管理模范镇、基本农田保护模范村创建活动考核细则》，对各镇、园区、办事处的创建工作进行专项考核，对成效突出的给予表彰和奖励。各镇、园区、办事处的创建考核得分为该单位本年度土地管理工作考核基本分，纳入市政府年度综合考核评分体系，占综合考核分值4分。被表彰为“土地管理模范镇”的，市政府奖励人民币8万元，被表彰为“土地管理先进镇”的，市政府奖励人民币4万元；被表彰为“基本农田保护模范村”的，奖励人民币2万元，各镇、园区、办事处在国土资源管理工作上如存在“一票否决”的事项，取消该单位本年度评先资格，对该单位行政负责人按相关规定予以问责。

（十一）

靖江市土地节约集约利用实施意见

（2010 年 6 月 30 日靖江市人民政府靖政发〔2010〕83 号）

合理利用土地资源，坚持节约集约用地，是建设节约型社会的重要环节，是保障经济社会可持续发展的迫切需要。为强化科学用地理念，进一步提高节约集约用地水平，根据有关法律法规，结合我市实际，特提出如下实施意见。

一、强化规划源头管理，严格耕地保护

（一）加强土地利用总体规划和年度用地计划管理。充分发挥土地利用总体规划对其他各类规划的指导和约束作用。城市总体规划、村镇规划、基础设施规划等其他各类规划要与土地利用总体规划相衔接，并将节约集约用地作为规划编制的重要依据。通过严格的规划管理，切实控制全市建设用地总量，减少农村建设用地总量；到 2020 年，全市农村建设用地总量比 2010 年减少 20%。加强年度用地计划管理。优先保障省、市以上重点建设项目及符合国家产业政策的工业项目用地。严格控制各类用地规模，市规划、国土部门在办理项目选址、预审时，执行《江苏省建设用地指标体系》（2006 年版）定额下限。

（二）全面落实土地管理和耕地保护责任制。严格按“政府主要负责人对本行政区域内耕地保有量和基本农田保护面积、土地利用总体规划和年度用地计划执行情况负总责”的总体要求，落实共同责任制。市政府定期组织对各单位履行《国土资源管理目标责任状》《耕地保护目标责任状》情况进行检查考核，考核结果作为各镇、办事处主要负责任年度工作业绩考核的重要依据。

二、强化存量建设用地管理，充分挖掘用地潜力

（一）加大闲置土地盘活处置力度。各镇（街道、园区、办事处）负责本辖区内闲置土地处置工作。凡土地闲置满两年的，依法无偿收回重新安排使用；满一年不满两年的，按出让土地价款的 20%收取土地闲置费。闲置费由各镇（街道、园区、办事处）配合市国土部门征收。对因特殊原因造成土地闲置的，由镇

（街道、园区、办事处）提出具体处置方案，按照一事一议报市节约集约用地领导小组审定，盘活后重新办理出让手续。对认定的闲置土地，市国土、房产等部门不得为土地使用人办理土地使用权、房产抵押登记手续。对辖区内闲置土地，各镇（街道、园区、办事处）必须在2011年6月底前全部处置到位，否则将停止办理该辖区新增建设用地项目的报批。闲置土地面积作为政府综合考评的扣分依据。

（二）充分挖掘农村建设用地潜力。切实加强农民集中居住工作。城市规划区外新建农民住宅，一律进入集中居住区，严禁原地翻建、扩建。严格控制集中居住点用地标准，户均占地面积不得超过0.4亩（含公共、基础设施用地）。各镇（街道、办事处）农民宅基地总面积每年须在前一年基础上减少百分之二以上。

（三）提高存量工业用地利用率。建立健全节约集约用地评价指标体系，定期开展节约集约用地评价工作。对符合产业集聚、布局集中、用地集约要求的镇、园区，优先安排建没用地指标。对利用存量土地，在符合城市规划、不改变原用途的前提下，经批准在原用地范围内新建、改建、扩建工业生产项目的，不另收土地出让金和城市建设配套费。对确认为低效利用土地，且未能在规定期限内整改到位的企业，有偿收回或批准转让该单位使用的部分或全部土地，并限制该单位在本市范围内再上新项目。对企业扩产或新上项目需要新用土地的，现有土地连续两年亩产税收须超过10万元。

三、强化新增工业用地管理，提高投入产出效率

（一）规范项目审批管理。积极优化产业结构，严格投资项目管理。发改、经信、规划、国土等部门须全程参与项目洽谈、引进，加强可行性研究和初步设计审查，严格执行国家《限制用地项目目录》和《禁止用地项目目录》，在建设项目建议书、可行性研究和前期方案审查阶段，将土地节约集约利用作为重点审查内容。对不符合用地控制指标要求的建设项目，发改部门不得批准、核准或备案，规划部门不得核发项目选址意见书，国土部门不得办理土地预审。

严格项目用地出让程序。规范工业用地竞价出让工作，发改、经信、国土等部门负责工业项目产业要求、准入条件、投资标准的审查等工作，切实把好产业政策关，国土部门按照“三通到位、熟地出让”的原则，凭发改、规划、环保等部门出具的意见编制招拍挂出让方案，增强工业用地市场竞争水平。对有税收、投资资本到位期限等特别要求的具体工业项目，市政府或开发区管委会可提出明确意见，并编入土地招拍挂出让方案，土地成交后由市政府或开发区管委会负责监督实施。

（二）实行建设用地定额指标管理按照。按照节约集约用地的原则，在满足功能和安全要求的前提下，健全各类工程建设项目用地标准，坚决核减超标准用地。根据我市经济社会发展实际，重点控制三方面指标：一是投资总量指标。进入靖江经济开发区和江阴—靖江工业园区内的新建工业项目，投资总量低于5000万元人民币的，一律不予单独供地，统一进入标准厂房，但经相关部门认定属高科技产业、具备较大发展潜力的项目，投资总量可适当放宽。二是投资强度指标。凡需新增建设用地的工业项目，投资强度每亩必须达220万元以上，企业注册资本金占项目投资总额比重原则上不低于25%（即亩均注册资本不低于55万元）。三是投入产出指标。工业项目在投产后的第一个完整生产年度内亩均税收（项目年度纳税总额/项目总用地面积）应达到10万元以上。未达到上述控制指标要求且能核减用地面积的，应予核减并按原出让价格收回，不能收回的，暂停办理产权登记，待限期追加投资、提高土地产出率后，再予办理土地和房产登记。

除安全、消防等有特殊规定或行业生产有特殊要求的项目外，工业用地容积率一般不得低于1.1，企业内部行政办公及生活设施用地面积不得超过工业项目总用地面积的6%。靖江经济开发区和江阴—靖江工业园区内的新建工业项目，除有特殊规定外，一般应建造2层以上多层厂房，不得建造单层厂房。鼓励建设项目拓展地下空间。在保障人防、城市公共安全设施建设的前提下，充分利用地下空间安排市政配套设施，鼓励项目建设单位对地下空间进行综合开发和利用。工业项目开发建设地下空间作为地上建筑配套或附属设施的，建设用地单位可申请办理地下空间的土地使用权登记。

为进一步提高工业项目准入控制指标的科学性和合理性，市发改、经信、国土、规划、住建等相关部门定期调整和发布工业项目准入的综合性指标体系。

（三）强化项目批后监管。全面落实非农建设项目用地许可证挂牌公示制度。建立以亩均投资强度、亩均产出密度、亩均税收密度、就业人口密度等为主要指标的工业企业亩产效益评价机制，实行工业项目联合竣工验收。经依法批准的工业项目（含新建、扩建的建设项目）竣工投产后，所在镇、开发区必须牵头组织发改、经信、财政、规划、住建、环保、国土、安监等部门开展工业项目联合竣工验收。具体验收内容为产业政策执行情况、投资情况（含项目投资总额、固定资产投资额和单位土地投资强度等）、土地产出效率（含投入产出比、亩均工业产出值）、环境保护政策落实情况以及容积率、绿地率、建筑密度、企业内部行政办公及生活服务设施用地所占比例和开竣工时间等规定指标和要求。

通过联合竣工验收的工业项目，凭联合竣工验收书面意见，方可办理不动产登记及相关行政许可手续；未达到竣工验收要求的，相关部门一律不得办理不动产登记及行政许可手续。经验收合格的项目，在申请新项目、扩大投资生产用地规模、享受招商引资优惠政策上享有优先权；验收不合格的，由相关部门出具限期整改处理意见，限制或取消招商引资有关优惠政策，并按合同和协议规定的相关条款追究违约责任。

严格控制工业用地改变土地用途。所有工业、行政办公、公益和基础设施项目均不得改变土地用途。如遇城市规划调整，应在终止项目依法收回土地后，根据新的规划用途重新办理建设项目审批手续。对城市规划已明确可调整为经营性用地的工业项目用地，由土地储备机构收购储备，以招拍挂方式重新出让。未经批准擅自改变规划审批用途的，一律依法严肃查处。

四、强化经营性和城市基础设施用地管理，提高土地利用效率

优化城市用地结构，提高城市土地利用效率。严格禁止别墅开发。联排住宅建设比例不超过 15%，高层住宅建设比例不得低于 70%。今后，凡容积率低于 1.8 的地块，其规划审批须征得市节约集约用地工作领导小组的同意。强化对“城中村”改造的引导和管理，“城中村”集中改造采取公寓式安置。严格控制基础设施建设规模。优化设计方案，公建项目建设原则上执行定额下限标准。坚决杜绝重复性建设。

五、进一步完善土地节约集约利用工作的组织领导

成立由市长任组长的市节约集约用地工作领导小组，分管开发区和土地管理工作的市领导任副组长，市财政、发改、国土、规划、住建、经信、税务、工商、审计等部门为成员，强化对节约集约用地工作的组织领导。领导小组办公室设在市国土资源局。具体负责土地节约集约利用工作的组织开展、政策起草、考核验收、工作协调等。建立健全用地效益奖励机制，对土地节约集约利用工作有突出贡献的单位和个人，实行专项奖励，对土地节约集约利用工作有突出贡献的单位和个人，实行专项奖励。具体办法由市节约集约用地工作领导小组另行制订。

（十二）

靖江市新增工业用地使用权出让办法（试行）

（2011年5月14日靖江市人民政府靖政规〔2011〕5号）

第一章 总则

第一条 为全面贯彻落实科学发展观，加快经济发展方式转变，促进产业转型升级，提升节约集约用地水平，根据《国务院关于促进节约集约用地的通知》（国发〔2008〕3号）、《土地利用年度计划管理办法》（国土资源部37号令）、《关于进一步落实工业用地出让制度的通知》（国土资发〔2009〕101号）和省、市有关文件精神，就全市新增工业用地使用权出让制订本办法。

第二条 本办法所称新增工业用地使用权出让，是指出让人将新增工业用地使用权在一定年限内出让给土地使用者，由土地使用者支付土地使用权出让金的行为。

第三条 本市行政区域内的新增工业用地使用权出让适用本办法。

第四条 全市新增工业用地使用权出让，遵循“公开、公平、公正”的原则，通过挂牌或拍卖方式进行。

第五条 全市新增工业项目用地采取三种方式供地。其中，点供及单独选址项目采取有条件挂牌出让方式供地；成长型（高产出）企业项目采取竞价方式取得用地指标后，再确定地块和面积的方式供地；中、小型企业项目采取确定规划选址后公开竞价出让方式供地。

第六条 新增工业用地出让实行联席会议制度，由市发改、经信、商务、科技、财政、国税、地税、国土、规划、环保、监察等部门和开发区及相关镇、园区、办事处组成，负责土地出让等重大事项。

第二章　点供及单独选址项目土地使用权出让

第七条　项目用地条件

点供项目：经省、市相关部门核准，项目投资总额达到10亿元人民币或1亿美元，企业注册资本达到2亿元人民币或3000万美元，实收注册资本达到1.4亿元人民币或2100万美元。

单独选址项目：经省国土资源厅确认，符合单独选址条件的能源、交通、水利、矿山、军事设施等建设项目（需出让供地的，适用本办法）。

第八条　用地前期审查

市发改、经信、环保等部门依据项目可行性研究报告，进行初审并通过环评后，由市国土资源部门根据《江苏省建设用地指标体系》，核定项目用地规模。

第九条　项目报批

项目经省国土资源厅确认符合点供或单独选址条件后，由市国土资源部门办理土地征转用审批手续。

第十条　土地使用权出让

市国土资源部门根据出让方案组织土地使用权竞价出让。

点供和单独选址省供指标土地出让价不低于18万元/亩；本市配供的计划指标土地出让价不低于25万元/亩。

第三章　成长型（高产出）企业土地使用权出让

第十一条　成长型（高产出）企业认定标准：

1. 企业上年度开票销售达到2亿元人民币、亩均税收达到10万元，或上年度开票销售达到5000万元人民币、亩均税收达到12万元；

2. 企业具有良好成长性，拟新上或扩产的项目是国家规定的鼓励类或允许类项目；

3. 无未批先建、擅自改变土地用途等土地违法违规行为；

4. 拟新上或扩产项目投资强度根据不同行业类别在《江苏省建设用地指标体系》规定标准的基础上上浮15%，企业亩均实收注册资本含原用地部分需达到50万元以上。

第十二条　受让土地资格确认

每年年初，由市经信委会同市财政、国土等部门确定成长型（高产出）企业名录。

第十三条　土地使用权出让

成长型（高产出）企业项目用地采用计划指标亩均价格竞价的方式出让。

市政府根据成长型（高产出）企业年度用地需求情况，确定

年度计划用地指标安排额度。市国土资源部门组织指标竞价出让。

成长型（高产出）企业用地指标出让参照工业用地竞价出让规则和程序进行。

第十四条　奖励

成长型（高产出）企业土地出让金保底价为 25 万元 / 亩。

建设项目按规定期限投产后，三年内新增和原用地年亩均税收达到 10 万元以上的，将超出土地出让金保底价的 50%奖励给企业；年亩均税收达到 12 万元以上的，将超出土地出让金保底价的部分全额奖励给企业。

第四章　中、小型企业土地使用权出让

第十五条　认定标准

中型企业是指实收注册资本 5000 万元人民币或 1000 万美元以上，总投资 2 亿元人民币或 3000 万美元以上的企业；

小型企业是指实收注册资本 1000 万元人民币或 200 万美元以上，总投资 5000 万元人民币或 1000 万美元以上的企业。

总投资 5000 万元人民币以下的项目统一进入标准化厂房。

中、小型企业亩均实收注册资本需达到 50 万元人民币。

第十六条　受让土地资格确认

由市经信、商务会同市财政、国土等部门确定。

第十七条　土地使用权出让

市国土资源部门根据出让方案组织土地使用权竞价出让。

中、小型企业项目用地均采取确定规划选址后公开竞价方式出让，地块出让方案明确具体产业类型和环保要求，不限定具体的产品或项目。

中型企业须符合本办法第十五条第一、第四项规定，并办理工商企业注册登记后方可报名参与竞价。

小型企业须符合本办法第十五条第二、第四项规定方可报名参与竞价。境内外自然人报名并成交的，凭成交确认书在45天内办理企业注册登记，受让人必须是注册企业的控股股东或主要出资人，且企业实收和亩均注册资本、投资规模须符合本办法第十五条第二、第四项规定，否则取消竞得资格。

第十八条　奖励

中、小型企业土地出让金保底价为25万元/亩。

中型企业建设项目按规定期限投产后，三年内新增用地年亩均税收达到10万元以上的，将土地出让金超出保底价的部分全额奖励给企业。

小型企业建设项目按规定期限投产后，三年内新增用地年亩均税收达到12万元以上的，将土地出让金超出保底价的40%奖励给企业；年亩均税收达到15万元以上的，将土地出让金超出保底价的80%奖励给企业。

第五章　项目供地

第十九条　供地

竞得企业凭成交确认书，缴清土地出让金以及相关税费，签订《国有建设用地使用权出让合同》，按照《江苏省工业用地招标拍卖挂牌出让办法》规定的时限按时提交工业项目立项、规划许可、环境影响评价、地质灾害评估等手续，申领用地批文和建设用地批准书。

竞得企业未能按照《江苏省工业用地招标拍卖挂牌出让办法》规定的时限完成环境影响评价审批、工业项目立项、规划许可等手续的，《国有建设用地使用权出让合同》终止，所缴纳的竞买保证金按50%予以退还。

第六章　其他规定

第二十条　各类用地的土地出让金保底价每年调整一次。

第二十一条　土地竞得企业按规定期限投产后，三年内亩均税收达到本办法规定奖励条件的，向市国土资源部门提出奖励申请。国土资源部门组织审核后报市政府审批。

第二十二条　全市工业用地区域价格分为五大类，各类地块对应相应的价格系数，具体分类和价格系数（见附表）作为确定成长型（高产出）企业工业用地最终成交价格的依据。

第二十三条　强化项目跟踪监管。实行合同履约保证金制度，受让人在签订《国有建设用地使用权出让合同》时，按《市政府关于进一步加强土地节约集约利用的实施意见》（靖政发〔2010〕135 号）规定的标准缴纳履约保证金。竞得企业项目投产后三年内，年亩均税收最低标准为：物流、仓储项目需达到 1 万元，其他工业项目需达到 5 万元，否则，没收履约保证金，并追究相关违约责任。

第二十四条　上地出让金管埋产格按照财政部等五部委《关于进一步加强土地出让收支管理的通知》（财综〔2009〕74 号）的规定执行，不得返还或变相返还给受让人，否则将追究相关责任人的责任；构成犯罪的，移送司法机关追究刑事责任。

第七章　附则

第二十五条　《靖江市工业用地招标拍卖挂牌出让办法》（靖政发〔2007〕189 号）有关规定与本办法不一致的，以本办法为准。

第二十六条　本办法由市国土资源局负责解释。

第二十七条　本办法自公布之日起试行。

附表　　**工业用地地块分类及价格系数**

类　别	区　　域	价格系数
第一类	城南园区、靖城街道、滨江新城	1.30
第二类	城北园区、江阴-靖江工业园区	1.15
第三类	新港园区	1.10
第四类	新桥园区	1.05
第五类	市域内除上述四类的其他镇	1.00

二、报刊文选

（一）

2011 年 7 月 20 日，《中国国土资源报》刊登纪实文章《双赢之路——靖江市创建“土地执法模范市”活动纪实》。

双赢之路
——靖江市创建“土地执法模范市”活动纪实

杨应奇

2010 年县域经济基本竞争排名不久前揭晓，靖江市力居全国百强县（市）第 36 位，比上年度上升了 50 位。与此同时，靖江市近日再次被评为江苏省“土地执法模范市”称号，这是该市第四次获此殊荣。从 2007 年开始，靖江市开展以“创建土地执法模范市、土地管理模范镇、基本农田保护模范村”为主要内容的“三模”联创活动，有效规范了全市土地管理秩序。2008 年，靖江市被国土资源部评为“全国土地执法百日行动成效显著单位”，2010 年，靖江市土地监察大队被国土资源部表彰为全国“土地执法监察工作先进集体”。

近年来，靖江市通过开展“土地执法模范市”创建活动，实现了保护资源、保障发展的双赢。正如靖江市委书记陈明冠所说：“‘土地执法模范市’创建活动，并没有成为我们经济发展的瓶颈，反而优化了经济发展环境，提升了经济运行质量，2010年，我市实现地区生产总值436.03亿元，同比增长15.1%，主要经济指标继续领跑苏中，已经融入苏南第二梯队。”

以规范促发展，实现保障和保护的双赢

如何做到既规范土地利用秩序，又确保经济社会持续健康发展，靖江市的做法是：以“三模联创”活动为主体，坚持以规范促发展，实现保障发展和保护资源的双赢。

政府主导。靖江市委、市政府将土地执法模范市创建列入全市重点工作，成立了由政府主要领导任组长的创建工作领导小组。近年来，市政府每年年初都召开专题会议，部署创建工作，与各镇（园区）、街道、办事处签订国土资源管理目标责任状、涉土信访工作责任状，明确耕地保护、土地执法、涉土信访的目标责任；中期召开“三模联创”工作推进会，落实各项具体工作措施，强力推进“三模”联创活动的开展。

政策引导。靖江市先后出台了《靖江市预防和查处土地违法行为责任追究暂行办法》《靖江市关于进一步推进土地节约集约利用的工作意见》等一系列政策文件，形成了“三模联创”工作的政策体系。土地管理特别是土地执法工作在市政府对各单位年终综合百分考核中的权重逐年增加，同时把耕地保护“一票否决”纳入综合考核体系，实行重奖重罚。考核办法明确规定，创建工作是镇（街道）、村“一把手工程”，市财政每年拿出近200万元资金进行专项奖励。

部门协同。靖江市利用创建工作平台，整合各类行政执法和司法资源，加强部门协调，凝聚各方力量。建立了市检察院、法院、公安、监察、规划、国土、城管等多部门共同参与的土地执法监管联席会议制度，通过定期召开政府办公会、执法监察联席会议等，通报全市土地执法形势，研究、部署土地执法部门联动相关事宜和重大土地违法案件的处理，明确了各镇、园区、街道、办事处对辖区内的土地违法违规行为的制止、处理、报告的责任。

强化考核。据了解，靖江市有八个“一票否决”，其中一个就是土地执法工作。靖江市政府每年对创建工作进行专项考核，考核结果纳入市政府年终对各单位的综合考评，并直接与各单位工作人员的报酬挂钩。对被评为“土地管理模范

镇”“基本农田保护模范村”的单位，在年度全市创建工作专题会议上进行表彰，并分别给予 8 万元和 2 万元的奖励。

以防范促监管，创新土地执法监察工作机制

靖江市在“三模”联创活动中，围绕建立土地执法的早发现、早报告、早制止、早纠正“四早”机制，创新土地执法监察工作机制，收到了较好的工作效果。

——围绕“早发现”抓巡防。靖江市国土资源局根据区域特色制订严密的巡查工作计划，规定巡查时间、巡查人员、巡查路线和重点区域、现场图片拍摄、巡查工作记载等内容，做到横向到边、纵向到底、不留死角。为弥补专业巡查工作的不足，在镇村聘请相关人员参与土地巡查和基本农田管护的基础上，2008 年又聘请邮递员作为全市土地监察信息员。市国土资源局和市邮政局定期对邮递员开展土地监察信息工作进行考核，年终进行表彰奖励。三年来，这支队伍充分发挥了“全天候、全方位、全覆盖”的工作特点，真正成了土地执法的“流动监察哨”。

——围绕“早报告”抓制度。靖江市国土资源局对巡回监察工作实行“零报告”“定期报告”“专项报告”相结合的工作制度。各监察中队每天向市局汇报当天违法违规用地情况或进行“零报告”，每周集中汇报上周违法用地检查制止情况，每月将辖区内用地情况向所在镇、办事处汇报；市土地监察大队对各监察中队实行不定期抽查，每季度组织中队之间开展互查，并将互查结果向市政府汇报；发生 5 亩以上违法用地或者基本农田违法的，列入重大情况，由各中队向当地政府和市局当天进行“专报”，并根据相关法律法规进行及时检查制止。

——围绕“早制止”抓联动。为加大对初发案件的查制力度，真正使违法用地行为消灭在萌芽状态，靖江市国土资源局与市法院共同出台了《靖江市行政命令行为强制执行的实施办法》，把司法介入提前到停工通知环节，强力推行“早制止”。国土资源部门要求当事人停止正在进行的土地违法行为，而当事人拒绝的，可申请市法院对下发停工通知书这一行政命令行为进行非诉执行，避免了违法行为由于冗长的程序，形成既成事实后难以执行的问题。市法院也做到当天立案，当天出勤，节假日先出勤制止后补立案，有效弥补了国土资源部门执法手段单一的缺点，增强了土地执法的震慑力。国土资源局行政科室建立健全执法联动机制，对违法用地不及时制止、纠正的，相关科室暂停办理土地报批、抵押等用地手续，努力形成执法合力。

——围绕“早纠正”抓拆违。针对违法案件执行难的实际情况，靖江市国土资源局提出执法监察工作要从“早发现、早报告、早制止”向“更早获取信息、更早控制苗头”转变，通过“早纠正”降低违法成本和执法成本，消除当事人的对立情绪，避免社会财富浪费。在执法工作实践中，市国土资源局提出了“你规范，我支持；你违法，我查处”的工作口号，敢于动真碰硬，敢于对违法行为“亮剑”、对违法当事人“亮牌”。国土、规划、建设、城管、公安、供电、供水等部门以及各镇（园区）、街道、办事处联动执法、联合拆违，对一些典型案件进行查处、纠正，加大了违法用地者的用地成本，逐步实现违法用地者从“不敢为”到“不愿为”的转变。

以创建促集约，深化“三模联创”活动内涵

靖江市委、市政府把强化土地节约集约利用纳入创建工作的重要环节，将节约集约、强化保障、科学管理作为创建工作的主要目标，深化了“三模联创”活动的内涵。

在创建中提高资源集约利用水平。靖江市委、市政府高度重视土地节约集约利用工作，将促进土地节约集约利用作为推动经济社会可持续发展的重要手段。在开展“三模联创”活动过程中，市委、市政府连续出台相关意见和实施细则，明确了“工业向园区集中居住向社区集中，人口向城镇集中”的节约集约用地模式。在农村土地管理方面，规范有序推进增减挂钩和万顷良田建设工作，积极开展“空心村”“空关房”复垦整治，优化农村集居点规划布局，以良好的环境和优惠的政策引导农民集中居住。在工业用地管理方面，出台了《靖江市新增工业用地使用权出让办法（试行）》，探索建立了工业用地指标竞价取得制度，将工业用地招拍挂程序提前到农用地转用指标分配阶段，进一步显化土地资产价值，倒逼企业核算用地成本，提升企业节约集约用地的自觉性。通过强有力的创建工作措施，全市的土地节约集约利

用工作取得了明显成效。

在创建中提升服务经济发展能力。靖江市国土资源局牢固树立服务是第一要务的理念，在全系统先后组织开展了“双保双促”“全员驻村制”、国土资源服务走进村组、走进社区、走进企业的“三走进”等创建系列活动，在严格土地执法的同时，着力解决企业发展中的征地补偿、拆迁交地、抵押融资等难题。优化服务工作机制，为全市重大项目报批提供“绿色通道”，为各类项目建设提供了优质高效服务，确保建设项目早落地、早生根、早结果，积极营造土地执法和用地服务良性互动的工作局面。

在创建中强化国土资源队伍建设。打铁先须自身硬，靖江市通过创建活动，建立了一支素质过硬、制度完善、作风严谨、团结协作的执法监察队伍。组织土地执法监察工作人员参加政治理论学习和土地业务培训，提升队伍政治理论素养，提高办案业务水平。开展军事化训练，对照军事化管理的要求严明工作纪律，确保做到令行禁止。建立健全土地执法监察专项考核制度，实施目标考核、专项考核、全员考核和失察问责。对发现不及时、报告不到位、制止不得力而造成违法事实等情况，直接与专项奖金挂钩奖惩；对瞒案不报、非法占用基本农田或耕地达到一定的宗数和面积，给予辖区负责人降职和免职处理。

6 月 30 日，靖江市又被江苏省列为全国“国土资源节约集约模范县（市）”评选5 个候选单位之一。市委书记陈明冠说：“严格土地执法，为土地节约集约利用奠定了良好的基础，下一步，我们要放大‘土地执法模范市’的品牌效应，把创建‘土地执法模范市’和创建‘国土资源节约集约模范市’结合起来，做到相辅相成，相互促进，将全市的经济社会发展和土地管理水平提高到一个新的高度。”

据悉，靖江市还将创建“土地执法模范市”的做法，借鉴到国家卫生城市、国家环保模范城市、国家生态市“三城同创”活动中，并取得了显著成效。

（杨应奇　《中国国土资源报》记者）

（二）

2012 年 7 月 4 日，《人民日报》第 18 版报道《江苏靖江市创新科学管地用地的新思路，推进国土资源节约集约的新模式》。现将其中市长赵叶《开源节流促集约　科学用地保发展》一文选辑于此。

开源节流促集约　科学用地保发展

赵　叶

切实保护耕地，不断提升土地节约集约利用水平，在有限的资源总量下保障经济持续增长和转型升级，是关系国家利益和国计民生的大事，也是有效实践科学发展观和建设资源节约型社会的必然选择。

切实转变土地利用方式，合理控制建设用地规模

我们结合自身实际，针对经济社会发展的用地需求，科学制定完善各类土地利用政策，将土地利用方式由粗放外延式发展转变为更多向城镇内部挖潜。首先，政府前移审查关口，对用地项目的实收注册资本、投资强度、建筑密度、容积率、辅助用房面积等指标进行重点审核，严格把关；建立健全项目引进评估机制，按照节约集约用地的原则对项目进行综合筛选，择优选择，决不“囫囵吞枣”。其次，严格执行城乡建设用地空间管制制度，进一步加快多层标准化厂房建设，鼓励利用地下空间，提高土地利用效益，降低中小企业创业成本。第三，严格项目产出管理考核，对亩均产出、亩产税收等指标到不到规定的项目，通过二、三级市场“腾笼换鸟”的方式，不断提高土地利用水平。靖江市制定的工业用地税收达标奖励政策，适度抬高工业用地出让价格，并将抬高部

分用于税收达标奖励，既促进产业转型升级，又从源头上扼制了闲置和低效利用土地。

着力深化土地使用制度改革，充分发挥市场导向作用

我国目前已建立了比较完善的国有土地有偿使用制度，“要用地，找市场”已逐步成为社会共识和常识。为进一步深化土地使用制度改革，加大市场配置土地资源的基础性作用，我国先后出台了多项国有土地招标拍卖挂牌出让制度和规定。近年来，靖江市严格实施工业用地“招拍挂”制度，促进了土地节约集约利用，杜绝了闲置和低效用地现象的发生，坚持通过市场这一“无形的手”来驱动和倒逼土地节约、集约和高效利用。

持续加大土地开发整理力度，不断优化土地利用结构

“保障发展、保护资源”需要“开源”和“节流”并举。首先，土地开发整理是“开源”的最有效手段，是补充耕地、实现耕地占补平衡的最有效途径。近年来，靖江市通过农村“田、水、路、林、村”综合整治，不断优化土地利用结构，推动耕地向适度规模经营集中，农民居住向中心村镇集中，产业向园区集中，实现耕地数量增加、质量提高，生产生活条件改善，农村面貌大为改观，同时也大大促进了农村集体建设用地的节约集约利用，缓解了建设用地供需矛盾。其次，构建资源节约型社会，最大程度地发挥土地资源的资产属性，加强监管是必不可少的选择，也是“节流”的具体实施手段。作为政府部门，加强内引外促，定期对节约集约用地工作组织考核，及时掌握土地开发利用情况，对那些闲置和低效利用土地，通过征收闲置费甚至无偿收回的方式进行重罚、重处，不断增强全社会节约集约用地意识；对土地集约利用成绩优异、工作突出的，除优先安排用地计划外，另进行表彰和奖励。同时，建立社会监督机制，及时公开集约节约用地信息，对地区性的土地节约集约用地指标以及具体项目指标定期公布，提高土地节约集约利用管理的透明度。

由此可见，在我国土地资源较为紧缺的情况下，土地利用问题始终是我国现代化进程中关乎全局的战略性问题，要解决好这个问题，必须切实转变经济增长方式，不断深化土地使用制度改革，在土地利用方面走出一条节约、集约、高效的新路，这也是保障可持续发展的根本出路。

（赵　叶　靖江市人民政府市长）

三、明清时期诗赋选

靖江弹丸小邑，然有山有水，河流纵逸，风光旖旎，环境宜人，堪称灵境之地。建县距今才540余年，而早在900年前就有描写马驮沙美景的诗作，仅赞美孤山的诗歌，就有数十首之多。明清时期，一些达官贵人、文人雅士为靖江的神奇美丽所陶醉，流连之余，填词赋诗，寄情靖江山水。有的则对自然风光传神描绘，提炼成“靖江八景”。每“景”冠以雅称，配以韵律，传诵至今。

靖江八景

明·何　棐

长江汇流

东下岷嶓水，中分岛与洲。
奔腾旋四面，会合复同流。
大海无多路，长江欲尽头。
贤侯绥僻壤，优试济川舟。

孤山屹镇

石虎威天险，金鳌压地成。
中流常作镇，孑立自标名。
北麓石疑碇，江南山若迎。
莫教风引去，嘘噏迩东瀛。

烽堠烟销

潢池曾有警，斥堠绕江城。
烽燧年来×，×××××。
××天际朗，江靖月华明。
锁钥凭谁掌，胸须富甲兵。

田庐星布

野望课均田，藩篱户各编。
家分五亩宅，人受一区廛。
远近如经纬，参横若度躔。
孤山高处立，万井一星天。

诸港平潮

沿江七十港，朝夕两潮通。
渐觉盈科进，常教饮量充。
草沈沙岸短，云压稻畦封。
是处翻车响，毋忘疏浚功。

常庵井洌

常庵存古井，清洌拟中泠。
出自江源洁，由来地脉灵。
酿能为酒圣，品合入茶经。
守倅如斯者，当为洞酌亭。

马沙断碣

岸颓呈断碣，古篆试摩挲。
因牧沙名马，呼讹大作驮。
能言犹有石，辨渡已无河。

遗爱贤侯泽，千秋耿未磨。

鱼浦鸣榔

渔桹围浦溆，侵晓榜争鸣。
响应空江濑，歌兼远笛声。
一行汀鹭起，无数海鸥惊。
图画天然好，烟波足此生。

作者：何棐，泰兴黄桥人。明弘治十五年（1502年）进士，官至陕西、湖广监察御史、江西按察司副史及太仆寺少卿等要职。

（摘自《马洲文化》总第1期）

牧城八景

明·赵应旂

长江汇流

江水日东倾，层波递相续。
分流绕中洲，四壁环清玉。

孤山屹镇

席展江皋地，突兀一峰开。
登岸谁为挽，莫亦是飞来。

田庐星布

漠漠桑麻野，丛丛水竹居。
黄梅三日雨，千耦事耕锄。

诸港潮平

绕县皆为港，潮来与岸平。
晴翻鸥鹭影，静听桔槔声。

长安井洌

陆羽经题处，何如此水奇。
一泓清碧泻，点点沁诗脾。

马沙遗碣

洗出一片石，豁开千古讹。
经纶须卓识，纤纬误人多。

紫微烟树

地辟紫微新，名仍赤乌故。
沧桑几变迁，沙头望烟树。

渔捕鸣榔

江上潮初白，山头云正多。
不见网平开，惟闻放棹歌。

作者：赵应旂，江西南昌人，明万历四十二年（1614 年）起任靖江知县五年，在靖时“诚心质行，政主便民”，后迁台州府通判。离任时哭而送行者几万人。

（摘自《马洲文化》总第 1 期）

靖江八景

清·蒋中和

孤峦砥柱

粼粼片石寝长鲸，何处飞来一掌擎。
昔与金焦分砥柱，今为陆海壮干城。
星河夜静盘江卧，燕雀身轻透顶鸣。
莫谓天涯迷禹道，神京回首暮云生。

雁塔横江

塔峰遥映半江余，白浪轻翻雁影徐。
野景难逢歌郢雪，去帆错认指南车。
身余一发情难掷，潮涌千村课复虚。
移步登高闲吊古，赤乌曾否胜黄初。

澜江天际

赤日凌空鸟道悠，飘零烟树隔神州。
萧萧天籁随波舞，飒飒秋声带雨浮。
吴楚忽分南北势，乾坤常抱陆沉忧。
谁能踪迹扶桑外，还向君平问斗牛。

秋潮晚渡

箫杵连村夜未休，遥腾海腹溢高丘。
纤纤片叶随风舞，冉冉孤帆破浪悠。
晚渡争先愁日暮，倚舟盼后忆乡讴。
往来自识征途惯，牢落江湖不记秋。

村园春槿

江村何物吐奇葩，烂漫纷披整复斜。
访戴难窥茅舍影，题门却碍鸟声哗。
千寻瀑布悬山麓，百岁藤萝卧水涯。
争似小园春色槿，朝朝暮暮野人家。

沙苑桃花

薄暮持舟弄晚潮，渔人醉后学吹箫。
翩跹燕子随波舞，绰约桃花带雨飘。
逐步溪声飞夜榻，联群巷语隔溪桥。
不愁曼倩频来窃，花信相逢岁岁娇。

渔舟夜月

适性何妨择术愚，扁舟队里笑屠沽。
莺衔野色眠新绿，月带春容入画图。
最爱霜余更漏尽，尤贪读罢老儒呼。
渔樵满市无人问，少伯何须泛五湖。

织水梭江

襟江带海一丸环，数变沧桑土亦孱。
百道河身编发网，千家港口打渔湾。
波声鼓荡侵高枕，地脉欹斜傍小山。
还向渔人频借问，桑间曾否隐抱关。

作者：蒋中和，靖江隐山团人（现生祠镇蒋家埭），顺治十二年进士，先后任河南兰阳、肃宁知县等职，著有《半农斋文集》。

（摘自《江苏通志·靖江征访稿》）

靖江赋

清·褚邦庆

载稽靖江，本号马驮。或传负土于白马，或传牧马于大沙。地昔中分，曾隶海陵之境土；沙今合一，毗连泰兴之水涯。东尽巫门海口，西接武邑江沱。北界通州而五山在望，南渡蓉城而一苇可过。

宋鄂王闻此渡民，已迷军垒；明高公因而备盗，始置官衙。县令簿丞，职任从兹并重；社坛儒学，规模以次增加。公馆为营员之署，察院留节使之艖。东房西房，拱牧爱之堂而如翼；东库西库，傍赞政之厅而设科。

澜港渟泓，问俗之亭影映；土山蓊郁，江峰之阁嵯峨。百雉垣墉，海氛永靖；万家烟火，市井繁华。障江观海，济川回澜城门既辟；腾骢化鳞，迎恩宣政河桥亦多。四境九团，揽川原之广阔；两沙百里，综郊野之延袤。新港六湾，巡防攸寄；文兴一坝，利赖云赊。高塔倚重霄，俯江郊之胜；交衢通五剧，停贾客之车。

平田五十二万亩有奇，畇畇原隰；新涨二百十九顷而外，每每菑畬。港传和尚于婆，与杨矶陈湾而分列；庙祀海神丁墅，与玉皇地藏而同夸。楼藏万卷之书，曾羁名宿；祠永四贤之祀，并是英豪。池边宝阁新成，天章更焕；江上高亭小憩，风景如何！

院启骧腾，旧题已改；潭留龙驭，华盖常遮。遥构僧庵，对渡而潮音可憩；珍封圣井，旁穿而泉脉潜枯。鸡鹅市西，倪氏兴工镇其水口；蟛蜞汊北，张公有庙环以江波。养济院开，用栖无告；常余仓贮，须戒侵那。广七百余亩学田，作人才而俾资廪膳；撤六十一所巡警，际时康而无事操戈。团河成而掘濠专利，秋风迅而为沼曾嗟。

赤乌碑字文漫灭，紫薇宫烟树横斜。石碇之峰，锋尖似剑；剑池之水，纹细如罗。夹港潆洄，矗矗帆樯捎日月；孤山碣嶭，萋萋草木杂烟霞。凫鸭满沙村，十洲棋布；鸡豚饶畜牧，万井春和。潮汐奔腾，拍岸涛声自壮；巉岩遥拱，隔江山色弥嘉。并足引吟情而染翰，且将牵逸兴而浮家者也。

作者：褚邦庆，乾隆朝常州府武进籍文人。

（节选自《常州赋》）

孤山赋

清·刘维熼

懿夫！马沙晴霭，骥渚烟深。含清虚于巨浸，钟灵秀于孤岑。邀月廊中，宜乘轩以供往；蹑云坊畔，好杖策以相寻。跻千仞之巅，放开倦眼；揽一峰之胜，涤去尘襟。若其未登陆之前，南接江淮，青浮第一；已离水之后，北连皋泰，玉立无双。僧定远公阁下幽人之榻，客同谢傅楼开玉女之窗。占芳辰于四季，夸美景于南邦。五港争流兮绕郭，千岩竞秀兮环江。尔乃黍谷回春，江干开泰；绿水差差，芳塍霭霭。三叉路口，细袅香烟；独木桥头，高飘酒旆。花明柳媚，塔影悬霄汉之间；日暖风和，钟声闻白云以外。星庐云宅，绕堞千重。浪艘风帆，沿江一带。秧针已刺，麦浪方过。登绝巘上层峨，抚烟荔拂轻萝。雨湿山腰，岭落新篁之箨；风回殿角，池开千叶之荷。欸乃声中，潮平诸港；桔槔队里，水涌团河。至于秋气方来，凉风乍至；逸兴频添，高情在目。盼紫薇之烟树，黄叶声多；听渔浦之鸣柳，夕阳影迟。葭苍露白，动在水之幽情；菊把萸囊，发登山之妙思。朔风凛栗，冻雪连绵。灞桥上也，驴背欣然。青浦惟麦苗满地；红落则枫叶连天。岩竹数千竿，岂乏子猷之雅；岭梅三百树，还追和靖之贤。既春秋邀人赏鉴；亦旦暮露厥情形。曙色初开，朝暾窥牖；暝烟乍起，皓月盈庭。瑞满青城，共庆曈曈之日；阴连夕浦，遥瞻点点之心。景固有分于远近，意皆可列于画屏。是以逸士探幽，高人选胜。胸中云梦八九，咏诗乘临流之游；笔端风月三千，作赋藉登高之兴。隐山固培塿相同，焦山亦名实不称。惟兹孤山之耸秀，足以高攀而扫径。

作者：刘维熼，靖江人，清代学者。

（摘自《江苏通志·靖江征访稿》）

索　引

说　明

1.本索引分主题词索引、正文地图名索引、正文表格索引三个部分。

2.主题词索引由章节目分析编制。按标引词第一个字的汉语拼音字母顺序排列，同音字按声调排列，音调相同按下一字的音序排列。标引词后的数字表示内容所在页码。

3.彩色插页未编索引。

一、主题词索引

B

C

D

W

X

Y

二、正文地图名索引

三、正文表格索引

跋

首部《靖江市国土资源志》历经3载耕耘，终于付梓。这是靖江国土资源管理史上的一件盛事，值得庆贺！

“民以食为天，食以地为源。”从混沌初开的蛮荒时代起，炎黄子孙就对赖以繁衍生息的土地寄予了深情和厚望。靖江的土地是由长江携带的泥沙和东海所含的海相泥沙，在潮水的作用下不断沉积而成的。虽经1700余年的沧桑巨变，但靖江这片热土始终如一地敞开她博大的胸怀，养育了我们，还必将哺育我们的子子孙孙。编纂《靖江市国土资源志》，对于我们借鉴前人经验，汲取历史精华，推进靖江国土资源管理事业发展，无疑是及时的，也是弥足珍贵的。

国土资源是经济社会发展的重要物质基础。国土资源支撑各行各业，其管理工作影响千秋万代。1986年以来，靖江国土资源管理系统在市（县）委、市（县）政府的正确领导下，不断深化国土资源使用制度改革，积极主动服务，严格规范管理，奋发争先创优，努力提高国土资源管理、保护和利用水平，国土资源管理事业实现了跨越发展，在全市经济社会发展中越来越显示出重要的作用。但是，靖江人多地少，耕地后备资源匮乏，人地矛盾尤为突出。2011年全市人均耕地面积仅0.62亩，远低于全国人均水平，且已突破联合国粮农组织确定的人均耕地0.8亩的警戒线。因此，我们更要“十分珍惜和合理利用每寸土地”。编纂该志，意欲让今人和后人知道祖先筚路蓝缕、辛勤开发的历史，了解靖江国土资源方面的现状，从而更加热爱这片土地，树立惜土如金的良好风气。

编修《靖江市国土资源志》是一项开创性工作。在编纂中，我们致力于体现靖江特色。在“地域概况”章中设“土地承载量”一节，记述靖江耕地逐年减少，人均耕地偏少，并已亮出“红灯”的史实，以激发人们的惜土之情。此外，在土地利用方面，靖江在全省率先实施市镇联动，倡导工业向园区集中、人口向城镇集中、住宅向社区集中的集聚集约发展战略；加快“腾笼换鸟”，对全市各类闲置及低效利用土地实行分类处置，创建为首届全国国土资源节约集约模范市。据此，“土地利用、保护与开发”一章作了详尽记述。在土地交易上，靖江敢于创新，强化市场导向作用，从经营性用地公开拍卖推进到工业用地公开拍卖，并创造性地建立工业用地指标竞价机制、制约机制和产出达标补偿机制，工业用地逐步走上“举牌拿土地、市场定价格”的轨道；土地执法监察创新思路，开展“三模”联创活动，构建土地执法长效机制，连续8年获评江苏省土地执法模范市，并被国土资源部表彰为土地执法百日行动长效管理先进单位、全国国土资源执法监察工作先进集体。对此，在“土地市场与地价”“法治建设”等章中加以重点记述。近年来，靖江实施沿江开发战略，经济建设飞速发展，征用土地不断增加，“吃饭与建设”的矛盾更显突出，市国土资源管理部门围绕经济建设中心，以改革创新的工作思路破解难题，抓重点、攻难点、拨亮点，助推经济发展；靖江在全国率先打破行政区划界限，实施跨江联动，建成一个国家级开发区和一个省级开发区，港口城市建设突飞猛进。为此，特设“沿江开发用地”章详加记述。2008年起，市国土资源局着力打造“四个一”工程，即建设一幢办公大楼、编纂一部国土资源志、锻造一支国土资源管理队伍、实施“一张图”工程，高标准、高起点完成国土资源信息化系统建设。这些具有靖江特色的亮点，均在志书中不吝篇幅如实作了记述，以期起到存史资政、溯古鉴今的作用。可以说，《靖江市国土资源志》是一座“土地资料库”，也是我们宝贵的精神财富。

该志的编纂出版，得到社会各界的关注与支持，凝聚了多方面的智慧和心血。全体编纂人员广征博采，勤奋笔耕；省市领导拨冗审阅，题词作序；有关专家学者悉心指导，不吝赐教；本系统干部职工积极参与，群策群力。值此志书出版之际，一并致以诚挚的谢意。

靖江市国土资源局党委书记、局长 张仁德

二〇一四年十二月

编纂始末

《靖江市国土资源志》历经两次编纂。第一次始于1996年，止于1999年。第二次启动于2011年11月，完稿于2014年12月。其间两次成立编纂领导小组、两次全面发动，八改篇目，数易文稿。为占有详尽而准确的资料，修志人员在局分管领导的带领下，至中国第二历史档案馆、江阴市档案馆、靖江市档案馆、市城建档案馆、市房地产公司档案室和市委农工办、市农委、市规划局、市水利局、市港口局、市开发区、江苏江阴—靖江工业园区、市气象局、市统计局、市江滩办事处等单位，采集第一手资料，查阅档案数千卷，搜集了古代、近代、现代各种文字资料约700余万字。尤其是第二次编纂，工程浩大。起初人手不够，仅市国土资源局原副局长顾森林和商业局原教育股股长丁金隆2人从事此项工作。厥后，又聘请市史志档案办公室原副主任严怀余参与编纂，并负责统稿。编纂人员甘于奉献，视编纂国土资源志为己任，一丝不苟，认真编纂，反复修改，做了大量艰苦细致的工作，可谓不辞劳苦，备极艰辛。2013年12月，完成初审稿。

2014年3月，《靖江市国土资源志》编委会召开专家审稿会，省国土资源厅、省地方志办公室、泰州市国土资源局、泰州市党史方志档案办公室、靖江市党史方志档案办公室及江阴市史志办公室有关领导、专家、学者参加评审，各位评委对志稿观点、体例、内容及创新精神给予充分肯定，同时也提出了许多宝贵的修改意见。会后，编委会又组织内审，由陈胜昌、赵敏、卢灿富、周继红、刘金国、苏仰兴、周祝建等人组成审稿小组，对志稿史实进行审核。5月中旬开始，由顾森林负责资料补充、新增特设章节的编写，史实校核，严怀余、姚富培、刘汉如进行分纂，并由严怀余负责总纂，对志稿作进一步调整、充实和修订。9月下旬，聘请省地方志办公室省志总编室调研员吉祥、《靖江县志》主编郭寿明、《江阴市志》副主编王荣方为特约审稿人员对志稿进行审阅。12月，总纂工作全面完成。编辑部将志稿分送市国土资源局党委班子成员、科室负责人、国土资源管理系统老同志审核，并分送江苏省水文水资源勘测局泰州分局等 10 余个单位征求意见。送审结束后，全体修志人员又根据审稿意见，从严从细对志稿作进一步补充修订，然后提请编委会审定，交付方志出版社出版。

《靖江市国土资源志》是在市国土资源局党委直接领导和精心擘划下完成的。局党委书记、局长、编委会主任张仁德先后 9 次主持召开修志工作会议，将编纂《靖江市国土资源志》作为国土文化建设工程，狠抓落实；局纪委书记、编委会常务副主任蒋青负责组织协调、审核把关，每周召开例会，不定期召开评稿会、汇报会、推进会，为提高质量、推进进度做了大量工作。局党委班子其他成员从各方面给予关心与支持，各科室对此项工作给予密切配合。编纂工作还受到省国土资源厅、省地方志办公室的重视和关怀，得到泰州市国土资源局、泰州市党史方志档案办公室、靖江市党史方志档案办公室的关心与指导，同时得到江苏省水文水资源勘测局泰州分局、市经济开发区、江苏江阴—靖江工业园区、市委农工办、市农委、市住建委、市规划局、市港口局、市水利局、市气象局、市江滩办事处等有关部门的大力支持和帮助；还有靖江市档案馆、市城建档案馆、市测绘院、《靖江日报》社、市摄影家协会为本志提供大量珍贵的资料和图照。市地方志办公室原副主任郭寿明等曾参与本志首次启动时的编写工作，形成 10 余万字的文字资料，为本志编纂打下良好的基础；市地名办原主任常永明为本志提供有价值的历史研究资料，并帮助审稿；编辑部李松传、陈礼彬尽心尽力为志书查找各种资料，制作各类表格，反复校核史实；刘敏、陈圣、曹靓任劳任怨，加班加点，打印校核志稿；马范宏不厌其烦地为志书提供各类图照资料。此外，值得一提的是市政协原主席苏增耀、市政协副主席庞余亮以及市国土资源局左洪寿、孙永东、朱昕明、闻耀彬等老领导多次为志稿提出指导性意见，提升了志书质量。值此志书出版之际，谨向为本志编纂、考订、评审、出版工作付出辛勤劳动的人们，致以衷心的感谢和崇高的敬意！

国土资源管理是一项多门类、多学科的系统工程，编纂首部《靖江市国土资源志》更是一项开创性工作。由于我们经验不足，水平有限，疏漏之处在所难免，恳请识者批评指正。

编　　者